教育部人文社会科学重点研究基地基金资助项目

厦门大学宏观经济研究丛书
XIAMEN DAXUE HONGGUAN JINGJI YANJIU CONGSHU

中国宏观经济分析与预测（2022年）
——提高中等收入群体收入增速与促进共同富裕

Analysis and Forecasting for China's Macro-economy in 2022

中国季度宏观经济模型
（CQMM）课题组　著

中国财经出版传媒集团
经济科学出版社
Economic Science Press

《厦门大学宏观经济研究丛书》编委会

编委会主任：王洛林

编委会成员：张　平　曾金利　杨瑞龙　范从来
　　　　　　洪永淼　李文溥　龚　敏　林致远

本书作者： 龚　敏　　余长林　　林致远　　周颖刚
　　　　　　李文溥　　陈贵富　　王燕武　　柏培文
　　　　　　邓　明　　黄寿峰　　傅传锐　　陈雅茹
　　　　　　王麒麟　　吴华坤　　吴腊梅　　贝泽赟
　　　　　　池菊香　　沈忠华　　喻　理　　向淑敏
　　　　　　周　慧　　张　星

开篇心语
——写在"厦门大学宏观经济研究丛书"出版之际

● 李文溥 ●

"厦门大学宏观经济研究丛书"是体现教育部人文社会科学重点研究基地——厦门大学宏观经济研究中心研究成果的系列丛书。因此,说丛书,还要先谈厦门大学宏观经济研究中心。

众所周知,长期以来——而且至今仍然——我国宏观经济理论与政策的研究中心在北京,其中道理不言自明。可是,教育部却将其唯一一个命名为宏观经济研究的重点基地布点于地处天涯海角,置身政治经济旋涡之外的厦门大学①,似乎有一点不合情理。

当然,这首先是申请者的意愿。厦门大学经济学院五系一所:经济系、财政系、金融系、统计系、国际经济与贸易系、经济研究所,内含四个国家级重点学科:财政学、统计学、金融学和政治经济学。这些系所及其重点学科研究的重点领域是政府经济管理实践及相关的经济学理论。在此基础上,申请建立一个研究政府宏观经济管理实践与理论的研究中心,就其本身而言,是一个合理的选择。尽管正如识者所言:政府的宏观经济管理与规范意义上的宏观经济学还有些差别,但是,在既有基础之上,通过组建这个中心,集中一支队伍,研究宏观经济理论及其在中国的政策实践,带动一个有85年悠久历史的学院向适应中国特色社会主义市场经济需要的现代经济学教育和研究体系转轨,却是申请者的决心和期望。因此,尽管知道还有差距,需要付出的努力很多,仍然义无反顾地做出了这一选择。

现在需要谈另一个方面。对于教育部而言,将宏观经济研究中心设立在哪所大学,显然有着诸多选择的可能,然而,最终选择了看似未必具有地利人和的厦门大学。此刻,愚钝的我只能找出两点理由。

1. 申请者的虔诚之心感动了上帝。自古就有民心即天心之说,作为自始参

---

① 根据教育部人文社会科学重点研究基地的设立规则,尽管在全国各大学设立了百余家文科重点研究基地,但是任何一个重点研究基地的名称都是唯一的。

与这个中心的组建和教育部人文社科重点研究基地申报工作的我认为：厦门大学宏观经济研究中心的申报过程及结果可以作为此说的例证之一。

2. 审时度势，反弹琵琶。显然，在北京等政治经济中心设立宏观经济研究中心，可谓顺风顺水，研究者得以享受诸多便利，研究中心成功的概率自然也大，但是，在中国目前的政府主导型市场经济体制下，身处政治经济中心的研究机构不免受磁场中心的引力影响，也是不争的事实。在这种情况下，外地的研究机构或许因此在人所习见的劣势中显出了一点另类优势。网络时代，各种研究所需要的资讯在通都大邑和偏远小城大体都能同样获得，信息差距不断缩小，因此，尽管劣势还存在，要弥补，还要付出艰苦的努力，但是，在非政治经济中心，研究宏观经济理论与实践的条件还是基本具备了。而且，远离磁力场，从学术逻辑角度阐发其观点的欲望可能更强，有可能因此形成不同的见解。这对于中国的宏观经济理论发展以及政策实践而言，未始不是一件好事——这大概是教育部下此决心的依据之一吧。

说了这么多，还都是假说和愿望，到底实绩如何呢？一句老话：实践检验。我们的计划是：这套丛书分文集、专著、研究报告三类出版，以期能够比较全面地反映研究中心的学术活动及其成果。其中，文集与学术活动相联系，主要反映研究中心近期在宏观经济理论与应用方面的探索；专著是研究中心课题研究成果的系统体现；研究报告是在研究中心为社会经济重要决策提供咨询研究的成果中，选择部分兼具出版价值的刊行。我们的设想得到经济科学出版社的大力支持，其慨然提供了舞台，使构想转化为现实，在此先行谢过。

但是，我们最关注的还是真正的"上帝"——读者。众位读者既是看官又是判官。我们希望你们能关心这套丛书，并给予严格的指正。希望在你们的关心和帮助之下，厦门大学宏观经济研究中心能不负期望，为中国的宏观经济理论的形成与发展，为改善中国特色社会主义市场经济下的宏观经济政策调控略尽绵薄之力。

市场经济是买方市场，酒香不怕巷子深是过去时代的事了。如今的图书市场也是供大于求。开篇伊始，倾吐心语，以期引起注意，虽系未能免俗之举，也是人之常情流露。书有序，大体本意如此。然吾何能，敢为丛书作序！然而，要吸引读者，仅有心愿还是不成的，关键还要做好文章。至于文章是否精彩，就敬请列位指点了。

2006 年 6 月写于厦门大学白城

前　言*

2021年，中国国内生产总值（GDP）实际同比增长8.1%，两年平均增长5.1%。分季度看，第一季度同比增长18.3%，第二季度同比增长7.9%，第三季度同比增长4.9%，第四季度同比增长4.0%；两年平均增速分别为5.0%、5.5%、4.9%、5.2%。2021年中国经济整体运行在合理区间内，从短期看，新冠肺炎疫情反复、限产限电等因素对第三季度的经济增长造成负面冲击，经济修复进程多有波折。展望2022年，中国经济将面临需求收缩、供给冲击和预期转弱等约束，下行压力较大。不过，增长基础牢固，经济韧性犹存，加上基建投资政策发力、地产政策边际放松以及稳外贸政策支持等，预计中国经济仍继续疫后修复的进程。

本书认为，消费作为疫后经济修复的最弱分项，2022年有望迎来小幅反弹，直接原因是居民可支配收入正在逐渐改善。不过，消费超预期复苏的可能性不大：一方面，疫情对中低收入人群的冲击偏大，导致消费内生动能趋弱；另一方面，在疫情的持续扰动下，线下餐饮、酒店消费等难以提振，尽管必选消费整体上仍有韧性，但受地产业拖累，家具、建筑及装潢材料类等相关消费支持明显偏弱。疲软的消费或将继续对经济修复构成掣肘。

针对消费支出增长反弹乏力的问题，本书认为，居民收入的持续快速增长是一个长期的过程，涉及中国经济增长方式的转换、经济结构的优化以及收入分配的调整。从长期来看，提高劳动生产率

---

* 本书是教育部人文社会科学重点研究基地——厦门大学宏观经济研究中心"中国季度宏观经济模型"（China Quarterly Macroeconometric Model，CQMM）课题组系列研究成果之一。本项研究得到教育部重点研究基地重大项目（17JJD790014、18JJD790007、18JJD790008）、国家社会科学基金重大项目（19ZDA060）、国家社会科学基金一般项目（20BJY231）和中央高校基本科研业务费专项资金项目（20720191070）的资助。

的增速，加快初次分配中劳动者报酬的占比是不二选择。随着中国城市化率的不断提高，第三产业占比也不断提高，经济结构服务化趋势不断推进。在这一态势下，工业增加值占比的快速下降将不利于整体劳动生产率的增长。从供给端加快制造业产品结构升级，促进技术创新，始终是提高劳动生产率的根本所在。

从中期来看，调整收入分配、缩小收入差距是保障居民收入稳定增长、促进消费增长的关键。本书考察了收入分配中提高居民收入占比以及在各类收入组别中加快提高中等收入群体收入增长的宏观经济效应，结果显示：通过提高居民收入同时财政减收的宏观收入分配结构调整，完全可以保障在居民收入增速加快的同时，经济增长速度也略有加快。这一方面意味着，现阶段消费特别是居民消费对中国经济增长的贡献要大于投资，从而使得经居民收入提高引致的居民消费增长能够弥补因财政减收造成的政府公共投资下降冲击；另一方面也说明，居民收入是抑制居民消费的重要因素。居民收入的增加将较明显地提高居民消费。因此，千方百计提升居民收入将是解决当前我国内需不足问题进而形成以"国内市场为主、国内国际市场相互促进"的双循环经济发展新格局的根本措施之一。

进一步地，中国季度宏观经济模型（CQMM）模拟的结果还揭示，集中资源增加中等收入群体的居民收入水平对经济增长和居民消费的作用均优于"撒胡椒面"式的等量增加各组别居民收入水平。这意味着，不仅是宏观收入分配格局的调整会有助于促进居民消费和经济增长，居民内部收入分配格局的调整也会有助于加快居民消费增长和经济增速。因此，除了宏观层面的收入格局调整之外，决策部门还应当将精力用于改善居民内部不同收入组别之间的收入调整。下一阶段，为促进居民消费的稳定增长，不仅需要加快调整宏观收入分配格局，更重要的，需要优化居民内部的收入分配格局，加快提高中等收入群体的收入增速。这一方面有助于刺激居民消费，促进经济增长；另一方面也是实现全体人民共同富裕的本质要求。

基于此，本书认为，提高居民消费的根本在于增加居民收入。而要增加居民收入，一方面可以通过扩大就业数量、增加困难群体就业机会、增进就业质量、提高工资水平等市场化层面的措施来加以改善；另一方面也可以通过增加对低收入群体的转移支付、进一步优化个税改革、降低中间收入群体的税负水平、调整"减税降费"政策作用方向等政府财政和金融层面的措施支持。

在篇章结构方面，本书共有三篇十六章内容。

第一篇是"回顾篇"，包含第一章内容。主要是回顾和总结2021年中国宏观经济运行情况以及2022年宏观经济展望。2021年，中国经济整体运行在合理区间内，从短期看，疫情反复、限产限电等因素对第三季度的经济增长造成负面冲击，经济修复进程多有波折。总体上，2021年中国经济运行呈现出以下特点：（1）服务业修复较慢，工业生产持续回暖；（2）就业形势基本稳定，消费者价格指数（CPI）和生产者价格指数（PPI）剪刀差先扩后敛；（3）制造业投资强劲，基建和房地产投资低迷；（4）消费持续疲弱，居民收入有所改善；（5）出口强韧延续，贸易结构不断优化；（6）社融规模持续回落，实体融资需求疲软；（7）财政收入恢复性增长，财政支出向民生倾斜。2022年的中国经济将面临需求收缩、供给冲击和预期转弱等约束，下行压力较大。不过，增长基础牢固，经济韧性犹存，加上基建投资政策发力、地产政策边际放松以及稳外贸政策支持等，预计中国经济仍会继续疫后修复的进程，并在整体上呈现稳健下行的态势。

第二篇是"研究与分析篇"，包含第二章至第十三章共十二章内容。其中，第二章围绕PPI与CPI的传导机制及其效应问题展开。研究认为，近年来中国PPI和CPI走势的背离，主要原因在于服务业CPI占比的提高和能源价格的非对称冲击。在控制相关干扰因素后，PPI与CPI之间表现出显著的双向传导效应，特别是PPI对CPI的正向传导较2012年以前并非弱化而是强化了，这表明中国的市场化改革已经显著疏通了价格传导机制。

第三章、第四章和第五章侧重宏观政策的经济效应研究。第三章以我国A股上市公司为样本，实证检验了财政政策与上市公司智力资本价值创造效率的关系以及产权性质、内部控制质量对两者关系的调节效应。研究发现：（1）扩张性财政政策能够显著促进上市公司的智力资本价值创造效率。（2）产权性质和内部控制质量在财政政策与智力资本价值创造的关系中发挥着调节效应。相对于国有控股、内控质量较低的企业，扩张性财政政策对非国有控股企业、内控质量高的企业智力资本价值创造效率的提升幅度更大。拓展性研究表明，扩张性财政政策可以有效地通过人力资本和结构资本渠道提高智力资本的增值效率，进而对企业整体价值创造效率产生积极拉动作用。不论产权性质如何、内控质量高低，这一政策效应传导路径都有效。第四章将财政分权与地方政府债务纳入同一分析框架，以地级市城投债为例，通过理论梳理和实证分析的方法，检验了我国财政分权对地方政府债务的影响。实证结果表明，财政分权是推动地级市城投债规模激增的重要驱动力，"省直管县"改革导致改革地级市的发债概率、发债规模和单次发债金额均比未改革地级市的要高，"省直管县"改革强度越大，相关地区城投债的发行概率及规模也越大,"省直管县"改革引致的财政自给程度下降显著促进了城投债的发行;进一步的机制检验表明,财政分权会通过土地出让收入、财政赤字与固定资产投资影响地方政府城投债的发行。第五章通过基准双重金融摩擦模型以及纳入企业异质性的双重金融摩擦模型,研究了不同类型货币政策对非金融企业杠杆率的影响以及信贷歧视背景下货币政策对不同所有制企业杠杆率的影响差异。研究表明:(1) 紧缩性货币政策的实施会增加非金融企业的杠杆率,宽松性货币政策则相反。(2) 数量型货币政策与价格型货币政策对经济变量的影响方向一致,但前者相比后者对经济的传导效果要小很多。并且,信贷供给端摩擦在价格型货币政策的传导过程中扮演着重要角色,但对数量型货币政策的传导效果影响不大。(3) 政府对国有企业债务的隐性担保会导致信贷所有制歧视,当信贷歧视程度逐渐加大时,紧缩性货币政策冲击对国有企业杠杆率的提升幅度会逐渐远高于民营企业,并且此过程伴随着民营企业资本向国有企业转移、国有企业违约概率增幅大于民营企业等现象。本章的研究具有较强的现实和理论意义:(1) 本章将信贷歧视、企业异质性等特征纳入双重金融摩擦模型中,对双重金融摩擦模型进行了一个有意义的拓展;(2) 本章在考虑双重金融摩擦、信贷歧视等特征下,更全面地考察了货币政策对非金融企业杠杆率以及不同所有制企业杠杆率的影响,从而能够为货币政策如何在促进经济增长和防范化解风险之间实现平衡提供有效的建议。

第六章进一步讨论了中国国债期货与现货市场间的动态价格发现与不对称波动性溢出的问题。本章旨在分析中国国债期货和现货之间的动态信息传导关系和不对称波动溢出效应,实证结果发现 5 年期和 10 年期国债期货已具有明显的信息优势,且交易更活跃的国债期货品种对现货市场具有更强的价格引导能力,但在市场快速下跌时,市场恐慌情绪驱动期货价格的非理性下跌,削弱了期货市场的价格发现和信息传导效率。此外,国债期货与现货市场之间存在着非对称波动性联动关系,国债现货相比国债期货具有更强的波动率溢出效应。期货基差的扩大将加剧国债期货市场的波动性。2020 年 4 月 10 日商业银行被允许进入国债期货市场参与交易后,国债期货信息引导份额有所提升,国债期货市场和现货市场的信息传递效率有所增强。

第七章、第八章、第九章和第十章集中关注"双循环"新发展格局、"一带一路"和对外贸易问题。第七章通过构建一个劳动力流动受限的城市经济模型并分析其均衡结果,从理论上探讨了贸易开放度冲击对一国内部不同规模城市的劳动力市场的异质性影响。理论分析表明，贸易开放度的提高能够提高城市的就业规模和劳动力工资水平，但是这种作用在不同规模的城市存在异质性，贸易开放对就业规模的影响在小城市要大于大城市，对劳动力工资的影响在大城市要大于小城市。基于1999~2007年中国城市面板数据，估算中国不同城市所面临的贸易政策不确定性程度；然后以中国加入世界贸易组织（WTO）后美国授予中国的"永久性正常贸易伙伴关系"为准自然实验，构建双重差分模型和三重差分模型，从贸易不确定性下降这一视角实证检验了贸易开放度的提高对城市劳动力市场的影响及其异质性特征，实证研究表明理论分析结果在中国城市层面是成立的。第八章使用"高校扩招"这一政策冲击构造准自然实验，采用双重差分法准确地评估了人力资本扩张对我国制造业企业全球价值链位置的影响及其作用机制。研究发现：(1)"高校扩招"政策带来的人力资本扩张显著推动了我国制造业企业价值链位置的升级。(2) 企业全球价值链位置升级效应形成机制在于，人力资本扩张通过企业对外贸易中的"中间品进口效应"以及企业内部的"创新驱动效应"共同推动了价值链位置升级。(3) 人力资本扩张对不同所有制和不同地区企业的价值链位置的影响存在异质性，人力资本扩张对国有企业全球价值链位置的提升最大，对外资企业的影响次之，对民营企业的影响最小；此外，人力资本扩张主要显著推动了东部地区和中部地区企业全球价值链位置的升级。第九章认为，构建国内国际双循环，从使用价值角度看，应强调专业化分工与国际大循环；从价值使用上看，应以国内循环为主。前者应通过"一带一路"建设，积极参与国际分工，促进产品使用价值的国际大循环，提高本国要素及产业的专业化分工水平，推动本国产业的更新换代，延长产业生命周期；后者应通过"一带一路"建设，缩小国内地区差距，提高国内市场一体化程度，充分利用"一带一路"沿线国家市场容量，扩大出口，增加国内居民可支配收入，促进居民消费。第十章基于中国与65个"一带一路"沿线国家的贸易数据显示，10个贸易量最大的国家中，东盟国家占据6席，中国对东盟国家的直接投资约占对"一带一路"沿线国家直接投资的一半，2017年以来，进一步上升到67%以上。本章认为，悠久的经贸往来历史、大量的华人华侨、要素比较优势互补以及以民间投资为主的外国直接投资（FDI），是中国与东盟国家的经贸关系在"一带一路"建设中脱颖而出的重要因素。其经验值得其他沿线国家在"一带一路"建设中加以思考和借鉴。

第十一章和第十二章重点讨论了数字经济与企业创新问题。第十一章使用企业的价格加成作为上述两种效应净值的综合反映,并在理论上构造可变价格加成模型,探讨数字经济发展对企业价格加成的影响机制。进一步地,本章使用2004~2013年的中国工业企业数据,结合新近发展的不完美工具变量法进行实证检验。研究发现:数字经济发展显著降低了企业的价格加成,不完美工具变量法估计的稳健上界为 -0.31%。作用机制的分析显示,企业间竞争程度的增加和企业对成本压力的不完全转嫁是重要传导渠道。异质性分析表明,对于具有数字化程度较低、融资约束较紧、成本节约能力较弱等特征的企业,数字经济发展对其价格加成的负面影响更深。研究还发现,数字经济发展降低了企业价格加成的离散度,显著改善了资源配置的效率。本章的发现对认识当前推行数字经济与实体经济融合的重大意义,以及如何进一步有效推进数字经济发展有着重要启示。

第十二章首先从理论上考察了知识产权保护与融资约束对企业研发投入的影响,以此揭示知识产权保护如何通过缓解企业融资约束这一微观作用机制提高企业研发投入。本章在理论分析的基础上,运用中国2008~2016年A股上市企业数据实证研究了知识产权保护能否通过缓解企业融资约束进而促进企业研发投入,并通过区分不同类型企业考察这种缓解作用的异质性。结果表明:加强知识产权保护激励了企业研发投入,融资约束抑制了企业研发投入,知识产权保护能够通过缓解企业融资约束这一作用机制提高企业研发投入。加强知识产权保护缓解了融资约束对企业研发投入的抑制作用,且这种缓解作用在融资约束程度较高的企业、高新技术企业和民营企业中更加显著。通过利用不同指标替代核心解释变量、解决内生性问题进行估算后,上述结论依然稳健。

第十三章分析了职业流动性、代际收入流动性与基尼系数问题。本章认为,自2015年以来我国基尼系数呈现不降反升、高位徘徊的态势。对此,本章重点从职业流动性的角度研究其对代际收入流动性进而对基尼系数的影响。基于中国家庭追踪调查(CFPS)2010~2018年的数据所进行的实证研究结果表明,近年来我国农村家庭职业流动性显著提高,改善了代际收入流动性,进而在很大程度上推动了收入差距的缩小;但是,城镇家庭中低收入、中等收入组别中,职业流动性弱,其对代际收入流动的阻碍作用较强,不利于收入差距的缩小。不同于现有文献中注重微观层面家庭对教育的投入与代际收入流动性关系的研究,本章对职业流动性问题的关注直接涉及我国就业市场的结构调整,进一步将触及我国经济增长与结构调整的问题,因而能够揭示导致我国基尼系数长期居高不下的根本性原因,对于我国推进高质量发展、实现共同富裕具有重要意义。

第三篇是"预测与政策模拟篇",包括第十四章至第十六章共三章内容。第十四章是中国季度宏观经济模型(CQMM)课题组2021年春季预测报告的主体部分;第十五章是2021年秋季预测报告的主体部分。这两次报告的第一部分都是对上一次预测报告以来中国宏观经济形势及宏观经济政策调控进行回顾与分析。由于本书另行撰写了2021年的宏观经济运行与宏观经济政策调控情况分析,并作为第一章的内容,因此,第十四章、第十五章仅包含了两次报告的预测、政策模拟、政策分析与政策建议部分。

第十六章收录了厦门大学宏观经济研究中心与新华社《经济参考报》分别于2021年2月和8月联合开展的"中国宏观经济形势与政策"问卷调查的结果及其分析。

目录

Contents

第一篇　回顾篇

第一章　2021年中国宏观经济运行回顾 / 3

第一节　宏观经济运行基本情况分析 / 3

第二节　2022年中国宏观经济展望 / 18

第二篇　研究与分析篇

第二章　PPI与CPI的传导机制及其效应 / 23

第一节　引言 / 23

第二节　PPI和CPI之间的传导机理 / 24

第三节　PPI和CPI之间传导的统计分解 / 26

第四节　经验分析 / 28

第五节　结论与建议 / 29

参考文献 / 30

第三章　财政政策扩张与智力资本价值创造效率 / 31

第一节　引言 / 31

第二节　研究假设 / 34

第三节　研究设计 / 36

第四节　实证分析　/ **39**

第五节　结论与启示　/ **49**

参考文献　/ **50**

第四章　财政分权对地方政府债务的影响研究——基于城投债的证据　/ **53**

第一节　引言　/ **53**

第二节　研究假说　/ **55**

第三节　模型设计与数据说明　/ **57**

第四节　实证分析　/ **61**

第五节　结论与政策建议　/ **72**

参考文献　/ **72**

第五章　货币政策对非金融企业杠杆率的影响——基于纳入金融摩擦与信贷歧视的 DSGE 模型的研究　/ **75**

第一节　引言　/ **75**

第二节　文献综述　/ **79**

第三节　基准模型：双重金融摩擦模型　/ **81**

第四节　纳入企业异质性的双重金融摩擦模型　/ **97**

第五节　结论与政策建议　/ **114**

参考文献　/ **116**

第六章　中国国债期货与现货市场间的动态价格发现与不对称波动性溢出　/ **119**

第一节　引言　/ **119**

第二节　文献综述　/ **122**

第三节　数据分析　/ **124**

第四节　实证方法　/ **130**

第五节　实证结论　/ **134**

第六节　稳健性检验　/ **144**

第七节　结论　/ **148**

参考文献　/ **149**

第七章　谁从贸易中获益更大：大城市还是小城市　/ **151**

第一节　问题的提出　/ **151**

第二节　文献综述　/ **152**

第三节 理论模型 / **154**
第四节 实证模型、变量与数据 / **158**
第五节 实证分析结果 / **162**
第六节 研究结论及政策建议 / **169**
参考文献 / **170**

第八章 人力资本扩张与中国国有企业全球价值链位置升级 / **172**

第一节 引言和文献综述 / **172**
第二节 政策背景和识别策略 / **174**
第三节 数据和变量 / **176**
第四节 实证检验 / **178**
第五节 人力资本推动企业全球价值链位置升级的影响机制分析 / **186**
第六节 异质性检验 / **189**
第七节 结论和政策建议 / **191**
参考文献 / **192**

第九章 "一带一路"建设与构建国内国际双循环的新发展格局 / **196**

第一节 引言 / **196**
第二节 基于使用价值和价值视角的"双循环"内涵分析 / **197**
第三节 "一带一路"建设在"双循环"新发展格局中的作用 / **205**
第四节 以"一带一路"建设为抓手,促进"双循环"新格局形成 / **207**
参考文献 / **211**

第十章 从中国—东盟经贸关系发展看"一带一路"建设 / **213**

第一节 引言 / **213**
第二节 文献综述 / **214**
第三节 "一带一路"建设中的中国与东盟经贸关系发展 / **215**
第四节 中国与东盟经贸关系快速发展的原因 / **218**
第五节 从中国—东盟经贸关系看"一带一路"建设 / **227**
参考文献 / **231**

第十一章 数字经济发展与企业的价格加成：理论机制与经验事实 / *233*

    第一节　引言 / *233*

    第二节　理论分析 / *235*

    第三节　数据说明与主要指标构建 / *238*

    第四节　实证策略与回归结果分析 / *241*

    第五节　机制与异质性分析 / *248*

    第六节　结论与政策启示 / *255*

    参考文献 / *256*

第十二章 知识产权保护、融资约束与中国国有企业研发投入 / *259*

    第一节　引言 / *259*

    第二节　理论分析与研究假设 / *262*

    第三节　计量模型、变量与数据说明 / *266*

    第四节　实证结果与分析 / *271*

    第五节　结论与政策启示 / *288*

    参考文献 / *289*

第十三章 职业流动性、代际收入流动性与基尼系数——基于CFPS数据的实证分析 / *292*

    第一节　引言 / *292*

    第二节　文献综述 / *293*

    第三节　数据描述和变量说明 / *296*

    第四节　我国城乡家庭代际收入流动性的测算 / *299*

    第五节　城乡家庭职业流动性的测算 / *305*

    第六节　职业流动性对代际收入流动影响的实证研究 / *310*

    第七节　结论与政策建议 / *317*

    参考文献 / *318*

第三篇　预测与政策模拟篇

第十四章 2021年春季中国宏观经济预测 / *323*

    第一节　2020年中国宏观经济运行回顾 / *323*

第二节　2021~2022年中国宏观经济预测 / **339**

第三节　政策模拟：促进居民消费增长的政策研究 / **347**

第四节　结论与建议 / **358**

参考文献 / **359**

第十五章　2021年秋季中国宏观经济预测 / **360**

第一节　2021年上半年中国宏观经济运行回顾 / **360**

第二节　2021~2022年中国宏观经济预测 / **373**

第三节　中国PPI和CPI的传导机理及其量化分析 / **381**

第四节　提高中等收入群体收入增速的宏观经济效应研究 / **388**

第五节　结论与政策建议 / **397**

参考文献 / **400**

第十六章　"中国宏观经济形势与政策"问卷调查报告 / **402**

第一节　2021年春季问卷调查报告 / **402**

第二节　2021年秋季问卷调查报告 / **413**

第一篇 回顾篇

2021年，中国国内生产总值（GDP）114.4万亿元，实际同比增长8.1%，两年平均增长5.1%。分季度看，第一季度同比增长18.3%，第二季度同比增长7.9%，第三季度同比增长4.9%，第四季度同比增长4.0%；两年平均增速分别为5.0%、5.5%、4.9%、5.2%。经济整体运行在合理区间内，从短期看，新冠肺炎疫情反复、限产限电等因素对第三季度的经济增长造成负面冲击，经济修复进程多有波折。

分产业看，2021年，第一产业增加值8.3万亿元，同比增长7.1%，两年平均增长5.3%；第二产业增加值45.1万亿元，同比增长8.2%，两年平均增长5.3%；第三产业增加值61.0万亿元，同比增长8.2%，两年平均增长5.0%。从三大产业的恢复程度看，第一产业增速明显高于疫情前，第二产业增速与疫情前基本相当，第三产业增速则与疫情前仍有明显差距。疫情发生以来第三产业一直是中国经济的拖累项，2022年第三产业的修复状况将决定经济增长的上限。

第一章 2021年中国宏观经济运行回顾*

第一节 宏观经济运行基本情况分析

2021年，中国国内生产总值（GDP）114.4万亿元，实际同比增长8.1%，两年平均增长5.1%。分季度看，第一季度同比增长18.3%，第二季度同比增长7.9%，第三季度同比增长4.9%，第四季度同比增长4.0%；两年平均增速分别为5.0%、5.5%、4.9%、5.2%（见图1-1）。经济整体运行在合理区间内，从短期看，疫情反复、限产限电等因素对第三季度的经济增长造成负面冲击，经济修复进程多有波折。

总体来说，2021年中国经济运行呈现出以下特点：（1）服务业修复较慢，工业生产持续回暖；（2）就业形势基本稳定，CPI和PPI剪刀差先扩后敛；（3）制造业投资强劲，基建和房地产投资低迷；（4）消费持续疲弱，居民收入有所改善；（5）出口强韧延续，贸易结构不断优化；（6）社融规模持续回落，实体融资需求疲软；（7）财政收入恢复性增长，财政支出向民生倾斜。

一、服务业修复较慢，工业生产持续回暖

2021年，第一产业增加值8.3万亿元，同比增长7.1%，

---

* 本章作者：林致远。

两年平均增长5.3%；第二产业增加值45.1万亿元，同比增长8.2%，两年平均增长5.3%；第三产业增加值61.0万亿元，同比增长8.2%，两年平均增长5.0%。从三大产业的恢复程度看，第一产业增速明显高于疫情前，第二产业增速和疫情前基本相当，第三产业增速则与疫情前仍有明显差距（见图1-2）。疫情以来第三产业一直是中国经济的拖累项，2022年第三产业的修复状况将决定经济增长的上限。

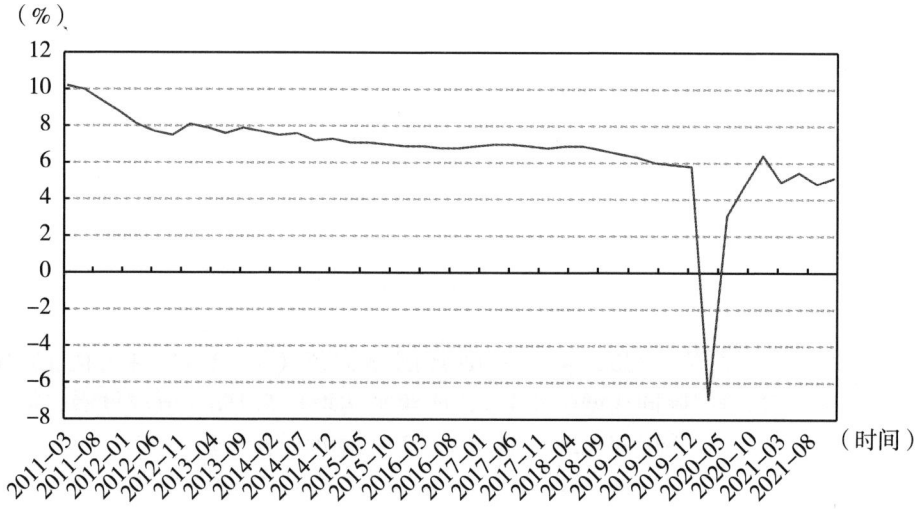

图1-1　2011~2021年GDP季度同比增速

注：2021年为两年平均增速。
资料来源：中国经济数据库（CEIC），CQMM课题组计算。

2021年，全国规模以上工业增加值同比增长9.6%，两年平均增长5.3%。分月度看，10月以后随着限电限产的纠偏，工业生产逐步恢复，工业增加值两年平均增速由9月的5.0%逐步上升至12月的5.8%。三大门类方面，采掘业增加值增长5.3%，制造业增长9.8%，电力、热力、燃气及水生产和供应业增长11.4%，两年平均增速分别为2.1%、5.9%、5.1%，均较疫情前有所回落。总体表现出逐步回暖的态势（见图1-3）。

高技术制造业加速领跑，新动能持续增强。高技术制造业增加值增长18.2%，增速高出规模以上工业8.6个百分点，两年平均增速高出6.2个百分点（见图1-4）。

二、就业形势基本稳定，CPI和PPI剪刀差先扩后敛

2021年，全国城镇新增就业1 269万人，比上年增加83万人；全年全国城

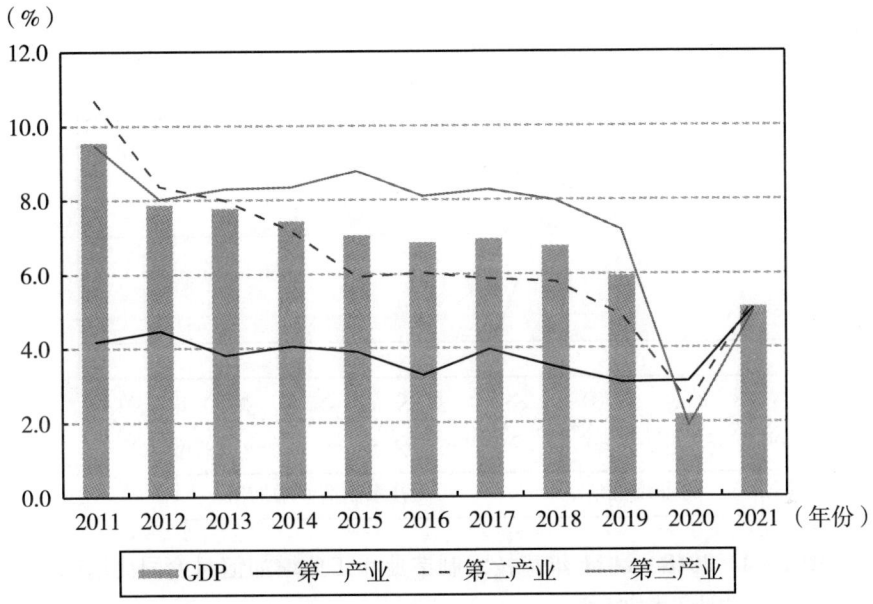

图1-2　2011~2021年GDP和三次产业增速

注：2021年为两年平均增速。

资料来源：CEIC，CQMM课题组计算。

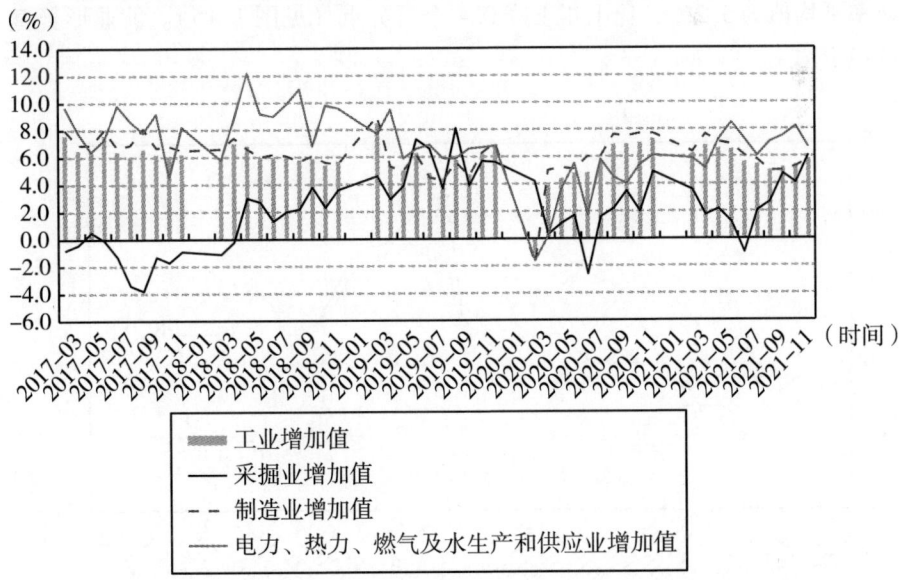

图1-3　2017~2021年工业及其三大门类增加值月度同比增速

注：2021年为两年平均增速。

资料来源：CEIC，CQMM课题组计算。

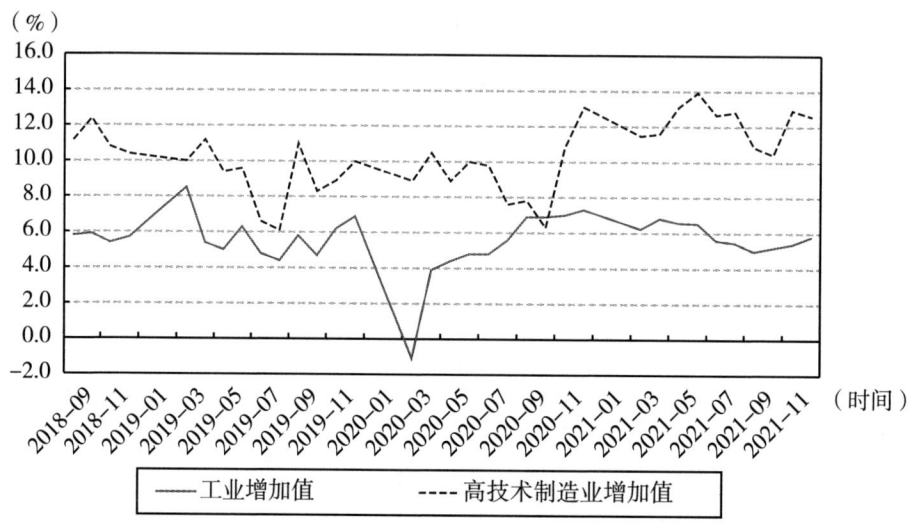

图 1-4　2018~2021 年高技术制造业和工业增加值月度同比增速

注：2021 年为两年平均增速。

资料来源：CEIC，CQMM 课题组计算。

镇调查失业率平均值为 5.1%，比上年下降 0.5 个百分点；31 个大城市城镇调查失业率平均值为 5.2%，比上年下降 0.4 个百分点（见图 1-5）。就业形势基本保持稳定。

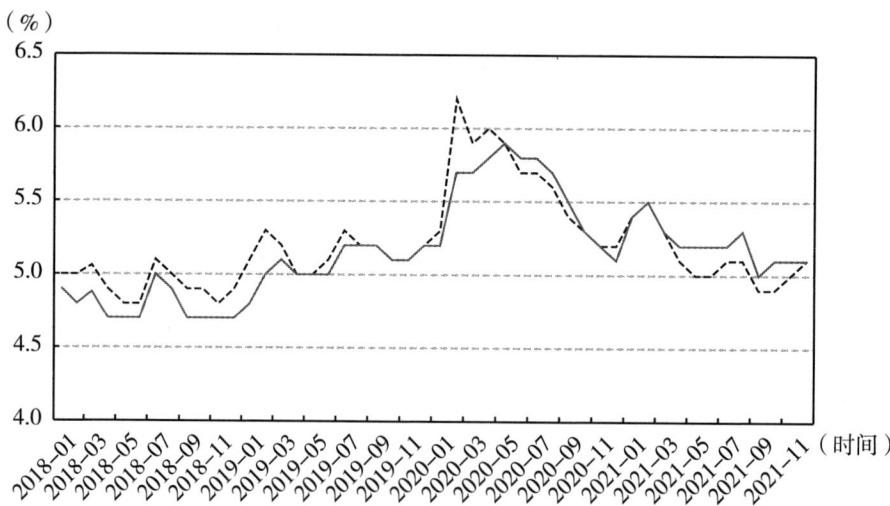

图 1-5　2018~2021 年全国城镇调查失业率和 31 个大城市城镇调查失业率

资料来源：CEIC，CQMM 课题组计算。

2021年，消费价格微幅增长，居民消费价格指数（CPI）增长0.9%。分月度看，非食品CPI的涨幅小幅回升，食品CPI的涨幅则在正负值之间徘徊，其中猪肉成为食品价格向上的主要拖累项。受生猪集中出栏供给大幅增加和需求季节性走弱叠加影响，猪肉价格同比持续大幅下跌（见图1-6）。

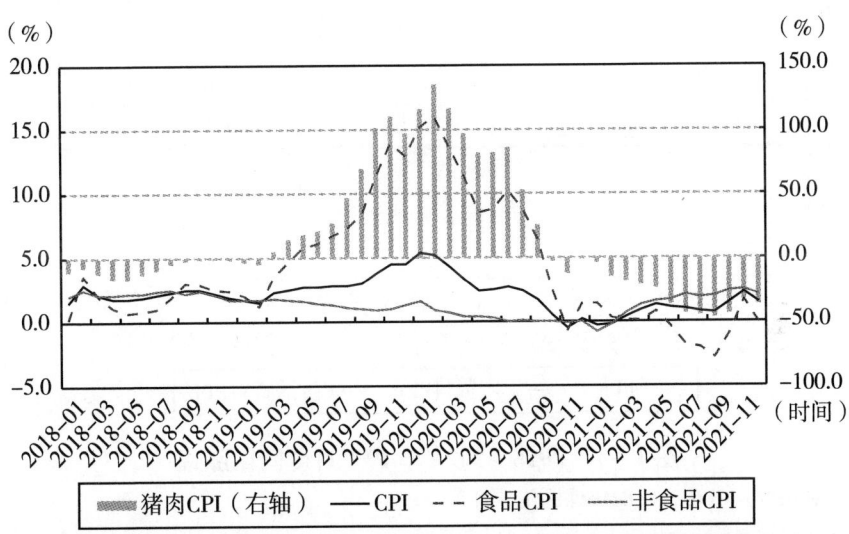

图1-6　2018~2021年CPI、食品和非食品CPI月度同比涨幅

资料来源：CEIC，CQMM课题组计算。

2021年，工业生产价格快速上升，工业生产者出厂价格指数（PPI）增长8.1%，其中，生产资料PPI增长10.7%，生活资料PPI增长0.4%。分月度看，PPI同比涨幅由1月的0.3%迅速上升至10月的13.5%，此后回落至11月的12.9%和12月的10.3%；生产资料PPI的走势与总体PPI的走势基本一致；生活资料PPI的走势则与之相去甚远，并且同比涨幅基本稳定在0.1%~1.0%之间（见图1-7）。这表明，总体PPI的抬升主要源于生产资料价格的急剧上涨，而这一方面是由于生产端供应链条不畅所致，另一方面则与"双碳"目标下的限产限电所带来的冲击有关。

2021年，消费价格的微幅上涨与工业生产价格的先急速上升后略有回落之间形成强烈对比，导致2021年PPI和CPI之间的剪刀差呈现出先迅速扩大、后略有收敛的态势（见图1-8）。CPI和PPI走势的背离并不意味着价格传导渠道受到阻塞，而更可能是能源价格冲击的结果。①

---

① 参见中国季度宏观经济模型（CQMM）课题组：《2021—2022年中国宏观经济更新预测——提高中等收入群体收入增速的宏观经济效应分析》，载于《厦门大学学报（哲学社会科学版）》2021年第6期。

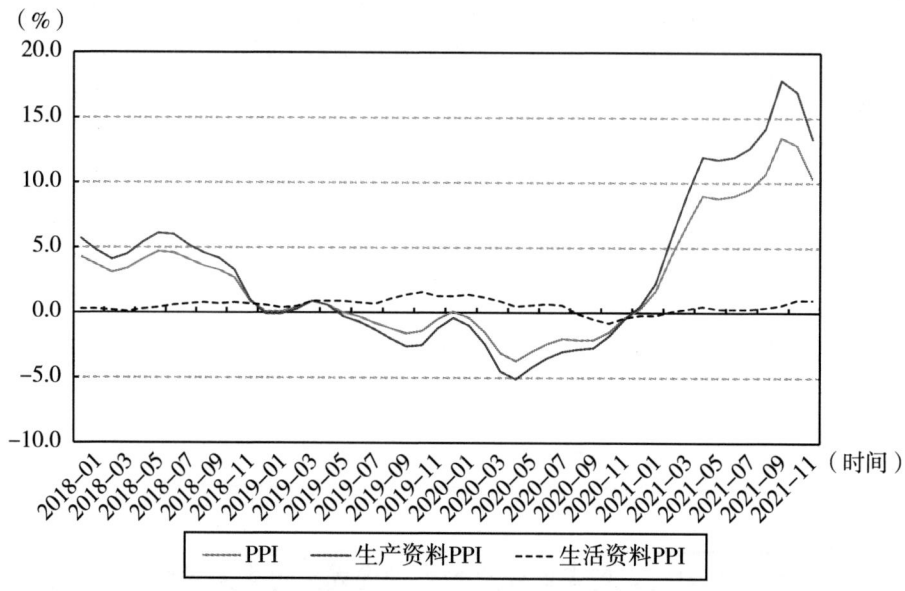

图1-7　2018~2021年PPI月度同比涨幅

资料来源：CEIC，CQMM课题组计算。

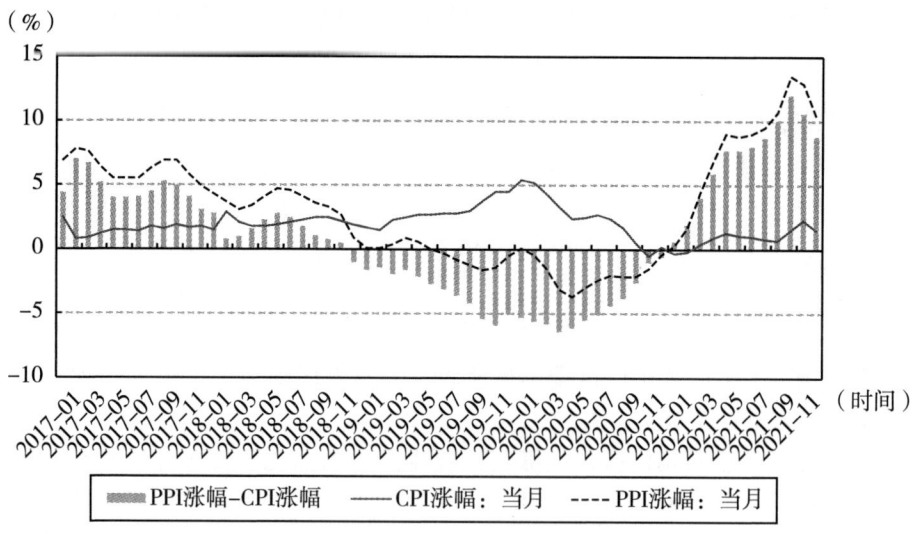

图1-8　2017~2021年CPI和PPI剪刀差

资料来源：CEIC，CQMM课题组计算。

三、制造业投资加快复苏,基建和房地产投资相对低迷

2021年,国内投资增速继续向上修复,全国固定资产投资同比增长4.9%,两年平均增长3.9%,比上年增加1.0个百分点,但距离2019年5.4%的增速仍有一定的差距;民间固定资产投资同比增长7.0%,两年平均增速为4.0%,比上年增加3.0个百分点,稍低于2019年4.7%的增速(见图1-9)。民营经济是制造业出口的绝对主体,2021年外贸的继续高位增长,给民间投资的修复带来了不小的助力。

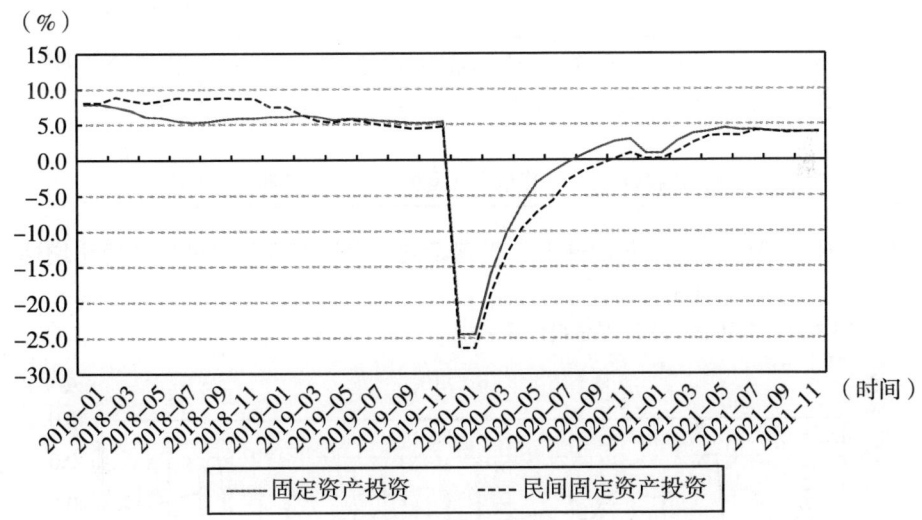

图1-9 2018~2021年固定资产投资和民间固定资产投资累计月度同比增速

注:2021年为两年平均增速。
资料来源:CEIC,CQMM课题组计算。

2021年,制造业投资同比增长13.5%,两年平均增速5.4%,比上年增加7.6个百分点,比2019年高出2.3个百分点(见图1-10)。制造业投资增速的快速攀升,一方面是由于在出口需求强劲和去库存的背景下,工业产能利用率达到历史高位;另一方面则是由于2021年以来工业企业利润增速持续维持高位水平(见图1-11)。

2021年,基础设施建设投资同比增长0.4%,两年平均增速0.6%,比上年减少0.3个百分点,较2019年回落3.2个百分点(见图1-10)。基建投资的低迷表现,主要受一般公共财政对基建支持偏弱、专项债发行后置等因素的影响。

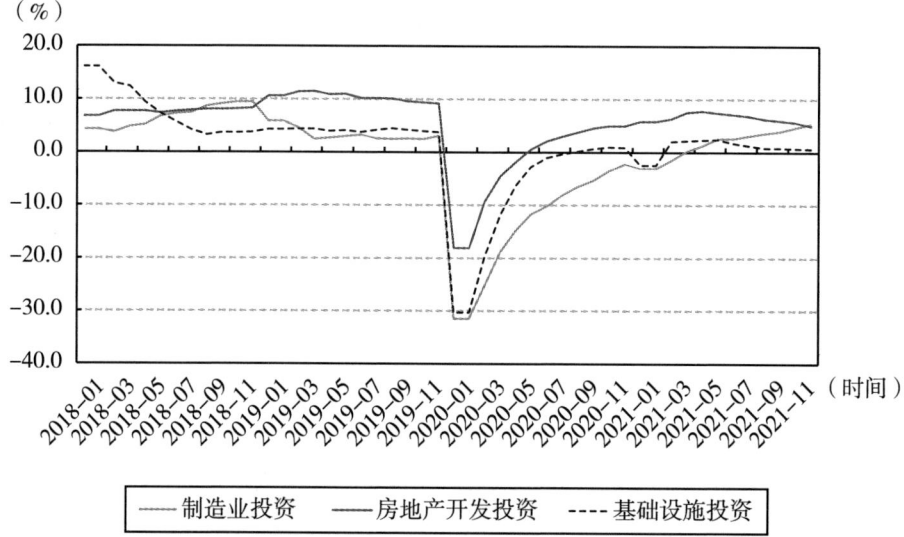

图 1-10　2018~2021 年制造业、基础设施和房地产开发投资累计同比增速

注：2021 年为两年平均增速。

资料来源：CEIC，CQMM 课题组计算。

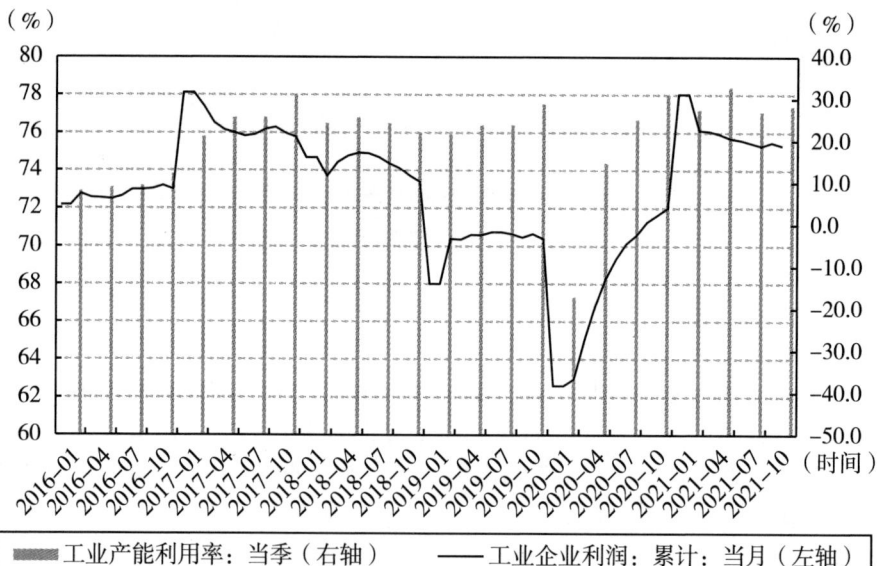

图 1-11　2016~2021 年工业企业利润增速和工业产能利用率

注：2021 年为两年平均增速。

资料来源：CEIC，CQMM 课题组计算。

2021年,房地产开发投资同比增长5.0%,两年平均增速5.0%,与上年持平,较2019年大幅回落4.2个百分点(见图1-10)。自疫情发生以来,地产投资维持在相对高位,为经济复苏提供了较强有力的支撑。但2021年下半年以来,在行业严格监管政策继续执行和信用政策整体偏紧的双重影响下,地产投资显现出明显的下行趋势。

四、消费持续疲弱,居民收入出现改善

2021年,社会消费品零售总额同比增长12.5%,两年平均增速为4.0%,比上年增长7.9个百分点,较2019年回落4个百分点;分月度看,两年平均同比增速呈现出波动下行的状态(见图1-12)。消费增长的持续疲软,削弱了经济复苏的内生动能。

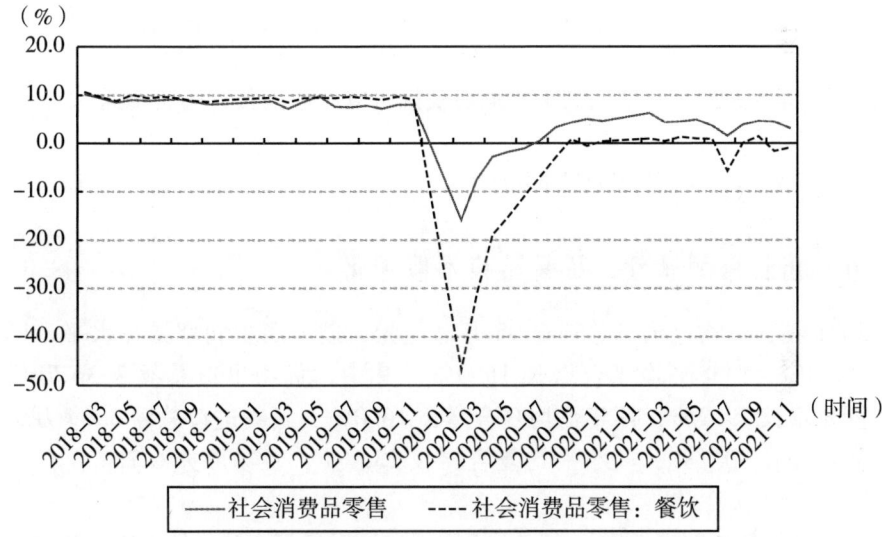

图1-12 2018~2021年社会消费品零售总额月度同比增速

注:2021年为两年平均增速。

资料来源:CEIC,CQMM课题组计算。

从居民收入看,2021年全国居民人均可支配收入实际增长8.1%,两年平均增速为5.1%,与经济增速基本同步,比上年提高6个百分点,较2019年回落0.7个百分点;分月度看,居民可支配收入表现出逐步改善的态势,农村居民收入增速更是已经恢复至疫前的水平(见图1-13)。

在居民可支配收入逐渐改善的情况下,消费复苏的相对乏力主要源于疫情反复所造成的扰动。2021年,疫情不时在多地散点暴发,线下餐饮、酒店消费等难以提振,对消费回暖形成约束。

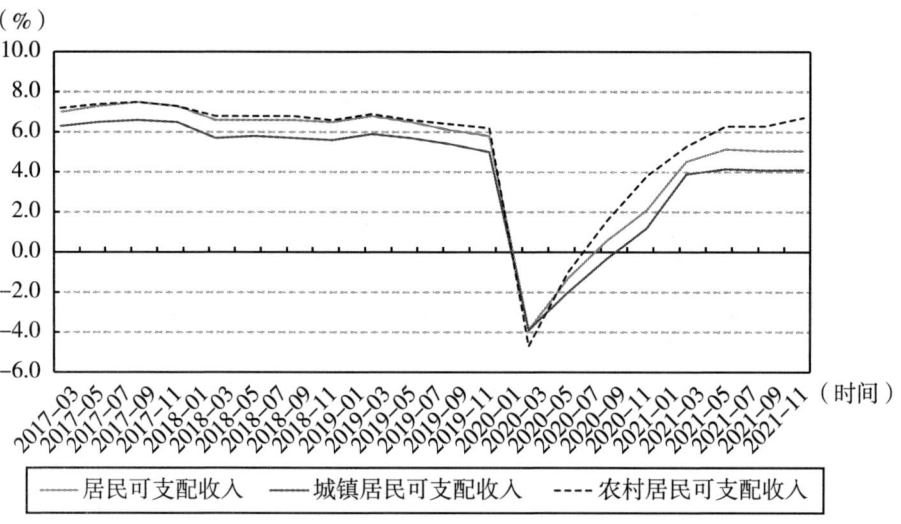

图 1-13　2017~2021 年居民实际可支配收入累计同比增速

注：2021 年为两年平均增速。

资料来源：CEIC，CQMM 课题组计算。

五、出口强韧延续，贸易结构不断优化

2021 年，货物进出口总额 6.05 万亿美元，创下历史同期最高水平，同比增长 30.0%，两年平均复合增长 15.0%。其中，货物出口总额 3.36 万亿美元，同比增长 29.9%，两年平均复合增长 16.0%；货物进口总额 2.69 万亿美元，同比增长 30.1%，两年平均复合增长 13.7%；贸易顺差 6 764.3 亿美元（见图 1-14）。

进出口的超预期高速增长，一方面源于疫情反复下全球供给端因生产受阻而出现的贸易转移，另一方面则源于各国为应对疫情而纷纷出台的财政补贴政策所带来的需求增长。2021 年中国货物出口的高景气度，给经济提供了较强动能。

贸易方式继续优化。2021 年，一般贸易进出口总额 3.72 万亿美元，占货物进出口总额的 61.4%，比上年同期增加 1.6 个百分点；加工贸易进出口总额 1.32 万亿美元，占货物进出口总额的 21.7%，比上年同期减少 2.0 个百分点。

贸易结构持续升级。2021 年，机电产品出口 1.99 万亿美元，同比增长 28.7%，占出口总额的 59.1%。其中，自动数据处理设备、手机和汽车分别同比增长 21.0%、16.5% 和 119.2%。高新技术产品出口 9 811.1 亿美元，占出口总额的 29.2%。机电产品进口 1.14 万亿美元，同比增长 20.0%，占进口总额的 42.5%。其中，高新技术产品进口 8 387.9 亿美元，占进口总额的 31.2%；集成

电路进口4 333.3亿美元,同比增长23.3%,占进口总额的16.1%。

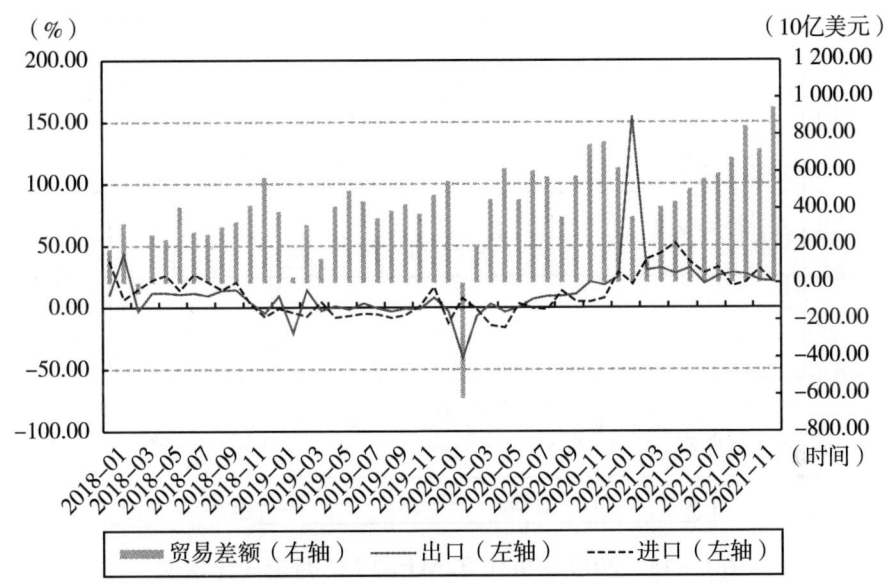

图1-14　2018~2021年进出口累计同比增速与贸易差额

资料来源:CEIC,CQMM课题组计算。

从贸易国别看,中国与东盟、欧盟和美国的进出口贸易额分别为8 778.6亿、8 285.9亿和7 560.7亿美元,分列贸易伙伴的前三位,三者合计占全部进出口总额的40.7%。其中,对美国出口额5 766.0亿美元,同比增长27.5%;从美国进口额1 794.6亿美元,同比增长32.9%;贸易顺差3 971.4亿美元,贡献了总贸易顺差的58.7%。这表明,中美之间存在着相当紧密的经贸关系,"中美脱钩论"并未得到实践的支持。

六、社融规模持续回落,实体融资需求疲软

货币供应量方面,狭义货币(M1)同比增速由1月的14.7%逐步回落至10月的2.8%,之后升至11月的3.0%和12月的3.5%;广义货币(M2)各月同比增速大体徘徊在8.1%~10.1%,反映出货币政策稳健中性运行的态势(见图1-15)。

2021年新增社会融资31.4万亿元,较上年减少3.5万亿元。从变动趋势上看,社会融资规模持续回落(见图1-16),这一方面是由于实体融资需求疲软,主要表现为企业中长期贷款同比持续减少(见图1-17);另一方面则是由于财政支出政策偏紧,政府债券发行后置(见图1-16)。

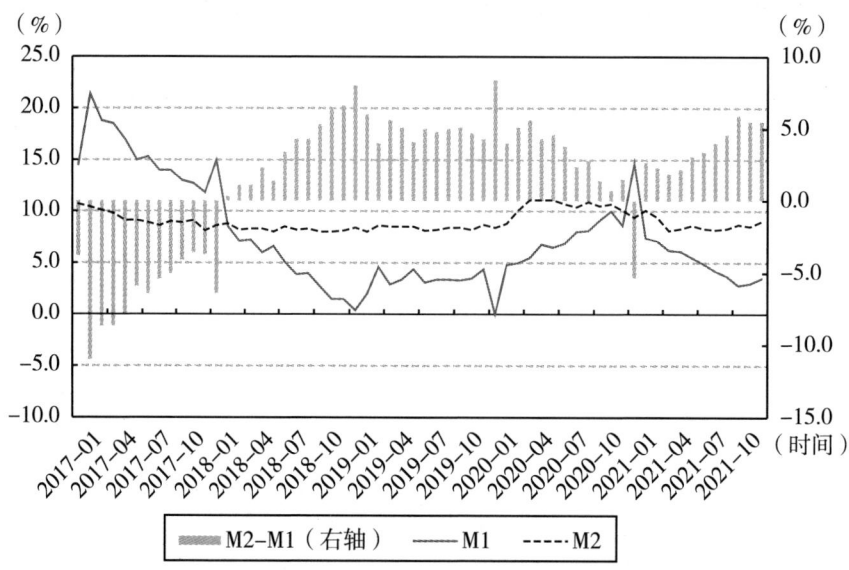

图1-15　2017~2021年M1和M2月度同比增速

资料来源：CEIC，CQMM课题组计算。

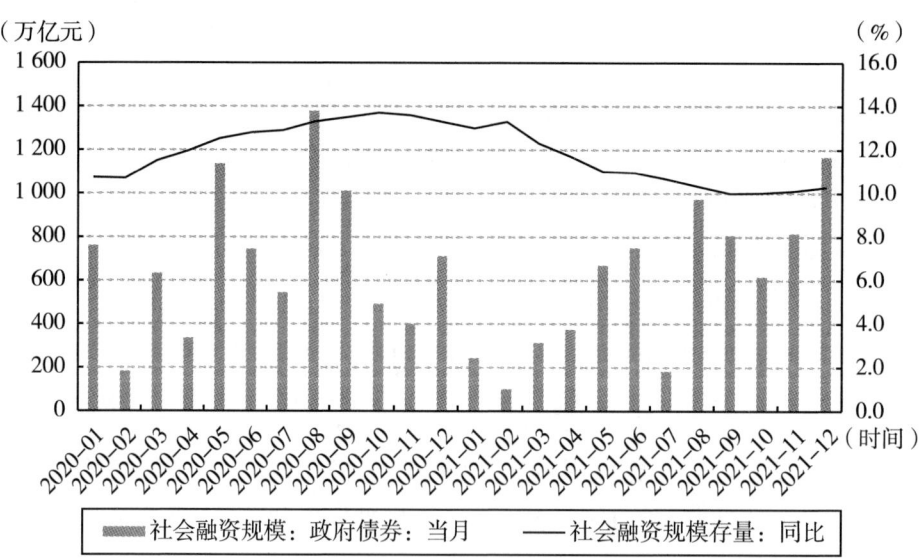

图1-16　2020~2021年社会融资规模与政府债券变动情况

资料来源：CEIC，CQMM课题组计算。

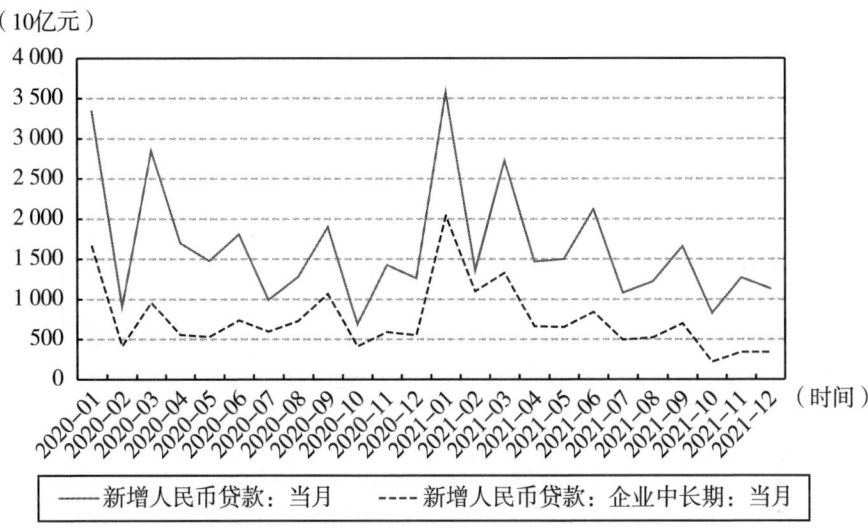

图 1-17　2020~2021 年新增人民币贷款

资料来源：CEIC，CQMM 课题组计算。

七、财政收入恢复性增长，财政支出向民生倾斜

2021 年 1~11 月，全国一般公共预算收入 19.1 万亿元，同比增长 12.8%，其中，税收收入 16.4 万亿元，同比增长 14.0%；非税收入 2.7 万元，同比增长 5.9%（见图 1-18）。全国政府性基金预算收入 7.7 万亿元，同比增长 5.4%，其中，国有土地使用权出让收入 6.8 万亿元，同比增长 3.8%（见图 1-19）。一般公共预算收入和政府性基金收入的较快增长，主要源于 2021 年中国经济的持续景气复苏。

2021 年 1~11 月，全国一般公共预算支出 21.4 万亿元，同比增长 2.9%；全国政府性基金支出 0.9 万亿元，同比下降 4.8%（见图 1-20）。一般公共预算支出和政府性基金的相对缓慢增长，主要是因持续加大的财政压力所致。2020 年，狭义财政赤字①高达 6.3 万亿元，政府性基金赤字②高达 2.5 万亿元，均创下历史新高。2021 年 1~11 月，狭义财政赤字额和政府性基金赤字额分别为 2.3 万亿元和 1.4 万亿元（见图 1-21）。

---

① 狭义财政赤字 = 一般公共预算支出 - 一般公共预算收入。
② 政府性基金赤字 = 政府性基金支出 - 政府性基金收入。

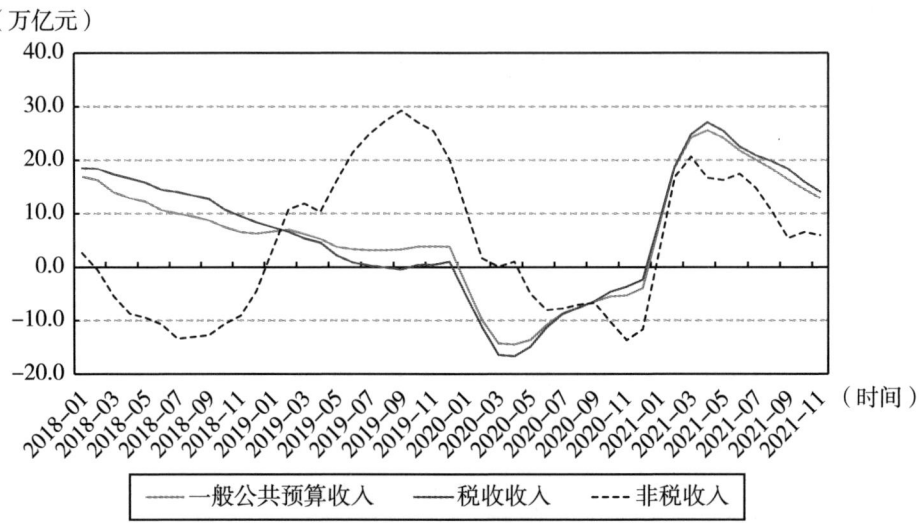

图 1-18　2018~2021 年一般公共预算收入累计同比增速

资料来源：CEIC，CQMM 课题组计算。

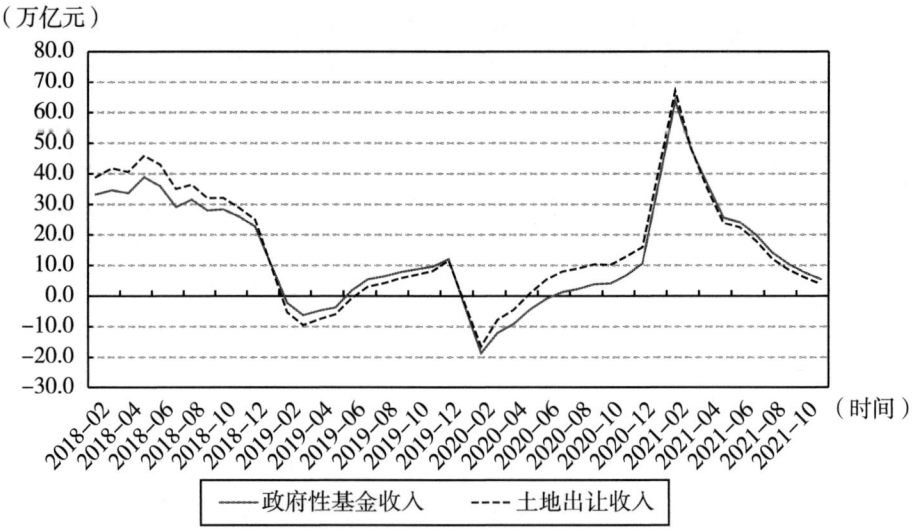

图 1-19　2018~2021 年政府性基金收入累计同比增速

资料来源：CEIC，CQMM 课题组计算。

从支出结构看，2021 年 1~11 月，教育支出、社会保障和就业支出、卫生健康支出等"三保"重点支出分别同比增长 5.1%、5.5%、2.2%，分别占一般公共预算支出的 15.1%、14.4%、7.9%，占比均为 2017 年以来同期最高水平。

相形之下,基建型支出总体疲软,城乡社区事务支出同比下降0.31%,农林水事务支出下降4.9%,交通运输支出下降4.3%。支出向民生领域倾斜,基建相关支出则相应受到压减。

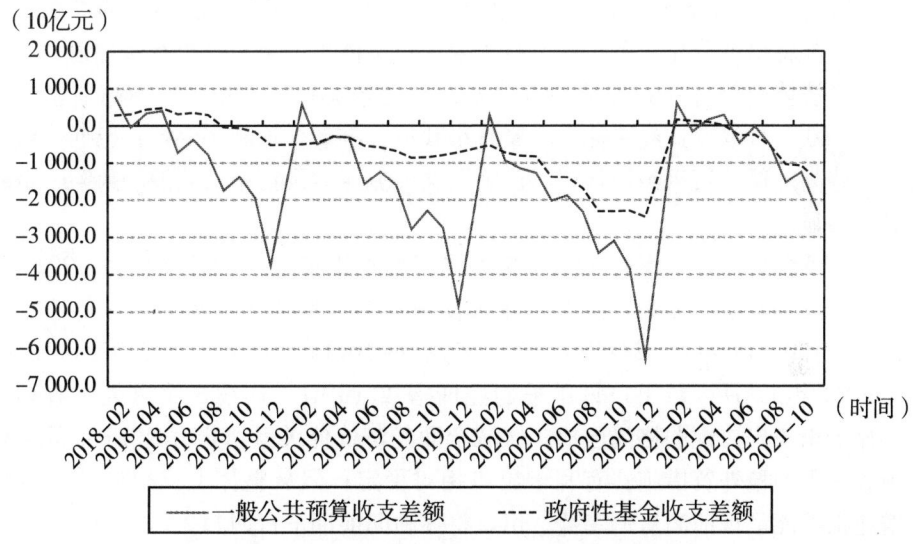

图1-20 2018~2021年财政收支差额

资料来源:CEIC,CQMM课题组计算。

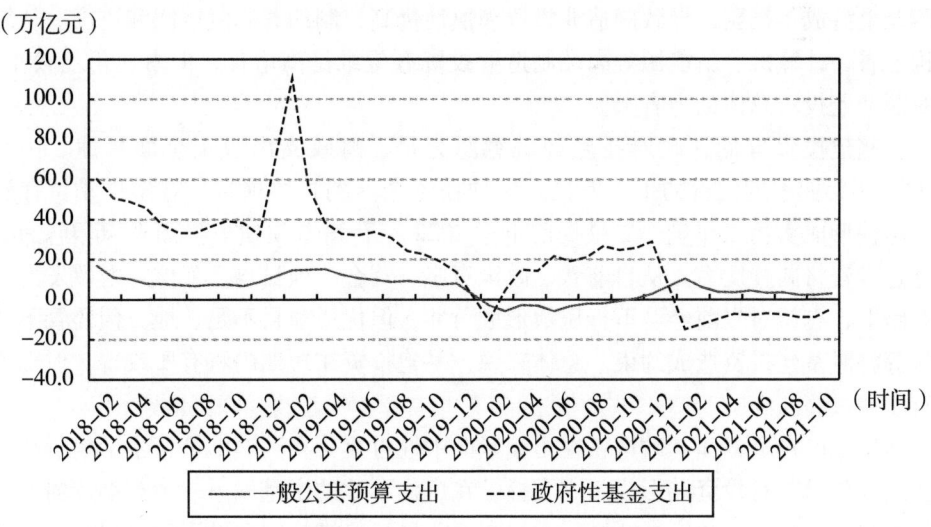

图1-21 2018~2021年财政支出累计同比增速

资料来源:CEIC,CQMM课题组计算。

第二节　2022年中国宏观经济展望

2022年，全球经济仍将处于疫后修复中。受疫苗注射进度不一的影响，各国经济复苏将出现分化，美、欧、日等发达经济体生产修复进程有望加速，而多数新兴经济体则仍将受到疫情的持续困扰，复苏基础尚不稳固。在高通胀压力下，美、欧、日等发达经济体将收紧货币政策，推动全球利率上行；巴西、俄罗斯等一些高外债的新兴经济体或将面临资金外流压力及汇率大幅波动风险，金融脆弱性凸显。

源于疫情反复之下海外供给端生产受阻叠加需求端财政补贴托底，2021年中国出口延续高景气，为经济增长注入较强动能。2022年，随着全球供应链逐步修复、各国财政补贴减少以及2021年高基数影响，中国出口或将高位回落。截至2021年12月，新出口订单采购经理指数（PMI）连续8个月处于收缩区间，显示未来出口走弱格局已成。区域全面经济伙伴关系协定（RCEP）的生效实施和中央的稳外贸措施，有利于出口相对稳定；但从整体上，2022年中国出口增速很可能呈现前高后低走势，出口将逐渐向前期平台回归。

制造业投资方面，一度因能源双控、限产限电政策所带来的供给冲击正在逐步缓解，工业企业利润持续修复，国有企业和民营企业利润分化但边际在收敛，加上经济下行风险下的结构性宽信用，有助于对制造业投资形成支撑。但订单回落及上游成本挤压，导致制造业投资谨慎性仍高，制约着修复空间和进度。从结构上看，计算机、新能源等高端制造业投资有望维持高增长，但占比仍然较小，对制造业投资总体助力有限。

基建投资方面，政府托底经济意愿充足，财政支出政策全面提速。一是2021年第四季度发行的1.2万亿元专项债资金落到具体项目，有望推动留存资金尽快形成实物工作量；二是提前下达2022年新增专项债务限额1.46万亿元，基建投资将前置发力。从目前看，政策意愿、资金、项目均已就位，财政发力已在路上，有望对当前经济下行压力形成对冲，但优质项目不足、地方债监管不放松等将对基建投资造成约束。总体来说，基建投资在短期内将有所改善，但也不宜预期过高。

房地产投资方面，政策正在由偏紧向中性过渡，在因城施策背景下信贷端有望继续放松，对投资端形成一定支撑。在房住不炒的主基调下，销售端疲弱的现象或将延续数月，政府持续推行的保交房、稳房价措施则有助于改善居民购房的谨慎预期。加上保障性住房加快推进并开工，房地产投资或将在下半年有所回暖。

消费作为疫后经济修复的最弱分项,有望迎来小幅反弹,直接原因是居民可支配收入正在逐渐改善。不过,消费超预期复苏的可能性不大,一方面,疫情对中低收入人群的冲击偏大,导致消费内生动能趋弱;另一方面,在疫情的持续扰动下,线下餐饮、酒店消费等难以提振,尽管必选消费整体上仍有韧性,但受地产拖累,家具、建筑及装潢材料类等相关消费支持明显偏弱。疲软的消费或将继续对经济修复构成掣肘。

物价方面,PPI 有望从目前的高位缓慢回落。2021 年国际油价仍有超预期上涨的可能,但下半年随着美国、伊朗和石油输出国组织(OPEC)供应量的逐步恢复,国际油价料将回落。而在国内保供背景下,PPI 有望在 2021 年获得缓解。CPI 的上涨压力主要来自食品项,短期内非食品项较少受高企的 PPI 的影响。预计 2022 年 CPI 将继续回升,PPI 与 CPI 剪刀差或将大幅收敛,下半年 CPI 的上涨压力或将取决于猪价。

综上,2022 年的中国经济将面临需求收缩和预期转弱等约束,下行压力较大。不过,增长基础牢固,经济韧性犹存,加上基建投资政策发力、地产政策边际放松以及稳外贸政策支持等,预计中国经济仍将继续其疫后修复的进程,并在整体上呈现稳健下行的态势。

第二篇 研究与分析篇

CQMM模型预测表明，集中资源增加中等收入群体居民收入水平对经济增长和居民消费的作用将优于"撒胡椒面"式的等量增加各组别居民收入水平。这意味着，不仅宏观收入分配格局的调整会有助于促进居民消费和经济增长，居民内部收入分配格局的调整也会有助于加快居民消费增长和经济增速。因此，除了宏观层面的收入格局调整之外，决策部门还应当将精力用于改善居民内部不同收入组别之间的收入调整。这一方面有助于刺激居民消费，促进经济增长；另一方面也是实现全体人民共同富裕的本质要求。提高居民消费的根本在于增加居民收入。而要增加居民收入，一方面可以通过扩大就业数量、增加困难群体就业机会、增进就业质量、提高工资水平等市场化层面的措施来加以改善；另一方面也可以通过增加对个体居民的转移支付、进一步优化个税改革、降低中等收入群体的税负水平、提高中等收入群体收入水平、调整"减税降费"政策作用方向等政府财政和金融层面的措施支持。因此，下一阶段，为促进居民消费的稳定增长，不仅需要加快调整宏观收入分配格局，更重要的是需要优化居民内部的收入分配格局，加快提高中等收入群体的收入增速，促进共同富裕。

第二章 PPI 与 CPI 的传导机制及其效应*

第一节 引言

2011 年以来,中国生产者价格指数(PPI)与消费者价格指数(CPI)的走势多次出现背离。2012~2016 年,PPI 持续收缩,CPI 则大体稳定在 2.1% 的水平;2017 年和 2018 年,PPI 分别反弹至 6.3% 和 3.5%,CPI 则分别上涨 1.6% 和 2.1%;2019 年和 2020 年,PPI 再度分别收缩至 0.3% 和 1.8%,CPI 则分别上涨 2.9% 和 2.5%;2021 年以来,PPI 迅速高企,CPI 则相对低迷,二者之间呈现明显的分化格局(见图 2-1)。

PPI 和 CPI 走势的频繁分化,引发了关于价格传导机制是否通畅的讨论。本章结合已有文献,首先从线性和非线性的角度揭示 PPI 和 CPI 之间的传导机理。为了从经验上探讨中国 PPI 和 CPI 之间的传导效应,本章随后在统计层面上对 PPI 和 CPI 之间传导的构成特征进行分解,并且通过建立一个包含 PPI、CPI、产出、货币供应量四个变量的滞后增广向量自回归模型(LAVAR),进行经验实证分析。在此基础上,给出相应的结论和政策建议。本章的主要贡献是,根据中国 PPI 和 CPI 的具体构成,对二者之间的传导机制进行详

---

* 本章作者:吴华坤、林致远、龚敏和王燕武。

细剖析,将其分解为"共同部分""穿透部分""弱关联部分""传导部分",并在此基础上量化分析中国PPI和CPI的传导效应。

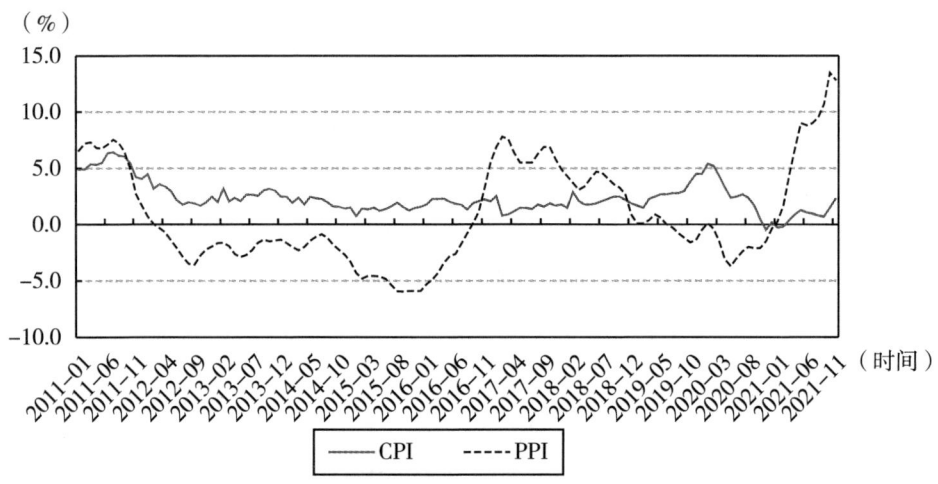

图2-1 2011~2021年CPI和PPI月度同比增速

资料来源:Wind数据库。

第二节 PPI和CPI之间的传导机理

PPI和CPI之间的传导可以分别从线性和非线性的角度进行考察。从线性角度看,产业链是价格传导的基础,价格传导主要源于产业链上的厂商通常采取成本加成定价的策略,由此形成基础价格加上修正价格的定价过程,这在一定程度上可以解释PPP和CPI之间传导的线性特征(见图2-2)。

PPI反映产业链上游生产及生活资料的成本,CPI反映产业链下游消费品及服务价格的变化,因而从理论上看,价格沿产业链会呈现三种典型的传导路径:一是成本推动型;二是替代价格型;三是需求拉动型。成本推动型传导是指上游生产成本的变化通过"初级产品—中间产品—最终产品"这一链条向下游商品价格逐层传递,体现出PPI与CPI同向但CPI变化滞后的特征。例如,原材料和加工工业的价格上涨会抬高工业消费品的成本,进而扩散到居民部门。替代价格型传导是指上游产品价格变化通过影响替代产品价格,进而影响替代商品下游商品价格。例如,原油价格上涨可能带动玉米、豆粕价格上涨,进而使得肉、蛋、奶等食品价格上涨。需求拉动型传导是指受需求端冲击的影响,CPI的变动会对产业链上游的产品需求及其价格产生反向传导的"倒逼"机制,呈现出CPI与

PPI 同向但 PPI 变化滞后的特征。卡波拉莱等（Caporale et al., 2002）指出，因过去或当期的 CPI 通胀水平决定着雇佣合同中的工资水平，为了保障员工原先的购买力水平，雇主通常会在 CPI 上升时提高工资，由此形成由 CPI 向 PPI 的反向传导机制。

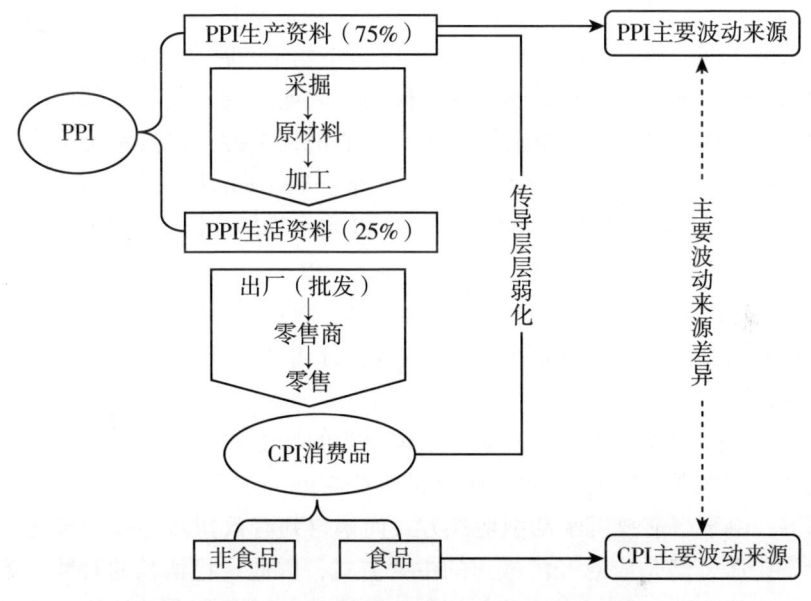

图 2-2　PPI 和 CPI 之间的传导机制

资料来源：张大为，芦哲，张继强. 通胀分析框架［J］. 华泰证券，2019-08.

不过，PPI 和 CPI 之间的传导未必是线性的。首先，成本推进型理论过多强调初级产品对生产成本的影响，却忽视了生产技术的提高以及市场竞争等因素可以缓解初级产品价格上涨对生产成本的冲击。同时，特拉斯维塔和安德森（Terasvirta and Anderson, 1992）指出，物价传导可能随着经济周期而呈现非线性特征。具体来说，经济繁荣时期，商品供不应求，上游生产成本的增加将快速传递至下游商品价格；而经济萧条时期，尽管上游生产成本增加，但下游厂商为了维持市场份额，很可能不会迅速调高商品价格。这使得 PPI 和 CPI 之间的传导具有非线性效应。此外，米勒和哈扬加（Miller and Hayenga, 2001）认为，PPI 和 CPI 之间的传导还受到价格预期的影响。市场上的一些垄断厂商可能合谋并且达成一个触发价格。当上游成本上升时，下游厂商迅速上调商品价格；而当上游成本下降时，下游厂商则缓慢回调价格。这也使得 PPI 和 CPI 之间的传导存在非线性效应。

就现阶段中国经济而言，PPI 和 CPI 之间的传导效应受到多种因素的影响，具有明显的非线性特征。相关因素包括：

第一，市场结构。现阶段中国国有企业主要位于产业链上游、民营企业主要位于产业链下游，上下游所有制差异可能引起上下游价格的分化变动。例如，两类企业的融资成本差异体现在价格上便可加剧PPI和CPI走势分化（徐臻阳等，2019）。此外，当上游生产资料PPI上涨时，下游企业可能以牺牲利润的方式防止产品价格上涨，从而出现PPI上涨和CPI基本稳定的背离走势。

第二，中国出口导向型的经济增长模式极大地改善了贸易品部门的生产效率，在很大程度上提高了下游消费品生产企业消化上游生产资料价格上涨的压力，从而抑制了PPI对CPI的传导效应。另外，非贸易品部门相对较低的生产效率维持了相对较高的非贸易品价格，从而CPI也将维持高位。这会在一定程度上导致CPI和PPI走势的"脱钩"（莫万贵等，2019）。

第三，中国CPI构成中食品所占比重较高，农业生产资料价格以及农产品价格的周期性变化对CPI的冲击更为直接，也会分化PPI和CPI的走势（吕捷和王高望，2015）。

第四，国际大宗商品价格波动对中国PPI的冲击效应大于对CPI的冲击效应，也在一定程度上分化了PPI和CPI的走势。

第五，由于当前投资驱动型增长方式尚未得到有效扭转，基础设施和房地产的投资扩张依然是应对经济减速的主要方式，因此，稳增长的对冲政策会直接拉动PPI的上涨。另外，居民实际收入增速的减缓以及家庭负债率的攀升在很大程度上抑制了CPI的上涨。结果就是PPI和CPI走势的背离（刘凤良和章于，2017）。

综上，中国PPI和CPI走势背离的原因，除了两者统计结构的特征差异以外，更重要的还在于现阶段中国经济发展阶段、经济增长方式以及经济结构的阶段性特征。PPI和CPI之间的走势分化将会是中国经济的一个长期特征。

第三节　PPI和CPI之间传导的统计分解

从经济理论上看，我们所关注的PPI和CPI之间的传导问题，实质上是产业链上中游价格的变动向产业链中下游传导的问题。但在统计实践上，PPI和CPI无法分别纯粹地反映上中游生产端和中下游需求端的价格水平，因为二者在统计上存在重叠的成分和关联性较弱的成分，这既模糊了二者分别代表的产业链上下游的经济含义，也对准确判别二者之间传导的关系构成干扰。为了实证分析经产业链产生的PPI对CPI的价格传导效应，需要厘清PPI和CPI的统计构成或者说数据生成过程，将那些不属于产业链传导的因素予以分离。

中国 PPI 包含生产资料 PPI 和生活资料 PPI 两大类。其中，生产资料 PPI 的权重约 75%，包括采掘业、原材料业和加工业三项；生活资料 PPI 的权重约 25%，包括食品、衣着、一般日用品和耐用消费品四项。CPI 包含食品烟酒、衣着、居住、生活用品及服务、交通通信、教育文化娱乐、医疗保健、其他用品及服务八项，其中食品类价格权重最高，居住、交通通信及服务、生活用品及服务、教育文化娱乐类价格权重依次下降，医疗保健、衣着、其他用品及服务权重不足 1%。如果将两者按照国民经济行业分类归并，可以发现同时存在"共同部分"和"弱关联部分"（见图 2-3）：在 CPI 的 21 项二级分类中，有 12 项与工业品 PPI 相关；剩余 9 项属于服务业范畴，与上游工业产业链关联并不紧密。

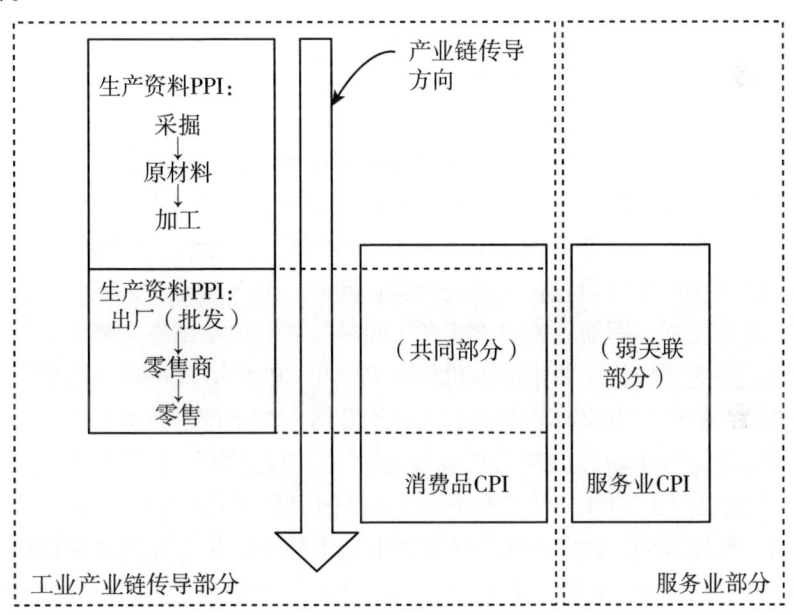

图 2-3　PPI 和 CPI 之间传导的统计分解

资料来源：CQMM 课题组。

给定上述统计构成，可以进一步考察 PPI 和 CPI 之间的动态变化特征。PPI 和 CPI 之间的传导在数学上应理解为两者领先或滞后的协同运动，但这种协同运动应该具备沿产业链传导的特征，才具有经济意义。"共同部分"的变动会引起 PPI 和 CPI 同向变化，可能被识别为二者之间的传导效应，但这实质上只是一个统计特征，并不具备"传导"的经济意义。事实上，基于产业链的价格传导无须以"共同部分"为联结纽带。以轮胎和小汽车为例，轮胎是加工品，小汽车是消费品，前者是 PPI 中的项目，后者是 CPI 中的项目，二者是分离的，而显然，轮胎价格的变动将传导到小汽车价格上。可见，基于产业链的价格传导不是因为有"共同部分"，而是因为轮胎是小汽车的"组成部分"，而这恰恰是产业链的本意。"弱关联部分"受到传导效应较弱，其占比提升可能"稀释"总指数之间的传导性质。如果 PPI 和 CPI 受到某一共同冲击的影响，也会同步出现变动，但这同样不能视为二者之间的"传导"，因此还需要考虑 PPI 和 CPI 中受到穿透产业链的共同冲击影响的"穿透部分"。

基于上述理解，PPI 变化对 CPI 的总体传导效应可以分为以下四个部分。

第一，共同部分：指 PPI 和 CPI 在统计上共有的构成成分，在动态上总是呈现协同运动。共同部分的变化引起 PPI 和 CPI 同向变化，但本质上只是统计特征，未能体现产业链价格传导，应予以分离。不过，PPI 和 CPI 虽然可以进行初步的行业映射，但是统计基础的差异导致无法做精确地转换。考虑到生活资料 PPI 类目与 CPI 高度重合，且变动特征完全一致，故用生活资料 PPI 来代表这一共同部分。

第二，弱关联部分：主要是 CPI 的服务项目部分，由于相关项目不直接出现在工业产业链中，因此通常被视为 CPI 中独立于 PPI 变化的部分。不过，由于服务的提供一般需要借助必要的工具、设备、设施等，因此仍会受到 PPI 的影响，只是传导链条和传导周期较长、效应较弱；此外，服务价格主要反映了提供服务的人工成本即工资，因而可能对 PPI 产生明显的需求拉动型逆向传导。

第三，穿透部分：主要指能源价格对 PPI 和 CPI 的共同影响。从投入产出表的完全消耗系数可以看出，能源业对工业产业链上中下游乃至服务业都有普遍影响，因此能源价格变动可以穿透产业链条，直接对多数行业产生冲击，从而对 PPI 和 CPI 构成同步影响，干扰两者传导关系的识别，应当予以分离。

第四，传导部分：即 PPI 和 CPI 在产业链上相互衔接、体现出价格沿产业链传导的部分。这也是考虑产业链中上游价格变动向产业链中下游传导问题时真正值得关注的部分。在分离"共同部分"和"穿透部分"的影响后，PPI 和 CPI 之间的领先运动即可视为传导。若进一步分离"弱关联部分"，则二者之间的领先运动更为具体地刻画了工业产业链上的传导。

第四节 经验分析

基于上述分解，CQMM 课题组建立了一个时间序列模型，以量化分析 PPI 和 CPI 之间经产业链产生的传导效应。具体而言，这是一个包含 PPI、CPI、产出、货币供应量四个变量的滞后增广向量自回归模型（LAVAR），并在其中控制同期生活资料 PPI 和能源价格。其中，价格指数均构造 2010 年平价的定基指数；产出用工业增加值代表，具体用可比增速扩展构建2010年平价的指数序列；货币供应量采用基于增速修正的M2余额序列；能源价格采用世界银行大宗商品的能源价格指数，并用中国人民银行企业商品价格中的煤油电价格指数进行检验；相关序列均经季节调整处理并取对数。滞后期在AIC和SC两类信息准则的建议之间变动，以获取传导的周期特征。模型估计后进行格兰杰检验。CQMM课题组同时比较了双变量（仅包含PPI与CPI）、四变量不带控制变量等不同设定的结果；当需要剔除"弱关联部分"时，将CPI替换为消费品CPI。此外，为把握格兰杰因果关系在时期上的变动，进一步采用了基于自助法（bootstrapping）的时变格兰杰检验。

结果表明，尽管2012年以来中国PPI和CPI的走势多次出现背离，但在控制"共同部分"和"穿透部分"的影响后，这一期间两者之间仍然表现出明显的双向传导关系，尤其是，PPI沿着产业链条往CPI的正向传导较2012年前没有弱化而是强化了；而在进一步控制"弱关联部分"的影响后，二者之间的传导关系更加显著。

第五节 结论与建议

进一步测算PPI与CPI之间经产业链传导的净效应，结果表明，2012年以来，PPI与CPI之间实际上存在较为显著的双向传导特征，二者之间的价格传导机制是通畅的，特别是PPI沿产业链往CPI的正向传导较2012年之前没有弱化而是强化了；而生产资料PPI与消费品CPI之间的正向传导效应，较PPI总指数和CPI总指数的正向传导更加显著。因此，2012年以来PPI和CPI之间的背离，主要源于服务业增长和能源价格的冲击。

首先，伴随着中国经济服务化进程的推进，居民消费构成中服务项目支出占比随之上升，CPI中服务业CPI的权重也不断提升。由于服务业CPI与工业产业链关联较弱，服务业CPI的权重提高将使CPI和PPI的走势趋于背离。

其次，能源价格的变化虽然同时冲击PPI和CPI，但程度是非对称的，因此，也加剧了二者之间走势的背离。实际上，2012~2016年、2020年第四季度以来，以能源为主的国际大宗商品价格都出现了大幅波动，这对中国PPI影响十分显著，但对CPI影响要小得多。

最后，2012年之后，中国PPI和CPI之间经产业链的双向传导效应均较为显著，表明市场化进程的推进已经显著地疏通了经产业链的价格传导机制，现阶段经产业链PPI对CPI的正向传导效应相对2012年之前有所加强。

与现有文献不同，本章发现，中国的市场化进程实际上是强化而不是弱化了

PPI 经产业链对 CPI 的正向传导；服务业 CPI 权重的不断提高，以及能源价格对 PPI 和 CPI 非对称的冲击效应，是导致近年来 PPI 和 CPI 走势呈现分化表象的主要原因。但着眼未来，中国不同所有制在国民经济中的不平衡布局、贸易品与非贸易品部门非均衡的生产率增长，以及投资驱动型增长方式尚未根本扭转等，都可能在长期内分化 PPI 和 CPI 的走势。

由于有诸多因素导致中国 PPI 和 CPI 走势发生背离，其中尤其包括了中国经济发展阶段、经济增长方式、经济结构的阶段性特征等长期因素，因此，从当前政策实践角度看，与其关注 PPI 和 CPI 之间走势的分化，倒不如将重点放在最小化 PPI 和 CPI 走势持续背离可能产生的负面经济效应上。具体而言，上游 PPI 上涨对中下游非国有制造业企业利润增长所产生的压力，将会抑制民间投资的扩张，进而对就业增长和经济增长形成下行压力。此外，宏观经济政策还应继续加大对居民人均转移收入的力度，稳定居民特别是低收入群体实际收入增长，从需求端拉动民间投资的扩张，以实现经济的稳定增长。

参考文献

[1] 刘凤良，章于. 高投资、结构失衡与价格指数二元分化 [J]. 金融研究, 2017 (2)：54 – 69.

[2] 吕捷，王高望. CPI 与 PPI "背离" 的结构性解释 [J]. 经济研究, 2015, 50 (4)：136 – 149.

[3] 莫万贵，等. 中国结构性通缩中的周期性与结构性问题 [J]. 金融研究, 2019 (3)：37 – 52.

[4] 徐臻阳，鄢萍，吴化斌. 价格指数背离、金融摩擦与 "去杠杆" [J]. 经济学（季刊），2019, 18 (4)：1187 – 1208.

[5] 张大为，芦哲，张继强. 通胀分析框架 [J]. 华泰证券, 2019 – 08.

[6] Caporale G M, Katsimi M, Pittis N. Causality Links between Consumer and Producer Prices: Some Empirical Evidence [J]. Southern Economic Journal, 2002, 68 (3): 703 – 711.

[7] Miller D J, Hayenga M L. Price Cycles and Asymmetric Price Transmission in the US Pork Market [J]. American Journal of Agricultural Economics, 2001, 83 (3): 551 – 562.

[8] Terasvirta T, Anderson H M. Characterizing Nonlinearities in Business Cycles Using Smooth Transition Autoregressive Models [J]. Journal of Applied Econometrics, 1992, 7 (S1): S119 – S136.

第三章 财政政策扩张与智力资本价值创造效率[*]

第一节 引言

近年来,我国政府一直实施旨在保民生、稳增长,以基础设施建设、重大项目投资以及增值税转型与"营改增"等减税降费为代表的扩张性财政政策。在知识经济时代,以无形性、知识密集为典型特征,包括由员工知识、技能、经验凝结而成的人力资本与企业文化、流程制度、研发创新、品牌声誉、客户关系等结构资本要素在内的智力资本,凭借其价值性、稀缺性、难以替代与模仿等异质性特征,成为企业可持续增长与价值创造的源泉(J. B. Barney, 1991)。如何开发运营作为战略性资源的智力资本要素并有效增进智力资本的价值创造效率,已经成为企业能否实现长期价值最大化的核心命题。从智力资本的视角看,宏观财税政策调控的效果能否"落地",关键在于其能否有效刺激、引导微观企业主体积极投资、培育与运作各类智力资本要素,推动智力资本价值创造效率进而企业价值的提高。最终,通过众多微观企业个体长期价值增值的"聚少成多",实现整体国民经济的可持续发展。由此可见,扩张性财政政策能否促进微观企业的智力资本价值创造是这一系列政策效应传导机制的重

---

[*] 本章作者:傅传锐、陈雅茹和王燕武。

要环节。

遗憾的是，目前尚未有国内外文献就财政政策与智力资本价值创造间的关系进行直接研究，相关文献主要来自财政政策效应与智力资本价值创造影响因素两个方面。在财政政策方面，国内外学者围绕财政政策调控对企业绩效维度的微观效应进行了探索性研究，但尚未形成一致的结论。部分文献认为企业获得财政补助或享受税收优惠后能在一定程度上改善自身绩效。例如，泽莱皮斯和斯库拉斯（Tzelepis and Skuras, 2004）考察了希腊政府对企业财政补贴的政策效果，发现财政补贴能够显著提高企业的成长性；切尔夸和佩莱格里尼（Cerqua and Pellegrini, 2014）以意大利的财政补贴为研究对象，发现政府补贴提高了企业成长性，但对企业的产出效率缺乏有效的作用；余明桂等（2010）实证表明，无政治关联的民营企业能够通过财政补贴提高总资产收益率和经营活动净现金流量，但有政治关联的民营企业的情况恰好相反；孔东民等（2014）研究认为，政府补贴能提高企业的资产收益率、销售利润率，并且在民营企业中政府补贴的这种积极效应要比在国有企业中更加明显；康丽珍（2018）发现税收优惠能够提高企业绩效；张帆和张友斗（2018）也发现税收优惠和财政补贴都能促进企业的总收入增长率和总资产净利润率，并且税收优惠的政策效应要强于财政补贴的效应。也有一些研究持有不同的观点。例如，邹彩芬等（2006）认为税收优惠政策对农业上市公司的产出缺乏明显的效果；唐清泉等（2007）研究表明，政府补助无法提高企业的总资产收益率。魏志华等（2015）也认为，对于新能源类上市公司而言，不论是民营企业还是国有企业，财政补贴都不能提高企业的成长性。除了上述研究外，吕敏康（2017）从财政政策总体松紧度的角度出发，研究发现扩张性财政政策能够增加企业价值，在销售增长率与净资产收益率低、现金流充沛的企业中，这种价值增值效应更为明显，并且这些企业特质的调节效应随着企业产权性质、所处地区市场化进程的不同而呈现出异质性。

在智力资本方面，新近文献开始从公司治理、货币政策等内外部视角出发，探索智力资本价值创造的各类微观、宏观影响因素。在治理层面上，霍和威廉姆斯（Ho and Williams, 2003）以英国、瑞典和南非企业为样本，实证研究发现：对于个别国家（如瑞典），企业内部董事持股比例与智力资本价值创造效率存在显著的正向关联。王茂昌（2011）以台湾地区生物科技医疗行业的上市公司为样本，研究结果显示：外部股东持股比例、董事会规模分别与智力资本价值创造效率显著正相关、负相关。傅传锐（2014, 2016b）首次以我国A股上市公司为研究对象，发现包括大股东持股、股权制衡在内的股权治理安排对智力资本价值创造能力的正向影响最强，高管激励次之，而董事会机制的影响较为有限；国有控股的产权性质不仅会直接拉低智力资本的价值创造能力，还会弱化上述治理机制与智力资本价值创造能力间的正相关关系。在货币政策方面，傅传锐（2016a）发现宽松的货币政策缺乏对智力资本价值创造能力的推动作用。

显然，财政政策微观效应分析中对企业绩效的度量仍束缚于资产收益率、现金流量与收入增长率等传统的财务类指标，并未关注智力资本的价值创造效率。智力资本学者虽然尝试遵循从微观到宏观的分析路径探寻可能影响智力资本价值创造功能发挥的各类因素，但尚未将研究触角延伸至财政政策可能产生的智力资本价值创造效应。已有文献关于财政政策与智力资本价值创造间关系的研究匮乏无疑为本章研究提供了突破性的契机。此外，过往研究常常选择从财政补贴、税收优惠这些具体政策工具的视角，探索财政政策的微观效应。但是，扩张性导向的财政政策通常是包括基建、投资、补贴、优惠等一揽子政策工具的综合运用，通过多种措施的彼此搭配弥补单一工具的短板，进而产生对企业主体要素配置、经营决策的刺激引导。因此，从财政政策总体松紧度的视角出发，能够更全面地考量财政政策调控对微观企业的传导效力。

基于上述分析，本章尝试以我国 A 股上市公司为样本，以财政赤字率刻画财政政策总体扩张程度，实证检验财政政策调控对上市公司智力资本价值创造效率的传导机制以及产权性质、内部控制质量在这一机制中的调节效应。研究发现：（1）扩张性财政政策能够显著促进上市公司的智力资本价值创造效率；（2）产权性质和内部控制质量在财政政策与智力资本价值创造的关系中发挥调节效应。相对于国有控股、内控质量较低的企业，扩张性财政政策对非国有企业、内控质量高的企业智力资本价值创造效率的提升幅度更大。拓展性研究表明，扩张性财政政策可以有效地通过人力资本和结构资本渠道提高智力资本的增值效率，进而对企业整体价值创造效率产生积极拉动作用。不论产权性质如何、内控质量高低，这一政策效应传导路径都有效。

本章可能的主要创新包括两个方面：一方面，首次探讨了财政政策调控与智力资本价值创造间的关系，弥补了过往财政政策效应研究主要聚焦于传统绩效的不足，拓展了财政政策对企业主体行为的微观传导机制研究，同时也从财政政策维度丰富了智力资本价值创造影响因素文献；另一方面，揭示了在我国新兴加转轨的经济制度背景下，扩张性导向的财政政策对上市公司智力资本价值创造效率的积极作用，以及财政政策调控经由人力资本、结构资本渠道增进智力资本进而企业整体价值创造能力的传导路径。研究结论为全球经济遭遇新冠肺炎疫情冲击下，我国实施可持续的积极财政政策、引导微观主体提质增效、深化供给侧结构性改革、构建新发展格局提供了政策依据。

第二节 研究假设

在财政经济学的理论框架下,扩张性财政政策主要从需求管理、融资竞争和要素供给三个渠道影响企业的智力资本要素配置与增值效率。在需求管理维度上,扩张性财政政策能够通过转移支付、减税降费、政府投资与消费等政策工具刺激社会需求,增加微观市场上对相配套产品与服务的需求(吕敏康,2017)。为把握财政扩张带来的市场机会并抢占更多的市场份额,企业倾向于对能为其带来产品或服务差异化、高性能与低成本优势的各类智力资本要素进行投资开发,进而拉动智力资本对企业价值的贡献度,提高智力资本价值创造效率。在融资竞争维度上,政府需要发行债务以对政府消费与投资进行融资,在资本市场中形成与私有部门的资金竞争关系。这可能降低企业信贷资源的可获得性,并抬高融资成本,进而加剧企业的融资约束压力(林芳和杨海燕,2019)。融资的困难可能迫使企业收缩投资,尤其减少不确定性高的智力资本投资项目,从而对智力资本价值创造产生消极影响。在要素供给维度,扩张性政策下政府部门加大对教育、医疗、科学技术、公共设施与秩序的投资,能够为企业提供更多高素质的劳动者与基础性研究成果,营造良好和谐的社会关系环境,有利于企业对人力资源、研发投入、政企关系等智力资本要素的优化配置,增强智力资本价值创造能力。

显然,扩张性财政政策能够通过产品需求与要素供给渠道对企业智力资本价值创造效率产生积极的拉动效应,而在财政融资维度施加负面的挤出效应。最终财政政策和智力资本价值创造效率之间的关系取决于拉动效应与挤出效应的对比。结合我国宏观政策调控的现实情境来看,近20年来,我国一直实施宽松导向的货币政策,广义货币供应量M2的年均增速保持在15%以上。① 宽松的货币政策在相当程度上抵消了扩张性财政政策下政府融资可能引致的企业融资约束紧张、投资减少等负效应。换言之,现阶段我国扩张性财政政策在融资维度对企业智力资本价值创造效率的挤出效应较为有限,并主要表现为产品需求、要素供给维度的拉动效应。因此,扩张性的财政政策总体上能推动企业积极实施智力资本要素培育开发,提升其价值创造效率。因此,我们提出如下假设:

H3-1:扩张性的财政政策能有效拉动企业智力资本价值创造效率提高。

尽管扩张性的财政政策能够引导社会需求,为企业提供更多的市场机会,但不同特质的企业可能对这些政策性机遇有着不尽相同的动机与应对策略,进而呈现出异质性的价值创造效应。最终控制人的国有产权性质赋予国有企业不同于非

---

① 2001~2020年,我国M2增速波动范围为8.08%~28.4%,平均增速达到15.05%。

国有企业的行为特征。国有企业管理者通常是由上级国资监管部门委派任命，需要承担一定的社会责任，包括支持地方解决劳动力就业、GDP 增长和实现税收目标。长期以来，铁路、公路、港口、机场、水利以及能源等重大基础设施建设是我国政府财政支出的主要使用方向。一方面，这些基建项目能起到拉动当地就业、增加 GDP 和税收收入立竿见影的效果，有助于国有企业完成帮扶地方的社会责任，因而国有企业有较强的意愿进行这方面的投资；另一方面，国有控股企业与政府部门间的"天然"关系纽带，使国有企业较非国有企业更容易承接到这类政府订单。财政政策扩张激发了更多的基建项目投资需求，无疑会吸引国有企业将主要精力与资源投入基建项目的开发运作。然而，基建项目往往属于资金与劳动密集型，并非知识密集型，对国有企业在智力资本要素培育开发方面的引导力度有限（傅传锐，2016c）。相较而言，非国有企业以利润最大化作为目标，倾向于以市场化运作的方式，通过技术创新、优质品牌、科学流程、忠诚客户等智力资本要素培育以尽可能捕捉到扩张性财政政策释放的市场机会，获得更多的市场份额与收入。因此，财政政策扩张更有利于非国有企业推动智力资本投资开发进而提高智力资本价值创造效率。因此，我们提出如下假设：

H3-2：与国有控股企业相比，扩张性财政政策对非国有控股企业智力资本价值创造效率的提升作用更为显著。

虽然智力资本能帮助企业获取竞争优势，然而其形成过程的因果模糊性、社会复杂性以及对特定历史条件与环境的依赖性等特点导致其投入产出存在高度不确定性（Lippman and Rumelt, 1982；Dierickx and Cool, 1989；Barney, 1991；傅传锐，2014）。智力资本投资可能令管理者遭遇项目失败进而企业利润下滑或未达预期而被降职、减薪甚至解雇等职业风险。即便最终开发成功，智力资本漫长的培育周期也常常使管理者垫付大量个人时间、高昂成本的智力资本成果沦为继任者的嫁衣。因此，减少或延迟智力资本投资是作为经济人的管理者的理性选择。即便面对扩张性财政政策创造的更多市场需求，管理者也可能忌惮于智力资本投资的高风险与长周期而不愿进行相应的资源配置，实施"轻智力资本"的机会主义行为。这无疑使企业难以及时有效地对政策机遇予以积极响应，损害了智力资本潜在的价值创造能力。内部控制是公司治理的基础措施，是衔接治理制度与经营行为决策的桥梁（卢锐等，2011；傅传锐等，2020）。高质量的内部控制能够通过对不同层级间的权责划分、彼此制衡以及科学规范的决策流程缓解内部代理冲突，抑制管理者追逐私利的机会主义动机。已有文献发现，内部控制能够增强会计稳健性（Goh and Li, 2011），减少可操纵应计数与财务重述（刘启亮等，2013），改善盈余预测质量（陈国辉和伊闽南，2018）。智力资本培育开发是关系到企业长期可持续发展的关键议题,也是内部控制系统监督管辖的重要范畴。内部控制越有效,越能约束管理者在智力资本开发环节的败德行为。为了充分利用扩张性财政政策下的市场机会,内控质量高的企业会更积极地培育运作各类智力资本要素,以增强自身产品与服务的核心竞争力,进而更有力地提高智力资本价值创造贡献。因此,我们提出如下假设:

H3-3:与内部控制质量低的企业相比,扩张性财政政策对内部控制质量高的企业智力资本价值创造效率的提升作用更为显著。

第三节 研究设计

一、样本选择与数据来源

为应对美国次贷危机引发的全球金融危机,2008年我国政府出台"四万亿"计划,自此开启了新一轮扩张性财政政策周期。因此,本章以2008年作为研究时间起点,选取我国2008~2018年沪深两市的A股上市公司为初始样本,并剔除了以下公司:(1)金融类公司;(2)ST、*ST类公司;(3)退市公司;(4)回归中所需变量缺失的样本。最终得到26 323个公司年度观察值。上市公司的财务、治理数据来源于国泰安数据库,财政收支数据取自国家统计局网站,内部控制指数来自深圳市迪博企业风险管理技术有限公司。为了减少极端值对实证回归的干扰,本章对实证中所使用到的连续型变量进行1%和99%分位点上的缩尾处理。

二、变量定义

1. 被解释变量:智力资本价值创造效率(ICE)

由普利克(Pulic,2000)提出的智力增值系数(value added intellectual coefficient,VAIC)模型通过计算智力资本要素投入产出比进而测度智力资本价值创造效率,被广泛应用于国内外智力资本实证研究中。本章借鉴已有文献的做法,使用VAIC模型度量各类智力资本要素价值创造效率。VAIC模型将企业资源划分为物质资本与智力资本两大类,智力资本再细分为人力资本与结构资本。各类要素的价值创造效率计算公式如下:

$$CEE = VA/CE \tag{3.1}$$

$$HCE = VA/HC \tag{3.2}$$

$$SCE = SC/VA \tag{3.3}$$

$$ICE = HCE + SCE \tag{3.4}$$

$$VAIC = ICE + CEE \tag{3.5}$$

其中，CEE、HCE、SCE、ICE、$VAIC$ 分别为物质资本、人力资本、结构资本、智力资本、企业整体资源的价值创造效率；VA 为企业所有要素投入的价值增值总和，借鉴已有研究的做法，以税前利润、工资与利息费用和表示；CE 为物质资本投入，HC 为人力资本要素投入，SC 为结构资本要素投入，分别以净资产账面值、支付给职工以及为职工支付的现金表示 CE、HC，$SC = VA - HC$。

2. 解释变量：财政赤字率（$Defct$）

参考王百强等（2020）等的研究，本章采用财政赤字率来衡量财政政策的扩张程度，以较为全面地刻画财政政策的经济影响。具体计算公式为：

$$财政赤字率 =（财政支出 - 财政收入）/GDP \tag{3.6}$$

其中，GDP 为国内生产总值，各指标均使用省际年度数据，这样能较全国口径的财政赤字率更细致地反映不同省份不同年度的财政扩张水平。

3. 分组变量

（1）产权性质（$State$）。根据上市公司实际控制人产权性质的不同，将上市公司划分为国有控股公司和非国有控股公司。其中，实际控制人为政府部门、国资监管机关、事业单位的公司归入国有控股组，实际控制人为民营企业、外资企业、中外合资企业、自然人的公司归入非国有控股组。

（2）内部控制指数（KZ）。借鉴杨德明和史亚雅（2018）、耿云江和王丽琼（2019）的做法，使用"迪博中国上市公司内部控制指数"作为评价内部控制质量的指标。该指数从内控目标实现的角度出发，辅以内控重大缺陷评价来考察内控质量，已被广泛用于内部控制相关实证研究中。内控指数数值越大，表明内控质量越高。本章以内控指数的中位数为划分依据，将大于等于中位数的公司作为高内控质量样本，其他公司作为低内控质量样本。

4. 控制变量

为控制其他因素对智力资本价值创造效率的可能影响，本章在回归中加入现金比率（$Cash$）、财务杠杆（Lev）、盈利能力（Roa）、公司规模（$Size$）、成长性（$Growth$）、股权集中度（$Shrt$）、董事会规模（$Bsize$）、独立董事比例（$Bind$）作为控制变量。此外，为控制行业固定效应、年份固定效应以及行业层面随时间变化的不可观测因素对智力资本价值创造的影响，本章还加入行业、年份虚拟变量以及行业与年份交乘项的虚拟变量。具体变量定义如表 3-1 所示。

表 3-1 控制变量定义

控制变量	符号	计算方法
现金比率	Cash	现金及现金等价物/流动负债
财务杠杆	Lev	总负债/总资产
盈利能力	Roa	净利润/总资产
公司规模	Size	总资产的自然对数
成长性	Growth	(股权市值+净债务市值)/总资产
股权集中度	Shrt	第一大股东持股比例
董事会规模	Bsize	董事会人数的自然对数
独立董事比例	Bind	独立董事人数/董事会所有人数
行业	Ind	虚拟变量
年份	Year	虚拟变量
行业×年份	Ind×Year	虚拟变量

三、模型设计

为检验 H3-1，构建如下回归方程：

$$ICE_{it} = \beta_0 + \beta_1 Defct_{i,t-1} + \beta_2 Cash_{it} + \beta_3 Lev_{it} + \beta_4 Roa_{it} + \beta_5 Size_{it}$$
$$+ \beta_6 Growth_{it} + \beta_7 Shrt_{it} + \beta_8 Bsize_{it} + \beta_9 Bind_{it} + \sum Ind$$
$$+ \sum Year + \sum Ind \times Year + \varepsilon \tag{3.7}$$

其中，i、t 分别表示公司、年份，ICE_{it} 表示 i 公司 t 年的智力资本价值创造效率，$Defct_{i,t-1}$ 表示 $t-1$ 年 i 公司注册地所在省份的财政赤字率。考虑到财政政策调控对企业主体行为的传导效应可能存在一定的时滞，我们在回归中使用 t 年的智力资本价值创造效率作为因变量，而使用 $t-1$ 年的财政赤字率作为解释变量。β_0 为常数项，$\beta_i(i=1,\cdots,9)$ 为估计参数，ε 为随机扰动项。根据 H3-1，我们预期 β_1 的估计系数值显著为正。为检验 H3-2 和 H3-3，本章分别以产权性质和内部控制质量作为分组变量，将总样本划分为国有控股组和非国有控股组、低内部控制质量组和高内部控制质量组，通过分组回归来检验 β_1 的系数估计值在不同组间的差异。我们预期，非国有控股组与内控质量高组中的 β_1 不仅显著为正，而且估计值明显大于各自对应的国有控股组、内控质量低组中的 β_1 值。此外，本章还使用连玉君等（2010）提出的组间差异自助法以进一步增强组间系数差异比较的统计检验效力。

第四节 实证分析

一、描述性统计

主要变量的描述性统计特征如表3-2所示。智力资本（ICE）的均值为3.097，最小值为-5.430，最大值为16.828，说明样本上市公司每向智力资本要素投入1元，平均获得约3.1元的回报，但不同企业间的智力资本产出效率存在较大差异，单位回报率最高的企业能获得约16.8元的收益，而回报率最低的企业不仅无法实现正收益，反而亏损约5.4元。这也说明智力资本投资是一项高风险高回报的业务。财政赤字率（Defct）的均值为0.069，标准差为0.064，最小值为0.011，最大值为0.328，这与吕敏康（2017）、林芳和杨海燕（2019）的计算结果相近，说明研究期间我国各省份各年份的财政支出都大于预算收入，我国政府已经将扩张性财政政策作为刺激经济的常态化工具。财政赤字率（Defct）的标准差接近均值，说明不同省份不同年份的财政赤字程度存在较大差异，这为考察财政政策对企业主体行为的微观调控效应提供了实证条件。此外，财务杠杆（Lev）、盈利能力（Roa）、第一大股东持股比例（Shrt）、董事会规模（Bsize）、独立董事比例（Bind）的均值分别为0.432、0.039、35.255、2.145、0.373，表明样本公司的平均负债率将近45%，总资产净利润率约3.9%，第一大股东平均持有约35%的股本，董事会成员大约8~9人且其中将近38%为独立董事。

表3-2　主要变量描述性统计

变量	样本数	均值	标准差	最小值	中位数	最大值
ICE	26 323	3.097	2.781	-5.430	2.533	16.828
Defct	26 323	0.069	0.064	0.011	0.041	0.328
Cash	26 323	0.982	1.792	0.019	0.390	11.933
Lev	26 323	0.432	0.213	0.048	0.426	0.902
Roa	26 323	0.039	0.057	-0.216	0.037	0.193
Size	26 323	21.997	1.292	19.511	21.823	25.971
Growth	26 323	2.075	1.373	0.902	1.626	9.159
Shrt	26 323	35.255	15.055	8.770	33.340	74.980
Bsize	26 323	2.145	0.201	1.609	2.197	2.708
Bind	26 323	0.373	0.053	0.313	0.333	0.571

表 3-3 进一步对产权性质分组、内部控制质量分组下的分样本进行描述性统计分析。可以发现，各主要变量在不同分样本间的均值 T 统计量都在 1% 或 5% 水平上显著，表明这些变量在不同产权性质、不同内控质量的企业中都存在显著差异。其中，非国有控股、内控质量高的企业中 ICE 均值分别为 3.153、3.578，显著高于国有控股、内控质量低企业的 ICE 均值（3.012、2.536）。前两类企业的 Defct 均值分别为 0.061、0.062，显著低于后两类企业的 Defct 均值（0.080、0.077）。这意味着，产权性质、内控质量是可能影响财政政策调控与企业智力资本价值创造效率（ICE）间关系的重要因素，将其作为调节变量纳入我们的分析框架能够更为细致地考察财政扩张对智力资本价值创造活动的传导效应。

表 3-3 分组描述性统计

变量	产权性质分组				组间差异检验均值 T 统计量
	国有控股		非国有控股		
	样本数	均值	样本数	均值	
ICE	10 433	3.012	15 890	3.153	-4.031***
Defct	10 433	0.080	15 890	0.061	23.504***
Cash	10 433	0.612	15 890	1.224	-27.506***
Lev	10 433	0.514	15 890	0.378	53.634***
Roa	10 433	0.031	15 890	0.044	-18.983***
Size	10 433	22.531	15 890	21.647	57.636***
Growth	10 433	1.845	15 890	2.225	-22.199***
Shrt	10 433	39.228	15 890	32.646	35.512***
Bsize	10 433	2.212	15 890	2.101	45.684***
Bind	10 433	0.369	15 890	0.376	-10.307***
变量	内部控制质量分组				组间差异检验均值 T 统计量
	低内控质量		高内控质量		
	样本数	均值	样本数	均值	
ICE	12 148	2.536	14 175	3.578	-30.843***
Defct	12 148	0.077	14 175	0.062	18.726***
Cash	12 148	0.772	14 175	1.161	-17.622***

续表

变量	内部控制质量分组				组间差异检验均值T统计量
	低内控质量		高内控质量		
	样本数	均值	样本数	均值	
Lev	12 148	0.450	14 175	0.416	13.211***
Roa	12 148	0.017	14 175	0.057	-61.090***
$Size$	12 148	21.888	14 175	22.091	-12.731***
$Growth$	12 148	2.230	14 175	1.941	17.110***
$Shrt$	12 148	33.219	14 175	36.999	-20.470***
$Bsize$	12 148	2.132	14 175	2.156	-9.818***
$Bind$	12 148	0.374	14 175	0.372	2.204**

注：***、**和*分别表示在1%、5%和10%水平上显著（双尾）。

二、回归结果

1. 主回归结果

表3-4报告了式（3.7）的估计结果。表3-4显示，$Defct$ 的估计系数值为1.519，在1%水平上高度显著，意味着扩张性财政政策存在对企业智力资本价值创造效率显著为正的作用。因此，支持H3-1。

表3-4　　财政政策对智力资本价值创造效率的全样本回归结果

变量	因变量：ICE
	全样本
$Defct$	1.519***
	(0.231)
$Cash$	0.075***
	(0.010)
Lev	0.757***
	(0.120)
Roa	23.093***
	(0.454)
$Size$	0.258***
	(0.016)

续表

变量	因变量：ICE
	全样本
Growth	-0.011 (0.015)
Shrt	-0.006*** (0.001)
Bsize	-0.993*** (0.091)
Bind	-0.663** (0.310)
截距	-1.368*** (0.371)
行业	控制
年份	控制
行业×年份	控制
样本数	26 317
R^2	0.358

注：***、**和*分别表示在1%、5%和10%水平上显著，括号内为稳健标准误。

2. 分组回归结果

表 3-5 报告了式 (3.7) 的分组估计结果，其中第（1）列和第（2）列分别为国有控股组、非国有控股组的回归结果，第（3）列和第（4）列分别为内控质量低组、高组的回归结果。

表 3-5 财政政策对智力资本价值创造效率的分组回归结果

变量	(1) 因变量：ICE 国有控股	(2) 因变量：ICE 非国有控股	(3) 因变量：ICE 低内控质量	(4) 因变量：ICE 高内控质量
Defct	1.634*** (0.333)	2.492*** (0.338)	1.229*** (0.338)	2.063*** (0.314)
Cash	0.072** (0.033)	0.063*** (0.010)	0.010 (0.017)	0.091*** (0.012)

续表

变量	(1) 因变量：ICE 国有控股	(2) 因变量：ICE 非国有控股	(3) 因变量：ICE 低内控质量	(4) 因变量：ICE 高内控质量
Lev	0.764*** (0.186)	0.976*** (0.166)	0.894*** (0.170)	0.577*** (0.163)
Roa	21.739*** (0.838)	22.908*** (0.536)	22.515*** (0.604)	25.382*** (0.737)
$Size$	0.291*** (0.025)	0.339*** (0.024)	0.189*** (0.028)	0.276*** (0.020)
$Growth$	0.085*** (0.030)	-0.026 (0.017)	0.013 (0.020)	-0.098*** (0.024)
$Shrt$	-0.002 (0.002)	-0.002 (0.001)	-0.006*** (0.002)	-0.006*** (0.001)
$Bsize$	-0.452*** (0.121)	-0.970*** (0.134)	-0.666*** (0.143)	-1.258*** (0.115)
$Bind$	0.359 (0.449)	-1.146*** (0.442)	0.247 (0.489)	-1.321*** (0.392)
截距	-3.994*** (0.589)	-3.212*** (0.573)	-0.995 (0.650)	-0.819* (0.451)
行业	控制	控制	控制	控制
年份	控制	控制	控制	控制
行业×年份	控制	控制	控制	控制
样本数	10 425	15 883	12 138	14 168
R^2	0.376	0.382	0.317	0.391
自助法经验P值	0.001***		0.000***	

注：***、**和*分别表示在1%、5%和10%水平上显著，括号内为稳健标准误。

从表3-5可以发现，在产权性质分组中，$Defct$在第（1）列的估计系数值为1.634，在1%水平上显著，而在第（2）列的估计值为2.492，也在1%水平上高度显著。显然，无论是否为国有控股，扩张性财政政策都存在对企业智力资本价值创造效率显著的促进作用。相对于国有控股企业而言，扩张性财政政策对非国有控股企业的智力资本价值创造效率的促进力度更大。在分组回归的基础上，我们进一步使用自助法检验组间差异，结果显示，经验 P 值为 0.001，说明非国有控股组的 *Defct* 估计值在 1% 水平上显著大于国有控股组的对应估计值，这再次说明，财政政策扩张对非国有企业智力资本价值创造效率有着较国有控股企业更明显的提升作用。因此，H3-2 得到支持。

从内控质量分组回归来看，*Defct* 在第（3）列、第（4）列中的系数估计值都在 1% 水平上统计显著为正，但第（4）列的估计值（2.063）明显大于第（3）列的估计值（1.229）。并且，组间系数差异的自助法经验 P 值也在 1% 水平上高度显著。结果意味着，无论内控质量高低，扩张性财政政策都能显著拉动企业智力资本价值创造效率，但这一拉动效果在内控质量高的企业中更为有效。因此，H3-3 得到证实。

三、稳健性检验

为增强前文结论的可靠性，我们分别替换关键解释变量（财政赤字）、被解释变量，并重复前文回归过程。

1. 替换关键解释变量

参考徐淑华和李庆华（2017）、卢倩倩和许坤（2018）的做法，利用各省份年度财政赤字占比（*FR*）度量财政政策扩张水平。具体公式为：

$$财政赤字占比(FR) = (财政支出 - 财政收入)/财政收入 \quad (3.8)$$

将 *FR* 代替财政赤字率（*Defct*）放入前文回归中，重新回归结果（见表 3-6）显示：*FR* 的估计系数在全样本与分组回归中都在 1% 水平上显著为正，但在非国有控股组、内控质量高组中的估计值明显大于国有控股组、内控质量低组中的对应估计值。此外，产权性质、内控质量分组下的 *FR* 估计系数组间差异自助法经验 P 值也都在 1% 水平上高度显著。结果再次支持了 H3-1、H3-2 和 H3-3。

表 3-6 使用财政赤字占比（*FR*）度量财政政策扩张程度的回归结果

变量	(1) 因变量：*ICE* 全样本	(2) 因变量：*ICE* 国有控股	(3) 因变量：*ICE* 非国有控股	(4) 因变量：*ICE* 低内控质量	(5) 因变量：*ICE* 高内控质量
FR	0.173*** (0.022)	0.163*** (0.032)	0.283*** (0.032)	0.149*** (0.034)	0.223*** (0.029)
Cash	0.076*** (0.010)	0.074** (0.033)	0.064*** (0.010)	0.011 (0.017)	0.092*** (0.012)

续表

变量	(1) 因变量：ICE 全样本	(2) 因变量：ICE 国有控股	(3) 因变量：ICE 非国有控股	(4) 因变量：ICE 低内控质量	(5) 因变量：ICE 高内控质量
Lev	0.744*** (0.120)	0.758*** (0.186)	0.968*** (0.166)	0.885*** (0.170)	0.558*** (0.163)
Roa	23.095*** (0.453)	21.726*** (0.837)	22.907*** (0.537)	22.510*** (0.603)	25.373*** (0.737)
$Size$	0.260*** (0.016)	0.294*** (0.025)	0.339*** (0.024)	0.189*** (0.028)	0.279*** (0.020)
$Growth$	-0.011 (0.015)	0.086*** (0.030)	-0.027 (0.017)	0.012 (0.020)	-0.097*** (0.024)
$Shrt$	-0.006*** (0.001)	-0.002 (0.002)	-0.002 (0.001)	-0.006*** (0.002)	-0.006*** (0.001)
$Bsize$	-0.996*** (0.091)	-0.454*** (0.121)	-0.964*** (0.134)	-0.665*** (0.143)	-1.265*** (0.115)
$Bind$	-0.658** (0.310)	0.365 (0.449)	-1.109** (0.442)	0.238 (0.489)	-1.303*** (0.391)
截距	-1.419*** (0.371)	-4.057*** (0.590)	-3.248*** (0.573)	-1.021 (0.650)	-0.885** (0.451)
行业	控制	控制	控制	控制	控制
年份	控制	控制	控制	控制	控制
行业×年份	控制	控制	控制	控制	控制
样本数	26 317	10 425	15 883	12 138	14 168
R^2	0.359	0.376	0.383	0.317	0.392
自助法经验 P 值		0.000***		0.000***	

注：***、**和*分别表示在1%、5%和10%水平上显著，括号内为稳健标准误。

2. 替换被解释变量

前文使用 VAIC 方法度量智力资本价值创造效率，但已有文献认为，普利克（2000）的 VAIC 模型直接将全部要素的价值创造总量与具体要素投入进行比较，可能因"投入—产出"的统计口径不同而导致要素效率测算偏差。为此，傅传锐（2012，2016c）提出利用企业资产账面价值与市值之比刻画物质资本在企业整体价值增值总量中的贡献份额，余下的增值部分视为智力资本的贡献，进而构建了改进的 VAIC 模型。本章也采用该改进方法重新计算智力资本价值创造效率。具体公式如下：

$$VA^{IC} = VA \times (1 - \delta) \qquad (3.9)$$

$$HCE^{\sigma} = VA^{IC}/HC \qquad (3.10)$$

$$SCE^{\sigma} = SC^{\sigma}/VA^{IC} \qquad (3.11)$$

$$ICE^{\sigma} = HCE^{\sigma} + SCE^{\sigma} \qquad (3.12)$$

其中，δ 表示企业资产账面价值与市场价值的比率，VA^{IC} 表示归属于智力资本的价值增值量，HCE^{σ}、SCE^{σ} 和 ICE^{σ} 分别表示对应于普利克（2000）的标准 VAIC 模型框架下的人力资本、结构资本和智力资本在修正后的价值增值效率。表 3-7 报告了替换被解释变量后的回归结果，显示与前文结果无实质性差异。

表 3-7 使用改进 VAIC 模型度量智力资本价值创造效率的回归结果

变量	(1) 因变量：ICE^{σ} 全样本	(2) 因变量：ICE^{σ} 国有控股	(3) 因变量：ICE^{σ} 非国有控股	(4) 因变量：ICE^{σ} 低内控质量	(5) 因变量：ICE^{σ} 高内控质量
$Defct$	0.919** (0.422)	0.562 (0.697)	1.934*** (0.528)	0.428 (0.669)	1.348*** (0.511)
$Cash$	0.076*** (0.012)	0.101*** (0.037)	0.060*** (0.013)	0.026 (0.026)	0.096*** (0.013)
Lev	1.694*** (0.199)	1.640*** (0.318)	1.914*** (0.266)	1.545*** (0.301)	2.059*** (0.243)
Roa	23.214*** (0.834)	18.201*** (1.446)	24.817*** (1.023)	20.955*** (1.118)	29.128*** (1.153)
$Size$	-0.171*** (0.032)	-0.105** (0.053)	-0.099** (0.041)	-0.176*** (0.061)	-0.200*** (0.037)
$Growth$	0.135*** (0.023)	0.342*** (0.045)	0.067** (0.027)	0.094*** (0.035)	0.162*** (0.029)

续表

变量	(1) 因变量：$ICE^σ$ 全样本	(2) 因变量：$ICE^σ$ 国有控股	(3) 因变量：$ICE^σ$ 非国有控股	(4) 因变量：$ICE^σ$ 低内控质量	(5) 因变量：$ICE^σ$ 高内控质量
$Shrt$	-0.000 (0.002)	0.004 (0.003)	0.004* (0.002)	0.001 (0.003)	-0.002 (0.002)
$Bsize$	-0.605*** (0.168)	0.060 (0.268)	-0.760*** (0.214)	-0.344 (0.280)	-0.760*** (0.200)
$Bind$	0.051 (0.588)	1.839** (0.928)	-1.061 (0.760)	0.828 (1.023)	-0.599 (0.668)
截距	4.623*** (0.750)	0.560 (1.251)	3.720*** (0.977)	4.123*** (1.445)	5.293*** (0.853)
行业	控制	控制	控制	控制	控制
年份	控制	控制	控制	控制	控制
行业×年份	控制	控制	控制	控制	控制
样本数	19 739	8 114	11 609	8 993	10 724
R^2	0.157	0.106	0.236	0.123	0.222
自助法经验 P 值		0.005***		0.027**	

注：***、**和*分别表示在1%、5%和10%水平上显著，括号内为稳健标准误。

四、拓展性分析

尽管前文已经证实财政政策扩张能够显著促进企业智力资本价值创造效率，但智力资本作为"一揽子"知识型要素的聚合体，财政政策究竟是通过刺激哪些具体智力资本要素进而拉动智力资本的效率提升呢？作为企业资源的一部分，智力资本效率提高能否改善企业整体价值创造效率呢？换言之，财政政策能经由智力资本这一渠道有效增进企业整体价值创造能力吗？对上述问题的进一步考察，不仅能够厘清财政政策调控对企业整体价值创造活动的传导路径，而且能更细致地审视智力资本在企业价值增值链中的重要性。

基于上述考虑，我们参考傅传锐（2016c）的做法，在式（3.7）以外，分

别构建以 HCE、SCE、CEE 和 $VAIC$ 为因变量的回归方程。通过比较这 5 个方程中财政政策（$Defct$）的系数方向与估计值大小，进而判断财政政策调控对企业各类资本要素的价值传导路径。各方程的具体形式如下：①

$$HCE_{it} = \beta_0 + \beta_1 Defct_{i,t-1} + \beta_2 Cash_{it} + \beta_3 Lev_{it} + \beta_4 Roa_{it} + \beta_5 Size_{it} + \beta_6 Growth_{it}$$
$$+ \beta_7 Shrt_{it} + \beta_8 Bsize_{it} + \beta_9 Bind_{it} + \sum Ind + \sum Year + \sum Ind \times Year + \varepsilon$$
(3.13)

$$SCE_{it} = \beta_0 + \beta_1 Defct_{i,t-1} + \beta_2 Cash_{it} + \beta_3 Lev_{it} + \beta_4 Roa_{it} + \beta_5 Size_{it} + \beta_6 Growth_{it}$$
$$+ \beta_7 Shrt_{it} + \beta_8 Bsize_{it} + \beta_9 Bind_{it} + \sum Ind + \sum Year + \sum Ind \times Year + \varepsilon$$
(3.14)

$$CEE_{it} = \beta_0 + \beta_1 Defct_{i,t-1} + \beta_2 Cash_{it} + \beta_3 Lev_{it} + \beta_4 Roa_{it} + \beta_5 Size_{it} + \beta_6 Growth_{it}$$
$$+ \beta_7 Shrt_{it} + \beta_8 Bsize_{it} + \beta_9 Bind_{it} + \sum Ind + \sum Year + \sum Ind \times Year + \varepsilon$$
(3.15)

$$VAIC_{it} = \beta_0 + \beta_1 Defct_{i,t-1} + \beta_2 Cash_{it} + \beta_3 Lev_{it} + \beta_4 Roa_{it} + \beta_5 Size_{it} + \beta_6 Growth_{it}$$
$$+ \beta_7 Shrt_{it} + \beta_8 Bsize_{it} + \beta_9 Bind_{it} + \sum Ind + \sum Year + \sum Ind \times Year + \varepsilon$$
(3.16)

表 3-8 汇总报告了上述回归方程在全样本与分样本下的估计结果。表 3-8 显示，在全样本中，$Defct$ 在以 $VAIC$ 为因变量的回归方程中的系数估计值为 1.502，且在 1% 水平上统计显著，表明扩张性财政政策能够有效提升企业整体价值创造效率。$Defct$ 在以 ICE、HCE、SCE 和 CEE 为因变量的回归中的系数估计值分别为 1.519、1.31、0.13 和 -0.064，都至少在 5% 水平上具有统计显著意义。结果意味着，财政政策扩张虽然能够促进企业人力资本、结构资本价值创造效率，却在一定程度上拉低了物质资本增值效率，但由于物质资本效率降低幅度明显小于智力资本效率提升幅度，所以企业整体增值效率仍得以有力提升。并且，财政政策调控对智力资本的拉动作用主要依靠人力资本增值效率的提高实现。从分样本回归结果看，不管是国有还是非国有控股，也无论内控质量高低，$Defct$ 都存在对 ICE、HCE、SCE 和 $VAIC$ 显著为正的影响，对 CEE 的影响都为负，且对 HCE 的正向影响明显大于对 SCE 的影响。这说明，财政政策扩张对企业整体价值创造效率的传导路径不会因企业产权性质、内控质量而改变，其经由人力资本、结构资本进而智力资本并最终提升企业整体增值效率的机制在所有企业中都稳定存在。

---

① 以 ICE 为因变量的回归方程为式（3.7）。

表3-8　　财政政策对上市公司整体增值效率的传导路径回归结果

组别	(1) 因变量：ICE	(2) 因变量：HCE	(3) 因变量：SCE	(4) 因变量：CEE	(5) 因变量：VAIC
全样本	1.519*** (0.231)	1.310*** (0.185)	0.130** (0.056)	-0.064*** (0.010)	1.502*** (0.232)
R^2	0.358	0.449	0.042	0.628	0.385
国有控股组	1.634*** (0.333)	1.517*** (0.258)	0.263*** (0.090)	-0.074*** (0.017)	1.610*** (0.333)
R^2	0.376	0.486	0.059	0.621	0.399
非国有控股组	2.492*** (0.338)	1.950*** (0.270)	0.317*** (0.075)	-0.113*** (0.014)	2.434*** (0.341)
R^2	0.382	0.463	0.057	0.651	0.409
内控质量低组	1.229*** (0.338)	0.830*** (0.238)	0.293*** (0.101)	-0.062*** (0.016)	1.236*** (0.340)
R^2	0.317	0.504	0.056	0.637	0.355
内控质量高组	2.063*** (0.314)	1.982*** (0.285)	0.066* (0.036)	-0.069*** (0.013)	2.011*** (0.315)
R^2	0.391	0.393	0.258	0.597	0.405

注：限于篇幅，仅列示关键解释变量 Defct 的估计结果，控制变量估计结果未列示，备索。为方便比较不同因变量回归下 Defct 的系数，我们也将因变量为 ICE 的回归中 Defct 的系数估计结果在第（1）列展示。***、** 和 * 分别表示在1%、5%和10%水平上显著，括号内为稳健标准误。

此外，Defct 对 CEE 的弱负效应也在一定程度上说明，现阶段企业对各类资源要素进行统筹配置协调的能力仍然不足。为了捕捉财政政策扩张所释放出的市场机会，企业倾向于增加对智力资本要素的开发投入以获得产品或服务差异化优势。然而，在这一过程中，企业未能妥善处理好智力资本与物质资本间的资源平衡分配问题，或者说，在聚焦于智力资本培育开发的同时难以兼顾物质资本的有效运营管理，进而造成物质资本增值效率未能同步提高，反而略有降低。

第五节　结论与启示

本章实证考察了财政政策对上市公司智力资本价值创造效率的传导机制，结果表明：（1）扩张性财政政策能够显著促进上市公司的智力资本价值创造效率。（2）产权性质和内部控制质量在财政政策与智力资本价值创造的关系中发挥调节效应。相对于国有控股、内控质量较低的企业，扩张性财政政策对非国有企业、内控质量高的企业智力资本价值创造效率的提升幅度更大。此外，扩张性财政政策可以有效地通过人力资本和结构资本途径提高智力资本进而企业整体价值创造效率。不论产权性质如何、内控质量高低，这一财政政策调控微观传导效应都稳定存在。

多维度的研究结论为我国实施可持续的积极财政政策、引导企业提质增效提供了有益的政策启示。（1）相关部门应加大对企业实施以智力资本为导向的精准财政政策扶持。在保持财政政策总体宽松的同时，对智力资本要素配置过程中投资力度大、存在资金困难的企业给予财政补贴、减税降费、政府采购等方面的政策倾斜，帮助其降低投资成本，加速资金回流，增强智力资本投资能力。（2）尽快建立国有控股企业的智力资本价值创造业绩考核制度。将智力资本价值创造效率纳入国有企业高管的业绩考核评价体系，引导高管转变经营理念，重视智力资本要素培育开发。（3）引导企业健全完善内部控制制度。加强内控制度对智力资本投资决策与效果跟踪评价等经营活动的管控力度，明确各方在智力资本方面的权责分工，建立相应的问责追责程序，防范智力资本"不投资""慢投资"的道德风险。（4）企业在加大智力资本资源投入时，应注意保持其与物质资本要素间的均衡配置，避免顾此失彼，消除要素投入失衡可能引发的效率内耗的隐患。此外，国资管理部门应继续推进混合所有制改革，为国有企业减负，引导其按照市场化方式优化资源配置，实现长期价值增值。

参考文献

［1］陈国辉，伊闽南. CEO 权力强度、内部控制与创业板上市公司盈利预测质量［J］. 审计与经济研究，2018（5）：46-54.

［2］崔也光，鹿瑶，王肇. 财政补贴对企业无形资产投资策略的影响——基于自主研发与外购视角的实证检验［J］. 财政研究，2020（12）：49-61.

［3］傅传锐，吴文师，李万福. 内部控制与智力资本信息披露——来自我国高科技上市公司的经验证据［J］. 珞珈管理评论，2020（4）：71-89.

［4］傅传锐. 产品市场竞争、内部治理与智力资本价值创造效率——来自2002—2012年中国A股上市公司的经验证据［J］. 北京社会科学，2014（11）：68-79.

［5］傅传锐. 大股东治理对智力资本价值创造效率的影响——来自我国A股上市公司2007～2013年的经验证据［J］. 中南财经政法大学学报，2016b，（3）：106-116.

［6］傅传锐．公司治理、产权性质与智力资本价值创造效率——来自我国A股上市公司的经验证据［J］．山西财经大学学报，2016c，（8）：65-76.

［7］傅传锐．公司治理改进了智力资本的价值创造效率吗？——基于我国A股上市公司的分位数回归估计［J］．中大管理研究，2014（3）：25-55.

［8］傅传锐．货币政策如何影响企业价值创造效率？——基于智力资本视角的实证研究［J］．中国社会科学院研究生院学报，2016a，（2）：31-39.

［9］傅传锐．企业资源与并购绩效——一个非线性分析视角［J］．中南财经政法大学学报，2012（3）：99-106，144.

［10］傅传锐．增值税转型对企业智力资本价值创造效率的影响——基于我国上市公司2007—2012年的面板双重差分估计［J］．经济管理，2015（1）：98-108.

［11］傅传锐．智力资本价值创造研究［M］．北京：经济科学出版社，2017.

［12］耿云江，王丽琼．成本粘性、内部控制质量与企业风险——来自中国上市公司的经验证据［J］．会计研究，2019（5）：75-81.

［13］康丽珍．税收优惠、研发投入与企业绩效关系研究——来自高新技术企业上市公司的数据［D］．太原：太原理工大学，2018.

［14］孔东民，李天赏．政府补贴是否提升了公司绩效与社会责任？［J］．证券市场导报，2014（6）：26-31.

［15］连玉君，彭方平，苏治．融资约束与流动性管理行为［J］．金融研究，2010（10）：158-171.

［16］林芳，杨海燕．扩张性财政政策、公司治理与企业价值［J］．会计论坛，2019（1）：116-136.

［17］刘启亮，罗乐，张雅曼，陈汉文．高管集权、内部控制与会计信息质量［J］．南开管理评论，2013（1）：15-23.

［18］卢倩倩，许坤．财政政策、经济波动与收入分配差距——兼论2000—2016年财政政策的收入分配效应［J］．价格理论与实践，2018（7）：85-88.

［19］卢锐，柳建华，许宁．内部控制、产权与高管薪酬业绩敏感性［J］．会计研究，2011（10）：42-48，96.

［20］吕敏康．财政政策、经营异质性与企业价值［J］．中南财经政法大学学报，2017（1）：94-105，114，159-160.

［21］唐清泉，罗党论．政府补贴动机及其效果的实证研究——来自中国上市公司的经验证据［J］．金融研究，2007（6）：149-163.

［22］王百强，杨雅宁，伍利娜，蒋佳峻．财政政策与企业劳动力决策［J］．中国软科学，2020（9）：111-131.

［23］魏志华，吴育辉，曾爱民．寻租、财政补贴与公司成长性——来自新能源概念类上市公司的实证证据［J］．经济管理，2015（1）：1-11.

［24］徐淑华，李庆华．财政政策对货币政策传导机制的影响——基于VADL模型的实证研究［J］．财经问题研究，2017（4）：61-68.

[25] 杨德明,史亚雅. 内部控制质量会影响企业战略行为么?——基于互联网商业模式视角的研究 [J]. 会计研究, 2018 (2): 69-75.

[26] 余明桂,回雅甫,潘红波. 政治联系、寻租与地方政府财政补贴有效性 [J]. 经济研究, 2010 (3): 65-77.

[27] 张帆,张友斗. 竞争性领域财政补贴、税收优惠政策对企业经营绩效的影响 [J]. 财贸研究, 2018 (3): 80-89.

[28] 邹彩芬,许家林,王雅鹏. 政府财税补贴政策对农业上市公司绩效影响实证分析 [J]. 产业经济研究, 2006 (3): 53-59.

[29] Barney J B. Firm Resources and Sustained Competitive Advantage [J]. Advances in Strategic Management, 1991, 17 (1): 3-10.

[30] Cerqua A, Pellegrini G. Do Subsidies to Private Capital Boost Firms Growth? A Multiple Regression Discontinuity Design Approach [J]. Journal of Public Economics, 2014, 109 (1): 114-126.

[31] Dierickx I, Cool K. Asset Stock Accumulation and Competitive Advantage [J]. Management Science, 1989, 35 (12): 1504-1511.

[32] Goh B W and D Li. Internal Controls and Conditional Conservatism [J]. The Accounting Review, 2011, 86 (3): 975-1005.

[33] Ho C A, Williams S M. International Comparative Analysis of the Association Between Board Structure and the Efficiency of Value Added by a Firm from Its Physical Capital and Intellectual Capital Resources [J]. International Journal of Accounting, 2003, 38 (4): 465-491.

[34] Lipman S A, Rumelt R P. Uncertain Imitability: An Analysis of Interfirm Differences in Efficiency under Cooperation [J]. Bell Journal of Economics, 1982, 13: 418-438.

[35] Pulic A. VAIC—An Accounting Tool for IC Management [J]. International Journal of Technology Management, 2000, 20 (5/6/7/8).

[36] Tzelepis D, Skuras D. The Effects of Regional Capital Subsidies on Firm Performance: An Empirical Study [J]. Journal of Small Business & Enterprise Development, 2004, 11 (1): 121-129.

第四章 财政分权对地方政府债务的影响研究
——基于城投债的证据*

第一节 引言

我国1994年的分税制改革,提高了中央财政的集中度和控制力。与此同时,该项改革直接导致地方政府财权层层上移,而支出责任逐步下放,从而引发地方政府财权与事权不匹配的状况,使得地方政府的财政收入难以满足其支出需求,地方政府财权与事权的这种不匹配,加之省以下财政管理体制的不完善,最终导致了地方政府债务水平不断上升(龚强等,2011)。

中央决算报告显示,2018年我国地方政府债券发行高达41 651.68亿元,2018年末,地方政府债务余额高达184 618.67亿元,如果再加入政府或有债务,地方债务规模就更为庞大了。规模过大、增长过快的地方债务不利于资本积累、生产率提高以及长期经济增长(Jaejoon Woo and Kumar, 2015),更为严重的是,一旦政府债务发生违约,甚至会引发金融危机(Reinhart and Rogoff, 2011)。党的十九大报告指出:在全面建成小康社会决胜阶段,要坚决打好防范化解重大风险、精准脱贫、污染防治的攻坚战,使全面建成小康社会得到人民认可、经得起历史检验。习近平在第五

---

* 本章作者:黄寿峰、向淑敏。

次全国金融工作会议上也明确指出：防止发生系统性金融风险是金融工作的永恒主题。各级地方党委和政府要树立正确政绩观，严控地方政府债务增量，终身问责、倒查责任。因此，加强地方政府债务管理、化解地方政府债务风险、规范地方政府举债，对我国坚决打好防范化解重大风险的攻坚战具有重要意义，是当前政府亟须解决的重要课题。

近年来，我国一直在大力推进财税体制改革，努力为经济高质量发展增添动力。随着我国经济进入新常态，理顺央地财政关系、深化财政体制改革更是成为财税体制改革的重中之重。2013年11月，党的十八届三中全会出台了《中共中央关于全面深化改革若干重大问题的决定》，指出要"建立事权和支出责任相适应的制度"。党的十九大报告中也提出，要"加快建立现代财政制度，建立权责清晰、财力协调、区域均衡的中央和地方财政关系"。因此，全面理顺中央与地方的财政关系以及省以下各层级财政关系，是未来我国政府部门的工作重点，也是打造现代化国家治理体系与提高国家治理能力的必要条件。为了加快理顺央地财政关系，2016年8月国务院印发了《关于推进中央与地方财政事权和支出责任划分改革的指导意见》，遵循该指导意见，相关改革拉开了帷幕，并列出了改革的时间表，分别从"推进中央与地方财政事权划分"和"完善中央与地方支出责任划分"两个维度进行。随着改革的不断推进，又先后印发了《国务院办公厅关于印发基本公共服务领域中央与地方共同财政事权和支出责任划分改革方案的通知》《国务院办公厅关于印发医疗卫生领域中央与地方财政事权和支出责任划分改革方案的通知》《国务院办公厅关于印发交通运输领域中央与地方财政事权和支出责任划分改革方案的通知》，自此，相关改革从公共服务领域、医疗卫生领域、交通运输领域逐步扩展，改革领域不断扩大，改革力度不断深化，改革活力不断激活。

在此背景下，本章将财政分权与地方政府债务置于同一框架下分析，综合全面地探究地方债务水平不断上升背后的财政体制原因。考虑到数据的可得性，本章从城投债视角展开相关研究。相较于现有相关研究，本章的边际贡献主要体现在：（1）结合我国特殊的财政分权体制，将财政分权与地方政府债务置于同一框架下研究，并采用目前较为完整的城投债数据，从财税体制角度揭示我国地方债不断高企的原因，为推进中央与地方财政事权和支出责任划分改革提供现实依据，为全面深化财税体制改革提供实践借鉴；（2）进一步深入探讨了财政分权影响地方债的多条重要作用途径，为全面推进预算管理制度改革，进而建立完整有效的政府债务管理体系提供理论依据和实际证据；（3）为了进一步克服财政分权与地方债之间可能存在的双向因果关系，利用财政"省直管县"改革给地级市带来的分权冲击进行分析，并以此为切入点，较好地解决了可能存在的内生性问题。

第二节 研究假说

新中国成立以来，随着经济社会的不断发展，我国的财政管理体制与财政分权制度也不断演进。在计划经济年代，为了迅速巩固政权、维护经济稳定，我国实行中央高度集权的统收统支财政体制，而未建立分级财政制度。改革开放后，伴随着经济体制逐渐向社会主义市场经济体制过渡，我国实行了"划分收支、分级包干"的财政管理体制，财政分权制度开始确立并不断加强，地方财政收入稳步提升，预算外收入大大增多，但中央的宏观调控能力却逐渐减弱，中央财政更是入不敷出。为了解决这一问题，1994年我国开始实施分税制改革，该项改革直接导致地方政府财权层层上移，而支出责任却逐步下放，进而引起地方政府财政压力不断增大，财权与事权越来越不匹配，使得地方政府的财政收入越来越难以满足其支出需求。在此情形下，地方政府会采取一系列"开源节流"的应对方式，如扩张土地财政（范小敏和徐盈之，2018；唐云锋和马春华，2017；Li and Kung，2015）、加强税收征管（申珍妮，2018；Chen，2017；陈晓光，2016）、减少相关公共服务供给（余靖雯等，2018）、扩大财源增长（谢贞发等，2017；席鹏辉等，2017）、降低环境规制（黄寿峰，2017），当然，也包括举债。地方政府特别是基层政府在面临巨大的事权支出责任时，只能支配非常有限的财力，两者的不平衡加之省以下财政管理体制的不完善，最终导致地方政府债务水平不断上升（龚强等，2011）；洪源等（2018）也发现，为缓解财政压力，地方政府会大规模发行地方债。怀尔德森和威尔逊（Wildasin and Wilson，1996）对此持相同的观点，并且明确指出，经济体在转型的过程中，地方政府财政收入的增长往往无法与财政支出匹配，这会使得政府的财政赤字与融资困难随着分权深化而不断增加；加西亚米拉等（Garcíamilá et al.，2001）也认为，央地政府之间财政权力划分的不合理将会导致地方政府的配置效率低下和借款行为增加。因此，学术界普遍认同地方政府债务内生于财政分权体制的观点。

因此，如何从财政体制改革的角度化解地方政府债务风险，促进国民经济平稳运行，就成为时下亟待解决的重大课题。我国地方政府债务主要由各级地方政府和事业单位债务、地方国有企业和融资平台公司债务及养老保险隐性债务等组成。其中，地方融资平台的债务受到了越来越多的关注。所谓地方政府投融资平台，是由地方政府及相关单位等使用财政款项、土地及股权等资产成立，它肩负起政府投融资功能，作为独立法人而存在（魏加宁，2010）。地方融资平台所募集的资金主要用于基础设施和公用事业建设，项目经济效益不高，需要政府补贴才能确保还本付息（刘东民，2013）。此外，地方政府还可以干预与控制地方融资平台公司的相关经营计划、发展规划、人事安排等，更有甚者，地方政府官员可以直接兼任地方融资平台公司的负责人（凌华等，2005；周沅帆，2010）。融资平台主要有三种融资形式：银行贷款、城投债以及融资租赁、项目融资、信托私募等资本市场融资（何杨和满燕云，2012）。现实实践中，由于市场融资渠道缺乏，加上城投债发行依靠的是政府信用，基本上不存在违约风险，即使某些政府到期无力偿还，中央政府也会在背后为其"兜底"，因此，城投债越来越受到地方政府的青睐，尤其当城市建设缺乏资金时，融资无门的地方政府更是热衷于发行城投债。

综上，由于财政分权反映的是地方政府财政自主性的大小，财政分权度越低，地方政府财政自主性就越小，自然也就越可能出现地方政府为应对财政压力而进行举债，即地方财政分权带来的财政压力将会促进地级市的城投债发行。由此，本章提出第一个假说：

H4-1：财政分权度越低，地方政府城投债发行得越多。

分税制改革后，地方政府财政压力随之增大，财力不足迫使政府寻找新的增收途径，此时土地财政收入就逐渐成为地方政府的首要选择。学者们也普遍认同地方政府财政压力直接导致了土地财政的繁荣局面（孙秀林和周飞舟，2013；范小敏和徐盈之，2018；唐云锋和马春华，2017；Li and Kung，2015）。随着政府主导的城市化和城市外延扩张加速，地方政府预算内靠城市扩张带来的产业税收效应，预算外靠土地出让收入，成为名副其实的"以地生财"。土地作为担保和偿债来源，使地方政府选择"土地融资"方式来解决城市基础设施建设资金来源，土地出让收入能促进城投债发行（张莉等，2018）。因此，本章提出第二个假说：

H4-2：财政分权将通过增加土地出让收入刺激城投债的发行。

改革开放以来，我国地方财政收支经历了由盈余向赤字的转变，分税制改革便是这一急剧变化的转折点（刘洪铎，2011）。一方面，分税制的财政安排导致地方政府将中央转移支付作为公共池，地方政府竞相通过扩大支出规模来获得中央政府的财政补贴和转移支付，从而导致地方政府总的财政赤字规模不断升高（平新乔，2007）。另一方面，地方政府试图通过公共支出来吸引要素流入，从而引发相互间的支出竞争，导致支出规模膨胀（李涛和周业安，2009；李永友和沈坤荣，2008；邵军，2007）。因此，在地方政府相对缺乏独立征税权和其他融资途径时，愈来愈大的财政赤字压力促使其不得不发行城投债来弥补赤字缺口。因此，本章提出第三个假说：

H4-3：财政分权将通过扩大地方政府财政赤字来刺激城投债的发行。

在实行以财政集权为特征的"分税制"改革后，中央政府显著地向上集中了财政收入，但并未相应地调整不同级别间政府的支出责任，这使得地方政府面临巨大的支出压力。在分权带来的财政压力下，地方政府降低了教育支出、科研支出等公共民生类支出，而增加了经济建设的投入（王永钦和丁菊红，2007；王世磊和张军，2008；李文星等，2009），如进行大规模的基础设施建设和投资环境改善，来吸引资本流入和企业入驻，以培养新税基扩大财政收入（陶然等，2009）。中国式分权和基于政绩考核下的政府竞争，造成了地方政府支出结构"重基础设施建设、轻公共服务和人力资本投资"的扭曲（傅勇和张晏，2007），中国地方政府重视经济建设支出而忽视科教文卫支出（安苑和王珺，2010），中国县级决策者主要对上级负责，追求尽可能高的经济增长率，而非居民福利最大化，导致其财政决策偏向基建支出的结论（尹恒和朱虹，2011）。以基础设施建设等配套工程为代表的固定资产投资，往往都是高经济投入的"资源密集型"工程，需要大量的财政资金投入。而分税制下的地方政府财政收入有限，难以支撑起所需的巨额资金，因此，发行城投债便成了地方政府的无奈之举。故本章认为，财政分权下降的地方政府为了保增长将会增加投资、发展经济，将通过发行城投债为辖区内的各项投资进行融资。因此，本章提出第四个假说：

H4-4：财政分权将通过加大地方投资力度来刺激城投债的发行。

第三节 模型设计与数据说明

一、研究设计

本章的基础回归模型设计如下：

$$d\_debt_{i,t} = \beta_0 + \beta_1 FD_{i,t-2} + \beta_j X_{j,i,t} + \lambda_t + \mu_i + \varepsilon_{i,t} \qquad (4.1)$$

其中，$d\_debt_{i,t}$ 为被解释变量，代表 i 市 t 年的城投债发行概率；$FD_{i,t-2}$ 作为解释变量，代表财政分权程度，为了克服模型的内生性问题，同时考虑从财政分权程度变化到城投债发行之间地方政府的行为需要一定的反应时间，我们对所有回归中的解释变量均进行滞后两阶处理；β_0 为常数项，$X_{i,t}$ 代表控制变量，λ_t 表示年份固定效应，μ_i 表示个体固定效应，$\varepsilon_{i,t}$ 为不可观测的误差项。此外，为了结果更为可信，本章还采用财政自给率（$FR_{i,t-2}$）进行再次回归。β_1 为本章最关心的系数，如果 β_1 显著为负，则意味着财政收入分权程度越低城投债发行越多，H4-1 初步得到验证。

为了克服直接回归带来的内生性问题，我们进一步利用财政省直管县改革，采用双重差分法再次进行回归。相较于传统的双重差分法，省直管县改革采取了渐进式方式，各个省份之间及省以下各县市的改革时间各不相同，因此无法对所有样本设置统一的改革时点虚拟变量。本章借鉴了霍因斯等（Hoynes et al.，2011）的研究方法，即只将实验组别虚拟变量与实验时点虚拟变量的交叉项纳入模型中，考察其系数的符号正负与显著程度。由于各省份的改革实施时间并不相同，存在同一地级市下辖的各县陆续改革的情况，为了方便研究，若同一地级市下辖的各县在不同年份均有实施省直管县改革，本章在基准 DID 模型中将仅考虑初次改革的年份，并将其视为实施政策时间点。具体基准 DID 模型如下：

$$Debt_{i,t} = \beta_0 + \beta_1 Did_{i,t-2} + \beta_j X_{j,i,t} + \lambda_t + \mu_i + \varphi_{s,t} + \varepsilon_{i,t} \quad (4.2)$$

其中，被解释变量 $Debt_{i,t}$ 包含三个指标：发债概率、发债规模和单次发债金额，$Did_{i,t}$ 代表省直管县的改革变量。相较于基础模型，此处利用了省直管县改革带来的分权冲击。省直管县改革由各省政府独立推行，各省不同决策方式与时间趋势将会对改革效果产生偏差，因此我们借鉴了陈思霞和卢盛峰（2014）的做法，在模型中加入了省份与年份的交叉固定效应 $\varphi_{s,t}$，其他变量设置与基础回归保持一致。由于省直管县改革削减了地级市的财权，加重了地级市政府的财政压力，促使地级市谋求其他方式来维持其财政支配权（才国伟等，2011；倪志良等，2018），因此，是分析市级财政分权下降对城投债影响的一项很好的外生冲击。β_1 为本章最关心的系数，如果 β_1 显著为正，则意味着财政省直管县改革给地级市带来的财政分权弱化导致城投债发行增多，进一步验证了 H4-1。

为了更准确地估计省直管县对地级市城投债发行的影响，本章还引入了改革强度变量 $Intensity_{i,t}$，即某市改革县占该市全部县的数量之比，用来估计每次改革的强度，更好地刻画同一地级市进行的数次省直管县改革，具体回归模型如下：

$$Debt_{i,t} = \beta_0 + \beta_1 Intensity_{i,t-2} + \beta_j X_{j,i,t} + \lambda_t + \mu_i + \varphi_{s,t} + \varepsilon_{i,t} \quad (4.3)$$

如果 β_1 显著为正，则意味着财政省直管县改革强度越大，给地级市带来的财政分权弱化程度越深，城投债发行概率越大。

在此基础上，本章进一步分别以土地出让、财政赤字和固定资产投资作为中介变量检验财政分权对地方债影响的可能作用机制。令中介变量为 M，则其回归模型如下：

$$d\_debt_{i,t} = a + b\, Did_{i,t-2} + c_j X_{j,i,t} + \lambda_t + \mu_i + \varphi_{s,t} + \varepsilon_{i,t} \quad (4.4)$$

$$M_{i,t} = d + e\, Did_{i,t-2} + f_j X_{j,i,t} + \lambda_t + \mu_i + \varphi_{s,t} + \varepsilon_{i,t} \quad (4.5)$$

$$d\_debt_{i,t} = g + h\, Did_{i,t-2} + l M_{i,t} + f_j X_{j,i,t} + \lambda_t + \mu_i + \varphi_{s,t} + \varepsilon_{i,t} \quad (4.6)$$

检验步骤为：第一步，考察式（4.4）中系数 b 是否显著，若显著则可以进行中介效应的检验；第二步，检验式（4.5）中系数 e 与式（4.6）中回归系数 l 是否显著，如果两者都显著，则说明中介变量 M 在"省直管县"改革政策促使城投债规模扩大的作用机制中产生部分影响；第三步，检验式（4.5）中系数 h 是否显著，如果该系数不显著，则说明为完全中介效应，否则说明直接效应显著；第四步，若 b、e 和 h 的符号相同则代表部分中介效应，$be/(be+h)$ 为中介效应在总效应所占的比例。

二、变量说明

本章的解释变量既包括传统的财政分权指标，也包括省直管县改革变量。其中，经典分权指标主要包括支出指标、收入指标和财政自主度指标。学术界对于指标的具体选用并无规定，学者们可以根据自己的研究目的选择适合的指标。支出指标在新中国成立以来一直稳步上升，其趋势无法反映我国数次重要的财政事件，尤其是无法描述分税制改革后地方财政自由度下降的情况。而收入指标和财政自主度指标均能准确地刻画各个时期特别是分税制时期的集分权过程。同时，收支类指标有着各自的局限性，无法反映地区差异，仅能反映出跨时变化，因为这类指标在同一时点上拥有相同的分母，即共同省份的财政信息，而财政自主度指标公式的分子和分母均能反映跨时和跨地区变化。因此，本章在收支指标中采用财政收入分权指标进行刻画，同时加入财政自主度指标来共同刻画财政分权程度。

本章的主要数据来源：城投债数据利用了曹婧等（2019）在《城投债为何持续增长：基于新口径的实证分析》一文中整理的一套新口径城投债基础数据库，克服了 Wind 数据库整理的城投债数据存在的诸多缺陷；省直管县改革数据为手工整理各省政府文件，并将改革发生的县匹配到各自的地级市，形成了本章地级市层面的省直管县改革数据；其他数据来源于 CEIC 中国经济数据库及各年的统计年鉴，各变量说明如表 4-1 所示。

表 4-1　　　　　　　　　　研究变量说明

类型	变量名称	变量符号	变量说明
被解释变量（城投债）	发行概率	d_debt	本年是否发行城投债，是则为 1，否则为 0
	发行规模	$Debt1$	本年发行城投债金额的对数
	单次发行规模	$Debt2$	本年发行的城投债金额/发行次数的对数
	发行总次数	$Times$	样本年份总的发行次数

续表

类型	变量名称	变量符号	变量说明
解释变量（财政分权）	财政收入分权	FD	地级市财政收入/所在省的财政收入
	财政自主度	FR	地级市财政收入/该地级市财政支出
	省直管县改革	Did	若地级市有下辖县成为改革试点，则自改革当年及之后所有年份均取值为1，否则为0
	改革强度	Intensity	该地级市该年的总改革县/所有下辖的县
中介变量	土地出让	Land	土地招拍挂总收入的对数
	财政赤字	Gap	（预算内财政支出－预算内财政收入）/预算内财政收入
	固定资产投资	Inv	固定资产支出的对数
控制变量	经济总量	GDP	经济总量/人口的对数
	人口密度	Pop	人口密度的对数
	进出口总额	JC	进出口总额的对数
	外商直接投资	FDI	外商直接投资的对数
	贷款余额	Loan	金融机构贷款余额的对数
	金融危机	Crisis	2008年及2009年为1，其他为0
	营改增	YGZ	实施营改增当年及之后的年份为1，否则为0
	强县扩权	QXKQ	实施强县扩权当年及之后年份为1，否则为0

根据本章的研究目的，我们对数据进行了如下处理：（1）删除行政管理体制特殊的北京、天津、上海、重庆、海南五省（市）的样本；（2）删除与地级市平行的盟、自治州等特殊样本；（3）删除数据严重损失的西藏自治区数据样本与一直实施省直管县的浙江省样本。最后得到的样本是2006~2015年269个地级市的观测值，数据总容量是2 690个。主要变量的描述性统计如表4-2所示。

表4-2　　　　　　　　主要变量描述性统计

变量	观测值	均值	标准差	最小值	最大值
发债概率	2 690	0.371	0.483	0	1
发债总额	2 690	1.116	1.590	0	6.656
单笔发债金额	2 690	0.820	1.093	0	3.599

续表

变量	观测值	均值	标准差	最小值	最大值
财政收入分权	2 684	0.0272	0.0300	0.0013	0.178
财政自给率	2 665	0.472	0.225	0.0544	1.541
改革变量	2 690	0.544	0.498	0	1
改革强度变量	2 690	0.392	0.441	0	1
土地出让金	2 530	3.191	1.484	0	7.035
固定资产投资	2 690	10.97	1.100	0	13.56
财政赤字	2 665	1.818	1.928	−0.351	17.40
人均GDP	2 668	10.05	0.668	7.926	12.85
人口密度	2 672	5.695	0.916	1.548	7.882
总发债次数	2 690	3.710	2.526	0	10
金融机构贷款	2 638	11.02	1.142	8.059	14.99
外商直接投资	2 567	5.112	1.690	0	9.547
进出口总额	2 651	6.880	2.006	0.0392	13.19

我们主要考察了被解释变量城投债的发债概率、发债总额和单笔发债金额，从表4-2的描述性统计不难看出：发债总额最大值为6.656，最小值为0，表明各地区发债金额差异较大，且部分地区在一些时候存在没有发债的情况；核心解释变量为财政分权，不管是从财政收入分权还是从财政自给率来看，其最大值与最小值差异都很明显，而且标准差相对都较大，这表明各地区财政自主性差异较大，财政收支情况不尽相同，有些地方财政缺口可能较大，部分地区财政状况相对紧张。

第四节 实证分析

一、基础回归

在基础回归中，本章首先使用混合概率（pooled probit）模型、混合分类评定（pooled Logit）模型和固定效应分类评定（fixed-effect Logit）模型对式（4.1）进行估计，结果分别列示在表4-3第（1）、第（2）和第（3）列中，再将核心解释变量替换为财政自给率再次进行回归，结果列示在表4-3第（4）、第（5）和第（6）列中。

表4-3 财政分权对城投债的影响

变量	(1)	(2)	(3)	(4)	(5)	(6)
发行概率	pooled Probit 模型	pooled Logit 模型	FE Logit 模型	pooled Probit 模型	pooled Logit 模型	FE Logit 模型
收入分权	-11.6677*** (3.0175)	-19.6509*** (5.2980)	-54.7966** (21.3774)			
财政自给率				-1.7708*** (0.3582)	-3.1800*** (0.6151)	-2.5917** (1.1927)
时间固定	Y	Y	Y	Y	Y	Y
地区固定	Y	Y	Y	Y	Y	Y
样本个数	1 878	1 878	1 733	1 865	1 865	1 715
pseudo R^2	0.2434	0.2425	0.3855	0.2495	0.2511	0.3852

注：括号内为地级市层面聚类标准误；***、**和*分别表示在1%、5%和10%水平上显著。下同。

从表4-3可以看出：在不控制固定效应的情况下，财政收入分权对城投债发债概率的影响在1%的水平上显著为负；在控制地级市和年份固定效应后，财政收入分权的回归系数在1%的水平上仍显著为负，且系数的绝对值增大；用财政自给率再次进行上述回归，结果依然保持稳健。这说明，财政分权程度越低，城投债发行概率就越高，H4-1初步得到验证。究其原因，财政分权程度反映的是地方财政自主性大小，而分税制改革使得地方需要与中央共享税收收入，打破了地方政府依靠自有收入支持本地财政支出的局面，降低了地方财政的自主性，形成了"强中央、弱地方"的格局。事权与财权的背离以及不健全的市场融资渠道，最终触发了地方政府的发债行为。

二、省直管县改革的进一步检验

地方政府财政自主性下降时，地方政府为缓解财政压力，有可能采取举债方式，表现为财政分权对地方债的影响；但与此同时，如果地方政府举债过多，又可能反过来影响其财政自主性，即地方债对财政分权可能会有反作用。因此，前述实证分析财政分权对地方债的影响可能存在内生性问题，这里将利用省直管县改革带来的外生分权冲击做进一步分析，结果如表4-4所示。

表4-4 省直管县改革对城投债的影响

变量	(1) 财政自给率	(2) 发债概率	(3) 发债总额	(4) 单次发债金额
改革变量	-0.0140* (0.0073)	0.1518** (0.0662)	0.1590* (0.0910)	0.2839** (0.1369)
经济总量	0.1013*** (0.0222)	-0.0407 (0.0960)	0.2103 (0.2502)	-0.0185 (0.2122)
人口密度	-0.0202 (0.0509)	-0.2597 (0.3587)	1.2236 (1.1505)	-0.2971 (0.8271)
进出口额	0.0142*** (0.0051)	-0.0399 (0.0284)	0.0250 (0.0790)	-0.0867 (0.0654)
贷款余额	0.0669*** (0.0251)	0.2374* (0.1216)	0.0858 (0.3117)	0.5901** (0.2859)
外商直接投资	0.0126*** (0.0036)	0.0383** (0.0192)	0.0698 (0.0452)	0.0771* (0.0437)
时间固定	Y	Y	Y	Y
地区固定	Y	Y	Y	Y
交叉固定	Y	Y	Y	Y
样本个数	1 972	1 977	1 977	1 977
pseudo R^2	0.7216	0.1612	0.2575	0.2869

由于省直管县改革削减了地级市的财权，加重了地级市政府的财政压力，促使地级市谋求其他方式来维持其财政支配权（才国伟等，2011；倪志良等，2018），因此，财政省直管县改革后，地级市的财政收入会被制度性地削减，但仍要对县级进行财政补助，在教育医疗、农村改造等诸多方面提供配套资金，导致其财政自给程度降低，从而降低了财政分权度。从表4-4核心解释变量省直管县改革来看，第（1）列的系数显著为负，说明改革确实显著降低了地级市的财政自给率，恶化了当地的财政状况，符合现有相关研究的结论，也符合前述分析。而第（2）、第（3）、第（4）列的系数均显著为正，即改革地级市发债概率、发债规模和单次发债金额均比未改革地区的要高，说明改革导致的财政自给程度降低促进了城投债的发行，进一步证实了H4-1。究其原因，改革后的地级市政府无法拥有下辖各县的财政收入，只能在辖区范围内

集中收入,财政自主性大大降低,地级市政府难以承受财政压力,故不得不举债经营。

在进行双重差分法检验时,为估计结果的可靠性,必须进行平行趋势检验。若平行趋势假设成立,那么财政省直管县改革对城投债的作用将只会发生在改革后,而在改革前,改革地级市与未改革样本的变化情况应该无显著差异。关于平行趋势假设检验设计如下:

$$Debt_{i,t} = \alpha_0 + \sum_{j=-3}^{6} \beta_j Reform_{i,t+j} + \sum_{j=1} a_j X_{j,i,t} + \lambda_t + \mu_i + \varphi_{s,t} + \varepsilon_{i,t} \quad (4.7)$$

其中,$Reform_{i,t+j}$是虚拟变量,当地级市i为改革样本且为改革后j年时,该变量取1,否则取0。因此,β_0表示改革当年的效果,$\beta_{-3} \sim \beta_{-1}$为改革之前1~3年的效果,$\beta_1 \sim \beta_6$为改革之后1~6年的效果。对于非改革地级市,本章以改革时间最集中的2009年作为政策实施点,2006~2008年对应改革前1~3年,2010~2015年对应改革后1~6年。平行趋势回归结果如表4-5所示。从表4-5可以看出,$\beta_{-3} \sim \beta_{-1}$在统计上并不显著异于0,没有呈现出一定的变化规律,说明平行趋势假说是成立的,即控制组和实验组在财政省直管县改革之前是可比的。

表4-5 平行趋势的回归结果

项目	(1) 发债概率	(2) 发债总额	(3) 单次发债金额
前三年	-0.0480 (0.0482)	-0.0726 (0.1493)	-0.1448 (0.1106)
前两年	-0.0703 (0.0446)	-0.1779 (0.1388)	-0.1565 (0.1024)
前一年	-0.0206 (0.0402)	-0.1060 (0.1272)	-0.0649 (0.0922)
控制变量	Y	Y	Y
时间固定	Y	Y	Y
地区固定	Y	Y	Y
交叉固定	Y	Y	Y
样本个数	1 669	1 669	1 669
pseudo R^2	0.4063	0.5276	0.3910

为了进一步分析改革后每年的政策效果，沿用前文平行趋势的回归模型，再次进行回归分析，得到回归结果如表4-6所示。从表4-6可以看出，不管是城投债的发债概率，还是其发债总额抑或是单次发债金额，相较于改革前实验组与对照组处于同一变化趋势，改革后实验组的发债概率、发债总额及单次发债金额均显著高于对照组，说明财政省直管县改革对城投债的发行确实存在正向的影响，本章的结论是可信的。从时间上来看，省直管县改革对城投债发行的正向影响在两年后开始显著，一直持续到第7年结束，这与我们前文的滞后两阶处理是一致的。从改革影响程度来看，省直管县改革对城投债发行的影响先增大后逐渐波动，最终减小直至消失，影响时间较为长远。

表4-6 改革后的政策效果

项目	发债概率	发债总额	单次发债金额
第1年	-0.0164 (0.0254)	-0.0186 (0.0726)	-0.0005 (0.0612)
第2年	-0.0185 (0.0333)	-0.0059 (0.0974)	0.0152 (0.0786)
第3年	0.0864** (0.0365)	0.2285** (0.1023)	0.2301*** (0.0848)
第4年	0.1501*** (0.0408)	0.4700*** (0.1212)	0.3651*** (0.0923)
第5年	0.0830* (0.0436)	0.4132*** (0.1399)	0.1823* (0.0978)
第6年	0.1682*** (0.0450)	0.8085*** (0.1497)	0.3625*** (0.1018)
第7年	0.1015** (0.0500)	0.6754*** (0.1684)	0.0717 (0.1067)
控制变量	Y	Y	Y
时间固定	Y	Y	Y
地区固定	Y	Y	Y
交叉固定	Y	Y	Y
样本个数	2 487	2 487	2 487
pseudo R^2	0.1608	0.4395	0.2229

为了刻画同一地级市进行的数次省直管县改革，得到更为准确的回归结果，本章引入了省直管县改革强度的变量$Intensity_{i,t}$，模型的回归结果如表4-7所示。从表4-7可以看出，被解释变量不论是发债概率、发债规模，还是单次发债金额，系数均显著为正，说明省直管县改革强度越大，城投债的发行概率及规模也就越大，H4-1再次得到验证。出现这一结果也很好理解，地级市下辖的县被直管的越多，市政府能支配和占用的县级财政资源也就越少；当越来越多的下辖县与省之间的资金调拨和收支往来不再经过市级政府时，迫于财政压力，地级市往往通过加大城投债发行来增加财政收入来源。

表4-7　　　　　　省直管县改革强度对城投债的影响

变量	发债概率	发债总额	单次发债金额
改革强度	0.1017** (0.0446)	0.2962** (0.1453)	0.2315** (0.1077)
控制变量	Y	Y	Y
时间固定	Y	Y	Y
地区固定	Y	Y	Y
交叉固定	Y	Y	Y
样本个数	1 977	1 977	1 977
pseudo R^2	0.3482	0.2578	0.3031

三、稳健性检验

1. 剔除异常样本

由于湖北省、安徽省、吉林省和黑龙江省在样本年份之前就已经实施了财政省直管县制度，且分权改革实验包括了其下辖的所有县市，因此我们需要将该部分样本进行剔除。同样，本章对在样本期间未发行过城投债的城市样本也进行剔除。剔除异常值后，基础DID的回归结果如表4-8所示。

表4-8　　　　　　剔除异常样本的回归结果

变量	剔除四省样本			剔除未发债样本		
	发债概率	发债总额	单次金额	发债概率	发债总额	单次金额
改革变量	0.1559** (0.0636)	0.1027* (0.0604)	0.3013** (0.1305)	0.1761*** (0.0655)	0.1509* (0.0838)	0.3380** (0.1347)

续表

变量	剔除四省样本			剔除未发债样本		
	发债概率	发债总额	单次金额	发债概率	发债总额	单次金额
控制变量	Y	Y	Y	Y	Y	Y
时间固定	Y	Y	Y	Y	Y	Y
地区固定	Y	Y	Y	Y	Y	Y
交叉固定	Y	Y	Y	Y	Y	Y
样本个数	1 634	1 752	1 634	1 534	1 624	1 534
pseudo R^2	0.7474	0.5428	0.5663	0.2692	0.2238	0.1922

从表 4-8 可以看出，在剔除该四省样本及未发债样本后，无论是发债概率、发债总额，还是单次发债金额，其系数仍显著为正，且系数大小与全样本回归得到的结果基本一致。这说明本章的结论在剔除样本后依旧稳健，排除异常样本并不会对结论产生明显的影响。

2. 分组回归检验

处于不同经济发展阶段的地级市在面对省直管县改革时，财政分权弱化的程度可能存在差异，故我们还应检验不同经济水平样本的分权效应。在回归设计上，我们以基年人均 GDP 为标准，在基准 DID 模型中将样本划分为低收入、中等收入和高收入三个组群再次进行回归，用来考察分权对城投债发行是否存在地区间异质差异。分组回归结果如表 4-9 所示。

表 4-9 分组回归结果

变量	(1) 低收入	(2) 中等收入	(3) 高收入
改革变量	0.0062 (0.0474)	0.1013* (0.0556)	0.1091* (0.0644)
控制变量	Y	Y	Y
时间固定	Y	Y	Y
地区固定	Y	Y	Y
交叉固定	Y	Y	Y
样本个数	619	678	671
pseudo R^2	0.2692	0.2238	0.1922

结论表明：经济贫困组中参与实验的地级市并未显著增加城投债的发行；而经济水平中等组和经济发达组的正向效应显著，且经济发达组的系数更大。这背后可能存在的原因：在经济落后的地区，在改革带来的巨大财政压力面前，地方政府加大了举债经营的动机，但由于经济过于落后财政体系不完善，投资者对政府的信心不足，因此地方政府往往未采取发行城投债的方式进行融资；而在经济发达地区，市场机制相对完善、融资渠道较为通畅、投资者信心更为充足，因此政府更有动力发行城投债来进行基础建设融资、发展地区经济。

3. 反事实检验

为了证明本章得到的结果并不是偶然发生的，我们采取了反事实实验的方法。假设财政省直管县改革发生的时间提前一年，定义一个新的改革变量再次对基础 DID 检验进行回归，检验本章的变量在样本区间内是否同样存在相同的因果关系。回归结果如表 4-10 所示。

表 4-10　　　　　　　　反事实检验的回归结果

变量	(1) 发债概率	(2) 发债总额	(3) 单次发债金额
新改革变量	0.0528 (0.0690)	0.0935 (0.0987)	0.1223 (0.1487)
控制变量	Y	Y	Y
时间固定	Y	Y	Y
地区固定	Y	Y	Y
交叉固定	Y	Y	Y
样本个数	2 016	2 135	2 016
pseudo R^2	0.0283	0.2505	0.0918

从表 4-10 可以看出，在定义了新的改革变量进行回归后，无论是发债概率、发债总额，还是单次发债金额，其系数均不显著。这与基础 DID 回归中得到的显著为正的结果是显然不同的，因此该结果通过了反事实检验，可以说明本章的结论是稳健的，财政省直管县改革确实显著增加了城投债的发行概率与发行规模。

4. 控制其他政策的影响

在样本年份期间，我国还进行了强县扩权改革。强县扩权改革的核心是指通过扩大县一级政府的管理权限，增加其经济事务上的自主权，从而促进县级经济的繁荣发展与城市化进程的稳步推进。这项政策将企业所得税减免、耕地占用税减免等税务管理权及固定资产投资项目、建设用地开发项目等经济管理权由市级政府下放至县。因此,与财政省直管县改革同步进行的强县扩权政策,很可能会影响财政省直管县的政策效果,使本章得到的结论不够严谨。为了克服该项改革对本章回归结果的影响,本章在控制变量中加入强县扩权($QXKQ_{i,t}$)变量。在地级市进行该项改革及改革之后的年份,该虚拟变量为1,否则为0。再次进行回归,结果如表4-11所示。从表4-11可以看出,在控制了强县扩权的影响后,财政省直管县改革对城投债的发行概率、发行总额和单次发债金额的影响依然均显著为正,与前文的回归基本保持一致。这说明,即使考虑了强县扩权改革,本章的回归结果依然稳健,财政省直管县改革确实改变了地方政府的债务行为,刺激了城投债的发行。

利用同样的方法,我们还分别控制了样本年份期间内发生的美国次贷危机以及2012年开始实施的营改增改革,从回归结果看,考虑这些重大事件的冲击后,得到的回归结果依然稳健(限于篇幅未在文中列出,备索)。

表4-11　　　　　　　控制强县扩权政策的回归结果

变量	发债概率	发债总额	单次发债金额
改革变量	0.1901* (0.0975)	0.2401* (0.1441)	0.3569* (0.1847)
控制变量	Y	Y	Y
时间固定	Y	Y	Y
地区固定	Y	Y	Y
交叉固定	Y	Y	Y
样本个数	1 086	996	1 086
pseudo R^2	0.0055	0.5456	0.0147

5. 安慰剂检验

由于本章研究的样本时间跨度大,存在着许多不可控的未知因素,影响城投债发行的因素可能并不来源于财政省直管县改革。为了进一步论证城投债发行是由省直管县改革带来的而非来源于不可观测因素,本章在所有样本中随机选取实验组和对照组,重复抽样1 000次对基准DID模型进行反复估计。从图4-1可知,经1 000次反复随机抽样后得到的方程回归结果与前文估计值0.1518存在显著差异，这就表明省直管县改革刺激城投债发行的效应并不是源自不可观测因素，而正是来自财政省直管县带来的影响。上述回归结果通过了安慰剂检验，证实了本章财政省直管县对城投债发行的影响是稳健的。

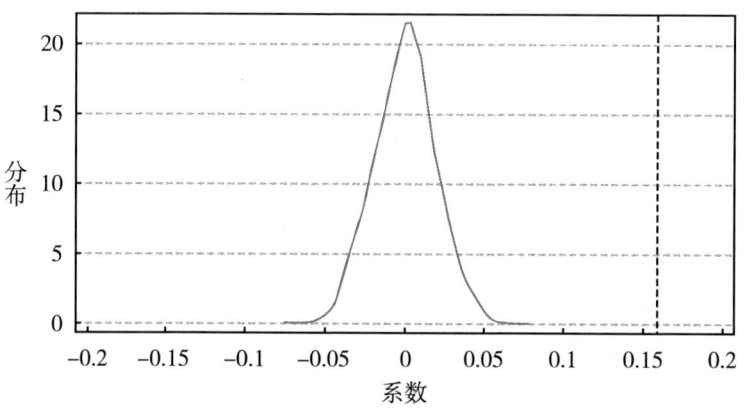

图 4-1　安慰剂检验核密度估计结果

6. 考虑其他滞后期

考虑到省直管县改革对地方债的影响可能存在滞后效应，而且改革的月份不一，所以前文将改革强度变量滞后了 2 期，这里进一步将其滞后 1 期，进行回归，核心变量改革强度的作用依然显著，变化不大；我们的回归主要是局部静态分析，即控制其他变量，单纯考虑改革强度的作用，因此在处理过程中没有将控制变量滞后，考虑到控制变量的影响也可能存在时滞效应，进一步将控制变量也滞后 1 期进行回归，基本结果相似。

四、机制检验

1. 土地出让

在地级市财政收入减少的情况下，土地出让便成了地方政府增加收入的主要来源，巨额的土地出让金不仅可以改善财政状况，还将通过作为融资平台的抵押品及还款担保对城投债的发行产生重要推动作用。以土地出让作为中介变量的检验结果支持这一观点。表 4-12 第（1）列和第（4）列表明，存在着部分中介效应。具体而言，财政分权度的降低一方面可以直接刺激地方债的发行，另一方面也可以通过增加土地出让行为获得更多土地财政收入，从而吸引投资者对地方债的购买，促进地方债的发行。这证实了 H4-2：财政分权将通过增加土地出让收入刺激城投债的发行。

表 4-12 中介效应检验

变量	土地出让 (1)	财政赤字 (2)	固定资产投资 (3)	城投债发行概率 (4)	城投债发行概率 (5)	城投债发行概率 (6)
收入分权	-16.761*** (4.383)	-7.114* (4.024)	-6.329*** (0.873)	-9.891*** (2.922)	-18.823*** (5.362)	-10.039*** (2.992)
土地出让				0.194*** (0.047)		
财政赤字					0.149*** (0.052)	
固定资产投资						0.312*** (0.110)
控制变量	Y	Y	Y	Y	Y	Y
时间固定	Y	Y	Y	Y	Y	Y
地区固定	Y	Y	Y	Y	Y	Y
样本个数	1 878	1 873	1 878	1 848	1 873	1 878
pseudo R^2	0.243	0.167	0.780	0.253	0.245	0.248

2. 财政赤字

为了验证 H4-3：财政分权将通过扩大地方政府财政赤字来刺激城投债的发行，这里以财政赤字作为中介变量，进行中介效应检验。表 4-12 第（2）列和第（5）列回归系数均显著，说明存在着部分中介效应。具体而言，财政分权度的下降既可以直接影响地方债的发行，也可以通过加剧地方财政赤字、恶化当地财政状况，刺激地方债的发行，这证实了 H4-3。究其原因，在财政分权下降的背景下，地级市政府承担的支出责任并未减少，为了吸引要素流入及获得中央政府的财政补贴，地方政府肆意膨胀支出，导致财政赤字不断加剧，为弥补日益扩大的财政缺口，地方政府扩大了城投债的发行。

3. 固定资产投资

在财政压力下，地方政府的财政支出往往存在一定的偏向性，倾向于进行大规模的基础设施建设和投资环境改善，以吸引资本流入和企业入驻。而以基建设施为代表的固定资产投资需要大量资金，这就促使地方政府发行城投债为辖区内的各项投资进行融资。因此，我们以固定资产投资作为中介变量进行检验，结果如表4-12第（3）列和第（6）列所示。从结果来看，回归系数均为显著，表明财政分权度的下降既可以直接影响地方债的发行，也可以通过加大地级市的发展压力，增加为发展经济相应的投资支出，从而刺激地方为支出进行融资的债务行为，证实了H4-4。

需要说明的是，我们利用同样的方法，将经典分权指标替换为财政自给率及省直管县改革变量，进行上述三条机制检验，结果仍然保持很好的一致性（限于篇幅未在文中列出，备索）。

第五节　结论与政策建议

本章将财政分权与地方政府债务置于同一框架进行考量，既采用了传统的财政分权指标，也利用了财政省直管县改革给地级市带来的财政分权冲击为突破口，综合全面地研究地方债务水平不断上升背后的财政体制原因。结论表明：财政分权程度的降低将导致城投债发行概率和发行规模更大。通过机制检验发现，土地财政、财政赤字和固定资产投资支出在财政分权对城投债的影响中起着显著的中介作用，是本章的三条重要作用途径。

从本章的研究中可以发现，"中国式分权"模式下财权与事权不匹配，对地方政府的债务行为存在内在激励，使得地方政府债务愈演愈烈。因此，化解地方政府债务风险，就必须建立权责清晰、财力协调、区域均衡的政府间财政关系。首先，各层级政府之间必须严格建立财政平衡的目标任务，促进各级财权与事权相一致；其次，地方政府各部门应当积极培育地方主体税种，完善地方税收体系，继续推进国家房产税、环境税等税收制度的改革，合理划分共享税在央地之间的占比，从而使财政收入能满足支出责任的要求；最后，在推行省直管县改革的过程中，我们应多关注地级市所面临的财政问题，拓宽地级市的融资渠道，增加地级市的收入来源，减少地级市对城投债的过度依赖，鼓励市县之间共谋区域经济发展，推动产业结构的优化升级和区域经济的持续发展。

参考文献

［1］安苑，王珺．财政分权与支出偏向的动态演进——基于非参数逐点估计的分析［J］．经济学家，2010（7）．

[2] 才国伟，张学志，邓卫广．"省直管县"改革会损害地级市的利益吗？[J]．经济研究，2011（7）．

[3] 曹婧，毛捷，薛熠．城投债为何持续增长：基于新口径的实证分析[J]．财贸经济，2019（5）．

[4] 陈硕，高琳．央地关系：财政分权度量及作用机制再评估[J]．管理世界，2012（6）．

[5] 陈思霞，卢盛峰．分权增加了民生性财政支出吗？——来自中国"省直管县"的自然实验[J]．经济学（季刊），2014，13（4）．

[6] 陈晓光．财政压力、税收征管与地区不平等[J]．中国社会科学，2016（4）．

[7] 范小敏，徐盈之．财政压力、土地出让方式与空间竞争[J]．山西财经大学学报，2018，40（11）．

[8] 傅勇，张晏．中国式分权与财政支出结构偏向：为增长而竞争的代价[J]．管理世界，2007（3）．

[9] 龚强，王俊，贾珅．财政分权视角下的地方政府债务研究：一个综述[J]．经济研究，2011（7）．

[10] 何杨，满燕云．地方政府债务融资的风险控制——基于土地财政视角的分析[J]．财贸经济，2012（5）．

[11] 洪源，张玉灶，王群群．财政压力、转移支付与地方政府债务风险——基于央地财政关系的视角[J]．中国软科学，2018（9）．

[12] 黄寿峰．财政分权对中国雾霾影响的研究[J]．世界经济，2017（2）．

[13] 李昊，迟国泰，路军伟．我国地方政府债务风险及其预警：问题及对策[J]．经济经纬，2010（2）．

[14] 李涛，周业安．中国地方政府间支出竞争研究——基于中国省级面板数据的经验证据[J]．管理世界，2009（2）．

[15] 李文星，艾春荣，徐长生．财政分权与中国经济增长关系的再检验[J]．浙江社会科学，2009（11）．

[16] 李永友，沈坤荣．辖区间竞争、策略性财政政策与FDI增长绩效的区域特征[J]．经济研究，2008（5）．

[17] 凌华，唐弟良，顾军．公司化运作的地方政府贷款风险控制[J]．金融研究，2005（3）．

[18] 刘东民．中国城投债：特征、风险与监管[J]．国际经济评论，2013（3）．

[19] 刘洪铎．财政分权对地方政府财政赤字规模膨胀的影响——来自分税制改革后中国省级的观察和经验证据[J]．经济与管理研究，2011（7）．

[20] 倪志良，宗亚辉，郭玉清．"省直管县"改革、土地融资激励与地区经济增长[J]．现代经济探讨，2018（10）．

[21] 平新乔．中国地方政府支出规模的膨胀趋势[J]．经济社会体制比较，2007（1）．

[22] 邵军．地方财政支出的空间外部效应研究[J]．南方经济，2007（9）．

[23] 申珍妮．财政压力与地方政府税收努力——基于省级数据的经验研究[J]．税务研

究, 2018 (10).

[24] 孙秀林, 周飞舟. 土地财政与分税制: 一个实证解释 [J]. 中国社会科学, 2013 (4).

[25] 唐云锋, 马春华. 财政压力、土地财政与"房价棘轮效应"[J]. 财贸经济, 2017 (11).

[26] 陶然, 陆曦, 苏福兵, 汪晖. 地区竞争格局演变下的中国转轨: 财政激励和发展模式反思 [J]. 经济研究, 2009 (7).

[27] 王世磊, 张军. 中国地方官员为什么要改善基础设施? ——一个关于官员激励机制的模型 [J]. 经济学 (季刊), 2008, 7 (2).

[28] 王永钦, 丁菊红. 公共部门内部的激励机制: 一个文献述评——兼论中国分权式改革的动力机制和代价 [J]. 世界经济文汇, 2007 (1).

[29] 魏加宁. 地方政府投融资平台的风险何在 [J]. 中国金融, 2010 (16).

[30] 席鹏辉, 梁若冰, 谢贞发, 苏国灿. 财政压力、产能过剩与供给侧改革 [J]. 经济研究, 2017 (9).

[31] 谢贞发, 严瑾, 李培. 中国式"压力型"财政激励的财源增长效应——基于取消农业税改革的实证研究 [J]. 管理世界, 2017 (12).

[32] 尹恒, 朱虹. 县级财政基建支出偏向研究 [J]. 中国社会科学, 2011 (1).

[33] 余靖雯, 陈晓光, 龚六堂. 财政压力如何影响了县级政府公共服务供给? [J]. 金融研究, 2018 (1).

[34] 张莉, 年永威, 刘京军. 土地市场波动与地方债——以城投债为例 [J]. 经济学 (季刊), 2018, 17 (3).

[35] 周沅帆. 增信体系与债券市场发展 [D]. 沈阳: 东北大学, 2010.

[36] Garcíamilá T, Goodspeed T, Mcguire T J. Fiscal Decentralization Policies and Sub-National Government Debt in Evolving Federations [J]. Social Science Electronic Publishing, 2001, 46 (2): 66 - 80.

[37] Hoynes H, Page M, Stevens A H. Can Targeted Transfers Improve Birth Outcomes? Evidence from the Introduction of the WIC Program [J]. Journal of Public Economics, 2011, 95: 813 - 827.

[38] Jaejoon Woo, Manmohan S Kumar. Public Debt and Growth [J]. Economica, 2015, 82 (328): 705 - 739.

[39] Li Han, James et al. Fiscal Incentives and Policy Choices of Local Governments: Evidence from China [J]. Journal of Development Economics, 2015, 116: 89 - 104.

[40] Reinhart C M, Rogoff K S. From Financial Crash to Debt Crisis [J]. The American Economic Review, 2011, 101 (5): 1676 - 1706.

[41] Shawn Xiaoguang Chen. The Effect of a Fiscal Squeeze on Tax Enforcement: Evidence from a Natural Experiment in China [J]. Journal of Public Economics, 2017, 147: 62 - 76.

[42] Wildasin D E, Wilson J D. Imperfect Mobility and Local Government Behavior in an Overlapping-Generations Model [J]. Journal of Public Economics, 1996, 60 (2): 177 - 198.

第五章 货币政策对非金融企业杠杆率的影响*
——基于纳入金融摩擦与信贷歧视的DSGE模型的研究

第一节 引言

长期以来，相比于居民部门和政府部门，我国非金融企业部门的杠杆率①长期处于较高水平，隐含着较大的债务风险（见图5-1）。国家资产负债表研究中心（CNBS）的数据显示，近年来我国非金融企业杠杆率一直稳定在155%左右，而同期居民部门和政府部门的杠杆率均在65%以下。与此同时，近年来，我国非金融企业部门的杠杆率不仅远高于国内居民部门、政府部门等其他部门，也远高于其他经济体非金融企业部门杠杆率的平均水平：国际清算银行（BIS）的数据显示，截至2021年第三季度，中国非金融企业部门的杠杆率为156.8%，远高于同期发达国家非金融企业部门杠杆率的平均水平（98.5%）以及新兴市场国家的平均水平（99.9%）。

---

* 本章作者：沈忠华、王燕武。

① 杠杆率是衡量债务水平的重要指标，且杠杆率的一般定义应该是债务水平与经济主体资产价值的比值，但宏观杠杆率的计算方式一般为债务水平与国内生产总值的比值，这可能源于宏观经济的资产价值数据不易获得，从而用能较为容易获得的国内生产总值数据来替代（李源，2019）。在这种情形下，宏观杠杆率更像是在衡量经济体的偿债能力。

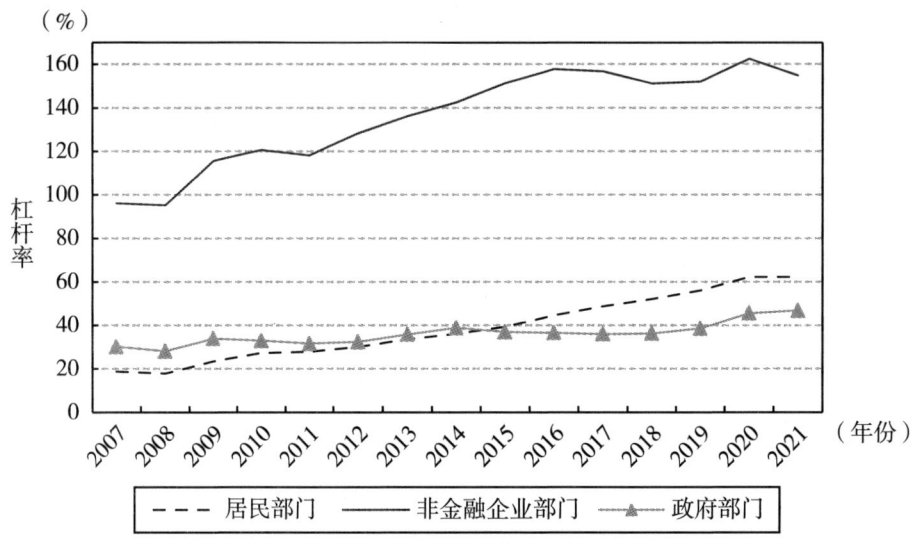

图 5-1 各部门杠杆率变化

注：各部门杠杆率=各部门债务水平/名义国内生产总值。
资料来源：CNBS。

此外，从非金融企业杠杆率的增长速度来看，相对于2011年，2019年中国非金融企业部门的杠杆率增长了32.4%，在主要发展中国家里排名前三位（见图5-2）。这表明，相比于其他经济体，我国非金融企业部门的杠杆率在过去十几年间出现了快速增长的趋势，并在当前稳定于较高水平，我国非金融企业部门的债务负担较重，蕴含着较高的债务集聚风险，对我国金融市场的稳定带来了较大挑战。

非金融企业杠杆率攀升至高水平的背后有着复杂的原因，其中货币政策因素不容忽视。在我国非金融企业杠杆率增速过快且高企这一背景下，如何在促进经济增长和防范化解风险之间实现平衡，成为包括货币政策在内的宏观调控政策的紧迫任务。2020年12月召开的中央经济工作会议指出，要实施稳健的货币政策，保持宏观杠杆率基本稳定，处理好助力经济复苏和防范金融风险之间的关系。因此，如何在调控宏观经济的同时有效地控制杠杆率，成为货币政策的重要考量因素。相应地，研究货币政策对非金融企业杠杆率的影响具有重要意义。

从非金融企业杠杆率的计算公式来看，货币政策可以通过影响分子（非金融企业债务）以及分母［名义国内生产总值（GDP）］来对非金融企业的杠杆率水平产生影响。一般而言，当央行实施紧缩性货币政策时，一方面，利率的提高会减少企业的投资需求进而降低企业的融资规模，这对企业杠杆率有抑制作用；

另一方面，紧缩性的货币政策也会对投资以及产出产生抑制作用并增加企业未偿还债务的偿债负担，这又会对企业杠杆率产生拉升作用，从而使得紧缩性货币政策对非金融企业杠杆率的影响不定。而当央行实施宽松性货币政策时，如果由此导致的 GDP 增速小于债务的扩张速度，带来的便是杠杆率上升；反之，如果宽松的货币政策导致 GDP 增速大于债务的扩张速度，结果则是杠杆率的下降。这表明，货币政策与非金融企业杠杆率之间并不存在简单的线性关系，两者之间的关系是错综复杂的。如图 5-3 所示，M2 同比增速上升时一般伴随着非金融企业杠杆率的上升（也存在例外的情形，如 2005 年第一季度至 2006 年第二季度，M2 同比增速的上升伴随着非金融企业杠杆率的下降），M2 同比增速的下降则有时伴随着非金融企业杠杆率的上升，有时伴随着非金融企业杠杆率的下降。这意味着，在不同的经济时期以及不同企业杠杆率水平下，同一货币政策的实施可能会对企业杠杆率产生不同影响，并且货币政策紧缩或宽松程度的不同也可能会对企业杠杆率的变化产生不同影响。

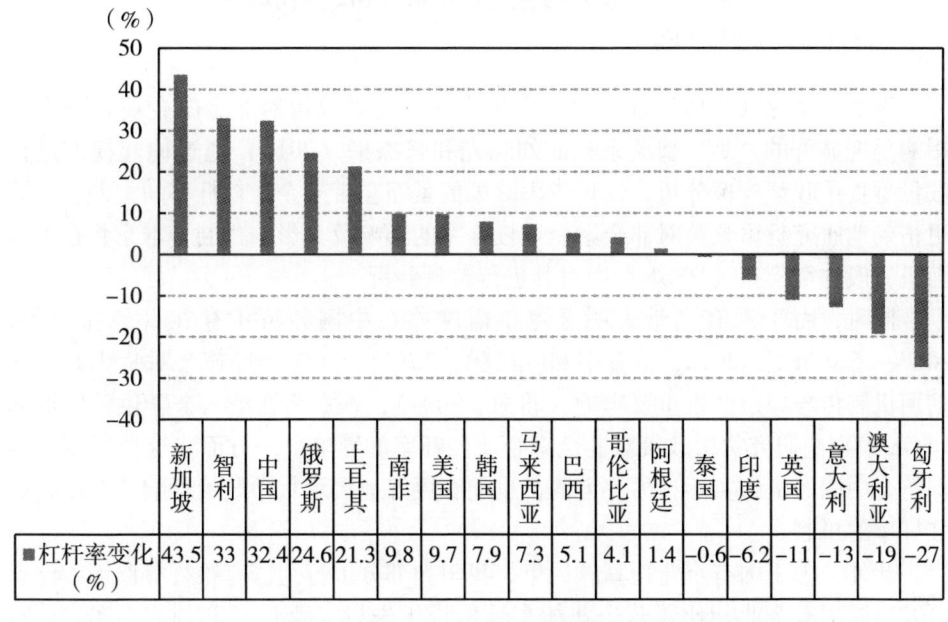

图 5-2　2019 年相对于 2011 年非金融企业杠杆率变化

资料来源：BIS。

从以上定性分析可以发现，货币政策与非金融企业杠杆率之间的关系较为复杂，而以往的研究对于货币政策与非金融杠杆率之间的关系也得出了不同的结论。

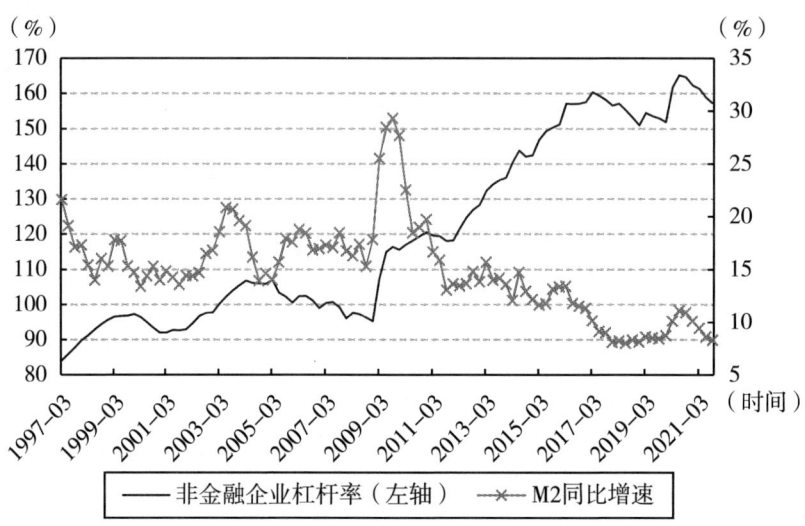

图 5-3 非金融企业杠杆率与 M2 同比增速

资料来源：CNBS，CEIC。

例如，李源（2019）通过实证分析发现，货币政策对非金融企业杠杆率的影响呈现显著的"U"型关系；而刘晓光和张杰平（2016）通过构建模型进行数量型货币政策模拟分析，发现货币政策的紧缩会带来企业杠杆率的上升。为了更精确地研究货币政策对非金融企业杠杆率的影响及其影响机制，本章将在动态随机一般均衡模型（DSGE）中对其进行定量分析。

同时，由于现有文献表明金融供需摩擦在中国经济中存在（赵振全等，2007；王立勇等，2012；戴金平和陈汉鹏，2014），且金融摩擦会对货币政策的信用机制传导渠道产生重要影响（蒋冠，2004），本章将在纳入金融供需摩擦的 DSGE 模型中研究货币政策对非金融企业杠杆率的影响。一方面，这使得模型更加符合中国经济的实际；另一方面，也能够更好地揭示货币政策影响非金融企业杠杆率的机制。

此外，由于国有企业预算软约束、我国大部分银行为国有银行等原因，已有研究表明国有企业相比民营企业能享受信贷优先权（李广子和刘力，2009；殷兴山等，2020），这导致信贷歧视成为我国信贷市场的主要特征之一。信贷歧视的存在会对货币政策的传导以及信贷资金在国有企业和民营企业之间的分配产生重要影响，意味着货币政策可能对不同所有制企业杠杆率的影响存在差异。因此，本章将通过在 DSGE 模型中纳入企业异质性并引入信贷歧视这一特征，来探讨不同信贷歧视力度下货币政策对不同所有制企业杠杆率影响的差异。

综上，在非金融企业杠杆率高企以及信贷市场信贷歧视特征明显的背景下，本章将在加入双重金融摩擦与信贷歧视特征的 DSGE 模型中，更加全面地研究货币政策对非金融企业杠杆率的影响，并比较货币政策对国有企业杠杆率和民营企业杠杆率影响的差异。

本章具有较强的现实意义：一是在当前非金融企业杠杆率高企以及债务风险集聚的背景下，研究货币政策对非金融企业杠杆率的影响能够为货币政策如何在促进经济增长和防范化解风险之间实现平衡提供有效的建议；二是在我国信贷歧视特征明显的背景下，研究货币政策对国有企业及民营企业杠杆率的影响差异，能够为货币政策如何助力优化企业杠杆率结构提供一些建议。

本章的创新主要分为以下几点：第一，本章将双重金融摩擦、银行信贷歧视和企业异质性纳入一个统一的框架，对双重金融摩擦的框架进行了一个有意义的拓展；第二，目前尚未有文献在双重金融摩擦的模型中探讨货币政策对非金融企业杠杆率的影响，考虑双重金融摩擦以及信贷歧视可以更全面地考察货币政策对非金融企业杠杆率的影响以及货币政策对不同所有制企业杠杆率的影响差异；第三，本章将探讨由政府对国有企业进行隐性担保而内生地导致金融市场存在信贷歧视的情形下，不同信贷歧视力度下货币政策对国有企业和非国有企业杠杆率的影响差异，这将丰富货币政策的传导是否存在结构性差异的相关研究。

由于经济实际运行状况的复杂性，本章存在以下几方面的不足：一方面，虽然所构建的模型考虑了双重金融摩擦、信贷歧视、企业异质性等特征，但模型整体框架是在封闭经济体的假设中搭建的，没有考虑经济体对外开放的因素；另一方面，本章着重研究了货币政策对非金融企业杠杆率的影响，但缺乏对财政政策在其中的作用的探讨，未来可以试着探讨综合实施货币政策和财政政策对非金融企业杠杆率的影响。

第二节　文献综述

现有关于货币政策对非金融企业杠杆率影响的相关研究，主要包括以下几种方法：一是对微观企业数据和宏观货币政策数据进行回归分析（马文超和胡思玥，2012；刘莉亚等，2019；李源，2019），二是通过构建宏观 DSGE 模型进行货币政策模拟结果分析（刘晓光和张杰平，2016；汪勇等，2018），三是在各类向量自回归（VAR）模型中对货币政策的脉冲响应结果进行分析（刘金全和陈德凯，2017）。其中，回归分析方法的优点是可以利用现实经济中存在的大量微观数据，对货币政策与非金融企业微观杠杆率之间的关系进行实证分析，可以直观地反映现实经济的情况；缺点是货币政策指标仅用利率、货币供应量等指标来反映，没有刻画货币政策的动态调整过程，不能对货币政策进行模拟分析，回归方程控制变量的选择会对回归结果产生重要影响，且易产生内生性、共线性、模型识别错误等问题。各类 VAR 模型的优点是其能够较为简便地对各宏观经济变量之间的影响进行分析，缺点是没有经济理论模型的支撑，且当某类经济特征不能获得相应的数据来衡量时，往往无法通过 VAR 模型对该类经济特征的影响进行分析。在本章的研究背景中，金融摩擦与信贷歧视这两类经济特征在现实经济中都没有恰当的衡量指标，导致不能通过 VAR 模型来具体分析金融摩擦与信贷对宏观政策调控的影响。通过在模型中纳入各类经济主体的微观最优化决策过程以及纳入各种不易衡量的经济特征，DSGE 模型考虑了经济变量之间的联动关系，并能进行政策假定和模拟分析，进而在一定程度上可以克服计量回归模型与 VAR 模型的缺点。但 DSGE 模型也存在一些缺点，如对模型进行构建和求解需花费大量时间和精力，且过于复杂的模型不易进行求解和解释，过于简单的模型又不能很好地反映经济运行逻辑。虽然 DSGE 模型存在一些缺点，但应注意的是，它是进行政策模拟分析的有力工具，只要运用得当，是能够较好地为经济运行机制提供新的见解的。因此，本章在比较前人的各类研究方法之后，选取 DSGE 模型进行研究。

要通过构建宏观经济模型来分析货币政策对非金融企业杠杆率的影响，就要深入思考货币政策影响实体经济的机制，并充分地将这些机制纳入所构建的模型中。货币政策影响实体经济的机制主要分为利率机制和信用机制，且利率机制的理论假设是金融市场不存在金融摩擦，而信用机制的理论假设则是金融市场存在金融摩擦（蒋冠，2004）。在我国金融市场不太发达、资金价格传导渠道不通畅、金融监管措施严格的背景下，信用机制的作用效果将是非常明显的。这意味着在构建模型探讨货币政策对实体经济的影响时，需要将金融摩擦因素纳入模型中。而金融摩擦的相关研究表明，金融摩擦可以分为融资需求端摩擦和信贷供给端摩擦（Bernanke et al.，1999；Gerlter and Karadi，2011；Rannenberg，2016；朱军等，2020；张云等，2020）。本章认为，根据融资需求端摩擦和信贷供给端摩擦的定义以及它们对实体经济的影响机制，企业融资需求端摩擦会通过作用于企业资产负债表渠道影响货币政策对实体经济的传导效果，银行信贷供给端摩擦则通过银行贷款渠道影响货币政策对实体经济的传导效果。然而，通过构建 DSGE 模型分析货币政策对非金融企业杠杆率的影响的文献，普遍都仅将融资需求端摩擦纳入 DSGE 模型中，忽略了银行信贷供给端摩擦的存在，未能将信贷供给端摩擦特征纳入 DSGE 模型中。这导致这些模型可能不能很好地捕捉货币政策影响非金融企业杠杆率的效果，基于此，本章以纳入融资需求端摩擦和信贷供给端摩擦这两类摩擦的双重金融摩擦模型（Rannenberg，2016）为基础，来研究货币政策对企业杠杆率的影响。

最后，由于中国信贷市场存在明显的信贷歧视特征（江伟和李斌，2006；方军雄，2007；景麟德等，2018），为使模型更加贴合中国经济实际并探讨货币政策对不同所有制企业杠杆率的影响差异，本章在借鉴以往文献对信贷歧视的纳入方法（汪勇等，2018；中国人民银行营业管理部课题组，2017；陈晓光和张宇麟，2010）的基础上，通过采用政府对国有企业的债务进行隐性担保这一方式，将信贷歧视特征纳入模型中，并尝试对信贷歧视的引入作出一定的创新。

综上，在回顾前人关于货币政策对非金融企业杠杆率影响的研究方法、货币政策传导的理论基础以及中国经济特征的基础上，本章提出在金融摩擦与信贷歧视背景下的货币政策传导路径（见图5-4），这是后续在双重金融摩擦模型中以及纳入信贷歧视的双重金融摩擦中研究货币政策对非金融企业杠杆率影响的思想基础。

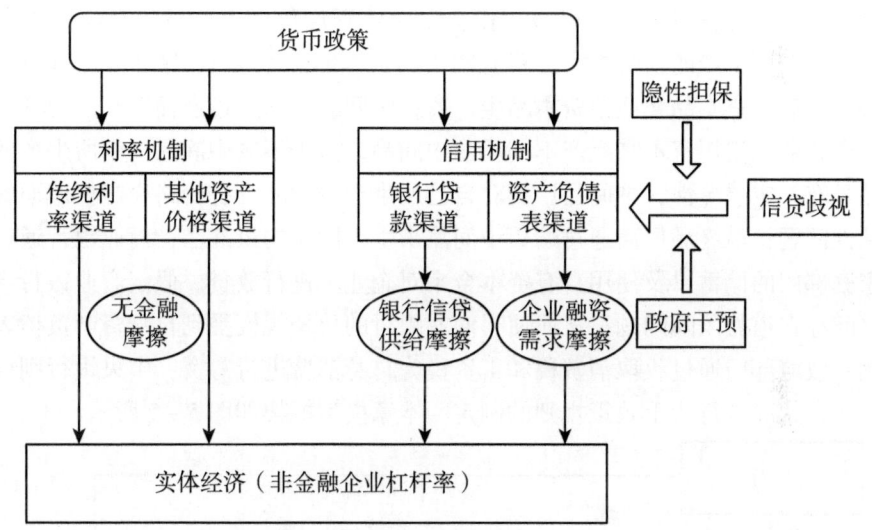

图5-4 金融摩擦与信贷歧视背景下货币政策传导路径

第三节 基准模型：双重金融摩擦模型

由于金融供需摩擦都会对货币政策影响经济的机制产生影响，并且国内通过构建纳入金融供需摩擦的模型来研究中国经济问题的文献较少，目前也尚未发现有学者在 DSGE 模型中研究信贷供给端摩擦对货币政策调控效果的影响，因此，首先介绍本章的基准模型——双重金融摩擦模型，即包含融资需求端摩擦和信贷供给端摩擦的模型，并随后利用该模型探讨存在双重金融摩擦的背景下，价格型和数量型货币政策对非金融企业杠杆率的影响。模型的构建主要参考兰恩伯格

(Rannenberg, 2016)、费尔南德斯-比利亚韦德（Fernández-Villaverde, 2010）以及格特勒和卡拉迪（Gertler and Karadi, 2011）等的研究。

一、模型设定与求解

模型包括家庭部门、各类产品厂商（资本品、中间品和最终品厂商）、商业银行、单一类型企业家、政府部门、中央银行等八大经济体。模型主体之间的联系为：家庭通过在完全竞争的劳动力市场上向中间品厂商提供劳动来获取劳动工资，用获得的扣除工资税后的工资购买最终品进行消费，并将剩余储蓄存入银行或作为现金持有；资本品生产商通过购买最终品厂商生产的最终品以及企业家折旧后的资本来生产新资本品，并将新资本品以统一的价格出售给企业家；企业家通过向银行贷款获得资金（资金规模会受企业资产负债表质量的限制）以购买资本品生产商生产的新资本品，将所购买的资本品出租给中间品厂商获取租金，并将折旧后的资本品卖回给资本品生产商；中间品厂商通过雇佣家庭部门的劳动以及向企业家租用资本来生产不同质的中间品，由于不同中间品厂商所生产的中间品具有一定差异性，中间品厂商对自己所生产的产品具有价格决定权但面临价格粘性问题；最终品厂商通过购买中间品来生产同质的最终品；商业银行通过吸收家庭部门的储蓄以及使用自有资本金来对企业家进行放贷，假定商业银行与家庭之间存在道德风险问题，从而使得商业银行的放贷规模受到自身资产负债表的限制；政府部门通过收取消费税和工资税为自身消费进行筹资；中央银行则根据经济运行状况进行货币政策规则的制定。本章模型框架如图5-5所示。

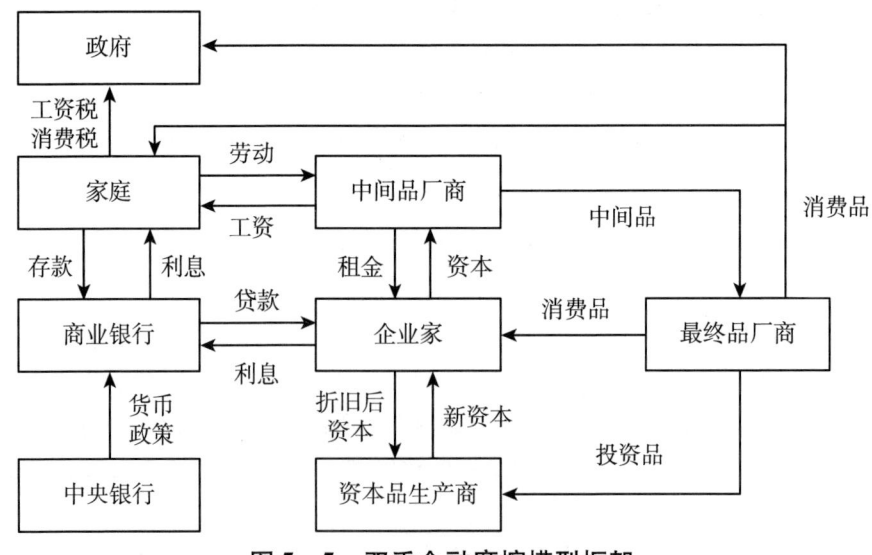

图5-5 双重金融摩擦模型框架

1. 家庭部门

家庭在约束条件式（5.2）下决定每一期的消费 C_t、劳动 l_t、储蓄 D_t 以及实际现金持有量 M_t/P_t，以最大化预期效用的贴现总和。其面临的最优决策问题为：

$$\max E_t\left\{\sum_{i=0}^{\infty}\beta^i\left[\ln(C_{t+i}-hC_{t+i-1})-\frac{\chi}{1+\varphi}l_{t+i}^{1+\varphi}+\chi_m\ln\left(\frac{M_t}{P_t}\right)\right]\right\} \quad (5.1)$$

$$\text{s.t. } (1+\tau_{c,t})C_t+\frac{D_t}{P_t}+\frac{M_t}{P_t}=(1-\tau_{l,t})w_tl_t+\frac{R_{t-1}D_{t-1}}{P_t}+\frac{M_{t-1}}{P_t}+tre_t \quad (5.2)$$

其中，C_t 表示家庭部门的私人消费，l_t 表示劳动投入时间，w_t 表示劳动的实际工资水平，D_t 表示家庭部门的存款，R_{t-1} 表示 $t-1$ 期存款的利息收益，tre_t 表示其他部门对家庭部门的净转移支付，$\tau_{c,t}$、$\tau_{l,t}$ 分别表示消费税税率、工资税税率，β 表示效用贴现因子，h 表示消费习惯参数，φ 表示劳动供给弹性的倒数，χ 表示劳动的负效用权重。

构建拉格朗日函数求解家庭部门的决策函数：

$$L=E_t\left\{\sum_{i=0}^{\infty}\beta^i\left[\begin{array}{l}\ln(C_{t+i}-hC_{t+i-1})-\frac{\chi}{1+\varphi}l_{t+i}^{1+\varphi}+\chi_m\ln\left(\frac{M_t}{P_t}\right)\\-\varrho_{t+i}\left[(1+\tau_{c,t})C_t+\frac{D_t}{P_t}-(1-\tau_{l,t})w_tl_t-\frac{R_{t-1}D_{t-1}}{P_t}-tre_t\right]\end{array}\right]\right\}$$

$$(5.3)$$

其中，ϱ_t 为拉格朗日乘子，代表 1 单位实际收入所能带来的效用。

求解上述拉格朗日函数，可得一阶条件为：

$$\varrho_t(1+\tau_{c,t})=\frac{1}{C_t-hC_{t-1}}-\beta hE_t\left\{\frac{1}{C_{t+1}-hC_t}\right\} \quad (5.4)$$

$$\varrho_t(1-\tau_{l,t})w_t=\chi l_t^{\varphi} \quad (5.5)$$

$$\varrho_t=\beta E_t\left\{\varrho_{t+1}\frac{R_t}{\pi_{t+1}}\right\} \quad (5.6)$$

$$\frac{\chi_m}{M_t/P_t}-\varrho_t+\beta E_t\left\{\frac{\varrho_{t+1}}{\pi_{t+1}}\right\}=0 \quad (5.7)$$

2. 资本品生产商

资本品生产商生产资本时面临资本调整成本，其资本累积方程为：

$$K_t=(1-\delta)K_{t-1}+I_t\left(1-\frac{\eta_k}{2}\left(\frac{I_t}{I_{t-1}}-1\right)^2\right) \quad (5.8)$$

其中，η_k 为投资调整系数，δ 为资本折旧率，I_t 为投资支出，K_t 为 t 期末的资本存量。资本品厂商通过选择每期的投资支出（投资支出为向最终品厂商和企业家购买产品的支出）来最大化利润，其最优化问题为：

$$\max_{I_t} E_t \left\{ \sum_{i=0}^{\infty} \frac{\varrho_{t+i}}{\varrho_t} \beta^i I_{t+i} \left[Q_{t+i} \left(1 - \frac{\eta_k}{2} \left(\frac{I_{t+i}}{I_{t+i-1}} - 1 \right)^2 \right) - 1 \right] \right\} \quad (5.9)$$

其中，E_t 为家庭的实际收入边际效用，Q_t 为资本品价格。

对 I_t 求一阶导可得资本品生产商的决策方程为：

$$Q_t \left[1 - \frac{\eta_k}{2} \left(\frac{I_t}{I_{t-1}} - 1 \right)^2 \right] = 1 + Q_t \eta_k \frac{I_t}{I_{t-1}} \left(\frac{I_t}{I_{t-1}} - 1 \right) - E_t \left\{ \beta \frac{\varrho_{t+1}}{\varrho_t} Q_{t+1} \eta_k \left(\frac{I_{t+1}}{I_t} \right)^2 \left(\frac{I_{t+1}}{I_t} - 1 \right) \right\} \quad (5.10)$$

3. 最终品厂商

最终品厂商使用中间品生产同质的最终品，其生产函数为：

$$Y_t = \left[\int_0^1 Y_t(i)^{\frac{\varepsilon-1}{\varepsilon}} di \right]^{\frac{\varepsilon}{\varepsilon-1}} \quad (5.11)$$

其中，$Y_t(i)$ 表示中间品厂商 i 生产的中间品，$i \in [0,1]$；ε 表示各中间品之间的替代弹性。假设最终品的价格为 P_t，中间品 $Y_t(i)$ 的价格为 $P_t(i)$，则最终品厂商面临的最优化问题为：

$$\max_{Y_t(i)} P_t Y_t - \int_0^1 P_t(i) Y_t(i) di \quad (5.12)$$

对式（5.12）中的 $Y_t(i)$ 求一阶导可得最终品厂商对中间品的需求函数为 $Y_t(i) = \left(\frac{P_t(i)}{P_t} \right)^{-\varepsilon} Y_t$，结合零利润条件，可得最终品价格 $P_t = \left[\int_0^1 P_t(i)^{1-\varepsilon} di \right]^{\frac{1}{1-\varepsilon}}$。

4. 中间品厂商

中间品厂商连续分布在 $[0,1]$ 区间上，中间品厂商 i 的生产函数为：

$$Y_t(i) = \exp(a_t) K_{t-1}(i)^\alpha l_t(i)^{1-\alpha} \quad (5.13)$$

其中，$K_{t-1}(i)$ 为中间品厂商 i 于 $t-1$ 期期末向企业家租用的用于 t 期生产的资本，$l_t(i)$ 为中间品厂商 i 在第 t 期向家庭雇佣的劳动。a_t 为生产力水平，服从以下随机过程：

$$a_t = \rho_a a_{t-1} + \sigma_a \varepsilon_{a,t}, \quad \varepsilon_{a,t} \sim N(0,1) \quad (5.14)$$

其中，ρ_a 为生产力冲击的持久性系数，σ_a 为外生冲击 $\varepsilon_{a,t}$ 的标准差。

假设第 t 期资本的租金为 r_t，则中间品厂商的成本最小化问题为：

$$\min r_t K_{t-1}(i) + w_t l_t(i) \quad (5.15)$$

$$\text{s. t. } \exp(a_t)K_{t-1}(i)^\alpha l_t(i)^{1-\alpha} \geq \bar{Y} \tag{5.16}$$

构建拉格朗日函数进行上述成本最小化问题的求解：

$$L = r_t K_{t-1}(i) + w_t l_t(i) - mc_t \exp(a_t)K_{t-1}(i)^\alpha l_t(i)^{1-\alpha} - \bar{Y} \tag{5.17}$$

求解整理后可得一阶条件为：

$$K_{t-1}(i) = \frac{\alpha}{1-\alpha}\frac{w_t}{r_t}l_t(i) \tag{5.18}$$

$$mc_t = \left(\frac{\alpha}{1-\alpha}\right)^{1-\alpha}\left(\frac{1}{\alpha}\right)^\alpha \frac{w_t^{1-\alpha}r_t^\alpha}{\exp(a_t)} \tag{5.19}$$

中间品厂商具有定价权，但面临卡尔沃（Calvo）式价格粘性，即在每一期企业有 θ 的概率不能自由调整价格，只能按照过去的通胀水平进行一定程度（假设调整指数为 γ_p）的调整。中间品厂商的定价决策过程为：

$$\max_{P_t(i)} E_t \sum_{\tau=0}^{\infty} (\beta\theta)^\tau \frac{\varrho_{t+\tau}}{\varrho_t}\left\{\left[\left(\prod_{s=1}^{\tau}\pi_{t+s-1}^{\gamma_p}\right)\frac{P_t(i)}{P_{t+\tau}} - mc_t\right]Y_{t+\tau}(i)\right\} \tag{5.20}$$

$$\text{s. t. } Y_{t+\tau}(i) = \left[\frac{P_t(i)\prod_{s=1}^{\tau}\pi_{t+s-1}^{\gamma_p}}{P_{t+\tau}}\right]^{-\varepsilon} Y_{t+\tau} \tag{5.21}$$

对中间商产品的定价 $P_t(i)$ 求一阶导可得：

$$\frac{P_t^*}{P_t} = \frac{\varepsilon}{\varepsilon-1}\frac{E_t\left\{\sum_{\tau=0}^{\infty}(\beta\theta)^\tau \varrho_{t+\tau}\left(\prod_{s=1}^{\tau}\frac{\pi_{t+s-1}^{\gamma_p}}{\pi_{t+s}}\right)^{-\varepsilon}mc_{t+\tau}Y_{t+\tau}\right\}}{E_t\left\{\sum_{\tau=0}^{\infty}(\beta\theta)^\tau \varrho_{t+\tau}\left(\prod_{s=1}^{\tau}\frac{\pi_{t+s-1}^{\gamma_p}}{\pi_{t+s}}\right)^{1-\varepsilon}Y_{t+\tau}\right\}} \tag{5.22}$$

参照费尔南德斯-比利亚韦德（2010）的解法，对式（5.22）进行简化，令：

$$f_t^1 = E_t\left\{\sum_{\tau=0}^{\infty}(\beta\theta)^\tau \varrho_{t+\tau}\left(\prod_{s=1}^{\tau}\frac{\pi_{t+s-1}^{\gamma_p}}{\pi_{t+s}}\right)^{-\varepsilon}mc_{t+\tau}Y_{t+\tau}\right\} \tag{5.23}$$

$$f_t^2 = \frac{P_t^*}{P_t}E_t\left\{\sum_{\tau=0}^{\infty}(\beta\theta)^\tau \varrho_{t+\tau}\left(\prod_{s=1}^{\tau}\frac{\pi_{t+s-1}^{\gamma_p}}{\pi_{t+s}}\right)^{1-\varepsilon}Y_{t+\tau}\right\} \tag{5.24}$$

则可得，$\varepsilon f_t^1 = (\varepsilon-1)f_t^2$，以及关于 f_t^1、f_t^2 的递归公式：

$$f_t^1 = \varrho_t mc_t Y_t + \beta\theta E_t\left\{\left(\frac{\pi^{\gamma_p}}{\pi_{t+1}}\right)^{-\varepsilon}f_{t+1}^1\right\} \tag{5.25}$$

$$f_t^2 = \varrho_t \pi_t^* Y_t + \beta\theta E_t\left[\left(\frac{\pi_t^{\gamma_p}}{\pi_{t+1}}\right)^{1-\varepsilon}\left(\frac{\pi_t^*}{\pi_{t+1}^*}\right)f_{t+1}^2\right] \tag{5.26}$$

其中，$\pi_t^* = \frac{P_t^*}{P_t}$，$P_t^*$ 为 t 期可以自由调整价格的中间品厂商所设定的最优价格。

5. 商业银行

假设商业银行在第 t 期对企业家的贷款为 L_t^e，第 t 期期末实际净资产为 N_t^b，第 t 期从家庭部门吸收的存款为 D_t，则 $P_t L_t^e = P_t N_t^b + D_t$。假设商业银行从 $t-1$ 期贷给企业家的款项中实现的平均收益为 R_t^b，则商业银行净资产变动为：

$$P_t N_t^b = R_t^b P_{t-1} L_{t-1}^e - R_{t-1} D_{t-1} = P_{t-1}\left[(R_t^b - R_{t-1})L_{t-1}^e + R_{t-1} N_{t-1}^b\right] \tag{5.27}$$

式（5.27）向前推进一期，可得：

$$N_{t+1}^b = \frac{1}{\pi_{t+1}}\left[(R_{t+1}^b - R_t)L_t^e + R_t N_t^b\right] \tag{5.28}$$

为避免商业银行可以靠自有资金进行放贷而不再需要吸收存款，假设商业银行每一期的存活率为 ξ，则其未来收益的贴现值为：

$$\begin{aligned}V_t^b &= E_t\left\{\sum_{i=0}^{\infty}(1-\xi)\xi^i\beta^{i+1}\frac{\varrho_{t+1+i}}{\varrho_t}N_{t+1+i}^b\right\}\\&= E_t\left\{(1-\xi)\beta\frac{\varrho_{t+1}}{\varrho_t}N_{t+1}^b + \sum_{i=1}^{\infty}(1-\xi)\xi^i\beta^{i+1}\frac{\varrho_{t+1+i}}{\varrho_t}N_{t+1+i}^b\right\}\\&= E_t\left\{\beta\frac{\varrho_{t+1}}{\varrho_t}\left[(1-\xi)N_{t+1}^b + \xi V_{t+1}^b\right]\right\}\end{aligned} \tag{5.29}$$

猜解 V_t^b 的表达式为 $V_t^b = v_t L_t^e + \eta_t N_t^b$，则可得：

$$v_t = E_t\left\{(1-\xi)\frac{R_{t+1}^b - R_t}{R_t} + \xi\frac{x_{t,t+1}\pi_{t+1}}{R_t}v_{t+1}\right\}, \quad x_{t,t+1} = \frac{L_{t+1}^e}{L_t^e} \tag{5.30}$$

$$\eta_t = E_t\left\{(1-\xi) + \xi\frac{z_{t,t+1}\pi_{t+1}}{R_t}\eta_{t+1}\right\}, \quad z_{t,t+1} = \frac{N_{t+1}^b}{N_t^b} \tag{5.31}$$

为引入银行信贷供给端摩擦，参照格特勒和卡拉迪（2011）的假定，假设银行和家庭之间存在由信息不对称（表现为家庭无法全面监测银行的行为）导致的道德风险问题。在每期期初，银行家可以将 λ（$0 \leq \lambda \leq 1$）比例的企业家贷款转移并进行消费，而银行家进行转移的代价是银行会被存款者（或者监管机构）强制破产，但银行被强制破产后存款者只能获得剩余（$1-\lambda$）比例的银行资产。基于此，只有当银行没有动机去违约时，存款者才会愿意将资金存入银行，即银行未来收益的贴现值需满足以下激励不等式：

$$V_t^b \geq \lambda L_t^e \tag{5.32}$$

其中，不等式左边代表银行转移资产后所丧失的未来收益的现值，不等式右边代表银行家转移资产能获得的收益。式（5.32）表示银行的贷款会受到自身资产负债表状况的限制，从而引入了信贷供给端的摩擦，并且 λ 可以代表信贷供给端摩擦的大小程度（张云等，2020）。当式（5.32）表示的约束为紧时，$V_t^b = \lambda L_t^e$，此时 $L_t^e = \phi_t^b N_t^b$，其中 ϕ_t^b 为银行杠杆，满足 $\phi_t^b = \eta_t/(\lambda - v_t)$。从而可得 $z_{t,t+1} = N_{t+1}^b/N_t^b = [(R_{t+1}^b - R_t)\phi_t^b + R_t]/\pi_{t+1}$，$x_{t,t+1} = L_{t+1}^e/L_t^e = \phi_{t+1}^b z_{t,t+1}/\phi_t^b$。每期存活银行的资本的运动方程为 $N_{et}^b = \xi z_{t-1} N_{t-1}^b$，每期不能存活的银行会将自己剩余的净财富消耗掉，从而每期银行家的消费水平值为 $C_t^b = (1-\xi)z_{t-1}N_{t-1}^b$。假设不能存活的银行被同等数量的新银行所替代，且这些新银行在初期会从家庭部门获得转移支付 N_n^b，使得银行在时期 t 的净资产 $N_t^b = N_{et}^b + N_n^b$。

6. 企业家

在第 t 期期末，企业家 j 以 $P_t Q_t$ 的价格从资本品生产商处购买资本 K_t^j，之后在 $t+1$ 期以租金 $P_{t+1} r_{t+1}$ 将资本出租给中间品厂商，并将折旧后的被出租资本（假设折旧率为 δ）以价格 $P_{t+1} Q_{t+1}$ 卖出，从而企业家的资本平均收益为：

$$R_{t+1}^K = \pi_{t+1}\frac{r_t + Q_{t+1}(1-\delta)}{Q_t} \tag{5.33}$$

企业家 j 在 $t+1$ 期收取资本收益后会遭受异质性风险冲击 ω_{t+1}^j，使得企业家 j 的净收益为 $\omega_{t+1}^j R_{t+1}^K$。其中，ω_{t+1}^j 服从均值为1、方差为 σ_t^2 的对数正态分布，其概率密度函数为 $f(\omega)$。假设第 t 期期末企业家 j 的净财富为 $P_t N_t^j$，则第 t 期期末企业家 j 需从银行获得贷款 $L_t^j = Q_t K_t^j - N_t^j$，此时企业家的杠杆率 $\phi_t^e(j) = Q_t K_t^j/N_t^j$（此处企业家杠杆率的定义与本章第一节研究背景中所提及的杠杆率的定义有所差异，主要源于经济中产出的数据比资本存量的数据更容易获取，因而实际中主要用债务与产出的比值来替代杠杆率，但在模型中资本存量的数据是可以获取的，因此本章模型中的企业家杠杆率用企业家总资产与净财富的比值来表示，该指标可以更直观地体现企业家的负债水平）。企业家与银行订立信贷合约 ϖ_{t+1}^j，$R_{t+1}^K P_t Q_t K_t^j = R_t^L P_t L_t^j$，其中，$R_t^L$ 为合同约定的贷款利率，ϖ_{t+1}^j 为违约风险阈值，当 ϖ_{t+1}^j 的实现值小于这个阈值时，企业家不能足额支付利息而违约，银行对企业家的收益进行清算，最终可以收取 $(1-\mu)$ 部分的收益，其中 μ 表示清算成本占企业家收益的比重。

根据以上假定，企业家的期望收益为：

$$P_t Q_t K_t^j E_t \left\{ \int_{\varpi_{t+1}^j}^{\infty} R_{t+1}^K (\omega - \varpi_{t+1}^j) f(\omega) d\omega \right\}$$

$$= P_t Q_t K_t^j E_t \{ R_{t+1}^K [1 - \int_0^{\varpi_{t+1}^j} \omega f(\omega) d\omega - \varpi_{t+1}^j \int_{\varpi_{t+1}^j}^{\infty} f(\omega) d\omega] \}$$

$$= P_t Q_t K_t^j E_t \{ R_{t+1}^K [1 - \Gamma(\varpi_{t+1}^j)] \}$$

$$= \phi_t^e(j) E_t \{ R_{t+1}^K [1 - \Gamma(\varpi_{t+1}^j)] \} P_t N_t^j \tag{5.34}$$

其中，$\Gamma(\varpi) = \int_0^{\varpi} \omega f(\omega) d\omega + \varpi \int_{\varpi}^{\infty} f(\omega) d\omega$。

记 $G(\varpi) = \int_0^{\varpi} \omega f(\omega) d\omega, F(\varpi) = 1 - \int_{\varpi}^{\infty} f(\omega) d\omega$，则 $\Gamma(\varpi)$ 可表示为：

$$\Gamma(\varpi) = G(\varpi) + \varpi(1 - F(\varpi)) \tag{5.35}$$

此外，企业家面临商业银行获得平均收益 R_t^b 的约束条件：

$$E_t \{ R_{t+1}^K P_t Q_t K_t^j [\varpi_{t+1}^j \int_{\varpi_{t+1}^j}^{\infty} f(\omega) d\omega + (1 - \mu) \int_0^{\varpi_{t+1}^j} \omega f(\omega) d\omega] \} = P_t L_t^j E_t \{ R_{t+1}^b \}$$

$$\tag{5.36}$$

上述约束条件等价于：

$$\phi_t^e(j) E_t \{ R_{t+1}^K [\Gamma(\varpi_{t+1}^j) - \mu G(\varpi_{t+1}^j)] \} = (\phi_t^e(j) - 1) E_t \{ R_{t+1}^b \} \tag{5.37}$$

因此，在上述约束条件下，企业家面临的最优化问题可表述为：

$$\max \phi_t^e(j) E_t \{ R_{t+1}^K [1 - \Gamma(\varpi_{t+1}^j)] \} \tag{5.38}$$

$$\text{s.t.} \quad \phi_t^e(j) E_t \{ R_{t+1}^K [\Gamma(\varpi_{t+1}^j) - \mu G(\varpi_{t+1}^j)] \} = (\phi_t^e(j) - 1) E_t \{ R_{t+1}^b \} \tag{5.39}$$

这个决策问题对于所有企业家都是一样的，因此，可以将企业家的决策问题统一表述为：

$$\max \phi_t^e E_t \{ R_{t+1}^K [1 - \Gamma(\varpi_{t+1})] \} \tag{5.40}$$

$$\text{s.t.} \quad \phi_t^e E_t \{ R_{t+1}^K [\Gamma(\varpi_{t+1}) - \mu G(\varpi_{t+1})] \} = (\phi_t^e - 1) E_t \{ R_{t+1}^b \} \tag{5.41}$$

构建以下拉格朗日函数对上述企业家的决策问题进行求解：

$$L = \phi_t^e E_t \{ R_{t+1}^K [1 - \Gamma(\varpi_{t+1})] \} + \zeta_t E_t \{ \phi_t^e R_{t+1}^K [\Gamma(\varpi_{t+1}) - \mu G(\varpi_{t+1})] - (\phi_t^e - 1) R_{t+1}^b \}$$

$$\tag{5.42}$$

求解式（5.42），可得以下三个一阶条件：

$$E_t \{ R_{t+1}^K [1 - \Gamma(\varpi_{t+1})] \} + \zeta_t E_t \{ R_{t+1}^K [\Gamma(\varpi_{t+1}) - \mu G(\varpi_{t+1})] - R_{t+1}^b \} = 0$$

$$\tag{5.43}$$

$$E_t \{ -\Gamma'(\varpi_{t+1}) + \zeta_t [\Gamma'(\varpi_{t+1}) - \mu G'(\varpi_{t+1})] \} = 0 \tag{5.44}$$

$$\phi_t^e E_t \{ R_{t+1}^K [\Gamma(\varpi_{t+1}) - \mu G(\varpi_{t+1})] \} = (\phi_t^e - 1) E_t \{ R_{t+1}^b \} \tag{5.45}$$

为了防止企业家自己可以积累足够的财富而不需要向银行借钱，假设企业家每期的存活率为 γ。当企业家未能存活时，假设有等量的新企业家替代未能存活的旧企业家，且新企业家从家庭部门获得的转移支付为 W^e，则企业家的净资产运动方程为：

$$N_t = \gamma Q_{t-1} K_{t-1} \frac{R_t^K}{\pi_t} [1 - \Gamma(\varpi_t)] + W^e \tag{5.46}$$

其余未存活的企业家会把自身财富消耗掉，其消费水平为：

$$C_t^e = (1-\gamma) Q_{t-1} K_{t-1} \frac{R_t^K}{\pi_t} [1 - \Gamma(\varpi_t)] \tag{5.47}$$

7. 政府部门

政府消费的资金来源于其向家庭部门征收的消费税和工资税，政府部门的预算约束为：

$$G_t = tax_t = \tau_{c,t} C_t + \tau_{l,t} w_t l_t \tag{5.48}$$

其中，G_t 为政府部门的实际消费金额，tax_t 为政府向家庭部门征收的税收总额。

8. 中央银行

中央银行有以下几类货币政策规则可供选择。

（1）价格型规则。

$$\frac{R_t}{R} = \left(\frac{R_{t-1}}{R}\right)^{\gamma_n} \left(\left(\frac{\pi_t}{\pi}\right)^{\gamma_\pi} \left(\frac{Y_t}{Y}\right)^{\gamma_v}\right)^{1-\gamma_R} \exp(\sigma_m \varepsilon_t^m) \tag{5.49}$$

其中，R、π、Y 分别代表 R_t、π_t、Y_t 的稳态值，ε_t^m 为对货币政策的随机冲击，且 ε_t^m 服从标准正态分布，σ_m 为 ε_t^m 的标准差。

（2）数量型规则。

参照张等（Chang et al., 2019）的做法，数量型规则设定如下：

$$\frac{g_{m,t}}{g_m} = \left(\frac{\pi_t}{\pi}\right)^{\gamma_{m\pi}} \left(\frac{Y_t}{Y}\right)^{\gamma_{my}} \exp(\sigma_{gm} \varepsilon_t^g) \tag{5.50}$$

其中，$M_t^s = M_t + D_t$ 表示货币供应量用现金持有与活期存款之和来表示，$g_{m,t} = \frac{M_t^s}{M_{t-1}^s}$ 表示货币供应量的增速，g_m 为 $g_{m,t}$ 的稳态值，$\varepsilon_t^g \sim N(0,1)$。

（3）考虑企业杠杆率的规则。

价格型规则下考虑杠杆率的规则为：

$$\frac{R_t}{R} = \left(\frac{R_{t-1}}{R}\right)^{\gamma_R} \left(\left(\frac{\pi_t}{\pi}\right)^{\gamma_\pi} \left(\frac{Y_t}{Y}\right)^{\gamma_y} \left(\frac{\phi_t^e}{\phi^e}\right)^{\gamma_e}\right)^{1-\gamma_R} \exp(\sigma_m \varepsilon_t^m) \quad (5.51)$$

其中，ϕ^e 表示企业杠杆率 ϕ_t^e 的稳态值。

数量型规则下考虑企业杠杆率的规则为：

$$\frac{g_{m,t}}{g_m} = \left(\frac{\pi_t}{\pi}\right)^{\gamma_{ms}} \left(\frac{Y_t}{Y}\right)^{\gamma_{my}} \left(\frac{\phi_t^e}{\phi^e}\right)^{\gamma_{me}} \exp(\sigma_{gm} \varepsilon_t^g) \quad (5.52)$$

9. 市场出清

市场的总需求方程为：

$$Y_t = C_t + I_t + G_t + \mu(r_t + Q_t(1-\delta))G(\varpi_t)K_t + C_t^e + C_t^e + C_t^b \quad (5.53)$$

总供给方程为：

$$Y_t = 1/\Delta_t \cdot \exp(a_t) K_{t-1}^\alpha l_t^{1-\alpha} \quad (5.54)$$

其中，Δ_t 表示价格离散所带来的效率损失，满足如下递归方程：

$$\Delta_t = \theta \left(\frac{\pi_{t-1}^{\gamma_p}}{\pi_t}\right)^{-\varepsilon} \Delta_{t-1} + (1-\theta)(\pi_t^*)^{-\varepsilon} \quad (5.55)$$

一、参数校准

使用中国经济数据（如无特别说明，数据均来源于同花顺数据库）来对模型中的参数进行校准，使得模型中重要经济变量的稳态值与我国经济实际平均水平相符。模型的时间频率为季度，实际经济数据的时间频率不是季度的，按几何平均法统一换算成季度值。

家庭部门参数的校准过程如下。校准模型中通货膨胀的稳态值 π 为我国 2001 年 1 月至 2019 年 12 月消费者价格指数的平均值 1.0058，存款利率稳态值 R 校准为我国 1 年期存款基准利率在 1997 年 10 月 23 日至 2015 年 10 月 24 日的平均值 1.0076（将 1 年期存款利率的平均值换算成季度利率后的值）。根据通货膨胀稳态值 π 和存款利率稳态值 R，可以计算出效用贴现因子 β 为 0.9982（$\beta = \pi/R$）。消费习惯参数 h 设为 0.6（栗亮和刘元春，2014），劳动供给弹性的倒数 φ 设为 1（仝冰，2010）。校准劳动负效用权重 χ 的值，使得劳动投入 l 的值为 1/3（假设总的时间禀赋为 1，按 1 天 24 小时中工作时间为 8 小时来算，家庭部门的劳动投入值为 1/3），现金持有的效用权重 χ_m 设为 0.05（仝冰，2010）。

生产部门参数的校准过程如下。投资调整成本系数 η_k 设为 4（Rannenberg，2016），资本的年折旧率设为 10%，从而季度折旧率 δ 为 0.025。利用 2001 ~

2017年收入法核算GDP数据（2018年及以后数据缺失）计算劳动者报酬的份额均值为0.54，因而将资本回报的份额α设为0.46。中间品之间的替代弹性ε设为11，使得不存在价格粘性时中间品价格的加成比例$1/(\varepsilon-1)$为10%。中间品厂商每期不能自由调整价格的概率θ设为0.75（王文甫，2010），当中间品厂商不能自由调整价格时，其根据前一期的通货膨胀水平来调节产品价格的指数γ_p设为0.8（Rannenberg，2016）。

企业家和商业银行部门的参数校准过程如下。对于存活率，假设企业存活率为0.95、商业银行存活率为0.97（张云等，2020）。杠杆率方面，由于2001～2019年规模以上工业企业的资产负债率均值为57.90%，① 设定企业家杠杆率稳态值ϕ^e为2.38；取得银行业2003～2019年总资产和总负债的季度数据，② 计算银行业的资产负债率在2003～2019年的均值为93.88%，因而设定商业银行杠杆率稳态值ϕ^b为16.33。当设定好银行杠杆率时，银行信贷供给端摩擦参数由$\lambda=(\eta+\phi^b\nu)/\phi^b$决定。清算成本参数$\mu$设为0.15（Chang et al.，2019），假设企业的违约概率$F(\varpi)$为0.02，利用清算成本参数μ、违约概率值$F(\varpi)$、企业家杠杆率稳态值ϕ^e以及企业家一阶条件，可以计算出异质性冲击ω的阈值ϖ和方差σ^2。2001～2019年我国1年以内（含1年）贷款利率的平均值为5.52%，③ 因此，将贷款合约利率R^L校准为$(1+5.52\%)^{\wedge}0.25=1.0135$。

政府部门和中央银行参数校准过程如下。政府部门需要确定的参数为消费税税率和工资税税率，中央银行部门需要确定各类货币政策参数。对于消费税税率，由于现实生活中不同消费品的税率差异较大，本章采用消费税与社会消费品零售总额的比值作为消费税平均税率。2001～2020年我国消费税与社会消费品零售总额的比值的平均值为3%，④ 故假设消费税税率稳态值τ_c为3%。我国工资税税率为累进税率，本章的模型对工资税做了简化，简单假设工资税税率为比例税率，并采用个人所得税总额与城镇单位就业人员工资总额的比值来近似替代工资税比例税率。2001～2020年我国工资税与城镇单位就业人员工资总额的比值的平均值为9%，⑤ 故假设工资税税率的稳态值τ_l为9%。货币政策中，价格型规则参照典型的泰勒规则，将γ_R设为0.95、γ_π设为1.5、γ_y设为0.5、σ_m设为0.01；数量型规则参照张等（Chang et al.，2019）的做法，将$\gamma_{m\pi}$设为-0.65、γ_{my}设为0.3；其余货币政策参数$\{\gamma_e,\gamma_{me}\}$暂不设定，后续进行货币政策冲击脉冲响应分析时再做讨论。

---

①②③ CEIC。
④ 消费税数据来源于CEIC中国经济数据库，社会消费品零售总额数据来源于国家统计局。
⑤ 工资税数据来源于CEIC数据库，城镇单位就业人员工资总额数据来源于国家统计局。

将上述参数校准结果进行汇总,如表 5-1 所示。

表 5-1　模型参数校准及部分变量稳态值

序号	参数/变量	描述	赋值
1	β	家庭效用贴现值	0.9982
2	h	消费习惯持续性参数	0.6
3	χ	劳动负效用权重	12.85
4	φ	劳动替代弹性	1
5	χ_m	现金效用权重	0.05
6	η_k	投资调整成本系数	4
7	δ	资本折旧率	0.025
8	α	资本报酬份额	0.46
9	ε	中间品替代弹性	11
10	θ	中间品厂商不能将价格调整为最优价格的概率	0.75
11	γ_p	根据通胀水平调整价格指数	0.8
12	ξ	商业银行存活率	0.97
13	γ	企业家存活率	0.95
14	ϕ^e	企业家杠杆率稳态值	2.38
15	ϕ^b	商业银行杠杆率稳态值	16.33
16	λ	商业银行转移资产比例	0.1379
17	μ	清算成本	0.15
18	$F(\varpi)$	企业家贷款违约概率	0.2
19	σ	异质性风险冲击的标准差	0.3171
20	R^L	贷款合约利率(季度收益率)	1.0135
21	R	一年期存款利率(季度收益率)	1.0076
22	π	通胀稳态值	1.0058
23	τ_c	消费税税率	3%
24	τ_l	工资税税率	9%
25	γ_R	泰勒规则中滞后一期利率系数	0.95
26	γ_π	泰勒规则中对通胀波动的反应系数	1.5
27	γ_y	泰勒规则中对产出波动的反应系数	0.5
28	$\gamma_{m\pi}$	数量型规则中对通胀波动的反应系数	-0.65
29	γ_{my}	数量型规则中对产出波动的反应系数	-0.3
30	σ_m, σ_{gm}	货币政策冲击的标准差	0.01

三、脉冲响应分析

上述模型中，中央银行有三类货币政策可供选择，现对各类货币政策冲击（1单位标准差的冲击）对企业杠杆率及其他重要经济变量的脉冲响应进行分析。首先，对不包含企业杠杆率的常规数量型和价格型货币政策冲击进行脉冲响应分析，并对这些常规货币政策在双重金融摩擦模型中和只包含融资需求端摩擦的 BGG 模型中的脉冲响应差异进行分析，从而可以分离出信贷供给端摩擦对货币政策传导机制的影响。其次，在双重金融摩擦模型中考虑对企业杠杆率做出反应的货币政策面临冲击后对企业杠杆率等经济变量的影响，从而判断央行如果将稳定企业杠杆率确定为货币政策的一大目标，会带来什么样的结果。

1. 双重金融摩擦模型与 BGG 模型的比较

首先对不包含企业杠杆率的两类常规型货币政策冲击的脉冲响应图进行分析，为比较加入银行信贷供给端摩擦所带来的影响，将双重金融摩擦模型中货币政策冲击的结果与只考虑融资需求端的 BGG 模型的结果进行比较。为便于说明，以下将双重金融摩擦模型简写为 dff 模型。

图 5-6 展示了信贷供给端摩擦程度不同的三类 dff 模型（dff1、dff2 和 dff3）与只考虑融资需求端摩擦的 BGG 模型对 1 单位标准差的价格型货币政策冲击的脉冲响应，其中，模型 dff1、dff2 和 dff3 的信贷供给端摩擦程度逐渐递增。

从图 5-6 可以看出，无论是在 dff 模型中还是在 BGG 模型中，紧缩性价格型货币政策都会促使企业杠杆率的上升。这主要源于紧缩性货币政策促使资金价格提升，抑制了投资需求、产出和通胀水平，经济呈现萧条景象。一方面，经济衰退导致企业的资产盈利能力下降，企业的总资产价值减少，对于企业杠杆率有一定的抑制作用。另一方面，通胀水平的降低也增加了企业的实际债务水平，使得企业的违约阈值出现较大幅度的上升、企业违约概率提高，从而降低了企业净资产价值；同时这对于企业杠杆率又有一定的拉升作用，由于企业资本存量的变化相比于企业净资产价值的变化要缓慢得多，两者综合作用的结果便是企业杠杆率的提升。

此外，图 5-6 显示，dff1 模型的脉冲响应基本上与 BGG 模型相重合，但随着信贷供给端摩擦程度的不断加大，dff 模型的脉冲响应与 BGG 模型的差异也逐渐加大。这说明，当 dff 模型的信贷供给端摩擦程度较低时，信贷供给端摩擦并不会对货币政策的传导机制产生重要影响；但当信贷供给端摩擦较大时，信贷供给端摩擦会对价格型货币政策冲击的效果产生重要影响。具体而言，当实施紧缩性价格型货币政策冲击时，存款利率上升导致银行吸收存款的成本上升，进而恶化银行的盈利能力以及银行资产负债表的质量，此时较高程度的信贷供给端摩擦使得银行的吸储能力受到较大程度的限制，进而影响其放贷能力，金融市场的资金供给会随之出现较大幅度的减少。资金短缺带来资本品需求以及资本品价格的下降，使得投资、产出、通胀水平、资本品产出相继下降，使得企业家净资产的盈利能力随之下降。由于杠杆的作用，企业家净资产盈利能力的下降伴随着净资产的大幅缩水，最终使得企业杠杆率出现较大幅度的上升。

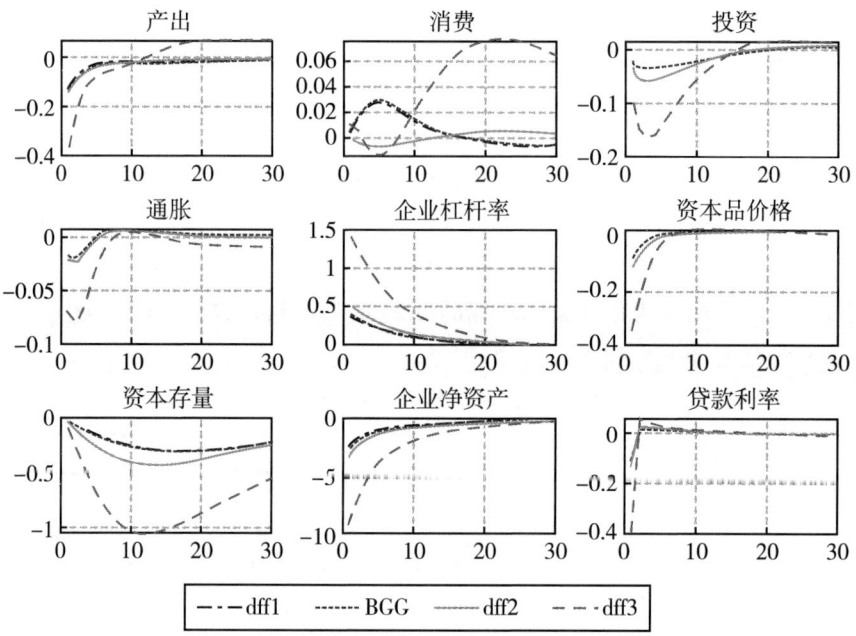

图 5-6　价格型规则下紧缩性货币政策冲击的响应-dff 模型与 BGG 模型的对比

注：dff1、dff2 和 dff3 分别表示参数 $\{\xi, \phi^b, \lambda\}$ 赋值不同的三类双重金融摩擦模型，其参数赋值分别为：$\{\xi=0.97, \phi^b=16.33, \lambda=0.2248\}$、$\{\xi=0.75, \phi^b=2.5, \lambda=0.4055\}$ 和 $\{\xi=0.75, \phi^b=2, \lambda=0.5055\}$，下同。由于上述特定的参数赋值，模型 dff1、dff2 和 dff3 的信贷供给端摩擦程度逐渐递增（具体体现为 λ 值逐渐增大）。此外，由于宽松性货币政策的脉冲响应与紧缩性的成对称关系，这里略去宽松性货币政策的冲击图。

图 5-7 展示了数量型规则下 1 单位紧缩性货币政策冲击在 dff1、dff2 和 dff3 模型以及 BGG 模型中的脉冲响应。从中可以看出，dff 模型与 BGG 模型的脉冲响应差异不大，说明信贷供给端摩擦并不会对数量型货币政策的传导过程产生重要影响。这主要是因为数量型货币政策直接调控的是货币供应量而非资金价格，

而货币供应量的变动对于存款利率、贷款利率等资金价格的影响程度较小,进而对银行的盈利能力以及银行资产负债表质量的影响较小,使得信贷供给端摩擦的作用效果不强。此外,由于数量型货币政策对资金价格的影响较小,数量型货币政策的冲击给各经济变量带来的影响幅度比价格型货币政策小很多,说明价格型货币政策调节经济的效果要强于数量型货币政策。

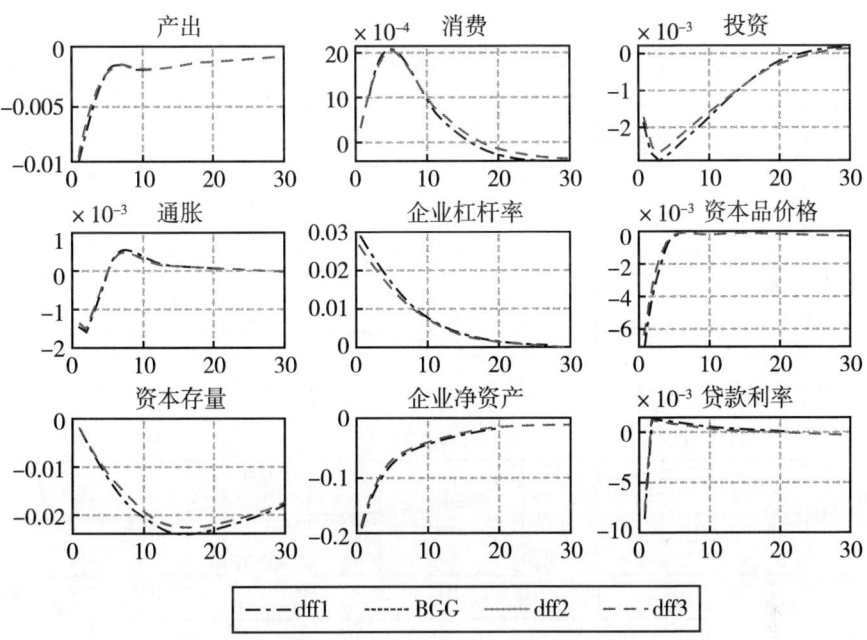

图 5-7 数量型规则下紧缩性货币政策冲击的响应-dff 模型与 BGG 模型的对比

注:由于宽松性货币政策的脉冲响应与紧缩性货币政策的脉冲响应成对称关系,这里略去宽松性货币政策的冲击图。

2. 包含企业杠杆率的货币政策规则

接下来考虑包含企业杠杆率的价格型及数量型货币政策冲击,由于没有公认的加入企业杠杆率的货币政策规则,这里简单假设货币政策规则中对企业杠杆率的反应系数为 1 或者 -1(1 代表当企业杠杆率上升时,价格型货币政策做出提高利率的反应,数量型货币政策做出提高货币供应量增速的反应;-1 则代表相反的情况)。

图 5-8 展示了包含企业杠杆率的价格型货币政策 1 单位标准差正向与负向冲击的脉冲响应。从中可以看出,给定货币政策对企业杠杆率的反应系数,正负向冲击的脉冲响应成对称关系;在货币政策规则中加入企业杠杆率后,各

经济变量对货币政策冲击的反应值大幅缩小，说明考虑企业杠杆率的货币政策可能会减弱其调控经济的效果；当货币政策对企业杠杆率的反应系数为1时，紧缩性货币政策会带来企业杠杆率的下降，当货币政策对企业杠杆率的反应系数为-1时，紧缩性货币政策会带来企业杠杆率的上升，说明当价格型货币政策对企业杠杆率做出反应时，价格型货币政策影响企业杠杆率的方向可能会发生改变。

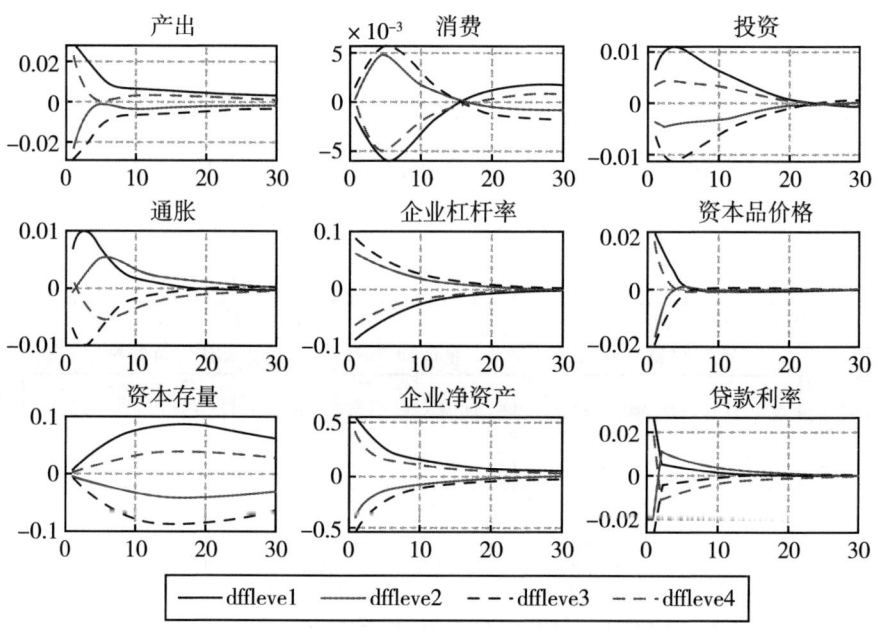

图5-8 包含企业杠杆率的价格型规则货币政策冲击响应

注：浅色线和深色线分别代表货币政策对企业杠杆率的反应系数为-1和1；实线表示紧缩性货币政策，虚线代表宽松性货币政策。下同。

图5-9显示，数量型规则下，与价格型货币政策相同的是，给定货币政策对企业杠杆率的反应系数，正负向冲击的脉冲响应成对称关系，并且在货币政策规则中加入企业杠杆率后，各经济变量对货币政策冲击的反应值大幅缩小；与价格型货币政策不同的是，当货币政策对企业杠杆率的反应系数为1时，紧缩性货币政策会带来企业杠杆率的上升，当货币政策对企业杠杆率的反应系数为-1时，紧缩性货币政策会带来企业杠杆率的下降，说明当数量型货币政策对企业杠杆率做出反应时，数量型货币政策影响企业杠杆率的方向可能与价格型货币政策不同。

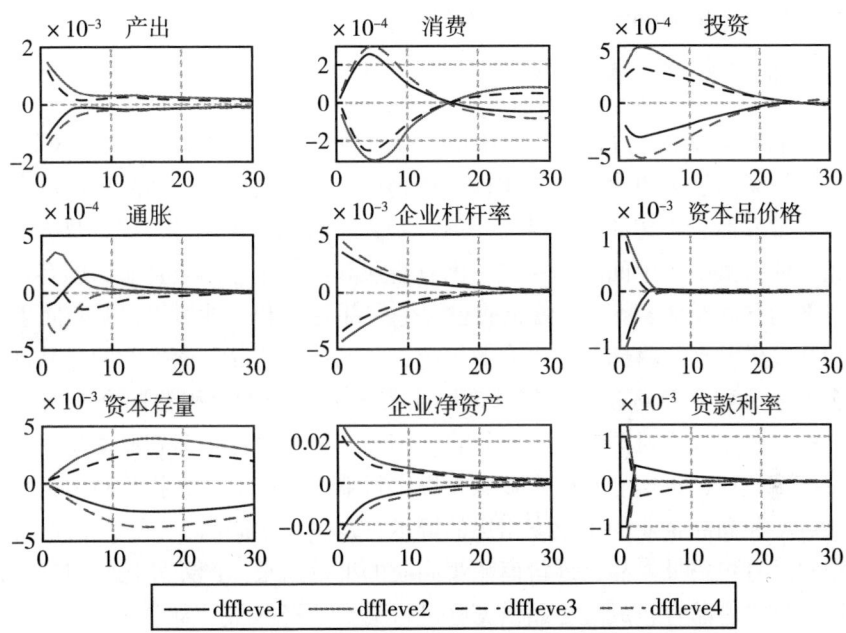

图 5-9　包含企业杠杆率的数量型规则货币政策冲击响应

第四节　纳入企业异质性的双重金融摩擦模型

由于政府对国有企业隐性担保的存在，国有企业相比民营企业能更容易获得贷款，即金融市场上存在信贷歧视（江伟和李斌，2006；方军雄，2007；景麟德等，2018）。信贷歧视的存在会影响信贷资源的配置去向，并对货币政策影响实体经济的效果产生重要影响（蒋冠，2004）。因而，在模型中加入信贷歧视来研究货币政策对国有企业和民营企业杠杆率的影响差异是非常有必要的。本节在前面双重金融摩擦模型的基础上，将企业异质性纳入该模型中，并通过假定政府对国有企业贷款额进行隐性担保，在模型中内生地引入金融市场的信贷歧视特征，进而分析信贷歧视背景下货币政策对不同所有制企业杠杆率的影响。本节的主要贡献有两点：一是将双重金融摩擦模型拓展为包含企业异质性的模型，使其更贴合中国经济的实际情况；二是在信贷歧视特征的引入方法上做了一定的创新，引入了隐性担保额占国有企业总资产价值的限值（即政府对国有企业无力偿还的债务进行隐性担保的最大值占国有企业总资产价值的比重）这一变量，使得模型可以通过调节限值大小来定量调节隐性担保的程度，进而可以让模型经济呈现不同的信贷歧视力度，为探讨不同信贷歧视力度下货币政策对国有企业和民营企业杠杆率的影响差异提供模型基础。

一、模型设定与求解

本章的模型基于兰恩伯格（2016）构建的包含金融供需摩擦的模型框架，将该模型框架拓展为包含两类异质性生产企业。模型共包含中间品厂商、资本品生产商、批发商、零售商、最终品厂商、家庭部门、商业银行、政府及中央银行九类经济体，其中，中间品厂商包括国有企业和民营企业两类企业，国有企业包含生产部门 S 和企业家 S，民营企业包含生产部门 P 和企业家 P。家庭向生产部门 S 和 P 提供劳动，将储蓄存入商业银行，并购买最终品厂商生产的产品进行消费；企业家 S 和 P 向商业银行贷款来购买资本并将资本出租给同企业的生产部门，其中，由于政府对国有企业进行隐性担保，商业银行在向企业家 S 和 P 贷款时存在信贷歧视，更偏好于向企业家 S 提供贷款；生产部门 S 和 P 利用家庭部门提供的劳动和向同企业的企业家租用的资本分别生产中间品 Y_s 和 Y_p；批发商将两类中间品打包成批发品；零售商购买同质的批发品来生产差异化的零售品；最终品厂商将零售品打包成最终品供家庭进行消费及资本品厂商进行投资；资本品生产厂商购买最终投资品及中间品厂商折旧后的资本生产新资本品。模型基本框架如图 5-10 所示。

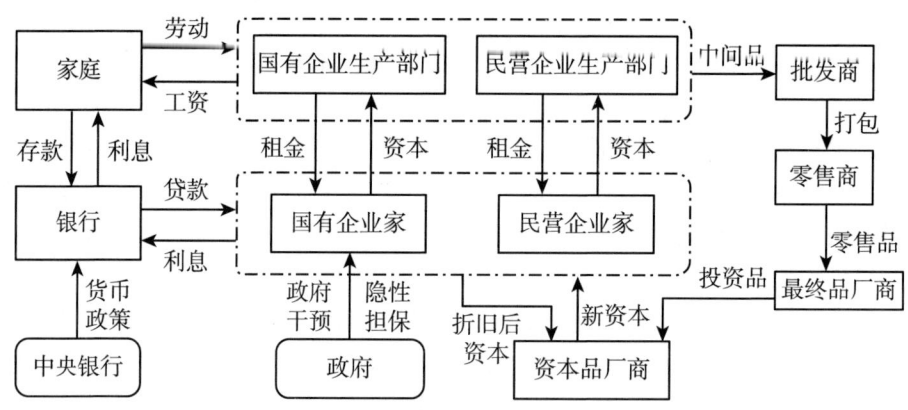

图 5-10 纳入信贷歧视与双重金融摩擦的模型框架

1. 家庭部门

家庭在式（5.57）的约束下决定每一期的消费 C_t、劳动 l_t、储蓄 D_t 以及实际现金持有量 M_t/P_t 以最大化预期效用的贴现总和。其面临的最优决策问题为：

$$\max E_t \left\{ \sum_{i=0}^{\infty} \beta^i \left[\ln(C_{t+i} - hC_{t+i-1}) - \frac{\chi}{1+\varphi} l_{t+i}^{1+\varphi} + \chi_m \ln\left(\frac{M_t}{P_t}\right) \right] \right\} \quad (5.56)$$

$$\text{s.t.} \quad (1+\tau_{c,t})C_t + \frac{D_t}{P_t} + \frac{M_t}{P_t} = (1-\tau_{l,t})w_t l_t + \frac{R_{t-1}D_{t-1}}{P_t} + \frac{M_{t-1}}{P_t} + tre_t \quad (5.57)$$

其中，C_t 代表家庭部门的私人消费，l_t 表示家庭部门对国营企业和民营企业的总劳动投入，w_t 为劳动的实际工资水平（假设由于家庭可以自由选择在哪类企业就业，国营企业和民营企业员工的劳动工资相同），D_t 表示家庭部门在银行的存款，R_{t-1} 为 $t-1$ 期存款的利息收益，tre_t 为其他部门对家庭部门的净转移支付，$\tau_{c,t}$、$\tau_{l,t}$ 分别代表消费税税率、工资税税率，β 为效用贴现因子，h 为消费习惯参数，φ 为劳动供给弹性的倒数，χ 为劳动的负效用权重。

构建拉格朗日函数求解家庭部门的决策函数：

$$L = E_t \left\{ \sum_{i=0}^{\infty} \beta^i \begin{bmatrix} \ln(C_{t+i} - hC_{t+i-1}) - \frac{\chi}{1+\varphi} l_{t+i}^{1+\varphi} + \chi_m \ln\left(\frac{M_t}{P_t}\right) \\ - \varrho_{t+i} \left[(1+\tau_{c,t})C_t + \frac{D_t}{P_t} - (1-\tau_{l,t})w_t l_t - \frac{R_{t-1}D_{t-1}}{P_t} - tre_t \right] \end{bmatrix} \right\}$$

$$(5.58)$$

其中，ϱ_t 为拉格朗日乘子，代表单位实际收入所能带来的效用。

与本章第三节关于家庭部门最优化问题的求解过程相同，可得以下一阶条件：

$$\varrho_t(1+\tau_{c,t}) = \frac{1}{C_t - hC_{t-1}} - \beta h E_t \left\{ \frac{1}{C_{t+1} - hC_t} \right\} \quad (5.59)$$

$$\varrho_t(1-\tau_{l,t})w_t = \chi l_t^{\varphi} \quad (5.60)$$

$$\varrho_t = \beta E_t \left\{ \varrho_{t+1} \frac{R_t}{\pi_{t+1}} \right\} \quad (5.61)$$

$$\frac{\chi_m}{M_t/P_t} - \varrho_t + \beta E_t \left\{ \frac{\varrho_{t+1}}{\pi_{t+1}} \right\} = 0 \quad (5.62)$$

2. 资本品生产商

资本品生产商生产资本时面临资本调整成本，其资本累积方程为：

$$K_t = (1-\delta)K_{t-1} + I_t \left(1 - \frac{\eta_k}{2}\left(\frac{I_t}{I_{t-1}} - 1\right)^2\right) \quad (5.63)$$

其中，η_k 为投资调整系数，δ 为资本折旧率，I_t 为投资支出，K_t 为 t 期末的资本存量。资本品厂商通过选择每期的投资支出来最大化利润，其最优化问题为：

$$\max_{I_t} E_t \left\{ \sum_{i=0}^{\infty} \frac{\varrho_{t+i}}{\varrho_t} \beta^i I_{t+i} \left[Q_{t+i} \left(1 - \frac{\eta_k}{2}\left(\frac{I_{t+i}}{I_{t+i-1}} - 1\right)^2 \right) - 1 \right] \right\} \quad (5.64)$$

其中，ϱ_t 为家庭的实际收入边际效用；Q_t 为资本品价格，该价格对不同所有制企业没有差异。

对 I_t 求一阶导可得资本品生产商的决策方程为：

$$Q_t\left[1-\frac{\eta_k}{2}\left(\frac{I_t}{I_{t-1}}-1\right)^2\right]=1+Q_t\eta_k\frac{I_t}{I_{t-1}}\left(\frac{I_t}{I_{t-1}}-1\right)-E_t\left\{\beta\frac{\varrho_{t+1}}{\varrho_t}Q_{t+1}\eta_k\left(\frac{I_{t+1}}{I_t}\right)^2\left(\frac{I_{t+1}}{I_t}-1\right)\right\}$$
(5.65)

3. 中间品厂商（国有厂商和民营厂商）

中间品厂商有国有企业 S 和民营企业 P 两类企业，每类企业拥有生产部门和融资部门，生产部门从家庭雇用劳动以及从本企业融资部门的企业家手中租赁资本。令 $j\in\{S,P\}$，生产部门 j 的生产函数为：

$$Y_{j,t}=\exp(a_{j,t})K_{j,t-1}^{\alpha}l_{j,t}^{1-\alpha} \qquad (5.66)$$

生产部门的最优化（利润最大化）问题为：

$$\max p_{j,t}Y_{j,t}-(r_{j,t}K_{j,t-1}+w_tl_{j,t}) \qquad (5.67)$$

其中，$r_{j,t}$ 为生产部门向同企业的企业家租用资本所付的租金，w_t 为中间品厂商支付给家庭的工资（假设家庭劳动力可以自由流动，因此两类中间品厂商提供给单位家庭劳动力的工资没有差异），$l_{j,t}$ 为生产部门 j 从家庭部门雇用的劳动，$K_{j,t-1}$ 为生产部门 j 从同企业的企业家租用的资本，$P_{j,t}$ 为中间品厂商 j 将生产部门生产的产品卖给批发商的价格。求解上述生产部门最优化问题，可得一阶条件为：

$$K_{j,t-1}=\frac{\alpha}{1-\alpha}\frac{w_t}{r_{j,t}}l_{j,t} \qquad (5.68)$$

$$p_{j,t}=\left(\frac{1}{1-\alpha}\right)^{1-\alpha}\left(\frac{1}{\alpha}\right)^{\alpha}\frac{w_t^{1-\alpha}r_{j,t}^{\alpha}}{\exp(a_{j,t})} \qquad (5.69)$$

企业家的设定参照伯南克等（Bernanke et al., 1999）的框架，引入融资需求端的摩擦。在第 t 期期末，企业家 j 以 P_tQ_t 的价格从资本品生产商处购买资本 $K_{j,t}$，之后在 $t+1$ 期期初以租金 $P_{t+1}r_{j,t+1}$ 将资本出租给中间品厂商，并在 $t+1$ 期期末将折旧后的被出租资本（假设折旧率为 δ）以价格 $P_{t+1}Q_{t+1}$ 卖出，从而企业家 j 的资本平均收益为：

$$R_{j,t+1}^K=\pi_{t+1}\frac{r_{j,t}+Q_{t+1}(1-\delta)}{Q_t} \qquad (5.70)$$

企业家 j 在 $t+1$ 期收取资本收益后会遭受风险冲击 $\omega_{j,t+1}$，使得企业家 j 的净收益为 $\omega_{j,t+1}R_{t+1}^K$。其中，$\omega_{j,t+1}$ 服从均值为 1、方差为 $\sigma_{j,t}^2$ 的对数正态分布，其概

率密度函数为 $f(\omega_j)$。假设第 t 期期末企业家 j 的净财富为 $P_t N_{j,t}$，则第 t 期期末企业家 j 需从银行获得贷款 $L_{j,t} = Q_t K_{j,t} - N_{j,t}$，企业家 j 的杠杆率 $\phi^e_{j,t} = Q_t K_{j,t}/N_{j,t}$。由于风险冲击的存在，企业家存在不能足额支付利息的情形，此时银行对企业家的收益进行清算，最终可以收取（$1-\mu$）部门的收益，其中 μ 表示清算成本占企业家收益的比重。

由于存在信贷歧视，民营企业家和国有企业家与银行订立的信贷合约的内容有所差异。其中，民营企业家与银行订立信贷合约的方程为：

$$\varpi_{p,t+1} R^K_{p,t+1} P_t Q_t K_{p,t} = R^L_{p,t} P_t L_{p,t} \tag{5.71}$$

其中，$\varpi_{p,t+1}$ 代表民营企业家破产的阈值，$R^L_{p,t}$ 代表民营企业家与银行签订的信贷合约上的利率。

民营企业家的最优化问题为：

$$\max E_t\{[1 - \Gamma(\varpi_{p,t+1})] R^K_{p,t+1} \phi^e_{p,t}\} \tag{5.72}$$

$$\text{s. t.} \quad E_t\{[\Gamma(\varpi_{p,t+1}) - \mu G(\varpi_{p,t+1})] R^K_{p,t+1}\} = \left(1 - \frac{1}{\phi^e_{p,t}}\right) E_t\{R^b_{t+1}\} \tag{5.73}$$

其中，R^b_{t+1} 代表商业银行从 t 期贷给企业家的款项中实现的平均收益，函数 $\Gamma(\cdot)$ 与 $G(\cdot)$ 的定义与本章第三节相同。

求解上述最优化问题，可得一阶条件为：

$$E_t\{R^K_{p,t+1}[1 - \Gamma(\varpi_{p,t+1})]\} + \zeta_t E_t\{R^K_{p,t+1}[\Gamma(\varpi_{p,t+1}) - \mu G(\varpi_{p,t+1})] - R^b_{t+1}\} = 0 \tag{5.74}$$

$$E_t\{-\Gamma'(\varpi_{p,t+1}) + \zeta_t[\Gamma'(\varpi_{p,t+1}) - \mu G'(\varpi_{p,t+1})]\} = 0 \tag{5.75}$$

$$\phi^e_{p,t} E_t\{R^K_{p,t+1}[\Gamma(\varpi_{p,t+1}) - \mu G(\varpi_{p,t+1})]\} = (\phi^e_{p,t} - 1) E_t\{R^b_{t+1}\} \tag{5.76}$$

国有企业家在融资过程中受到政府的隐性担保，参照中国人民银行营业管理部课题组（2017）的做法，国有企业家与银行订立信贷合约的过程为：

$$\varpi_{s,t+1} R^K_{s,t+1} P_t Q_t K_{s,t} + X_{t+1} = R^L_{s,t} P_t L_{s,t} \tag{5.77}$$

其中，$\varpi_{s,t+1}$ 代表国有企业家破产的阈值，$R^L_{s,t}$ 代表国有企业家与银行签订的信贷合约上的利率。X_{t+1} 则表示政府对国有企业的隐性担保值，$0 \leq X_{t+1} \leq S \cdot P_t Q_t K_{s,t}$，其中 S 表示隐性担保值占国有企业总资产价值的最大份额，$0 \leq S \leq 1$，S 值越大表示政府对国有企业承担的债务的隐性担保程度越大。从式（5.77）可以发现，X_{t+1} 的引入可以使国有企业家破产的阈值 $\varpi_{s,t+1}$ 比民营企业家更低，这导致国有企业家破产的概率低于民营企业家，使得国有企业家面临更低的风险溢价，表现为银行更偏好于向国有企业家提供贷款，从而体现出信贷歧视的特征。

此处与中国人民银行营业管理部课题组（2017）不同的是，中国人民银行营业管理部课题组（2017）并没有对隐性担保值做出限制，即政府对国有企业的债务负担全额进行隐性担保。而本章认为由于现实中因负担不起债务而破产的国有企业不在少数，说明政府并不会对国有企业的债务负担全额进行隐性担保，因此对隐性担保值设定限制是更符合实际的。此外，引入变量 S 还有一个好处，即可以通过调节 S 来改变模型中政府对国有企业债务负担的隐性担保程度，进而可以使模型呈现不同的信贷歧视力度。

隐性担保的存在，使得国有企业家面临 $\varpi_{s,t+1}^1$ 和 $\varpi_{s,t+1}^2$ 两个阈值：

$$\varpi_{s,t+1}^1 R_{s,t+1}^K P_t Q_t K_{s,t} + S \cdot P_t Q_t K_{s,t} = R_{s,t}^L P_t L_{s,t} \tag{5.78}$$

$$\varpi_{s,t+1}^2 R_{s,t+1}^K P_t Q_t K_{s,t} = R_{s,t}^L P_t L_{s,t} \tag{5.79}$$

当 $\varpi_{s,t+1} < \varpi_{s,t+1}^1$ 时，国有企业在最大担保份额的情形下仍然不能足额支付利息，此时国有企业对银行违约，政府以最大担保份额值向银行偿付国有企业的债务；当 $\varpi_{s,t+1}^1 \leq \varpi_{s,t+1} < \varpi_{s,t+1}^2$ 时，国有企业支付部分利息，其余无能力支付部分由政府支付，此时国有企业不会对银行违约；当 $\varpi_{s,t+1} \geq \varpi_{s,t+1}^2$ 时，国有企业有能力自己支付全部利息。

基于此，国有企业家的最优化问题为：

$$\max E_t \{[1 - \Gamma(\varpi_{s,t+1}^2)] R_{s,t+1}^K \phi_{s,t}^e\} \tag{5.80}$$

$$\text{s.t.} \quad E_t\{[\Gamma(\varpi_{s,t+1}^1) - \mu G(\omega_{s,t+1}^1)] R_{s,t+1}^K\} + S = \left(1 - \frac{1}{\phi_{s,t}^e}\right) E_t\{R_{t+1}^b\} \tag{5.81}$$

$$E_t\{(\varpi_{s,t+1}^2 - \varpi_{s,t+1}^1) R_{s,t+1}^K\} = S \tag{5.82}$$

求解上述最优化问题，可得国有企业家面临的一阶条件为：

$$E_t\{R_{s,t+1}^K[1 - \Gamma(\varpi_{s,t+1}^2)]\} - E_t\left\{\frac{\Gamma'(\varpi_{s,t+1}^2)}{\Gamma'(\varpi_{s,t+1}^1) - \mu G(\varpi_{s,t+1}^1)}\left(S + \frac{R_{t+1}^b}{\phi_{s,t}^e}\right)\right\}$$
$$+ S\Gamma'(\varpi_{s,t+1}^2) = 0 \tag{5.83}$$

$$\phi_{s,t}^e E_t\{R_{s,t+1}^K[\Gamma(\varpi_{s,t+1}) - \mu G(\varpi_{s,t+1})] + S\} = (\phi_{s,t}^e - 1) E_t\{R_{t+1}^b\} \tag{5.84}$$

$$(\varpi_{s,t+1}^2 - \varpi_{s,t+1}^1) R_{s,t+1}^K = S \tag{5.85}$$

假设部门 j 的企业家在期末存活的概率为 γ_j，$j \in \{S, P\}$，当企业家未能存活时，假设有等量的新企业家替代未能存活的旧企业家，且 j 类新企业家从家庭部门获得的转移支付为 W_j^e，则企业家的净资产运动方程为：

$$N_{j,t} = \gamma_j V_j^e + W_j^e \tag{5.86}$$

其中，$V_s^e = Q_{t-1} K_{s,t-1} R_{s,t}^K / \pi_t \times [1 - \Gamma(\varpi_{s,t}^2)]$，$V_p^e = Q_{t-1} K_{p,t-1} R_{p,t}^K / \pi_t \times [1 - \Gamma(\varpi_{p,t})]$。$V_j^e$ 表示未违约企业偿还利息后的净财富。

假设未存活的企业家会将其剩余财富消费掉，则企业家的消费水平为：

$$C_{j,t}^e = (1-\gamma_s)V_{j,t}^e \tag{5.87}$$

4. 商业银行

商业银行的设计参照格特勒和卡拉迪（2011）、兰恩伯格（2016）的研究，引入信贷供给端的摩擦。假设商业银行在第 t 期对企业家的贷款为 L_t^e，第 t 期期末实际净资产为 N_t^b，第 t 期从家庭部门吸收的存款为 D_t，则 $L_t^e = L_{s,t} + L_{p,t}$，$P_t L_t^e = P_t N_t^b + D_t$。假设商业银行从 $t-1$ 期贷给企业家的款项中实现的平均收益为 R_t^b，则商业银行净资产变动方程为：

$$P_t N_t^b = R_t^b P_{t-1} L_{t-1}^e - R_{t-1} D_{t-1} = P_{t-1}[(R_t^b - R_{t-1})L_{t-1}^e + R_{t-1} N_{t-1}^b] \tag{5.88}$$

为避免商业银行依靠不断积累自有资金进行放贷而不再需要吸收存款，假设商业银行每一期的存活率为 ξ，则其未来收益的贴现值为：

$$\begin{aligned} V_t^b &= E_t\Big\{\sum_{i=0}^{\infty}(1-\xi)\xi^i\beta^{i+1}\frac{\varrho_{t+1+i}}{\varrho_t}N_{t+1+i}^b\Big\} \\ &= E_t\Big\{(1-\xi)\beta\frac{\varrho_{t+1}}{\varrho_t}N_{t+1}^b + \sum_{i=1}^{\infty}(1-\xi)\xi^i\beta^{i+1}\frac{\varrho_{t+1+i}}{\varrho_t}N_{t+1+i}^b\Big\} \\ &= E_t\Big\{\beta\frac{\varrho_{t+1}}{\varrho_t}[(1-\xi)N_{t+1}^b + \xi V_{t+1}^b]\Big\} \end{aligned} \tag{5.89}$$

参照兰恩伯格（2016）的做法，猜解银行未来收益贴现值 $V_t^b = \nu_t L_t^e + \eta_t N_t^b$，则可得：

$$\nu_t = E_t\Big\{(1-\xi)\frac{R_{t+1}^b - R_t}{R_t} + \xi\frac{x_{t,t+1}\pi_{t+1}}{R_t}\nu_{t+1}\Big\}, x_{t,t+1} = \frac{L_{t+1}^e}{L_t^e} \tag{5.90}$$

$$\eta_t = E_t\Big\{(1-\xi) + \xi\frac{z_{t,t+1}\pi_{t+1}}{R_t}\eta_{t+1}\Big\}, z_{t,t+1} = \frac{N_{t+1}^b}{N_t^b} \tag{5.91}$$

为引入银行信贷供给端摩擦，参照格特勒和卡拉迪（2011）的假定，假设银行和储户之间存在信息不对称引发的道德风险问题。在每期期初，银行家可以将 $\lambda(0 \leq \lambda \leq 1)$ 比例的企业家贷款转移并自行消费，而银行家进行转移的代价是银行会被存款者（或者监管机构）强制破产，但银行被强制破产后存款者只能获得剩余 $(1-\lambda)$ 比例的银行资产。基于此，只有当银行没有动机去违约时，存款者才会愿意将资金存入银行，即银行未来收益的贴现值需满足以下激励不等式：

$$V_t^b \geq \lambda L_t^e \tag{5.92}$$

其中，不等式左边代表银行转移资产后所丧失的未来收益的现值，不等式右边代表银行家转移资产能获得的收益。式（5.92）表示银行的贷款会受到自身资产负债表状况的限制，从而引入了信贷供给端的摩擦，并且 λ 可以代表信贷供给端摩擦的大小程度（张云等，2020）。当式（5.92）表示的激励约束为紧时，$V_t^b = \lambda L_t^e$，此时 $L_t^e = \phi_t^b N_t^b$，其中 ϕ_t^b 为银行杠杆，满足 $\phi_t^b = \eta_t/(\lambda - v_t)$。从而可得 $z_{t,t+1} = N_{t+1}^b/N_t^b = [(R_{t+1}^b - R_t)\phi_t^b + R_t]/\pi_{t+1}$，$x_{t,t+1} = L_{t+1}^e/L_t^e = \phi_{t+1}^b z_{t,t+1}/\phi_t^b$。每期存活银行的资本的运动方程为 $N_{et}^b = \xi z_{t-1} N_{t-1}^b$，每期不能存活的银行会将自己剩余的净财富消耗掉，从而每期银行家的消费水平值为 $C_t^b = (1-\xi)z_{t-1}N_{t-1}^b$。假设不能存活的银行被同等数量的新银行所替代，且这些新银行在初期会从家庭部门获得转移支付 N_n^b，使得银行净资产 $N_t^b = N_{et}^b + N_n^b$。

5. 批发商

批发商的设定，主要参照伯纳克等（Bernake et al.，1999）的研究。在第 t 期，批发商通过购买国有中间品厂商生产的中间品 $Y_{s,t}$ 和民营中间品厂商生产的中间品 $Y_{p,t}$ 来生产同质的批发品 $\varGamma_t$（批发品在完全竞争的批发市场中被出售给零售商），其生产函数为：

$$\varGamma_t = (aY_{s,t}^\psi + (1-a)Y_{p,t}^\psi)^{\frac{1}{\psi}} \tag{5.93}$$

其中，a 表示生产单位批发品所需投入的国有企业产品的份额，ψ 表示两类中间品厂商的产品之间的替代弹性。

批发商将其生产的同质批发品以价格 $p_{w,t}$ 卖给零售商，则可得批发商的利润最大化问题为：

$$\max p_{w,t}\varGamma_t - (p_{s,t}Y_{s,t} + p_{p,t}Y_{p,t}) \tag{5.94}$$

对 $p_{s,t}$ 和 $p_{p,t}$ 分别求一阶导，简化后可以求得批发商对两类中间品的需求函数分别为：

$$Y_{s,t} = a^{\frac{1}{1-\psi}}\left(\frac{p_{s,t}}{p_{w,t}}\right)^{-\frac{1}{1-\psi}}\varGamma_t \tag{5.95}$$

$$Y_{p,t} = (1-a)^{\frac{1}{1-\psi}}\left(\frac{p_{p,t}}{p_{w,t}}\right)^{-\frac{1}{1-\psi}}\varGamma_t \tag{5.96}$$

其中，由于批发市场为完全竞争市场，批发商实现零利润。将式（5.94）和式（5.95）代入式（5.93）并令式（5.93）为0，可得 $p_{w,t}$ 的表达式为：

$$p_{w,t} = [a^{\frac{1}{1-\psi}}p_{s,t}^{-\frac{\psi}{1-\psi}} + (1-a)^{\frac{1}{1-\psi}}p_{p,t}^{-\frac{\psi}{1-\psi}}]^{-\frac{1-\psi}{\psi}} \tag{5.97}$$

6. 零售商和最终品厂商

零售商和最终品厂商的设定主要参考伯纳克等（1999）及张等（2019）的

研究，其中零售商生产差异化的零售产品供最终品厂商打包生产无差异的最终品，零售品的售卖市场为垄断竞争市场，最终品市场则为完全竞争市场。

零售商 i 的生产函数为：

$$Y_t(i) = \Gamma_t(i), i \in [0,1] \tag{5.98}$$

最终品厂商以价格 $P_t(i)$ 向零售商 i 购买其生产的零售品 $Y_t(i)$，且最终品厂商的生产函数为：

$$Y_t = \left[\int_0^1 Y_t(i)^{\frac{\varepsilon-1}{\varepsilon}} \mathrm{d}i\right]^{\frac{\varepsilon}{\varepsilon-1}} \tag{5.99}$$

最终品厂商将生产的最终品以价格 P_t 售卖给家庭以及资本品厂商，因此其利润最大化问题为：

$$\max P_t Y_t - \int_0^1 P_t(i) Y_t(i) \mathrm{d}i \tag{5.100}$$

$$\text{s.t.} \quad Y_t = \left[\int_0^1 Y_t(i)^{\frac{\varepsilon-1}{\varepsilon}} \mathrm{d}i\right]^{\frac{\varepsilon}{\varepsilon-1}} \tag{5.101}$$

求解上述最优化问题的一阶条件，可得最终品厂商对于零售品 i 的需求为：

$$Y_t(i) = \left(\frac{P_t(i)}{P_t}\right)^{-\varepsilon} Y_t \tag{5.102}$$

由于最终品市场为完全竞争市场，由最终品厂商的零利润条件可得 P_t 的表达式为：

$$P_t = \left[\int_0^1 P_t(i)^{1-\varepsilon} \mathrm{d}i\right]^{\frac{1}{1-\varepsilon}} \tag{5.103}$$

由于零售商生产的产品在垄断竞争市场售卖，零售商对于产品有定价权，$P_t(i)$ 为零售商 i 设定的价格。同时，为引入价格粘性，假设零售商面临卡尔沃式价格粘性，即在每一期企业有 θ 的概率不能自由调整价格，只能按照过去的通货膨胀水平进行一定程度（假设调整指数为 γ_p）的调整。零售商的定价问题为：

$$\max_{P_t(i)} E_t \sum_{\tau=0}^{\infty} (\beta\theta)^{\tau} \frac{\varrho_{t+\tau}}{\varrho_t} \left\{\left[\left(\prod_{s=1}^{\tau} \pi_{t+s-1}^{\gamma_p}\right)\frac{P_t(i)}{P_{t+\tau}} - p_{w,t}\right] Y_{t+\tau}(i)\right\} \tag{5.104}$$

$$\text{s.t.} \quad Y_{t+\tau}(i) = \left[\frac{P_t(i) \prod_{s=1}^{\tau} \pi_{t+s-1}^{\gamma_p}}{P_{t+\tau}}\right]^{-\varepsilon} Y_{t+\tau} \tag{5.105}$$

求解上述定价问题，可得：

$$\frac{P_t^*}{P_t} = \frac{\varepsilon}{\varepsilon-1} \frac{E_t\left\{\sum_{\tau=0}^{\infty}(\beta\theta)^\tau \varrho_{t+\tau}\left(\prod_{s=1}^{\tau}\frac{\pi_{t+s-1}^{\gamma_p}}{\pi_{t+s}}\right)^{-\varepsilon} p_{w,t+\tau}Y_{t+\tau}\right\}}{E_t\left\{\sum_{\tau=0}^{\infty}(\beta\theta)^\tau \varrho_{t+\tau}\left(\prod_{s=1}^{\tau}\frac{\pi_{t+s-1}^{\gamma_p}}{\pi_{t+s}}\right)^{1-\varepsilon} Y_{t+\tau}\right\}} \tag{5.106}$$

其中，P_t^* 为时期 t 可以自由调整价格的零售品厂商所设定的最优价格。

参照费尔南德斯－比利亚韦德（2010）的解法，对式（5.106）进行简化，令：

$$f_t^1 = E_t\left\{\sum_{\tau=0}^{\infty}(\beta\theta)^\tau \varrho_{t+\tau}\left(\prod_{s=1}^{\tau}\frac{\pi_{t+s-1}^{\gamma_p}}{\pi_{t+s}}\right)^{-\varepsilon} p_{w,t+\tau}Y_{t+\tau}\right\} \tag{5.107}$$

$$f_t^2 = \frac{P_t^*}{P_t}E_t\left\{\sum_{\tau=0}^{\infty}(\beta\theta)^\tau \varrho_{t+\tau}\left(\prod_{s=1}^{\tau}\frac{\pi_{t+s-1}^{\gamma_p}}{\pi_{t+s}}\right)^{1-\varepsilon} Y_{t+\tau}\right\} \tag{5.108}$$

则可得，$\varepsilon f_t^1 = (\varepsilon-1)f_t^2$，以及关于 f_t^1、f_t^2 的递归公式：

$$f_t^1 = \varrho_t mc_t Y_t + \beta\theta E_t\left\{\left(\frac{\pi_t^{\gamma_p}}{\pi_{t+1}}\right)^{-\varepsilon} f_{t+1}^1\right\} \tag{5.109}$$

$$f_t^2 = \varrho_t \pi_t^* Y_t + \beta\theta E_t\left[\left(\frac{\pi_t^{\gamma_p}}{\pi_{t+1}}\right)^{1-\varepsilon}\left(\frac{\pi_t^*}{\pi_{t+1}^*}\right)f_{t+1}^2\right], \pi_t^* = P_t^*/P_t \tag{5.110}$$

7. 政府部门

政府的预算约束方程为：

$$G_t + \Psi_t = tax_t \tag{5.111}$$

其中，G_t 为政府购买，tax_t 为政府从家庭部门收取的税收总和，$tax_t = \tau_{c,t}C_t + \tau_{l,t}w_t l_t$。$\Psi_t$ 为与政府给国有企业的债务提供隐性担保相关的支出，当 $\varpi_{s,t+1} < \varpi_{s,t+1}^1$ 时，国有企业在获得最大担保份额的情形下仍然不能足额支付利息，此时国有企业对银行违约，政府以最大担保份额值向银行偿付国有企业的债务；当 $\varpi_{s,t+1}^1, \omega_{s,t+1} < \varpi_{s,t+1}^2$ 时，国有企业支付部分利息，其余无能力支付部分由政府支付，此时国有企业不会对银行违约；当 $\varpi_{s,t+1} \geq \varpi_{s,t+1}^2$ 时，国有企业有能力自己支付全部利息，因此 Ψ_t 的表达式为：

$$\Psi_t = S \cdot Q_t K_{s,t} F(\varpi_{s,t+1}^1) + \int_{\varpi_{s,t+1}^1}^{\varpi_{s,t+1}^2}(\varpi_{s,t+1}^2 - \omega)R_{t+1}^K Q_t K_{s,t} dF(\omega) \tag{5.112}$$

8. 中央银行

中央银行有以下几类货币政策规则可供选择。

(1) 价格型规则。

$$\frac{R_t}{R} = \left(\frac{R_{t-1}}{R}\right)^{\gamma_n} \left(\left(\frac{\pi_t}{\pi}\right)^{\gamma_\pi} \left(\frac{Y_t}{Y}\right)^{\gamma_v}\right)^{1-\gamma_R} \exp(\sigma_m \varepsilon_t^m) \quad (5.113)$$

其中，R、π、Y 分别代表 R_t、π_t、Y_t 的稳态值；ε_t^m 为对货币政策的随机冲击，且 ε_t^m 服从标准正态分布。

(2) 数量型规则。

参照张等（2019）的做法，数量型规则设定如下：

$$\frac{g_{m,t}}{g_m} = \left(\frac{\pi_t}{\pi}\right)^{\gamma_{m\pi}} \left(\frac{Y_t}{Y}\right)^{\gamma_{my}} \exp(\sigma_{gm} \varepsilon_t^g) \quad (5.114)$$

其中，$M_t^s = M_t + D_t$ 表示货币供应量用现金持有与活期存款之和来表示，$g_{m,t} = \frac{M_t^s}{M_{t-1}^s}$ 表示货币供应量的增速，g_m 为 $g_{m,t}$ 的稳态值，$\varepsilon_t^g \sim N(0,1)$。

(3) 考虑企业杠杆率的规则。

价格型规则下考虑杠杆率的规则为：

$$\frac{R_t}{R} = \left(\frac{R_{t-1}}{R}\right)^{\gamma_R} \left(\left(\frac{\pi_t}{\pi}\right)^{\gamma_\pi} \left(\frac{Y_t}{Y}\right)^{\gamma_y} \left(\frac{\phi_t^e}{\phi^e}\right)^{\gamma_e} \left(\frac{\phi_{s,t}^e}{\phi_s^e}\right)^{\gamma_{\gamma e}} \left(\frac{\phi_{p,t}^e}{\phi_p^e}\right)^{\gamma_{pe}}\right)^{1-\gamma_R} \exp(\sigma_m \varepsilon_t^m) \quad (5.115)$$

其中，ϕ^e 表示企业整体杠杆率 ϕ_t^e 的稳态值，ϕ_j^e 表示企业 j 的杠杆率稳态值，$j \in \{S, P\}$。

数量型规则下考虑企业杠杆率的规则为：

$$\frac{g_{m,t}}{g_m} = \left(\frac{\pi_t}{\pi}\right)^{\gamma_{m\pi}} \left(\frac{Y_t}{Y}\right)^{\gamma_{my}} \left(\frac{\phi_t^e}{\phi^e}\right)^{\gamma_{me}} \left(\frac{\phi_{s,t}^e}{\phi_s^e}\right)^{\gamma_{me}^s} \left(\frac{\phi_{p,t}^e}{\phi_p^e}\right)^{\gamma_{me}^p} \exp(\sigma_{gm} \varepsilon_t^g) \quad (5.116)$$

9. 市场出清

当市场出清时，总需求满足以下等式：

$$Y_t = C_t + I_t + G_t + \mu(r_{s,t} + Q_t(1-\delta))G(\varpi_{s,t+1}^1)K_{s,t} + \mu(r_{p,t} + Q_t(1-\delta))G(\varpi_{p,t})K_{p,t} + C_{s,t}^e + C_{p,t}^e + C_t^b \quad (5.117)$$

总供给 $Y_t = \frac{1}{\Delta_t}\Gamma_t$，$\Delta_t$ 表示零售商价格离散所带来的效率损失，且 Δ_t 满足：

$$\Delta_t = \theta \left(\frac{\pi_{t-1}^{\gamma_p}}{\pi_t}\right)^{-\varepsilon} \Delta_{t-1} + (1-\theta)(\pi_t^*)^{-\varepsilon} \quad (5.118)$$

总资本 $K_t = K_{s,t} + K_{p,t}$，总劳动投入 $l_t = l_{s,t} + l_{p,t}$。

二、参数校准

参数 $\{\beta, h, \chi, \phi, \tau_c, \tau_l, \eta_k, \delta, \alpha, \varepsilon, \gamma_p, \lambda, \mu, \gamma_R, \gamma_\pi, \gamma_y, \sigma_m, \sigma_{gm}\}$ 的设定参照前一节，由于存在政府的隐形担保，银行的盈利能力会有所增强，为了降低银行能自筹资金的可能性，假定银行存活率 ξ 降为 0.95。其余新增参数及稳态值的校准过程如下。1994~2007 年国有及国有控股工业企业增加值占工业增加值总额比重的均值为 0.47，校准模型中国有企业产品在批发品生产过程中所占比重为 $a = 0.5$；国有企业和民营企业产品之间的替代弹性 ψ 设为 2/3（Chang et al., 2019）；1999~2019 年，国有控股工业企业和私营企业的资产负债率均值分别为 59.70% 和 56.43%，① 因此设定模型中国有企业、民营企业的杠杆率稳态值分别为 $\phi_s^e = 2.48$、$\phi_p^e = 2.30$；企业存活率方面，假定民营企业家的存活率为 0.92，国有企业家的存活率为 0.94；生产效率方面，由于国有企业具有信贷优势，假设民营企业的生产效率略高于国有企业，使得模型有均衡解，即假定 $a_s = 0$、$a_p = 0.01$。

三、模型中信贷歧视特征的体现

调节隐性担保份额 S 的大小，计算特定 S 值下模型中总贷款规模、国有企业贷款规模和民营企业贷款规模的稳态值，汇总如表 5-2 所示。

表 5-2　　　　　　不同隐性担保限额下贷款资源分配情况

项目	0.005	0.006	0.01	0.015	0.05
总贷款规模	3.8036	3.8181	3.8794	3.9632	4.7316
国有企业贷款规模	1.988	2.0091	2.0957	2.2084	3.1167
民营企业贷款规模	1.8156	1.8089	1.7837	1.7548	1.6149
国有企业贷款占比(%)	52.27	52.62	54.02	55.72	65.87

从表 5-2 可以看出，当政府对国有企业的隐性担保份额逐步增大时，总贷款规模和国有企业贷款规模会逐渐增加，民营企业贷款规模会逐渐减少，国有企业贷款规模的占比逐步上升。这表明，通过引入政府对国有企业债务负担的隐性担保，模型内生地体现了商业银行的信贷所有制歧视，并且可以通过控制隐性担保份额 S 的大小来控制信贷歧视程度，当 S 越大时，国有企业贷款规模占总贷款

---

① 国家统计局。

规模的比重越高，意味着商业银行信贷歧视的力度越大。

四、脉冲响应分析

本部分通过设置不同的政府隐性担保份额限值 S，构造具有不同信贷歧视程度的模型，探讨不同信贷歧视力度下货币政策对国有企业和民营企业杠杆率的影响差异（由于宽松性货币政策冲击与紧缩性货币政策冲击的脉冲响应图是关于 X 轴对称的，以下仅展示紧缩性货币政策冲击脉冲响应图）。

1. 信贷歧视程度低（$S = 0.5\%$）

图 5-11 展示了当政府隐性担保份额的限值 S 为 0.5%，即当信贷歧视程度较小时，1 单位正向价格型货币政策冲击对各经济变量的影响。

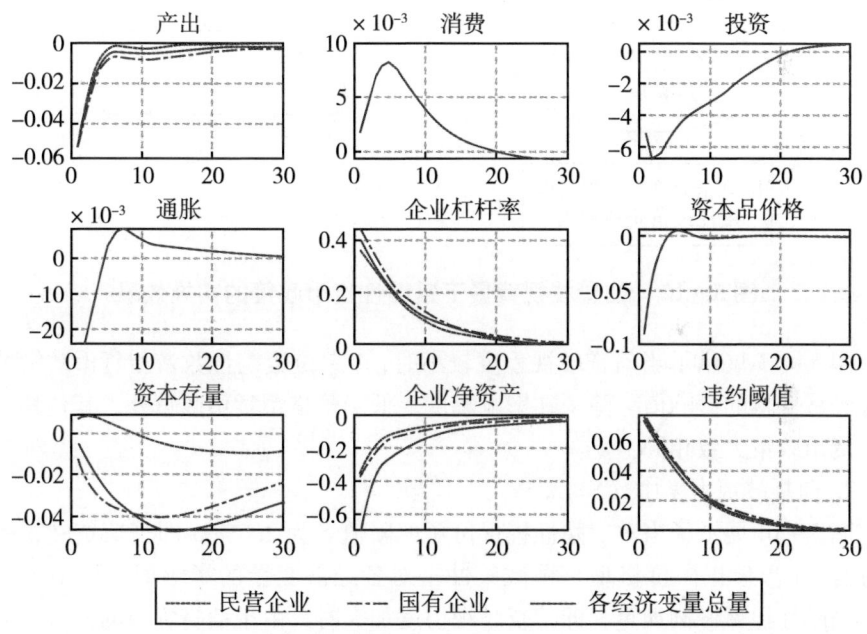

图 5-11　1 单位紧缩性价格型货币政策冲击响应（信贷歧视程度低）

从图 5-11 可以看出，当信贷歧视力度较小时，紧缩性货币政策会使国有企业和民营企业的杠杆率上升，且国有企业杠杆率的上升幅度略微高于民营企业。这主要源于紧缩性货币政策使得经济呈现萧条景象，一方面企业的资产盈利能力下降，另一方面通胀水平的降低增加了企业的实际债务水平，这使得企业的违约阈值出现较大幅度的上升、企业违约概率提高，从而降低了企业净资产价值，进而提高了企业的杠杆率。当存在轻微信贷歧视时，国有企业能获得略微高于民营企业的信贷资源，即国有企业的债务负担水平比民营企业略重，这使得国有企业在经济衰退时违约概率的提高值略高于民营企业,从而使得国有企业净资产水平相对民营企业出现更高幅度的下降,最终导致国有企业杠杆率上升水平略高于民营企业。上述传导过程如图5-12所示。

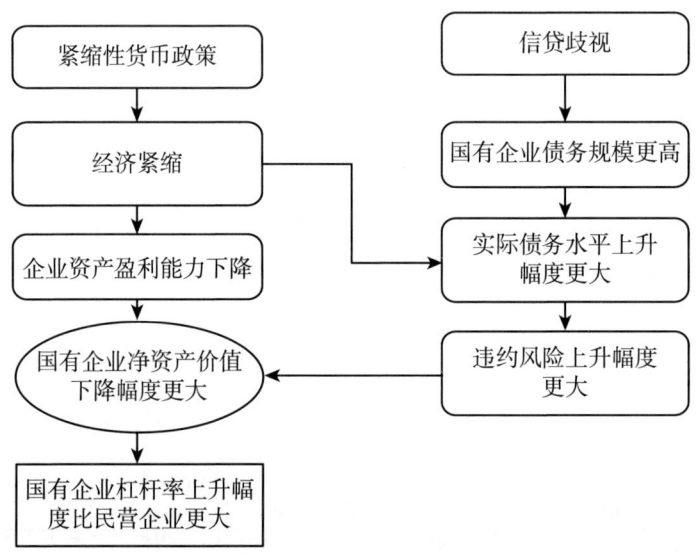

图 5-12　信贷歧视背景下紧缩性货币政策的实施效果

图5-13展示了当信贷歧视程度较小时,1单位紧缩性数量型货币政策冲击对各经济变量的影响值。除了在影响幅度上低于价格型货币政策外,其他均与价格型货币政策大致相同。

2. 信贷歧视力度中（$S=2.5\%$）

图5-14展示了当政府隐性担保份额的限值S为2.5%,即当信贷歧视程度中等时,1单位正向价格型货币政策冲击对各经济变量的影响值。从中可以看出,当隐性担保份额加重,即信贷歧视力度加大时,由于信贷资源的配置偏向国有企业的程度加大,国有企业拥有较为富足的资金,此时紧缩性货币政策带来的资本品价格下降会刺激国有企业购买资本品,而民营企业由于资金短缺需要减少资本的购买甚至需要出售资本品,从而导致国有企业资本存量增加而民营企业资本存量减少,即资本存量从民营企业向国有企业转移,这对于国有企业的杠杆率有一定的拉升作用,而对民营企业的杠杆率有一定的抑制作用。此外,信贷优势使得国有企业的债务水平过高,当紧缩性货币政策使得通胀水平下降时,国有企业实际债务水平的上升幅度相比民营企业会更高,这使得国有企业违约风险概率的提高幅度要高于民营企业,导致国有企业净资产价值的下降幅度高于民营企业,进而导致国有企业杠杆率上升幅度高于民营企业。

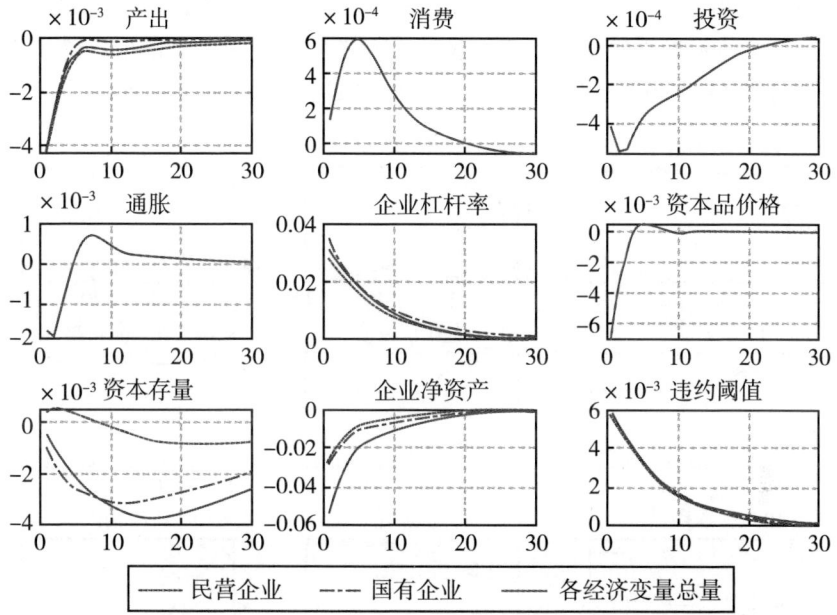

图 5-13 1 单位紧缩性数量型货币政策冲击响应（信贷歧视程度低）

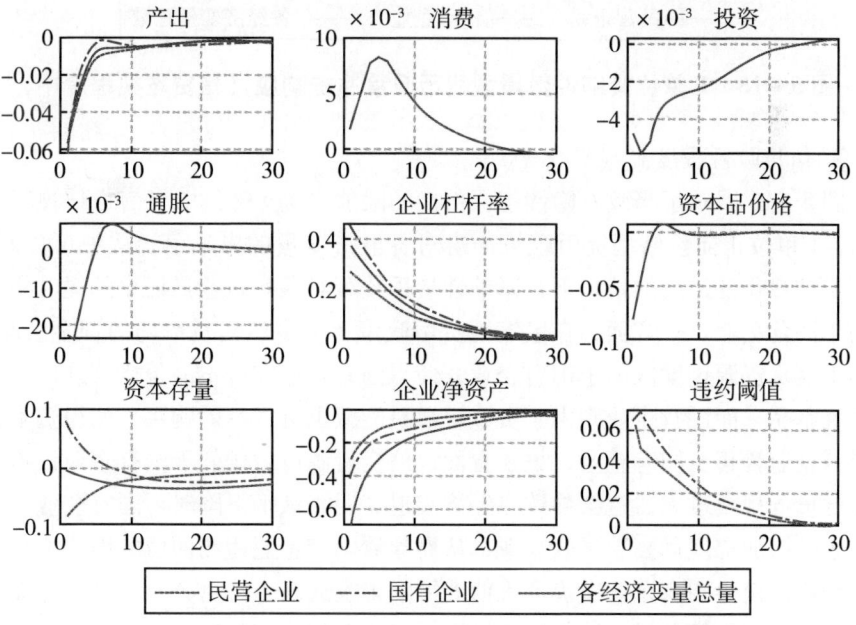

图 5-14 1 单位紧缩性价格型货币政策冲击响应（信贷歧视程度中）

图 5-15 展示了当政府隐性担保份额的限值 S 为 2.5%，即当信贷歧视程度中等时，1 单位紧缩性数量型货币政策冲击对各经济变量的影响值。除了在影响幅度上低于价格型货币政策外，其他均与价格型货币政策大致相同。

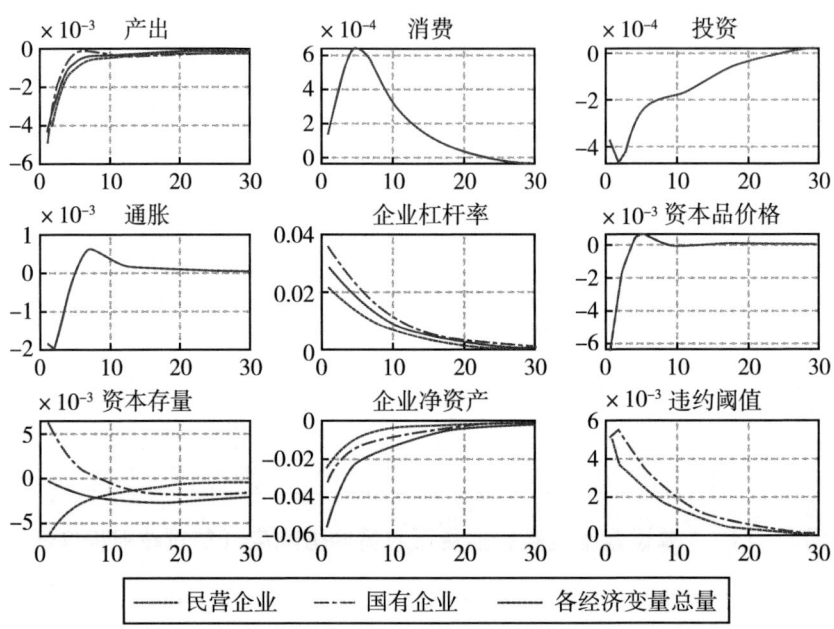

图 5-15　1 单位紧缩性数量型货币政策冲击响应（信贷歧视程度中）

3. 信贷歧视程度高（$S=8\%$）

图 5-16 展示了当政府隐性担保份额的限值 S 为 8%，即当信贷歧视程度较高时，1 单位正向价格型货币政策冲击对各经济变量的影响值。从中可以看出，在信贷歧视程度过高的情形下，紧缩性货币政策对国有企业杠杆率的提升幅度要远高于民营企业。一方面，在紧缩性货币政策下，虽然信贷市场的资金会减少，但由于信贷资源过度倾斜于国有企业，使得国有企业在资本品价格下跌的刺激下购买资本品，而民营企业则由于资金短缺只能减少资本品的购买，使得资本存量从民营企业转移至国有企业；另一方面，信贷资源过度倾斜于国有企业使得国有企业的债务规模过大，这会导致在经济衰退、通胀水平下降时，国有企业的实际债务水平增加幅度远高于民营企业，从而导致国有企业违约阈值的增幅大大高于民营企业，使得国有企业净资产价值的下降幅度远高于民营企业。这两方面因素综合作用的结果便是紧缩性货币政策下国有企业杠杆率的提升幅度要远高于民营企业，且这一过程伴随着民营企业资本存量向国有企业转移、国有企业违约概率增幅大于民营企业等现象。

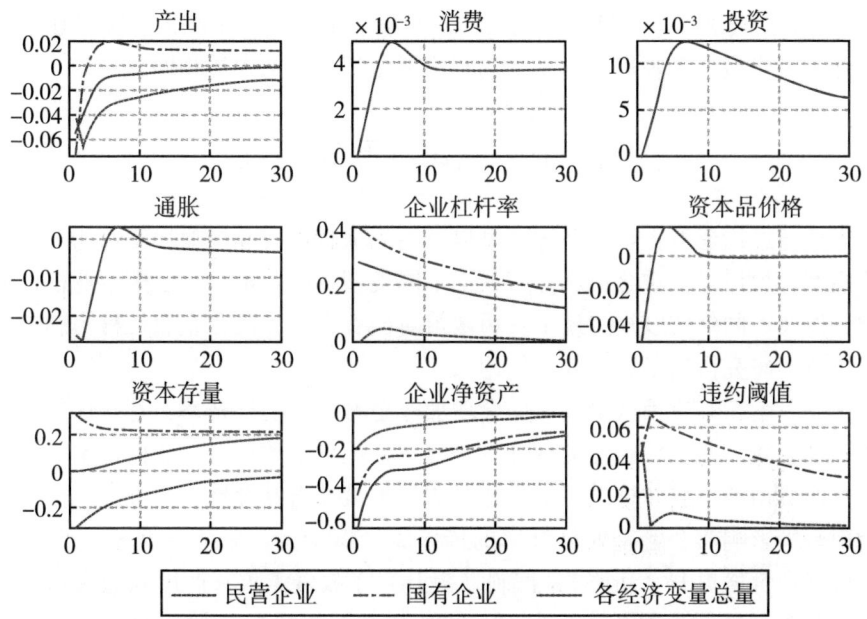

图 5-16　1 单位紧缩性价格型货币政策冲击响应（信贷歧视程度高）

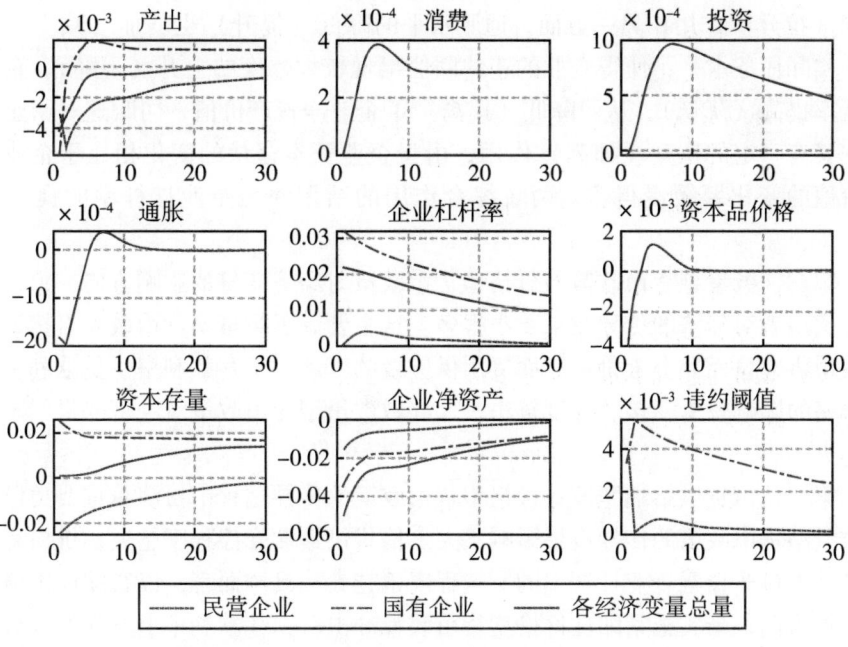

图 5-17　1 单位紧缩性数量型货币政策冲击响应（信贷歧视程度高）

图 5-17 展示了当政府隐性担保份额的限值 S 为 8%，即当信贷歧视程度较

高时，1单位紧缩性数量型货币政策冲击对各经济变量的影响值。除了在影响幅度上低于价格型货币政策外，其他均与价格型货币政策大致相同。

第五节 结论与政策建议

本章通过构建双重金融摩擦模型以及纳入信贷歧视和企业异质性的双重金融摩擦模型，探讨了双重金融摩擦背景下不同类型货币政策对非金融企业杠杆率的影响，以及不同信贷歧视力度下货币政策对国有企业和民营企业杠杆率影响的差异。本章的研究得出了以下几点结论。

第一，紧缩性货币政策的实施会增加非金融企业的杠杆率，宽松性货币政策的实施则会减少非金融企业的杠杆率，且宽松性货币政策对企业杠杆率的影响与紧缩性的货币政策成对称关系。通过对货币政策冲击的脉冲响应进行分析，可以将货币政策影响非金融企业杠杆率的传导路径概括为：紧缩（宽松）性货币政策促使资金价格提升（下降），抑制（提升）了投资需求、产出和通胀水平，经济呈现萧条（繁荣）景象。一方面，经济衰退（繁荣）导致企业的资产盈利能力下降（上升），企业的总资产价值减少（增加），这对于企业杠杆率有一定的抑制（拉升）作用；另一方面，通胀水平的降低（提升）也增加（减少）了企业的实际债务水平，使得企业的违约阈值出现较大幅度的上升（下降）、企业违约概率提高（降低），从而降低（提高）了企业净资产价值，同时这对于企业杠杆率又有一定的拉升（抑制）作用，由于企业资本存量的变化相比于企业净资产价值的变化要缓慢得多，两者综合作用的结果便是企业杠杆率的提升（降低）。

第二，数量型货币政策与价格型货币政策对经济变量的影响方向一致，但前者相比后者对经济的传导效果要小很多。这主要源于数量型货币政策直接调控的是货币供应量而非资金价格，而货币供应量的变动对于存款利率、贷款利率等资金价格的影响较为间接、程度较小，这导致数量型货币政策对经济变量的影响效应不大。

第三，信贷供给端摩擦在价格型货币政策的传导过程中扮演着重要角色，但对数量型货币政策的传导效果影响不大。信贷供给端摩擦程度越大，价格型货币政策冲击对非金融企业杠杆率的影响程度也越大。具体而言，以紧缩性价格型货币政策为例，当实施紧缩性价格型货币政策冲击时，存款利率上升导致银行吸收存款的成本上升，进而恶化了银行的盈利能力以及银行资产负债表的质量，此时越高的信贷供给端摩擦程度使得银行的吸储能力受到越大程度的限制，进而影响其放贷能力，金融市场的资金供给也会越少。资金短缺带来资本品需求以及资本品价格的下降，使得投资、产出、通胀水平、资本品产出相继下降，企业家净资产的盈利能力也随之下降。由于杠杆的作用，企业家净资产盈利能力的下降伴随着净资产的大幅缩水，最终使得企业杠杆率出现较大幅度的上升。而对于数量型货币政策的实施，由于数量型货币政策直接调控的是货币供应量而非资金价格，而货币供应量的变动对于存款利率、贷款利率等资金价格的影响程度较小，进而对银行的盈利能力以及银行资产负债表质量的影响较小，这使得信贷供给端摩擦在数量型货币政策的传导过程中的作用效果不强。

第四，政府对国有企业的隐性担保会导致信贷所有制歧视，且隐性担保程度越高，银行对不同所有制企业的信贷歧视程度也越高。当信贷歧视程度不断加大时，紧缩性货币政策冲击对国有企业杠杆率的提升幅度会逐渐远高于民营企业，并且此过程伴随着民营企业资本向国有企业转移、国有企业违约概率的增幅大于民营企业等现象。一方面，在紧缩性货币政策下，虽然信贷市场的资金会减少，但当信贷歧视程度较强从而使得信贷资源过度倾斜于国有企业时，会促使国有企业在资本品价格下跌的刺激下购买资本品，而民营企业则由于资金短缺只能减少资本品的购买，使得资本存量从民营企业转移至国有企业；另一方面，信贷资源过度倾斜于国有企业使得国有企业的债务规模过大，这会导致在经济衰退、通胀水平下降时，国有企业的实际债务水平增加幅度远高于民营企业，从而导致国有企业违约阈值的增幅大大高于民营企业，使得国有企业净资产价值的下降幅度远高于民营企业。这两方面因素综合作用的结果便是紧缩性货币政策下国有企业杠杆率的提升幅度要远高于民营企业，且这一过程伴随着民营企业资本存量向国有企业转移、国有企业违约概率增幅大于民营企业等现象。

本章阐述了价格型和数量型两类货币政策对非金融企业杠杆率的影响效果和传导机制，以及金融供需摩擦和信贷歧视在其中的作用效果。在当前非金融企业杠杆率稳定于较高水平、蕴含较大债务风险的背景下，本章的结论一方面将有助于货币政策在促进经济增长和防范化解风险之间实现平衡，另一方面也对货币政策如何优化杠杆率结构有借鉴意义。为此，本章提出以下几点建议。

首先，由于本章的结论表明宽松性货币政策的实施会降低非金融企业杠杆率而紧缩性货币政策的实施作用则相反，这意味着货币政策可能并不会面临稳增长和防风险的取舍问题，实施宽松性货币政策可能可以同时实现助推经济发展和降杠杆的效果。此外，本章的结果表明，相比于数量型货币政策，价格型货币政策对经济的影响效果更强，说明若想要货币政策更快见效，需采取价格型货币政策。但值得注意的是，由于我国金融市场的市场化程度不高，尚存在金融抑制、金融干预等现象，导致我国金融市场不能进行充分的市场化定价，这一结论在目前可能并不适用于我国的经济现状。不过随着我国金融体系市场化的进一步提高，可以相信价格型货币政策将成为我国的主流货币政策。

其次，信贷供给端摩擦和融资需求端摩擦会对货币政策的冲击产生放大效应，不利于经济的平稳发展，应当采取措施减弱这两类摩擦。例如，对于银行信贷供给端摩擦，可以通过加强对银行业的监管、加大对违规银行的惩罚力度等措施减弱银行和储户之间的道德风险问题，从而降低银行信贷供给端摩擦的程度；对于企业融资需求端摩擦，银行可以通过利用人工智能和金融科技等先进技术完善企业征信系统、利用大数据对企业的经营业绩和财务状况进行实时跟进等措施，着力解决其和企业之间的信息不对称问题。

最后，本章的模型表明，政府对国有企业的隐性担保会导致金融市场信贷歧视的出现，使得信贷资源过度倾斜于国有企业，导致国有企业挤占民营企业资金。这既不利于国有企业和民营企业之间的公平竞争和市场资源的最优化配置，也会对国有企业造成一定的"反噬作用"，即政府对国有企业的隐性担保会导致国有企业的杠杆率过高，从而使其在面对紧缩性货币政策冲击等不利经济冲击时面临更高的违约风险和偿债负担，这会阻碍国有企业自身的健康发展并造成杠杆率结构性差异明显等问题，也不利于各类政策对杠杆率的调控。为此，政府需逐步减轻并遏制其对国有企业的隐性担保，减少对金融机构和金融市场的干预。对于货币政策的制定，则需要意识到由于信贷歧视等原因，不同所有制企业的杠杆率对货币政策冲击的反应程度会有较大差异，实施总量型货币政策可能会产生"顾此失彼"的结果，可以制定结构性货币政策对杠杆率结构性分化问题进行应对。

参考文献

[1] 陈晓光，张宇麟. 信贷约束、政府消费与中国实际经济周期 [J]. 经济研究，2010，45（12）：48-59.

[2] 崔光灿. 资产价格、金融加速器与经济稳定 [J]. 世界经济，2006（11）：59-69，96.

[3] 戴金平，陈汉鹏. 金融摩擦、金融波动性及其对经济的影响 [J]. 四川大学学报（哲学社会科学版），2014（5）：102-110.

[4] 方军雄. 所有制、制度环境与信贷资金配置 [J]. 经济研究，2007（12）：82-92.

[5] 郭杰，郭琦. 信贷市场有限竞争环境中财政引发的国有部门投资的宏观影响——基于扩展RBC模型的研究 [J]. 管理世界，2015（5）：28-40.

[6] 胡志鹏. "稳增长"与"控杠杆"双重目标下的货币当局最优政策设定 [J]. 经济研究，2014，49（12）：60-71，184.

[7] 江伟,李斌. 制度环境、国有产权与银行差别贷款 [J]. 金融研究,2006 (11): 116-126.

[8] 蒋冠. 金融摩擦条件下货币传导机制的微观基础研究 [D]. 上海:复旦大学,2004.

[9] 景麟德,李金城,顾国达. 信贷所有制歧视——政治关联效应和信息释放效应 [J]. 中国经济问题,2018 (3):80-92.

[10] 李广子,刘力. 债务融资成本与民营信贷歧视 [J]. 金融研究,2009 (12):137-150.

[11] 李源. 货币政策与非金融企业杠杆率研究 [D]. 北京:中央财经大学,2019.

[12] 栗亮,刘元春. 经济波动的变异与中国宏观经济政策框架的重构 [J]. 管理世界,2014 (12):13.

[13] 刘金全,陈德凯. 理解中国货币政策调控模式:"稳杠杆"还是"降杠杆"?——基于TVP-VAR模型的实证研究 [J]. 西安交通大学学报(社会科学版),2017,37 (6):1-8.

[14] 刘莉亚,刘冲,陈垠帆,周峰,李明辉. 僵尸企业与货币政策降杠杆 [J]. 经济研究,2019,54 (9):73-89.

[15] 刘晓光,张杰平. 中国杠杆率悖论——兼论货币政策"稳增长"和"降杠杆"真的两难吗 [J]. 财贸经济,2016 (8):5-19.

[16] 马文超,胡思玥. 货币政策、信贷渠道与资本结构 [J]. 会计研究,2012 (11):39-48,94-95.

[17] 马勇. 植入金融因素的DSGE模型研究新进展 [J]. 经济学动态,2013 (8):127-136.

[18] 仝冰. 货币、利率与资产价格 [D]. 北京:北京大学,2010.

[19] 汪勇,马新彬,周俊仰. 货币政策与异质性企业杠杆率——基于纵向产业结构的视角 [J]. 金融研究,2018 (5):47-64.

[20] 王立勇,张良贵,刘文革. 不同粘性条件下金融加速器效应的经验研究 [J]. 经济研究,2012,47 (10):69-81,160.

[21] 王文甫. 价格粘性、流动性约束与中国财政政策的宏观效应——动态新凯恩斯主义视角 [J]. 管理世界,2010 (9):11-25,187.

[22] 吴恒煜,胡锡亮,吕江林. 金融摩擦的宏观经济效应研究进展 [J]. 经济学动态,2013 (7):107-122.

[23] 吴仁水,董秀良,钟山. 信贷约束、资源错配与全要素生产率波动 [J]. 宏观经济研究,2019 (6):30-44,131.

[24] 易纲:着力稳住宏观杠杆率 通过改革开放发展直接融资 [J]. 中国总会计师,2020 (11):8.

[25] 殷兴山,易振华,项燕彪. 总量型和结构型货币政策工具的选择与搭配——基于结构性去杠杆视角下的析 [J]. 金融研究,2020 (6):60-77.

[26] 张云,李俊青,张四灿. 双重金融摩擦、企业目标转换与中国经济波动 [J]. 经济研究,2020,55 (1):17-32.

[27] 赵振全,于震,刘淼. 金融加速器效应在中国存在吗? [J]. 经济研究,2007

(6): 27-38.

[28] 中国人民银行营业管理部课题组, 周学东, 李宏瑾, 李康, 苏乃芳. 预算软约束、融资溢价与杠杆率——供给侧结构性改革的微观机理与经济效应研究 [J]. 经济研究, 2017, 52 (10): 53-66.

[29] 朱军, 李建强, 陈昌兵. 金融供需摩擦、信贷结构与最优财政援助政策 [J]. 经济研究, 2020, 55 (9): 58-73.

[30] Bernanke B S, Gertler M, Gilchrist S. The Financial Accelerator in a Quantitative Business Cycle Framework [J]. Handbook of Macroeconomics, 1999 (1): 1341-1393.

[31] Bernanke B S, Gertler M. Inside the Black Box: The Credit Channel of Monetary Policy Transmission [J]. Journal of Economic Perspectives, 1995, 9 (4): 27-48.

[32] Chang Chun et al. Reserve Requirements and Optimal Chinese Stabilization Policy [J]. Journal of Monetary Economics, 2019, 103: 33-51.

[33] Christiano L J et al. Financial Factors in Economic Fluctuations [J]. Meeting Papers, 2010.

[34] Gertler M, Karadip. A Model of Unconventional Monetary Policy [J]. Journal of Monetary Economics, 2011, 58 (1): 17-34.

[35] Goodfriend M, Bennett T McCallum. Banking and Interest Rates in Monetary Policy Analysis: A Quantitative Exploration [J]. Journal of Monetary Economics, 2007, 54 (5): 1480-1507.

[36] Iacoviello M, Neri S. Housing Market Spillovers: Evidence from an Estimated DSGE Model [J]. American Economic Journal: Macroeconomics. 2010, 2 (2).

[37] Jesús Fernández-Villaverde. Fiscal Policy in a Model With Financial Frictions [J]. The American Economic Review, 2010, 100 (2): 35-40.

[38] Nobuhiro Kiyotaki and John Moore. Credit Cycles [J]. Journal of Political Economy, 1997, 105 (2): 211-248.

[39] Rannenberg A. Bank Leverage Cycles and the External Finance Premium [J]. Journal of Money, Credit and Banking, 2016, 48 (8): 1569-1612.

[40] White C. Modern Macroeconomics is on the Wrong Track [J]. Finance and Development, 2009, 46 (4): 15-18.

第六章 中国国债期货与现货市场间的动态价格发现与不对称波动性溢出*

第一节 引言

对世界上主要的市场经济国家而言,国债通常被认为是规模最大、最有影响力的金融资产之一。一方面,期限结构合理和有效率的国债市场有助于改善政府负债结构,促进宏观经济的稳定发展;另一方面,充分市场化的国债收益率作为国家最重要的基准利率,对资产定价和金融系统性风险的管理具有非常重要的作用。随着我国经济的不断发展,经济规模已稳居世界第二,国债市场规模也不断快速扩张,1997年以来,我国国债市场规模以近27%的平均增速扩张,截至2019年末,中国国债存量规模达2.14万亿美元。虽然与美国、日本等金融发达国家仍有不小的差距,但在新兴市场国家中,我国国债存量规模已稳居主要新兴市场国家和地区之首,但我国国债规模与GDP占比在主要新兴市场国家和地区中仍然处于中下游(见图6-1)。随着我国经济由高速增长阶段转向高质量发展阶段,我国国债市场仍将具有广袤的发展空间,建立高质量的、市场化的国债市场对深化推进我国新时代社会主义市场经济体制改革具有深远意义。

---

* 本章作者:周颖刚、贝泽赟。

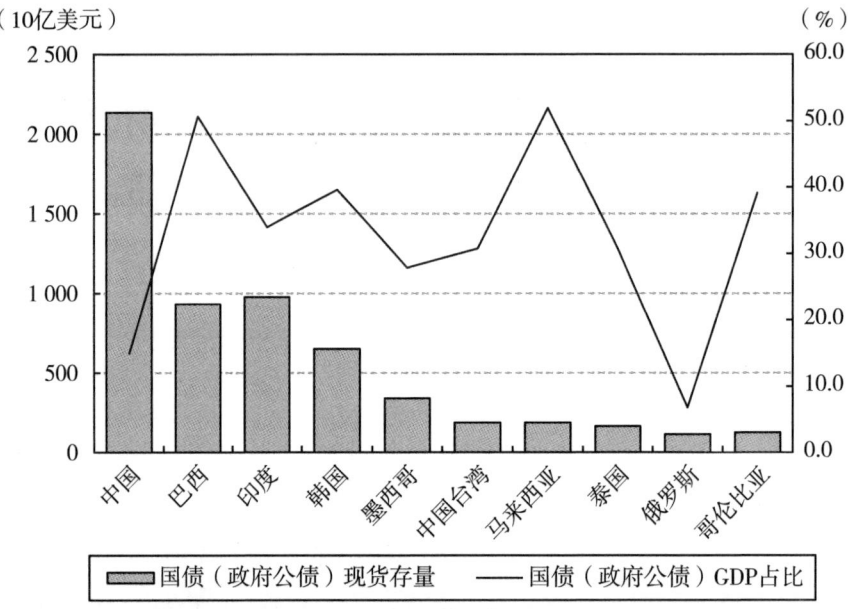

图 6-1 主要新兴市场国家或地区国债规模情况（截至 2019 年末）
资料来源：Wind 数据库。

与国债相对应，国债期货在国债市场的平稳运行中扮演着极其重要的角色。国债期货于 20 世纪 70 年代产生于美国，两次"石油危机"导致利率波动频繁，固定利率国债的持有者对风险管理和债券保值的需求强烈，国债期货应运而生。1973 年，美国取消所有 CD 利率上限，紧接着推出 90 天期和 30 年期的短期和长期国债期货，持续推进利率市场化，并于 1980 年 3 月通过《存款机构放松管制和货币控制法》，承诺取消一切利率，后又继续推出 1 年期美国国库券期货、5 年期和 10 年期美国中期国债期货，逐步构建了多期限、多层次的利率期货体系，在短短 10 年内完成了利率市场化。

在中国，上海证券交易所（以下简称"上交所"）早在 1992 年 12 月就启动国债期货交易，并于 1993 年 10 月向个人投资者开放。但是，由于当时包括国债在内的所有利率都没有实现市场化，引发了 1995 年的"327"国债期货重大违规事件，国债期货交易被暂停。接下来的近 20 年我国致力于利率市场化，遵循循序渐进式改革的一贯思路，先放开货币市场利率和债券市场利率，再逐步推进存、贷款利率的市场化，从 1996 年完全放开银行间同业拆借利率，到 2007 年推出市场化利率上海银行间同业拆放利率（Shibor），2012 年打破严受管制的存款利率浮动区间上限，2013 年全面放开人民币贷款存款利率，利率波动幅度不断加大，给国债期货孕育了较好的市场环境。2013年9月6日，5年期国债期货终于在中国金融期货交易所（以下简称"中金所"）上市；2015年3月20日，10年期国债期货也上市恢复交易；为了进一步发展国债期货市场，中金所于2018年8月17日又推出了2年期国债期货，丰富了我国国债期货品种，对于短期（2年）、中期（5年）、长期（10年）的利率风险，国债期货都能对其进行对冲。三种国债期货的推出对于完善利率期限结构具有重要意义。

从美国的经验和我国国债期货的发展历程来看，利率市场化与国债期货的推出应该是相辅相成的关系，国债期货需要与利率市场化配合发展，投资者需要有规避利率风险的需求。当前，我国利率市场化改革正在向纵深推进，发展国债期货不仅正当其时，而且意义重大。市场化利率体制的确立需要一条具有连续性的市场基准利率，国债期货既可以为投资者提供管理利率风险的工具，又有助于利率价格发现，不断强化国债利率作为市场基准利率的地位，促使基准化的国债利率尽可能地贴近市场利率，迈出基准利率市场化的关键一步。不同期限国债期货的陆续推出，将改善国债现货市场的流动性和定价效率，为国债持有者提供有效的套期保值工具，更有利于形成一条完整、可靠和较为准确的国债收益率曲线，为各类金融资产提供更为准确的定价依据。

我国国债现货市场还存在着诸多问题，国债期货市场投资者结构尚未完善。截至2019年底，我国国债期货市场参与者为自然人、一般法人、证券自营和大资管，现有国债期货参与者持有国债量不到10%。持有大量国债现货的商业银行、保险公司及合格境外机构投资者（QFII）等境外机构尚未获得国债期货入市资格，国债期现成交额比仍远低于金融发达国家。2020年4月10日，经国务院同意，证监会、财政部、人民银行、银保监会联合公告，商业银行作为国债现货市场最重要的投资主体，终于进入国债期货市场参与交易，保险机构也即将逐步参与到国债期货市场交易中，这一举措有望进一步改善国债期货流动性，但也存在期货市场不成熟、容易引发过度投机的风险。我国国债期货恢复已有6年，国债期货是否已经成为良好的套期保值的工具？国债期货与国债现货市场之间是否已经形成了良好的信息传递？市场收益率和波动性是否形成良好的联动？商业银行、保险公司及QFII等境外投资者参与国债期货时机是否成熟？本章旨在深度分析国债期货市场的价格发现功能及其与现货市场的波动性联动关系，对国债期货重启的市场运行状况进行中肯的评价和建议。

本章的主要贡献为：（1）以往的文献一般只研究单种期限的国债期货合约（张劲帆等，2019；张宗新和张秀秀，2019），本章则对我国国债期现货市场进行了全面而深入的研究，研究对象囊括了2年期、5年期和10年期国债期现货，补充了以往文献的缺失；（2）选取的数据更为精确，现有研究大多是以国债净价指数、银行间交易市场国债现货的报价和国债 ETF 的价格作为国债现货价格（Mizracha & Neelyn，2008；周冰和陈杨龙，2013；王苏生等，2017；张劲帆等，2019），但是这些指数并不能直接用于期货交割，而本章从中金所发布的国债期货的可交割券中选取交割最为活跃的最廉价可交割券（CTD）的中债估值作为国债现货价格，反映了真实用于交割的国债现货价格，相比以往文献更加直观和精确，也更加符合业界的一般共识（Salomon Brothers，1990）；（3）现有研究一般基于信息份额来研究国债期货的信息优势（张劲帆等，2019），而本章运用信息引导份额检验国债期货的信息优势，排除了市场噪声的影响，发现 5 年期和 10 年期国债期货价格对现货具有明显的信息优势，而 2 年期国债期货在上市 8 个月后也初步形成了对现货的信息引导优势；（4）在研究波动溢出效应时，本章将国债期货的基差加入 VECM-BEKK-GARCH 模型中，控制了国债期现货市场间长期均衡关系，发现 5 年期和 10 年期国债期货市场与现货市场之间存在着非对称的波动率双向传导关系，期货基差绝对值的扩大会驱动现货价格向长期协整均衡回复并且会显著增加国债期货市场的波动性。

第二节 文献综述

期货市场的一个主要功能是价格发现。考克斯（Cox，1976）对现货市场进行实证分析后发现，在加入期货市场后现货市场的运行效率变得更好。哈斯布鲁克（Hasbrouck，1995）构造了信息份额模型来综合衡量资产价格对信息的反应强度。霍兰和维拉（Holland and Vila，1998）对英、法、德等国的国债市场进行检验，发现国债期货市场有超过 90% 的概率比国债现货市场对信息的反应更加迅速。科根等（Kogan et al.，2009）通过引入基差的 BEKK-GARCH 模型，发现原油期货市场的波动率与基差之间呈现一种"V"形的关系：基差绝对值扩大对原油期货市场波动率具有正向影响。颜和齐沃特（Yan and Zivot，2010）通过蒙特卡洛模拟的方法，比较了不同噪声和信息反应强度的时间序列的成分份额（CS）和信息份额（IS）的表现，发现 CS 主要受价格时间序列中噪声的影响，而 IS 同时受噪声和信息反应强度的影响。普特宁什（Putniņš，2013）提出了通过信息引导份额（ILS）来度量价格发现功能，并发现使用 ILS 度量价格发现功能受噪声的影响要小于信息份额（IS），估计结果更加稳健。因德里万等（Indriawan et al.，2019）利用美国股票市场开盘前后 30 分钟的高频数据，通过基于状态空间模型的信息份额模型，研究了美国股票市场开盘对美国 10 年期国债期货、德国 10 年期国债期货和英国 10 年期国债期货的价格发现功能的影响，发现美国股票市场开盘后，三个国家的 10 年期国债期货对信息的传导和反应的效率增强。

国内直接研究国债期货与现货信息引导和波动性传导的文章不多，但我们依然能在现有的研究其他商品或金融期货与现货之间信息传递和波动率传导的文章中得到一些启示。鲍建平和杨建明（2004）通过对比发达国家和新兴市场国家开展利率期货交易对现货市场价格发现效率的影响，发现利率期货交易能有效提高现货市场的价格发现效率，但同时会增加现货市场的波动率。张屹山等（2004）利用我国金属和农产品期货的日度数据，通过格兰杰（Granger）因果检验分析其期现货的价格发现功能，并通过结构向量自回归（SVAR）模型研究国内外期货市场的联动关系，发现中国期货市场发挥了价格发现的基本功能，以及国际期货市场对我国期货市场具有单向价格引导效应。徐雪和罗克（2014）通过向量自回归（VAR）模型和脉冲响应函数研究了中国黄金期货市场的价格发现功能，发现中国黄金期货市场价格发现功能偏低。华仁海和刘庆富（2007）通过双参数 AR-GARCH 模型对国内外期货市场的铜、铝、大豆、豆粕、小麦期货价格的波动率溢出进行研究，发现相关国内外商品期货市场价格和波动性之间存在非常密切的关系。郭沁和杨之曙（2007）分别通过 VAR 模型和哈斯布鲁克（1995）的信息份额模型，利用在交易所市场和银行间市场同时交易的 5 只债券，分析交易所债券市场和银行间债券市场的价格发现效率，发现交易量较小的交易所市场在价格发现中起着主要作用。李晓峰和陈华（2008）基于格兰杰因果检验和 BEKK-GARCH 模型研究人民币即期汇率和其境外衍生品市场之间的信息流动关系，发现境外期货市场对即期市场不存在任何溢出效应，但是境外人民币无本金交割远期外汇交易（NDF）对即期市场具有显著的报酬溢出效应。金洪飞和金荦（2008）利用 VAR 和 BEKK-GARCH 研究中美两国股市价格和国际石油价格的波动率溢出效应，发现中国股市和国际原油之间不存在任何波动率溢出效应，而美国股市和国际石油市场存在双向的波动率溢出效应。陶利斌等（2014）采用哈斯布鲁克（1995）的信息份额方法，利用沪深 300 股指期货和沪深 300 指数的高频数据计算每日股指期货的信息份额，发现股指期货在信息传递中起主导作用，且随着股指期货交易量的增大和市场波动率的降低，信息优势有所增强。郭彦峰等（2016）通过构造加入 5 年期国债的交易量和持仓量的 ECM-BEKK-GARCH 模型，发现国债期货对国债现货具有显著的价格引导能力，但国债期货的成交量和持仓量水平并未影响国债期货市场的价格发现能力。王苏生等（2017）运用 5 年期国债期货 5 分钟高频数据，利用信息份额模型，发现我国 5 年期国债期货信息份额贡献度为 65.51%，说明中国 5 年期国债期货在价格发现中占据主导地位。刘成立和周新苗（2017）通过滚动窗口格兰杰因果检验研究国债期货和国债市场的动态关系，发现国债期货上市使收益率曲线水平因子波动率下降，说明国债期货上市提高了现货市场的成熟度，但是并没有发现国债期货对现货具备价格发现功能。张劲帆等（2019）采用信息份额模型和基于 VAR 模型的格兰杰因果检验，研究了国债现货、国债期货和利率互换三个市场之间的价格发现机制，发现利率互换相对于国债期货和国债现货都具有信息优势，而国债期货相对于国债现货具有信息优势。周颖刚等（2020）通过条件协偏度和条件协峰度测度了我国国债和股指之间的避险对冲效应，发现我国期货现货和股指现货之间可以互相对冲风险，但是国债期货和股指期货之间暂不存在这种避险对冲效应。

第三节 数据分析

本章以我国国债期货对应的最廉价可交割券的中债估值除以转换因子作为国债现货价格，以我国国债期货主力合约价格作为国债期货价格。2 年期国债期货样本时间跨度为 2018 年 8 月 17 日至 2020 年 9 月 11 日[①]，5 年期国债期货样本时间跨度为 2013 年 9 月 6 日至 2020 年 9 月 11 日，10 年期国债期货样本时间跨度为 2015 年 3 月 20 日至 2020 年 9 月 11 日，数据均来源于 Wind 数据库。

国债期货和一般商品期货不同，没有一个特定的现货，而是对应着多个可交割国债现券，由于不同的可交割国债在交割时的价值各不相同，为了避免国债期货到期时由于过于集中交割某个可交割国债所造成的流动性短缺，全世界最主要的国债期货市场都遵循着转换因子交割体系，交易所提前发布国债期货对应的各个可交割国债的转换因子，转换因子可表示为：

$$CF = \frac{1}{\left(1+\frac{r}{f}\right)^{\frac{xf}{12}}} \times \left[\frac{c}{f} + \frac{c}{r} + \left(1-\frac{c}{r}\right) \times \frac{1}{\left(1+\frac{c}{f}\right)^{n-1}}\right] - \frac{c}{f} \times \left(1-\frac{xf}{12}\right) \quad (6.1)$$

其中，r 表示国债期货合约的票面利率 3%，x 表示交割月到下一付息月的月份数，n 表示剩余付息次数，c 表示可交割国债票面利率，f 表示可交割国债每年付息次数。转换因子实际上是将面值为 1 元的可交割国债在期货交割月后的全部现金流贴现至交割月的现值。

转换因子交割体系定义国债期货以某一个可交割国债进行交割的发票价格等于国债期货价格乘以该可交割国债的转换因子，这种制度安排使国债期货的发票价格与可交割国债价格具有可比性。换言之，经过转换因子调整后的各个可交割

[①] 由于最廉价可交割券一般会随着主力合约的到期和转换而发生变换，为了计算便利，样本时间截至 2020 年 9 月的最后交易日即 2020 年 9 月 11 日。

国债的价格理论上都是相等的，使期货空头在期货到期后进行交割时无论使用哪只可交割国债理论上都不存在任何区别。

但是，在现实交易中，由于债券市场收益率与国债期货合约的票面利率具有偏差，可交割国债的价格往往与理论值有所偏离，利用外生的转换因子进行调整后的可交割国债的价值可能并不完全一致，期货空头倾向于从可交割券中选择一个最便宜的可交割券（即最廉价可交割券）进行交割，以最大化其交割收益。相比之前文献中广泛使用的国债指数，最廉价可交割券本身即为用于真实交割的国债现货，其价格理论上是研究国债期现货联动关系的最佳现货价格（Salomon Brothers，1990）。

选择最廉价可交割券的方法大致有三种：可交割券净价与转换因子比值最小、国债期货基差最小和隐含回购利率最大。隐含回购利率实际上是一种"持有到期策略"的年化收益率：在 t 时刻购买并持有 1 单位可交割券，同时卖空同样数量的国债期货，期货到期时进行交割。以隐含回购利率最大的可交割券作为最廉价可交割券也是业界分析最常见的做法，所以本章选择交割最活跃且国债期货隐含回购利率最大的可交割券作为最廉价可交割券。

为了消除 CTD 券种的变换引起的计量误差，我们将 CTD 券变换的交易日当天的收益率和价格数据删除。图 6-2、图 6-3 和图 6-4 分别描绘了 2 年期、

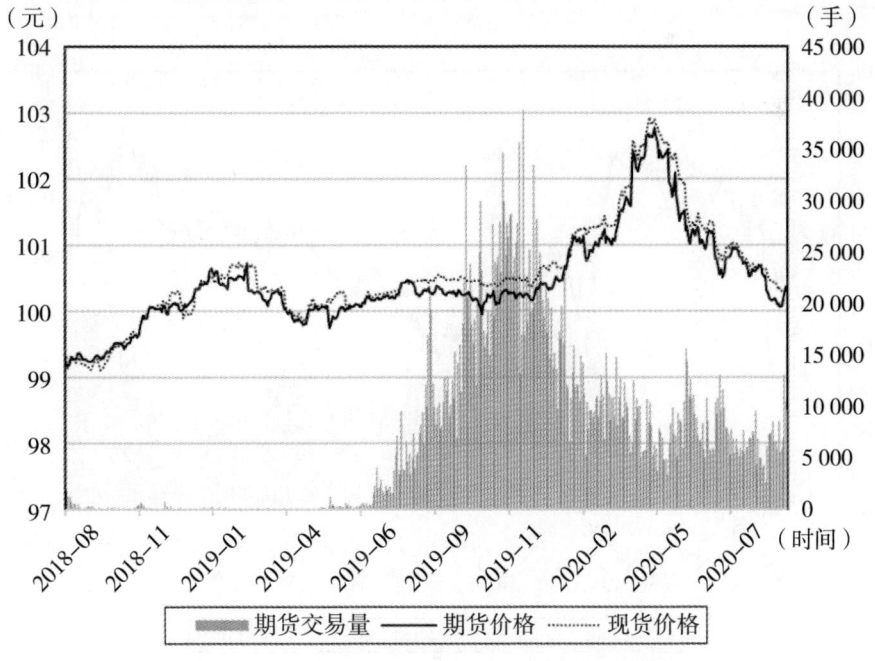

图 6-2　2 年期国债期货价格和现券价格

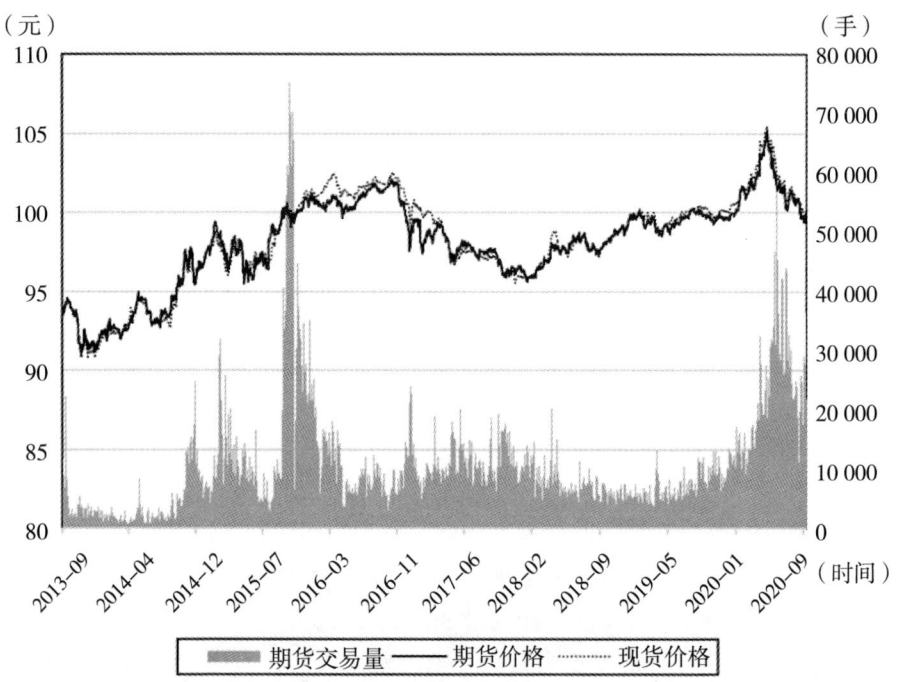

图 6-3 5 年期国债期货价格和现货价格

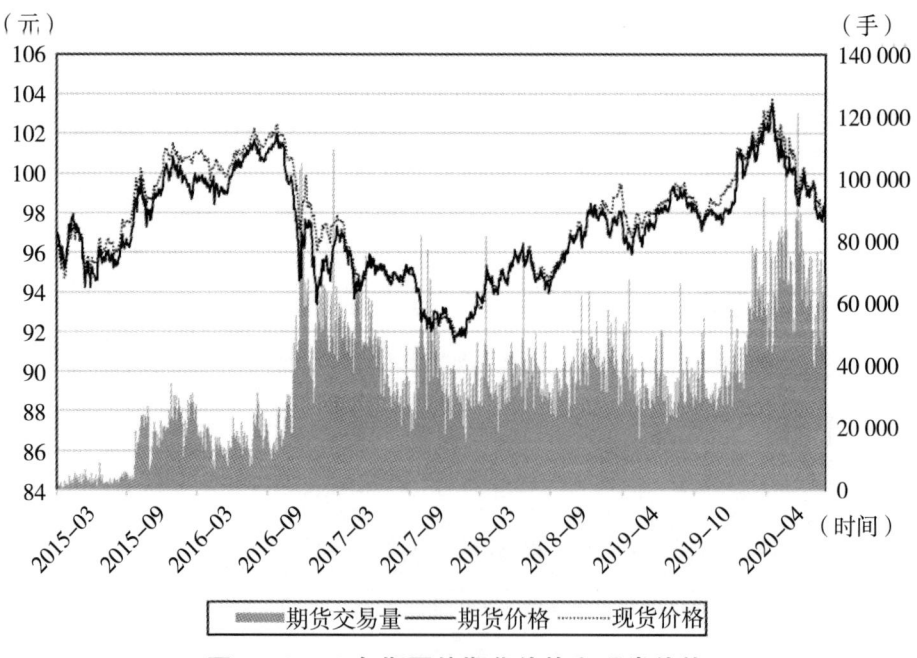

图 6-4 10 年期国债期货价格和现券价格

5年期和10年期国债期货价格及其对应的CTD券的价格序列,从中可以初步看出国债期货价格和国债现券价格呈现良好的相关性。

表6-1展示了国债期货和现货对数收益率序列及基差的描述性统计特征。其中,5年期国债期货和现货收益率均呈尖峰右偏特征,而2年期和10年期国债期货和现货收益率分别呈现了尖峰左偏和右偏的分布形态。特别地,10年期国债期货交易量要远大于5年期国债期货,2年期国债期货日平均交易量最少。

表6-1 描述性统计量

组A:2年期国债期现货描述性统计							
项目	观测值	均值	标准差	最小值	最大值	偏度	峰度
期货对数收益率	489	0.0015%	0.001	-0.005	0.005	-0.525	8.624
现货对数收益率	489	0.0013%	0.001	-0.003	0.005	0.072	10.073
基差	489	0.0013	0.001	-0.002	0.006	0.184	0.137
国债期货交易量	489	6 800.229	7 921.919	3	38 899		

组B:5年期国债期现货描述性统计							
项目	观测值	均值	标准差	最小值	最大值	偏度	峰度
期货对数收益率	1 657	0.0029%	0.002	-0.014	0.019	0.331	7.931
现货对数收益率	1 657	0.0030%	0.002	-0.007	0.011	0.280	5.205
基差	1 657	0.0017	0.005	-0.016	0.024	0.600	1.422
国债期货交易量	1 657	9 707.250	9 118.347	474	75 239		

组C:10年期国债期现货描述性统计							
项目	观测值	均值	标准差	最小值	最大值	偏度	峰度
期货对数收益率	1 300	-0.0018%	0.003	-0.018	0.016	-0.203	4.255
现货对数收益率	1 300	0.0000%	0.002	-0.010	0.011	0.065	3.366
基差	1 300	0.0051	0.006	-0.007	0.032	0.874	1.641
国债期货交易量	1 300	32 852.160	19 325.470	673	121 408		

注:本表中国债期货基差的计算公式为:基差 = 现货价格 ÷ 转换因子 - 国债期货价格。2年期国债期货样本时间跨度为2018年8月17日至2020年9月11日,5年期国债期货样本时间跨度为2013年9月6日至2020年9月11日,10年期国债期货样本时间跨度为2015年3月20日至2020年9月11日。

资料来源:根据Wind数据库数据计算而得。

通过有常数项但无趋势项的ADF检验、PP检验来检验国债期货和现货的对数价格序列及一阶差分序列平稳性,结果如表6-2所示。国债期货和现货的对数价格均不能拒绝非平稳的原假设，但是其一阶差分序列都显著地拒绝了非平稳的原假设，说明各个期限的国债期货和现货对数价格为 I（1）序列。

表 6-2　　　　　　　　　　期现货价格序列平稳性检验

组 A：2 年期国债期现货				
类别	$\ln(P_{spot})$	$\ln(P_{future})$	$\Delta\ln(P_{spot})$	$\Delta\ln(P_{future})$
ADF 检验	-1.289	-1.653	-7.336***	-7.388***
PP 检验	-2.977	-5.252	-436.061***	-430.265***
组 B：5 年期国债期现货				
类别	$\ln(P_{spot})$	$\ln(P_{future})$	$\Delta\ln(P_{spot})$	$\Delta\ln(P_{future})$
ADF 检验	-1.684	-1.940	-11.054***	-12.311***
PP 检验	-5.061	-8.482	-1 426.090***	-1 668.498***
组 C：10 年期国债期现货				
类别	$\ln(P_{spot})$	$\ln(P_{future})$	$\Delta\ln(P_{spot})$	$\Delta\ln(P_{future})$
ADF 检验	-1.580	-1.869	-10.981***	-10.951***
PP 检验	-4.600	-7.935	-1 121.388***	-1 384.094***

注：***、**和*分别表示在1%、5%和10%水平上显著。

通过约翰森（Johansen）协整检验方法计算迹统计量和最大特征根统计量来检验国债期货和现货价格之间的协整关系，结果如表6-3所示。实证结果显著拒绝了国债期货价格和现货价格之间不存在协整关系的原假设，而接受了国债期货价格和现货价格之间存在至多一个协整关系的原假设，说明各个期限的国债期货和现货的对数价格之间均存在长期的均衡关系。

表 6-3　　　　　　　　　　迹检验和最大特征根检验

组 A：2 年期国债期现货									
具有线性趋势					无线性趋势				
迹检验	C(5%)	最大特征根检验	C(5%)	H_0	迹检验	C(5%)	最大特征根检验	C(5%)	
3.720	12.250	3.720	12.250	$r \leq 1$	4.038	9.240	4.038	9.240	
45.975**	25.320	42.255**	18.960	$r = 0$	45.695**	19.960	41.657**	15.670	

续表

组 B：5 年期国债期现货

具有线性趋势				H_0	无线性趋势			
迹检验	C(5%)	最大特征根检验	C(5%)		迹检验	C(5%)	最大特征根检验	C(5%)
2.925	12.250	2.925	12.250	$r \leq 1$	3.308	9.240	3.308	9.240
50.504**	25.320	47.579**	18.960	$r = 0$	48.368**	19.960	45.060**	15.670

组 C：10 年期国债期现货

具有线性趋势				H_0	无线性趋势			
迹检验	C(5%)	最大特征根检验	C(5%)		迹检验	C(5%)	最大特征根检验	C(5%)
2.338	12.250	2.338	12.250	$r \leq 1$	2.368	9.240	2.368	9.240
39.466**	25.320	37.128**	18.960	$r = 0$	36.706**	19.960	34.338**	15.670

注：***、**和*分别表示在1%、5%和10%水平上显著；根据AIC、SC、FPE、HQ四种信息准则选择滞后阶数。

在对数收益率平稳的前提下，对国债期货对数收益率和现券对数收益率进行格兰杰因果检验，滞后阶数选取1、2、3、5和10阶，结果如表6-4所示。对于各个期限的国债期货和现货，在绝大部分滞后阶数中，均可以显著拒绝期货收益率不是现货收益率的格兰杰原因的原假设，但无法拒绝现货收益率不是期货收益率的格兰杰原因的原假设，结果初步说明国债期货收益率对国债现货收益率有着单边的引导效应。

表6-4　　　　　　　　格兰杰因果检验结果

组 A：2 年期国债期现货

H_0	Lag(1)	Lag(2)	Lag(3)	Lag(5)	Lag(10)
现券收益率不是期货收益率的格兰杰原因	0.222	0.943	0.913	0.957	1.393
期货收益率不是现券收益率的格兰杰原因	0.638***	0.390***	0.434***	0.444***	0.180***

组 B：5 年期国债期现货

H_0	Lag(1)	Lag(2)	Lag(3)	Lag(5)	Lag(10)
现货收益率不是期货收益率的格兰杰原因	1.133	1.218	0.587	0.716	0.933
期货收益率不是现货收益率的格兰杰原因	0.287***	0.296***	0.624***	0.611***	0.501***

续表

H₀	组 C：10 年期国债期现货				
	Lag(1)	Lag(2)	Lag(3)	Lag(5)	Lag(10)
现货收益率不是期货收益率的格兰杰原因	1.660	2.683*	1.428	1.243	1.849**
期货收益率不是现货收益率的格兰杰原因	0.198***	0.069***	0.233***	0.286***	0.048***

注：表中数值为格兰杰因果检验的 F-统计量，其中 ***、** 和 * 分别表示在 1%、5% 和 10% 水平上显著。

第四节 实证方法

一、信息引导份额

哈斯布鲁克（1995）假设所研究的两个市场的资产价格都具有一个共同因子 m_t，并且服从随机游走过程：

$$m_t = m_{t-1} + u_t, u_t \sim iid(0, \sigma_u)$$
$$p_{it} = m_{t-\delta_i} + s_{i,t}, s_{i,t} \sim iid(0, \sigma_{s_i}) \quad (6.2)$$

其中，参数 δ_i 衡量了资产价格反映信息的敏感程度，而 σ_{s_i} 则反映了噪声。通过一系列等价变换，存在一个误差修正模型（VECM）来描述资产之间的价格，以两个资产价格为例：

$$\Delta p_{1,t} = \alpha_1(p_{1,t-1} + \beta p_{2,t-1}) + \sum_{i=1}^{q} \gamma_i \Delta p_{1,t-i} + \sum_{j=1}^{q} \delta_j \Delta p_{2,t-j} + \varepsilon_{1,t}$$
$$\Delta p_{2,t} = \alpha_2(p_{1,t-1} + \beta p_{2,t-1}) + \sum_{k=1}^{q} \phi_k \Delta p_{1,t-k} + \sum_{m=1}^{q} \rho_m \Delta p_{2,t-m} + \varepsilon_{2,t} \quad (6.3)$$

布斯等（Booth et al., 1999）、朱等（Chu et al., 1999）、哈里斯等（Harris et al., 2002）和贝利等（Baillie et al., 2002）根据误差修正项的系数，计算成分份额（CS），由于误差修正项刻画的是资产收益对资产价格均衡价格短暂偏离的敏感程度，如式（6.5）所示，CS_i 衡量了另一个市场相对于市场 i 对价格短暂摩擦的反应敏感程度。

$$CS_1 = \gamma_1 = \frac{\alpha_2}{\alpha_2 - \alpha_1}$$
$$CS_2 = \gamma_2 = \frac{-\alpha_1}{\alpha_2 - \alpha_1} \quad (6.4)$$

VECM 残差的方差—协方差矩阵为 Ω：

$$\Omega = \begin{pmatrix} \sigma_1^2 & \rho\sigma_1\sigma_2 \\ \rho\sigma_1\sigma_2 & \sigma_2^2 \end{pmatrix}$$

根据乔利斯基（Cholesky）因子分解，可将方差—协方差矩阵分解成 $\Omega = MM^T$，其中：

$$M = \begin{pmatrix} m_{11} & 0 \\ m_{12} & m_{22} \end{pmatrix} = \begin{pmatrix} \sigma_1 & 0 \\ \rho\sigma_2 & \sigma_2(1-\rho^2)^{1/2} \end{pmatrix}$$

进一步计算信息份额（IS）：

$$IS_1 = \frac{(\gamma_1 m_{11} + \gamma_2 m_{12})^2}{(\gamma_1 m_{11} + \gamma_2 m_{12})^2 + (\gamma_2 m_{22})^2}$$

$$IS_2 = \frac{(\gamma_2 m_{22})^2}{(\gamma_1 m_{11} + \gamma_2 m_{12})^2 + (\gamma_2 m_{22})^2} \tag{6.5}$$

信息份额IS_i衡量了信息冲击下，市场 i 的扰动方差占所有市场扰动总方差的比例，体现了市场 i 相对于其他市场对信息冲击的反应敏感程度。但由于计算中运用了乔利斯基因子分解，IS 的估计结果会受到变量次序的影响，所以将期货和现货价格交换顺序进行两次估计，以其两次顺序的值的算术平均数作为 IS 的估计值。

颜和齐沃特（Yan and Zivot，2010）通过理论和蒙特卡洛模拟论证，IS 不仅仅衡量了市场价格对新信息冲击反应的强弱，还会受到其他市场对短暂的市场摩擦的反应程度的影响。若将 IS 用于测量价格对信息反应的敏感程度，结果将受到市场间噪声的干扰。所以，颜和齐沃特（2010）构造了信息引导（IL）来剥离 IS 中来自市场摩擦的影响：

$$IL_1 = \left| \frac{IS_1\, CS_2}{CS_1\, IS_2} \right|$$

$$IL_2 = \left| \frac{IS_2\, CS_1}{CS_2\, IS_1} \right| \tag{6.6}$$

由于 IL 的取值范围为 0 到无穷，为了更好地赋予其经济意义，普坦丁什（Putntinš，2013）构造了信息引导份额（ILS）来衡量资产价格对信息反应的强弱：

$$ILS_1 = \frac{IL_1}{IL_1 + IL_2}$$

$$ILS_2 = \frac{IL_2}{IL_1 + IL_2} \tag{6.7}$$

其中,信息引导份额 ILS 的取值范围为 $0\sim1$,若 ILS 大于 0.5,则说明该资产能够更灵敏地反映新信息的冲击,具有更强的信息优势。普坦丁什(2013)通过蒙特卡洛模拟证明 ILS 相比于 IS 能更精确地衡量信息在市场间的传导强度。

本章将通过迭代的方法计算信息引导份额(ILS)来探究国债期货和现货之间的价格发现和信息传递机制的时变特征。迭代估计所用的信息是基于不断扩大的样本而不是固定长度的时间窗口,刻画的是国债期货和现货市场不断累积的存量效应,而不是在某个固定时间窗口的流量效应。

二、非对称 ECM-BEKK-GARCH 模型

本章将拓展由恩格尔和克朗(Engle and Kroner,1995)提出的 BEKK 形式的多元 GARCH 模型。该模型待估参数较少,可以在很弱的条件下保证方差—协方差矩阵的正定性,适合波动性溢出效应的分析。

科根等(Kogan et al.,2009)研究发现,原油期货市场的波动率与基差之间呈现一种"V"型关系:基差的绝对值扩大对原油期货市场波动率具有正向影响,故有必要研究非对称基差对国债期货市场波动率的影响。所以,本章参考了杨等(Yang et al.,2012)的方法,通过构造添加了非对称基矩阵的 ECM-BEKK-GARCH 模型,来研究基差的非对称的波动溢出效应,模型表示如下。

$$\Delta X_t = \mu + \sum_{i=1}^{k-1} \Gamma_i \Delta X_{t-i} + \gamma \max(E_{t-1}, 0) + \eta \min(E_{t-1}, 0) + \varepsilon_t$$
$$\varepsilon_t \mid \Omega_{t-1} \sim D(0, H_t) \tag{6.8}$$
$$H_t = C'C + A'\varepsilon_{t-1}\varepsilon'_{t-1}A + B'H_{t-1}B + G'\sum_{t-1}G$$

其中:

$$X_t = \begin{pmatrix} X_{1t} \\ X_{2t} \end{pmatrix}, \mu = \begin{pmatrix} \mu_1 \\ \mu_2 \end{pmatrix}, \Gamma_i = \begin{pmatrix} \Gamma_{11} & \Gamma_{12} \\ \Gamma_{21} & \Gamma_{22} \end{pmatrix}, \gamma = \begin{pmatrix} \gamma_1 \\ \gamma_2 \end{pmatrix}, \eta = \begin{pmatrix} \eta_1 \\ \eta_2 \end{pmatrix}, \varepsilon = \begin{pmatrix} \varepsilon_{1t} \\ \varepsilon_{2t} \end{pmatrix} \tag{6.9}$$

其中,X_{1t} 代表经过转换因子调整后的国债现货对数价格,而 X_{2t} 代表国债期货对数价格。

为了研究基差的非对称性,基差 $E_t = X_{1t} - X_{2t}$ 被分成正项 $[\text{Max}(E_{t-1}, 0)]$ 和负项 $[\text{Min}(E_{t-1}, 0)]$。Ω_{t-1} 表示在 $t-1$ 时刻的条件信息。$H_t = \begin{pmatrix} h_{11} & h_{12} \\ h_{21} & h_{22} \end{pmatrix}$ 表示时间 t 的

条件协方差矩阵，A、B、C 和 G 是系数矩阵，$\sum_{t-1} = \begin{pmatrix} \text{Max}(E_{t-1},0) & 0 \\ 0 & -\text{Min}(E_{t-1},0) \end{pmatrix}$ 是在 $t-1$ 时刻的不对称基差矩阵。

式（6.8）的方差方程可写成矩阵形式：

$$H_t = \begin{bmatrix} h_{11,t} & h_{12,t} \\ h_{21,t} & h_{22,t} \end{bmatrix} = \begin{bmatrix} c_{11} & c_{12} \\ 0 & c_{22} \end{bmatrix}' \begin{bmatrix} c_{11} & c_{12} \\ 0 & c_{22} \end{bmatrix}$$

$$+ \begin{bmatrix} a_{11} & a_{12} \\ a_{21} & a_{22} \end{bmatrix}' \begin{bmatrix} \varepsilon_{1,t-1}^2 & \varepsilon_{1,t-1}\varepsilon_{2,t-1} \\ \varepsilon_{2,t-1}\varepsilon_{1,t-1} & \varepsilon_{2,t-1}^2 \end{bmatrix} \begin{bmatrix} a_{11} & a_{12} \\ a_{21} & a_{22} \end{bmatrix}$$

$$+ \begin{bmatrix} b_{11} & b_{12} \\ b_{21} & b_{22} \end{bmatrix}' \begin{bmatrix} h_{11,t-1} & h_{12,t-1} \\ h_{21,t-1} & h_{22,t-1} \end{bmatrix} \begin{bmatrix} b_{11} & b_{12} \\ b_{21} & b_{22} \end{bmatrix}$$

$$+ \begin{bmatrix} g_{11} & g_{12} \\ g_{21} & g_{22} \end{bmatrix}' \begin{bmatrix} \text{Max}(E_{t-1},0) & 0 \\ 0 & -\text{Min}(E_{t-1},0) \end{bmatrix} \begin{bmatrix} g_{11} & g_{12} \\ g_{21} & g_{22} \end{bmatrix} \quad (6.10)$$

其中：

$$\begin{bmatrix} a_{11} & a_{12} \\ a_{21} & a_{22} \end{bmatrix}' \begin{bmatrix} \varepsilon_{1,t-1}^2 & \varepsilon_{1,t-1}\varepsilon_{2,t-1} \\ \varepsilon_{2,t-1}\varepsilon_{1,t-1} & \varepsilon_{2,t-1}^2 \end{bmatrix} \begin{bmatrix} a_{11} & a_{12} \\ a_{21} & a_{22} \end{bmatrix}$$

$$= \begin{bmatrix} a_{11}^2\varepsilon_{1,t-1}^2 + 2a_{11}a_{21}\varepsilon_{2,t-1}\varepsilon_{1,t-1} + a_{21}^2\varepsilon_{2,t-1}^2 \\ a_{11}a_{12}\varepsilon_{1,t-1}^2 + (a_{11}a_{22}+a_{12}a_{21})\varepsilon_{2,t-1}\varepsilon_{1,t-1} + a_{22}a_{21}\varepsilon_{2,t-1}^2 \\ a_{11}a_{12}\varepsilon_{1,t-1}^2 + (a_{11}a_{22}+a_{12}a_{21})\varepsilon_{2,t-1}\varepsilon_{1,t-1} + a_{22}a_{21}\varepsilon_{2,t-1}^2 \\ a_{12}^2\varepsilon_{1,t-1}^2 + 2a_{12}a_{22}\varepsilon_{2,t-1}\varepsilon_{1,t-1} + a_{22}^2\varepsilon_{2,t-1}^2 \end{bmatrix} \quad (6.11)$$

其中，矩阵 A 中的元素可以解释当期波动率和滞后一期残差平方及其交叉项之间的关系，描述的是一种短期的波动率溢出效应，表现了一个市场出现新信息后引起的自身或者其他市场波动率的变化，其非主对角线元素 a_{12}^2（a_{21}^2）衡量了现货市场（期货市场）对期货市场（现货市场）短期波动率溢出效应的绝对值。

$$\begin{bmatrix} b_{11} & b_{12} \\ b_{21} & b_{22} \end{bmatrix}' \begin{bmatrix} h_{11,t-1} & h_{12,t-1} \\ h_{21,t-1} & h_{22,t-1} \end{bmatrix} \begin{bmatrix} b_{11} & b_{12} \\ b_{21} & b_{22} \end{bmatrix}$$

$$= \begin{bmatrix} b_{11}^2 h_{11,t-1} + b_{21}b_{11}h_{21,t-1} + b_{21}b_{11}h_{12,t-1} + b_{21}^2 h_{22,t-1} \\ b_{11}b_{12}h_{11,t-1} + b_{11}b_{22}h_{21,t-1} + b_{12}b_{21}h_{12,t-1} + b_{21}b_{22}h_{22,t-1} \end{bmatrix}$$

$$\left. \begin{array}{l} b_{11}b_{12}h_{11,t-1} + b_{11}b_{22}h_{21,t-1} + b_{12}b_{21}h_{12,t-1} + b_{21}b_{22}h_{22,t-1} \\ b_{12}^2 h_{11,t-1} + b_{12}b_{22}h_{21,t-1} + b_{12}b_{22}h_{12,t-1} + b_{22}^2 h_{22,t-1} \end{array} \right] \qquad (6.12)$$

其中，矩阵 B 中的元素可以解释市场当期波动率与其滞后期波动率之间的关系，描述的是一种较为长期的波动率溢出效应，表现了某个市场的波动率发生变化之后对自身或者其他市场波动性的影响，其非主对角线元素 b_{12}^2（b_{21}^2）则衡量了现货市场（期货市场）对期货市场（现货市场）长期的波动率溢出效应的绝对值。

为了观察正负基差对期货和现货市场波动率的影响，以及为了保证条件协方差矩阵的正定性，可将非对称基矩阵写成如下形式：

$$\begin{bmatrix} g_{11} & g_{12} \\ g_{21} & g_{22} \end{bmatrix}' \begin{bmatrix} \text{Max}(E_{t-1},0) & 0 \\ 0 & -\text{Min}(E_{t-1},0) \end{bmatrix} \begin{bmatrix} g_{11} & g_{12} \\ g_{21} & g_{22} \end{bmatrix}$$

$$\begin{bmatrix} g_{11}^2 \text{Max}(E_{t-1},0) - g_{21}^2 \text{Min}(E_{t-1},0) & g_{11}g_{12}\text{Max}(E_{t-1},0) - g_{21}g_{22}\text{Min}(E_{t-1},0) \\ g_{11}g_{12}\text{Max}(E_{t-1},0) - g_{21}g_{22}\text{Min}(E_{t-1},0) & g_{12}^2 \text{Max}(E_{t-1},0) - g_{22}^2 \text{Min}(E_{t-1},0) \end{bmatrix}$$

$$(6.13)$$

其中，矩阵 G 中 g_{11}^2、（$-g_{21}^2$）分别表示正基差和负基差对现货市场波动率的影响，g_{12}^2、（$-g_{22}^2$）分别表示正基差和负基差对期货市场波动性的影响。因此，我们可以通过 g_{12} 和 g_{22} 的显著性来检验科根等（2009）发现的期货市场波动率和期货基差之间"V"型关系的存在性。

第五节 实证结论

一、信息引导份额

本章通过迭代的方法计算 5 年期和 10 年期国债期货对现货信息引导份额的时间序列，其每一步迭代的 VECM 的滞后阶数由 AIC 决定，旨在刻画国债期货价格发现功能的时变特征。2 年期国债期货由于上市时间短、样本容量小，本章只进行了全样本下的 2 年期国债期货的信息引导份额的估计。表 6-5 展示了国债期货信息引导份额的估计结果。实证结果发现，除了上市时间较短、交易欠活跃的 2 年期国债期货以外，5 年期和 10 年期国债期货的信息引导份额均高于 50%，说明相对于国债现货市场，国债期货具有更强的信息优势。10 年期国债期货信息引导能力最强（信息引导份额达到 93.3%），5 年期国债期货次之（信息引导份额达到 73.7%），2 年期国债期货信息引导能力最弱（信息引导份额仅为 47.2%）。交易较为活跃的国债期货与现货价格联动关系较紧密，对现货的信息传导和价格引导能力较强。

表6-5　　　　　　　　国债期货信息引导份额（全样本）

组A：2年期国债期现货					
类别	信息份额上界	信息份额下界	平均信息份额	成分份额	信息引导份额
2年期国债期货	0.951	0.386	0.668	0.681	0.472
2年期国债现货	0.614	0.049	0.332	0.319	0.528
组B：5年期国债期现货					
类别	信息份额上界	信息份额下界	平均信息份额	成分份额	信息引导份额
5年期国债期货	0.788	0.099	0.444	0.323	0.737
5年期国债现货	0.901	0.212	0.556	0.677	0.263
组C：10年期国债期现货					
类别	信息份额上界	信息份额下界	平均信息份额	成分份额	信息引导份额
10年期国债期货	0.724	0.014	0.369	0.136	0.933
10年期国债现货	0.986	0.276	0.631	0.864	0.067

注：信息份额的估计值受到序列顺序的影响，所以将期货和现货价格交换顺序进行两次估计，最后以两次顺序估计值的算术平均数作为信息份额的估计值。

图6-5描绘了5年期国债期货信息引导份额的时间序列趋势。从图6-5可以看出，在报告期大部分时间中，5年期国债期货的信息引导份额超过50%，平均达到72.1%，且2020年4月10日商业银行被允许进入国债期货市场参与交易后，5年期国债期货信息引导份额有所提升，5年期国债期货对现货具有信息传导优势。但是，2016年12月到2017年2月，信息引导份额出现波动，一度下降至49.6%，这段时期5年期国债期货失去了对现货市场的信息优势和价格发现优势。

图6-6描绘了10年期国债期货信息引导份额的时间序列趋势，在报告期绝大部分时间内，10年期国债期货的信息引导份额也超过50%，全样本达到87.3%，且2020年4月10日商业银行被允许进入国债期货市场参与交易后，10年期国债期货信息引导份额也有所提升。横向对比，10年期国债期货对现货市场的信息引导份额总体上高于5年期国债期货，10年期国债期货的交易较为活跃，价格引导效率较高。但是，2016年12月到2017年2月，10年期国债期货信息引导份额出现了更剧烈的波动，最多跌至5%以下，几乎完全失去了对现货市场的信息优势。

结合图6-5和图6-6，可以发现国债期货信息引导份额的剧烈波动和下跌

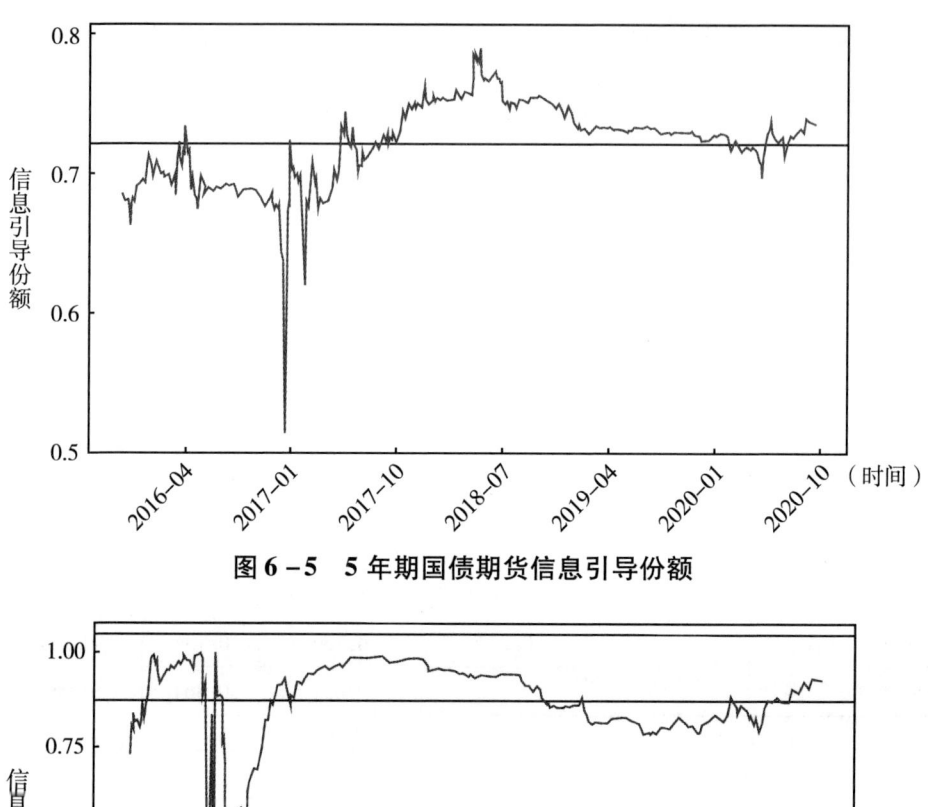

图 6-5　5 年期国债期货信息引导份额

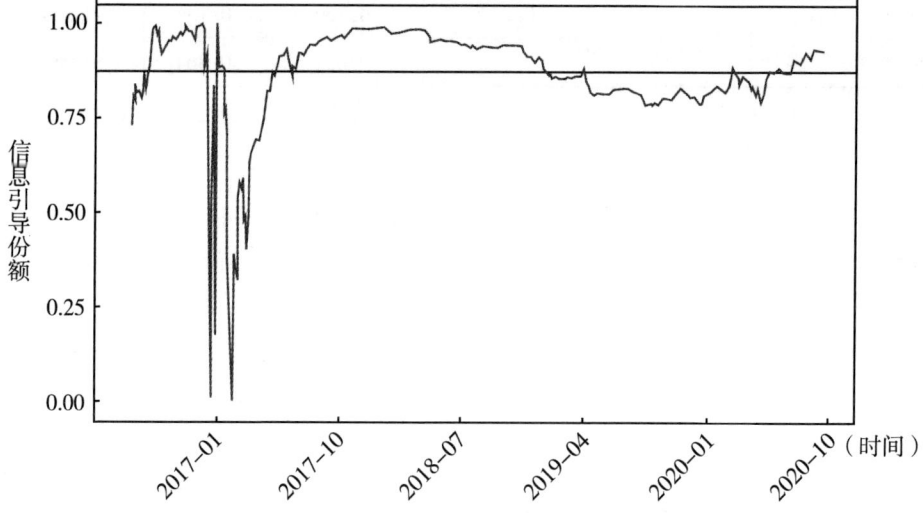

图 6-6　10 年期国债期货信息引导份额

出现在国债市场牛熊转换的时点，回看这一时期的利率和国债市场环境：(1) 市场流动性紧张，2016 年底 Shibor 利率除隔夜利率外，其余全线上涨，特别是 1 月期 Shibor 连涨 23 个交易日创下 2010 年来最长连涨纪录，市场流动性紧张对国债市场形成巨大的压力。(2) 国债期货和现货市场开始暴跌。2017 年 1 月前后，10 年期国债期货放量下跌；2016 年 12 月 12 日，10 年期国债期货主力合约单日跌幅达到 1.05%，创下该合约上市以来的最大跌幅，刷新上市以来的最低收盘纪录，5 年期国债期货也出现下跌，但是下跌幅度小于 10 年期国债期货；2016 年 12 月 13 日，爆出华龙证券出现了 5 亿元的国债交易违约以及国海证券员工伪造印章进行国债"代持"交易、过度增加杠杆引起爆仓等消息，使债市的恐慌情绪持续蔓延。

陈和蔡（Chen and Tsai，2017）发现 VIX 指数期货的信息份额受到期货基差的影响。基于此，国债期货基差是否可能是影响国债期货信息引导份额的关键因素？

图 6-7 和图 6-8 分别描述了 5 年期和 10 年期国债期货的基差，在市场暴跌时期（2016 年 11 月至 2017 年 2 月），5 年期和 10 年期国债期货基差为正，且陡然上升，10 年期国债期货基差扩大幅度高于 5 年期国债期货。陈和高（Chen and Gau，2010）发现外汇期货的价格发现功能显著地受到宏观经济数据的公布、交易量、买卖价差和市场中投资者结构的影响；陈和蔡（Chen and Tsai，2017）发现 VIX 指数期货的信息份额（IS）显著地受到宏观经济数据公布、交易量、基差以及市场处于牛熊市阶段等因素的影响，其中，期货基差对期货的价格发现功能具有双重影响：一方面，期货价格是投资者对资产未来价格的预期，期货基差衡量了资产当期价格和其相对长期的预期均衡价格的差异，期货基差的扩大将刺激市场中套利交易和配对交易的增加，对期货市场的价格发现功能产生积极影

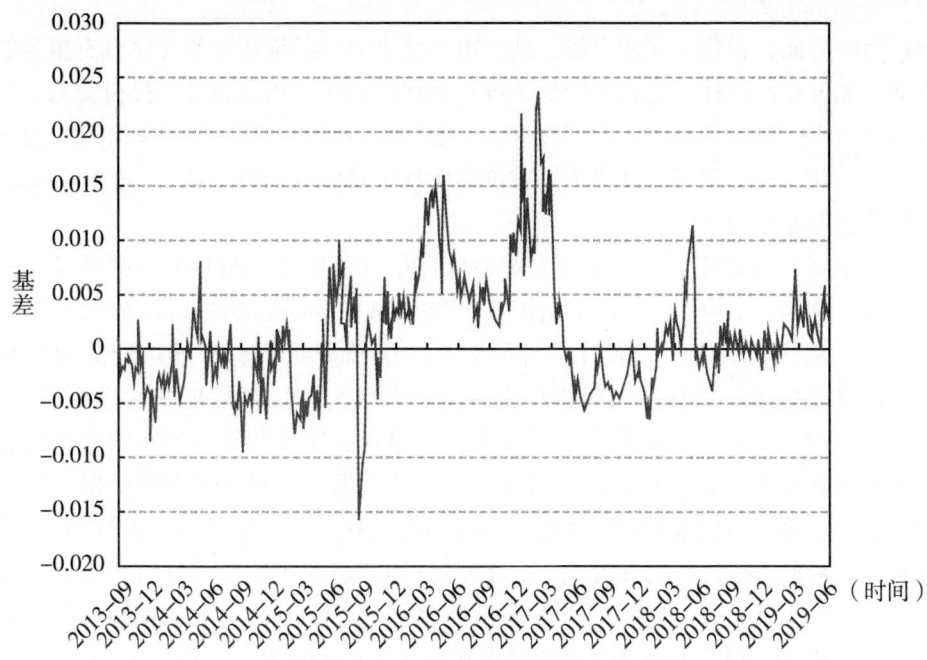

图 6-7　5 年期国债期货基差

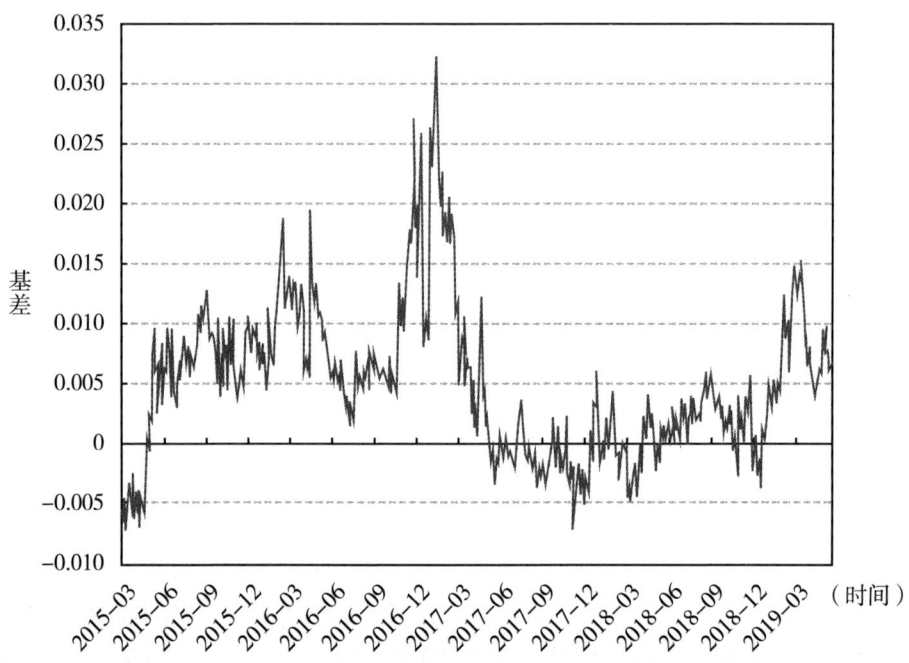

图 6-8 10 年期国债期货基差

响;另一方面,相比于现货市场,期货市场特别是商品期货市场往往具有更强的流动性和更高的杠杆,且成本较低,投资者将倾向于利用期货进行投机交易,可能导致期货价格反应过度,直到投资者恢复理性后期货价格才慢慢向理性价值进行回复,在这种情况下,现货市场在价格发现中将主导期货市场,并削弱期货市场的信息引导能力。

基于现有的研究,为了更加直观地探究信息引导份额与基差、交易量之间的关系,本章以 5 年期和 10 年期国债期货信息引导份额的一阶差分作为被解释变量,刻画的是新的交易日当天的信息对国债期货信息引导份额的边际影响;以基差的绝对值和国债期货日交易量的对数为主要被解释变量进行回归。通过平稳性检验:信息引导份额的一阶差分序列、基差的绝对值和国债期货交易量的对数都为平稳序列。为了研究宏观经济数据公布对国债期货价格发现功能的影响,本章将代表宏观经济数据公布的虚拟变量(CPI、GDP 和 PMI)引进模型:在宏观数据公布当日为 1,否则为 0;为了研究不同市场行情下的期货价格发现功能,本章引入虚拟变量 $Dummy^H$ 和 $Dummy^L$:$Dummy^H$ 在国债现货价格变动率超过其 70% 分位数时为 1,否则为 0,表示上涨的市场行情;$Dummy^L$ 在国债现货价格变动率低于其 30% 分位数时为 1,否则为 0,表示下跌的市场行情。

基本模型如下：

$$\Delta ILS_t = c + basis_t + \ln(volume_t) + Dummy_t^H + Dummy_t^L + Dummy_t^H \times basis_t \\ + Dummy_t^L \times basis_t + CPI_t + PMI_t + GDP_t + CPI_t \times basis_t + PMI_t \\ \times basis_t + GDP_t \times basis_t + \varepsilon_t$$

相关回归实证结果如表 6-6 所示。先关注 5 年期，由表 6-6 中模型（1）至模型（5）可见，5 年期国债期货基差的回归系数显著为负，说明在一般的市场状况下，基差的扩大可能导致期货价格反应过度，削弱期货市场的信息引导能力。交易量的回归系数显著为正，说明提高交易期货交易的活跃度有利于提高期货的信息优势。

表 6-6　　　　5 年期国债期货信息引导份额的影响因素

变量	模型(1)	模型(2)	模型(3)	模型(4)	模型(5)
被解释变量：ΔILS_t					
$Basis_t$	-0.158*** (0.046)	-0.159*** (0.046)	-0.155*** (0.046)	-0.053 (0.058)	-0.147*** (0.038)
$\ln(Volume)_t$	0.001** (0.000)	0.001** (0.000)	0.001* (0.000)	0.001** (0.000)	0.001* (0.000)
$Dummy_t^H$		0.000 (0.000)	0.000 (0.000)	-0.004*** (0.001)	
$Dummy_t^L$		0.000 (0.000)	0.000 (0.000)	0.005*** (0.001)	
宏观数据公布					
CPI	0.001 (0.001)		0.001 (0.001)		0.001 (0.001)
PMI	-0.001 (0.001)		-0.001 (0.001)		0.000 (0.001)
GDP	0.001 (0.002)		0.001 (0.002)		-0.001 (0.003)
交乘项					
$Dummy_t^H \times Basis_t$				0.993*** (0.107)	
$Dummy_t^L \times Basis_t$				-1.047*** (0.095)	

续表

被解释变量：ΔILS_t

变量	模型(1)	模型(2)	模型(3)	模型(4)	模型(5)
$CPI \times Basis_t$					-0.100
					(0.226)
$PMI \times Basis_t$					-0.243
					(0.235)
$GDP \times Basis_t$					0.904
					(0.780)
Adj. R^2	0.010	0.010	0.010	0.219	0.010

注：本表中国债期货基差的计算公式为基差＝现货价格÷转换因子－国债期货价格。$Dummy^H$在国债现货价格变动率超过其70%分位数时为1，否则为0；$Dummy^L$在国债现货价格变动率低于其30%分位数时为1，否则为0。CPI、PMI、GDP等虚拟变量在这些宏观数据官方公布当日为1，否则为0。***、**和*分别表示在1%、5%和10%水平上显著。

再加入代表市场行情的虚拟变量$Dummy^H$和$Dummy^L$后，如表6-6模型（4）所示，发现基差和$Dummy^H$的交乘项对信息引导份额当期变动的影响显著为正，和$Dummy^L$的交乘项的回归系数显著为负。在市场大涨的行情下，基差和$Dummy^H$的交乘项的回归系数（0.993）的绝对值与国债期货基差的回归系数（－0.053）之和大于0，说明在5年期国债市场处于大涨的行情下，国债期货基差绝对值的扩大对信息引导份额的当期变动产生正向影响。在市场行情高涨时，投资者的热情保持稳定，对于未来的走势心怀乐观，基差的扩大将会刺激市场中套利交易和配对交易的增加。在市场大跌的行情下，基差和$Dummy^L$的交乘项的回归系数显著为负，市场价格快速下跌时，投资者的市场恐慌和投机情绪得到体现，投机交易的热情超过配对交易和套期保值交易，引起期货价格过度反应，削弱了期货市场价格发现功能。

再关注10年期，如表6-7中的模型（1）至模型（5）所示，与5年期类似，国债期货基差的回归系数显著为负；在加入基差和反映市场行情的虚拟变量的交乘项后［模型（4）］，发现基差和$Dummy^H$的交乘项对信息引导份额当期变动的影响显著为正，和$Dummy^L$的交乘项的回归系数显著为负；在加入代表宏观经济数据公布的虚拟变量后［模型（5）］，发现当PMI和GDP宏观数据公布时，基差扩大对国债期货信息引导份额当期变动的影响显著为正。说明在相关宏观变量公布当天，期货价格往往能更快地反映新信息的冲击，此时基差的扩大能刺激市场中套利交易以及配对交易的进行，提高期货的信息引导份额。

表 6-7　　10 年期国债期货信息引导份额的影响因素

变量	模型(1)	模型(2)	模型(3)	模型(4)	模型(5)
被解释变量：ΔILS_t					
$Basis_t$	-0.928*** (0.330)	-0.869*** (0.331)	-0.872*** (0.330)	-0.740 (0.472)	-1.666*** (0.332)
$\ln(Volume)_t$	0.003 (0.004)	0.004 (0.004)	0.004 (0.004)	0.002 (0.004)	0.003 (0.004)
$Dummy_t^H$		0.009** (0.004)	0.008** (0.004)	-0.026*** (0.005)	
$Dummy_t^L$		-0.008* (0.004)	-0.008* (0.004)	0.026*** (0.005)	
宏观数据公布					
CPI	-0.001 (0.008)		-0.001 (0.008)		-0.003 (0.012)
PMI	0.025*** (0.010)		0.024*** (0.009)		-0.057*** (0.012)
GDP	0.005 (0.015)		0.004 (0.014)		-0.017 (0.019)
交乘项					
$Dummy_t^H \times Basis_t$				6.327*** (0.739)	
$Dummy_t^L \times Basis_t$				-5.263*** (0.689)	
$CPI \times Basis_t$					0.271 (1.657)
$PMI \times Basis_t$					14.821*** (1.505)
$GDP \times Basis_t$					4.380* (2.503)
Adj. R^2	0.010	0.016	0.020	0.201	0.010

注：本表中国债期货基差的计算公式为基差 = 现货价格 ÷ 转换因子 - 国债期货价格。$Dummy^H$ 在国债现货价格超过其 70% 分位数时为 1，否则为 0；$Dummy^L$ 在国债现货价格低于其 30% 分位数时为 1，否则为 0。CPI、PMI、GDP 等虚拟变量在这些宏观数据官方公布当日为 1，否则为 0。***、** 和 * 分别表示在 1%、5% 和 10% 水平上显著。

结合陈和蔡（2017）以及上述分析，2016 年 12 月至 2017 年 2 月信息引导份额大幅度波动的原因和机制可能是，国债市场快速崩盘，由于国债期货流动性强且具有杠杆效应，恐慌的市场投资者将首先在国债期货市场卖空投机，从而导致期货价格的非理性超跌和过度反应，驱动了基差的绝对值迅速扩大，国债期货下跌幅度远超过国债现货，短期之内失去了对信息的合理反应，偏离了均衡价值，造成了国债期货的信息引导份额大幅波动及下跌，尤其是流动性更强的 10 年期国债期货反应更加剧烈。

二、非对称 ECM-BEKK-GARCH 模型

均值方程估计参数结果如表 6-8 所示。从中可以看出，国债期货滞后 1 期的价格变动会对现货价格的当期变动产生显著的正向影响，而现货滞后 1 期的价格变动并不对国债期货当期价格变动产生显著影响，说明国债期货价格对现货价格具有单边同向的引导效应，国债期货已经具有明显的价格发现功能。此外，2 年期、5 年期的估计参数中，滞后期正基差和负基差的回归系数均显著为负，说明滞后期基差绝对值扩大时，国债现货当期的价格趋于主动向期货价格收敛。

表 6-8　　　　　　　　　均值方程估计参数

变量	$\Delta\ln(P_{Spot})_t$		$\Delta\ln(P_{Future})_t$	
	参数	标准差	参数	标准差
2 年期国债均值方程参数估计				
$\Delta\ln(P_{Spot})_{t-1}$	-0.008	0.054	0.032	0.073
$\Delta\ln(P_{Future})_{t-1}$	0.182***	0.044	0.070	0.059
$\text{Max}(E_{t-1},0)$	-0.061**	0.027	0.054	0.036
$\text{Min}(E_{t-1},0)$	-0.158*	0.091	-0.127	0.122
5 年期国债均值方程参数估计				
$\Delta\ln(P_{Spot})_{t-1}$	0.002	0.032	0.047	0.046
$\Delta\ln(P_{Future})_{t-1}$	0.177***	0.023	-0.032	0.034
$\text{Max}(E_{t-1},0)$	-0.005	0.010	0.019	0.015
$\text{Min}(E_{t-1},0)$	-0.054***	0.019	-0.005	0.027
10 年期国债均值方程参数估计				
$\Delta\ln(P_{Spot})_{t-1}$	-0.013	0.041	0.072	0.059
$\Delta\ln(P_{Future})_{t-1}$	0.151***	0.029	-0.074**	0.042
$\text{Max}(E_{t-1},0)$	-0.010	0.012	0.020	0.017
$\text{Min}(E_{t-1},0)$	-0.068	0.052	0.015	0.076

注：***、** 和 * 分别表示系数估计值在 1%、5% 和 10% 水平上显著。为了减少篇幅，常数项的估计量被忽略，模型最优阶数根据 AIC、SC、FPE、HQ 四种信息准则选择。

波动率方程参数估计结果如表 6-9 所示。(1) 关注 2 年期国债期货，矩阵 A 和矩阵 B 的非对角线元素中，b_{12} 和 b_{21} 显著异于零。一方面，a_{12} 和 a_{21} 不显著，说明国债现货市场和国债期货市场的短期波动率联动不明显；另一方面，b_{12} 和 b_{21} 显著，说明国债期货市场与现货市场之间存在着长期的、双向的波动率溢出效应，并且 $b_{12}^2 > b_{21}^2$，说明现货市场对期货市场的长期波动率溢出效应强于期货市场对现货市场的波动率溢出效应，波动率溢出效应存在不对称性。而矩阵 G 元素中 g_{12} 显著，说明滞后期正基差的扩大会显著增加 2 年期国债期货市场的波动性，部分支撑了科根等 (2009) 关于期货市场波动率和基差之间存在 "V" 型关系的结论。

表 6-9　　　　　　　　　波动率方程参数估计

元素	2 年期国债期货		5 年期国债期货		10 年期国债期货	
	参数	标准差	参数	标准差	参数	标准差
a_{11}	-0.208 **	0.098	0.300 ***	0.045	0.391 ***	0.073
a_{12}	-0.217	0.146	0.233 ***	0.068	0.145 **	0.082
a_{21}	0.030	0.064	-0.007	0.034	0.019	0.052
a_{22}	0.291 **	0.116	0.161 ***	0.046	0.191 ***	0.041
b_{11}	-0.058	0.059	0.930 ***	0.013	0.768 ***	0.049
b_{12}	-1.322 ***	0.080	1.842 ***	0.055	-0.118 ***	0.006
b_{21}	0.748 ***	0.056	0.012	0.009	0.071 ***	0.003
b_{22}	0.994 ***	0.061	-0.962 ***	0.008	1.009 ***	0.017
g_{11}	0.000	0.001	-0.002 ***	0.001	-0.004 *	0.002
g_{12}	0.003 **	0.001	-0.004 ***	0.001	0.001	0.002
g_{21}	0.002	0.002	0.005 ***	0.001	0.011 **	0.005
g_{22}	-0.002	0.002	0.004 ***	0.001	0.011 ***	0.003

注：***、** 和 * 分别表示系数估计值在 1%、5% 和 10% 水平上显著。为了减少篇幅，常数项的估计量被忽略。

(2) 关注 5 年期国债期货，矩阵 A 和矩阵 B 的非对角线元素中，a_{12} 和 b_{12} 显著异于零。一方面，a_{12} 显著而 a_{21} 不显著，说明只存在从国债现货市场到国债期货市场的短期波动率效应；另一方面，b_{12} 显著而 b_{21} 不显著，说明仅存在现货市场对期货市场的长期波动率溢出效应，波动率溢出效应存在不对称性。此外，矩阵 G 中 g_{11}、g_{12}、g_{21} 和 g_{22} 显著异于零，说明基差绝对值的扩大将显著地增加国债现货以及期货市场的波动性，支撑了科根等（2009）关于期货市场波动率和基差之间存在"V"型关系的结论。

（3）关注10年期国债波动率方程参数估计结果，矩阵 A 和矩阵 B 非主对角线元素中 a_{12}、b_{12} 和 b_{21} 统计上显著异于零。类似地，a_{12} 显著而 a_{21} 不显著，说明只存在从国债现货市场到国债期货市场的短期波动率效应；b_{12} 和 b_{21} 显著，说明国债期货市场与现货市场之间存在着长期的、双向的波动率溢出效应，$b_{12}^2 > b_{21}^2$ 说明现货市场对期货市场的长期波动率溢出效应强于期货市场对现货市场的波动率溢出效应，国债期货和现货之间的波动率溢出效应存在着一定程度的非对称性。而矩阵 G 元素 g_{11}、g_{21} 和 g_{22} 都显著不为零，一方面，g_{11} 和 g_{21} 显著，说明正负基差对现货市场波动率都存在着显著的影响；另一方面，g_{22} 显著，说明负基差对期货市场波动率有显著的正向影响，部分符合科根等（2009）关于期货市场波动率和基差之间存在"V"型关系的结论。

实证结果也进一步揭示了在国债暴跌期间风险的传导机制：在"钱荒"和国债市场的一系列负面信息的冲击下，投资者对市场的恐慌情绪上升，大量卖空国债期货，驱动了国债期货基差的迅速扩大，导致了期货价格的过度反应，引起了期货市场和现货市场长期均衡波动率的上升以及国债期货价格引导机制的短暂失灵，与前文的分析保持了一致性。

综上，国债期货市场与现货市场之间存在着良好的波动率联动关系，但是国债现货市场对期货市场的波动率溢出效应强于国债期货市场对现货市场的波动率溢出效应。由于截至2019年底，我国国债期货市场参与者为自然人、一般法人、证券自营和大资管，现有国债期货参与者持有国债量不到10%，而商业银行和保险公司等国债现货主要持有机构尚未获得国债期货入市资格，跨市场间的波动性传导依然以国债现货市场的波动性传导为主。2020年4月10日，商业银行被允许进入国债期货市场参与交易，有望继续提振国债期货的信息传递效率。

第六节 稳健性检验

为了验证结论的稳健性，我们将以国债期货最小基差作为选择最廉价可交割券的标准，来检验更换了国债现货的选择标准后结论的稳健性。表6-10展示了全样本下国债期货与最小基差CTD信息引导份额的估计结果，与前文结论类似，2年期国债期货信息引导份额未超过50%，对信息的反应强度不如现货市场，5年期国债期货和10年期国债期货信息引导份额高于50%，形成了对现货市场的信息优势。

表 6-10　　　　国债期货与最小基差 CTD 信息引导份额（全样本）

组 A：2 年期国债期现货					
类别	信息份额上界	信息份额下界	平均信息份额	成分份额	信息引导份额
2 年期国债期货	0.954	0.384	0.669	0.684	0.465
2 年期国债现货	0.616	0.046	0.331	0.316	0.535
组 B：5 年期国债期现货					
类别	信息份额上界	信息份额下界	平均信息份额	成分份额	信息引导份额
5 年期国债期货	0.790	0.088	0.439	0.324	0.728
5 年期国债现货	0.912	0.210	0.561	0.676	0.272
组 C：10 年期国债期现货					
类别	信息份额上界	信息份额下界	平均信息份额	成分份额	信息引导份额
10 年期国债期货	0.716	0.012	0.364	0.126	0.940
10 年期国债现货	0.988	0.284	0.636	0.874	0.060

注：信息份额的估计值受到序列顺序的影响，所以将期货和现货价格交换顺序进行两次估计，最后以两次顺序估计值的算术平均数作为信息份额的估计值。

图 6-9 和图 6-10 描绘了以 5 年期国债期货最小基差 CTD 作为国债现货的信息引导份额。从中可以发现，报告期大部分时期内 5 年期和 10 年期国债期货信息引导份额高于 50%，平均信息引导份额分别达到 69.5% 和 87.8%。5 年期

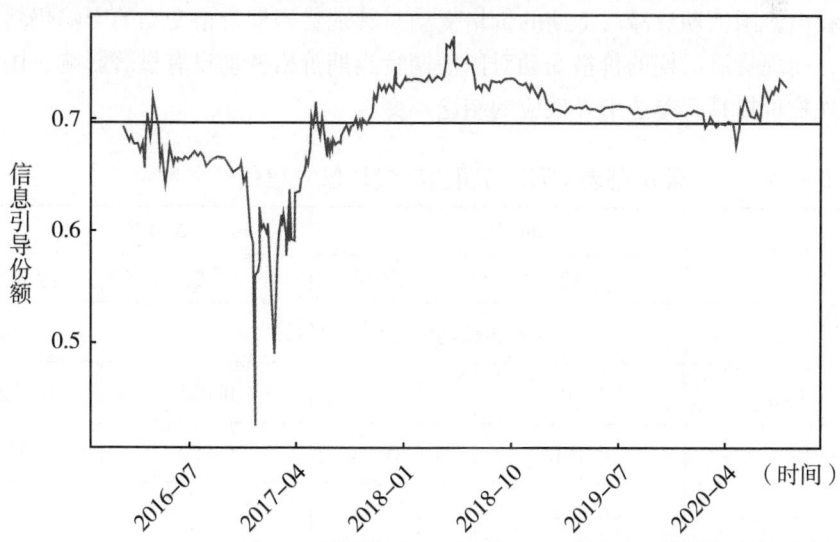

图 6-9　5 年期国债期货对最小基差 CTD 信息引导份额

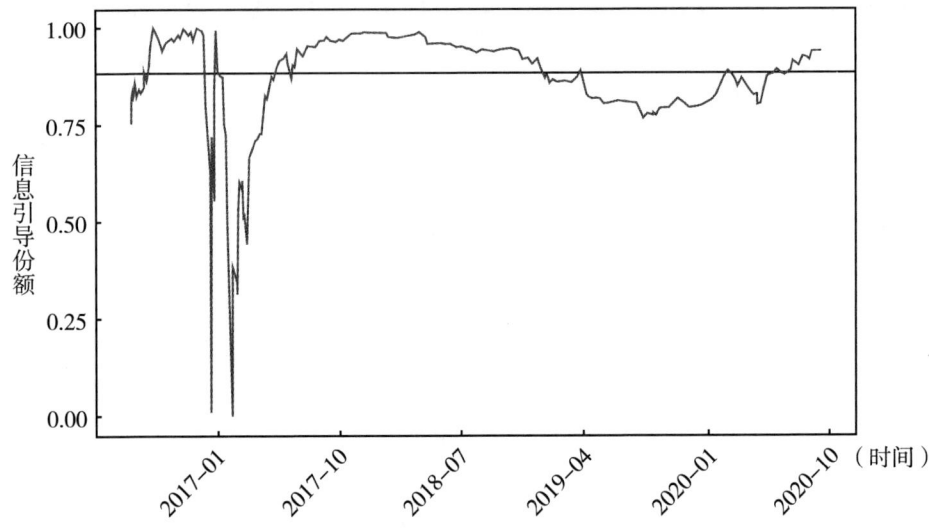

图 6-10　10 年期国债期货对最小基差 CTD 信息引导份额

和 10 年期国债期货也同样对最小基差 CTD 具有明显的信息优势。类似地，在国债市场大跌时期（2016 年 11 月至 2017 年 2 月），5 年期和 10 年期国债期货信息引导份额均大幅度波动下跌。在 2020 年 4 月 10 日商业银行被允许进入国债期货市场参与交易后，国债期货信息引导份额有所提升。结论与前文保持一致。

表 6-11 展示了最小基差 CTD 与国债期货的均值方程参数估计结果。从中可以看出，国债期货滞后 1 期的价格变动对其现货当期价格变动的影响仍然显著为正，而现货滞后期的价格变动对国债期货当期价格变动没有显著影响，国债期货对现货价格具有单边引导效应的结论不变。

表 6-11　最小基差 CTD 与国债期货均值方程估计参数

变量	$\Delta\ln(P_{Spot})_t$		$\Delta\ln(P_{Future})_t$	
	参数	标准差	参数	标准差
2 年期国债均值方程参数估计				
$\Delta\ln(P_{Spot})_{t-1}$	0.018	0.054	0.055	0.072
$\Delta\ln(P_{Future})_{t-1}$	0.161***	0.045	0.059	0.059
$Max(E_{t-1},0)$	-0.064**	0.027	0.054	0.036
$Min(E_{t-1},0)$	-0.163*	0.092	-0.132	0.122

续表

变量	$\Delta\ln(P_{Spot})_t$		$\Delta\ln(P_{Future})_t$	
	参数	标准差	参数	标准差
5 年期国债均值方程参数估计				
$\Delta\ln(P_{Spot})_{t-1}$	-0.010	0.034	0.067	0.046
$\Delta\ln(P_{Future})_{t-1}$	0.157***	0.026	-0.051	0.035
$\text{Max}(E_{t-1},0)$	-0.007	0.011	0.018	0.015
$\text{Min}(E_{t-1},0)$	-0.051**	0.021	-0.001	0.029
10 年期国债均值方程参数估计				
$\Delta\ln(P_{Spot})_{t-1}$	-0.021	0.041	-0.021	0.041
$\Delta\ln(P_{Future})_{t-1}$	0.153***	0.029	0.153	0.029
$\text{Max}(E_{t-1},0)$	-0.012	0.012	-0.012	0.012
$\text{Min}(E_{t-1},0)$	-0.056	0.052	-0.056	0.052

注：***、**和*分别表示在1%、5%和10%水平上显著。为了减少篇幅，常数项的估计量被忽略，模型最优阶数根据 AIC、SC、FPE、HQ 四种信息准则选择。

最小基差 CTD 与国债期货波动率方程参数估计结果如表 6－12 所示。综合 2 年期、5 年期和 10 年期的估计结果，非主对角线元素中 a_{12}、b_{12} 和 b_{21} 显著，说明更换 CTD 选择标准后，国债期货市场和现货市场依然存在跨市场双向的波动率溢出效应，a_{12} 显著而 a_{21} 不显著，且 $b_{12}^2 > b_{21}^2$，说明国债现货市场对期货市场的波动率溢出效应大于国债期货市场对现货市场的波动率溢出效应，与前文结果保持一致。5 年期和 10 年期的估计结果中，矩阵 G 的元素中 g_{12} 和 g_{22} 显著异于零，说明滞后期基差的绝对值扩大会显著增加国债期货市场的波动性，依然部分支撑了科根等（2009）关于期货市场的波动率与基差之间呈现"V"型关系的结论。

表 6－12　　　　最小基差 CTD 与国债期货波动率方程估计参数

元素	2 年期国债期货		5 年期国债期货		10 年期国债期货	
	参数	标准差	参数	标准差	参数	标准差
a_{11}	0.223***	0.077	0.487***	0.066	0.356***	0.049
a_{12}	-0.140**	0.070	0.301***	0.071	0.203***	0.057
a_{21}	0.055	0.066	-0.047	0.052	0.027	0.034
a_{22}	0.247**	0.106	0.151***	0.045	0.132***	0.044

续表

元素	2年期国债期货		5年期国债期货		10年期国债期货	
	参数	标准差	参数	标准差	参数	标准差
b_{11}	0.991***	0.029	0.632***	0.103	1.309***	0.037
b_{12}	0.104***	0.016	-0.271***	0.095	1.061***	0.000
b_{21}	-0.040*	0.022	0.074**	0.030	-0.927***	0.053
b_{22}	0.926***	0.019	1.030***	0.019	-1.400***	0.021
g_{11}	-0.001	0.002	-0.006***	0.002	0.006***	0.001
g_{12}	0.001	0.001	-0.003	0.002	0.007***	0.001
g_{21}	-0.002	0.002	0.022***	0.007	0.003	0.002
g_{22}	0.002	0.001	0.018***	0.006	-0.006***	0.002

注：***、**和*分别表示在1%、5%和10%水平上显著。为了减少篇幅，常数项的估计量被忽略。

第七节 结论

在动态信息引导方面，2年期国债期货由于上市时间短、交易活跃度较低，对于新信息的反应敏感程度弱于现货市场，尚未形成信息优势，但其滞后1期的收益已经对现货市场收益率有一定的引导效应；5年期和10年期国债期货价格都对国债现货具有信息优势，且可以显著引导现货价格，但在市场快速下跌时，杠杆水平和市场流动性更高，期货市场更容易对市场负面信息过度反应，期货价格的非理性下跌驱动期货基差的迅速扩大，削弱期货市场的价格发现和信息传导效率；在非对称波动溢出方面，国债期货市场和现货市场之间存在着良好的双向的、非对称的波动率溢出效应，现货市场对期货市场的波动率溢出效应强于期货市场对现货市场的波动率溢出效应。基差绝对值扩大将显著增加国债期货市场的波动性，支持了科根等（2009）关于期货市场的波动率与基差之间呈现"V"型关系的结论。

基于上述发现，我们提出以下政策分析和建议：（1）5年期和10年期国债期货已经形成良好的信息优势，国债期货市场与现货市场之间也存在良好的波动性传导关系，国债期货可被认为是对冲现货风险的有效工具。同时，2020年4月10日商业银行被允许进入国债期货市场参与交易后，国债期货信息引导份额有所提升，国债期货市场和现货市场的信息传递效率有所增强，未来可以适当地、循序渐进地降低外资机构的准入条件,助力金融开放。(2)继续完善我国国债期货市场发展,配合我国利率市场化的进程,开发更多期限的期货产品,为继续推进利率市场化创造有利条件,健全我国国债收益率曲线。

国债投资者要重视国债期货价格对现货价格的同向引导作用以及国债期货市场对现货市场的波动性传导效应,特别是关注国债期货基差的异常波动引起的期货市场和现货市场波动性的上升,有助于投资者把握市场行情,对市场波动性进行预测,衡量风险,及时通过期货或其他衍生品对风险进行对冲。

参考文献

[1] 鲍建平,杨建明. 利率期货交易对债券现货市场价格发现的影响分析[J]. 金融研究, 2004 (2): 62-70.

[2] 郭泓,杨之曙. 交易所和银行间市场债券交易价格发现实证研究[J]. 金融研究, 2007 (12): 142-153.

[3] 郭彦峰,魏宇,肖倬. 交易不活跃影响了国债期货的价格发现吗?——来自中国国债市场的经验数据[J]. 系统工程, 2016 (12): 33-36.

[4] 华仁海,刘庆富. 国内外期货市场之间的波动溢出效应研究[J]. 世界经济, 2007 (6): 64-74.

[5] 金洪飞,金荦. 石油价格与股票市场的溢出效应[J]. 金融研究, 2008 (2): 83-97.

[6] 李晓峰,陈华. 人民币即期汇率市场与境外衍生市场之间的信息流动关系研究[J]. 金融研究, 2008 (5): 14-24.

[7] 刘立成,周新苗. 国债期货对国债收益率曲线动态的影响[J]. 商业研究, 2017 (5): 34-41.

[8] 陶利斌,潘婉彬,黄筠哲. 沪深股指期货价格发现能力的变化及其决定因素[J]. 金融研究, 2014 (4): 128-142.

[9] 王苏生,于永瑞,刘慧敏,康永博. 基于高频数据的中国国债期货价格发现能力研究[J]. 运筹与管理, 2017 (6): 117-131.

[10] 徐雪,罗克. 中国黄金期货市场价格发现功能的实证研究[J]. 管理世界, 2015 (11): 172-174.

[11] 张劲帆,汤莹玮,刚健华,樊林立. 中国利率市场的价格发现——对国债现货、期货以及利率互换市场的研究[J]. 金融研究, 2019 (1): 19-34.

[12] 张屹山,方毅,黄琨. 中国期货市场功能及国际影响的实证研究[J]. 管理世界, 2006 (4): 28-34.

[13] 张宗新,张秀秀. 引入国债期货合约能否发挥现货市场稳定效应?——基于中国金融周期的研究视角[J]. 金融研究, 2019 (6): 58-75.

[14] 周颖刚,林珊珊,洪永淼. 中国股市和债市间避险对冲效应及其定价机制 [J]. 经济研究, 2020 (9): 42 – 57.

[15] Baillie R T, Booth G G, Tse Y, Zabotina, T. Price Discovery and Common Factor Models [J]. Journal of Financial Markets, 2002, 5: 309 – 321.

[16] Booth G G, So R W, Tse Y. Price Discovery in the German Equity Index Derivatives Markets [J]. Journal of Futures Markets, 1999, 19: 619 – 643.

[17] Chen Y L, Gau Y F. News Announcements and Price Discovery in Foreign Exchange Spot and Futures Markets [J]. Journal of Banking Finance, 2010, 34: 1628 – 1636.

[18] Chu Q C, Hsieh W G, Tse Y. Price Discovery on the S&P 500 Index Markets: An Analysis of Spot Index, Index Futures and SPDRs [J]. International Review of Financial Analysis, 1999, 8: 21 – 34.

[19] Cox C. Futures Trading and Market Information [J]. Journal of Political Economy, 1976, 84 (6): 1215 – 1237.

[20] Engle R F and Kroner k F. Multivariate Simultaneous Generalized Arch [J]. Econometric Theory, 1995, 11 (1): 122 – 150.

[21] Harris F H deB, McInish T H, Wood R A. Security Price Adjustment Across Exchanges: An Investigation of Common Factor Components in Dow Stocks [J]. Journal of Financial Markets, 2002, 5: 277 – 308.

[22] Hasbrouck J. One Security, Many Markets: Determining the Contributions to Price Discovery [J]. Journal of Finance, 1995, 50: 1175 – 1199.

[23] Ivan Indriawan, Feng Jiao and Yiuman Tse. The Impact of the US Stock Market Opening on Price Discovery of Government Bond Futures [J]. Journal of Futures Markets, 2019, 39 (7): 779 – 802.

[24] Kogan L, Livdan D and Yaron A. Oil Futures Prices in a Production Economy with Investment Constraints [J]. Journal of Finance, 2009, 64 (3): 1345 – 1375.

[25] Putniņš T J. What do Price Discovery Metrics Really Measure? [J]. Journal of Empirical Finance, 2013, 23: 68 – 83.

[26] Yan B and Zivot E. A Structural Analysis of Price Discovery Measures [J]. Journal of Financial Markets, 2010, 13: 1 – 19.

[27] Yang J, Yang Z and Zhou Y. Intraday Price Discovery and Volatility Transmission in Stock Index and Stock Index Futures Markets: Evidence from China [J]. Journal of Futures Markets, 2012, 32 (2): 99 – 121.

[28] Yu-Lun Chen, Wei-Che Tsai. Determinants of Price Discovery in the VIX Futures Market [J]. Journal of Empirical Finance, 2017, 43: 59 – 71.

第七章 谁从贸易中获益更大：大城市还是小城市*

第一节 问题的提出

改革开放四十余年来，中国逐渐形成了全方位、宽领域和多层次的贸易开放格局。世界贸易组织（WTO）发布的世界贸易统计报告显示，2017年，中国进出口总额达到4.1万亿美元，位居世界第一。作为中国经济增长的重要引擎之一，对外贸易在推动经济增长的同时，对国内劳动力市场也造成了越来越大的冲击（Bertrand，2004）。自斯托尔珀和萨缪尔森（Stolper and Samuelson，1941）的开创性研究指出国际贸易与工资水平的关系（S-S理论）之后，学术界一直对国际贸易与劳动力市场之间的关系研究持有浓厚兴趣（Amiti and Davis，2012；Groizard et al.，2015）。但是，在研究贸易开放对中国劳动力市场冲击的影响中要注意的是，中国是一个疆域辽阔、各地区地理条件差异巨大的大国，各地区的贸易条件存在先天性的差异；而且，中国的贸易开放政策也在不断地实验与调整中，各地区的贸易政策也存在较大差异。因此，各地区劳动力市场从贸易开放中获益大小可能存在差异，而现有文献较少从区域或是城市角度考虑贸易对劳动力市场的异质性影响。从这一背景出发，本章构建了一

---

* 本章作者：邓明、周慧。

个包含异质性劳动力且存在劳动力流动障碍的城市经济模型,从理论上分析了城市面临的贸易开放冲击对城市就业规模和劳动力工资水平的影响。但是,利用经验数据验证贸易开放对劳动力市场的影响会面临比较突出的内生性问题,即一个地区的贸易开放度会受到该地区劳动力市场的影响,为了解决这一问题,我们以中国加入 WTO 后美国授予中国的永久性正常贸易关系(permanent normal trade relations,PNTR)为准自然实验,通过估算中国不同城市所面临的贸易政策不确定性程度,构建双重差分模型和三重差分模型对本章的理论研究结论进行实证检验。

第二节 文献综述

学术界对国际贸易与劳动力市场之间关系的兴趣由来已久,从经验研究的结果看,大部分研究聚焦于贸易对行业层面或企业层面就业量以及工资水平的影响。①

一、国际贸易对就业的影响

国际贸易对就业影响的早期研究侧重于讨论国际贸易规模,包括出口规模、进口规模以及进出口总规模对就业的影响。在出口规模对就业影响的研究中,毛日昇(2009)利用 1999~2007 年中国制造业面板数据研究了出口对制造业就业的影响,认为出口通过产出扩张显著增加了制造业劳动力需求。邵敏和包群(2011)利用中国工业企业数据检验了出口企业转型对劳动力就业的影响,发现出口型企业向完全内销型企业的转型会显著降低企业的就业水平,从而印证了出口有利于提升企业就业。张川川(2015)基于中国人口普查数据的经验研究也发现了出口扩张促进就业增长的证据。在进口规模对就业的影响研究中,盛斌和马涛(2008)运用中国工业部门的面板数据,研究了中间产品贸易对中国工业总体和分部门劳动力需求的影响,认为中间产品出口增加了劳动力需求,而其进口对劳动力需求变化的影响是负的。吕延方等(2017)利用 2004~2013 年中国服务业细分行业数据,研究了服务贸易对就业的非线性效应,发现服务出口对就业存在基于行业产出的促进作用,而服务进口对就业存在基于技术效率的抑制作用。

除了进出口量对就业的影响,后续研究还探讨了贸易政策的变化与就业变动

---

① 本章仅对国际贸易对劳动力市场影响的经验研究文献进行综述,并没有涉及这一领域的理论研究文献;此外,此处的综述主要讨论针对中国的研究。

之间的关系。米尔纳和赖特（Milner and Wright, 1998）通过对中国和其他发展中国家就业市场的研究，认为出口开放度的增加会显著促进就业的增长。毛其淋和许家云（2016）研究了中间品贸易自由化对中国制造业就业变动的影响，发现中间品贸易自由化一方面提高了就业创造，另一方面降低了就业破坏，进而在总体上促进了企业就业净增长。李胜旗和毛其淋（2018）以中国加入WTO为准自然实验，用双重差分法考察了关税政策不确定性下降对中国国有企业就业的影响，结果表明，关税政策不确定性的下降显著促进了企业就业净增长，并且这一效应随时间推移逐步增强。

二、国际贸易对劳动力工资的影响

在贸易开放对劳动力工资水平的影响中，现有文献主要集中在出口扩张对企业工资水平的影响方面。于洪霞和陈玉宇（2010）以及张川川（2015）的研究表明，出口扩张有利于提高企业平均工资。但是，包群等（2011）基于1998~2001年中国制造业企业出口数据研究了出口对企业员工工资水平的影响，并没有发现出口会提高工资水平。除了研究贸易开放对工资水平的影响，大量文献还分析了贸易开放对相对工资水平的影响。徐和李（Xu and Li, 2008）利用1998~2000年世界银行调查数据研究了出口贸易对中国国有企业工资差距的影响，结果发现出口扩张显著扩大了技术工人与非技术工人的工资差距。陈波和贺超群（2013）的研究也证实了企业出口密集度的提高会扩大技术工人与非技术工人的工资差距。韩等（Han et al., 2012）以中国加入WTO为背景考察了地区层面的对外开放水平对工资差距的影响，发现加入WTO引致的全球化显著扩大了中国的地区间工资差距。

三、评述与本章问题的提出

总体来看，现有的经验研究主要侧重从国别或是行业、企业层面探讨国际贸易与劳动力市场的关系，从城市层面研究得相对较少。从中国改革开放尤其是加入WTO之后的经济与社会发展来看，不断融入全球产业分工体系与不断推进城镇化是同步的，这也需要我们从城市层面探讨贸易开放对劳动力市场的影响。但这一类文献直到最近十年才逐步出现，针对国外的一些研究认为，一国内部不同地区的产业分工模式是不同的，因此地区层面的劳动力市场受国际贸易的冲击也会有所差异（Kovak, 2013; Autor et al., 2013）。与此相对应，关于贸易开放对中国地区劳动力市场尤其是城市劳动力市场的异质性影响，现有研究则关注较少。从中国贸易开放的制度安排上看，沿海大城市（上海、广州等）受益于地理条件，其贸易开放度要高于一般的城市，也享受到更多的贸易政策，这也需要我们进一步考察贸易开放对不同规模城市的影响是否存在差异性以及存在何种差异。

第三节 理论模型

我们考虑一个包含多个城市$(i=1, 2, \cdots, I)$的经济体，每个城市拥有Λ_i单位劳动力，$\Lambda_1+\Lambda_2+\cdots+\Lambda_I=\Lambda$，$\Lambda$为该经济体的城市总劳动力数量。① 由于中国户籍制度的限制，劳动力在城市间仍不能完全自由流动，这一点对于低技能劳动力而言，尤为突出。因此，假定劳动力在城市间是不完全流动的，其中，一部分能够在城市间完全自由流动，而另一部分则是完全不能流动的，即$\Lambda_i \equiv L_i + N_i$，其中$L_i$表示可以自由流动的劳动力，将其定义为高技能劳动力，而N_i则表示不能自由流动的劳动力，将其定义为低技能劳动力。假定每个城市都使用两种不同技能水平的劳动力来生产中间产品，中间产品的生产函数为柯布－道格拉斯（Cobb-Douglas）形式生产函数$Y_i = L_i^\alpha N_i^{1-\alpha}$，假定中间产品的生产过程中高技能劳动力与低技能劳动力是不能完全替代的。考虑到中国进出口贸易的特点，假定每个城市生产中间产品之后出口到国外进行最终产品的生产，最后得到同质的最终产品Y。同时，假定最终产品的生产是完全竞争的，而且在国际贸易市场上可以完全自由交易。因此，选定最终产品作为经济中的计价单位。假定最终产品的生产函数为$Y=\sum_i Y_i/\tau_i$，其中，τ_i是城市i进行贸易活动时的冰山运输成本，这个成本与该城市贸易开放程度成反比。假定不同中间产品是完全替代的。根据最终产品生产函数，贸易是平衡的，每个城市出口中间产品进行最终产品的组装，同时进口最终产品。参照赫尔普曼（Helpman, 1998）的设定，我们在经济中引入住房市场因素，假定每个城市i拥有外生的住房存量H_i，每单位住房的价格为r_i。因此，经济中每单位劳动力消费两种商品：最终产品Y和住房H。我们假定代表性劳动力会将其收入中的一个固定比例$1-\mu$用于住房消费，其效用函数为$u(y,h)=(y/\mu)^\mu[h/(1-\mu)]^{1-\mu}$，其中，$y$和$h$分别表示最终产品$Y$和住房$H$的每单位劳动力消费。

在本章的经济系统中，均衡状态由价格系统$\{p_i, w_i, v_i, r_i\}$、要素与产出系统$\{L_i, Y_i, Y\}$和个体效用u定义，使得企业最小化成本，消费者和流动劳动力最大化其个体效用，市场出清。在价格系统中，p_i是中间产品Y_i的价格。由于最终产品的生产是完全竞争的，而且最终产品被用作计价单位，由此可得$1=$

---

① 由于仅仅是比较不同城市的经济，我们没有考虑农村经济和农业人口。由于存在农村劳动力向城市劳动力的转移，城市劳动力总量并非外生不变的。

$\min\{p_1\tau_1, p_2\tau_2, \cdots, p_I\tau_I\}$，这意味着，$1 = p_i\tau_i$ 对于所有 $i \in (1,2,\cdots,I)$ 都是成立的。城市 i 的生产者价格与该地区的冰山运输成本 τ_i 成反比，也就是说，与该城市的国际贸易开放度成正比。因此，我们令城市 i 在国际贸易市场开放度的提高等同于价格 p_i 的上升。w_i 与 v_i 分别表示劳动力 L_i 和 N_i 的回报率，由于中间产品的生产过程和劳动力市场都是完全竞争的，我们可以得到：

$$w_i = \alpha p_i (N_i/L_i)^{1-\alpha}, v_i = (1-\alpha) p_i (L_i/N_i)^{\alpha} \tag{7.1}$$

因此，不论劳动力是否可以流动，其回报都会随着其所在城市贸易开放度的提高而提高；同时，会随着其替代要素投入密度的提高而提高。根据式（7.1）可得：

$$w_i^\alpha v_i^{1-\alpha} = \alpha^\alpha (1-\alpha)^{1-\alpha}/\tau_i \tag{7.2}$$

也就是说，随着城市 i 国际贸易开放度的提高（即 τ_i 降低），该地区可贸易品生产中的投入品回报的加权平均会不断提高。基于效用函数求使得个体效用最大化的住房需求，并将个体住房需求加总，可以得到城市 i 的总住房需求为 $H_i = (1-\mu)p_i Y_i/r_i$。令均衡状态的住房需求价值与住房供给价值相等，即 $H_i r_i = (1-\mu)p_i Y_i$。基于前文的个体直接效用函数，我们可以得到城市 i 的高技能劳动力的间接效用函数为：

$$u_i(w_i, r_i) = w_i/r_i^{1-\mu} \tag{7.3}$$

在均衡状态下，没有高技能劳动力愿意迁移到其他城市，即所有存在高技能劳动力的城市会提供给高技能劳动力相同的实际工资。由此可以将式（7.3）中的下标去掉，即 $u(w,r) = w/r^{1-\mu}$。此外，在均衡状态，经济中的高技能劳动力处于完全就业状态，即 $L = \sum_i L_i$，其中 L 为经济系统中高技能劳动力总量。根据式（7.2）可得，城市 i 的国际贸易开放度越高，该城市里的企业所能支付的工资水平越高，从而会吸引高技能劳动力流入，这又会导致对住房需求的提高以及住房价格的相应提高。在均衡状态，国际贸易开放度高的城市，其高工资恰好与高住房价格相抵消。我们将该经济系统均衡状态的特征用如下命题来描述。

命题 7-1 均衡状态下，一个城市的就业规模和工资水平均会随着该城市国际贸易开放度的提高而提高。

根据前文的设定可以将 L_i 改写为国际贸易开放度 τ_i 和外生变量 H_i、N_i 的函数：

$$L_i = N_i (A/\tau_i^\mu u)^{1/(1-\alpha\mu)} \tag{7.4}$$

其中，$A_i \equiv [\alpha(H_i/N_i)^{1-\mu}]/(1-\mu)^{1-\mu}$。因此，均衡状态下，城市 i 的高技能劳动力数量会随着该城市中每单位低技能劳动力占有的住房存量（H_i/N_i）的增加而增加，城市 i 中高技能劳动力占整个经济中高技能劳动力总量的比重为：

$$L_i/L = N_i(p_i^\mu A_i)^{1/(1-\alpha\mu)} / \sum_i N_i(p_i^\mu A_i)^{1/(1-\alpha\mu)} \tag{7.5}$$

根据式（7.5）可得，一个城市的高技能劳动力占整个经济的高技能劳动力比重会随着该城市的国际贸易开放度（p_i）、低技能劳动力数量（N_i）、住房存量（H_i）的提高而提高。此外，我们还可以得出，在均衡状态，城市 i 的城市规模为：

$$\Lambda_i \equiv L_i + N_i = N_i(1 + (A_i/\tau_i^\mu u)^{1/(1-\alpha\mu)}) \tag{7.6}$$

假定城市 i 的住房存量 H_i 与该城市的建成区面积成正比，不失一般性地，我们将该比例简化为1，于是，可以得到在均衡状态下城市 i 的人口密度为：

$$d_i \equiv \Lambda_i/H_i = N_i(1 + (A_i/\tau_i^\mu u)^{1/(1-\alpha\mu)})/H_i \tag{7.7}$$

式（7.6）和式（7.7）表明，在均衡状态下，城市 i 的就业规模和就业密度均会随着该城市国际贸易市场开放度的提高而提高。将式（7.4）代入式（7.3），可以得到均衡状态下高技能劳动力的效用函数为：

$$u = (\sum_{i=1}^{I} N_i(p_i^\mu A_i)^{1/(1-\alpha\mu)} / L)^{1-\alpha\mu} \tag{7.8}$$

根据式（7.8）可得，$\partial u/\partial p_i > 0$ 对于所有 i 都是成立的。因此，在均衡状态下任一城市国际贸易开放度的提高都会提高其他城市中高技能劳动力的效用水平。接下来考虑低技能劳动力的福利水平，令 $v_i \equiv v_i/r_i^{1-\mu}$ 表示低技能劳动力的间接效用函数，利用式（7.1）和式（7.4）可得：

$$v_i = (1-\alpha)(p_i^\mu A_i/u^{\alpha\mu})^{1/(1-\alpha\mu)}/\alpha \tag{7.9}$$

我们的目的是要分析贸易冲击对不同城市规模的劳动力市场有何异质性影响。我们将中国加入 WTO 当作对中国城市国际贸易开放度的一个外生冲击。2001年12月11日，中国正式加入 WTO，因此，我们将2001年以及之前（包含2001年）定义为加入 WTO 之前，将2002年及其之后年份称为加入 WTO 之后。我们定义 $\dot{\theta}_i = (\theta_i^{t>2001} - \theta_i^{t\leq2001})/\theta_i^{t\leq2001}$ 表示变量 θ 在2001年前后的变化率。因此，低技能劳动力福利水平在2001年前后的变化率为：

$$\dot{v}_i = (\mu\dot{p}_i - \alpha\mu\dot{u} + (1-\mu)\dot{A}_i)/1-\alpha\mu \tag{7.10}$$

其中，$\mu\dot{p}_i$ 体现了国际贸易开放度对低技能劳动力福利水平的直接影响；$-\alpha\mu\dot{u}$ 刻画了其他城市国际贸易开放度的提高对城市 i 的低技能劳动力福利水平的间接影响；$(1-\mu)\dot{A}_i$ 则表明城市 i 的低技能劳动力福利水平与该城市的低技能劳动力数量成反比，与该城市的住房存量成正比。由于上述三个途径是加性可分的，国际贸易开放度对低技能劳动力福利的影响与城市规模对低技能劳动力福利的影响是相互独立的。由此可以加总得到整个经济中低技能劳动力的效用总和为 $\sum_i N_i v_i = (1-\alpha)Lu/\alpha$。将其与式（7.8）结合起来可得整个经济在均衡状态下的福利水平为 $U \equiv Lu + \sum_i N_i v_i = Lu/\alpha$。令 $l_i = L_i/\Lambda_i$ 表示城市 i 中高技能劳动力占总劳动力的比重，城市 i 的居民平均福利水平为：

$$\bar{u}_i = l_i u + (1-l_i)v_i = l_i u/\alpha \tag{7.11}$$

根据式（7.11）可得，城市 i 的居民的平均福利水平在 2001 年前后的变化可以分解为 $\dot{\bar{u}}_i = \dot{l}_i + \dot{u}$。假定低技能劳动力和住房在 2001 年前后没有发生变化，即 $\dot{N}_i = \dot{H}_i = 0$。令 $\omega = l_i w_i + (1-l_i)v_i$ 表示城市 i 的劳动力平均工资。根据式（7.1）可得 $(1-\alpha)l_i w_i = \alpha(1-l_i)v_i$。这意味着在均衡状态下，城市 i 的劳动力平均工资为 $\omega_i = l_i w_i/\alpha$。因此，平均工资的变化率可以表示为：

$$\dot{\varpi}_i = \dot{w}_i + \dot{l}_i = [(1-\mu l_i)\dot{p}_i + (l_i-\alpha)\dot{u}]/(1-\alpha\mu) \tag{7.12}$$

所以，城市 i 国际贸易开放度的提高会提高该城市劳动力的平均工资。对式（7.6）和式（7.7）进行差分，可得城市 i 就业规模和就业密度在 2001 年前后的变化率为：

$$\dot{\Lambda}_i = \dot{d}_i = l_i(\mu\dot{p}_i - \dot{u})/(1-\alpha\mu) \tag{7.13}$$

式（7.13）表明，城市 i 的人口规模和就业密度会随着城市 i 国际贸易开放度的提高而提高，但会随着整个经济国际贸易开放度的提高而降低。由式（7.12）和式（7.13）可得，城市 i 的劳动力工资总额的变化率为：

$$\dot{\Lambda}_i + \dot{\varpi}_i = (\dot{p}_i + \alpha\dot{u})/(1-\alpha\mu) \tag{7.14}$$

式（7.14）表明，城市 i 的工资总额不仅会随着该城市国际贸易开放度的提高而提高，还会随着整个经济的国际贸易开放度的提高而提高，后者是因为整个经济贸易开放度的提高会提高所有城市中高技能劳动力的工资水平。基于式（7.4）以及 l_i 的定义，我们可以得到一个关于 l_i 的隐性解：

$$(l_i/1-l_i)^{1-\alpha\mu} = (L_i/N_i)^{1-\alpha\mu} = p_i^\mu A_i/u \tag{7.15}$$

假定一个城市的住房存量 H_i 与该城市的低技能劳动力 N_i 是正相关的，同时

假定 H_i 与 N_i 之间存在如下关系：$H_i = \eta N_i^\lambda (\lambda, \eta > 0)$。不失一般性地，令 $\eta \equiv 1 - (\mu/\alpha^{1/(1-\mu)})$，可得 $(l_i/1 - l_i)^{1-\alpha\mu} = p_i^\mu / N_i^{(1-\mu)(1-\lambda)} u$。在国际贸易开放度不变时，当且仅当 $\lambda < 1$ 时，①l_i 会随着城市 i 规模的扩大而变小。均衡状态下，城市 i 的就业密度为：$d_i = \Lambda_i^{1-\lambda}/\eta (1-l_i)^\lambda$。因此，如果 $\lambda < 1$，则城市的就业密度与城市规模是正相关的，这两者之间的正相关关系同样也得到了大量文献的证实，因此我们假定 $0 < \lambda < 1$。由此，可以得到如下命题。

命题 7-2 贸易开放度的冲击对大城市就业规模的影响要小于对小城市就业规模的影响，但贸易开放度的冲击对大城市工资水平的影响要大于对小城市工资水平的影响。

第四节 实证模型、变量与数据

一、实证模型

贸易自由化的推进除了体现为关税削减外，还体现为贸易政策不确定性的下降，因为贸易政策不确定性的下降是国家间的贸易从相对无规则状态向规则状态的过渡（佟家栋和李胜旗，2015）。作为国际贸易中最重要的国际协调组织，世界贸易组织确立了关税等贸易规则，使得贸易政策不确定性降低，从而推进了贸易自由化（Handley，2014；Handley and Limão，2015）。因此，本章使用中国在 2001 年底加入 WTO 这一外生冲击来测度贸易政策不确定性的下降以及相应的贸易开放度的提高。这样做的好处不仅契合了前文的理论分析，还避免了变量的内生性问题，因为一个地区的贸易量会受到该地区劳动力市场的影响，而且贸易开放度和劳动力市场的发展也会受到一些共同因素的影响。使用中国加入 WTO 这一准自然实验存在的一个问题是，中国是整体加入 WTO 的，也就是说中国各城市面临相同的外生冲击，因此，加入 WTO 前后各城市劳动力市场的变化可能仅仅反映的是时间趋势，而不是加入 WTO 的结果。但是，中国是一个地域差异巨大的大国，各地区的初始贸易条件存在巨大差异，而且在中国加入 WTO 之前，中国也在不同地区实行了差异化的贸易开放政策，如设立经济特区等，这使得加入 WTO 后各地区所面临的贸易政策不确定性的下降程度和贸易自由化的提高程度是不一样的。我们可以据此来设置处理组和对照组，构建如下的双重差分模型来识别加入 WTO 对城市劳动力市场的影响：

---

① 事实上，$\lambda < 1$ 被大量文献所证实，如蒙雷斯（Monras，2015）基于美国城市数据的研究表明，城市规模与城市劳动力的流入（流出）量正相关，而且城市规模的差异对劳动力流动量差异的作用系数小于 1。

$$y_{c,t} = \alpha + \beta TariffGap_c \times Post_t + \rho X_{c,t} + \gamma_t + \delta_c + \varepsilon_{c,t} \tag{7.16}$$

其中，下标 c 表示城市，t 表示年份，$y_{c,t}$ 为被解释变量，包括 c 地区在 t 时期的就业总量（$employ_{c,t}$）和工资水平（$wage_{c,t}$）；$TariffGap_c$ 用于反映中国加入 WTO 之前城市 c 面临的贸易政策不确定性程度，该数值越大的城市在加入 WTO 后的贸易政策不确定性下降幅度就越大；$Post_t$ 为时间虚拟变量，其中 2002 年之前的年份取值为 0，2002 年及其之后的年份取值为 1；[①] γ_t 为时间固定效应，用于控制宏观经济波动等共同时间冲击对政府规模的影响；δ_c 为城市固定效应，控制城市层面不随时间变化的因素对城市劳动力市场的影响；$X_{c,t}$ 为控制变量集合；$\varepsilon_{c,t}$ 为随机扰动项。交叉项 $TariffGap_c \times Post_t$ 的系数 β 衡量了 2002 年前高贸易政策不确定性地区与低贸易政策不确定性地区在中国加入 WTO 前后的平均差异，即刻画了贸易政策不确定性下降对被解释变量的净影响。具体地，若 $\beta > 0$，表明高贸易政策不确定性地区的被解释变量相较于低贸易政策不确定性地区提高更多，即贸易政策不确定性下降对被解释变量有正向影响；反之，则意味着贸易政策不确定性下降对被解释变量有负向影响。此外，为了进一步检验城市层面的贸易自由化对城市劳动力市场的影响是否会随着城市规模的变动呈现异质性，我们进一步构建如下三重差分模型：

$$\begin{aligned} y_{c,t} = & \alpha + \beta_1 size_{c0} \times TariffGap_c \times Post_t + \beta_2 size_{c0} \times TariffGap_c \\ & + \beta_3 size_{c0} \times Post_t + \rho X_{c,t} + \gamma_t + \delta_c + \varepsilon_{c,t} \end{aligned} \tag{7.17}$$

其中，$size_{c0}$ 是城市 c 在基期的城市规模。

二、城市层面贸易政策不确定性的测度

本章要测算的关键解释变量是 $TariffGap_c$，即各城市在中国加入 WTO 前面临的贸易政策不确定性程度。在加入 WTO 之前，中国的出口企业面临很大程度的贸易政策不确定性，主要源于贸易伙伴所采取的各种限制性关税（佟家栋和李胜旗，2015）。其中，最为典型的无疑是美国这一重要贸易伙伴。最惠国待遇[②]是国际贸易中各国之间相互给予的一种对等互惠方式，也是构成贸易协定的基本条件，20 世纪 70 年代以来，美国国会根据《1974 年贸易改革法》的杰克逊 - 瓦尼克修正案，开始年度审议最惠国待遇问题。该修正案否决了美国总统授予那些中央计划经济国家或者阻碍自由移民的非市场经济国家最惠国待遇的一揽子权

[①] 选取 2002 年作为时间分界点，是因为中国加入 WTO 的时间是 2001 年 12 月，而且美国于 2002 年 1 月才正式授予中国永久性正常贸易关系地位，因此，贸易政策不确定性的下降也是从 2002 年开始的。

[②] 1998 年 7 月，克林顿总统签署了一项税收改革法案，将"最惠国待遇"的提法改为"正常贸易关系"。

力。只有当总统确认这些国家完全符合杰克逊－瓦尼克修正案的相关条件时，才能够授予这些国家最惠国待遇。同时，美国总统每年也可以通过豁免条款（即放弃对该国具有与修正案的条件相一致的要求），来给予相应国家最惠国待遇。1980 年之前，由于中国是非市场经济国家，美国对中国出口美国的产品征收非正常贸易关系关税或二类关税，而在同期，美国对与其建立正常贸易关系的国家（如 WTO 成员）所出口的产品则征收最惠国关税或一类关税。需要说明的是，二类关税源自 1930 年美国第 31 任总统胡佛签署的《斯姆特－霍利法案》，这类关税主要适用于那些尚未与美国建立正常贸易关系的国家或地区；更为重要的是，二类关税税率远远高于最惠国关税税率，且在不同产品间的分布较为离散。1980 年美国首次授予中国临时性的正常贸易关系，之后美国国会每年都会针对是否在下一年度继续授予中国正常贸易关系进行投票决议。如果投票决议未通过，那么美国将终止给予中国最惠国待遇，中国出口商将会面临非常高的斯姆特－霍利关税。1990～1992 年，美国众议院就连续 3 年拒绝给予中国最惠国待遇地位；1990～2001 年，美国众议院的年均赞同票数为 242 票，年均反对票数为 183 票，这意味着，美国众议院投票反对给予中国最惠国待遇的年均比例高达 43%。由此可见，在加入 WTO 之前，美国撤回中国的最惠国待遇地位的概率是相当大的，中国国有企业面临的贸易政策确实存在很大程度的不确定性。在中国加入 WTO 之后，美国于 2002 年 1 月 1 日正式授予中国永久性正常贸易关系地位，即给予了中国永久性的最惠国待遇，这消除了此前每年针对中国的最惠国待遇进行年度审查而引发的贸易政策不确定性。由于二类关税及最惠国关税早在 1930 年的《斯姆特－霍利法案》中就已经设定，具有较强的外生性，我们可以将这次事件看作对中国贸易环境的一次"准自然实验"。尽管美国给予中国的永久性最惠国待遇是对中国所有地区和行业均适用的，但应该注意到，在加入 WTO 之前，中国不同行业的出口水平也是不同的，同时，由于中国各地区出口的产品结构也是不同的，这就导致了不同行业和不同地区在 2002 年之前面临的贸易不确定性也是不同的，这就为我们在这次"准自然实验"中寻找处理组和参照组提供了条件。本章采用正常贸易伙伴关税与非正常贸易伙伴关系关税的差额构造中国地区层面贸易政策不确定性指数，先用二类关税减去一类关税算出产品层面关税差额，再对产品层面的关税差额进行简单算术平均算出行业层面关税差额，最后对行业层面关税差额按从业人数比进行加权平均算出地区层面关税差额。

第一步，基于芬斯特拉等（Feenstra et al., 2002）整理的 2000 年美国进口关税数据计算出每一种 HS8 位产品的税率差额，再通过算术平均计算出每一种

HS6 位产品在加入 WTO 前的贸易政策不确定性,① 计算公式为 $TariffGap_k = Non\text{-}MFNtariff_k - MFNtariff_k$,其中,$k$ 表示产品,$Non\_MFNtariff_k$ 代表 2000 年该产品面临的斯穆特-霍利关税税率,$MFNtariff_k$ 代表其面临的最惠国关税税率,$TariffGap_k$ 代表 2000 年产品面临的斯穆特-霍利关税税率与最惠国关税税率之间的差额,两种关税税率差额越大,加入 WTO 后该产品的贸易政策不确定性下降的幅度就越大。

第二步,将 HS6 位编码产品对应到中国工业行业分类 4 位码(CIC4 位码),再进一步归并到工业行业分类 2 位码,然后对每个行业内产品层面的关税差额进行简单平均,算出行业层面的贸易政策不确定性。计算公式为 $TariffGap_i = \sum_{k \in i} TariffGap_k / \sum_{k \in i} 1$,其中,$i$ 表示行业,$TariffGap_i$ 代表 2000 年不同产品面临的斯穆特-霍利关税与最惠国关税之间的差额进行算术平均算出的行业层面的关税差额。

第三步,以行业就业人数占地区制造业总就业人数来计算城市层面的关税差额,计算公式为 $TariffGap_c = \sum_i Employment_{i,c} \cdot TariffGap_i / TotalEmployment_c$,其中,$c$ 表示地区,$TariffGap_c$ 代表 2000 年不同地区面临的关税差额,$Employment_{i,c}$ 表示 2000 年不同地区各行业的就业人数,$TotalEmployment_c$ 表示 2000 年不同地区制造业行业企业的就业总人数。

本章研究的样本是地级城市,而且,仅使用城市中市辖区的数据。样本的时间维度选取 1999~2007 年。本章所使用数据主要来源有三个:(1)各个城市层面的变量,这些变量数据来源于各年《中国城市统计年鉴》《中国区域经济统计年鉴》;(2)芬斯特拉等(2002)整理的 1989~2001 年美国进口关税数据;(3)国家统计局提供的中国工业企业数据库。剔除数据缺失的,本章得到 248 个地级市的平衡面板数据。

三、其他变量设定

本章的被解释变量包含城市层面的劳动力就业量和城市层面的劳动力工资水平,分别用各地区年末单位从业人员数和平均工资来度量。我们在控制变量中引入人均产出(pgdp)、产业结构(stru)、固定资产投资(invest)、公共支出

---

① 由于普通关税税率由美国国会在 70 年前通过的《斯姆特-霍利法案》所制定且每年几乎没有变化,最惠国关税每年的变化也较小,所以关税差额的变化也很小。使用 2000 年是因为本章的样本在加入 WTO 前只有 1999 年、2000 年和 2001 年 3 期,2000 年是中间年份。此外,本章还尝试使用中国加入 WTO 之前其他年份(1999 年、2001 年)中任意一年的关税数据进行贸易政策不确定性指标构造,发现回归结果仍然是稳健的,本章主要结论不会发生实质性变化。

(*pub*)、道路基础设施（*infra*）和城市级别（*level*）等因素。其中，人均产出用人均地区生产总值来度量，人均产出越高的地区，其工资水平会相对较高，且更容易吸引劳动力进入；产业结构用第三产业产出占总产出的比重来度量，相对农业部门和工业部门而言，服务业的就业吸纳能力会更强；固定资产投资用全社会固定资产投资总额度量；公共支出用地方财政一般预算内支出度量；道路基础设施用年末实有城市道路面积来度量；城市级别用虚拟变量来度量，如果该城市属于副省级城市或者省会城市，该虚拟变量取1，否则取0。上述所有变量的数据均来自《中国城市统计年鉴》，而且均使用市辖区的数据。

第五节 实证分析结果

一、基准回归结果

表7-1给出了模型（7.16）的基准回归结果。第（1）列和第（3）列给出的是仅包含交互项的回归结果，交互项的回归系数均显著为正，说明中国对外贸易所面临的不确定性的下降不仅提高了城市的就业量，同时也提高了城市劳动力的工资水平，从而验证了命题7-1。第（2）列和第（4）列分别在就业回归方程和工资回归方程中引入其他城市层面的控制变量，我们发现，交互项的回归系数依然显著为正，说明在其他控制变量不变的情况下，贸易政策不确定性的下降对城市就业和城市劳动力工资依然有显著促进作用。

表7-1　　　　　　　　基准回归结果

变量	被解释变量：*employ*		被解释变量：*wage*	
	(1)	(2)	(3)	(4)
$TariffGap \times Post$	4.351*** (0.800)	2.899*** (0.625)	903.502** (448.126)	726.337* (380.882)
pgdp		0.024*** (0.003)		0.622*** (0.108)
stru		0.502*** (0.097)		193.164*** (44.615)
invest		0.094** (0.044)		32.727 (43.702)
pub		0.747*** (0.159)		135.006* (74.175)
infra		0.006*** (0.001)		2.447*** (0.515)

续表

变量	被解释变量：employ		被解释变量：wage	
	(1)	(2)	(3)	(4)
level		20.316*** (3.859)		6 426.306*** (969.306)
constant	43.008*** (4.835)	-13.831*** (2.444)	21 438.305*** (3 689.710)	-12 058.817*** (2 640.286)
时期固定效应	控制	控制	控制	控制
地区固定效应	控制	控制	控制	控制
N	2 232	2 232	2 232	2 232
R^2	0.217	0.533	0.275	0.882

注：***、**和*分别表示在1%、5%和10%水平上显著；括号内为标准误，为控制相邻地级市的扰动项可能存在的同期相关性，将标准误在省际层面进行了聚类。

表7-2给出了模型（7.17）的回归结果，在引入交互项 $TariffGap \times Post$ 同城市初始规模的交互项 $TariffGap \times Post \times size_0$ 之后，交互项自身 $TariffGap \times Post$ 的系数依然显著为正。在没有控制其他解释变量时，三重交互项 $TariffGap \times Post \times size_0$ 对城市就业规模的影响并不显著，但在控制了其他解释变量之后，三重交互项对城市就业规模的作用在10%的水平上显著为负，从而验证了永久性正常贸易关系（PNTR）的获得导致的贸易政策不确定性的下降对城市就业规模的促进作用在小城市更大。此外，三重交互项对城市工资水平的作用在10%的水平上显著为正，这一点在是否控制其他解释变量时均是成立的，说明贸易政策不确定性的下降对城市工资水平的促进作用在大城市更大。因此，命题7-2在本章的样本数据中是成立的。

表7-2　　　　　基准回归结果（交互项的作用）

变量	被解释变量：employ		被解释变量：wage	
	(1)	(2)	(3)	(4)
$TariffGap \times Post$	4.412*** (0.796)	3.006*** (0.607)	851.342* (443.229)	646.500* (360.142)
$TariffGap \times Post \times size_0$	-0.027 (0.031)	-0.033* (0.018)	10.365* (5.573)	7.452* (3.881)
其他控制变量	未控制	控制	未控制	控制

续表

变量	被解释变量：employ		被解释变量：wage	
	(1)	(2)	(3)	(4)
时期固定效应	控制	控制	控制	控制
地区固定效应	控制	控制	控制	控制
N	2 232	2 232	2 232	2 232
R^2	0.244	0.593	0.297	0.903

注：(1) 样本为1999~2007年的城市样本，因此，$size_0$为1999年的城市就业规模。(2) ***、**和*分别表示在1%、5%和10%水平上显著；括号内为标准误，为控制相邻地级市的扰动项可能存在的同期相关性，将标准误在省际层面进行了聚类。

二、平行趋势检验与安慰剂检验

采用双重差分法进行政策效应检验的重要前提是符合"平行趋势假设"，即处理组和控制组在事件发生前具有一致的发展特征和趋势，否则双重差分的结果就极有可能存在偏误。因此，本章做的第一个稳健性检验是平行趋势检验。我们在基准回归模型中引入TariffGap同2002年之前年份效应的交互项，如果这些交互项不显著，说明处理组和控制组的就业规模和工资水平在2002年之前不存在系统性差异。表7-3第（1）列给出了以城市就业人数为被解释变量的共同趋势检验，第（5）列给出了以城市工资水平为被解释变量的共同趋势检验。第（1）列和第（5）列的估计结果表明，不论是针对城市就业量还是城市工资水平，在控制年份效应、地区效应和各控制变量后，TariffGap同年份的交互项的回归系数在10%的统计水平上均不显著，从而不能拒绝处理组和控制组在PNTR政策实施前具有一致发展趋势的原假设，这意味着如果不考虑PNTR政策的影响，处理组和对照组间城市就业量的变动趋势以及城市工资水平的变动趋势均无系统性差异。

表7-3　　　　　　　　　平行趋势检验与安慰剂检验

变量	被解释变量：employ				被解释变量：wage			
	(1)	(2)	(3)	(4)	(5)	(6)	(7)	(8)
$TariffGap \times Post^{1999}$	2.933 (2.444)				525.004 (603.885)			
$TariffGap \times Post^{2000}$	2.165 (2.310)				514.773 (482.376)			

续表

变量	被解释变量：employ				被解释变量：wage			
	(1)	(2)	(3)	(4)	(5)	(6)	(7)	(8)
$TariffGap \times Post^{2001}$	3.218 (2.974)				557.483 (513.226)			
L1. $TariffGap \times Post$		-0.935 (0.899)				155.416 (98.494)		
L2. $TariffGap \times Post$			-0.831 (1.006)				134.850 (90.253)	
L3. $TariffGap \times Post$				-0.875 (0.925)				106.011 (72.157)
控制变量	控制	控制	控制	控制	控制	控制	控制	控制
时期固定效应	控制	控制	控制	控制	控制	控制	控制	控制
地区固定效应	控制	控制	控制	控制	控制	控制	控制	控制
N	2 232	2 232	2 232	2 232	2 232	2 232	2 232	2 232
R^2	0.501	0.503	0.500	0.499	0.863	0.867	0.866	0.862

注：（1）时间虚拟变量 $Post^\tau$（τ = 1999，2000，2001）在 τ 年之前的年份取值为 0，τ 年及其之后的年份取值为 1；（2）L1、L2 和 L3 分别表示假想 PNTR 政策实施时间提前 1 年、2 年和 3 年；（3）括号内为标准误，为控制相邻地级市的扰动项可能存在的同期相关性，将标准误在省际层面进行了聚类。

本章的第二个稳健性检验是通过改变政策实施时间进行安慰剂检验，逻辑是除了 PNTR 这一政策变化外，其他一些政策或随机性因素同样可能对城市就业量以及城市工资水平产生影响，如果这种影响与 PNTR 政策的实施没有关联，那么 $TariffGap \times Post$ 项在其他年份仍应显著，意味着 $TariffGap \times Post$ 项对城市就业量以及城市工资水平的作用应归因于 PNTR 政策实施之外的因素。为了排除这类因素的影响，我们假想 PNTR 政策实施的年份统一提前 1~3 年，如果此时 $TariffGap \times Post$ 项变得显著为正，则说明城市就业量以及城市工资水平的提高很可能来自其他政策变革或者随机性因素，而不是 PNTR 政策的实施。如果此时 $TariffGap \times Post$ 项并不显著，则说明对城市就业量以及城市工资水平的促进作用来自 PNTR 政策的实施。

表 7-3 第（2）列、第（3）列和第（4）列给出了在控制年份效应、地区效应及各控制变量后，对城市就业量的安慰剂检验结果，第（6）列、第（7）列和第（8）列给出了对城市工资水平的安慰剂检验结果。回归结果表明，在假想的 PNTR 政策实施年份下，$TariffGap \times Post$ 项回归系数在 10% 的统计水平下均

不显著,这一年对城市就业量与城市工资水平均是成立的,这从另一方面表明城市就业量和城市工资水平的变动不是由其他因素导致的,而是来自 PNTR 政策实施,进一步增强了前文结论的可靠性。

三、动态效应估计

式(7.16)中交互项的估计结果实际上是比较处理组和控制组的就业量与工资水平在中国加入 WTO 前后的平均差异,也就是 PNTR 政策的实施对城市就业量与工资水平的平均效应。除此之外,我们还可以估计处理组和控制组的就业量与工资水平在不同年份的年度差异。具体而言,就是将式(7.16)中政策冲击的时间虚拟变量 $Post$ 替换为年份虚拟变量 $Year^\tau$(τ = 2000,2001,…,2007)①,该虚拟变量在第 τ 年取 1,在其他年份取 0,从而得到如下模型:

$$y_{c,t} = \alpha + \sum_{\tau=2000}^{2007} \beta_\tau TariffGap_c \times Year_t^\tau + \rho X_{c,t} + \gamma_t + \delta_c + \varepsilon_{c,t} \quad (7.18)$$

图 7-1 描绘了贸易政策不确定性对城市就业规模的动态影响,从中可以发现贸易政策不确定性对城市就业量的边际效应在 2000~2001 年并不显著,但在 2002 年之后是显著的;而且,该边际效应在 2002 年之后呈现一个大致上升的趋势,在 2005 年达到最大后开始下降。这不仅验证了 2002 年之前的平行趋势是成立的,也说明贸易政策不确定性的下降对城市就业量的影响呈现一个先升后降的趋势。图 7-2 描绘了贸易政策不确定性对城市工资水平的动态影响,从中可以发现,其边际效应动态特征与对就业量的边际效应动态特征是类似的。

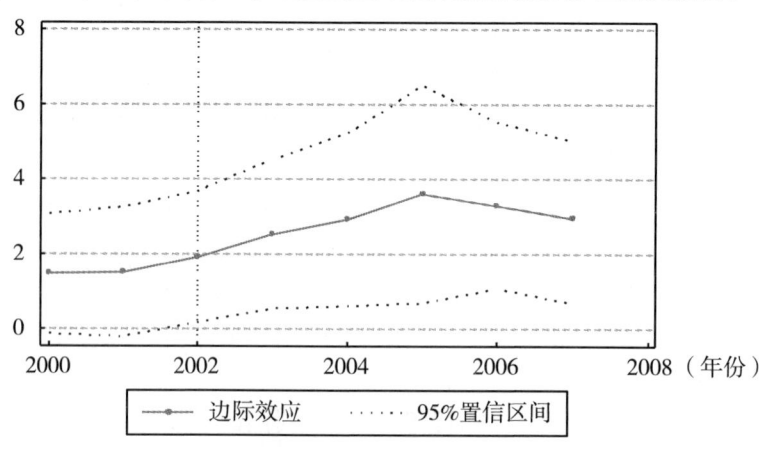

图 7-1 贸易政策不确定性对城市就业规模的动态效应

---

① 1999 年作为比较组缺省。

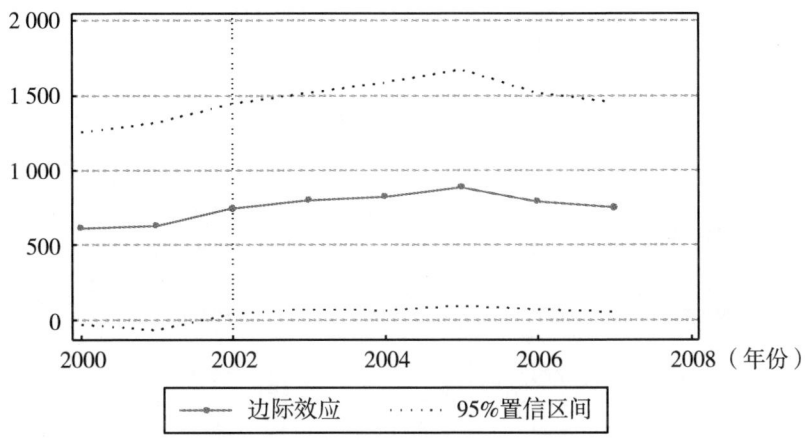

图 7-2 贸易政策不确定性对城市工资水平的动态效应

四、两期差分法估计

式（7.16）的 DID 模型和式（7.17）的 DDD 模型实际上是多期差分法，研究的是政策冲击之后的每一期与政策冲击之前被解释变量的差异，这种多期差分方法往往会存在比较突出的序列相关问题，从而高估交互项估计量的显著性水平。为了处理本章样本中可能存在的序列相关问题，我们使用两期差分方法对式（7.16）进行估计。具体而言，以政策冲击的 2002 年为时间节点将样本划分为两个阶段，第一个阶段为 1999~2001 年，第二个阶段为 2002~2007 年；然后，在每一阶段计算出城市层面各变量的均值。这种处理使得样本仅仅存在政策冲击前 1 期和冲击后 1 期。回归结果如表 7-4 第（1）列和第（3）列所示。结果表明，双重交互项和三重交互项的系数估计结果并没有发生太大变化，估计结果的方向与前文的基准回归结果是一致的，从而说明前文实证结果对命题 7-1 和命题 7-2 的支持是稳健的。

表 7-4　稳健性检验（两期差分以及更改变量度量方法）

变量	被解释变量：employ		被解释变量：wage	
	（1）两期差分法	（2）改变贸易不确定性的度量	（3）两期差分法	（4）改变贸易不确定性的度量
$TariffGap \times Post$	2.315** (1.109)	3.577** (1.753)	484.279* (254.006)	711.246*** (223.157)

续表

变量	被解释变量：employ		被解释变量：wage	
	（1）两期差分法	（2）改变贸易不确定性的度量	（3）两期差分法	（4）改变贸易不确定性的度量
$TariffGap \times Post \times size_0$	-0.029* (0.016)	-0.041** (0.019)	5.226* (2.856)	6.008* (3.158)
控制变量	控制	控制	控制	控制
时期固定效应	控制	控制	控制	控制
地区固定效应	控制	控制	控制	控制
N	2 232	2 232	2 232	2 232
R^2	0.774	0.399	0.963	0.906

注：***、**和*分别表示在1%、5%和10%水平上显著；括号内为标准误，为控制相邻地级市的扰动项可能存在的同期相关性，将标准误在省际层面进行了聚类。

五、改变贸易政策不确定性的度量

前文测算的中国城市面临的贸易政策不确定性是依据各城市行业结构与各行业面临的贸易不确定性程度加权而成的。但是，在加权过程中，我们假定每个行业的关税下降程度是斯穆特-霍利关税与最惠国关税之间的差额。因此，在这样的计算方法中，两个行业的关税下降幅度一样，就被认为面临的贸易不确定性的下降程度是一样的。但这种计算忽略了一个问题：一个行业对出口美国市场的依赖度越高，同样的关税下降幅度所带来的贸易不确定性下降程度越大。因此，我们用基期各行业产出对美国市场的依赖度对城市层面的贸易不确定性进行修正，即将城市层面关税差额的计算公式改写为：

$$TariffGapp_c = \frac{\sum Employment_{i,c} \cdot TariffGap_i \cdot Dependence_{i,1999}}{TotalEmployment_c} \quad (7.19)$$

其中，$Dependence_{i,1999}$为各行业 i 在1999年出口到美国市场的产出占总产出的比重，各行业出口到美国市场的出口额的数据来自联合国商品贸易统计数据库（UN Comtrade）。我们利用这种计算方式重新对式（7.16）和式（7.17）进行了估计，估计结果如表7-4第（2）列和第（4）列所示，结果表明，双重交互项与三重交互项的方向与前文的基准回归结果是一致的，而且均在10%的显著性水平上显著。这说明，改变地级市层面贸易不确定程度的度量方法后，前文的研究结果依然是成立的。

第六节 研究结论及政策建议

国际贸易与劳动力市场之间的关系是一个古老但又不失现代意义的话题，本章从城市层面考察了贸易开放与劳动力市场之间的关系。我们通过构建一个包含异质性劳动力且存在劳动力流动障碍的城市经济模型，从理论上分析了城市面临的贸易开放冲击对城市就业规模和劳动力工资水平的影响。本章的理论研究结果表明，贸易开放度的提高对城市就业规模和劳动力工资水平具有促进作用，更进一步，这种促进作用在不同规模的城市中是有差异的，贸易开放度的提高对城市就业规模的影响在大城市要小于小城市，但对工资水平的影响在大城市要高于小城市。为了验证这一结论，本章使用 1999~2007 年的中国城市数据进行了实证检验，为了解决实证研究中会遇到的内生性问题，我们以中国加入 WTO 后美国授予中国的永久性正常贸易关系为准自然实验，通过估算中国不同城市所面临的贸易政策不确定性程度，在此基础上构建双重差分模型和三重差分模型进行了实证检验，实证结果表明本章的理论观点在中国城市层面是成立的，而且，在经过一系列的稳健性检验之后，经验数据依然能支持本章的理论研究结果。

当下中国经济面临着巨大的下行压力，尤其是在美国总统特朗普推行一系列保护主义的贸易政策之后，中国的出口部门面临着非常大的贸易政策不确定性，东部沿海一些城市的劳动力市场受到了巨大冲击。在这样的背景下，本章的研究具有非常突出的政策含义。（1）无论是从就业量还是从工人工资水平来看，降低贸易政策的不确定性都具有显著的积极意义，因此，当前中国政府应当推动与美国政府的贸易谈判，降低中美之间的贸易政策不确定性；与此同时，中国政府也应当积极参与国际贸易组织（如 WTO 等）的规则修正，使之能进一步降低成员国之间的贸易政策变动；此外，还可以通过签订自由贸易协定、推进"一带一路"倡议的落实来降低中国与其他国家和地区之间可能存在的贸易不确定性。（2）由于不同规模城市的劳动力市场受到贸易自由度的影响是不同的，因此，在当前保护主义抬头、贸易政策不确定性程度上升的国际大环境下，大城市的工资水平将会受到更大冲击，而小城市的就业规模会受到更大冲击。为了应对这一国际环境的变动，规模较小的城市应当致力于挖掘内部需求市场，通过挖掘内需来拓宽就业渠道；而对于规模较大的城市尤其是东部的一线大城市，贸易政策不确定性的上升势必会抑制劳动力工资的上涨，因此，这些城市的政府应当致力于各项民生工程的推进（如社会保障、义务教育供给等）来应对贸易政策不确定性的上升对工资水平以及居民福利水平的不利影响。

参考文献

［1］包群，邵敏，候维忠．出口改善了员工收入吗？［J］．经济研究，2011（9）．

［2］陈波，贺超群．出口与工资差距：基于我国工业企业的理论与实证分析［J］．管理世界，2013（8）．

［3］李胜旗，毛其淋．关税政策不确定性如何影响就业与工资［J］．世界经济，2018（6）．

［4］吕延方，宇超逸，王冬．服务贸易如何影响就业——行业产出与技术效率双重视角的分析［J］．财贸经济，2017（4）．

［5］毛其淋，许家云．中间品贸易自由化与制造业就业变动——来自中国加入WTO的微观证据［J］．经济研究，2016（6）．

［6］毛日昇．出口、外商直接投资与中国制造业就业［J］．经济研究，2009（11）．

［7］邵敏，包群．出口企业转型对中国劳动力就业与工资的影响：基于倾向评分匹配估计的经验分析［J］．世界经济，2011（6）．

［8］盛斌，马涛．中间产品贸易对中国劳动力需求变化的影响：基于工业部门动态面板数据的分析［J］．世界经济，2008（3）．

［9］佟家栋，李胜旗．贸易政策不确定性对出口企业产品创新的影响研究［J］．国际贸易问题，2015（6）．

［10］于洪霞，陈玉宇．外贸出口影响工资水平的机制探析［J］．管理世界，2010（10）．

［11］张川川．出口对就业、工资和收入不平等的影响——基于微观数据的证据［J］．经济学（季刊），2015（4）．

［12］Amiti M, Davis D R. Trade, Firms, and Wages：Theory and Evidence［J］. Review of Economic Studies，2012，79（1）：1－36.

［13］Autor D, Dorn D, Hanson G. The China Syndrome：Local Labor Market Effects of Import Competition in the United States［J］. American Economic Review，2013，103（6）：2121－2168.

［14］Bertrand M. From the Invisible Handshake to the Invisible Hand？How Import Competition Changes the Employment Relationship［J］. Journal of Labor Economics，2004，22（4）：723－765.

［15］Feenstra R C, Romalis J, Schott P K. US Imports, Exports and Tariff Data, 1989－2001［J］. NBER Working Paper, No. 9387, 2002.

［16］Groizard J L, Ranjan P, Rodriguez-Lopez A. Trade Costs and Job Flows：Evidence from Establishment-Level Data［J］. Economic Inquiry，2015，53（1）：173－204.

［17］Handley K. Exporting under Trade Policy Uncertainty：Theory and Evidence［J］. Journal of International Economics，2014，94（1）：50－66.

[18] Handley K, Limão N. Trade and Investment under Policy Uncertainty: Theory and Firm Evidence [J]. American Economic Journal: Economic Policy, 2015, 7 (4): 189 – 222.

[19] Han J, Liu R, Zhang J. Globalization and Wage Inequality: Evidence from Urban China [J]. Journal of International Economics, 2012, 87 (2): 288 – 297.

[20] Helpman E. The Size of Regions [J]. In Pines D, E Sadka, I Zilcha (eds.). Topics in Public Economics: Theoretical and Applied Analysis [M]. Cambridge University Press, 1998: 33 – 54.

[21] Kovak B. Regional Effects of Trade Reform: What is the Correct Measure of Liberalization? [J]. American Economic Review, 2013, 103 (5): 1960 – 1976.

[22] Milner C, Wright P. Modelling Labour Market Adjustment to Trade Liberalisation in an Industrialising Economy [J]. Economic Journal, 1998, 108 (447): 509 – 528.

[23] Stolper W F, Samuelson P A. Protection and Real Wages [J]. Review of Economic Studies, 1941, 9 (1): 58 – 73.

[24] Xu B, Li W. Trade, Technology, and China's Rising Skill Demand [J]. Economics of Transition, 2008, 16 (1): 59 – 84.

第八章 人力资本扩张与中国国有企业全球价值链位置升级*

第一节 引言和文献综述

2016年11月,商务部等7部门联合下发《关于加强国际合作提高我国产业全球价值链地位的指导意见》,提出了人才政策是提高我国产业全球价值链地位的政策框架之一,并且强调了发挥行业协会、职业培训、高等院校等各类机构的作用。21世纪以来,经济全球化的一个重要特征是产品生产过程被分解为多个阶段,并在不同的国家进行专业化生产,从而形成了全球价值链的国际分工体系。这种全球价值链生产模式的兴起和发展,极大地改变了世界的生产格局和贸易的本质。随着当前全球价值链分工体系的形成不断深化,相关研究也逐渐成熟并主要集中在全球价值链位置研究和增加值来源两个方面。对于行业层面全球价值链位置的测度,主要是利用单国或世界投入产出数据对各国行业的"上游度"或者"下游度"进行测度(Fally, 2012; Antràs et al., 2012; Miller and Ronald, 2017; 倪红福等, 2016)。在微观企业层面,楚等(Chor et al., 2014)率先将中国细分行业层面的"上游度"与海关贸易数据相匹配,得到了中国制造业企业的"进口上游度"和"出口上游度"。唐宜

---

* 本章作者:陈贵富、吴腊梅。

红和张鹏杨（2018）使用 WIOD 数据进一步优化了楚等（2014）的方法，并对中国制造业企业的全球生产链位置进行了详细测算。王振国等（2019）基于能够区分加工贸易的全球区域间投入产出数据，使用链式结构分解方法测算了中国嵌入全球价值链位置并讨论了其变化机制。从增加值来源的视角，胡梅尔斯等（Hummels et al.，2001）首次使用单国投入产出数据定义了垂直专业化，为现有全球价值链的核算提供了思想源泉。约翰逊和诺格拉（Johnson and Noguera，2012）利用多区域投入产出数据提出了双边贸易中增加值核算的方法，并定义了出口增加值率。库普曼等（Koopman et al.，2014）建立了总出口增加值分解的方法，并将胡梅尔斯等（Hummels et al.，2001）、约翰逊和诺格拉（Johnson and Noguera，2012）等提出的核算方法纳入统一框架。在微观企业层面，基和唐（Kee and Tang，2016）使用中国制造业企业和海关贸易数据，首次对企业层面的出口国内增加值率进行了测算和分析。随后，许多学者都基于上述宏微观层面增加值测算方法展开了研究（张杰等，2013；吕越等，2016；李跟强和潘文卿，2016）。

另一支与本章密切相关的文献是关于人力资本对经济增长影响的研究。罗默（Romer，1990）将人力资本和技术发展作为内生增长模型的两个关键因素，分析了它们对经济增长的影响。周少甫等（2013）使用两部门经济增长模型，采用分位数回归方法发现人力资本对经济增长具有显著的促进作用，但这种促进效应在不同分位上存在明显差异。在行业层面，西科内和帕帕约安努（Ciccone and Papaioannou，2009）研究了人力资本与经济增长之间的关系，发现人力资本扩张能够显著促进产业增加值提升和就业人数增长。通过构建具有中间产品种类扩张型的内生技术进步模型，赖明勇等（2005）使用我国 1996~2002 年省级面板数据实证考察了中国经济增长的源泉，发现技术吸收能力的提高、人力资本积累均有利于长期经济的增长。魏下海（2009）研究表明人力资本对全要素生产率的提升存在较弱的即期效应，并且这种效应在东部地区尤为明显。除此之外，也有研究指出人力资本存量和积累的速度都会影响经济的增长（杨建芳等，2006）。经济增长的一个重要方面体现为生产率的增长，钱雪亚和缪仁余（2014）实证考察了人力资本的配置效率对我国省级层面 TFP 的影响；车和张（Che and Zhang，2018）研究表明人力资本扩张能够提高企业的生产率水平，并且人力资本主要是通过促进企业采用新技术实现的。经济增长的另一个重要表现是对外贸易的发展尤其是出口结构的改善和出口国内增加值的提升，毛其淋（2019）和周茂等（2019）分别考察了人力资本扩张对我国加工贸易企业出口升级和城市制造业出口升级的影响。也有研究表明推动我国产业升级的关键在于技术进步，而技术进步的关键则在于人力资本的积累（阳立高等，2018）。

尽管已有研究就人力资本对经济增长的影响展开了讨论，然而大多数文献是在国家或地区层面考察人力资本的作用。更为重要的是，目前还没有学者从微观企业层面讨论人力资本扩张是否会影响企业的全球价值链位置。因此，本章的边际贡献在于：（1）在研究方法上，采用始于 1999 年的"高校扩招"政策对人力资本扩张进行识别，并且使用美国 1980 年行业人力资本密集度进行分组，能够避免可能出现的内生性问题；（2）在全球价值链背景下构建了微观企业层面的指标，首次从微观企业层面，发现人力资本扩张能够促进企业全球价值链位置升级；（3）不仅识别了人力资本对企业全球价值链位置的影响，还系统检验了人力资本扩张对企业全球价值链升级的作用机制，并进一步讨论了不同所有制和不同地区企业价值链位置升级的异质性效应，有助于深化对人力资本扩张与微观企业全球价值链位置之间内在关系的理解。

第二节 政策背景和识别策略

一、政策背景

为了缓解新冠肺炎疫情对经济的负面冲击和减轻高校毕业生的就业压力，2020 年 2 月 28 日在国务院联防联控机制举行的新闻发布会上，教育部宣布全面启动高校扩招政策，明确 2020 年将计划扩招 18.9 万名硕士研究生，并且专升本招生规模拟增加 32.2 万人。事实上，自 1977 年高考制度恢复以来，我国高等教育的招生规模和教育质量取得了稳步发展。教育部于 1999 年 1 月宣布了一项 130 万美元的三年制和四年制大学课程入学计划，全面启动了以高校扩招为核心的一系列高等教育改革措施。始于 1999 年的高校扩张政策导致 2003 年后高等教育人力资本快速增长，这为揭示本章研究的人力资本扩张对企业价值链位置升级效应提供了一次难得的准自然实验。人力资本是影响企业价值链位置变化的重要因素（倪红福和王海成，2019），此次高校扩招政策改革旨在缓解人民日益增长的文化需要同相对落后的社会生产力之间的矛盾，通过扩大招生规模全面提升我国人力资本的数量和质量，因此可将该政策视为外生冲击，即该政策不针对特定的区域、对象或行业，这种外生性也增强了本章对于检验人力资本扩张与中国企业全球价值链位置升级因果效应的可靠性。图 8-1 显示了 1977~2017 年我国大学招生人数和入学率，数据表明 1999 年之前我国高等教育的招生规模几乎没有增长，但是自 1999 年高校扩招政策实施以来，我国高等教育的招生规模得到了显著的提升。相比于 1998 年，2007 年大学入学人数已达 1 884 万人，整整翻了 5.5 倍。当接受过高等教育的人群进入社会后，大大增加了社会整体的人力资本，企业也可以雇用更多优质的劳动力。由此可见，高校扩招政策为本章对于人力资本积累的研究提供了一个良好的准自然实验,政策的外生性也增强了本章对于因果效应识别的可靠性。

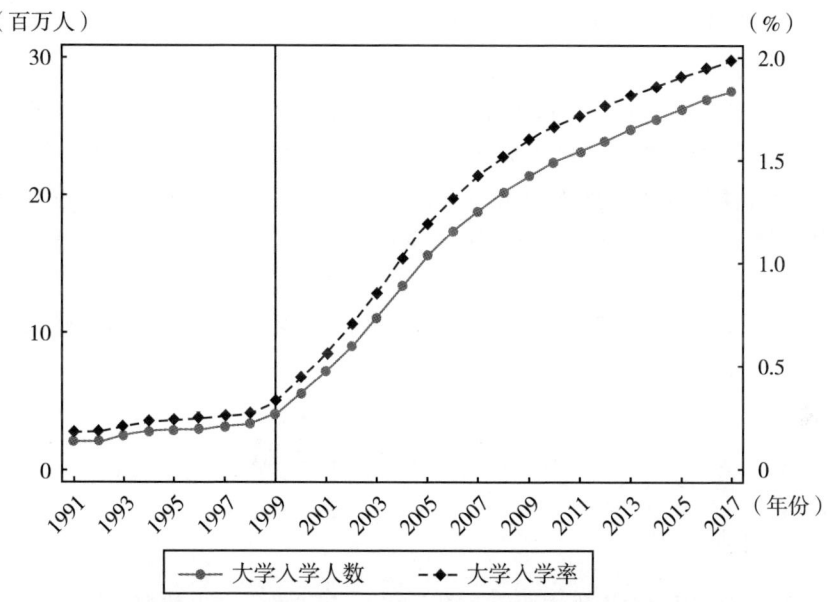

图 8-1 1977~2017 年大学入学率和入学人数

资料来源:中华人民共和国教育部发展规划司. 中国教育统计年鉴(2018)[M]. 北京:中国统计出版社, 2019.

二、识别策略

根据1999年实施的高校扩招这一外生政策冲击,本章采用双重差分法(DID)分析人力资本扩张对我国制造业企业全球价值链位置升级的影响。相对于OLS方法,DID方法可以通过设置控制组进行对比,缓解遗漏变量或互为因果带来的内生性问题,提高因果识别的准确性(Angrist and Pischke,2008)。具体而言,实施高校扩招政策后中国人力资本供给数量实现了高速增长(陈斌开和张川川,2016),而不同行业受到高校扩招政策的冲击也不尽相同(Che and Zhang,2018)。因此,本章可以通过比较高人力资本密集度行业的企业(实验组)与低人力资本密集度行业的企业(对照组)在2003年前后全球价值链位置的差异,识别人力资本扩张与中国制造业企业全球价值链位置的因果关系。本章的实证模型设定如下:

$$GVC\_position_{jft} = \alpha_j + \beta\, Humcap_j \times post03_t + \phi X_{jft} + \lambda_f + \lambda_t + \varepsilon_{jft} \quad (8.1)$$

其中,$GVC\_position_{jft}$是行业j中企业f的全球价值链位置;$Humcap_j$是行业j的人力资本密集度,本章使用 1980 年美国各个行业的人力资本密集度来衡量①(Che and Zhang, 2017)。之所以使用美国行业人力资本密集度作为分组变量主要有以下原因:(1)相对于美国而言,中国的劳动市场通常受到了更为严重的资源配置扭曲,也更容易受到政府政策冲击的干预(Hsieh and Klenow, 2009),直接使用中国的行业资本密集度计算可能会产生偏误;(2)使用 1980 年美国而非中国各个行业的人力资本密集度可以更好地缓解互为因果关系导致的内生性问题;(3)1980 年美国各个行业人力资本密集度与中国各个行业人力资本密集度具有高度相关性。$post03_t$ 是分组变量,$t \geq 2003$ 时取 1,否则取 0;X_{jit} 表示一系列的控制变量,包括企业规模、企业年龄、融资约束、资本劳动比、所属所有制;λ_i 和 λ_t 是企业和时间固定效应;交互项回归系数 β 识别了人力资本扩张对企业全球价值链位置的影响。

第三节 数据和变量

一、数据介绍

本章需要使用的数据库主要有三个。(1)全球投入产出数据库(WIOD,2016 版)。WIOD 涵盖了 2000~2014 年 44 个国家(地区)56 个部门的投入产出数据,根据 WIOD 所描述的国家行业之间的投入产出联系即可以计算国家—行业层面的全球价值链位置。(2)中国工业企业数据库。它包含了 1999~2007 年所有国有工业企业以及规模以上非国有企业,涵盖了丰富的企业层面原始数据,每个企业都拥有 100 多个指标。(3)海关贸易数据库。它包含了企业—产品—目的地层面的贸易数据,主要变量包括企业名称、企业代码、贸易伙伴、贸易方式、产品代码、贸易额和产品数量等,通过匹配企业层面的海关贸易数据与 WIOD 测算得到的行业层面全球价值链位置,可以获得企业层面的全球价值链位置指标。

二、核心变量

本章的被解释变量"全球价值链位置"用企业层面的"上游度"表示。②

---

① 用西科内和帕帕约安努(2009)计算的美国各个行业总人数中高学历劳动者(本科及以上)占比表示。

② 被解释变量可以采用企业层面的"上游度"或"下游度"表示。这里采用上游度基于以下两点原因:首先,结合安特拉斯等(2012)的研究结论,国家—行业层面的上游度和下游度具有高度正相关性;其次,根据倪红福和王海成(2019)的观点,企业上游度实际上是企业出口上游度,是以企业的各种出口产品占企业总出口份额为权重,加权计算得到的企业出口产品所属的产品部门的上游度,因此企业上游度既结合了中国国家—行业价值链上游度,又不会对后面实证部分的进口中间品效应造成内生性问题。

借鉴安特拉斯等（Antràs et al., 2012）的方法，本章使用最新的 WIOD 数据测算了国家—行业层面的全球价值链位置，再将其与中国工业企业数据和海关贸易数据匹配，得到了企业层面的全球价值链位置。借鉴乔尔等（Chor et al., 2014）对微观企业层面全球价值链位置测度的方法，本章测算了 2000～2007 年中国企业的全球价值链位置。① 首先，借鉴安特拉斯等（2012）提出的全球价值链位置测算方法，i 国 r 部门到最终使用部门平均距离，即上游度可以表示为：

$$U_i^r = 1 \times \frac{F_i^r}{Y_i^r} + 2 \times \frac{\sum_{j=1}^{J}\sum_{s=1}^{S} a_{ij}^{rs} F_j^s}{Y_i^r} + 3 \times \frac{\sum_{j=1}^{J}\sum_{s=1}^{S}\sum_{k=1}^{J}\sum_{m=1}^{S} a_{ij}^{rs} a_{jk}^{sm} F_k^m}{Y_i^r} + \cdots \quad (8.2)$$

其中，U_i^r 表示国家—行业层面的全球价值链位置，U_i^r 越大表明 i 国 r 行业距离最终消费部门越远，生产复杂程度越大，所处的全球价值链位置也越高。然后，根据计算所得的国家—行业层面的指标，结合中国海关数据库和工业企业数据库，可以测算微观企业层面的全球价值链位置：

$$GVC\_position_{ift} = \sum_{i=1}^{N} \frac{E_{ift}}{E_{ft}} u_i \quad (8.3)$$

其中，$GVC\_position_{ift}$ 表示企业 f 在第 t 年的全球价值链上游度位置，$E_{ft} = \sum_{i=1}^{N} E_{ift}$ 表示企业 f 在第 t 年的出口总额，E_{ift} 表示企业 f 在 t 年属于部门 i 产品的出口总额，u_i 表示中国 i 部门的上游度。控制变量包括企业规模、年龄、融资约束和资本劳动比，企业规模采用的是企业销售额（取对数），企业年龄是企业当前年份与开业年份的差值（取对数），融资约束的测算采用利息支出除以固定资产（取对数）进行衡量，资本劳动比采用的是企业资本投入与劳动力投入的比率。各变量的描述性统计分析如表 8-1 所示。

表 8-1　　　　　　　　　　变量的描述性统计

变量名称	变量说明	观测值	均值	标准差	最小值	最大值
GVCposition	全球价值链位置	226 750	2.451	0.401	1	4.99
Humcap	人力资本密集度	226 750	0.117	0.058	0.037	0.27
Size	企业规模	226 750	10.611	1.333	0	19.047

---

① 此处仅计算了 2000～2007 年中国制造业企业的全球价值链位置。主要基于以下考虑：一般而言，1998～2007 年中国工业企业数据库的质量较高，与最新的 WIOD（2016 版）及 2000～2015 年的中国海关数据进行匹配，可以得到 2000～2007 年中国制造业企业的全球价值链位置指标。

续表

变量名称	变量说明	观测值	均值	标准差	最小值	最大值
Age	企业年龄	226 750	1.865	0.812	0	7.498
$Financial\_con$	融资约束	226 750	-3.441	1.471	-13.191	6.835
Kl	资本劳动比	226 750	3.739	1.37	-7.113	11.657

第四节 实证检验

一、基准回归

表8-2报告了实证模型（8.1）的回归结果。其中，第（1）列仅控制了企业固定效应和时间固定效应，所关注解释变量 $Humcap \times post03$ 的估计系数 β 为正且在1%的水平上显著，表明高校扩招政策的实施使受到更大政策冲击的高人力资本密集度行业相较于低人力资本密集度的行业，企业的全球价值链位置在高校扩招政策实施后得到了更大程度的提升，初步验证了人力资本扩张能够促进企业全球价值链位置升级。第（2）列为加入企业层面控制变量的回归结果，在控制了企业规模、企业融资约束和资本劳动比等企业层面变量后，β 的估计值仍然显著为正，表明在控制了可能影响企业全球价值链位置升级的因素后，人力资本扩张对企业全球价值链位置升级的促进作用仍然存在。第（3）列为加入企业所有制类型虚拟变量的回归结果，估计的系数值和显著性依然稳健。此外，考虑到企业的全球价值链位置升级可能受特定区域政策和区域时间特定的冲击等因素的影响，第（4）列至第（6）列加入省份×时间固定效应，所关注系数的估计值依然显著为正，进一步论证了本章的基本假设：人力资本扩张促进了企业全球价值链位置升级。另外，本章余下部分将表8-2第（6）列的回归作为基准结果。

表8-2 人力资本扩张对企业全球价值链位置升级的影响

变量	(1)	(2)	(3)	(4)	(5)	(6)
	$GVCposition$	$GVCposition$	$GVCposition$	$GVCposition$	$GVCposition$	$GVCposition$
$Humcap \times post03$	0.374***	0.417***	0.417***	0.364***	0.402***	0.402***
	(4.754)	(4.560)	(4.557)	(4.687)	(4.394)	(4.393)
控制变量	NO	YES	YES	NO	YES	YES

续表

变量	(1) GVCposition	(2) GVCposition	(3) GVCposition	(4) GVCposition	(5) GVCposition	(6) GVCposition
所有制类型	NO	NO	YES	NO	NO	YES
企业固定效应	YES	YES	YES	YES	YES	YES
时间固定效应	YES	YES	YES	YES	YES	YES
省份×时间固定效应	NO	NO	NO	YES	YES	YES
Constant	2.412*** (334.586)	2.379*** (75.671)	2.381*** (75.050)	2.413*** (339.282)	2.388*** (77.535)	2.390*** (76.453)
Observations	199 424	110 564	110 564	199 419	110 561	110 561
R^2	0.9476	0.9515	0.9515	0.9480	0.9520	0.9520

注：***、**和*分别表示在1%、5%和10%水平上显著，括号内为t值，并且标准误聚类在行业层面。

二、DID有效性检验以及其他冲击的影响

1. 平行趋势假设检验

双重差分法在一定程度上解决了内生性问题，但是DID方法的实施需要满足一定的假设，其中最重要的是平行趋势假设，即实验组和控制组在实际政策冲击前应具有相似的发展趋势。为了检验平行趋势假设是否成立，本章将回归式（8.1）中的虚拟变量 $post$03 替换为各个年份的时间虚拟变量 $year\_dummy$（其中2000年作为基准年）。表8-3和图8-2显示的动态升级效应的估计结果表明，2002年交互项的估计系数为负且不显著，在实际冲击发生的2003年人力资本扩张对企业全球价值链位置升级的影响开始变为正，且从2004年开始交互项的系数估计值在数量上明显更大且十分显著。对此，可能的解释是，在起始于1999年的扩招政策驱动下最早一批入职的高校毕业生是在2003年7月以后，因此人力资本扩张对企业价值链位置的实际影响至少是2003年下半年以后。此外，企业价值链位置升级效应在2004年后呈现逐渐增强的趋势。总体而言，实验组（高人力资本密集度行业中的企业）和对照组（低人力资本密集度行业中的企业）企业的价值链位置升级的差异在实际政策发生的2003年之前并不明显，而在2003年尤其是2004年以后，实验组和控制组中企业的价值链位置升级效应呈现明显分化，这表明本章使用的DID方法满足平行趋势假设。

表8-3　　　　2001~2007年人力资本扩张的动态升级效应回归结果

变量	(1) GVCposition	(2) GVCposition	(3) GVCposition	(4) GVCposition	(5) GVCposition	(6) GVCposition
$Humcap \times Year2001$	-0.241*** (-3.114)	-0.260*** (-3.260)	-0.260*** (-3.259)	-0.244*** (-3.113)	-0.263*** (-3.296)	-0.263*** (-3.296)
$Humcap \times Year2002$	-0.146 (-1.101)	-0.204 (-1.540)	-0.204 (-1.541)	-0.142 (-1.058)	-0.190 (-1.442)	-0.190 (-1.442)
$Humcap \times Year2003$	0.105* (1.840)	0.092 (1.559)	0.092 (1.554)	0.099* (1.742)	0.088 (1.503)	0.087 (1.499)
$Humcap \times Year2004$	0.287*** (2.949)	0.278*** (2.904)	0.278*** (2.903)	0.274*** (2.859)	0.261*** (2.771)	0.261*** (2.770)
$Humcap \times Year2005$	0.406*** (3.927)	0.425*** (4.032)	0.425*** (4.032)	0.394*** (3.858)	0.409*** (3.899)	0.409*** (3.900)
$Humcap \times Year2006$	0.361*** (3.696)	0.435*** (3.907)	0.435*** (3.904)	0.355*** (3.682)	0.425*** (3.839)	0.425*** (3.839)
$Humcap \times Year2007$	0.417*** (3.797)	0.511*** (3.823)	0.511*** (3.822)	0.407*** (3.693)	0.496*** (3.689)	0.496*** (3.689)
控制变量	NO	YES	YES	NO	YES	YES
所有制类型	NO	NO	YES	NO	NO	YES
企业固定效应	YES	YES	YES	YES	YES	YES
时间固定效应	YES	YES	YES	YES	YES	YES
省份×时间固定效应	NO	NO	NO	YES	YES	YES
Constant	2.419*** (328.761)	2.394*** (80.684)	2.397*** (80.279)	2.420*** (332.282)	2.404*** (85.914)	2.406*** (84.960)
Observations	199 424	110 564	110 564	199 419	110 561	110 561
R^2	0.9478	0.9518	0.9518	0.9482	0.9522	0.9523

注：***代表在1%水平上显著。

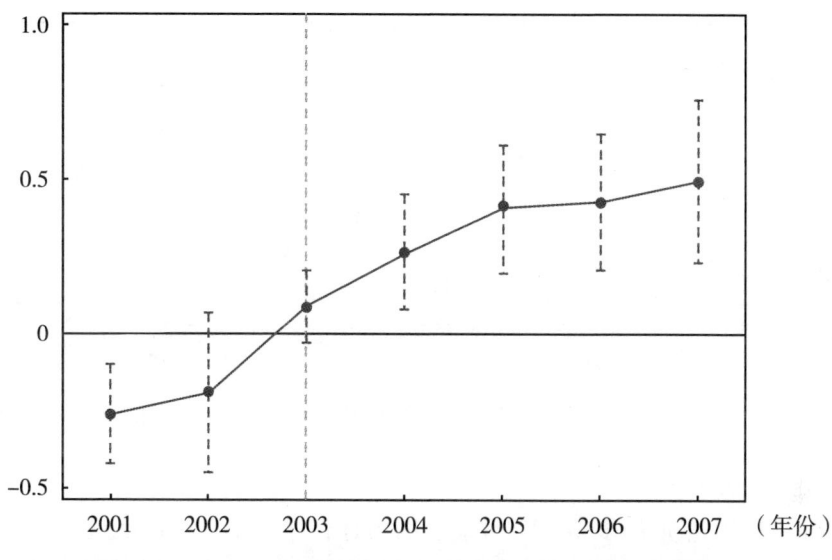

图 8-2　2001~2007 年人力资本扩张的动态升级效应

注：图中虚线部分是交互项 $Humcap_j \times year\_dummy$ 的估计系数值。

2. 安慰剂检验

为了验证本章 DID 识别策略的有效性，即在政策冲击前后企业价值链位置变动确实是由人力资本扩张这一政策因素而不是由其他不可观测因素的影响导致的，本章进行了安慰剂检验。借鉴拉费拉拉等（La Ferrara et al.，2012）、刘和陆（Liu and Lu，2015）以及周茂等（2019）的安慰剂检验方法，本章使用生成的随机政策冲击对特定行业冲击 500 次，该随机过程并不会对企业价值链位置产生实际效应。图 8-3 显示经过 500 次随机冲击处理以后交互项的系数估计值和对应的 t 值都主要集中在 0 附近，即估计系数接近 0 且不显著。这表明在计算机生成的随机政策冲击下，人力资本扩张促进企业价值链位置升级效应将不再成立，即高校扩张带来的人力资本扩张确实显著推动了企业价值链位置升级。

3. 控制时间—产业趋势

为了控制无法观测的产业特定因素对企业全球价值链位置的影响，本章借鉴刘和丘（Liu and Qiu，2016）的方法，将产业层面特定线性时间趋势项 $\phi_j \times t$ 作为控制变量纳入回归方程。表 8-3 第（1）列显示在控制了不可观测的产业特定影响因素后，$Humcap \times post03$ 的估计系数仍然显著为正，这表明在控制了时间—产业趋势后本章的结果依然稳健。

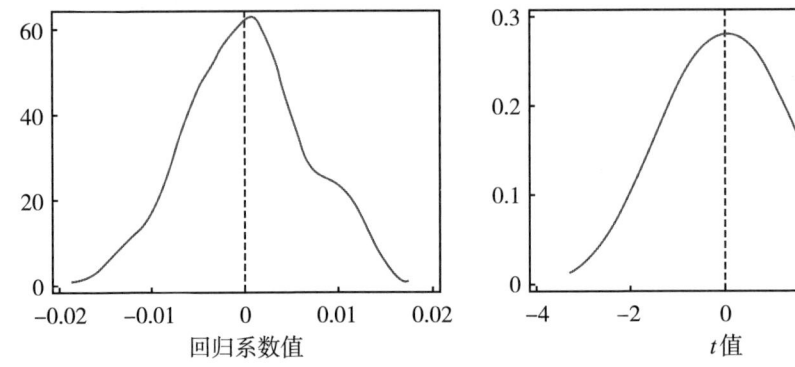

图 8-3　随机处理后的系数估计值和 t 值的分布

4. 两期 DID 模型

基准回归中采取的多期 DID 可能会因为存在序列相关性问题进而扩大估计系数的显著性（Bertrand et al.，2004）。为了处理序列相关问题，本章采用了两期 DID 模型。以政策冲击实际发生的 2003 年为界限将样本划分为两个时间段，并分别对两个时间段的企业变量求平均值以构造两期 DID 样本。从表 8-3 第（2）列的回归结果可以看出，结论与基准回归结果一致。

5. 预期效应

为了验证对照组和实验组在没有外在政策影响时具有相同的发展趋势，本章进一步实施了预期效应检验，即检验在实际政策冲击之前没有形成有效预期。在基准回归中加入 $Humcap \times year02$ 这一项，其中 $year02$ 为实际政策冲击发生前一年的年份虚拟变量。表 8-3 第（3）列显示交互项 $Humcap \times year02$ 的估计系数很小且并不显著，表明预期效应并不存在，从而有效保证政策的外生性。重要的是，所关注主要变量的估计系数与基准回归结果相比没有发生实质变化。

6. 贸易自由化的影响

考虑到除受人力资本扩张的影响外，企业价值链位置升级可能还会受到同期其他政策冲击的影响。首先是 2001 年末中国正式加入 WTO 这一宏观政策冲击加速了中国贸易自由化进程，由此导致的产出关税和投入品关税的下降会带来企业进出口的增加，进而影响企业的 R&D（田巍和余淼杰，2014）。但是，不同行业会受到非对称影响，如果中国加入 WTO 这一事件对企业全球价值链位置升级的影响存在迟滞效应或者人力资本密度更大的行业受到的冲击更大，那么基准回归的估计结果将存在上行偏差。因此，本章对贸易自由化效应进行控制。表 8-3 第（4）列和第（5）列分别控制了行业层面的产出关税和投入关税，回归结果显示考虑到贸易自由化后所关注变量 $Humcap \times post03$ 的估计系数依然显著为正。

7. 外资自由化和国有制改革的影响

除了中国加入 WTO 这一政策冲击以外，同期发生的重大改革政策还包括外资进入限制放松和国有制改革，因此需要考虑这些政策对企业全球价值链位置升级的潜在影响。参照陆和于（Lu and Yu，2015）的做法，本章采用行业中外资企业占比衡量外资自由化程度；借鉴白重恩等（2006）的做法，用非国有资本占总资本的比例来衡量国有制改革。第（6）列和第（7）列分别控制了外资自由化程度和国有制改革，估计结果表明考虑了同期潜在的其他政策冲击后，交互项的估计系数与基准结果保持一致，再次论证了人力资本扩张促进企业全球价值链位置升级的结论。

8. 企业进入退出的影响

样本期间内企业进入退出导致的资源再配置效应可能会影响企业行为（Melitz，2003），为了准确刻画人力资本扩张对企业全球价值链位置升级的作用机制，本章还考虑了企业进入退出的影响。表 8-4 第（9）列的估计中仅保留样本期间内持续存在的企业，交互项 $Humcap \times post03$ 的估计系数与基准回归结果相比由 0.402 提升至 0.591，表明人力资本扩张对持续存在企业的价值链位置提升幅度更大。

三、稳健性检验

前文的研究结论证实了本章提出的基本研究假说，即人力资本扩张促进了企业全球价值链位置升级。为了验证这一结论的稳健性，本章将前文使用的 1980 年美国行业人力资本密集度替换为 1995 年中国行业人力资本密集度进行稳健性检验，选取实际政策冲击发生之前的 1995 年在一定程度上能够缓解内生性问题。表 8-5 报告了稳健性检验的结果，其中第（1）列作为使用 1995 年中国行业人力资本密集度的基准回归结果；第（2）列控制了产业线性时间趋势；第（3）列是两期 DID 回归；第（4）列至第（7）列分别控制了中国加入 WTO、外资自由化和国有制企业改革的影响；第（7）列同时控制了同时期其他 3 项政策冲击的影响；第（9）列控制了企业进入退出的影响。由表 8-4 回归结果可知，交互项 $Humcap\_CHN \times post03$ 的估计系数均显著为正，表明按照不同方法测算人力资本密集度并不会改变本章的研究结论，即人力资本扩张确实促进了企业全球价值链位置升级。

表 8-4 DID 有效性检验及其他冲击的影响

变量	(1) 产业时间趋势	(2) 两期 DID	(3) 预期效应	(4) 控制行业产出关税	(5) 控制行业投入关税	(6) 外资自由化	(7) 国有制改革	(8) 所有政策冲击	(9) 持续生存企业
Humcap × post03	0.402*** (4.393)	0.632*** (4.533)	0.385*** (4.554)	0.406*** (4.829)	0.311*** (3.486)	0.398*** (4.368)	0.402*** (4.397)	0.313*** (3.482)	0.591*** (5.387)
Humcap × year02			−0.067 (−0.640)						
行业产出关税				−0.000 (−0.179)				−0.007** (−2.386)	
行业投入品关税					0.013*** (2.987)			0.023*** (3.537)	
外资自由化						−0.005 (−1.406)		−0.008** (−2.339)	
国有制改革							−0.007 (−0.790)	−0.006 (−0.728)	
产业时间趋势	YES	NO	NO	NO	NO	NO	NO	NO	NO
控制变量	YES	YES	YES	YES	YES	YES	YES	YES	YES
所有制类型	YES	YES	YES	YES	YES	YES	YES	YES	YES
企业固定效应	YES	YES	YES	YES	YES	YES	YES	YES	YES
时间固定效应	YES	YES	YES	YES	YES	YES	YES	YES	YES
省份×时间固定效应	YES	YES	YES	YES	YES	YES	YES	YES	YES
Constant	2.390*** (76.453)	2.265*** (38.119)	2.392*** (79.726)	2.394*** (57.427)	2.323*** (50.133)	2.412*** (77.523)	2.397*** (75.686)	2.384*** (59.418)	2.478*** (50.642)
Observations	110561	19334	110561	110511	110511	109981	110561	109931	15140
R^2	0.9520	0.9558	0.9520	0.9521	0.9524	0.9521	0.9520	0.9529	0.9416

注：***，** 分别表示在 1%，5% 水平上显著。

表 8-5 稳健性检验

变量	(1) 基准回归	(2) 产业时间趋势	(3) 两期DID	(4) 行业产出关税	(5) 行业投入品关税	(6) 外资自由化	(7) 国有制改革	(8) 所有政策冲击	(9) 持续生存企业
$Humcap\_CHN \times post03$	0.299* (1.945)	0.304** (1.975)	0.554** (2.129)	0.289** (2.219)	0.142 (1.010)	0.299* (1.959)	0.299* (1.947)	0.160 (1.167)	0.474** (2.397)
行业产出关税				0.001 (0.223)				−0.007** (−2.406)	
行业投入品关税					0.016*** (3.519)			0.025*** (4.039)	
外资自由化						−0.005 (−1.322)		−0.009** (−2.445)	
国有制改革							−0.006 (−0.734)	−0.006 (−0.676)	
产业时间趋势	NO	(−1.350)	NO	NO	NO	NO	NO	NO	NO
控制变量	YES	YES	YES	YES	YES	YES	YES	YES	YES
所有制类型	YES	YES	YES	YES	YES	YES	YES	YES	YES
企业固定效应	YES	YES	YES	YES	YES	YES	YES	YES	YES
时间固定效应	YES	YES	YES	YES	YES	YES	YES	YES	YES
省份×时间固定效应	YES	YES	YES	YES	YES	YES	YES	YES	YES
Constant	2.411*** (79.985)	2.752*** (10.699)	2.283*** (37.153)	2.406*** (56.017)	2.328*** (50.791)	2.434*** (79.318)	2.417*** (79.266)	2.391*** (59.953)	2.495*** (49.951)
Observations	110561	110561	19350	110511	110511	109981	110561	109931	15140
R^2	0.9516	0.9516	0.9536	0.9517	0.9522	0.9518	0.9516	0.9526	0.9401

注：***、** 和 * 分别表示在1%、5%和10%水平上显著。

第五节 人力资本推动企业全球价值链位置升级的影响机制分析

人力资本扩张主要通过"中间品进口效应"和"创新驱动效应"提升企业的全球价值链位置升级。具体而言,一方面,高技能劳动力与高质量中间投入品具有互补性,即人力资本对企业生产的推动力必须与物质资本相结合才能得到良好发挥(Acemoglu and Zilibotti,2001),因此高技术劳动力与高质量进口品的匹配程度会影响经济效率("人力资本结构研究"课题组,2012;许岩等,2017)。另一方面,进口中间品尤其是从发达国家进口高质量中间品,对企业价值链位置可能存在两个不同方向的影响:一是企业在进口中间品过程中可以通过"学习效应"(钱学锋等,2011)和"促竞争效应"实现价值链位置升级;二是企业可能在嵌入全球价值链过程中受到发达国家企业主导从而被动陷入"低端锁定"的困境(王玉燕等,2014),因此,人力资本扩张如何通过"中间品进口效应"影响企业全球价值链位置升级的机制有待进一步验证。此外,人力资本是企业开展产品与生产工艺创新的主体,人力资本会通过直接效应和溢出效应对企业创新产生影响。直接效应表现为高素质劳动力有更强的创新能力和效率,间接的溢出效应则表现为高素质劳动力对知识创新和技术创新的加速传播和扩散作用。

一、中间品进口效应

国内外关于人力资本与进口中间品之间关系的代表性观点主要分为两类。一些学者认为高技能劳动力与从发达国家进口中间品之间是相互替代关系(Falvey et al.,2010;Atkin,2016;盛斌和马涛,2008;张川川,2015),另一些学者则认为在人力资本与价值链分工上企业进口中间品之间是互补关系(喻美辞和熊启泉,2012),即企业高技能劳动力比例的增加有助于诱发企业投入高质量的中间品(Redding,1996;Acemoglu et al.,2007;Che and Zhang,2018)。为了厘清人力资本扩张通过进口中间品作用于企业全球价值链位置的机制,本章从中间品进口数量和中间品进口质量两个维度衡量中间品进口效应。表8-5第(1)、第(2)列是用中间品进口额衡量进口中间品效应的回归结果,交互项 $Humcap \times post03$ 的系数估计值显著为正,表明人力资本扩张通过促进企业进口中间品实现企业的价值链位置升级。考虑到进口来源国差异直接导致中间品进口质量的不同,而高质量的进口中间品更有可能和企业高技能劳动力形成互补，因此表8-6第（3）、第（4）列进一步考虑了进口来源国差异，① 用从高收入国家进口中间品进行分析，结果表明人力资本扩张显著提升了高质量中间品进口，验证了人力资本与高质量中间品进口具有互补性的猜测。为了考察中间品进口这一渠道机制的稳健性，本章用进口额作为代理变量进行了进一步分析，第（5）、第（6）列结果表明，不同类别的中间品进口衡量方式并不影响本章的结论，即人力资本扩张通过进口中间品特别是高质量中间品显著促进了企业全球价值链位置升级。

表8-6　　　　　　　人力资本扩张的中间品进口效应

变量	(1) 中间品进口额	(2) 中间品进口额	(3) 高质量中间品进口	(4) 高质量中间品进口	(5) 进口额	(6) 进口额
$Humcap \times post03$	1.235** (2.225)	1.235** (2.225)	2.309*** (4.187)	1.778*** (3.662)	1.834*** (3.063)	1.237** (2.227)
控制变量	NO	YES	NO	YES	NO	YES
所有制类型	NO	YES	NO	YES	NO	YES
企业固定效应	YES	YES	YES	YES	YES	YES
时间固定效应	YES	YES	YES	YES	YES	YES
省份×时间固定效应	NO	YES	NO	YES	NO	YES
$Constant$	5.225*** (12.523)	5.225*** (12.523)	11.886*** (268.683)	4.169*** (8.136)	12.384*** (256.841)	5.217*** (12.463)
$Observations$	42 529	42 529	85 311	42 529	85 311	42 529
R^2	0.8689	0.8689	0.8199	0.8263	0.8602	0.8687

注：***、**分别表示在1%、5%水平上显著。

二、创新驱动效应

人力资本扩张对产业创新具有正向促进作用（Grimpe and Sofka，2009；

---

① 在识别中间品进口时，本章首先使用了HS与BEC编码的转化表，得到企业产品对应的BEC编码。其次，结合《联合国广义经济分类》，将BEC编码为111、121、21、22、31、322、42、53的产品识别为中间品。另外，根据世界银行指标数据库（World Bank Indicator）的收入水平可以对海关数据库中的贸易伙伴进行分类。

Chemmanur et al., 2015; Sun and Li, 2017; 姚东旻等, 2017)。受此启发, 本章进一步考虑了人力资本扩张通过促进企业创新活动进而提升企业全球价值链位置, 即高技能劳动力具有更强的研发 (R&D) 能力, 因此人力资本扩张会增强企业的研发投入 (Che and Zhang, 2017), 以更好地匹配优质劳动力, 进而推动企业价值链位置升级。

本章从企业创新数量和创新质量两个维度衡量企业的创新活动。(1) 在企业创新数量方面, 本章用企业的研发投入 R&D 衡量企业的创新活动。此外, 利用国家知识产权局的专利数据, 分别用企业的创新决策 (是否申请专利) 和创新总量 (申请专利总数) 衡量企业创新。由表 8-7 第 (1)~(3) 列可知, 在数量维度三种方法衡量的企业创新活动中, 交互项 $Humcap \times post03$ 的估计系数都显著为正, 表明人力资本扩张确实显著提升了企业创新数量。

表 8-7　　　　　　　　　　　人力资本扩张的创新驱动效应

变量	(1) RD	(2) 创新决策	(3) 创新总量 $\ln(patent+1)$	(4) 外观设计型专利（低质量）	(5) 实用新型专利（中质量）	(6) 发明型专利（高质量）
$Humcap \times post03$	0.771** (2.021)	0.098** (2.507)	0.122* (1.676)	-0.104** (-2.457)	0.181*** (3.833)	0.077* (1.683)
控制变量	YES	YES	YES	YES	YES	YES
所有制类型	YES	YES	YES	YES	YES	YES
企业固定效应	YES	YES	YES	YES	YES	YES
时间固定效应	YES	YES	YES	YES	YES	YES
省份×时间固定效应	YES	YES	YES	YES	YES	YES
Constant	-2.796*** (-6.304)	-0.146*** (-3.854)	-0.319*** (-4.514)	-0.116*** (-2.752)	-0.148*** (-4.065)	-0.180*** (-3.825)
Observations	82 581	110 561	110 561	110 561	110 561	110 561
R^2	0.7822	0.6139	0.6920	0.6258	0.6566	0.6953

注: ***、**和*分别表示在1%、5%和10%水平上显著。

（2）根据国家知识产权局的专利分类方法，① 本章分别考虑了人力资本扩张对企业不同专利类型即创新质量的异质性影响。表8-7第（4）~（6）列的分析结果表明，人力资本扩张对外观设计型专利的影响显著为负，这可能是由于外观设计型专利相对技术含量低，而高技能劳动力主要投入企业关键技术和高精尖创新活动中；人力资本对实用新型专利和发明型专利的影响均显著为正，表明人力资本扩张对企业创新质量有显著提升。

第六节 异质性检验

一、企业所有制

对于所有企业平均而言，人力资本扩张能够显著促进企业的全球价值链位置升级，但是不同所有制企业在经历"高校扩招"政策后由于自身发展阶段和所面临的宏观融资约束的差异，可能采取不同的决策行为。表8-8第（1）列至第（3）列分别报告了国有企业、外资企业和民营企业作为子样本的回归结果。从结果来看，不同所有制企业子样本的回归中，交互项 $Humcap \times post03$ 的估计系数均在统计上显著，但是效应的大小和显著性存在异质性。具体而言，人力资本扩张对国有企业的价值链位置升级的影响最大，其次是外资企业，效应最小的是民营企业。这表明"高校扩张"导致的人力资本扩张对不同所有制企业全球价值链位置升级的影响的确存在差异，对此可能的解释是，国有企业由于自身发展和改革的内在需要对高技能劳动力的需求大，此外由于面临较小的融资约束因而也有能力雇用大量的高校毕业生，因此国有企业的人力资本积累通过中间品进口效应和创新驱动效应对企业价值链位置升级产生更大的影响；外资企业一般拥有雄厚的资金实力，并且有更多渠道从发达国家进口中间品以及进行创新活动的效率可能更高，因此雇用高技能劳动力对企业价值链位置升级的提升作用相对较强；而民营企业自身面临较大的融资约束以及对高校毕业生吸引力较弱，因此通过人力资本积累对企业价值链位置升级的促进作用也相对较小。

二、所属地区

中国不同地区的高校分布存在显著差异，并且不同地区的经济发展水平差距对高校毕业生的吸引程度存在差异，因此，高校扩招导致不同地区人力资本供给

---

① 国家知识产权局将企业的专利划分为外观设计型专利、实用新型专利和发明型专利三大类。总体而言，外观设计型专利的技术水平最低，其次是实用新型专利，技术含量最高的是发明型专利。

存在一定差异。那么，企业所属地区差异是否导致人力资本扩张对企业价值链位置升级的异质性影响？据此，本章根据企业所属区域将总样本中的企业划分为东部地区企业、中部地区企业和西部地区企业。① 表8-8第（4）~（6）列分别汇报了三类子样本企业人力资本扩张对企业价值链位置升级的影响，其中东部地区企业人力资本扩张对价值链位置升级的促进作用最大，其次是中部地区企业，而西部地区企业作为子样本的回归中交互项 $Humcap \times post03$ 的估计系数为正但是不显著。对此可能的解释是，中国东部和中部地区的高校分布相对较多，因此这些地区面临更大的高校毕业生的供给冲击，并且这些高校毕业生也更愿意选择经济较发达的东部地区和次发达的中部地区；而西部的高校分布较少且对高校毕业生的吸引力较弱，从而导致这种效应不显著。

表8-8　　　　　　　　　　异质性检验

变量	（1）国有企业	（2）外资企业	（3）民营企业	（4）东部地区企业	（5）中部地区企业	（6）西部地区企业
$Humcap \times post03$	0.664*** (3.896)	0.359*** (4.036)	0.210** (2.386)	0.405*** (4.432)	0.389*** (3.064)	0.381 (1.642)
控制变量	YES	YES	YES	YES	YES	YES
所有制类型	NO	NO	NO	YES	YES	YES
企业固定效应	YES	YES	YES	YES	YES	YES
时间固定效应	YES	YES	YES	YES	YES	YES
省份×时间固定效应	YES	YES	YES	YES	YES	YES
$Constant$	2.519*** (14.213)	2.421*** (80.681)	2.377*** (53.475)	2.379*** (82.031)	2.493*** (28.910)	2.502*** (15.538)
$Observations$	4 055	58 223	25 902	97 191	8 698	4 124
R^2	0.9327	0.9507	0.9605	0.9496	0.9621	0.9551

注：*** 表示在1%水平上显著。

---

① 将中国各省（区、市）按照区域划分为东部、中部和西部地区。其中，东部地区包括北京、天津、河北、辽宁、上海、江苏、浙江、福建、山东、广东和海南11个省（市）；中部地区包括山西、内蒙古、吉林、黑龙江、安徽、江西、河南、湖北、湖南、广西10个省（区）；西部地区包括重庆、四川、贵州、云南、西藏、陕西、甘肃、青海、宁夏、新疆9个省（区、市）。

第七节　结论和政策建议

1999 年教育部出台的《面向 21 世纪教育振兴行动计划》，拉开了高等教育扩招的序幕。但高校扩招政策一直以来备受争议，一些学者认为高校扩招会使高等教育从"精英式教育"变为"大众式教育"，并直接导致了现在大学生"就业难"等问题。本章使用我国在 1999 年实施的"大学扩招"这一外生政策冲击构造准自然实验，采用 DID 方法研究了人力资本扩张对中国制造业企业全球价值链位置的影响。研究发现，高校扩招带来的人力资本扩张显著提升了我国制造业企业的全球价值链位置，在进行一系列的稳健性检验后结果依然成立。此外，人力资本扩张可以通过对外贸易的"中间品进口效应"和企业内部的"创新驱动效应"共同推动价值链位置升级。本章的异质性检验分析表明，相对于西部地区而言，人力资本扩张对东、中部地区企业价值链位置升级的促进作用更为显著，另外人力资本对国有企业、外资企业和民营企业全球价值链位置的升级效应逐渐减弱。本章用丰富的微观企业数据系统地检验了人力资本扩张对我国全球价值链位置的影响及其作用机制，有助于深化对人力资本扩张与微观企业表现内在关系的理解。

本章的研究对于如何推动我国国有企业全球价值链位置升级具有重要意义。（1）对于政府而言，需要继续推动高等教育改革，特别是注重高等教育的质量，虽然大学扩招政策已经实施了 20 多年，中国高等教育的招生规模也在不断上升，但是在教育质量上与发达国家还存在一定差距，这就要求在实施大学扩招政策的同时更加重视高等教育的质量，以高质量的人力资本促进经济高质量发展。（2）本章的研究表明不同地区在人力资本促进我国国有企业全球价值链位置升级中存在明显差异，政府应该根据区域特征制定差异化的产业政策，实现人力资本与区域特征相匹配，最大化地促进我国国有企业全球价值链位置的升级。对于企业而言，企业在加强人力资本建设的同时，需要做好中间产品、物质资本和生产要素等的配套工作，大力发挥"中间品进口效应"在我国国有企业价值链位置升级中的促进作用。（3）企业需要特别注重人力资本积累，特别是高技能的人力资本，大力激发创新这个"第一动力"，以创新驱动价值链位置升级。

基于本章的研究，还可以作以下拓展研究：（1）可以基于增加值视角衡量企业的全球价值链位置以进一步验证本章的研究结论，如借鉴基和唐（2016）的做法，用企业的出口国内增加值率的变化来衡量企业的价值链升级；（2）全球价值链位置可以进一步分解为"纯国内部分"和"国际部分",① 人力资本扩张确实促进了企业全球价值链位置升级,但是对不同部分的影响是否存在异质性,也是今后可以继续研究的一个方向。

参考文献

[1] 白重恩,路江涌,陶志刚. 国有企业改制效果的实证研究 [J]. 经济研究, 2006 (8): 4-13, 69.

[2] 陈斌开, 张川川. 人力资本和中国城市住房价格 [J]. 中国社会科学, 2016 (5): 43-64, 205.

[3] 赖明勇, 张新, 彭水军, 包群. 经济增长的源泉:人力资本、研究开发与技术外溢 [J]. 中国社会科学, 2005 (2): 32-46, 204-205.

[4] 李跟强, 潘文卿. 国内价值链如何嵌入全球价值链:增加值的视角 [J]. 管理世界, 2016 (7): 10-22, 187.

[5] 吕越, 罗伟, 刘斌. 融资约束与制造业的全球价值链跃升 [J]. 金融研究, 2016 (6): 81-96.

[6] 毛其淋. 人力资本推动中国加工贸易升级了吗?[J]. 经济研究, 2019, 54 (1): 52-67.

[7] 倪红福, 龚六堂, 夏杰长. 生产分割的演进路径及其影响因素——基于生产阶段数的考察 [J]. 管理世界, 2016 (4): 10-23, 187.

[8] 倪红福, 王海成. 企业在全球价值链中的位置及其变化——基于中国微观企业的实证分析 [J]. 经济研究工作论文, 2019.

[9] 钱学锋, 王菊蓉, 黄云湖, 王胜. 出口与中国工业企业的生产率——自我选择效应还是出口学习效应?[J]. 数量经济技术经济研究, 2011, 28 (2): 37-51.

[10] 钱雪亚, 缪仁余. 人力资本、要素价格与配置效率 [J]. 统计研究, 2014, 31 (8): 3-10.

[11] "人力资本结构研究"课题组. 人力资本与物质资本的匹配及其效率影响 [J]. 统计研究, 2012, 29 (4): 32-38.

[12] 盛斌, 马涛. 中间产品贸易对中国劳动力需求变化的影响:基于工业部门动态面板数据的分析 [J]. 世界经济, 2008 (3): 12-20.

[13] 唐宜红, 张鹏杨. 中国企业嵌入全球生产链的位置及变动机制研究 [J]. 管理世界, 2018, 34 (5): 28-46.

[14] 田巍, 余淼杰. 中间品贸易自由化和企业研发:基于中国数据的经验分析 [J]. 世

---

① 倪红福等 (2016) 将生产阶段数即下游度分解为"国内生产阶段数"和"国际生产阶段数"。王等 (Wang et al., 2017) 将全球价值链位置分解为"纯国内部分"、"传统李嘉图部分"和"GVC 部分"。

界经济，2014，37（6）：90 – 112.

[15] 王玉燕，林汉川，吕臣. 全球价值链嵌入的技术进步效应——来自中国工业面板数据的经验研究［J］. 中国工业经济，2014（9）：65 – 77.

[16] 王振国，张亚斌，单敬，黄跃. 中国嵌入全球价值链位置及变动研究［J］. 数量经济技术经济研究，2019，36（10）：77 – 95.

[17] 魏下海. 贸易开放、人力资本与中国全要素生产率——基于分位数回归方法的经验研究［J］. 数量经济技术经济研究，2009，26（7）：61 – 72.

[18] 许岩，曾国平，曹跃群. 中国人力资本与物质资本的匹配及其时空演变［J］. 当代经济科学，2017，39（2）：21 – 30，124.

[19] 阳立高，龚世豪，王铂，晁自胜. 人力资本、技术进步与制造业升级［J］. 中国软科学，2018（1）：138 – 148.

[20] 杨建芳，龚六堂，张庆华. 人力资本形成及其对经济增长的影响——一个包含教育和健康投入的内生增长模型及其检验［J］. 管理世界，2006（5）：10 – 18，34，171.

[21] 姚东旻，宁静，韦诗言. 老龄化如何影响科技创新［J］. 世界经济，2017，40（4）：105 – 128.

[22] 喻美辞，熊启泉. 中间产品进口、技术溢出与中国制造业的工资不平等［J］. 经济学动态，2012（3）：55 – 62.

[23] 张川川. 出口对就业、工资和收入不平等的影响——基于微观数据的证据［J］. 经济学（季刊），2015，14（4）：1611 – 1630.

[24] 张杰，陈志远，刘元春. 中国出口国内附加值的测算与变化机制［J］. 经济研究，2013，48（10）：124 – 137.

[25] 周茂，李雨浓，姚星，陆毅. 人力资本扩张与中国城市制造业出口升级：来自高校扩招的证据［J］. 管理世界，2019，35（5）：64 – 77，198 – 199.

[26] 周少甫，王伟，董登新. 人力资本与产业结构转化对经济增长的效应分析——来自中国省级面板数据的经验证据［J］. 数量经济技术经济研究，2013，30（8）：65 – 77，123.

[27] Acemoglu D, F Zilibotti. Productivity Differences［J］. The Quarterly Journal of Economics, 2001, 116（2）: 563 – 606.

[28] Acemoglu D, P Antras, E Helpman. Contracts and Technology Adoption［J］. The American Economic Review, 2007, 97（3）: 916 – 943.

[29] Angrist J D, J S Pischke. Mostly Harmless Econometrics: An Empiricist's Companion［D］. Princeton: Princeton University, 2008.

[30] Antràs P, Chor D, Fally T. Measuring the Upstreamness of Production and Trade Flows［J］. American Economic Review, 2012, 102（3）: 412 – 416.

[31] Atkin D. Endogenous Skill Acquisition and Export Manufacturing in Mexico［J］. The American Economic Review, 2016, 106（8）: 2046 – 2085.

[32] Bertrand M, Duflo E, Mullainathan S. How Much Should We Trust Differences-In-Differences Estimates［J］. The Quarterly Journal of Economics, 2004, 119（1）: 249 – 275.

[33] Che Y, Zhang L. Human Capital, Technology Adoption and Firm Performance: Impacts of China's Higher Education Expansion in the Late 1990s [J]. The Economic Journal, 2018, 128 (614): 2282 – 2320.

[34] Chor D, Manova K, Yu Z. The Global Production Line Position of Chinese Firms [J]. Working Paper, 2014.

[35] Christoph Grimpe, Wolfgang Sofka. Search Patterns and Absorptive Capacity: Low- and high-technology Sectors in European Countries [J]. Research Policy, 2009, 38 (3).

[36] Ciccone A, Papaioannou E. Human Capital, the Structure of Production and Growth [J]. The Review of Economics and Statistics, 2009, 91 (1): 66 – 82.

[37] Fally T. Production Staging: Measurement and Facts [D]. Boulder: University of Colorado Boulder, 2012.

[38] Falvey Rod, David Greenaway, Joana Silva. Trade Liberalization and Human Capital Adjustment [J]. Journal of International Economics, 2010, 81: 230 – 239.

[39] Hsieh C T, P J Klenow. Misallocation and Manufacturing TFP in China and India [J]. The Quarterly Journal of Economics, 2009, 124 (4): 1403 – 1448.

[40] Hummels D, J Ishii, K -M Yi. The Nature and Growth of Vertical Specialization in World Trade [J]. Journal of International Economics, 2001, 54: 75 – 96.

[41] Johnson R C, G Noguera. Accounting for Intermediates: Production Sharing and Trade in Value Added [J]. Journal of International Economics, 2012, 86: 224 – 236.

[42] Kee H L, Tang H. Domestic Value Added in Exports: Theory and Firm Evidence from China [J]. The American Economic Review, 2016, 106 (6): 1402 – 1436.

[43] Koopman R, Wang Z, Wei S J. Tracing Value-Added and Double Counting in Gross Exports [J]. American Economic Review, 2014, 104 (2): 459 – 494.

[44] La Ferrara E, A Chong, S Duryea. Soap Operas and Fertility: Evidence from Brazil [J]. American Economic Journal: Applied Economics, 2012, 4 (4): 1 – 31.

[45] LIU Q, L D Qiu. Intermediate Input Imports and Innovations: Evidence from Chinese Firms' Patent Filings [J]. Journal of International Economics, 2016, 103 (11): 166 – 183.

[46] Liu Q, Y Lu. Firm Investment and Exporting: Evidence from China's Value-Added Tax Reform [J]. Journal of International Economics, 2015, 97 (2): 392 – 403.

[47] Lu Y, Yu L. Trade Liberalization and Markup Dispersion: Evidence from China's WTO Accession [J]. American Economic Journal: Applied Economics, 2015, 7 (4): 221 – 253.

[48] Melitz M J. The Impact of Trade on Intra-industry Reallocations and Aggregate Industry Productivity [J]. Econometrica, 2003, 71 (6): 1695 – 1725.

[49] Miller Ronald E, Umed Temurshoev. Output Upstreamness and Input Downstreamness of Industries/Countries in World Production [J]. International Regional Science Review, 2017, 40 (5): 443 – 475.

[50] Onur B, Chemmanur T J, Liu M H. A Theory of Capital Structure, Price Impact, and

Long-Run Stock Returns under Heterogeneous Beliefs [J]. Review of Corporate Finance Studies, 2015 (2): 2.

[51] Redding S J. The Low-Skill, Low-Quality Trap: Strategic Complementarities between Human Capital and R & D [J]. The Economic Journal, 1996, 106 (435): 458-470.

[52] Romer P M. Endogenous Technological Change [J]. Journal of Political Economy, 1990, 98 (5): S71-S102.

[53] Sun X, Li H. Firm-level Human Capital and Innovation: Evidence from China [R]. Working Paper, 2017.

[54] Wang Z, Wei S, Yu X, Zhu K. Characterizing Global Value Chains: Production Length and Upstreamness [J]. NBER Working Paper, 2017.

第九章 "一带一路"建设与构建国内国际双循环的新发展格局[*]

第一节 引言

自从 2020 年 5 月中共中央政治局常委会会议提出"深化供给侧结构性改革,充分发挥我国超大规模市场优势和内需潜力,构建国内国际双循环相互促进的新发展格局"以来,如何在国民经济各项工作中"构建国内国际双循环相互促进的新发展格局"(以下简称"双循环"),成为学界、政府部门以及社会各界热烈讨论的理论与政策热点问题之一。与此同时,《中共中央关于制定国民经济和社会发展第十四个五年规划和二〇三五年远景目标的建议》(以下简称《建议》)指出,"推动共建'一带一路'高质量发展。坚持共商共建共享原则,秉持绿色、开放、廉洁理念,深化务实合作,加强安全保障,促进共同发展。推进基础设施互联互通,拓展第三方市场合作。构筑互利共赢的产业链供应链合作体系,深化国际产能合作,扩大双向贸易和投资"。可以看出,"双循环"和"一带一路"建设是新时期中国主动谋求变化、推动全球化发展的重要举措,二者之间存在相互促进的关系。

从实践意义上看,"一带一路"建设将有助于提升国内

---

[*] 本章作者:李文溥、王燕武。

市场一体化程度，挖掘消费增长潜力，提升区域经济发展协调性，推动供给侧结构性改革，促进国内大循环。同时，"一带一路"建设也将从全开放、全方位的视角，连接国内国际市场，推动和壮大国际大循环。中国对外贸易的进出口构成决定了国际大循环将长期存在，不容忽视，单一国内市场的循环是不可能的。通过拓展新合作空间、深化"软环境"内容合作以及提升引领作用，"一带一路"建设将有利于推动形成"双循环"发展新格局。总之，作为中国今后较长一段时期内的对外开放主导方向，"一带一路"建设将成为引领国内国际双循环新发展格局的重要实践路径（陈健，2021），是"双循环"新发展格局的重点内容（王义桅，2021），也是推动形成"双循环"新发展格局的重要抓手和有力支撑。

基于上述认识，本章将首先明晰"双循环"新发展格局的内涵。已有多数研究主要从国内外经济环境、大国经济、市场规模等角度来讨论"双循环"的重要性、必要性和可行性（王娟娟，2020；张建刚，2020；张燕生，2021）。本章将从产品的使用价值及价值的实现角度，兼及一国在特定时期的资源禀赋结构，讨论构建"双循环"新发展格局的相关问题。我们认为，"双循环"可以从不同的角度进行研究，从社会经济运行的基本前提条件角度看，它可以归结为人、财、物以及技术等资源在国内国际的顺畅流动；从社会再生产的顺利运行角度看，它可以归结为社会总产品的实现问题，即社会总产品作为使用价值如何在国内外销售出去，与此同时，扣除物耗之外的产品新创价值如何在国民经济各部门——政府、企业及居民部门之间合理分配，从而形成结构合理的社会总需求，使社会再生产过程能够顺畅地正常循环下去，并且实现较快的扩大再生产即持续稳定的较快增长。在充分讨论"双循环"内涵的基础上，本章还将就如何通过"一带一路"建设，推动国内国际双循环相互促进的新发展格局，提出相关看法及政策建议。

第二节 基于使用价值和价值视角的"双循环"内涵分析

一、从产品的使用价值角度看，"双循环"的重点在于专业化分工与国际大循环

毋庸置疑，无论是从人口、地理层面，还是从政治、经济、国际影响力层面看，当今的中国都是一个大国。大国与小国的一个重大区别是，小国幅员狭小，资源禀赋比较单一，所能生产的产品种类比较有限。因此，专业化生产与规模经

济决定了其产品不可能全部供国内消费，同时，国内诸多消费需求中，相当部分种类国内缺乏生产条件，必须依靠进口予以满足。但是，大国不同。大国幅员广大，资源禀赋多样，人口众多，因此，其所生产的产品种类必然繁多，可以满足国内较多方面的需求；与此同时，由于人口众多，一些关系国计民生的主要产品的需求可能相当大，难以完全依靠国际市场满足，立足本国可能更为现实。因此，其本国产品就使用去向而言，整体而论，必然以满足国内需要为主，以国内循环为主。以中国而论，从1978年至今，净出口占GDP比重在-4.0%~9.0%之间波动，最高年份（2007年）不过是8.7%；按全部出口产品增加值占当年GDP的比重算，也不过是在4.0%~36.0%之间，最高年份是35.4%。因此，可以得出结论：改革开放以来，从使用价值上看，我国的产品生产一直是以满足国内需求为主的（大约2/3以上），进出口部分主要是从优化资源配置的角度调剂国内生产与国内需求结构上的差异，为促进国内循环和国际循环、提高社会福利水平而产生的。

过去如此，未来如何呢？中国制造业占GDP的比重自2011年以来一直逐步回落，说明中国制造业产出在GDP中的占比已经越过峰值。与此同时，中国产品出口占世界出口的比重于2015年达到了历史最高水平（13.8%），此后逐渐回落至12.8%（2018年）。可以预计，未来的占比上升空间也将是有限的。因此，可以断言，未来中国生产的产品也仍将以满足国内需求为主，或者说是以实现国内大循环为主，这是大国经济区别于小国经济的一个显著特征。

但是，能否因此得出结论：中国必须不断地提高产品的自给率，实现完全的自力更生或是高端制造业产品的完全自给自足？答案是否定的。因为这是不可能、不经济也没有必要的。原因在于：（1）从供给上看，如果无视一国在特定经济发展阶段存在特定的资源禀赋（尤其特定的人力资本禀赋及结构）和生产力水平，希望它能从低端到高端完整地生产本国所需的一切产品，就意味着放弃专业化分工与规模经济原则。这将导致资源的非优化利用，降低经济效率。此时，同样的资源消耗，经济增长速度和全社会福利水平一定低于专业化分工条件下可以达到的水平。

（2）从分配上看，则会产生更严重的问题。现今世界市场上流通的各种产品，是由各国具有不同人力资本水平从而不同收入水平的劳动者生产的，产品（及其加工环节）的复杂程度是与劳动力的人力资本禀赋从而不同的收入水平相互联系的。中国人口众多，幅员广大，各地自然资源环境条件以及社会经济条件差异较大，劳动者的人力资本赋存差距也较大，因此收入差异相对大于幅员小、人口少、人力资本赋存差异较小的小国。这固然为大国存在较广的产业分布提供了差异化的资源禀赋，但一个国家的经济条件、资源禀赋差异再大，也不能与全世界的经济条件、资源禀赋差异等幅；一个国家的人力资本赋存差异再大，也不可能与全世界的人力资源赋存差异等幅。因此，如果本国所需要的产品都要自力更生，那么势必陷入两难：如果自给自足在生产上是经济的，那就意味着国内收入分配差距从而经济发展差距要等于世界各国收入分配及经济发展水平的差距之和，这在社会经济政治上是不可想象的；如果在较小的收入差距基础上，生产全世界不同收入水平国家生产的全系列产品，那么可能导致两端不经济——在低于本国人力资本禀赋的低端上，用高人力资本禀赋生产低人力资本产品，在高于本国人力资本禀赋的高端上则反之，前者需要补贴而不经济，后者或是不可能的或是成本高昂的。

此外，这些不同人力资本禀赋的劳动力数量结构是否与本国对这些产品的需求结构对应？这些地区是否具有与其人力资本禀赋相应的其他资源赋存，使之可以与世界上相应地区竞争并胜出？显然，这里的限制条件过于严格而难以实现。更何况，任何国家总是希望尽可能缩小或控制本国的国民收入分配差距，与此相应，在生产上不能不将产业分布带宽尽量缩小，同时积极参与国际经济循环，以获得专业化分工及规模经济之利。

进一步地，在一个国家所使用的全部产品不可能完全自力更生或者说在产品使用价值上实现100%的国内循环的前提下，能否做到全部高端或高技术制造业产品的完全自给自足？答案仍然是否定的，至少目前是不可能的。因为中国现在仍然是一个发展中国家，人均GDP才刚刚越过1万美元，大约仍比世界平均水平低10%，而发达国家的人均GDP平均水平则已经接近5万美元。在国民劳动参与率、劳动者年均劳动时数为常数——中国目前的国民劳动参与率和劳动者年均实际劳动时数都高于发达国家的情况下，人均GDP就是一个人均劳动生产率指标，也是一个衡量劳动力的平均人力资本赋存的近似指标。中国一个劳动力在一年里用这么多的劳动时间只能生产出这么多的增加值，而发达国家的劳动力用更少的劳动时间就能生产出数倍的增加值，说明中国劳动者的平均劳动生产率水平相对要低得多，也说明中国劳动者平均的人力资本赋存比发达国家的劳动者低得多。

在本国的劳动生产率和人均人力资本赋存仅仅是发达国家平均水平的1/4～1/5的情况下，中国目前有些高端或高技术制造业产品不会生产，中国同类产业所生产的产品主要集中在行业的中低端水平上是正常的。这是中国人均GDP水平的实物产品体现。一个经济体的人均GDP水平会反映出相应的人力资本赋存水平，而人力资本赋存水平决定了其所能拥有的产业一般水平以及生产的产品层次范围。一个国家的人均GDP是1万美元，它的GDP产品结构当然与人均GDP 4万～5万美元国家的GDP产品构成是不一样的。人均GDP水平高低不同，不仅仅体现为一个劳动力所生产的产品量是不一样的，也体现为所生产的产品品种不同、同类产品的档次不同，从而产品的增加值、价值量差距甚大。我们可能已经适应了美国一个农民所能生产的农产品产量是中国一个农民的几十倍，但却忽略了，在制造业，这个差距未必都体现为所能生产的同样产品的量不一样，而更多体现为两个员工所能生产的产品品种和产品档次是不一样的，从而导致两个员工所生产的产品增加值有数倍的差距。

在这种情况下，能否做到所有高端或高技术制造业产品都能够自给自足呢？似乎不可能。因为，如果本来就没有可能生产全世界制造业所能生产的全部产品，现在又要求能够生产所需要的全部高端或制造业产品，这是做不到的。如果能做到这一点，就要求这个国家的人均产出应当达到世界上最发达国家的人均GDP水平。后者现在既然达不到，前者又怎么可能做得到呢？

当然，有人说，尽管做不到前者，但至少可以做到每种高端或高技术制造业产品都能生产，规模不必太大，以能够满足本国需求为限。这可以吗？答案仍然是否定的。

（1）从宏观上看，它人为地扩大了产业分布带宽。在一定的收入水平及一定的收入分配差距条件下，一个国家的产业会以这一人均GDP水平为中心值，形成相应的产业层次分布带宽。如果不考虑人均GDP水平所决定的最优产业层次分布，勉强生产自己所需要但却超越本国产业层次的制造业高端产品，势必因此同时向上向下扩大产业分布带宽（在一个社会的总人力资本赋存为常数的情况下，超出最优产业层次分布发展高端产业，就需要进入这部分产业的那部分劳动者拥有更多的人均人力资本赋存，这就势必使其他部门只能配置更低人力资本赋存的劳动力），在市场经济条件下，这将进一步扩大收入分配的差距，产生相应的政治经济问题；在计划经济体制下，则会产生问题的另一种表现方式。进一步地，如果考虑人力资本赋存不仅有量的差别以及专业知识技术技能门类上的不同，而且越是高端的人力资源赋存，越是高度专业化，所谓隔行如隔山，不同岗位需要不同的知识及技能，那么，如果突然要跨行业发展原本不生产的高端产品，所遇到的人力资本短缺问题就更为复杂，远非出重金请几个产业头部人才就可以解决。特别是当需要自力更生的产品品种较多时，人力资本短缺问题将更加难以解决。

（2）即使不考虑这些，不惜代价培养起这样的产业，由于所需产品品种众多，但又限于仅满足国内需求，能做到专业化分工、规模化生产吗？与那些专注生产其中某种产品甚至某个零部件、某个产业环节，以满足全世界对这一产品甚至某个零部件、某个产业环节需求的国家相比，会有规模经济吗？生产成本能有国际竞争力吗？显然没有。如果没有，即使这些产品不出口，不想在国际市场上争一席之地，可总要保住国内市场吧？如果要保住国内市场，岂不是要对此类外来产品设置高关税壁垒？即使可以设置这样的关税壁垒，在高关税壁垒保护下垄断国内市场，必然没有竞争，市场不大，产量有限，利润不多甚至亏本，久而久之，还能继续保持这个产业的效率和技术进步吗？更何况，即使想要这么做，能做得成吗？这不是跟 WTO 的一般规则相悖吗？选一两样产品加以保护，作为例外，或许还有可能。如果样样都如此，还能加入 WTO 吗？还能加入自由贸易区或自由贸易协定吗？还谈何对外开放呢？或许有人会说，大不了不加入 WTO 了，退回去搞闭关锁国的计划经济还不成吗？可是，那也不成。关于这一点，请看一下计划经济时期中国每年的进口数字及贸易依存度就知道了。中国那时的贸易依存度与美国、印度相去不远。① 那时进口的产品基本上都是国内不能生产的。为了进口这些产品，不惜代价（在计划经济时期，中国出口的平均换汇成本大概是官方汇率的 2 倍左右）地鼓励出口。出口从原本不过是互通有无的商品贸易变成了具有政治意义因而须不惜代价完成的创汇任务。外汇管制因此成为体制标配。要不是有些必需的产品国内不能生产，又何至于此呢？② 当时如此，并非仅仅因为那时中国经济落后，生产力水平低。中国现在进入中等偏上收入经济体了，还是有那么多高端制造业产品需要进口。可以断言，即使将来成为发达国家了，也仍然做不到高端制造业产品全部自给，还是有很多需要继续进口的。因为，所有高端或高技术产品都由本国生产，是不符合经济全球化背景下专业化分工与规模经济要求的。现在即使是世界上经济最发达的大国，也没有这么做。道理用简单的微积分就可以证明：局部最优一定不优于全局最优。在经济全球化的时代，资源必须在全球范围进行配置才能达到最优。

因此，尽管中国是大国，就产品使用去向而言，结果必然是国内大循环为主，国内国际双循环相互促进的。但是，在政策思维上，却应当保持清醒认识，注意防止一个倾向掩盖另一个倾向。不宜提倡凡国内所需都要在国内生产，凡国内生产都要追求100%国产化，片面提高所有产品或零部件的国产化率，力求万事不求人。不宜把提高国内循环比重作为政策目标。相反，应继续提倡积极参与国际分工，根据资源禀赋与特定经济发展阶段生产力的潜在优势，有所为有所不为。不断提高产业的专业化分工水平，积极参与国际大循环。在参与国际大循环

---

① 1979 年，中国的贸易依存度（进出口占 GDP 的比重为 12.39%，其中出口依存度为 5.55%，进口依存度为 6.84%），同年美国、印度的贸易依存度分别是 16.86%、14.32%。参见罗季荣，李文溥. 社会主义市场经济宏观调控理论 [M]. 北京：中国计划出版社，1995：326.

② 进出口及外汇管制，不仅是中国实行计划经济时的做法，而且是所有计划经济国家的通例。有关研究指出，直至改革开放前，中国仍然有大量的机器设备及各类生产资料需要进口。参见孙玉琴，申学锋，等. 中国对外开放史（第三卷）[M]. 北京：对外经贸大学出版社，2012.

中，不断提高自己的国际竞争力。通过增强本国产业的国际竞争力来提高本国产业在国际大循环中的话语权与把控能力。

二、从产品价值使用上看,"双循环"应以国内循环为主

自20世纪90年代中期以来,我国实行以出口劳动密集型产品为导向的粗放型经济增长模式。国民收入支出上的"两高一低"(高投资、高净出口、低消费)结构失衡日趋严重(李文溥和龚敏,2010,2013)。要素比价扭曲、粗放型发展、内需不振的形成机理如图9-1所示。

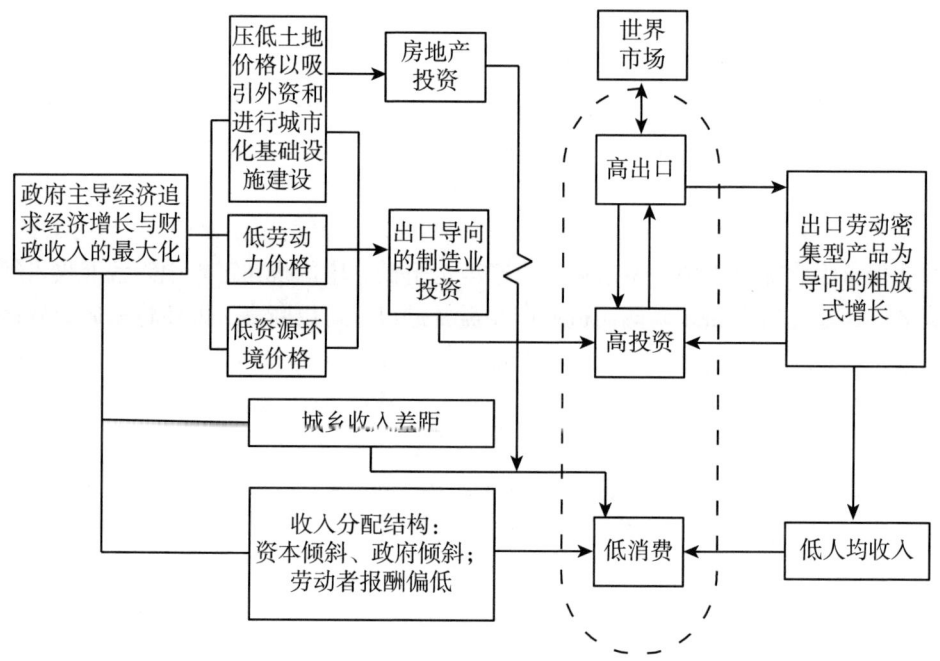

图9-1 要素比价扭曲、粗放型发展、内需不振的形成机理

资料来源:李文溥,龚敏.要素比价扭曲与居民消费不振[J].高校理论战线,2013(1):63-69.

2008年之后,受世界金融危机影响,净出口占GDP比重下降,出口拉动乏力,国内消费不振,不得不依靠投资拉动增长。2016年下半年民营投资出现"断崖式"下跌,至今仍未完全恢复。为保增长,只能扩大国有企业及政府投资。政府投资基本上是非生产性投资及基础设施投资,增加有效供给的作用有限,国有企业的投资效率向来偏低,这就导致资本产出效率不断下降,降低了未来经济增长潜力。

事实证明：除了人均收入水平极低、本国国民所得难以维持周转、必须依靠经常性外援的少数低收入国家，以及本币是国际硬通货的个别国家（它们可以通过发行超过本国流通所需的货币而借支他国国民收入）以外，一般情况下，多数国家当年创造的国民所得必须基本上为本国国民所消费，即本国国民所创造的产品新创价值必须基本上为本国国民所消费。(1) 国民收入的使用不能进行国际大循环，即一个国家尽管可以而且应当实行专业化生产，积极参与国际分工，但是，在大量出口的同时必须大量进口，实现国际收支每年大体平衡、略有结余。一个国家如果每年都形成大量的净出口和贸易顺差，一定是国民收入分配结构出了问题，导致国内需求不足，经济增长不能不靠净出口来拉动。(2) 国民收入中政府（和国有企业）占比太高，也会导致居民消费需求不足，不能不依靠扩大政府及国有投资来扩大内需推动产品价值的国内实现，然而，没有居民消费需求做后续支撑，国有及政府投资就只能通过在短期内临时扩大内需拉动增长，但势必扭曲投资与消费的结构，长期将导致累积的国民经济结构扭曲、经济增长的潜力和效率下降。由于多年来实行以出口劳动密集型产品为导向的粗放型经济增长模式，我国国民收入支出结构失衡至今尚未根本扭转。当前产品价值国内循环的最大问题是居民消费需求严重不足。

从图9-2可以看出，1978~1990年，中国居民消费率基本稳定在50%以上；1990~2000年居民消费率降至45%左右，下降了约5个百分点；2001~2010年，居民消费率进一步快速下降到35%的水平，较前一个阶段降低了10个百分点。2008年国际金融危机之后，随着"外需转内需"、总需求结构的调整，尤其是扩大消费需求的转向，居民消费率出现小幅回升，但截至2019年，仍然低于40%的水平。

进一步地，与世界其他主要国家相比，中国居民消费率水平偏低的事实将表现得更为明显。从表9-1可以看出，尽管中国居民消费占GDP比重在近十年来逐步回升，但仍然明显低于世界各类经济体的类均值。[①]

[①] 中外统计口径有所不同，但即使将这一因素估算在内，仍不能改变中国居民消费率偏低的结论。居民消费占GDP比重=居民可支配收入占GDP比重×居民平均消费倾向。研究发现，无论是发达国家还是中国，居民平均消费倾向在整体上都是十分稳定的。1978~2018年，中国农村居民的平均消费倾向基本上维持在80%左右；城镇居民消费率呈下降趋势，但是，作为分母的城镇居民收入在这40年里有很大变化，如果进行还原计算可以发现，1978~2018年的城镇居民消费率呈三个阶梯下降的趋势可能是统计计算口径上的问题。因此，顺利实现社会产品价值的国内循环，根本之策在于改变国民收入分配结构，提高居民可支配收入占GDP的比重，缩小居民收入分配差距。当然，通过改善社保体系从而改变心理预期、行为方式，是可能逐步缓慢地提高居民平均消费倾向的。参见李文溥，王燕武，陈婷婷. 居民消费能否成为现阶段拉动我国经济增长的主动力？[J]. 经济研究参考，2019 (1)：5-19。

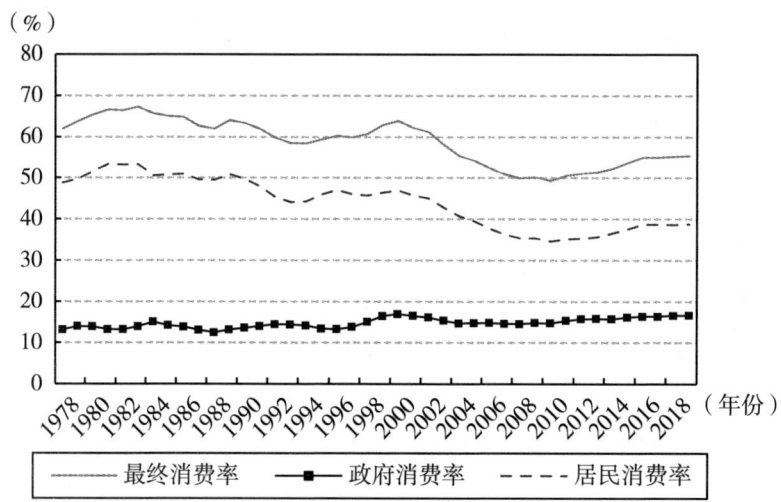

图 9 – 2　1978 ~ 2019 年中国的最终消费率、居民消费率和政府消费率
资料来源：根据 CEIC 数据整理。

表 9 – 1　世界上不同收入类型国家和地区的居民消费率情况　　单位：%

国家和地区	1990 年	2000 年	2005 年	2010 年	2015 年	2016 年	2017 年	2018 年	2019 年
世界	58.51	58.46	57.53	57.26	57.70	57.97	57.80	57.68	—
高收入国家	58.35	59.18	59.20	59.59	59.03	59.25	59.12	59.04	—
中等收入国家	58.66	56.47	53.12	51.26	54.09	54.51	54.27	53.95	—
中等偏上收入国家	56.94	54.66	51.12	48.80	51.32	51.75	51.47	51.05	—
低收入国家	—	74.37	77.79	—	76.22	75.25	73.67	—	—
中国	49.99	46.73	39.59	34.33	37.77	38.67	38.54	38.52	—
日本	51.17	54.41	55.62	57.75	56.58	55.69	55.44	55.64	—
韩国	50.23	54.50	52.32	50.44	48.54	47.96	47.55	47.97	48.58
美国	63.88	65.96	67.10	67.94	67.42	68.15	68.32	68.19	—
英国	66.67	66.50	64.87	64.25	64.47	65.10	65.01	65.48	64.91
巴西	59.30	64.59	60.50	60.22	63.96	64.25	64.48	64.70	64.94
泰国	56.56	54.13	55.84	52.18	51.35	50.00	48.94	48.90	50.05
印度	67.08	63.74	57.38	54.72	59.01	59.30	59.02	59.32	60.24
菲律宾	71.21	71.72	73.95	70.19	72.47	72.55	72.18	72.54	73.21

资料来源：世界银行 WDI 数据库。

第三节 "一带一路"建设在"双循环"新发展格局中的作用

一、"一带一路"建设在构建国内大循环中的作用

"双循环"的主体是国内大循环。中国未来增长的动力将更多地依赖内需拉动，靠消费尤其是居民消费拉动。提高居民收入在 GDP 中的占比，降低居民负债水平（王燕武和李文溥，2020），改善社会保障水平，充分挖掘国内消费潜力，促进国内大循环，是有效应对外部形势变化、提高经济发展韧性和活力的必然选择。

"一带一路"建设将从以下几点激发国内消费市场，助推国内大循环的形成。(1)"一带一路"建设有助于减少国内市场阻隔，进一步改变中西部地区、落后地区的相对封闭状态，促进要素资源流通，提升国内市场一体化水平，促进国内大循环。国内大循环的前提条件之一是需要形成统一的国内市场。没有统一的市场，国内大循环就可能被切割成多块区域性小循环，从而失去其规模效应。从过去的经验来看，囿于行政和体制约束以及地方保护主义，国内市场的区隔和割裂所造成的商品流通障碍有时甚于对外贸易。这无疑不利于构建"双循环"新发展格局。加快"一带一路"建设可以在一定程度上推动国内市场的一体化。2016 年 4 月 29 日，习近平在主持中共中央政治局第三十一次集体学习时指出，"一带一路"倡议符合我国经济发展内生性要求，也有助于带动我国边疆民族地区发展。2018 年 8 月 27 日，习近平在推进"一带一路"建设工作 5 周年座谈会上指出，"共建'一带一路'大幅提升了我国贸易投资自由化便利化水平，推动我国开放空间从沿海、沿江向内陆、沿边延伸，形成陆海内外联动、东西双向互济的开放新格局"，"各地区要加强共建'一带一路'同京津冀协同发展、长江经济带发展、粤港澳大湾区建设等国家战略对接，促进西部地区、东北地区在更大范围、更高层次上开放，助推内陆沿边地区成为开放前沿，带动形成陆海内外联动、东西双向互济的开放格局"。因此，"一带一路"建设不仅是推进中国对外开放的新手段，也是串联和打通国内各大经济区域、实现对内开放的重要方式。

(2)"一带一路"建设有助于提升区域发展的协同性，缩小东部地区与中西部、东北地区之间的发展差距，优化资源跨区域配置，促进国内大循环。"一带一路"建设的核心内容是促进基础设施建设和互联互通，其强调的不仅是对沿线国家和地区的经济政策和发展战略对接，也蕴含着对国内各区域的协调联动发

展和共同繁荣。在构建完整的对外开放体系时,"一带一路"建设要求先练好"内功",缩小国内市场的不协调不均衡状况,增强区域发展的协同性。具体而言:一是"一带一路"经过区域内的协同,包括政府部门、企业、社会组织之间的协同等;二是"一带一路"建设与其他区域经济政策的协同,充分发挥"一带一路"建设对非相关区域的引领示范、辐射带动作用;三是以"一带一路"建设为契机,深化省际部门协作,推动体制机制改革,促进改革开放向"深水区"延伸,实现资源、成果和创新制度共享。由此,"一带一路"建设所引发的内部协调机制"联网互通",将有利于推动和促进良性互动的内循环格局的形成。

(3)"一带一路"建设有助于推动供给侧结构性改革,将国内因需求结构升级而难以消化的过剩产能逐步去除,为国内产业结构调整争取更多的时间,起到连接国内大循环和国际大循环的作用。"一带一路"建设的主观意愿是与周边国家近睦远交,营造有利的外部发展环境,但客观上也会将国内积累的巨大产能和建设能力部分输送出去,一方面,缓解国内"去产能"的短期压力,为产业调整赢得时间和空间;另一方面,稳住经济增长,助推五大发展理念和高质量发展的推行,为经济增长新旧动能转换提供更为宽松的环境。

二、"一带一路"建设在构建国际大循环中的作用

开放带来进步,封闭必然落后。对今天的中国而言,谈及对外开放,其关键在于如何提高对外开放的质量,而不是对不对外开放的问题。这是共识。因此,"双循环"的发展新格局绝不能少掉或忽略国际大循环的重要性。国内大循环与国际大循环本质上是一体的,不能分割。这是由经济全球化和国际分工体系决定的,任何一个国家或地区都无法脱离国际产业供应链、价值链和创新链而单独存在。

就国际大循环而言:(1)"一带一路"建设将以更全面的开放来促进国际大循环。以往的对外开放一定程度上过于侧重面向欧美发达经济体,容易受欧美市场经济波动的影响。通过"一带一路"建设,有利于中国更好地践行世界多边贸易规则,为国际经济新秩序的形成奠定基础。数据显示,2015~2019年,中国对65个"一带一路"沿线国家和地区的进出口总额占中国全部对外贸易总额的比重由25.3%稳步提升到29.6%。其中,出口占比由27.2%提高到30.9%;进口占比由22.7%提高到28.1%;顺差占比由39.7%提高到44.3%。分洲际看,中国向40个"一带一路"沿线亚洲国家和地区的出口总额占中国出口到所有亚洲国家和地区总额的比重由45.5%提高到51.3%,进口比重由34.5%提高到42.6%;向24个"一带一路"沿线欧洲国家和地区的出口总额占出口到欧洲

国家总额的比重由 21.4% 提高到 26.4%，进口比重由 17.9% 增长到 24.5%。"一带一路"沿线国家和地区对中国对外贸易的重要程度在稳步提升。

（2）"一带一路"建设将以更全方位的开放来促进国际大循环。"一带一路"建设并非单纯的对外投资，也并非仅限于经济领域的贸易往来，而是包含社会、政治、制度、文化、政策等多层次的秉持"共商共建共享"的国际合作新平台。"一带一路"建设承载着我们对文明交流的渴望，承载着我们对和平安宁的期盼，承载着我们对共同发展的追求，承载着我们对美好生活的向往。"一带一路"建设要努力实现的是政策沟通、设施联通、贸易畅通、资金融通、民心相通。相较于以往偏向于经贸交流的对外开放模式，"一带一路"建设将具备更多"软环境"方面的对外输出与合作，从而有助于从制度、政策、文化等层面寻求更多的认同感和价值尊重，提升国际大循环的广度和深度。

（3）"一带一路"建设将以"桥梁"的方式充当联通国内国际双循环的重要抓手，壮大国际大循环。通过"一带一路"建设，一方面，减少国内市场的壁垒障碍，降低国内物流流通成本；另一方面，也串联起沿线各国，极大地拓宽了市场，做大国际市场，创造新的国际贸易需求，从而进一步壮大国际大循环。2020 年以来，新冠肺炎疫情的蔓延严重冲击了全球供应链体系。借助于"一带一路"建设，中国实现了国际货物运输形式的多样化，不仅可以通过海运，还可以通过陆运（中欧班列），将货物输出和引入，构建国际物流的新通道。

第四节　以"一带一路"建设为抓手，促进"双循环"新格局形成

"双循环"是针对当前国内外环境形势变化而提出来的，寄希望以重构国内市场主体地位的方式，缓解外部政治、经济及疫情变化冲击的影响。"一带一路"建设从提出到成型再到内涵界定，迄今已逾 7 年，已经扎扎实实地在实践中得以推行和实施。"双循环"新发展格局实质上是对"一带一路"建设的新要求，需要在今后"一带一路"建设中加以贯彻落实。目前来看，"一带一路"建设还存在一些不足之处。

（1）以"一带一路"建设来取代传统贸易模式，任重道远。具体表现在：一是疫情冲击下，对外贸易回归欧美传统市场。这意味着贸易路径依赖较强，越是危机时刻，越容易恢复原有模式。截至 2020 年 10 月，中国对"一带一路"沿线国家对外贸易总额占全部贸易总额的比重为 26.1%，较 2019 年下降了 3.5 个百分点。其中，出口总额占比减少了 3.8 个百分点，进口总额占比下降了 3.2 个百分点，顺差占比更是大幅降低了 7.8 个百分点。其原因在于：与欧美发达经

济体相比,"一带一路"沿线国家多为贫穷的发展中国家,居民收入较低,政府治理能力较差,在应对危机冲击方面处于劣势地位,更容易产生波动。二是从"一带一路"沿线主体国家的进出口产品构成上看,中国与这些国家之间的贸易主要以互补性的产业间贸易为主,而不是能够独立循环的产业内贸易。从表9-2可以看出,2019年中国对"一带一路"沿线10个主体国家的分行业贸易差额情况中,贸易逆差中,有6个国家主要集中于矿产品;而贸易顺差中,除马来西亚外,有9个国家主要集中在3个行业(包括机器、机械器具、电气设备及其零件、录音机及放声机、电视图像、声音的录制和重放设备及其零件、附件;贱金属及其制品;纺织原料及纺织制品等)。这意味着,中国从这些国家主要进口的是原材料(矿产品),出口的则是劳动密集型或初级工业制成品,基本遵循的是要素禀赋(HO)理论的国际贸易起因。

(2)"一带一路"建设在整合内部市场方面,作用有限。近年来,随着新发展理念和高质量发展的广泛普及,地方政府对纯粹经济增长目标的追求不再像过往那样执着,但地方政府间的竞争机制依旧存在,以界为墙的现象仍然相当普遍。城市与城市之间的融合发展、协调发展,还多数停留在纸面上。并且,除了"一带一路"建设以外,不同区域之间还存在与之等级相近的区域发展战略,很难在短期内实现项目共建和利益共享。目前,尽管互联网的发展极大地打破了消费类产品的全国区域市场分割,但在一些生产资料的产品领域以及一些具有垄断特征的服务品领域,依然存在着较为严重的市场分割现象。这些问题并非"一带一路"建设所能克服的。

(3)"一带一路"建设重点偏于基础设施等"硬环境",对"软环境"建设重视程度不够,缺乏系统性安排。"一带一路"建设是一个综合各项要素的国际合作大平台,并不仅限于经贸往来,还涉及政治合作、政策共商、文化交流、创新共享等各个层面的往来。但从目前看,现有的"一带一路"建设力有不逮,难以有效兼顾"软环境"方面的投入,使得国际上对于"一带一路"的认识多有误解。

总体而言,近年来,我国在推动"一带一路"建设上做了大量工作,也进行了大量投资,为构建国内国际双循环相互促进的新发展格局创造了良好的前提条件。在构建国内国际双循环相互促进的新发展格局中,如何通过"一带一路"建设,推动形成国内国际双循环相互促进的新发展格局,是值得有关部门重视的一项工作。我们认为,通过"一带一路"建设,推动国内国际双循环的关键在于:

(1)通过"一带一路"建设,缩小国内地区差距,提高国内市场一体化程度,充分利用"一带一路"沿线国家市场容量,扩大出口,增加国内居民可支

表 9-2　2019 年中国对 "一带一路" 沿线国家对外贸易排名前十的国家产品贸易差额

单位：百万美元

海关 HS 分类	越南	马来西亚	俄罗斯	印度	泰国	新加坡	印度尼西亚	沙特阿拉伯	菲律宾	阿联酋
特殊交易品及未分类商品	-6 421.8	373.5	347.1	113.7	183.5	211.7	116.9	218.2	181.1	76.4
鞋及零件制品	-1 118.4	960.0	2 227.2	733.7	449.9	755.8	-157.0	778.4	1 958.9	977.8
木及木制品	-606.5	128.5	-4 135.0	208.1	-989.2	155.7	-434.6	244.8	368.3	262.9
活动物；动物产品	-376.5	-29.7	-2 074.7	-1 225.0	153.7	67.8	-721.1	-158.2	456.3	33.1
动、植物油等	-12.3	-1 408.0	-489.3	-393.6	-23.0	5.9	-3 942.1	0.7	-51.2	-161.2
贵金属及制品	27.8	27.8	-616.8	-1 422.1	-485.2	-4 804.9	21.3	67.6	17.5	144.3
食品；饮料、烟草等制品	225.1	490.3	461.2	96.9	40.4	219.7	374.5	138.1	819.8	203.9
皮革等制品	312.9	736.4	3 699.9	450.1	-6.3	666.6	294.3	579.7	444.3	499.2
矿产品	352.7	-12 451.7	-43 727.2	-3 082.7	-140.5	5 011.0	-12 270.8	-41 542.4	1 212.2	-10 635.0
木浆、纸、纸板等制品	910.8	999.7	-751.6	567.7	217.7	259.0	-2 233.2	417.9	465.2	491.5
车辆、航空器、船舶及有关运输设备	1 234.3	1 560.4	2 582.9	1 656.4	276.6	5 084.3	1 284.1	1 459.4	1 963.3	2 217.5
光学等产品及附件	1 290.4	-466.6	1 025.4	1 782.8	-1 229.9	-1 404.5	1 065.4	268.1	166.2	577.3
植物产品	2 284.1	1 374.1	347.9	-496.2	-3 299.0	261.1	936.5	155.8	-183.4	258.6
塑料制品；橡胶及其制品	2 367.4	-933.3	1 568.6	2 322.3	-5 560.0	-2 373.0	1 263.3	-4 248.2	1 805.3	-509.9
石料及类似材料的制品；玻璃及其制品	2 941.9	1 821.9	852.8	2 141.3	815.1	1 652.8	1 050.5	1 370.6	1 070.3	1 118.5
杂项制品	2 962.1	3 970.4	2 814.1	3 476.8	1 720.5	4 130.8	1 714.5	3 078.6	2 044.6	2 356.8
化学工业及相关工业产品	3 780.7	522.4	971.3	9 268.8	1 561.0	-2 493.3	1 373.0	-5 829.3	1 393.9	240.5
机器等产品及零件	4 797.2	-21 753.0	18 513.2	32 669.8	-2 108.1	8 158.9	15 755.7	6 091.5	-3 139.9	13 087.3
贱金属及制品	8 609.5	2 210.5	215.3	5 106.7	5 705.2	3 131.9	2 048.1	2 743.5	3 855.0	2 851.2
纺织原料及纺织制品	10 363.8	2 711.5	5 352.1	2 978.0	2 201.1	1 022.7	4 152.5	3 829.7	5 739.8	4 272.3

注：根据 CEIC 数据整理。

配收入，促进居民消费。

一是利用"一带一路"建设布局，提升区域发展协同性，缩小东中西部、东北地区之间发展差距，优化资源跨区域配置，促进国内大循环。"一带一路"建设的核心内容之一是促进基础设施建设和互联互通，它强调的不仅是对沿线国家的政策和发展战略对接，也蕴含着对国内各区域的协调联动发展和共同繁荣，包括"一带一路"经过区域内政府间、产业间、社会组织间的协同以及"一带一路"建设区域与其他区域的经济政策协同，发挥"一带一路"建设对非相关区域的引领示范、辐射带动作用，推动体制机制改革，促进改革开放向"深水区"蔓延，实现资源、成果和创新制度共享。

二是利用"一带一路"建设布局，加快对外贸易转移，降低对欧美发达经济体的市场依赖，扩大出口总量，稳住经济增长和就业，促进居民收入增加。当前，"一带一路"沿线国家的外贸总额占中国全部外贸总额的比重接近30%，贸易顺差占比更是超过40%，已成为中国外贸的重要指向市场。

三是利用"一带一路"建设布局，以基础设施投资开路，积极引导带动民营经济对外投资，突出西部沿线地区作为辐射西部内陆、连接"一带"和"一路"、协同衔接长江经济带的地位，着力推动以其为依托的西部新型经济走廊建设，促进中西部地区的产品向民俗、宗教相近的中亚阿拉伯地区出口，扩大内陆市场的出口规模。继续深挖亚洲、东南亚地区的巨大市场需求，① 充分融合区域全面经济伙伴关系协定（RCEP）、东盟、亚太经济合作组织（APEC）等多个区域内组织，加快构建更大范围的亚洲自贸区网络。加快推进与中东欧及西欧地区国家签署共建"一带一路"合作文件，扩大提升中国—中东欧之间的合作，推动与该地区更多国家签署双边投资协定及建立自贸区，促进中国与中东欧地区合作由贸易为主转向投资和贸易并重。

（2）通过"一带一路"建设，积极参与国际分工，促进产品使用价值的国际大循环，提高本国要素及产业的专业化分工水平，推动本国产业的更新换代与供给侧结构调整，延长本国产业的生命周期。

一是利用"一带一路"建设布局，推动供给侧结构性改革，将国内因需求结构升级而难以消化的过剩产能推向国际市场，以国际大循环反哺国内生产供应体系调整，为国内产业结构调整争取更多时间、空间。"一带一路"建设的主观意愿是与周边国家近睦远交，营造有利的外部发展环境，客观上有利于将国内积

---

① 中国对65个"一带一路"沿线国家中的对外贸易中，总额排名前10名的有6个在东南亚。2019年，这6个国家占据了中国出口总额的13.5%，仅次于欧盟（17.5%）和美国（16.7%）；占据了中国进口总额的13.1%，仅低于欧盟的13.4%。

累的巨大产能和建设能力输送出去，缓解国内"去产能"压力，稳住经济增长，为经济增长新旧动能转换提供更宽松的环境。

二是利用"一带一路"建设布局，实现更全方位开放，更深地介入国际产业链、价值链分工体系，提高国内产品附加值，增强产品竞争力，提升国际贸易分配所得。通过产业转移、技术输出等手段，帮助"一带一路"沿线国家实现产业价值链升级，推动区域性分工地位的提升，逐步改善中国在全球价值链分工中的劣势地位。继续推进转变传统以加工贸易为主的贸易参与模式，推进高端制造业发展，变"制造大国"为"制造强国"，培育全球价值链的中高端环节竞争新优势，依靠科技创新、资本等要素，坚持技术导向，注重人才培养，提升产品质量，促进产业结构升级。

三是通过促进国内规则规制对接国际高标准市场规则体系，更好地建设"一带一路"，从而更好地联通国内市场与国际市场，促进"双循环"形成。"一带一路"建设的短板和"瓶颈"在于"软环境"，如政治制度、规则标准、创新共享、投融资合作、文化交流等。要依托"一带一路"建设，以深化贸易合作及产业合作等为抓手，持续深化与沿线国家在经贸规则标准领域的合作；以联合科研攻关、建立联合实验室等为平台，持续加强创新能力合作；以扩大国际多双边金融机构合作、创新投融资方式等为突破，增强"一带一路"建设的资金保障能力；以多双边国际会议、国际合作高峰论坛、行业论坛等为渠道，加大人文交流投入力度，丰富合作内容，加强文化走出去步伐，增强文化影响力和认同感。

参考文献

［1］陈健．"一带一路"引领"双循环"新发展格局的优势与实践路径［J］．西南民族大学学报（人文社会科学版），2021（2）：112－119．

［2］李文溥，龚敏．出口劳动密集型产品为导向的粗放型增长与国民收入结构失衡［J］．经济学动态，2010（7）：57－61．

［3］李文溥，龚敏．要素比价扭曲与居民消费不振［J］．高校理论战线，2013（1）：63－69．

［4］李文溥，王燕武，陈婷婷．居民消费能否成为现阶段拉动我国经济增长的主动力？［J］．经济研究参考，2019（1）：5－19．

［5］罗季荣，李文溥．社会主义市场经济宏观调控理论［M］．北京：中国计划出版社，1995．

［6］孙玉琴，申学锋．中国对外开放史（第三卷）［M］．北京：对外经济贸易大学出版

社，2012.

［7］王娟娟. 新通道贯通"一带一路"与国内国际双循环［J］. 中国流通经济，2020（10）：3-16.

［8］王燕武，李文溥. 居民债务压力下的财政政策效应［J］. 中国工业经济，2020（12）：28-46.

［9］王义桅. "一带一路"与"双循环"如何实现同频共振［J］. 中国远洋海运，2021（1）：56-59.

［10］张建刚. 畅通国内国际双循环繁荣我国经济的路径研究［J］. 毛泽东邓小平理论研究，2020（9）：12-19.

［11］张燕生. 构建国内国际双循环新发展格局的思考［J］. 河北经贸大学学报，2021（1）：10-15.

第十章 从中国—东盟经贸关系发展看"一带一路"建设*

第一节 引言

"一带一路"建设是我国新时代发展对外经贸关系的重要战略决策。2013年，习近平先后提出了建设"丝绸之路经济带"和"21世纪海上丝绸之路"的重大倡议。2015年，国家发展改革委、外交部、商务部联合发布了《推动共建丝绸之路经济带和21世纪海上丝绸之路的愿景与行动》。

"一带一路"倡议引起了学界广泛关注和积极讨论。李文溥和王燕武（2021）研究发现，截至2019年，在中国与65个"一带一路"沿线国家的贸易往来中，大部分贸易量集中在前10个国家，① 其中，东盟国家占6席。此外，中国对东盟国家的对外直接投资（OFDI）在"一带一路"沿线国家中也占较大比重。《中国对外直接投资统计公报》显示：中国对"一带一路"沿线国家的OFDI从2013年的126.3亿美元上升至2017年的201.7亿美元，2018年和2019年分别下滑至178.9亿美元和186.9亿美元；同期，中国对东盟国家的OFDI从2013年的67.28亿美元上升至

---

* 本章作者：李文溥、王麒麟。

① 这10个国家是：越南、马来西亚、俄罗斯、印度、泰国、新加坡、印度尼西亚、沙特阿拉伯、菲律宾和阿联酋。

2017年的134.9亿美元,2018年、2019年分别为131亿美元、130.8亿美元。2017年以前,中国对东盟国家的OFDI占"一带一路"沿线国家的比重在50%左右,在2017~2019年则提高到2/3以上,均值高达67%。东盟国家与中国的经贸数量及增速,远远高于其他"一带一路"沿线国家,这是一个值得高度重视的经济现象。本章对此进行分析研究,希望对推进"一带一路"建设有所启发。

第二节　文献综述

"一带一路"倡议提出以来,学界的研究最初集中在宏观层面和国际层面,如"一带一路"倡议对国家地理格局和地缘政治的影响(杜德斌和马亚华,2015;曾向红,2016)、世界各国对"一带一路"建设的认知(马建英,2015;林民旺,2015)等。随着"一带一路"的不断推进,研究进入微观层面,如"一带一路"建设对中国企业对外投资的影响(吕越等,2019)、对企业升级的影响(王桂军和卢潇潇,2019)等。随着中国产业升级,中国制造业向"一带一路"国家转移,中国企业向"一带一路"国家转移的效率、模式、区位选择等也引起关注(张理娟等,2016;王鑫静等,2019;张晓涛等,2019)。

一些研究涉及中国与"一带一路"国家的贸易潜力(扎厌峰和童虹蔚,2015;李晓钟和吕培培,2019)、贸易竞争力(吴海文等,2019)、贸易互补性(冯颂妹和陈煜芳,2020)等,从区域看,有对东盟的研究(史本叶和张超磊,2015;王贞力和林建宇,2019),对南亚的研究(胡艺等,2017;赵蕾等,2019),对西亚的研究(韩永辉等,2015;刁莉等,2019)等。

随着世界经贸格局发生变化,对中国与东盟国家经贸关系的研究逐渐增加。早期的研究主要关注东南亚国家向中国的投资;改革开放后,中国进出口贸易迅速增加,随后中国OFDI逐渐增加,后期文献主要聚焦中国对东盟的直接投资。但是,对于"中国为什么对东盟的出口和投资增加迅猛"的研究目前还较少。许多问题尚未引起注意,如中国经济增长和要素比较优势的变化与产业向东盟国家转移的关系等。再如,早年东南亚向中国投资以民间投资为主,近年来中国企业对东盟国家的OFDI也以民营企业为主,如何看待民营投资在"一带一路"建设中的作用?如何理解中国、东盟与西方发达国家之间的贸易大三角关系?等等。

第三节 "一带一路"建设中的中国与东盟经贸关系发展

"一带一路"建设,从倡议提出至今不到10年,从《推动共建丝绸之路经济带和21世纪海上丝绸之路的愿景与行动》发布至今不到6年,但已经取得显著成绩。

一、中国对东盟国家的贸易增长

从贸易看,2015~2019年,中国对65个"一带一路"沿线国家的进出口总额占中国贸易总额的比重从25.3%上升至29.6%。其中,出口占比由27.2%提高到30.9%,进口占比从22.7%增长到28.1%,顺差占比也明显增加。分洲际看,中国向40个"一带一路"沿线亚洲国家和地区的出口总额占中国出口到所有亚洲国家和地区总额的比重由45.5%提高到51.3%,进口比重由34.5%提高到42.6%;向24个"一带一路"沿线欧洲国家的出口总额占对欧洲国家出口总额的比重由21.4%提高到26.4%,进口比重由17.9%增长到24.5%(李文溥和王燕武,2021)。

尤为值得一提的是:对我国与65个"一带一路"国家的进出口贸易统计发现,在贸易额前10名的国家中,东盟国家占了6个。这说明,在与"一带一路"沿线国家的贸易往来中,东盟国家特别是新加坡、马来西亚、印度尼西亚、越南、泰国和菲律宾六国占有非常重要的位置。

二、中国对东盟的对外直接投资增长

在中国对外直接投资(OFDI)排名前20位的国家(以下简称"前20国")里,中国对印度尼西亚、越南、马来西亚等东盟国家的OFDI显著增加,而且近十年来增长趋势稳定。

如图10-1(a)所示,从流量上看,中国对东盟的OFDI占比在2017年以后急剧上升。中国对前20国的OFDI流量自2010年起迅猛增加,2016年之后有所下滑。然而,与中国对前20国的对外直接投资趋势相反,中国对东盟的OFDI流量占比在2017年开始跃升,而且随后三年一直保持稳定增长态势。在中国OFDI整体有所下滑的背景下,中国对东盟的OFDI占比却逆势上升,这一反差值得反思:在"一带一路"建设中,为什么会出现如此截然不同的趋势?

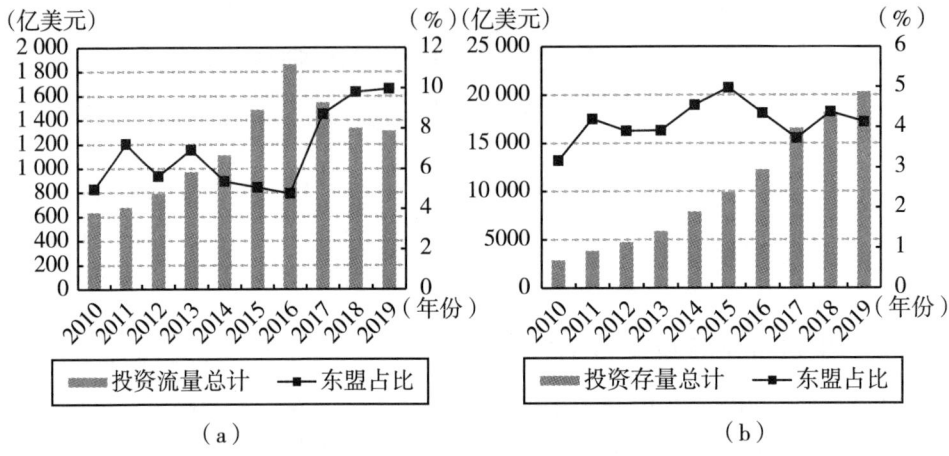

**图 10 – 1 2010～2019 年中国对东盟对外直接投资
占中国对外直接投资前 20 国的比重**

资料来源：据各年度《中国对外直接投资统计公报》数据计算。

如图 10 – 1（b）所示，从存量上看，中国对东盟的 OFDI 占比十年来一直稳定在中国对前 20 国 OFDI 的 4% 左右。2008 年国际金融危机后，全球经济疲软，但中国对东盟 OFDI 占比在 2010 年以后迅速增长。东盟国家对我国 OFDI 的吸引力逐渐凸显。

进一步观察中国对东盟国家 OFDI 流量占中国对"一带一路"沿线国家OFDI的比重。从图 10 – 2 可以看出，中国对东盟国家的 OFDI 占比呈现先小幅下降而后稳步上升的趋势，2013 年占 53.3%，2015 年下滑至 39.1%，此后一路上升，

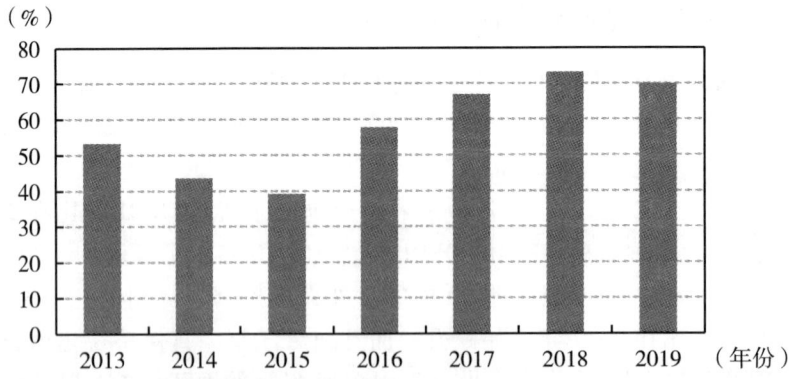

**图 10 – 2 中国对东盟对外直接投资流量占对"一带一路"国家
对外直接投资流量的比重**

资料来源：据各年度《中国对外直接投资统计公报》数据计算。

2016~2019年，占比一直在67%以上。在"一带一路"沿线65个国家中，中国对东盟国家的OFDI竟占2/3以上。其中，新加坡占比最大，增速也位居前列，从2013年的30.2%增至2018年的48.9%，2019年有所下滑，降至36.9%；印度尼西亚占比仅次于新加坡，2013年占比为23.2%，随后有所下滑，2019年为17%；越南、泰国、老挝、马来西亚2013年的占比较低，分别为7.1%、11.2%、11.6%、9.2%，2019年对越南的OFDI占比达到12.6%，明显上升，泰国、老挝、马来西亚等国仍维持在9%左右。说明近年来东盟国家一直是我国OFDI青睐的投资地。

三、中国对东盟国家OFDI的产业特征和结构特征

2017年，中国对东盟国家OFDI流量前三位行业依次为制造业、批发和零售业、租赁和商务服务业，占比分别为22.5%、17.4%、15.2%；中国对东盟国家OFDI存量前三位的行业排序略有不同，依次为租赁和商务服务业、制造业、批发和零售业，占比分别为19.6%、17.5%、13.3%。2019年，中国对东盟国家OFDI流量前三位的行业排序变为制造业、批发和零售业、租赁和商务服务业，占比分别为43.5%、17.4%、9.1%。相比2017年，中国对东盟国家的制造业投资占比上升了近一倍，制造业OFDI跃居中国对东盟OFDI存量的首位，租赁和商务服务业、批发和零售业分别退居第二、第三位，这不能不引起关注（见表10-1）。

表10-1　　　　　　中国对东盟直接投资的主要产业

年份	主要产业	流量（万美元）	比重（%）	排名	存量（万美元）	比重（%）	排名
2017	租赁和商务服务业	214 215	15.2	3	1 748 296	19.6	1
	制造业	317 445	22.5	1	1 556 902	17.5	2
	批发和零售业	244 850	17.4	2	1 187 736	13.3	3
2018	制造业	449 742	32.8	1	2 141 843	20.8	1
	租赁和商务服务业	150 175	11.0	3	1 887 379	18.3	2
	批发和零售业	347 307	25.4	2	1 543 027	15.0	3
2019	制造业	567 065	43.5	1	2 659 869	24.2	1
	租赁和商务服务业	118 912	9.1	3	1 885 206	17.2	2
	批发和零售业	226 896	17.4	2	1 781 139	16.2	3

资料来源：根据各年度《中国对外直接投资统计公报》数据计算得到。

2005~2015年，中国国有企业投资东盟的项目数从16项增加至220项，中国民营企业的投资项目数从102项增加至747项，民间投资项目占较大比重。无论是在新加坡还是在缅甸、菲律宾等国家，中国民营企业投资项目数都远远多于国有企业（见图10-3）。从投资量上看，2015年中国国有企业和民营企业对东盟制造业OFDI的比重分别为7.37%和12.55%。由此可见，中国对东盟国家的OFDI以民营企业为主体，主要投向制造业。

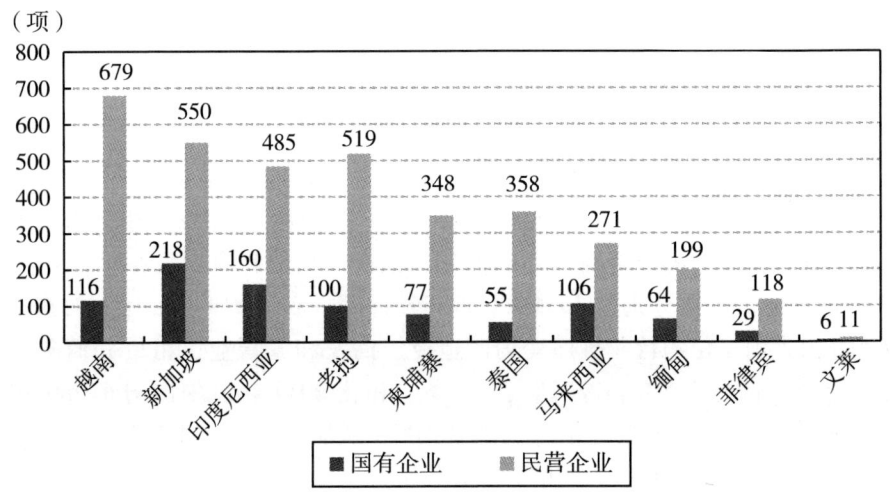

图10-3　2005~2015年中国企业对东盟各国投资项目数

资料来源：梁育填，黄慧怡，刘逸，周政可. 中国企业投资东南亚国家的影响因素分析——基于企业所有权差异的视角［J］. 地理科学，2018（5）：645-653.

第四节　中国与东盟经贸关系快速发展的原因

在"一带一路"沿线国家中，中国与东盟国家的经贸关系近年来发展得相当迅速。原因何在？本文认为，以下几点值得注意。

一、中国与东盟国家有着悠久的经贸往来历史

早在唐宋时期，中国与东南亚地区就联系密切。大航海时代，众多闽粤百姓下南洋谋生，华人华侨成为东南亚各国的重要族群之一。他们与中国始终保持着紧密的经贸联系。改革开放以后，东南亚华人华侨积极向中国投资办厂，成为中国最早引进的FDI的重要组成部分。厦门设立经济特区以后，引进的第一家外商投资企业就是印度尼西亚华商。长期密切的经贸往来，使中国企业对东盟国家的

经济情况、市场需求及供给能力比较熟悉,这为中国企业"走出去"到东盟国家投资办厂提供了良好的基础条件。

二、要素比较优势互补是中国制造业向东盟国家转移的重要原因

随着经济增长,人均 GDP 提高,要素成本变化,各国要素比较优势发生变化,产业会在不同国家之间转移,这是经济全球化时代国际经济的普遍现象。近年来,中国部分劳动密集型产业向一些东盟国家转移,与中国的要素比较优势变化密切相关。根据《中国统计年鉴(2020)》关于制造业非私营企业的工资数据估算出,2020 年中国的劳动力成本为 1001.8 美元/月,东盟 10 国的劳动力成本差异较大,其中,新加坡为 4 110 美元/月,显著高于中国,马来西亚为 878.6 美元/月,泰国为 464 美元/月,其余国家均在 200 美元/月左右。中国劳动密集型制造业向越南、印度尼西亚、柬埔寨、菲律宾等国转移,显然与这些国家劳动力成本较低密切相关。

影响 OFDI 的另一个因素是税率。世界银行数据显示,2019 年东盟 10 国的私人部门平均税率为 28.64%,其中,文莱的企业税率仅为 8%,新加坡为 21%,马来西亚、越南、菲律宾的企业税率分别为 38.7%、37.6%、43.1%,印尼、泰国、缅甸、老挝、柬埔寨的企业税率分别为 30.1%、29.5%、31.2%、24.1%、23.1%,同期的中国私人部门税率为 59.2%,中国国内的企业税负较高,也是推动中国企业向税率较低的东盟国家投资的原因之一(见表 10-2)。

劳动力成本和税率较低,构成了东盟一些国家对中国制造业尤其是劳动密集型产业 OFDI 的较强吸引力。

三、民营企业是中国向东盟直接投资的主力

改革开放以来,中国与东盟国家的经贸关系发展迅速,相互投资不断扩大。20 世纪 70 年代末,东南亚华商资本是第一批进入中国的 FDI,东南亚资本至今仍然是中国 FDI 的重要来源之一。

近年来,随着中国经济发展水平不断提高,中国的 OFDI 也在增长,其中,对亚洲的 OFDI 规模最大,对亚洲的 OFDI 流量从 2011 年的 455 亿美元增加至 2019 年的 1 108.4 亿美元,增长了 143.6%。其中,对东盟的 OFDI 占 10% 左右,而且近十年始终保持稳定,对东盟的 OFDI 流量从 2011 年的 59 亿美元增加至 2019 年的 130.2 亿美元,增长了 120.68%(见图 10-4)。

据《2019 年度中国对外直接投资统计公报》显示,在对东盟国家的投资中,第一位是制造业投资,达 56.71 亿美元,占中国对东盟国家 OFDI 的 43.5%,这些 OFDI 主要流向了印度尼西亚、泰国、越南、马来西亚和新加坡,其中,除

表10-2 东盟各国承接产业转移的要素成本比较

国别	工业用地价格（折合美元）	工业用水价格（折合美元）	工业用电价格（折合美元）	劳动力成本（折合美元）	15~64岁劳动力人口占比（%）	基础设施竞争力	私人部门税率（%）	创办企业所需时间（天）	清廉指数排名
新加坡	21.16296	1.17037	0.182444	4 110.37	74.35	95.4	21	1.5	4
马来西亚	槟城：62.22~231.11 登嘉楼：6.66~213.33	0.65	0.46~0.1	878.6223	69.37	78	38.7	17.5	57
越南	北方：121.5 中部：27~42 南部：123	0.26~0.81	0.042~0.197	294.6248	68.94	65.9	37.6	16	104
印度尼西亚	雅加达：330 勿加西、茂物及拉加横：200	0.34~0.52	0.027~0.032	202.4242	67.8	67.7	30.1	12.6	101
泰国	14~29（写字楼租金）	0.61~0.73	0.122	463.6974	70.49	67.8	29.5	6	104
缅甸	地皮：3~5 工业区厂房：50~65	0.0004	0.076~0.11	127.7174	68.28	2.4	31.2	7	137
老挝	市区：1 500 近郊：300	0.16~0.36	0.07	245.6314	63.79	59.2	24.1	173	134

续表

国别	工业用地价格（折合美元）	工业用水价格（折合美元）	工业用电价格（折合美元）	劳动力成本（折合美元）	15~64岁劳动力人口占比（%）	基础设施竞争力	私人部门税率（%）	创办企业所需时间（天）	清廉指数排名
柬埔寨	黄金地段：1.5~2 其他地段：1.15~1.8	0.19	0.124	255.3453	64.22	54.9	23.1	99	160
菲律宾				229.1483	64.45	57.8	43.1	33	115
文莱				—	72.11	70.1	8	5.5	35
中国	上海：386.7 广州：161.3 郑州：115.6	0.47	0.1	1 001.8	70.32	77.9	59.2	8.5	78

注：①各国工业用地价格因地段不同，差异较大，表中根据各国《对外投资合作指南》中的信息列示不同地段的地价，中国的地价重点提供了上海和广州两个一线城市的数据，同时也提供了中部地区的郑州地价数据，以资对比，中国各城市地价数据来源于《中国国土资源年鉴（2017）》；②工业用水价格和工业用电价格均采取不同地段的是阶梯价，一些国家提供的是阶梯价，即中国国家提供的是阶梯价，故这里列示了区间价；③各国劳动力成本数据来源于《对外投资合作指南》，不同国家在指南中所提供的劳动力成本基本以制造业用工成本为主，一些国家仅提供了职业工资，我们以若干职业工资的均值代替，中国劳动力成本使用《中国统计年鉴（2020）》中制造业非私营企业的工资数据算出，这个数据似乎偏高；④基础设施竞争力数据来自 2019 年《全球竞争力报告》，数值越高，表明基础设施越好；⑤私人部门税率来源于世界银行 WDI 数据库，其含义是度量私营企业推于扣除免后后的应缴税额及强制性缴费额占商业利润的比例；⑥创办企业天数来源于世界银行 WDI 数据库，其含义是完成合法经营企业所需程序的历日数；⑦清廉指数来源于 2020 年透明国际指数报告。

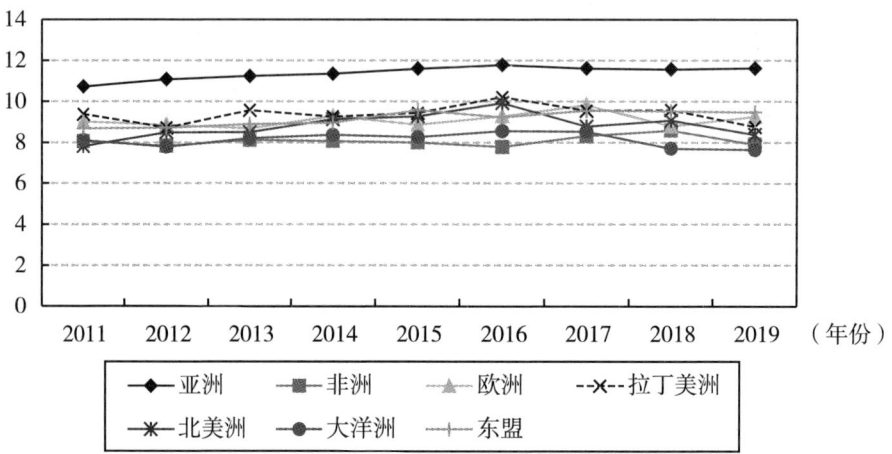

图 10-4 2011~2019 年中国对各大洲及东盟直接投资流量趋势（对数）
资料来源：据各年度《中国对外直接投资统计公报》数据计算。

新加坡外，基本都是劳动力价格便宜和企业税率较低的国家。近十年来，中国对东盟国家的制造业投资以民营企业为主，以劳动密集型产业为主（梁育填等，2018）。

四、中国制造业转移与中国—东盟—欧美的经贸大三角

中国产业尤其是制造业向东盟国家的 OFDI 迅速增加，密切了中国与东盟国家的经济联系，促进了中国与东盟国家的贸易增长，近十年来，在东盟国家对世界各主要国家和地区的进出口中（见图 10-5），对中国的进出口增长得最快，2016 年之后，更上新台阶。

考虑近年来，中国对东盟国家的制造业 OFDI 以劳动密集型产业为主，以民营企业为主，我们进一步计算了东盟国家近 10 年来劳动密集型产品的出口流向（见图 10-6）。

我们发现，与总的产品出口趋势不同，东盟国家的劳动密集型产品流向投资母国——中国的增速很低，出口美国和欧洲的增速很高。产品细分类的计算结果也是如此（见图 10-7）。

中国劳动密集型产业、民营企业对东盟国家的 OFDI 大幅度增长，与同期东盟国家对欧美劳动密集型产品出口迅速增长的逻辑关系是十分明显的：中国对东盟国家的 OFDI 大幅度增长与东盟国家对欧美发达国家劳动密集型产品出口的迅速增长以及中国和东盟国家之间的一般贸易迅速增长之间，存在着一个中国—东盟—欧美的经贸大三角关系。

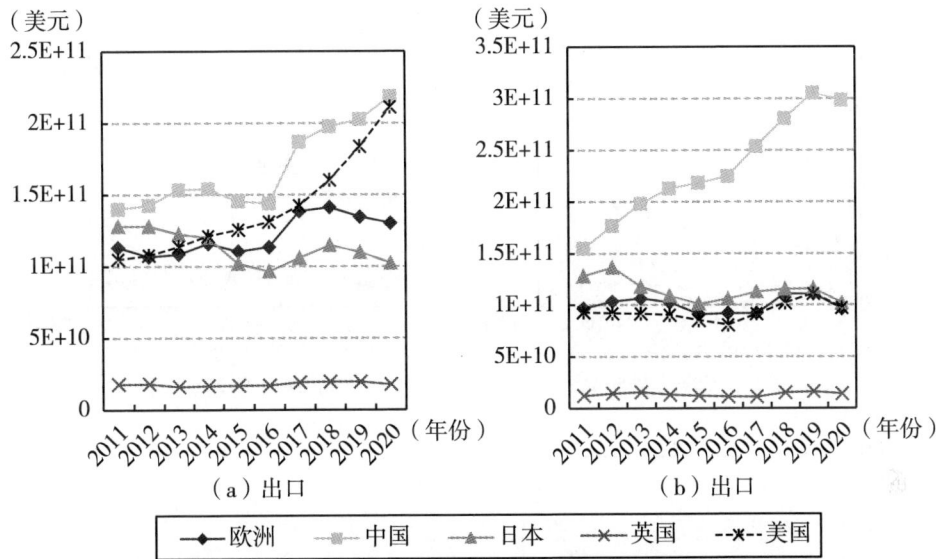

图 10－5　2011～2020 年东盟 10 国对世界主要国家及地区的进出口情况

资料来源：据东盟秘书处官网数据计算。

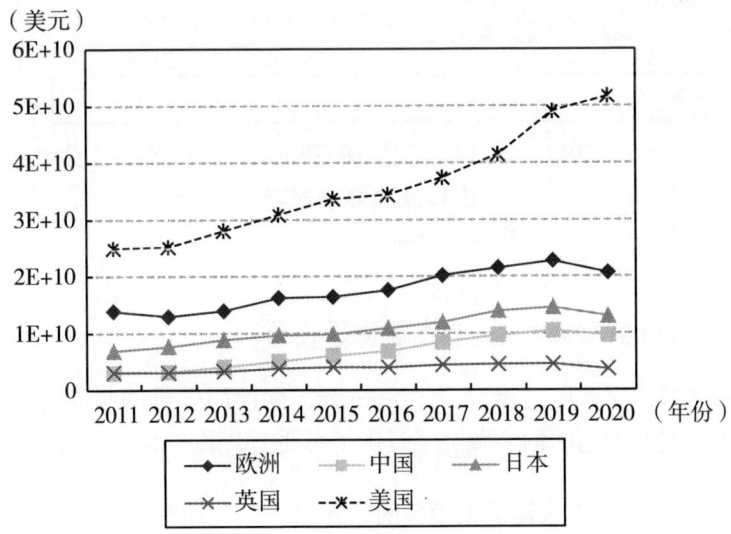

图 10－6　2011～2020 年东盟 10 国劳动密集型产品的出口流向变动趋势

资料来源：据东盟秘书处官网数据计算。

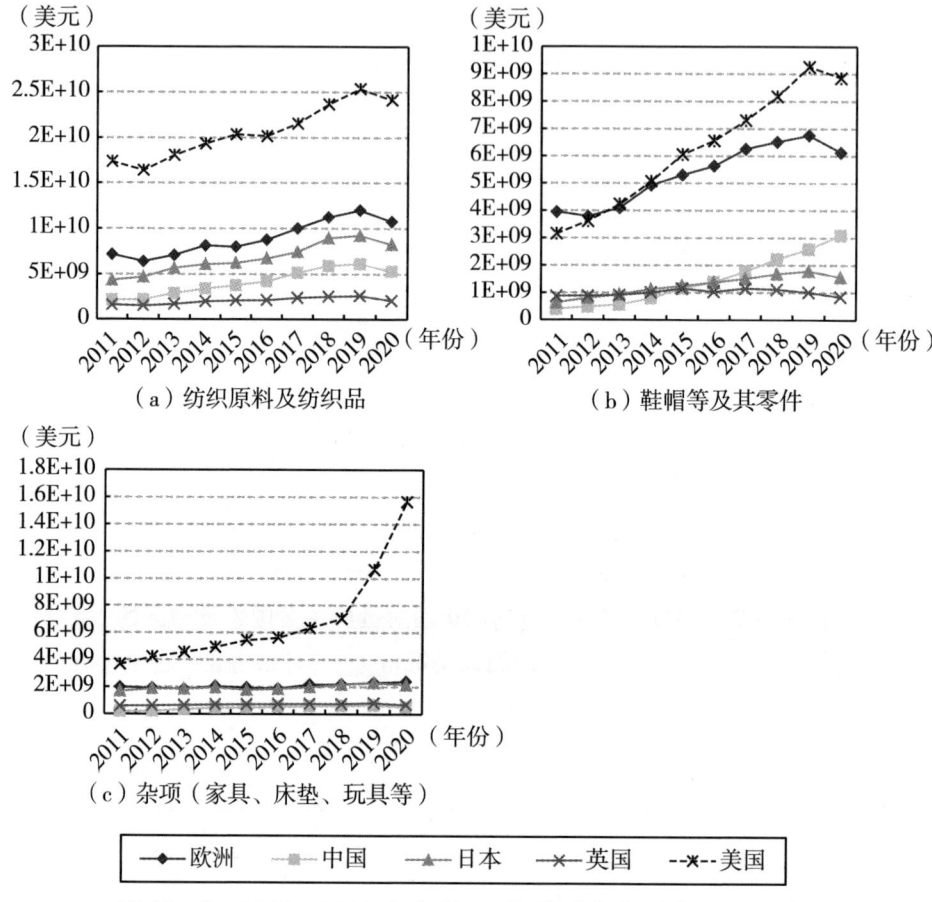

图 10-7 2011~2020 年东盟 10 国劳动密集型产品（分类）出口流向变动趋势

资料来源：据东盟秘书处官网数据计算。

五、政府间的制度安排与基础设施投资

中国与东盟国家政府为推动"一带一路"建设而进行的制度安排与基础设施投资，为发展双方之间的经贸关系提供了必要的公共产品（见表 10-3）。

表 10-3　中国与东盟国家相关的"一带一路"政策项目

政策内容	涉及东盟国家	涉及部门	批次
中国政府与新加坡、缅甸、马来西亚政府签署政府间"一带一路"合作谅解备忘录	新加坡、缅甸、马来西亚	国家政府	第一批

续表

政策内容	涉及东盟国家	涉及部门	批次
中国政府与老挝、柬埔寨政府签署共建"一带一路"政府间双边合作规划	老挝、柬埔寨	国家政府	第一批
中国政府与老挝政府签署科学、技术和创新领域的合作协定	老挝	国家政府	第二批
中国国家发展改革委与老挝计划投资部签署中老经济走廊合作文件,与缅甸计划与财政部签署中缅经济走廊合作规划,与印度尼西亚海洋统筹部签署关于区域综合经济走廊建设的合作规划	老挝、缅甸、印度尼西亚	计划部、财政部、海洋部	第二批
中国国家发展改革委与新加坡贸易与工业部签署关于加强第三方市场合作实施框架的谅解备忘录	新加坡	贸易与工业部	第二批
中国国家监委与菲律宾、泰国反腐败机构签署合作谅解备忘录	菲律宾、泰国	反腐机构	第二批
中国商务部与越南工贸部签署关于设立贸易畅通工作组的谅解备忘录	越南	工贸部	第二批
中国财政部与马来西亚证券监督委员会签署审计监管合作文件	马来西亚	证监委	第二批
中国科技部与印度尼西亚研究技术与高等教育部签署成立联合研究中心、联合实验室的合作文件	印度尼西亚	教育部	第二批
中国海关总署与柬埔寨海关与消费税总署签署海关检验检疫合作文件	柬埔寨	海关、检验检疫	第二批
中国与老挝、越南等国家会计准则制定机构共同建立"一带一路"会计准则合作机制	老挝、越南	会计机构	第二批
中国生态环境部与柬埔寨、老挝、缅甸、新加坡等国环境部门共同启动"一带一路"绿色发展国际联盟	柬埔寨、老挝、缅甸、新加坡	环境部门	第二批
中国与老挝、缅甸、柬埔寨等建立"一带一路"能源合作伙伴关系	老挝、缅甸、柬埔寨	国家政府	第二批

资料来源:整理自"一带一路"国际合作高峰论坛官方网站。

基础设施建设方面，东盟一些国家经济发展水平较低，基础设施建设滞后，因此，通过双方合作，改善相关国家的基础设施状况，也就成为"一带一路"建设的重要内容。目前中国与东盟在基础设施项目上的合作主要体现在生产性设施，如交通、港口、园区、水务等方面，有利于改善投资环境，促进产业投资（见表10-4）。

表10-4　　与东盟国家相关的"一带一路"基础设施项目

项目内容	涉及东盟国家	基础设施类型	批次
中国政府与马来西亚政府签署水资源领域谅解备忘录	马来西亚	水务	第一批
中国商务部与柬埔寨公共工程与运输部签署关于加强基础设施领域合作的谅解备忘录	柬埔寨	交通	第一批
中国交通运输部与柬埔寨、缅甸等国有关部门签署"一带一路"交通运输领域合作文件	柬埔寨、缅甸	交通	第一批
中国国家海洋局与柬埔寨环境部签署关于建立中柬联合海洋观测站的议定书	柬埔寨	海洋观测	第一批
中国国家开发银行与印度尼西亚—中国高铁有限公司签署雅万高铁项目融资协议，与老挝等有关机构签署港口、电力、工业园区等领域基础设施融资合作协议	印度尼西亚、老挝	高铁、港口、电力、园区	第一批
中国进出口银行与柬埔寨经济财政部签署公路项目贷款协议，与越南财政部签署轻轨项目贷款协议，与缅甸仰光机场公司签署机场扩改建项目贷款协议	柬埔寨、越南、缅甸	公路、轻轨、机场	第一批

资料来源：整理自"一带一路"国际合作高峰论坛官方网站。

当然，中国与东盟经贸关系迅速发展的同时，也存在着一些需要注意的问题。

（1）中国—东盟经济合作应逐步深化，从产业间分工合作向产业内分工合作发展。目前，中国与东盟之间的贸易仍以产业间贸易为主（李文溥和王燕武，2021）。根据产业分工理论，经济体之间如果主要是产业间贸易，之间的产业分工水平就比较低，贸易关系就比较不稳定，如果建立在产业内分工基础上，贸易关系就比较稳定，产业的国际竞争力也会因此提高。因此，应当进一步推动双方优势产业相互投资，促进中国—东盟的产业间贸易向产业内贸易转化，进一步深化中国—东盟的经贸关系。

（2）在重视基础设施等硬环境建设的同时，要更重视民间投资的软环境建设，通过政府间合作、制度建设、提供制度公共产品，改善民间投资的软环境。毕竟，无论是"一带一路"建设，还是发展与沿线国家的经贸关系，真正的主力军是民营企业，没有民营企业的参与，"一带一路"建设将缺乏坚实的基础，难以获得自主发展的内在动力，无法长期持续健康地发展下去。目前，中国与东盟的"一带一路"建设中，经贸关系得到了较快发展，根基就在于有大量的民营企业参与其中，真正做到了以产业投资为主、以民间资本投资为主。但是，目前与东盟国家的"一带一路"建设的政策项目中，与促进、保护和服务企业尤其是民营企业OFDI相关的政策项目却很少，说明这项工作尚未得到足够重视，处于滞后状态。

（3）重视、进一步发挥华人华侨在"一带一路"建设中的作用。东盟国家有大量的华人华侨，他们爱国爱家，为祖国的建设作出了重要贡献。在东盟国家进行"一带一路"建设，发展与东盟国家的经贸关系，更离不开他们。进一步重视、发挥当地华人华侨的作用，动员他们参与"一带一路"建设，推动中国—东盟经贸关系的发展，是一篇亟待展开的大文章。

第五节　从中国—东盟经贸关系看"一带一路"建设

"一带一路"建设的政治、经济、社会意义是多方面的，但其根本基础是中国与"一带一路"沿线国家的经济合作关系，是投资与贸易关系。从这个角度看，目前为止，中国与东盟国家的"一带一路"建设确实取得了突出的成绩。其经验值得总结，其实践对推进"一带一路"建设的启示值得重视。

从近年来中国—东盟经贸关系的发展中，我们可以得出哪些对"一带一路"建设有借鉴意义的启发呢？

（1）从经贸联系较密切的沿线国家入手，渐进拓展"一带一路"建设。从大航海时代甚至更早，中国就与东南亚各国有着密切的联系。众多中国人"下南洋"谋生，他们在那里生产生活，成为东盟各国重要的族群之一。他们多年往来于东盟各国与中国之间，在中国与东盟国家之间建立了密切的经贸关系，使中国与东盟国家之间加深了解，了解彼此的风俗与民情，了解彼此的政治经济制度与社会文化传统，了解彼此的市场需求与生产能力，为彼此经贸往来奠定了坚实的基础。因此，进行"一带一路"建设，首先必须在中国与"一带一路"沿线国家之间建立良好的人员来往关系。只有彼此经常有人员来往，增进对对方国家的政治经济社会文化各方面情况的了解，才有助于推进经贸往来。换句话说，如何从事"一带一路"建设？或者说从哪里入手？应当从原先就经常来往、相互比较了解、原先就有较密切经贸往来的沿线国家入手，渐进拓展，这样可能事半功倍。其中，尤其要重视的是民间的人员往来和企业间尤其是民营企业间的经贸往来，这是推进双方携手进行"一带一路"建设的真实需求和物质基础。

（2）贸易先于投资，贸易引导投资。"一带一路"建设，目的是发展中国与沿线国家的贸易与投资关系，增进合作关系。

国际投资理论告诉我们，投资源于贸易，贸易先于投资。大量事实证明，贸易是投资的先导。一般而言，只有当对外贸易发展到一定程度时，发展对外直接投资才会成为一种必然。出口先于投资一直是许多企业国际化的主要特征。这种国际化进程的线性发展顺序在制造业表现得尤为明显。贸易先于投资，这是因为：一是与对外直接投资相比，贸易较为容易，而且风险较小，贸易可以是短期的和一次性的经济交易，其索赔处理也十分迅速；而对外直接投资则是长期的，与出口相比，它要求更多的知识、经验和更强的组织管理能力。二是出口规模可大可小，而国外生产则要求起码的经济效率规模，出口通常是制造业建立国外子公司的市场检测剂，出口获得稳定且具有一定规模的国外市场，是建立国外子公司的基本前提。三是受制于空间距离，母公司监督和控制国外子公司的经营要比监督控制国内子公司更困难。从企业的国际化顺序来说，也是如此：一是对大多数企业而言，国内生产与销售一般是其最初的目标，而且在大部分情况下，始终是其主要目标，国外市场是在较晚才进入他们视野的；二是一旦对国外市场产生兴趣，一般都通过国内外代理，从贸易开始，对外直接投资则没有被考虑；三是出口中介被总部的出口部门所代替，并可能导致某种形式的对外直接投资——商品库存或国外贸易子公司；四是继贸易之后，通常会授权国外生产厂家使用自己的专利或专有技术生产产品；五是一旦经历了上述诸形式（多为非股权参与）或某一形式的国外生产，企业开始逐步在国外建立自己的生产设施（从组装或其他部分生产形式开始，有时也与当地企业组合建立合资经营企业），然后才建立多数控股或独资企业（多为母公司的独立分支机构），如果一个企业投资成功，企业就会根据多国国内发展战略，进行相互独立的当地市场导向型投资，而且多为独立子公司形式；六是国外子公司也可能开始向其他国家市场出口。总之，不论是从历史还是从现实看，许多企业一般都遵循先出口贸易而后对外直接投资这一国际化进程，尤其是制造业企业。

因此，在进行对外直接投资之前，首先必须发展国际贸易关系，如果与一个国家先前连贸易关系都没有，又谈何对其进行直接投资呢？中国与东盟国家的直接投资关系尤其是制造业 OFDI 之所以近年来发展迅速，其前提就是多年来中国与东盟国家之间频繁的贸易往来。很多中国人经常往来于东盟国家，很多中国企业经常与之有贸易联系，对当地的社会经济情况、潜在的投资机会比较了解，有长期贸易往来形成的比较密切的人际关系，比较容易融入当地的社会，因此一旦进行投资，成功的概率就比较高。有人或许要问，对于那些不以投资地为产品目的市场的 OFDI，是否也应以贸易为前提呢？答案仍然是肯定的。中国现在对东盟国家产业的 OFDI，也有很多是不以投资地作为产品目的市场的。但是，这些投资也受益于中国与东盟国家长期的贸易关系。通过贸易，了解了投资对象国的方方面面，投资就比较容易成功。相对于投资，贸易的风险成本较低。对外投资活动，以贸易为先导，通过贸易对潜在投资对象国的各方面有了比较充分的了解后再考虑投资，是比较稳妥可靠的商业策略。

（3）产业投资是"一带一路"建设的重点。在"一带一路"建设中，经贸往来是基础。相对于贸易，投资是一种更为稳定的经济联系。在投资中，相对于其他项目投资，产业投资尤其是制造业投资显得更为重要、更为根本。其所以如此，是因为只有产业投资才能在中国与"一带一路"沿线国家之间建立长期持续稳定的经济联系。基础设施项目投资固然也很重要，但是，它们在项目建成之后就很难在项目建设国与项目所在国之间形成长期持续稳定的经济联系。而且，基础设施项目一般以提供公共产品与公共服务为主，并不以产生直接经济回报及贸易流量为前提。因此，在"一带一路"建设中，基础设施项目只能为辅。从根本上说，它应当是为了在投资对象国发展产业投资，由投资国协助投资对象国进行的投资环境建设。它一般是由于投资对象国本身缺乏必要的财力或建设能力，投资国不得不勉为其难进行的一项工作。但是，产业投资却不是这样的。产业 OFDI 从来都是由投资国的企业为主进行的，它以形成一定的产品生产能力并获得连续的投资回报为前提。例如，投资国的企业在投资对象国投资建设一家生产企业，建成投产之后，从母国进口原材料、中间产品，在当地生产销售，或者返销母国或销往第三国，企业将与投资对象国发生长期的经贸联系，从中获得经营利润。产业 OFDI 有利于形成投资国与投资对象国之间长期持续稳定的贸易流量及产业间合作关系，从而形成稳定的经济联系，同时提升投资对象国的经济发展能力，增加就业及其国民收入，提高当地居民的生活水平。这才是"一带一路"建设的重要目的所在。中国与东盟国家的"一带一路"建设之所以说是有成绩的，就在于它促进了产业 OFDI，增进了投资对象国的生产能力，同时也使投资者获得了合理的投资回报。

（4）重视发挥民间资本作用，促进民营企业的 OFDI。在市场竞争领域，民营企业比国有企业更有效率和竞争力，这已经为国内外市场经济的实践与现代经济理论所证实。民营企业参与国际市场竞争，是符合国际市场经济惯例的，更容易为投资对象国所接受。非国有经济在我国制造业中已占绝大比重，具有所有权优势以及较大国际竞争优势的劳动密集型产业更是民营企业的天下。随着中国人均 GDP 水平提高,要素比较优势发生变化,要求产业结构升级换代。劳动密集型产业向国外转移,有利于发挥中国劳动密集型产业所有权优势,同时推动国内产业结构升级换代。国际投资理论指出,一个国家(地区)在产业升级过程中,会产生将本国(地区)的边际(比较劣势)产业转移出去的需求,因此形成对外直接投资。边际产业向外转移的条件是,一方面,它应当是国内的比较劣势产业,不转移就难以维持,也难以实现本国的产业结构调整;另一方面,相对于投资对象国的同一产业而言,投资母国的这个产业应有比较优势,能够有效地利用投资对象国的区位优势,比在母国生产的成本更低、效率更高。因此,在"一带一路"建设中,推动中国民营企业对外直接投资,是进行供给侧结构调整、促进产业升级换代、实现国内国际双循环的重要举措,意义重大。近年来,中国—东盟经贸关系之所以发展迅速,关键就在于它带动了中国 OFDI 的迅速增长,在产业 OFDI 中以民营投资为主。推进沿线国家"一带一路"建设,应当借鉴在东盟国家的经验,充分重视推动产业资本尤其是民营企业对"一带一路"沿线国家的直接投资。

(5)"一带一路"建设与国际经济大循环。中国对东盟的产业直接投资中,有相当部分是国内劳动密集型产业向东盟国家的转移,这种因中国人均 GDP 提高、要素比较优势变化、产业结构升级换代而产生的对外直接投资需求,是一个国家经济发展的必然趋势。这些产业转向比中国人均 CDP 低的"一带一路"沿线国家,对中国及"一带一路"沿线国家以及世界经济而言,是"三赢"。这些产业的生产向"一带一路"沿线国家转移,但产品市场仍然是以发达国家为主的。近年来,随着中国等对东盟国家 OFDI 的迅速增长,东盟国家的劳动密集型产品对欧美发达国家的出口也大幅度增长了。这说明,"一带一路"建设与国际经济大循环之间存在着密切的联系。近年来,中国对东盟国家的投资增长迅速,而且制造业的投资占比上升了近 100%,重要原因是,东盟国家近年来已经成为世界范围内继中国之后的另一个劳动密集型产业聚集地。中国对东盟国家的劳动密集型产业 OFDI 迅速增长,客观上因应了经济全球化的发展趋势。因此,应当认识到,"一带一路"建设同时也是经济全球化背景下国际经济分工合作的一个有机组成部分。要推进"一带一路"建设,就必须更加重视经济全球化背景下的国际经济分工合作,更加重视并遵循世界经济公认的运行规则与国际制度规范。

(6)更加重视发挥中国及"一带一路"沿线国家政府在"一带一路"建设中公共产品提供者的职能。与国内经济一样,"一带一路"建设中,制度及基础设施等公共产品也是社会经济活动必要的保障,必须由政府提供。不同之处在于，在"一带一路"建设中，这些公共产品必须通过参与国家双方或是多方共同提供。"一带一路"建设的制度优越性在于，它可以通过参与方的政府双边或多边合作，为产业投资提供制度规范、基础设施等公共产品及服务，促进产业投资与经济发展。这显然比单个企业对外直接投资时独自面对和适应投资对象国的体制、接受其基础设施的现状要好得多。"一带一路"建设开展以来，中国与"一带一路"沿线国家在共同提供公共产品公共服务方面做了大量工作，从而有力地推动了彼此的经贸往来。但是，应当明确，政府在"一带一路"建设中的作用主要是提供制度与基础设施等公共产品和服务，服务产业及企业，促进产业尤其是民营资本的 OFDI，发展双边经贸关系，推动共同发展。如何从发展与"一带一路"沿线国家的经贸关系角度出发，进一步做好政府应当做的工作，显然值得认真思考。

参考文献

[1] 刁莉，邓春慧，李利宇."一带一路"背景下中国对西亚贸易潜力研究［J］. 亚太经济，2019（2）：61-67.

[2] 杜德斌，马亚华."一带一路"：中华民族复兴的地缘大战略［J］. 地理研究，2015（6）：1005-1014.

[3] 冯颂妹，陈煜芳."一带一路"背景下中国与东盟贸易竞争性和互补性分析［J］. 西安财经大学学报，2020（1）：95-101.

[4] 韩永辉，罗晓斐，邹建华. 中国与西亚地区贸易合作的竞争性和互补性研究——以"一带一路"战略为背景［J］. 世界经济研究，2015（3）：89-98.

[5] 胡艺，杨晨迪，沈铭辉."一带一路"背景下中国与南亚诸国贸易潜力分析［J］. 南亚研究，2017（4）：78-92.

[6] 孔庆峰，董虹蔚."一带一路"国家的贸易便利化水平测算与贸易潜力研究［J］. 国际贸易问题，2015（12）：158-168.

[7] 李文溥，王燕武."一带一路"建设与构建国内国际双循环的新发展格局［J］. 经济研究参考，2021（4）：5-19.

[8] 李晓钟，吕培培. 我国装备制造产品出口贸易潜力及贸易效率研究——基于"一带一路"国家的实证研究［J］. 国际贸易问题，2019（1）：80-92.

[9] 梁育填，黄慧怡，刘逸，周政可. 中国企业投资东南亚国家的影响因素分析——基于企业所有权差异的视角［J］. 地理科学，2018（5）：645-653.

[10] 林民旺. 印度对"一带一路"的认知及中国的政策选择［J］. 世界经济与政治，2015（5）：42-57.

[11] 刘晓凤，葛岳静，赵亚博. 国家距离与中国企业在"一带一路"投资区位选择

[J]. 经济地理, 2017 (11): 99-108.

[12] 吕越, 陆毅, 吴嵩博, 王勇. "一带一路"倡议的对外投资促进效应——基于 2005—2016 年中国企业绿地投资的双重差分检验 [J]. 经济研究, 2019 (9): 187-202.

[13] 马建英. 美国对中国"一带一路"倡议的认知与反应 [J]. 世界经济与政治, 2015 (10): 104-132.

[14] 史本叶, 张超磊. 中国对东盟直接投资: 区位选择、影响因素及投资效应 [J]. 武汉大学学报 (哲学社会科学版), 2015 (3): 66-72.

[15] 王桂军, 卢潇潇. "一带一路"倡议与中国企业升级 [J]. 中国工业经济, 2019 (3): 43-61.

[16] 王鑫静, 程钰, 王建事, 丁立. 中国对"一带一路"沿线国家产业转移的区位选择 [J]. 经济地理, 2019 (8): 95-105.

[17] 王贞力, 林建宇. 国际金融风险因素与中国对东盟直接投资的区位选择 [J]. 南京审计大学学报, 2019 (1): 102-111.

[18] 吴海文, 张少雪, 刘梦影. "一带一路"视角下中国与东盟贸易竞争力研究——基于改进的显性比较优势指数的分析 [J]. 国际经济合作, 2019 (6): 53-61.

[19] 曾向红. "一带一路"的地缘政治想象与地区合作 [J]. 世界经济与政治, 2016 (1): 46-71.

[20] 张理娟, 张晓青, 姜涵, 刘畅. 中国与"一带一路"沿线国家的产业转移研究 [J]. 世界经济研究, 2016 (6): 82-92.

[21] 张晓涛, 刘亿, 杨翠. 我国劳动密集型产业向"一带一路"沿线国家转移的区位选择——基于产业承接能力与要素约束视角 [J]. 吉林大学社会科学学报, 2019 (1): 111-122.

[22] 赵静, 于豪谅. "一带一路"背景下中国—东盟贸易畅通情况研究 [J]. 经济问题探索, 2017 (7): 116-123.

[23] 赵蕾, 王国梁, 吴樱, 韦素琼. "一带一路"背景下中国在南亚的贸易格局分析 [J]. 世界地理研究, 2019 (5): 44-53.

第十一章 数字经济发展与企业的价格加成：理论机制与经验事实*

第一节 引言

进入新时代，数字经济已成为世界各国经济发展的重要力量。数字经济以知识和信息作为要素，以信息网络作为载体，以信息技术的使用作为发展动力，正深刻地改变和重塑当下经济活动和发展方式。党的十九大报告指出，要推动互联网、大数据、人工智能和实体经济深度融合。因此，有必要研究和考察数字经济的发展对我国实体经济发展的影响。

本章旨在考察数字经济的发展对实体企业价格加成的影响。企业是数字赋能的载体，也是支撑经济可持续发展的基石。从既有研究来看，数字经济发展会对企业生产率及其创新活动带来积极影响（黄群慧等，2019；赵涛等，2020）。但鲜有文献关注数字经济发展对企业带来的不利影响，如企业间的竞争加剧、劳动力用工成本攀升等问题。数字经济发展对企业带来的上述两种不同方向的效应，直接表现为对企业价格加成变化的影响。企业价格加成一般定义为价格与边际成本之比，常用于衡量企业的垄断势力（李兰冰等，2019）。在此，很自然地提出一个问题，数字经济的发展如何影响企业的价格加成，二者之间是否存在内在联系，如果

---

* 本章作者：柏培文、喻理。

有联系，其内部机制到底是什么？更进一步地，奥托等（Autor et al.，2020）发现，数字技术的发展使少数前沿企业受益，企业间异质性明显。那么，这种异质性的来源是什么，是否也体现在数字经济发展对企业价格加成的影响中？厘清这些问题，不仅有助于提升数字经济发展与企业发展政策制定的战略协同，也为理解数字经济发展如何影响宏观经济提供了微观解释。

与本章直接相关的文献是探讨数字经济发展对企业的影响。例如，已有研究聚焦于数字经济发展对企业全要素生产率（TFP）及创新行为（黄群慧等，2019）、企业组织结构（Bloom et al.，2012）、企业专业化分工（袁淳等，2021）、企业绩效（王永进等，2017）等的影响。其中，有两篇文献与本章最为相关：一是拉什卡里德和鲍尔（Lashkari and Bauer，2020）的研究发现，IT的兴起重塑了企业市场份额，且显著利于大公司，该研究隐含了IT的发展会影响企业市场势力的推论，但并未将二者直接联系起来；二是贝森和瑞吉（Bessen and Righi，2019）使用美国的企业数据发现，大型企业对专用软件的投资提升了其价格加成，然而，该研究样本皆为规模较大的企业，且并未考虑数字经济发展的一般均衡效应，因此其结论可能深受样本选择偏差的影响。不同于上述文献聚焦于数字经济发展对企业的积极影响，本章试图从价格加成的角度，纳入数字经济发展对企业带来的成本，综合考察数字经济发展同实体企业的关系。

企业的价格加成是经济学领域非常重要的话题。既有文献一般从两个角度探讨企业价格加成的变动：第一个角度以成本冲击作为切入点，如最低工资法的推出和汇率变动提高了企业的成本压力（盛丹和刘竹青，2017；赵瑞丽等，2018），进而降低了企业的价格加成；第二个角度则聚焦于企业竞争环境的变动，如王璐等（2020）研究发现，行政审批中心的设立通过降低企业进入退出的门槛，增加了企业间的竞争，导致其价格加成下降。类似地，埃德蒙和徐（Edmond and Xu，2015）从企业进入成本下降的角度，发现自由贸易提高了企业间竞争程度，降低了企业的价格加成；陆等（Lu et al.，2014）和赵瑞丽等（2019）则从空间竞争的角度出发，通过集聚的概念将竞争和成本两类因素纳入统一的理论体系，探讨集聚对企业价格加成的负面影响。

综合上述文献可以看到，尽管文献中对企业价格加成的影响研究较为丰富，但鲜有文献将视角聚焦于数字经济发展对企业价格加成的影响。因此，有必要给予深入考察。

鉴于此，本章拟使用1998~2013年中国规模以上工业企业数据，结合不完美工具变量法，实证检验数字经济发展对企业价格加成的影响，并讨论作用机制及异质性。研究发现，数字经济发展会通过促进竞争、增加在位企业成本压力的渠道，显著降低企业的价格加成。异质性分析表明，相较于各行业头部企业，其他企业受到的负面影响更为显著；相较于数字化程度较高的企业，数字化程度较低的企业负面影响更为显著；相较于融资约束宽松的企业，融资约束较紧企业的负面效应更为显著；相较于成本节约能力较强的企业，成本节约能力较弱的企业负面影响更为显著。进一步地，本章还发现数字经济通过降低企业价格加成的离散度，提高了企业所在城市资源配置的效率，表明数字经济的发展能够通过促进竞争效应对经济效率的优化产生积极作用。

本章的创新之处主要有三点：（1）理论视角上，丰富和拓展了数字经济发展对企业综合影响的研究框架，通过构建可变价格加成模型，将数字经济的发展引入企业的价格加成中，从一般均衡的角度深入讨论数字经济发展对企业价格加成的影响机制，对这一领域形成边际贡献；（2）识别策略的设计上，通过使用新发展的不完美工具变量法，对存在路径依赖的历史工具变量提供了更稳健的估计思路，大量的稳健性检验也有助于增强实证结果的可信度，同时，多个维度的异质型分析有利于加深文献关于数字经济发展对各类企业影响的理解；（3）数字经济发展程度的测度上，既有文献多围绕在数字基建层面进行衡量，本章通过文本挖掘的方式，度量了各城市从事数字经济企业的数量和初始规模，进一步补充了对城市数字经济发展程度的测度，丰富和拓展了现有文献。

第二节 理论分析

数字经济发展会通过三个潜在的渠道影响企业的价格加成。（1）数字经济的发展通过降低企业进入退出的门槛，促进了新企业的创立（赵涛等，2020）。进一步地，区域内企业间竞争程度的加深会降低该区域的价格上界，并推动企业的价格加成下降（Ottaviano et al.，2002）。（2）竞争程度加深使得企业获取生产要素的边际成本上涨，企业成本压力上升。例如，就劳动力而言，陈等（Chen et al.，2020）以及约坦·波尔森（Hjort and Poulsen，2019）分别在中国和非洲发现，互联网的发展通过增加企业对劳动力需求的渠道，不仅提高了高技能劳动者的工资，也惠及了低技能劳动者。因此，如果企业在要素配置中存在较大摩擦，工资压力将难以通过优化要素结构的方式转嫁，进而对其价格加成产生负面影响。（3）数字经济发展的正外部性有助于企业提高生产率及创新能力（黄群慧等，2019）。前者利于企业节约成本，后者利于提高定价，都有助于提振企业的价格加成。综上所述，理论上数字经济发展对企业价格加成的影响方向并不明确，取决于上述三方面影响占比的相对大小。

为将上述讨论模型化，本章借鉴奥塔维亚诺等（Ottaviano et al.，2002）和赵（Zhao，2011）的异质性可变价格加成模型，引入数字经济发展的影响。其中，消费者的效用函数为含有二次项的准线性效用函数：

$$U = q_0^c + \alpha \int_{i \in \Omega} q_i^c \mathrm{d}i - \frac{1}{2}\gamma \int_{i \in \Omega} (q_i^c)^2 \mathrm{d}i - \frac{1}{2}\eta \left(\int_{i \in \Omega} q_i^c \mathrm{d}i \right)^2 \quad (11.1)$$

假设商品集合为 Ω，q_0^c 是消费者对基准商品的消费量，q_i^c 是消费者对第 i 种商品的消费量。参数 α、γ 及 η 皆为正数。其中，α 和 η 用以指代消费者在各异质性商品间的替代程度，γ 用以表示各产品间的异质性。通过解消费者最优化问题，利用一阶条件 $MRS_i = P_i$，得到商品 i 的需求函数为：

$$P_i = \alpha - \gamma q_i^c - \eta Q^c \quad (11.2)$$

其中，$Q^c = \int_{i \in \Omega} q_i^c \mathrm{d}i$ 是所有商品的总消费量。对式（11.2）在 Ω 上积分，可得商品 i 的需求函数：

$$q_i = \frac{\alpha L}{\eta N + \gamma} - \frac{L}{\gamma} P_i + \frac{\eta N}{\eta N + \gamma} \frac{L}{\gamma} \bar{P} \quad (11.3)$$

其中，L 为市场中消费者的总数，假设在商品空间 Ω 中共有 Ω^* 被消费，即 $q_i > 0$ 的定义域为 $\Omega^* \in \Omega$。N 为 Ω^* 的个数，则该区域中平均价格指数为：$\bar{P} = 1/N \int_{i \in \Omega^*} P_i \mathrm{d}i$。在垄断竞争环境下，可利用零利润条件得到该区域价格的上限以及企业的停止生产点 C_D：

$$P_{\max} = \frac{1}{\eta N + \gamma}(\gamma \alpha + \eta N \bar{P}) \equiv C_D \quad (11.4)$$

现将视角转至企业，假设其成本函数为 $TC_i = (\delta c_i / N^\lambda) q_i$。$\delta$ 则用来反映当地竞争性要素市场需求冲击对企业成本的负向作用，并假设 $\delta \geq 1$。这一点类似于格林斯通等（Greenstone et al., 2010）分析大企业进驻对当地中小企业影响时提到的机制。λ 表示数字经济发展正外部性对当地企业的影响程度。该外部性体现在多方面，如数字经济发展可增强社会互动性，利于促进社会资本的积累（周广肃和樊纲，2018）。此外，数字经济发展程度越高，产业配套也越丰富，利于产品匹配和交易的加速（赵涛等，2020）。因此，本章假设 $0 \leq \lambda < 1$，该值越高，表示数字经济发展对企业的正外部性影响越大。通过解企业利润最大化问题，推出企业面临的价格 P_i 和对应销量 q_i 为：

$$P_i = \frac{\alpha \gamma}{2(\eta N + \gamma)} + \frac{\eta N}{2(\eta N + \gamma)} \bar{P} + \frac{c_i + \delta_i}{2N^\lambda} = \frac{1}{2}\left(C_D + \frac{\delta c_i}{N^\lambda} \right) \quad (11.5)$$

$$q_i = \frac{\alpha L}{2(\eta N + \gamma)} + \frac{\eta N}{2(\eta N + \gamma)} \frac{L}{\gamma} \bar{P} - \frac{L}{\gamma} \frac{c_i + \delta_i}{N^\lambda} = \frac{1}{2} \frac{L}{\gamma}\left(C_D - \frac{\delta c_i}{N^\lambda} \right) \quad (11.6)$$

假设企业成本项 δc_i 服从帕累托分布,即 $G(c)=(c/c_M)^k, c\in[0,c_M]$,其中,$k$ 值越大,分布越向高成本值的企业集中。假设企业进入市场还需要支付一定的固定成本 f_E,鉴于数字经济发展程度的提高可促进新企业的进入(赵涛等,2020),而新企业进入市场难度的下降往往预示着企业进入退出门槛的降低(王璐等,2020)。因此,本章假定 f_E 同数字经济发展的程度负相关。在垄断竞争市场企业自由进入的条件下,企业期望利润为0,于是有:

$$\int_0^{C_D N^\lambda} \pi(c)\mathrm{d}G(c) - f_E = \frac{L}{4\gamma}\int_0^{C_D N^\lambda}\left(C_D - \frac{c}{N^\lambda}\right)^2 \mathrm{d}G(c) - f_E = 0 \quad (11.7)$$

因此,企业的临界成本值为:

$$C_D = \left[\frac{2\gamma(k+2)(k+1)c_M^k f_E}{L(N^\lambda)^k}\right]^{\frac{1}{k+2}} \quad (11.8)$$

从式(11.8)可进一步得到企业的平均价格同企业临界成本值 C_D 成正比的结论,而 C_D 又是企业数的减函数。因此,在位企业的价格空间也会随着企业数的增加而下降。故而,如果数字经济发展提高了企业的数量,企业面临的价格空间将下降,这一点同赵瑞丽等(2019)分析城市集聚对企业价格加成的影响渠道是类似的。进一步地,结合零利润条件,可得均衡时的价格加成 Λ_i 为:

$$\Lambda_i = \frac{P_i - MC_i}{P_i} = 1 - 2(\delta c_i)\bigg/\left(\left[\frac{2\gamma(k+2)(k+1)c_M^k f_E}{L(N^\lambda)^k}\right]^{\frac{1}{k+2}} N^\lambda + \delta c_i\right) \quad (11.9)$$

根据式(11.9)可知,数字经济发展对企业价格加成 Λ_i 的影响涉及三个参数的值:(1)λ 的大小,用以表示数字经济发展对企业的正外部性影响,从式(11.9)可推出企业价格加成同 λ 成正比,[①] $\partial\Lambda/\partial\lambda>0$。例如,数字经济发展促进了区域内企业产业链的协同、企业间的学习效应等(Goldfarb and Tucker,2019),本章将此称为数字经济发展对企业价格加成的促进效应。(2)f_E 的大小,其中,$\partial\Lambda/\partial f_E<0$ 表示数字经济发展对企业进入退出门槛的影响。故而当 f_E 因数字经济的发展下降时,企业的价格加成也会随之下降。(3)δ 的大小,企业的价格加成为企业成本 δc_i 的减函数,因而当 δ 外生性提高时,企业的价格加成也会受到负面冲击。本章将上述数字经济发展对企业价格加成的负向作用统称为竞争效应,而将正向效应称为数字经济发展对企业价格加成的溢出效应。因此,本章得出以下推论:数字经济发展对企业价格加成影响的最终方向,将取决于竞

---

① 比较静态部分的推导结果,参见《中国工业经济》网站(http://ciejournal.ajcass.org)附件。

争效应和溢出效应的净效应。如果竞争效应大于溢出效应，则企业的价格加成下降，反之企业的价格加成上升。

上述讨论中，数字经济发展对企业价格加成的影响是同质的，本章进一步借助式（11.9）讨论企业的异质性。相较于数字化程度较低的企业，数字化程度高的企业将有更大概率借助数字技术提高生产率和组织效率（Bloom et al., 2012; Lashkari et al., 2020），这两者都有助于提高价格加成。此外，恰当的数字技术应用，可使得企业同数字经济融合得更加紧密，在产销环节提效赋能。故而合理推论：数字化程度较高的企业受到的来自数字经济发展正外部性的影响会高于数字化程度较低的企业，即 $\partial \Lambda / \partial \lambda_H > \partial \Lambda / \partial \lambda_L$。其中，$H$ 指代数字化程度较高的企业，L 指代数字化程度较低的企业。此时即便数字经济发展对两类企业的负面影响程度相同，H 类企业的价格加成受到的负面冲击也会更低。类似的异质性还存在于企业规模的差异中。例如，相比小型企业，大型企业不仅市场势力更大，对 IT 应用进行投资的概率也更高（Bessen and Righi, 2019）。因而，大型企业受到数字经济发展对其价格加成的负面影响理应更低。在成本参数 δ 方面，尽管根据资本—技能互补理论，成本压力的增加会导致企业实施成本诱导型创新，减少对成本上涨的生产要素的依赖，但企业对要素的再配置具有调整成本，企业若要进行数字化转型，首要面临的一个限制即是融资约束。如果融资约束非常紧，企业将难以达到要素配置的效率解，成本压力也将受限于要素结构的僵化而对企业的价格加成产生持续的负面影响。推而广之，由于生产率较高的企业成本节约能力更强（李兰冰等，2019），故而成本节约能力也会通过影响 δ 的大小，调节数字经济发展对企业价格加成的负面影响。除此之外，企业所有制和制度成本则会嵌入企业进入退出的门槛 f_E 中，调节数字经济发展对企业价格加成影响的程度。例如，相较国有企业，民营企业面临的竞争环境更为激烈（Lu et al., 2014），上述推论在制度成本较低的区域也有类似反映。因此，对于国有企业和位于制度成本较高区域的企业，数字经济发展对其价格加成的负面影响会较小。

综合上述讨论，本章将以该理论框架为参考，展开实证研究。

第三节 数据说明与主要指标构建

一、数据说明

本章使用的数据主要分为两大类。（1）企业层面的数据来自 1998~2013 年的《中国规模以上工业企业数据库》（以下简称"工企库"）。借鉴聂辉华等

(2012) 等文献对工企库进行相应处理。① 在稳健性检验和机制分析中，本章还使用了 2018~2020 年的上市公司数据和 2004~2007 年的中国海关企业数据库。

（2）城市层面的数据主要来自 2004~2013 年的《中国城市统计年鉴》《中国区域经济统计年鉴》等。其中，1998~2013 年的地级市最低工资数据通过各省各市地方政府网获得。在后续稳健性检验和异质性分析中，本章还使用了来自 DMSP 的中国地级市夜间灯光数据；来自北京大学企业大数据研究中心编制的创新创业指数，包含 1990~2018 年地级市层面的新建企业进入数等变量；中国地级市行政审批中心数据库；腾讯公司自 2018 年开始公布的《数字中国指数年度报告》以及各城市历年工商企业登记信息。

二、指标构建与变量定义

1. 企业的价格加成

本章采用德洛克和沃兹斯基（De Loecker and Warzynski, 2012）的方法度量企业层面的价格加成（DLW），通过估计要素产出弹性恢复企业的价格加成。DLW 法计算了式（11.10）的企业成本最小化方程，其中，V 是可变投入，如劳动力、中间材料等；K 是资本存量；Q 为企业的生产函数，连续且二阶可导；P_{it}^{Xv} 为可变投入对应的价格；r_{it} 为资本投入的成本。在既定产出水平下，解上述最小化问题，可推导出企业的价格加成为 $\mu_{it} = \theta_{it}^{X}(\alpha_{it}^{X})^{-1}$，其中，$\theta_{it}^{X}$ 为可变投入的产出弹性，$(\alpha_{it}^{X})^{-1}$ 为可变投入收入份额的倒数。

$$L(X_{it}^1, \cdots, X_{it}^v, K_{it}, \lambda_{it}) = \sum_{v=1}^{V} P_{it}^{Xv} X_{it}^v + r_{it} K_{it} + \lambda_{it}[Q_{it} - Q(\cdot)] \quad (11.10)$$

鉴于技术进步在生产函数中的非中性会导致不同可变投入计算出的价格加成在截面和时间序列上呈现相反的趋势（Raval, 2020），本章使用人均计算机数作为有偏技术进步的代理变量（B_{it}），在估计劳动作为自由投入的价格加成时，将 B_{it} 与年份的虚拟变量乘积加入估算生产率的动态方程中，估算出的价格加成记为 markup_labor。同时，在稳健性部分还分别使用了材料投入和会计法测算企业的价格加成，记为 markup_material 和 markup_account。鉴于工企库中的劳动收入份额低于宏观账户中的劳动收入份额，这会导致企业层面的劳动收入份额向下偏误而价格加成的估计向上偏误，本章借鉴张天华和邓宇铭（2020）的做法，采用员工工资、雇员补贴和失业保险的总和作为员工劳动收入的度量。尽管加总后仍与宏观劳动收入份额有较大差距，但只要这种度量偏

---

① 数据处理具体过程参见《中国工业经济》网站（http://ciejournal.ajcass.org）附件。

差不发生系统性改变，固定效应可将其吸收，因此，对本章后续实证估计的影响较小。

2. 数字经济的发展程度

巴克特和希克斯（Bukht and Heeks，2018）将数字经济的定义划分为三个层级。核心层涉及数字基建的完善程度。其次包含了数字服务与平台经济，最广义的数字经济定义则包含了电子商业、由算法驱动的经济活动等。基于这种认识，综合考量数据的限制，本章借鉴既有文献（黄慧群等，2019；柏培文等，2021）的思路，在城市层面从数字用户、数字企业、数字平台、数字产出四大维度出发，共9个指标对数字经济发展进行度量。[①] 考虑到文献中既有测度对从事数字经济企业的活动关注有所不足，本章增加了数字企业维度的衡量指标，内含城市层面从事数字经济的企业数量和注册资本。具体来说，在2004~2013年《中国城市统计年鉴》中，提取每百人中互联网宽带用户数、计算机服务和软件从业人员占城镇就业人员比重等指标，同时利用2004~2013年全国各地区的工商企业登记信息，对每家公司的经营范围做分词处理。分词后和包含"软件""计算机""电子商务"等20多条与数字经济相关的词条模糊匹配，按匹配的次数对每一家公司打分。公司的经营范围每与上述词条向量匹配一次，便记1分，分数越高，表示企业的数字经济属性越强。为稳健起见，本章只保留了评分为2以上的企业，并计算了上述企业的注册资本之和，作为各城市从事数字经济企业规模的代理变量。最后使用PCA法，得到核心解释变量 $index$。

3. 主要控制变量定义[②]

控制变量分为城市和企业两个层面。（1）城市层面中，经济发展程度定义为人均地区生产总值的对数值（gdp），外商投资比重定义为外商实际投资额与地区生产总值的比值，并按当年汇率进行调整（fdi）。财政自主权定义为地方一般公共预算收入与地方一般公共支出的比值（$finance$）。（2）企业层面中，所有制特征（soe）用国有资本占企业实收资本的比重度量，涉及分类时，定义该比重超过0.5时则为国有企业，如此可避免所有制变量被固定效应吸收。企业规模用企业实际总资产的对数来度量（$size$）。企业年龄（$lnage$）定义为企业成立时间和企业在样本时间之差的对数（$lnage$）。企业的TFP由LP法估算（李兰冰等，2019）。企业在劳动和资本之间的技术选择状况用固定资产净值与从业人数之比度量，且取对数（kl）。企业出口行为用出口交货值占比定义（$export$）。企业平均工资定义为本年应付工资总额与从业人数之比（$wage$）。

[①] 选择的变量和数据来源参见《中国工业经济》网站（http://ciejournal.ajcass.org）附件。
[②] 描述性统计参见《中国工业经济》网站（http://ciejournal.ajcass.org）附件。

4. 特征事实①

在得到数字经济发展程度（index）和企业的价格加成后，本章分别比较了 index 位于较高和较低组时企业的价格加成及 TFP 的分布。本章发现，在数字经济发展程度较高的城市中，生产率分布相较于数字经济发展程度较低的组右偏，这一点同文献的结论是一致的（黄群慧等，2019），但企业价格加成的分布左偏，尚未有理论对其进行解释。本章进一步按人均计算机数进行分组，发现企业数字化程度同其价格加成的分布和生产率的分布的影响是同向的，即都向右偏。上述差异说明数字经济发展对企业价格加成存在负面影响，对理论部分给出了初步证据。

第四节 实证策略与回归结果分析

一、模型设定及控制变量的选取和测度

基准回归采用双向固定效应模型，回归方程设定如式（11.11）所示。其中，被解释变量 $\ln markup_{ijt}$ 是企业 i 在城市 j 和 t 年的对数价格加成，k 表示行业；核心解释变量 $index_{jt}$ 是城市层面的，二者并非同一个数据层面，弱化了互为因果的可能性。在控制变量的选取方面，X_{ijt} 为企业和城市层面的控制变量，企业层面如年龄（$\ln age$）、资本密集度（kl）、人均工资（$wage$）等。城市层面控制变量包括经济发展程度（gdp）、外商投资比例（fdi）、财政自主权（$finance$）以及月最低工资（$miniwage$）。

$$\ln markup_{ijt} = \beta_0 + \beta_1 index_{jt} + \beta_2 X_{ijt} + \alpha_i + \lambda_t + u_k \lambda_t + \varepsilon_{ijt} \quad (11.11)$$

其中，a_i 为企业的固定效应，控制了企业、行业和区域的所有非时变的异质性，如区域的地理特征和不同类型企业在行业内的分布；λ_t 为时间固定效应，样本时间内对所有城市产生共同影响的变化将由该项吸收，如 2008 年世界金融危机等普遍的经济冲击；$u_k \lambda_t$ 为行业固定效应和时间固定效应的交互项，用以控制随行业变化的时间异质性趋势，虽然该项会吸收很大一部分数据变化，但若基准回归仍显著，则说明结果相对稳健；ε_{ijt} 为误差项，标准误双向聚类在城市—行业层面；β_1 是本章感兴趣的系数，它衡量了数字经济发展程度增加 1 单位时企业价格加成变化的百分比。

---

① 数字经济发展程度按 75% 和 25% 分位数区分高低组，企业数字化程度按人均计算机数的中位数区分。分布密度图参见《中国工业经济》网站（http：//ciejournal.ajcass.org）附件。

二、基准回归结果

表 11-1 报告了基准回归中数字经济发展对企业价格加成的估计结果。第（1）列未增加控制变量。第（2）列增加了企业层面的控制变量。第（3）列增加了城市层面的控制变量。为隔离 2004 年最低工资政策的混杂影响（赵瑞丽等，2018），本章将地级市月最低工资加入基准方程。第（4）列控制了企业的固定效应。考虑到即便是全国性的政策，不同行业的反应强度也不尽相同，第（5）列添加了行业和时间固定效应的交互项，用以控制随行业变化的时间异质性趋势。标准误方面，所有列都双向聚类在城市—行业层面，各种设定下 β_1 均显著为负。控制变量的回归结果也基本与预期相符：[①] tfp 的系数显著为正，这一点和欧洲的经验类似，但同美国相反（Battiati et al.，2021）。说明中国的制造业面临的竞争程度更强，市场份额向生产力高的企业重新分配仍利于提效增质。其他变量中，企业年龄（$lnage$）、劳资比例（kl）和企业规模（$size$）的增加都导致价格加成显著增加，同文献一致（蒋冠宏，2021）。平均工资前的系数为负，说明成本压力上涨会对企业价格加成产生负面影响。从上述结果可见，当控制了一系列混杂因素后，$index$ 的系数不再随着控制变量的加入而大幅度变化，意味着潜在的遗漏偏差已相对较小（Altonji，2005）。

表 11-1　数字经济发展对企业价格加成影响的基准回归

变量	(1)	(2)	(3)	(4)	(5)
$index$	-0.0020*** (0.0003)	-0.0012*** (0.0003)	-0.0010** (0.0003)	-0.0012*** (0.0003)	-0.0011*** (0.0002)
地级市月最低工资			控制	控制	控制
			控制	控制	控制
企业控制变量		控制	控制	控制	控制
城市控制变量			控制	控制	控制
城市固定效应	控制	控制	控制		
企业固定效应				控制	控制
时间固定效应	控制	控制	控制	控制	
行业—年份固定效应					控制
R^2	0.0022	0.6913	0.7093	0.4971	0.4962
N	879 660	879 323	785 468	785 468	785 468

注：***、**、*分别表示在 1%、5%、10% 水平上显著。括号内为标准误，双向聚类在城市—行业层面。下同。

[①] 详细的控制变量的估计系数，参见《中国工业经济》网站（http://ciejournal.ajcass.org）附件。

三、内生性分析

基准回归的有效性面临四点威胁。(1) 在城市层面衡量数字经济发展程度，隐含假设了同一年份、同一城市，不同企业面临的数字经济发展程度相同。该假设可能导致分类错误，进而使 β_1 估计值的方向与真实值相反。(2) 若进行数字化的企业在人力资本和组织结构方面进行了互补性投资，那么 β_1 会向上偏误；若企业数字化存在调整成本，则 β_1 会向下偏误。(3) 若城市之间的数字经济发展受到了不可观测的城市禀赋的影响，会导致 β_1 有偏。(4) 数字经济发展对企业存在选择效应，即数字经济发展中的竞争效应促进低效率企业的退出，导致留在市场中的企业呈现出价格加成更高的特征。合理使用工具变量法可有效缓解第二个和第三个内生性问题，第一个内生性问题则留待稳健性检验，对于第四个内生性问题，本章在后续将使用平衡面板数据来进行处理。

工具变量选择方面，本章借鉴黄群慧等（2019）的思路，使用 1984 年各市邮局数乘以全国互联网端口数作为工具变量（$iv1$）。戈德史密斯-平卡姆等（Goldsmith-Pinkham et al., 2020）将这种形式的工具变量称为 Shift-Share，并认为这类工具变量的外生性主要由 Share 部分决定。在本章中即对应为 1984 年各地级市的邮局数，用以衡量历史上各城市数字基建的发展程度。由于该部分不随时间变化，为了在面板模型中使用该工具变量，本章将 Shift 部分选用为全国互联网端口数。工具变量的合理使用，需满足相关性和外生性条件。从相关性看，邮局密度较高的地区，意味着该地区对信息沟通的需求更高，而地区层面的信息需求一般较为稳定。邮局早年是承担铺设固话线路任务的主力，此为拨号上网必备的基础设施，因此地区邮局数符合工具变量的相关性条件。外生性方面，尽管 1984 年距 2004 年较远，但正如相关性所述，对信息的需求较为稳定这种特征，可能会导致 $iv1$ 存在路径依赖性而非完全外生。本章认为尽管上述工具变量并不完美，但历史条件赋予了其近似外生的优势，即如果 $iv1$ 的内生性小于 $index$ 的内生性，则可使用较新发展的不完美工具变量法进行估计。该方法放松了对工具变量严格外生性条件的要求，转而用两个稍弱的假设替代。第一个假设是工具变量与误差项相关的方向和内生解释变量与误差项相关的方向一致。第二个假设是即便工具变量不完美，但是工具变量和误差项相关的程度 $\rho_{z\varepsilon}$ 要小于内生解释变量与误差项的相关程度 $\rho_{x\varepsilon}$，该程度用 $\lambda^* = \rho_{z\varepsilon}/\rho_{x\varepsilon}$ 表示。显然当工具变量完全外生时，$\lambda^* = 0$，而当工具变量与核心解释变量的内生程度相同时，$\lambda^* = 1$。对符合上述两个条件的工具变量，内沃和罗森（Nevo and Rosen, 2012）称其为不完美工具变量（$ipiv$），并证明存在 λ^*，使得下式成立：

$$E\{(\sigma_X Z - \lambda^* \sigma_Z X)\varepsilon\} = \sigma_X \sigma_{Z\varepsilon} - \lambda^* \sigma_Z \sigma_{X\varepsilon} = 0 \qquad (11.12)$$

在信息需求稳定的前提下，*index* 与 *iv*1 同误差项的相关性应为同向，所以符合 *ipiv* 的假设一。1984 年距基准回归的数据区间最短也相隔 20 年，*iv*1 内生的程度理应小于 *index*。鉴于 λ^* 的取值未知，因此，本章计算极端情况下不完美工具变量的估计上界，令 $\lambda^* = 1$，即假设工具变量 *iv*1 和核心解释变量 *index* 的内生程度相同，此时便可通过式（11.12）构造出新的工具变量，对应估计系数为 $\beta_{v(1)}^{IV}$。*index* 系数的估计上界为 $\beta \leqslant \min\{\beta_{v(1)}^{IV}, \beta_{IV1}^{IV}\}$，如果该值小于 0，说明 *iv*1 尽管不完全外生，但仍识别了数字经济发展对企业价格加成的影响方向。为稳健起见，本章还借鉴了傅秋子等（2018）的思路，使用各城市到杭州市的距离作为第二个工具变量（*iv*2）。

表 11-2 汇报了工具变量分析的结果，其中，Kleibergen-Paaprk F 统计量 (KPF) 大于 Stock-Yogo 弱识别检验临界值，即不存在弱工具变量问题。① 第（1）列未加入控制变量，*index* 显著为负。第（2）列添加了控制变量，*index* 系数的绝对值大于基准回归估计系数的绝对值，说明企业层面的混杂因素更多来自新技术的采用成本。第（3）列同时使用 *iv*1 和 *iv*2 以及 liml 估计量，结果显著为负。第（4）列汇报了 *ipiv* 的结果，尽管 *index* 的系数大幅衰减，但仍显著为负。② 说明即便在极端情形，数字经济的发展还是降低了企业的价格加成。鉴于数字经济发展对企业的选择效应，本章在第（5）列使用了 2004～2007 年中持续存在的企业样本对基准方程进行估计，*index* 的符号与显著性均未改变，说明上述结果并非由企业的广沿边际驱动。随后本章将数据延展至 2004～2013 年作为扩展讨论。估计结果见第（6）列，尽管 *index* 的系数绝对值下降，但仍显著为负。

表 11-2　　　　　　　　工具变量的估计结果

变量	(1)	(2)	(3)	(4)	(5)	(6)
	*iv*1	*iv*1	liml	*ipiv*	平衡面板	2004～2013 年
index	-0.0148** (0.0052)	-0.0192** (0.0067)	-0.0187*** (0.0035)	-0.0033** (0.0013)	-0.0088* (0.0053)	-0.0015*** (0.0004)
控制变量		控制	控制	控制	控制	控制

---

① KPF 检验虽并无对应临界值，但仍大于 Stock - Yogo 的临界值。
② STATA 缺乏面板数据结构下 IPIV 的估计命令，本章手动将所有控制变量同其均值做差分以去除企业固定效应，并添加年份虚拟变量以控制时间固定效应。

续表

变量	(1) $iv1$	(2) $iv1$	(3) liml	(4) ipiv	(5) 平衡面板	(6) 2004~2013 年
固定效应	控制	控制	控制	控制	控制	控制
KPF	22.8642	23.2581	33.4102	56.3363	100.8732	24.4522
R^2	0.2190	0.4631	0.3821	0.1073	0.4882	0.8232
N	719 017	716 902	636 146	637 332	401 042	1 202 715

四、稳健性检验

上述分析说明，数字经济的发展对企业的价格加成有显著的负向影响，但仍有部分混杂因素值得探讨。例如，基准回归的结果是否由数字经济发展的定义驱动；基准回归的结果是否由企业价格加成的定义、前期趋势等驱动；基准回归的结果是否由同时期其余的政策驱动；基准回归的结果是否由实证策略的函数形式设定驱动。本章对此一一进行检验。

1. 替换核心解释变量与因变量

本章在此使用 2000 年骨干网速度大提升作为外生冲击，用以识别数字经济发展对企业价格加成的影响。借鉴陈等（Chen et al., 2020）的设定，使用广义双重差分模型和 1998~2007 年的工企库数据进行实证检验。其中，核心解释变量为 1999 年各地级市的固话密度同 2000 年虚拟变量的乘积。表 11-3 中第（1）列为双重差分的估计结果，该设定使用了同前文完全不同的识别策略、相对外生的测度、差异化的时间区间，结果仍保持稳健。① 为缓解指数构造方式可能带来的估计偏误，第（2）列使用熵权法构造数字经济发展指数。第（3）列则使用了前文测度的各城市从事数字经济的企业数（$firmnum$）。无论哪种设定，$index$ 均显著为负。那基准回归的结果是否由价格加成的定义驱动呢？第（4）列使用会计法，将企业价格加成定义为增加值同中间投入与总劳动支出之和的比值（Batttiati et al., 2021）。第（5）列在 DLW 法中使用柯布-道格拉斯函数计算价格加成。第（6）列为控制国有企业雇佣约束对价格加成估计的影响，使用材料投入计算价格加成（Lu and Yu, 2015），各种度量方式下，实证结果同基准回归的结论保持一致。

---

① 该设定通过了平行趋势检验，参见《中国工业经济》网站（http://ciejournal.ajcass.org）附件。

表 11-3　　替换数字经济发展和企业价格加成的度量方式

变量	替换数字经济发展测度			替换企业价格加成测度		
	(1)	(2)	(3)	(4)	(5)	(6)
	双重差分	熵权法	firmnum	会计法	柯布-道格拉斯	材料投入
替代测度	-0.0698** (0.0319)	-0.0288*** (0.0028)	-0.0021* (0.0008)	-0.0067*** (0.0018)	-0.0012*** (0.0002)	-0.0001* (0.0000)
控制变量	控制	控制	控制	控制	控制	控制
固定效应	控制	控制	控制	控制	控制	控制
R^2	0.8301	0.4971	0.4963	0.0092	0.9732	0.8871
N	1 136 269	790 806	781 643	667 767	697 855	650 233

2. 隔离前期趋势的检验

鉴于企业的价格加成初始趋势存在差异,并可能随时间变化,致使估计有偏,本章将1999年企业价格加成的增速同年份虚拟变量做交互($original\_trend$)加入基准方程,结果见表11-4第(1)列。为控制均值回复的影响,第(2)列加入企业对数价格加成的滞后项(lag)。本章进一步考察了$index$增长率与城市基线特征的关系,即将$index$回归在城市层面的变量(gdp、fdi等),发现经济发展程度解释了地级市数字经济指数增长的80%。为避免其初始差异衍生出的异质性趋势混杂估计结果,此处使用1998年的灯光数据作为当年GDP的代理变量,然后分别与年份虚拟变量和年份二次项做交互($trend\_1$、$trend\_2$),控制地级市初始差异的线性趋势与非线性趋势,结果分别见第(3)列、第(4)列。无论哪种设定,$index$的系数均显著为负。

表 11-4　　增加前期趋势与滞后领先项

变量	(1)	(2)	(3)	(4)	(5)
	初始趋势	均值回复	趋势项1	趋势项2	领先1期
$index$	-0.0014*** (0.0003)	-0.0017* (0.0002)	-0.0012*** (0.0000)	-0.0010*** (0.0001)	
$F1.index$					0.0001 (0.0002)
$original\_trend$	控制				

续表

变量	(1) 初始趋势	(2) 均值回复	(3) 趋势项1	(4) 趋势项2	(5) 领先1期
lag		控制			
$trend\_1$			控制	控制	
$trend\_2$				控制	
控制变量	控制	控制	控制	控制	控制
固定效应	控制	控制	控制	控制	控制
R^2	0.1790	0.3861	0.4973	0.4961	0.8802
N	86 226	396 902	784 260	784 260	399 822

3. 安慰剂检验

下一年的城市数字经济发展程度如果可影响当前企业的价格加成，则说明存在不可观测的遗漏变量。本章使用未来一期的城市数字经济指数作为核心解释变量（$F1.index$），表11-4第（5）列显示该项皆不显著，进一步降低了对遗漏重要变量的担忧。

4. 排除同期政策和更新数据区间①

基准回归的时间段位于2004~2007年，期间多起重大的政策变化可能会对本章结论的稳健性造成威胁。例如，2003年土地招拍挂改革后住房价格剧烈上涨，房价作为企业的成本之一可能会使其价格加成下降；2001年国务院成立了行政审批制度改革工作领导小组，王璐等（2020）发现行政审批中心的建立会显著降低企业的价格加成；中国在2001年加入WTO，后续的关税改革对企业价格加成造成了冲击（Lu et al., 2014）。鉴于此，本章进一步纳入上述政策的影响，基准回归的结论仍然稳健。鉴于数字经济的概念在近2~3年飞速发展，数字经济发展程度测度指标相对更易获取，② 为说明基准回归的结论可进行延伸，本章使用腾讯公司自2018年开始公布的《数字中国指数年度报告》作为各城市数字经济发展程度的替代测度，相应使用2018~2020年上市公司作为研究样本，结果同基准回归类似。

---

① 限于篇幅，该部分的稳健性检验结果参见《中国工业经济》网站（http：//ciejournal.ajcass.org）附件。

② 感谢匿名评审专家审稿的宝贵建议。

第五节 机制与异质性分析

以上内容通过丰富的识别检验与稳健性分析,回答了数字经济发展是否影响企业价格加成的问题。本章则在此基础上,考察数字经济发展影响企业价格加成的具体传导机制。

一、机制分析

1. 竞争效应

理论部分的分析表明,数字经济发展会促进新企业的进入,对企业的价格加成产生负面影响。但值得注意的是,竞争增加对企业价格加成的影响并非单向,竞争增加还会引发选择效应:即只有成本停止点 C_D 较低的企业可存活,这将使得在位企业平均的价格加成上升。因此,为综合评估数字经济发展中竞争效应对企业价格加成的影响,需要比较新企业的进入效应和选择效应的净值。表 11-5 中的第(1)列使用管理费用作为企业进入退出成本的代理变量(王璐等,2020),$index$ 的系数显著为负,说明数字经济的发展降低了企业的进入退出门槛。这是否意味着在位企业的竞争程度也增加了呢?表 11-5 第(2)列、第(3)列利用工企库中企业出现和退出的时间,分别定义了企业进入和退出的虚拟变量。线性概率模型(LPM)估计的结果显示,数字经济发展显著促进了企业的进入和退出,且企业进入的概率为退出概率的两倍。说明整体上,数字经济发展带来的企业进入效应要高于选择效应,区域竞争变得更加激烈。为避免对企业进入的估计受到数据处理过程的影响而过于乐观,本章也采用宏观数据和微观数据结合的方式进行讨论:使用来自北京大学企业大数据研究中心编制的创新创业指数。该数据集提供了 1990~2018 年地级市层面的新建企业进入数等变量,$index$ 的系数仍显著为正。①

表 11-5 数字经济发展与企业竞争

变量	(1) 管理费用	(2) 企业进入	(3) 企业退出	(4) 进入效应	(5) EGI	(6) 集聚
$index$	-0.0285*** (0.0101)	0.0103** (0.0046)	0.0051*** (0.0016)	-0.0026*** (0.0006)	0.0005** (0.0002)	-0.0180** (0.0077)

① 限于篇幅,参见《中国工业经济》网站(http://ciejournal.ajcass.org)附件。

续表

变量	(1) 管理费用	(2) 企业进入	(3) 企业退出	(4) 进入效应	(5) EGI	(6) 集聚
lncusum				-0.1171** (0.0232)		
index_egi						-0.0360* (0.0211)
控制变量	控制	控制	控制	控制	控制	控制
固定效应	控制	控制	控制	控制	控制	控制
R^2	0.8643	0.8493	0.8802	0.0864	0.0551	0.1292
N	713 215	715 535	542 777	784 984	785 481	442 887

表 11-5 第（4）列中构造了地级市层面分年度累计的新进企业数（cusum）和该城市内企业价格加成的中位数，发现新进入企业累计数越高，企业价格加成的中位数越低，回应了理论部分的讨论。上述分析仍限于使用企业数来衡量竞争。赵（Zhao，2011）认为企业的价格加成不仅取决于市场上企业的总数，还取决于企业的空间分布。此处借鉴陆等（Lu et al.，2014）的做法，使用 EGI 指数作为企业集聚程度的度量，并将该指数同 index 做交互，记为（index_egi）。第（5）列显示，数字经济发展显著促进了集聚，第（6）列表明这种空间分布的集中也促进了企业价格加成的下降。

有关竞争效应的另一个解释，涉及垄断竞争市场结构中企业价格策略的博弈。现实中，大企业往往可更好地同数字要素结合，如利用融资和技术应用能力的比较优势，进行大型专有软件的开发，赋能提效（Bessen and Righi，2019）。因此，相比中小企业，数字经济的发展将更有利于降低大企业的成本。如果此时大企业对产品价格的调整幅度小于其成本下降的幅度，则大企业的价格会下降但价格加成会上升。大企业的降价行为将会迫使作为竞争者的中小企业跟随，在价格趋同的前提下，由于中小企业成本下降的幅度相较大企业要小，故而其价格加成会下降。限于详细产品价格数据的可得性，本章无法直接验证该渠道，但后续的分析中确实发现，当企业销售规模位于行业前列时，数字经济发展对其价格加成的影响不显著，侧面表明该解释可能是成立的。

2. 成本压力上升

如前所述，数字经济发展会通过提高在位企业成本压力的渠道，降低企业价格加成。而该压力源自企业间竞争加剧引致的生产要素价格上涨，这一机制同格林斯通等（2010）探讨大企业进驻对中小企业的影响渠道类似。表11-6的第（1）列显示，数字经济的发展显著提高了企业平均工资（wage）。那么人力成本的上涨从何而来呢？第（2）列中计算了城市层面的平均工资（cwage），并回归至城市的新进入企业累计数上，发现新企业进入累计数每增加1%，当地平均工资增加0.07%，说明企业人力成本的上升，源于企业间对生产要素的竞争性获取加剧。

表11-6　　　　　　数字经济发展与成本的不完全传递

变量	(1) wage	(2) lncwage	(3) lnpressure	(4) lnmarkup	(5) lnprice	(6) lnmc
index	0.1333*** (0.0119)	0.0060*** (0.0017)	0.0439*** (0.0089)	-0.0081*** (0.0015)	0.0009 (0.0019)	0.0037* (0.0019)
lnpressure				-0.3167*** (0.0016)		
lncusum		0.0694* (0.0360)				
控制变量	控制	控制	控制	控制	控制	控制
固定效应	控制	控制	控制	控制	控制	控制
R^2	0.6502	0.5931	0.9073	0.9662	0.7452	0.7531
N	697 977	627 439	715 441	715 441	136 439	136 439

表11-6第（1）列、第（2）列讨论的工资成本仅是企业总成本的一部分，不能等价于企业的成本压力上升。为此本章使用本年应付工资总额与本年应付职工薪酬之和同主营成本的比值，定义了企业的工资压力（pressure）。第（3）列、第（4）列表明，数字经济发展确实显著提高了企业的工资压力，并且最终影响了其价格加成。企业的工资压力每上升1%，企业的价格加成即下降0.32%。第（1）~（3）列讨论了成本压力的来源以及成本压力对企业价格加成的影响，然而如果企业自身有较强的成本转嫁能力，价格加成也可保持稳定。因此，既然整体上观察到数字经济发展显著降低了企业的价格加成，那么对偶来看，也应该可以在数据中发现企业对成本压力转嫁不足的迹象。为此，本章借鉴许明和李逸飞（2020）的做法，按照企业名称，将工企库与海关数据库匹配，根据海关数据库提供的产品数量与销售额等信息计算产品的平均价格（price），再利用该价格减去企业的价格加成得到对应的边际成本（mc）。第（5）列、第（6）列表明数字经济的发展对企业平均价格的影响方向为正但不显著，同时对企业平均边际成

本的影响显著为正，因此，确实发现了成本不完全转嫁的痕迹。

二、异质性分析

1. 企业数字化程度的异质性

如前所述，企业价格加成同企业数字化程度成正比。本章借鉴沈国兵和袁征宇（2020）的思路，从两个角度衡量企业数字化程度：（1）使用企业是否拥有网站（web）；（2）使用企业的人均计算机数（computer）。预期数字化程度越高的企业，数字经济发展对其价格加成的负面影响越低。回归结果见表11-7。第（1）列为部署网站的企业，数字经济对其价格加成无负面影响。第（2）列为无网站企业，数字经济发展对其价格加成的影响显著为负。第（3）列表明企业的人均计算机数越高，数字经济发展对其价格加成的负面影响越低，说明企业数字化程度提升可有效缓解竞争引致的负面效应，那么这种缓解是通过何种渠道作用于企业价格加成的呢？第（4）列发现随着数字化程度的提升，企业工资压力得到了有效减少。类似地，第（5）列表明一旦控制企业的数字化程度，数字经济发展对企业生产率的正向影响不再存在，符号甚至由正转负，与之相比，computer的系数却显著为正。① 说明数字经济发展对企业生产率的正面影响同企业数字化程度密不可分。既然数字化如此重要，而企业数字化转型往往需要依赖前期资金的投入，如购买IT设备、招聘高技能工人等，如果企业面临较大的融资限制，将会影响其数字化的进程，限制企业对要素的再配置。本章将企业的融资约束定义为每一期企业负债同固定资产净值的比（记为fin）。确有证据表明，企业的融资约束越高，其拥有的人均计算机数越低。本章将$index$同fin做交互（$index\_fin$）。第（6）列显示交互项系数显著为正，说明企业的融资约束越高，数字经济发展对企业价格加成的负面影响越大，印证了理论部分的讨论。

表 11-7 企业数字化程度的异质性

变量	(1) web=1	(2) web=0	(3) m=computer	(4) lnpressure	(5) tfp	(6) m=fin
index	0.0001 (0.0001)	-0.0002*** (0.0001)	-0.0021*** (0.0001)	0.0021*** (0.0003)	-0.0031 (0.0030)	-0.0169*** (0.0033)
computer				-0.2470*** (0.0020)	0.0811*** (0.0232)	

---

① 不引入企业的人均计算机数时，$index$的系数显著为正，限于篇幅，结果备索。

续表

变量	(1) web=1	(2) web=0	(3) m=computer	(4) lnpressure	(5) tfp	(6) m=fin
index_m			0.0036*** (0.0002)			-0.0096** (0.0038)
控制变量	控制	控制	控制	控制	控制	控制
固定效应	控制	控制	控制	控制	控制	控制
R^2	0.8912	0.8543	0.4361	0.6562	0.1213	0.8843
N	48 335	644 764	179 424	145 873	145 873	711 738

2. 明星企业的异质性

在理论部分本章讨论了大型企业和小型企业的异质性影响。大型企业不仅可能有更高的数字化程度，也更可能凭借垄断地位将数字经济发展对其带来的负面冲击转嫁给消费者。本章效仿奥托等（Autor et al.，2020）的做法，将视角集中在行业内明星企业同其余企业的对比上。可合理推测，对于头部明星企业，数字经济发展对其的负向影响会较其他企业更低。本章按 4 字行业代码，筛选出当年销售额前 3 名、前 5 名的企业，分别记为 CR3、CR5，作为行业明星企业的代表，构造对应的虚拟变量并与 index 做交互。① 估计结果见表 11-8。第（1）列、第（2）列显示，当企业位于各自所在行业前列时，同 index 的交互项系数显著为正，行业地位的优势有效缓解了数字经济发展的负面影响；同时，第（3）列、第（4）列显示各交互项对工资压力 lnpressure 的影响显著为负，说明这部分明星企业具有较强的转嫁劳动成本的能力，缓释了数字经济发展引致的负面冲击。②

表 11-8 　　　　　　　明星企业和成本节约能力的异质性

变量	lnmarkup		lnpressure		lnmarkup	
	(1)	(2)	(3)	(4)	(5)	(6)
	CR3	CR5	CR3	CR5	TFP_l	TFP_h
index_CR3	0.2714* (0.1465)		-0.0262*** (0.0058)			

---

① CR10 的结果类似，限于篇幅，结果备索。

② 头部明星企业数字化的概率也比其余企业更高，事实上，本章发现企业数字化的概率同企业销售规模和资产规模皆成正比，限于篇幅，结果备索。

续表

变量	lnmarkup		lnpressure		lnmarkup	
	(1)	(2)	(3)	(4)	(5)	(6)
	CR3	CR5	CR3	CR5	TFP_l	TFP_h
index_CR5		0.1561* (0.0837)		-0.273*** (0.0049)		
index	控制	控制	控制	控制	-0.0011*** (0.0002)	-0.0002 (0.0005)
控制变量	控制	控制	控制	控制	控制	控制
固定效应	控制	控制	控制	控制	控制	控制
R^2	0.3043	0.0161	0.3132	0.3113	0.3852	0.5394
N	667 477	667 477	715 443	715 443	297 914	295 951

3. 成本节约能力的异质性

生产率高低可看作一种企业对投入成本的节约能力，即便成本压力上升，高生产率企业的要素边际产出仍高于低生产率的企业。故可合理推测，高生产率企业可更好地缓解竞争效应的负面影响。本章按企业 TFP 是否高于 4 字行业 TFP 的中位数分组，表 11-8 第（5）列、第（6）列表明，数字经济发展对高 TFP 组企业的价格加成的影响并不显著。①

4. 企业所有制的异质性

尽管中国在 2001 年加入世界贸易组织后，私营企业的进入限制陆续被放开，但私营企业相比国有企业仍存在不同程度的制约，如更难进入某些市场和获得外部融资等。国有企业作为中国地方政府税收收入和就业的重要来源，特别是在竞标政府采购合同时，会受到地方政府的有力保护（Lu et al., 2014）。因此，预计数字经济发展带来的竞争效应对国有企业来说相对较小。表 11-9 第（1）列、第（2）列表明上述推论得到了本章分析结果的支持。

5. 制度壁垒的异质性

由于中国各省份 GDP 竞赛导致的地区市场分割，各地均存在不同程度的制度成本。鉴于制度壁垒较高会有效削减企业面临的竞争（王璐等，2020），预期制度成本较高的地区，数字经济发展对企业价格加成影响较弱。本章借鉴赵奇伟

---
① 低组别记为 TFP_l，高组别记为 TFP_h。

(2009) 的方法，计算了分省份的资本分割和劳动市场分割指数作为各省份制度成本的代理变量，并按各指数的中位数定义高低组别。表 11-9 第（3）~（6）列显示，各项分指数下低组别都显著为负，而高组别不显著。

表 11-9　　　　　　　　企业所有制及制度壁垒的异质性

变量	所有制差异		资本流动壁垒		劳动流动壁垒	
	（1）	（2）	（3）	（4）	（5）	（6）
	国有企业	非国有企业	高组别	低组别	高组别	低组别
$index$	-0.0005 (0.0010)	-0.0012*** (0.0003)	0.0015 (0.0033)	-0.0028*** (0.0007)	0.0001 (0.0029)	-0.0018*** (0.0004)
控制变量	控制	控制	控制	控制	控制	控制
固定效应	控制	控制	控制	控制	控制	控制
R^2	0.3724	0.4992	0.9081	0.8951	0.8982	0.8811
N	17 339	768 129	163 531	414 424	270 218	263 560

三、进一步讨论

数字经济发展降低了企业的平均价格加成这一结论，对宏观上资源配置效率也提供了启示。价格加成大于 1 意味着价格与边际成本不一致，本身即有扭曲的意义（Edmond et al., 2015）。那么，企业价格加成的下降是否也意味着城市的资源配置得到了改善呢？

本章使用 TFPQ[①] 的离散度来讨论数字经济和资源错配的关系，并效仿陆和余（Lu and Yu, 2015），用企业 TFP 的基尼系数和泰尔指数作为资源配置测度的稳健性讨论。估计结果见表 11-10。第（1）~（3）列中 $index$ 的系数均显著为负，说明数字经济的发展改善了本地资源配置的程度；第（4）列使用企业价格加成的离散度（$markup\_sd$）作为资源错配的度量（Edmond et al., 2015），结果同前保持一致。[②] 为说明资源配置改善的来源，本章将企业分为两份，第一份由行业内 CR10 的企业组成，第二份由剩余企业组成。从第（5）列、第（6）列可看出，价格加成离散度的下降主要来自剩余企业，头部企业相对平稳。呼应了明星企业价格加成受到竞争等负面影响更小的论断。

[①] 定义为 TFP 对数值和价格价格加成对数值之差。
[②] 感谢匿名评审专家审稿的宝贵建议。

表 11–10　数字经济发展与资源配置

变量	(1) TFPQ	(2) 基尼系数	(3) 泰尔指数	(4) markup_sd	(5) CR10	(6) 剩余企业
$index$	−0.0049*** (0.0012)	−0.0008*** (0.0002)	−0.0003*** (0.0001)	−0.0031*** (0.0009)	−0.0087 (0.0229)	−0.0177*** (0.0038)
控制变量	控制	控制	控制	控制	控制	控制
固定效应	控制	控制	控制	控制	控制	控制
R^2	0.7542	0.8302	0.8063	0.9051	0.7112	0.9190
N	783 965	783 064	783 064	547 854	12 849	495 585

第六节　结论与政策启示

既有研究较多关注数字经济发展对企业的正向影响，但对数字经济发展给企业带来的成本关注较少。本章研究表明，数字经济发展显著降低了企业的价格加成。两个潜在的机制为：（1）数字经济发展对企业带来的竞争效应大于溢出效应，因此，在数字经济发展程度更高的城市中，企业价格加成更低；（2）数字经济发展使企业对生产要素整体的需求补偿效应大于生产替代效应，致使成本压力上升，价格加成下降。本章还发现，对具备数字化程度较高、融资约束较低等特征的企业，数字经济发展对其价格加成负面影响较小，这源于这类企业具备较强的成本转嫁和要素调整能力。

本章的研究涉及数字经济与实体经济融合，关系到中国经济的高质量发展。本章的研究为数字经济发展与实体经济融合提供了如下几点政策启示。（1）从资源配置优化的角度来看，尽管数字经济发展在平均意义上降低了企业的价格加成，但仍然显著改善了城市的资源配置情况。因此，政策制定者在继续推行数字经济发展之余，还须着力改善企业的制度环境和营商环境，促进资源合理跨区流动，有效降低市场之间的壁垒，给企业打造一个更加公平竞争的市场。这些政策同数字经济的高质量发展相辅相成，缺一不可。（2）数字经济和实体经济融合是比数字经济发展更深层次的概念与要求。部分企业由于所有制歧视、融资难等问题，受到数字经济发展引致的负面影响程度更深。然而，这种负面影响并非来自企业经营的失误，这些因素无形之中增加了企业的运行成本和退出市场的风险，阻碍了作为经济增长主体的企业同数字经济的进一步融合。因此，在未来数字经济的发展中，政策制定者在提供数字基建的同时，还应切实服务实体经济与微观企业，发挥服务型政府的角色定位，着力改善不同企业面临的融资环境和市场准入待遇等，让市场竞争的作用范围更加均匀，如此才能打破单纯的数字经济发展与数字经济和实体经济融合之间的壁垒，真正释放数字经济对实体经济增长提供的新动力。(3) 本章研究发现，数字经济发展对企业生产率的正向效应主要来自企业数字化程度的深化。例如，计算机的使用显著缓解了企业面临的竞争和成本压力，进而使其价格加成保持稳定。其中，行业内明星企业表现出了数字化更具优势的特征，价格加成得以在数字经济发展的负面冲击下保持稳定。但与此同时，部分中小企业受限于自身发展等因素，数字化程度受到一定程度的限制，导致其受到的负面冲击相较行业内明星企业程度更深。上述因素若持续存在，可能会使企业间的价格加成在未来逐渐极化，趋向美国近年来宏观价格加成的演变特征，即少数超级明星公司同数字技术结合得更好，最后不仅推高了宏观整体的价格加成，也恶化了宏观劳动收入份额和资源配置效率。因此，该趋势不仅有害于大中小企业的均衡发展，也不利于经济的可持续增长。故而政策制定者应及早应对，有针对性地帮扶企业提高同数字经济融合的意识与能力。尤其是降低中小企业数字化的难度，中小企业是实施大众创业、万众创新的重要载体，在稳定增加就业、促进经济增长等方面具有举足轻重的作用。因此，帮扶中小企业在数字经济发展中实现可持续的良性发展，也是化新发展理念为行动的紧迫任务。

需要说明的是，近年来数字经济发展的内涵愈加丰富。尤其是随着云计算、零代码编程等新技术的发展和普及，预期中小企业未来进行数字化转型的成本和难度会大大下降，因此，如何结合新技术的特征，探讨数字经济发展对企业的综合影响，仍是一个值得深入研究的问题。

参考文献

[1] 柏培文, 张云. 数字经济、人口红利下降与中低技能劳动者权益 [J]. 经济研究, 2021 (5): 91-108.

[2] 傅秋子, 黄益平. 数字金融对农村金融需求的异质性影响——来自中国家庭金融调查与北京大学数字普惠金融指数的证据 [J]. 金融研究, 2018 (11): 68-84.

[3] 黄群慧, 余泳泽, 张松林. 互联网发展与制造业生产率提升：内在机制与中国经验 [J]. 中国工业经济, 2019 (8): 5-23.

[4] 蒋冠宏. 并购如何提升企业市场势力——来自中国企业的证据 [J]. 中国工业经济, 2021 (5): 170-188.

[5] 李兰冰, 阎丽, 黄玖立. 交通基础设施通达性与非中心城市制造业成长：市场势力、

生产率及其配置效率 [J]. 经济研究, 2019 (12): 182-197.

[6] 聂辉华, 江艇, 杨汝岱. 中国工业企业数据库的使用现状和潜在问题 [J]. 世界经济, 2012 (5): 142-158.

[7] 沈国兵, 袁征宇. 企业互联网化对中国企业创新及出口的影响 [J]. 经济研究, 2020 (1): 33-48.

[8] 盛丹, 刘竹青. 汇率变动、加工贸易与中国企业的成本价格加成 [J]. 世界经济, 2017 (1): 3-24.

[9] 王璐, 吴群锋, 罗顿. 市场壁垒、行政审批与企业价格加成 [J]. 中国工业经济, 2020 (6): 100-117.

[10] 王永进, 匡霞, 邵文波. 信息化、企业柔性与产能利用率 [J]. 世界经济, 2017 (1): 67-90.

[11] 许明, 李逸飞. 最低工资政策、成本不完全传递与多产品价格加成调整 [J]. 经济研究, 2020 (4): 167-183.

[12] 袁淳, 肖土盛, 耿春晓, 盛誉. 数字化转型与企业分工: 专业化还是纵向一体化 [J]. 中国工业经济, 2021 (9): 137-155.

[13] 张天华, 邓宇铭. 开发区、资源配置与宏观经济效率——基于中国工业企业的实证研究 [J]. 经济学 (季刊), 2020 (4): 1237-1266.

[14] 赵奇伟, 熊性美. 中国三大市场分割程度的比较分析: 时间走势与区域差异 [J]. 世界经济, 2009 (6): 41-53.

[15] 赵瑞丽, 孙楚仁, 陈勇兵. 最低工资与企业价格加成 [J]. 世界经济, 2018 (2): 121-144.

[16] 赵瑞丽, 尹翔硕, 孙楚仁. 大城市的低价格加成之谜: 集聚效应和竞争效应 [J]. 世界经济, 2019 (4): 149-173.

[17] 赵涛, 张智, 梁上坤. 数字经济、创业活跃度与高质量发展——来自中国城市的经验证据 [J]. 管理世界, 2020 (10): 65-76.

[18] 周广肃, 樊纲. 互联网使用与家庭创业选择——来自CFPS数据的验证 [J]. 经济评论, 2018 (5): 134-147.

[19] Altonji J G, T E Elder, C R Taber. Selection on Observed and Unobserved Variables: Assessing the Effectiveness of Catholic Schools [J]. Journal of Political Economy, 2005, 113 (1): 151-184.

[20] Autor D, D Dorn, L F Katz, C Patterson. The Fall of the Labor Share and the Rise of Superstar Firms [J]. Quarterly Journal of Economics, 2020, 135 (2): 645-709.

[21] Battiati C, C J Lasinio, E Marvasi. Market Power and Productivity Trends in the European Economies: A Macroeconomic Perspective [R]. Luiss School of European Political Economy Working Papers, 2021.

[22] Bessen J E, C Righi. Shocking Technology: What Happens When Firms Make Large IT Investments [R]. SSRN Working Paper, 2019.

［23］Bloom N, R Sadun, J Van Reenen. The Organization of Firms Across Countries ［J］. Quarterly Journal of Economics, 2012, 127 (4): 1663 – 1705.

［24］Bukht R, R Heeks. Defining, Conceptualising and Measuring the Digital Economy ［R］. Development Informatics Working Paper, 2017.

［25］Chen S, W Liu, H Song. Broadband Internet, Firm Performance, and Worker Welfare: Evidence and Mechanism ［J］. Economic Inquiry, 2020, 58 (3): 1146 – 1166.

［26］De Loecker J, F Warzynski. Markups and Firm-level Export Status ［J］. American Economic Review, 2012, 102 (6): 2437 – 2471.

［27］Edmond C, V Midrigan, D Y Xu. Competition, Markups, and the Gains from International Trade ［J］. American Economic Review, 2015, 105 (10): 3183 – 3221.

［28］Goldfarb A, C Tucker. Digital Economics ［J］. Journal of Economic Literature, 2019, 57 (1): 3 – 43.

［29］Goldsmith-Pinkham P, I Sorkin, H Swift. BartikInstruments: What, When, Why, and How ［J］. American Economic Review, 2020, 110 (8): 2586 – 2624.

［30］Greenstone M, R Hornbeck, E Moretti. Identifying Agglomeration Spillovers: Evidence from Winners and Losers of Large Plant Openings ［J］. Journal of Political Economy, 2010, 118 (3): 536 – 598.

［31］Hjort J, J Poulsen. The Arrival of Fast Internet and Employment in Africa ［J］. American Economic Review, 2019, 109 (3): 1032 – 1079.

［32］Lashkari D, A Bauer, J Boussard. Information Technology and Returns to Scale ［R］. SSRN Working Paper, 2020.

［33］Lu Y, L Yu. Trade Liberalization and Markup Dispersion: Evidence from China's WTO Accession ［J］. American Economic Journal: Applied Economics, 2015, 7 (4): 221 – 253.

［34］Lu Y, Z Tao, L Yu. The Markup Effect of Agglomeration ［R］. MRPA Working Paper, 2014.

［35］Nevo A, M Rosen. Identification with Imperfect Instruments ［J］. Review of Economics and Statistics, 2012, 94 (3): 659 – 671.

［36］Ottaviano G, T Tabuchi, J F Thisse. Agglomeration and Trade Revisited ［J］. International Economic Review, 2002, 43 (2): 409 – 435.

［37］Raval D. Testing the Production Approach to Markup Estimation ［R］. SSRN WorkingPaper, 2020.

［38］Zhao L. Markups and Agglomeration: Price Competition Versus Externalities ［R］. Katholieke Universiteit Leuven Discussion Paper, 2011.

第十二章 知识产权保护、融资约束与中国国有企业研发投入*

第一节 引言

企业研发需要大量的资金投入,其投资方式主要有内源融资和外源融资。融资约束理论表明,融资约束的产生是由于企业内部现金流不足而外源性融资成本较高产生的,而研发投资往往更容易受到融资约束的影响,因为研发项目的高收益也意味着高风险,其调整成本过大(Himmelberg and Petersen,1994),而且需要持续的资金投入,这种成本收益的不匹配现象在研发项目之初会更严重。研发投入作为创新活动的直接推动力,投资人和企业之间的信息不对称以及研发项目本身的不确定性收益、道德风险和逆向选择问题,可能使得创新活动因资金不足而陷入停滞,带来融资成本和创新项目的收益不匹配问题(Nelson,1959)。创新项目的特殊性导致其面临的信息不对称更加明显,这种信息摩擦使得创新研发活动更加困难(Hall,2002)。因此,企业的研发活动往往受融资约束和资金不足的制约。融资约束问题在发达国家和发展中国家都是限制企业创新的一个掣肘,世界银行在调查企业发展的主要障碍时得出中国有75%的非金融类上市企业选择了融资约束,而这个比例在所有调查样本中

---

* 本章作者:余长林、池菊香。

是最高的（Claessens and Tzioumis，2006）。因此，研究融资约束是否抑制了研发投入进而影响了企业创新能力一直是学者们关注的重要课题。

同时，由于研发投资的正外部性和创新产出的公共物品特征，知识产权保护是保证企业获得创新的预期收益和促进企业创新的制度保障。严苛的知识产权保护有助于降低技术创新的风险，激励企业将创新资源从模仿转向自主创新，不断提高自主创新能力。已有较多研究从理论和经验上均表明，知识产权保护对企业研发投入和创新均具有显著影响（Lee and Wilde，1980；Gangopadhyay and Mondal，2012）。

创新行为的高风险性、长期性，使得企业的研发投入面临着严峻的融资约束问题。知识产权保护使得企业尽可能地与投资者分享创新活动的信息，减少信息不对称进而提高投资者对项目成果的预期。与此同时，知识产权保护可以保护创新成果不被窃取，从而使得投资者确信，研发项目的创新成果会得到较好的保护，不会因为复制和剽窃受到损失，从而更愿意为企业投资。随着知识产权保护的加强，投资人和企业内部的信息不对称问题也开始缓解，从而解决企业面临的融资约束问题。因而知识产权保护能够在一定程度上缓解企业面临的融资约束，进而对企业研发和创新产生重要影响，加强知识产权保护能够缓解融资约束对企业研发和创新的抑制作用，尤其是对面临较为严重融资约束的企业而言更为重要。目前看来，已有研究尚未较多关注知识产权保护能否通过缓解企业融资约束进而对企业研发和创新产生影响。

现有相关研究主要包括三个方面。（1）融资约束对企业创新的影响。企业在寻求外源融资时必然面对投资者的投资评估和投资决策。而投资者往往认为，对企业进行研发投入蕴含着高风险，且会由于信息不对称导致投资决策错误及承担道德风险等。从外源融资与企业研发投入的角度，乌赫托（Ughetto，2008）研究发现，由于资本市场不完善及研发成果难以成为抵押品等原因，企业研发投入与债务融资不存在显著相关性。法扎里等（Fazzari et al.，1988）认为，在企业的内源融资不足、需要外源融资时，由于投融资方信息不对称、资本市场不透明等，导致企业的外源融资成本居高不下，结果是企业难以筹集到足够的资金满足研发投入项目的需要。阿亚加里等（Ayyagari et al.，2011）研究发现，银行融资对企业创新存在显著的正向影响，而且在某年进行过银行借贷的企业，其创新活动要明显多于未向银行借贷的企业。张杰等（2012）从转型背景的角度分析了融资约束与融资渠道对企业研发的影响，结果表明融资约束对我国民营企业的研发投入有显著的限制作用。康志勇（2013）基于2001~2007年中国工业企业数据研究表明，融资约束对中国企业研发投资的影响显著为负。

（2）知识产权保护对企业创新的影响。有关知识产权保护对企业创新的影响，无论是理论研究还是实证研究，并没有取得一致的结论。一是部分学者认为知识产权保护对企业创新具有促进作用。卡茨和夏皮罗（Katz and Shapiro，1987）研究发现，企业创新强度会受到创新成果保护力度的影响，当创新保护力度较大时，企业会增加对创新活动的投入。李和怀尔德（Lee and Wilde，1980）研究发现，知识产权保护与企业技术创新产出呈正相关关系。安东等（Anton et al.，2006）的研究则证实，在专利保护力度较弱的条件下，技术模仿和专利侵权的可能性会增加，从而极大地降低企业的创新热情并减少创新投入。吴超鹏和唐菂（2016）认为知识产权保护的执法力度会影响企业研发投资强度，加强知识产权保护力度可以通过减少知识产权的外部性以及减少信息不对称这两条途径对研发投资强度造成影响。尹志锋等（2013）研究发现，知识产权保护水平的提高增强了企业研发投入进而对企业创新产生了正向显著影响。二是一些学者认为知识产权保护会抑制创新。甘戈帕迪耶和蒙达尔（Gangopadhyay and Mondal，2012）结合知识产权保护可能阻碍科学知识从标准内生增长模式创新中自由流动的观点，认为知识产权保护有可能减小企业加大研发投入的动力。胡和马修斯（Hu and Mathews，2008）采用1991~2005年的数据进行实证研究发现，知识产权保护会抑制中国企业创新。三是一些学者认为知识产权保护与企业创新之间并不是简单的线性关系，发现知识产权保护与企业创新的关系呈现倒"U"型关系。甘戈帕迪耶和蒙达尔（2012）研究认为，知识产权保护与企业创新呈倒"U"型关系，认为存在一个知识产权保护的最优水平，使得企业创新水平达到最高。

（3）知识产权保护对企业融资约束的影响。以专利为代表的知识产权资产与企业的价值评估是正相关关系，这是知识产权融资的理论基础。通过潜藏价值理论，伯曼（Berman，1999）证实了知识产权经济能够为企业带来收益，也定量地说明了知识产权与企业增值的关系。布拉克希尔和埃卡特（Blaxill and Eckardt，2009）证实了知识产权对公司经营管理的重要性，认为知识产权和管理战略能够为公司扩大市场规模，通过不断地改革创新以维持成本优势，同时还有可能带来直接的收入。由此可知，知识产权可以提升公司的竞争力和投资者的估值，从而有利于融资渠道的拓宽，为公司带来更多的投资，加强知识产权保护对企业获得投资人青睐有不可小觑的作用。斯宾塞（Spence，1973）通过理论分析证明了专利的信号作用，认为如果存在一种信号使得融资成本和项目质量负相关，则存在均衡。其中一种均衡是高质量的项目发出信号，低质量的项目因成本过大而不发出信号，这也使得高质量的项目通过信号得到了投资者的融资。专利作为引导投资者注资的信号对创新企业的融资具有显著作用（Haeussler et al.，2014）。投资者面临投资项目的不确定性时，公司的发展潜力往往是不可观测的，因此当投资者面对投资机会时会将专利作为区分项目质量的信号。质量越高的专利越容易获得融资,但是专利引证往往发生在投资之后,这说明投资者可以在早期区分良莠不齐的专利发明。同时,申请专利过程中出现竞争对手也会提高融资的概率,因为这也是公司商业潜力的信号。还有研究表明,高科技公司的专利存量对风险融资(Hoenig and Henkel,2015)、投资人的估值(Greenberg,2013)等都有正向影响。

已有相关研究从理论和经验上均表明,融资约束和知识产权保护对企业创新均存在显著影响。但是,仍存在一些不足之处:一方面,现有研究文献主要聚焦于知识产权保护和融资约束单方面对企业创新的影响效应,很少有研究同时结合这两个因素系统考察知识产权保护和融资约束对企业创新的影响机理,这显然是不够合理的;另一方面,现有文献尚未从理论上考察知识产权保护如何通过提升企业外部融资能力对企业创新产生影响,从而未能揭示知识产权保护如何通过缓解企业融资约束这一微观机理来促进企业创新,而且利用中国上市企业数据考察知识产权保护是否能够通过缓解企业融资约束进而激励中国企业创新的研究尚不多见。为此,本章通过构建一个简单的理论模型,从理论上考察了知识产权保护与融资约束对企业研发投入的作用机制,揭示知识产权如何通过缓解企业融资约束这一微观作用机制对企业创新产生影响。在理论分析基础上,本章运用中国2008~2016年沪深A股上市企业数据实证考察了知识产权保护能否通过缓解企业融资约束进而促进企业研发投入,并通过区分不同类型企业分析了这种缓解作用的异质性。

与已有研究相比较,本章的边际贡献在于:(1)通过构建一个简化的理论模型,从理论上考察了知识产权保护和融资约束对企业研发投入的影响,揭示了知识产权保护如何通过缓解企业融资约束这一作用机制而激励企业研发投入。已有关于知识产权保护和融资约束对企业研发和创新影响的研究文献基本上是平行展开的,鲜有研究将两者结合起来从理论上考察知识产权保护如何通过缓解企业融资对企业创新产生影响,因而本章研究在一定程度上填补了现有理论研究的不足。(2)本章在构建企业融资约束指数和省际层面的知识产权实际保护强度指数的基础上,利用中国A股上市公司数据验证了知识产权保护如何通过缓解企业融资约束这一作用机制对企业研发投入产生影响,并考察了这种缓解作用的异质性影响和稳健性,进一步丰富了现有关于知识产权保护与融资约束对企业研发创新影响的经验证据。

第二节 理论分析与研究假设

本章在戈罗德尼琴科和施尼策(Gorodnichenko and Schnitzer,2013)研究的基础上,将知识产权保护引入模型中,考察知识产权保护如何通过缓解企业融资约束对企业研发投入产生影响。

一、融资约束对企业研发投入的影响

考虑一个同时进行研发和生产的企业,企业在第一阶段进行研发创新活动,在第二阶段进行生产活动,企业研发需要支付一定的沉淀成本 F_I。为了考察融资约束对企业研发活动的影响,需要详细设定企业研发和生产是如何融资的。假定企业可以通过内源融资(自有资金或现金流)或外源融资(寻求投资伙伴或债务融资等)为研发创新和生产融资,非对称信息的存在导致外源融资成本总是高于内源融资成本。具体地,本章将内源融资的单位成本标准化为 1,为了融资 1 单位的外部资金,企业需要支付 $\gamma>1$ 单位的资金成本,即 γ 为外部融资成本。因为创新对非对称信息非常敏感且不容易被抵押,所以我们假定企业研发创新依赖内部资金而不依赖于外部融资。虽然企业偏好使用内部资金进行生产,但是如果内部资金不充分,企业需要转向外部融资进行生产。假设企业具有优先使用充足内部资金进行生产的概率为 p,需要外部融资进行生产的概率为 $(1-p)$。

企业融资约束可以通过企业依赖外源融资的可能性来解释,企业需要外源融资的可能性越高,企业融资约束就越强。有两种情形增加了企业依赖外源融资的可能性:(1)企业外部环境变化对企业内部流动性产生的负面冲击,使得企业拥有充足内部资金的概率会下降 δ_L,且 $\delta_L \in \{0, \bar{\delta}_L\}$;(2)由于企业在第一阶段优先使用内部现金流进行研发,因此第二阶段生产的内部资金充足的概率会降低 δ_I。假定企业对外部环境变化所造成的负面冲击不会产生影响,但可以通过选择是否创新来影响第二种情形。上述两种情况均导致企业需要以更大的概率依赖外部融资,因此企业感到融资是约束的,企业会意识到外部融资可能很难或者融资成本很高,因为创新降低了内部资金的数量,增加了融资约束的可能性。

在创新开始之前,对企业流动性的潜在外部冲击为 $\delta_L \in \{0, \bar{\delta}_L\}$;第一阶段,企业考虑是否创新,令 π_i 代表企业未进行研发的利润,若 $i=0$,表示企业生产使用内部资金;若 $i=\gamma$,表示企业生产需要外源融资,$\pi_0 > \pi_\gamma$,即企业生产使用内部资金获得的利润大于使用外部资金获得的利润。相似地,令 π_i^I 表示企业从事研发的利润,$\pi_i^I > \pi_i$,即企业创新获得的利润大于未进行创新获得的利润。同时,我们作如下假设:

假设 12-1:$\dfrac{\mathrm{d}(\pi_\gamma^I - \pi_\gamma)}{\mathrm{d}\gamma} < 0$。

假设 12-1 说明,企业研发所带来的利润增加量会随着外部融资成本的增加而减少。

基于上述假定,企业生产阶段使用充足内部资金的概率为 $p - \delta_L - \delta_I$,使用

外部资金的概率为 $1-p+\delta_L+\delta_I$，因此，企业未进行研发的预期利润为：

$$E(\pi)=(p-\delta_L)\pi_0+(1-p+\delta_L)\pi_\gamma \tag{12.1}$$

企业从事研发的预期利润为：

$$E(\pi\mid I)=(p-\delta_L-\delta_I)\pi_0^I+(1-p+\delta_L+\delta_I)\pi_\gamma^I-F_I \tag{12.2}$$

式（12.2）减去式（12.1），得：

$$\begin{aligned}\Delta_\pi^I&=E(\pi\mid I)-E(\pi)\\&=(p-\delta_L)(\pi_0^I-\pi_0)+(1-p+\delta_L)(\pi_\gamma^I-\pi_\gamma)-\delta_I(\pi_0^I-\pi_\gamma^I)-F_I\end{aligned} \tag{12.3}$$

当且仅当 $\Delta_\pi^I>0$ 时，企业才会从事研发。为了考察外部流动性冲击对企业研发激励的影响，我们对式（12.3）两边关于 δ_L 求导，可得：

$$\frac{\mathrm{d}\Delta_\pi^I}{\mathrm{d}\delta_L}=-(\pi_0^I-\pi_0)+(\pi_\gamma^I-\pi_\gamma)<0 \tag{12.4}$$

式（12.4）表明，企业面临的外部流动性冲击越大，企业研发激励就越小。我们对式（12.4）两边关于外部融资成本 γ 求导，可得：

$$\frac{\mathrm{d}^2\Delta_\pi^I}{\mathrm{d}\delta_L\mathrm{d}\gamma}=\frac{\mathrm{d}(\pi_\gamma^I-\pi_\gamma)}{\mathrm{d}\gamma}<0 \tag{12.5}$$

γ 越大，即外部融资成本越高，企业受到的融资约束就越强，融资约束对企业研发激励的抑制作用就越强。外部融资成本越高，外部流动性冲击对创新激励的损害效应就越大。需要注意的是，尽管创新是使用内部资金融资，但是外部融资成本对创新的激励也很重要，由于外部融资对生产成本扮演着重要作用，进而对企业的预期利润产生重要影响。因此，外部融资成本越大，$\pi_\gamma^I-\pi_\gamma$ 就越小，依赖外部融资所产生的不利影响就越大，因而流动性外部冲击对企业创新激励的负面影响就越大。上述分析结果表明，融资约束越强，企业的研发激励就越小，融资约束制约着企业研发投入。基于此，本章提出如下有待检验的假说：

假说 12-1：企业面临的融资约束越强，企业研发激励越小，即融资约束对企业研发投入具有抑制作用。

二、知识产权保护、融资约束与企业研发投入

接着我们考虑知识产权保护对企业研发投入的影响。知识产权保护既可以对企业研发存在直接作用机制，又可以通过缓解企业融资约束进而间接影响企业研发投入。

1. 知识产权保护对企业研发投入的直接作用机制

知识产权保护主要从两个方面来提高企业的研发投入：（1）由于研发投入

产出存在外部性问题，即外部竞争者或同行企业很容易模仿其研发投入成果，导致企业对研发投入取得的收益很难完全被企业自身独占，企业研发的积极性就会受到严重的影响（Arrow，1962）。知识产权保护制度在法律上对无偿侵占他人利益的行为加以惩处，对研发投入的企业给予保护，能有效地减少外部性问题，从而提高企业对研发投入的积极性。（2）研发投入存在信息不对称问题。当投资者不了解技术信息时，他们无法对此技术进行估值，当然也就不愿意对该企业进行投资；但如果投资者了解技术信息时，他们又可能选择模仿或者复制技术为自己所用，而不愿意为企业提供研发活动资金（Anton and Yao，2002）。有效的知识产权保护制度能够很好地保护企业披露的信息，制约竞争者的侵权行为，企业则愿意披露相关信息，从而减少信息不对称问题，这样就可以在一定程度上解决企业融资难的问题，进而激励企业研发投入。

2. 知识产权保护对企业研发投入的间接作用机制

一方面，在知识产权保护的环境下，企业可以对研发投入活动的项目进行专利申请。专利可以作为一种信号，把企业的信息传递给外部资金供给者，在一定程度上缓解资金需求方与资金供给方的信息不对称问题，使资金供给者对研发投入的企业更加有信心，增强与企业合作的意愿。另一方面，专利权也可以作为一种抵押品，向相关金融机构申请贷款，开展专利质押融资，在一定程度上缓解企业外源融资约束。专利作为一种质量信号，有利于解决投资者和研发投入企业之间信息不对称问题，从而缓解融资约束，尤其是内源性融资受限、需要依赖外源融资的企业（Czarnitzki et al.，2014）。因此，加强知识产权保护有利于缓解企业面临的融资约束问题。

基于此，本章将知识产权保护纳入上述理论模型中，考察知识产权保护如何通过缓解企业融资约束对企业研发投入产生影响。我们认为，加强知识产权保护将降低企业外部环境因素变化对内部流动性的负面冲击，缓解企业融资约束，因而降低负面流动性冲击的概率。假定在知识产权保护的环境下流动性冲击的概率降为 $\tau\delta_L$，其中，$0 < \tau < 1$，τ 是知识产权保护 IPR 的单调递减函数，即 $\tau = f(IPR)$，且满足：

$$\frac{d\tau}{dIPR} < 0 \qquad (12.6)$$

知识产权保护力度越强，企业外部环境变化对其流动性的负面冲击就越小，因此也缓解了企业面临的融资约束。同样地，我们做出如下假设：

假设 12 – 2：$\frac{d(\pi_\gamma^{IP} - \pi_\gamma^P)}{d\gamma} < 0$，且 $\pi_0^{IP} - \pi_0^P > \pi_\gamma^{IP} - \pi_\gamma^P$。

其中，π_i^{IP} 表示企业在知识产权保护的环境下进行研发的利润，π_i^P 表示企业在知识产权保护的环境下未进行研发的利润。

在知识产权保护的环境下，企业不进行创新的预期利润为：

$$E(\pi \mid P) = (p - \tau\delta_L)\pi_0^P + (1 - p + \tau\delta_L)\pi_\gamma^P \tag{12.7}$$

在知识产权保护的环境下，企业进行研发创新的预期利润为：

$$E(\pi \mid IP) = (p - \tau\delta_L - \delta_I)\pi_0^{IP} + (1 - p + \tau\delta_L + \delta_I)\pi_\gamma^{IP} - F_I \tag{12.8}$$

式（12.8）两边分别减去式（12.7）的两边，可得：

$$\begin{aligned}\Delta_\pi^{IP} &= E(\pi \mid IP) - E(\pi \mid P) \\ &= (p - \tau\delta_L)(\pi_0^{IP} - \pi_0^P) + (1 - p + \tau\delta_L)(\pi_\gamma^{IP} - \pi_\gamma^P) + \delta_I(\pi_\gamma^{IP} - \pi_0^{IP}) - F_I\end{aligned} \tag{12.9}$$

在式（12.9）两边关于流动性外部冲击 δ_L 求一阶导，可得：

$$\frac{d\Delta_\pi^{IP}}{d\delta_L} = -\tau(\pi_0^{IP} - \pi_0^P) + \tau(\pi_\gamma^{IP} - \pi_\gamma^P) < 0 \tag{12.10}$$

对式（12.10）两边继续关于 γ 求一阶导，可得：

$$\frac{d^2\Delta_\pi^{IP}}{d\delta_L d\gamma} = \frac{d\tau(\pi_\gamma^{IP} - \pi_\gamma^P)}{d\gamma} < 0 \tag{12.11}$$

式（12.11）的结果与式（12.5）的解释基本一致。外部融资成本越高，企业融资约束越强，企业的研发激励就越小，融资约束对企业研发具有制约作用。

对式（12.10）两边继续关于知识产权保护（IPR）求导，可得：

$$\frac{d^2\Delta_\pi^{IP}}{d\delta_L dIPR} = [-(\pi_0^{IP} - \pi_0^P) + (\pi_\gamma^{IP} - \pi_\gamma^P)] \times \frac{d\tau}{dIPR} > 0 \tag{12.12}$$

式（12.12）表明，加强知识产权保护缓解了融资约束对企业创新的抑制作用。基于此，本章提出如下有待检验的假说：

假说 12 - 2：加强知识产权保护能够激励企业增加研发投入，加强知识产权保护缓解了融资约束对企业研发投入的抑制作用。

第三节 计量模型、变量与数据说明

一、计量建模设定

为了验证前文的理论假说 12 - 1 和假说 12 - 2，设定如下计量模型：

$$RD_{ijkt} = \beta_0 + \beta_1 IPP_{kt} + \beta_2 FCI_{ijkt} + \beta_3 IPP_{kt} \times FCI_{ijkt} + \Theta CON_{ijkt} + \gamma_j + \gamma_k + \gamma_t + \varepsilon_{ijkt}$$

(12.13)

其中，i 表示企业，j 代表行业，k 代表省份，t 代表时间。RD_{ijkt} 代表企业研发投入强度。IPP_{kt} 代表省际的知识产权保护力度，若 β_1 显著为正，说明知识产权保护与研发投入呈显著的正相关关系，当知识产权保护水平增强时，企业研发的投入强度就会提高；反之，当知识产权保护水平减弱时，企业研发的投入强度就会降低。FCI_{ijkt} 代表企业的融资约束程度，若 β_2 显著为负，意味着研发投入与融资约束呈显著的负相关关系，说明当企业融资约束越强时，企业研发投入强度就越低；反之，当企业融资约束越弱时，企业研发投入强度就越高。$IPP_{kt} \times FCI_{ijkt}$ 为知识产权保护和融资约束的乘积项，用 β_3 反映知识产权保护对企业融资约束对研发投入影响的调节效果，若 β_3 显著为正，说明知识产权保护能够通过缓解企业的融资约束促进其研发投入，即知识产权保护缓解了融资约束对企业研发投入的抑制作用。CON_{ijkt} 代表影响企业研发投入的控制变量。γ_j 表示行业固定效应，γ_k 表示省份固定效应，γ_t 表示时间固定效应，ε_{ijkt} 代表随机扰动项。

二、变量构建与数据来源

1. 被解释变量（RD）

企业研发投入的衡量方法主要有三种：（1）以研发投入的产出来衡量；（2）以研发投入强度来测度，即研发投入除以总资产或者研发投入除以营业收入来度量；（3）以人均研发投入来衡量。本章采用的是第二种衡量方法，即以研发投入除以期初的总资产来衡量企业的研发投入活动，企业研发投入用 RD 表示。

2. 核心解释变量

（1）知识产权保护（IPP）。较多学者采用吉纳尔特和帕克（Ginarte and Park，1997）开发的 GP 指数对一国的知识产权保护力度进行测算（Kumar，2001）。GP 指数主要从一国的立法程度来测度一国的知识产权保护强度，对于发达国家而言，GP 指数能够较为准确地反映该国的知识产权保护强度，但对于知识产权执法力度相对较弱的转型国家而言，由于知识产权保护力度同时受到国家立法程度和执法强度的影响，如果仅使用 GP 指数来反映一个国家的知识产权保护立法程度是不够准确的，同时还应考虑该国的执法强度。本章参照韩玉雄和李怀祖（2005）关于知识产权保护的测度方法，同时考察立法因素和执法因素来测度我国省级层面的知识产权保护力度。省级知识产权保护水平 IPR = 国家级 GP 指数 × 省级执法力度。IPR 指数越大，表示该省的知识产权保护水平越高。

首先，测算国家知识产权保护水平。本章以帕克（Park，2008）的研究为基础,来测算我国国家层面的知识产权保护力度。吉纳尔特和帕克(1997)从五个方面对 GP 指数进行了测算,GP 指数的计算涉及权利保护的损失、专利覆盖、国际条约、保护期限、执法机制五个因素,每个一级指标又包含不同的二级指标。该指数越大,表示该国的知识产权保护水平越高。其次,计算省级执法力度。省级知识产权保护水平的测算仅仅有国家级 GP 指数是不够的,还需对省级执法强度进行计算。关于执法强度的计算,不同学者有不同的考虑。有的学者考虑了法律体系的完备程度和社会法制化程度等因素,有的学者还考虑了经济发展水平、公众参与度和国际监督等方面。本章考虑社会法制化程度、经济发展水平、公众参与意识和国际监督四个方面。最后,我们用国家级 GP 指数和省级执法力度的乘积计算出省级知识产权的实际保护水平。这样,每个上市公司样本就使用该公司所在省份当年的实际知识产权保护力度,这种以省为单位,且综合考虑国家层面的立法和省级层面的执法力度的指标测算体系较为成熟,结果比较可信。

(2)融资约束指数(FCI)。本章借鉴卡普兰和津加莱斯(Kaplan and Zingales,1997)的做法,综合考虑能反映企业的偿债能力(流动比率、资产负债率)、发展能力(投资机会托宾 Q 值、营业收入增长率)和盈利能力(净资产收益率)的财务指标来构成一个综合指标即融资约束指数来衡量融资约束。该指数越大,表示企业融资约束越强。通过二元 Logistic 回归构建融资约束指数,模型如下:

$$FCI_{it} = \beta_0 + \beta_1 LR_{it} + \beta_2 LEV_{it} + \beta_3 TBQ_{it} + \beta_4 BR_{it} + \beta_5 NR_{it} + \varepsilon_{it} \quad (12.14)$$

其中,LR_{it} 代表企业 i 在第 t 期的流动比率,采用流动资产除以流动负债来测度;LEV_{it} 代表企业 i 在第 t 期的资产负债率,用负债总额除以总资产来表示;TBQ_{it} 代表企业 i 在第 t 期的投资机会托宾 Q 值,采用公司市场价值除以总资产账面价值来表示;BR_{it} 代表企业 i 在第 t 期的营业收入增长率,采用当年本期营业总收入与上年同期营业总收入之差除以上年同期营业总收入来表示;NR_{it} 代表企业 i 在第 t 期的净资产收益率,采用净利润除以股东权益余额来表示。

融资约束指数的构建过程如下。首先,进行数据预分组。借鉴卢馨等(2013)的方法,选取利息保障倍数这一指标作为预分组的变量构建融资约束指数。将样本按照利息保障指数进行升序排列,将样本划分为高融资约束和低融资约束两组,高融资约束组为前 1/3 的公司,并为融资约束指标赋值 1;低融资约束组为后 1/3 的公司,融资约束指标赋值 0。其次,参考况学文等(2010)的研究,运用逻辑回归方程式(12.14)构造融资约束指数 FCI。最后,对相关变量在低融资约束组和高融资约束组之间均值差异进行 t 检验,结果如表 12 - 1 所示。从表 12 - 1 可以看出,所有变量的均值差异在两组样本之间是显著的,说明这五个变量指标对高融资约束组和低融资约束组能够很好地进行区分。表 12-1 还显示，高融资约束组的资产负债率均值较高，流动比率、投资机会托宾 Q 值、营业收入增长率、净资产收益率的均值较低；低融资约束组的流动比率、投资机会托宾 Q 值、营业收入增长率、净资产收益率均值较高，资产负债率均值较低，说明公司偿债能力、盈利能力和发展能力越强，其受到融资约束影响程度越低；反之，其受到融资约束的影响程度就越高。

表 12-1　　　　　　　　变量的组间均值差异 t 检验

变量	融资约束	均值	均值差异和显著性
流动比率	低组	1.5406	0.6013 ***
	高组	0.9393	(7.8351)
资产负债率	低组	0.4534	-0.1504 ***
	高组	0.6038	(-10.6985)
投资机会托宾 Q 值	低组	3.6261	1.5438 ***
	高组	2.0823	(7.4137)
营业收入增长率	低组	0.5746	0.3508 *
	高组	0.2238	(1.9317)
净资产收益率	低组	0.2039	0.2572 ***
	高组	-0.0533	(4.966)

注：均值差异为低组的均值减去高组的均值，表中括号内为 t 统计量；*、** 和 *** 分别表示在 10%、5% 和 1% 水平上显著。

表 12-2 展示了对相关数据进行逻辑回归的结果。从各变量的相关性来看，流动比率、营业收入增长率、净资产收益率与融资约束程度呈负相关关系；资产负债率、投资机会托宾 Q 值与融资约束程度呈正相关关系。从回归系数的显著性水平来看，流动比率、营业收入增长率、净资产收益率、资产负债率、投资机会托宾 Q 值的回归系数对应的 P 值均至少在 5% 的水平上显著。

表 12-2　　　　　　　　融资约束指数回归结果

变量	系数	标准差	z 统计量	显著性
流动比率	-1.3063	0.5237	-2.49	0.013
资产负债率	13.0796	2.0811	6.28	0.000
投资机会托宾 Q 值	0.4071	0.1725	2.36	0.018

续表

变量	系数	标准差	z 统计量	显著性
营业收入增长率	-0.2964	0.1272	-2.33	0.020
净资产收益率	-50.5105	5.4205	-9.32	0.000
常数项	-2.4016	1.4040	-1.71	0.087

(3) 知识产权保护与融资约束指数的交互项（$IPP \times FCI$）。本章采用上述计算的知识产权保护力度指数和融资约束指数的乘积项作为交互项的度量指标，用于研究知识产权保护通过缓解企业融资约束对企业创新所产生的影响。

3. 控制变量

由于融资约束指数已经包含了企业层面特征的一些变量，这些变量都会影响企业研发投入，我们的控制变量选择原则为：选取除了融资约束指数中所包含的变量以外影响企业研发创新的其他控制变量。

(1) 企业规模（$SIZE$），采用企业总资产的对数来测度，本章采取该变量的对数纳入模型。一般认为，企业规模影响企业的研发投资决策，规模大的企业研发投资实力比较强，规模小的企业研发投资实力比较弱；但是规模较大的企业，由于具有技术和市场垄断优势，也有可能降低企业的研发和创新激励，进而降低企业研发投入。

(2) 政府补助（ZF），政府补助是虚拟变量，如果企业受到政府补助，取值为1，否则取值为0。一般认为政府补助越多，企业越有可能提高企业研发投入。

(3) 资本密集度（CI），采用企业的固定资产净值除以员工人数来替代，资本密集度越高，企业越有更多的资本投入研发，因此企业越有可能提高其研发投入。

(4) 利润总额（PF），采用企业实际获得的利润总额来替代，一般认为，企业利润越高，企业拥有更多的资金进行研发投入，进而促进了企业研发投入。

本章的样本数据来自国泰安数据库。选取 2008~2016 年沪深 A 股企业数据为基础样本，去除数据缺失的观测值；为避免出现异常值，排除 ST 类公司；剔除财务数据易出现较大波动的金融类、保险类、房地产类等公司。剔除首尾 1% 的极端值，且将指标数据中具有明显不合理的数值去除，如缺漏值、资产负债率大于 1 的数值等。经过筛选，最终选取 2 488 个观测值。变量的描述性统计结果如表 12-3 所示。

表 12-3　　　　　　　变量的描述性统计

变量	样本量	均值	标准差	最小值	最大值
RD	2 488	0.0167	0.0241	0.0000	0.7493
FCI	2 488	-1.1312	8.6315	-21.1606	54.5479
IPP	2 488	3.1418	1.0294	0.4420	4.4200
$IPP \times FCI$	2 488	-4.0240	27.9460	-93.0826	190.4006
$SIZE$	2 488	22.6744	1.3856	18.1136	28.0699
ZF	2 488	0.9912	0.0936	0.0000	1.0000
CI	2 488	2.2182	2.9059	0.1241	80.4665
PF	2 488	1.21×10^9	5.75×10^9	-1.6×10^9	1.03×10^{11}

表 12-3 显示，研发投入均值为 1.67%，说明样本期内我国上市企业的整体研发投入强度并不高。融资约束程度的最大值为 54.5479，最小值为 -21.1606，均值为 -1.1312，说明样本数据中受融资约束影响的企业差距比较大。知识产权保护力度最大值为 4.4200，最小值为 0.4420，均值为 3.1418，表明我国地区间知识产权保护力度存在较大差距，不同地区的研发企业可能面临不同的知识产权保护制度环境。

第四节　实证结果与分析

一、基准估计结果

表 12-4 显示了固定效应模型的估计结果。其中，表 12-4 中的第（1）列为只纳入融资约束和控制变量的混合 OLS 估计结果，第（2）列为同时纳入知识产权保护、融资约束和控制变量的 OLS 估计结果，第（3）列为纳入知识产权保护、融资约束、知识产权保护和融资约束的交互项以及控制变量的 OLS 估计结果，第（4）列为同时纳入知识产权保护、融资约束和控制变量的随机效应模型（RE）估计结果，第（5）列为纳入知识产权保护、融资约束、知识产权保护和融资约束的交互项以及控制变量的随机效应模型估计结果，第（6）列为同时纳入知识产权保护、融资约束和控制变量的固定效应模型（FE）估计结果，第（7）列为纳入知识产权保护、融资约束、知识产权保护和融资约束的交互项以

及控制变量的固定效应估计结果。Hausman 检验统计量的值为 14.77，接受原假设的概率为 0.0221，检验结果表明，固定效应模型优于随机效应模型，因此，我们主要以固定效应模型解释为主。

表 12-4　　　　　　　　　固定效应模型估计结果

变量	(1) OLS	(2) OLS	(3) OLS	(4) RE	(5) RE	(6) FE	(7) FE
IPP		0.00252*** (4.19)	0.00252*** (4.21)	0.00252*** (4.19)	0.00252*** (4.21)	0.00401*** (3.56)	0.00398*** (3.51)
FCI	-0.0000606* (-1.69)	-0.0000536 (-1.48)	-0.0000607 (-0.56)	-0.0000536 (-1.48)	-0.0000607 (-0.56)	0.000076 (1.63)	0.000151 (1.39)
$IPP \times FCI$			0.00000235 (0.07)		0.00000235 (0.07)		-0.0000251 (-0.69)
$SIZE$	-0.00166*** (-2.91)	-0.00183*** (-3.12)	-0.00183*** (-3.12)	-0.00183*** (-3.12)	-0.00183*** (-3.12)	-0.00352* (-1.78)	-0.00353* (-1.79)
ZF	-0.00204 (-0.47)	-0.00198 (-0.46)	-0.00197 (-0.46)	-0.00198 (-0.46)	-0.00197 (-0.46)	-0.0013 (-0.72)	-0.00142 (-0.80)
CI	-0.000710*** (-2.82)	-0.000735*** (-2.91)	-0.000735*** (-2.90)	-0.000735*** (-2.91)	-0.000735*** (-2.90)	-0.000459** (-2.01)	-0.000457** (-2.03)
PF	-5.25E-15 (-0.11)	1.38E-15 (0.03)	1.52E-15 (-0.03)	1.38E-15 (0.03)	1.52E-15 (0.03)	6.03E-14 (1.09)	5.80E-14 (1.05)
常数	0.0571*** (4.48)	0.0529*** (4.32)	0.0529*** (4.32)	0.0529*** (4.32)	0.0529*** (4.32)	0.0864** (2.02)	0.0868** (2.03)
省份	不控制	不控制	不控制	不控制	不控制	控制	控制
行业	不控制	不控制	不控制	不控制	不控制	控制	控制
时间	不控制	不控制	不控制	不控制	不控制	控制	控制
R^2	0.0229	0.0331	0.0476	0.0331	0.0331	0.012	0.012
N	2 488	2 488	2 488	2 488	2 488	2 488	2 488

注：表中括号内为聚类稳健性标准误的 t 统计量。***、** 和 * 分别表示在 1%、5% 和 10% 水平上显著。Hausman 检验统计量的值为 14.77，接受原假设的概率为 0.0221，表明固定效应模型优于随机效应模型。

表 12-4 中第（6）列和第（7）列估计结果均显示，知识产权保护力度对企业研发投入强度的回归系数均为正，且在 1% 水平上显著，说明知识产权保护

力度的增强能显著提高我国国有企业研发投入强度。估计结果与本章的理论预期一致，表明知识产权保护对我国国有企业研发投入起到了重要的作用。这是因为企业研发投入的成果具有外部性特征，很容易被竞争者模仿或者剽窃（Arrow，1962），从而使企业的利益受损。加强知识产权保护可以使企业的效益得到保障，研发投入的意愿增强，从而促进企业的研发投入。

表 12-4 中第（6）列和第（7）列中融资约束的估计系数为正且都不显著，因此固定效应模型估计结果未能证实融资约束对企业研发投入的抑制作用，这可能是由于融资约束具有内生性问题所导致的。第（7）列的估计结果还显示，知识产权保护和融资约束交互项（$IPP \times FCI$）的估计系数为负且均不显著，因而未能验证知识产权保护通过缓解企业融资约束这一作用机制对企业研发投入产生影响，原因可能在于融资约束与研发投入之间具有很强的双向因果关系，即融资约束存在内生性问题。我们接下来通过解决融资约束的内生性问题进行工具变量两阶段最小二乘法（2SLS）估计。

二、内生性检验

企业研发投入强度越高，对知识产权保护的需求越高，反过来也会促进知识产权保护水平的提升，因此知识产权保护与企业研发投入之间存在明显的双向因果关系，知识产权保护变量存在明显的内生性问题。企业研发投入强度越高，企业对外部资金的需求就越大，企业面临的融资约束可能就越大，融资约束与企业研发投入之间存在明显的双向因果关系，因此融资约束也存在明显的内生性问题。解决内生性问题常用的方法是工具变量法，满足工具变量的条件是工具变量与内生解释变量强相关而与被解释变量不相关，但在现实中很难找到与融资约束高度相关而与研发投入不相关的强外生工具变量。本章参照鞠晓生等（2013）的做法，选取解释变量的滞后一阶作为内生解释变量的工具变量。我们采取的工具变量包含两个：一个是选取融资约束的滞后一阶作为融资约束的工具变量，另一个是选取知识产权保护滞后一阶作为知识产权保护的工具变量。为了检验工具变量是否为弱工具变量，2SLS 估计中第一阶段的 F 值为 29.711，大于临界值 10，因此本章的工具变量在一定程度上是外生的，可以判定不存在弱工具变量问题。

工具变量的估计结果如表 12-5 所示。表 12-5 中第（1）列为只纳入融资约束和控制变量的估计结果，第（2）列为同时纳入知识产权保护、融资约束和控制变量的估计结果，第（3）列为纳入知识产权保护、融资约束、知识产权保护和融资约束的交互项以及控制变量的估计结果。

表 12-5　　　　　工具变量两阶段最小二乘法（2SLS）估计

变量	(1) 2SLS	(2) 2SLS	(3) 2SLS
IPP		0.00307*** (5.01)	0.00522*** (4.77)
FCI	-0.000290*** (-3.75)	-0.000252*** (-3.27)	-0.00304*** (-2.64)
IPP×FCI			0.000848** (2.56)
SIZE	-0.00164*** (-3.30)	-0.00174*** (-3.46)	-0.00172*** (-3.28)
ZF	0.00041 (0.05)	0.00103 (0.13)	0.00134 (0.16)
CI	-0.000611*** (-2.95)	-0.000620*** (-3.14)	-0.000740*** (-3.24)
PF	-1.01E-13** (-2.26)	-7.96E-14* (-1.67)	-8.56E-14* (1.71)
常数	0.0559*** (4.7)	0.0475*** (4.16)	0.0402*** (3.18)
省份	控制	控制	控制
行业	控制	控制	控制
时间	控制	控制	控制
R^2	0.0137	0.0246	0.9306
N	1 469	1 469	1 469

注：表中括号内为聚类稳健性标准误的 t 统计量。***、**和*分别表示在1%、5%和10%水平上显著。估计方法为2SLS。下同。

表12-5中的第（1）列、第（2）列和第（3）列的估计结果均显示，融资约束对企业研发投入的影响在1%的水平上显著为负，说明融资约束越强，企业研发投入激励越小，融资约束抑制了企业的研发投入，这验证了假说12-1。通过与固定效应模型的估计结果对比可以发现，融资约束的估计系数的显著性水平不仅大大提高，而且估计系数也大于固定效应模型的估计系数，说明如果不考虑

融资约束的内生性问题，会严重低估融资约束对企业研发投入的抑制作用。

表 12-5 中第（3）列的回归结果显示，融资约束和知识产权保护的乘积项（$IPP \times FCI$）的估计系数在 5% 的水平上显著为正，说明知识产权保护通过缓解融资约束促进了企业的研发投入，同时由于融资约束的估计系数显著为负，知识产权保护缓解了融资约束对企业研发投入的抑制作用，假说 12-2 得以验证。同时，知识产权保护的估计系数依然在 1% 的水平上显著为正，说明加强知识产权保护激励了企业研发投入。这是因为增强知识产权保护在一定程度上可以解决外部投资者与企业信息不对称问题，从而增强投资者的投资意愿，减缓融资约束，促进企业的研发投入。具体而言，一方面，随着知识产权保护的增强，企业的知识产权和核心技术信息可以得到较好的法律保护，于是企业就更愿意披露相关信息给外部投资者，这样就可以减少信息不对称，增加投资者的投资意愿；另一方面，资金供给者预期投资项目的研发成果可以得到很好的法律保护，因被模仿、剽窃等侵权行为而造成的损失概率就会降低，有效的投资收益可以得到保障，投资者的投资意愿就会增强。因此，知识产权保护可以缓解企业面临的融资约束，进而促进其研发投入。

从控制变量的估计结果来看，企业规模的估计系数显著为负，说明企业自身的资源条件制约了企业研发投入。关于企业规模与研发投入的关系，聂辉华等（2008）研究发现，企业研发投入与企业规模呈倒"U"型关系，即在一定范围内企业研发投入随着企业规模扩大而增加，但企业到达一定规模后，其研发投入反而会呈下降趋势。由于本章样本取自 A 股主板企业，其中大部分为具有很强垄断地位的国有大型企业，其规模与研发投入呈负相关关系处于倒"U"型的右侧，规模越大，其研发投入强度反而越低。政府补贴对企业研发投入强度的影响不显著，可能是因为很多企业获得政府补贴后，并没有将补贴用于研发投入；资本密集度和利润总额对企业研发投入强度的影响显著为负，与理论预期不相符，可能是因为研发和创新是具有不确定、风险较高的活动，导致企业不愿意进行研发。

三、异质性检验

1. 不同规模企业的异质性检验

不同规模的企业，知识产权保护、融资约束对企业研发投入的影响也会有所差异。一般而言，规模较大的企业可以提供优质的资源，在市场上具有垄断地位，研发投入的资金就相应有一定的保障，受融资约束的影响可能就比较小。为此，我们首先按照企业总资产规模的均值将企业分成两类：高于均值的企业为大规模企业，低于均值的企业为小规模企业。在回归中，加入不同规模企业的虚拟变量（Dummy）与知识产权保护和融资约束的交互项（IPP×FCI）的乘积项的形式，即三者的交互项形式 IPP×FCI×Dummy。其中，当企业为小规模企业时，Dummy 取值为 1；当企业为大规模企业时，Dummy 取值为 0。我们仍然采取融资约束的滞后一阶作为融资约束的工具变量，采用知识产权保护滞后一阶作为知识产权保护的工具变量。不同规模企业的 2SLS 回归结果如表 12-6 中第（1）列所示。

表 12-6 不同规模企业、不同融资约束企业和高技术企业的异质性检验

变量	企业规模异质性 (1) 2SLS	融资约束异质性 (2) 2SLS	技术密集度异质性 (3) 2SLS
IPP	0.00318*** (5.13)	0.00245*** (3.87)	0.00328*** (5.22)
FCI	-0.000369*** (-2.73)	-0.000575*** (-2.98)	-0.000390*** (-3.47)
IPP×FCI×Dummy	0.000071 (1.43)	0.00190** (1.96)	0.000110 (2.99)
SIZE	-0.00180*** (-3.56)	-0.00186*** (-3.67)	-0.00168*** (-3.37)
ZF	0.000907 (0.12)	0.0013 (0.17)	0.00137 0.17
CI	-0.000645*** (-3.09)	-0.000613*** (-3.33)	-0.000662*** (-3.22)
PF	-9.15E-14* (-1.84)	-8.59E-14* (-1.76)	-9.71e-14** (-1.97)
常数	0.0488*** (4.27)	0.0493*** (4.34)	0.0454*** (3.99)
省份	控制	控制	控制
行业	控制	控制	控制
年份	控制	控制	控制
R^2	0.0227	0.0191	0.0239
N	1 469	1 469	1 469

表 12 - 6 中第（1）列回归结果显示，对于小规模企业而言，知识产权保护的估计系数在 1% 的水平上显著为正，说明知识产权保护对小规模企业的研发投入能够起到显著的促进作用。可能原因在于，对小规模企业而言，为了在市场中竞争生存，其研发创新的积极性可能更高，加强知识产权保护保障了创新成果的收益、减少了研发溢出损失，从而对小规模企业研发和创新动力的影响较为明显，进而激励了企业研发投入。而对大规模企业而言，虽然其资金相对雄厚，但由于其市场垄断地位优势，对研发投入项目的各方面要求都比较高，一般企业也很难效仿，而且其研发投入项目的成本和技术的门槛比较高，一般企业难以模仿，其创新动力和积极性相对而言也不是那么强，所以知识产权保护对大规模企业研发投入的激励可能相对不明显。

表 12 - 6 中第（1）列回归结果显示，融资约束的估计系数在 1% 的水平上显著为负，说明融资约束对小规模企业的研发投入起抑制作用，对大规模企业相对不明显。原因在于，规模较大的企业所获得的资源更多，自身的融资限制条件比较宽松，面临的融资约束相对较小，从而融资约束对其研发投入的影响也不是很大；而对规模较小企业而言，融资渠道受限，从外界融资较为困难，面临的融资约束也较为明显，从而导致融资约束对研发投入的抑制作用也较为明显，这与前文的理论假说 12 - 1 的预期一致。

表 12 - 6 中第（1）列回归结果还显示，$IPP \times FCI \times Dummy$ 的估计系数虽然为正，但是不显著。说明对于小规模企业而言，知识产权保护未能通过缓解企业融资约束来激励企业研发投入，这点与我们的理论假说 12 - 2 不相吻合。可能的原因在于，对于我国小规模企业而言，其虽然有很强的创新积极性，但是创新成果的专利多数是实用新型和外观设计，真正的发明专利数量偏少，企业普遍重视创新数量而忽视创新质量，重视策略性创新而不是实质性创新，导致专利并不能很好地代表质量信号，以及加强知识产权保护未能有效缓解信息不对称问题，因此知识产权保护也未能显著缓解融资约束对小规模企业研发的抑制作用。

2. 不同融资约束程度的异质性检验

不同融资约束程度的企业，融资约束对企业研发投入的影响也不同。一般而言，受融资约束程度较大的企业，融资约束对企业研发的抑制作用也相对较为明显。为此，本章根据样本期内计算的融资约束指数对企业进行分类：高于融资约束指数平均值的企业定义为高融资约束企业，低于融资约束指数平均值的企业定义为低融资约束企业。在回归中，我们加入融资约束企业的虚拟变量（$Dummy$）与知识产权保护和融资约束的交互项（$IPP \times FCI$）的乘积项的形式，即三者的交互项形式 $IPP \times FCI \times Dummy$。当企业为高融资约束企业时，$Dummy$ 取值为 1；当企业为低融资约束企业时，$Dummy$ 取值为 0。工具变量的选择与上述一致，这里不再赘述。不同融资约束企业的 2SLS 回归结果如表 12-6 中第（2）列所示。我们重点关注融资约束（FCI）以及交互项 $IPP \times FCI \times Dummy$ 的估计结果。

表 12-6 中第（2）列的估计结果显示，融资约束企业的估计系数在 1% 的水平上显著为负，说明对于高融资约束企业而言，融资约束对企业研发投入的抑制效应越显著，对于低融资约束企业而言，融资约束对企业研发投入的激励效应相对不明显，这与我们的理论分析及现实相吻合。融资约束越强，企业的研发激励效应就越弱，从而融资约束对研发投入的抑制效应也相对较为明显。交互项 $IPP \times FCI \times Dummy$ 的估计系数在 5% 的水平上显著为正，说明加强知识产权保护能够通过缓解融资约束较强企业的融资约束，进而激励企业研发投入。由于融资约束对企业研发投入存在显著的抑制作用，对于高融资约束企业而言，加强知识产权保护能够缓解融资约束对企业研发投入的抑制作用，这与前文的理论假说 12-2 的结果相一致。此外，知识产权保护的估计系数在 1% 的水平上仍然显著为正，说明知识产权保护稳健地促进了企业的研发投入。

3. 高新技术企业和非高新技术企业的异质性检验

高新技术企业属于知识密集型企业，[①] 高新技术企业发展的关键因素是研发投入，高新技术企业相对于非高新技术企业而言，其创新能力的积极性也相对较强。同时，高新技术企业对创新的资金需求也相对较大，因此面临的融资约束可能也更加明显，知识产权保护和融资约束对高新技术企业研发投入的影响也可能更加明显。为此，我们也通过区分高新技术企业和非高新技术企业进行异质性检验。我们根据高新技术企业定义将样本区分为高新技术企业和非高新技术企业两个样本。在回归中，我们加入高新技术企业的虚拟变量（Dummy）与知识产权保护和融资约束的交互项（$IPP \times FCI$）的乘积项的形式，即三者的交互项形式 $IPP \times FCI \times Dummy$。当企业为高新技术企业时，Dummy 取值为 1；当企业为非高新技术企业时，Dummy 取值为 0。工具变量的选择与上述一致，这里不再赘述。高新技术企业和非高新技术企业的 2SLS 回归结果如表 12-6 中第（3）列所示。

表 12-6 中第（3）列的估计结果显示，对于高新技术企业而言，知识产权保护的估计系数在 1% 的水平上显著为正，说明知识产权保护促进了高新技术企业的研发投入，知识产权保护对高新技术企业研发投入的激励效应也更加显著。这是因为，技术创新是高新技术企业发展的驱动力，创新的源泉是研发投入，而研发投入项目的成果能否获得较好的保护，是企业投资意愿的重要因素。加强知识产权保护，可以保障研发企业的创新收益，企业研发成果可以带来更多的垄断

---

① 根据国泰安数据库上市公司资质认定信息文件中的"高新技术企业"数据。

利润，企业的研发投入意愿自然也就提高了。同时，高新技术企业由于知识含量和技术水平较高，其研发溢出效应也较强，存在明显的正外部性，因此加强知识产权保护可以有效地减少研发溢出损失，进而激励企业研发投入。

表 12-6 中第（3）列估计结果显示，对于高新技术企业而言，融资约束的估计系数在 1% 的水平上显著为负，说明融资约束对高新技术企业研发投入起到抑制作用。可能的解释是，对于高新技术企业而言，其对创新的资金需求较大，面临的融资约束可能也较强，导致融资约束对企业研发投入的抑制作用可能更加明显，因而融资约束显著抑制了高新技术企业的研发投入，对于我国高科技上市企业而言可能更是如此。

表 12-6 中第（3）列估计结果还显示，交互项 $IPP \times FCI \times Dummy$ 的估计系数在 1% 的水平上显著为正，说明加强知识产权保护能够通过缓解高新技术企业的融资约束激励其研发投入。由于融资约束对高新技术企业的研发投入存在显著的抑制作用，加强知识产权保护能够显著缓解融资约束对高新技术企业研发投入的抑制作用，这与前文理论假说 12-2 的结果一致。

4. 不同所有权属性的异质性检验

因股权性质的差异和经营环境的不同，不同企业面临的融资约束也不同，因而融资约束对不同所有权属性企业研发投入的影响也会有所不同。对于中国而言，政府作为国有银行的最终所有者在很大程度上直接或间接地影响金融资源配置（康志勇，2013），导致我国银行信贷资源更多地配置给了国有企业。在这样的背景下，我国民营企业融资约束较为严重，而国有企业融资约束相对较弱。因此，有必要区分不同所有权企业属性进行异质性检验。为此，本章按照样本内的企业股权性质进行分类，分为国有企业、民营企业和外资企业，分别对三类企业进行 2SLS 回归分析，工具变量的选取与前文相同，这里不再赘述。不同所有权属性企业的异质性检验结果如表 12-7 所示。

表 12-7　　　　　　　　不同所有权属性企业的异质性检验

变量	国有企业	民营企业	外资企业
	(1)	(2)	(3)
	2SLS	2SLS	2SLS
IPP	0.00970 *** (3.55)	0.00311 *** (3.70)	0.00525 *** (4.59)
FCI	-0.00211 (-1.14)	-0.00287 *** (-2.67)	-0.00321 *** (-2.60)

续表

变量	国有企业 (1) 2SLS	民营企业 (2) 2SLS	外资企业 (3) 2SLS
$IPP \times FCI$	0.000719 (1.34)	0.000797 ** (2.56)	0.000894 ** (2.52)
$SIZE$	-0.00239 (-1.33)	-0.00103 ** (-2.37)	-0.00181 *** (-3.37)
ZF	-0.0017 (-0.09)	0.00483 (0.84)	0.00157 (0.19)
CI	-0.00178 *** (-3.63)	-0.000656 *** (-2.77)	-0.000751 *** (-3.21)
PF	$-3.76E-13$ (-0.30)	$-1.19E-13$ *** (-3.04)	$-8.28E-14$ (-1.64)
常数	0.0503 (1.38)	0.0263 ** (2.24)	0.0420 *** (3.27)
省份	控制	控制	控制
行业	控制	控制	控制
年份	控制	控制	控制
R^2	0.0771	0.9255	0.9280
N	493	1 076	1 427

表12-7第（1）列显示了国有企业的估计结果。估计结果表明，对于国有企业而言，融资约束的估计系数虽然为负，但是不显著，说明融资约束对国有企业研发投入的抑制作用不明显，这与我国的现实背景是相吻合的。长期以来，中国的金融信贷资源给予国有企业更多的支持和照顾，因而我国国有企业面临的融资约束现象并不是很严重，融资约束对国有企业研发投入的抑制作用也不显著。同时，国有企业估计的交互项 $IPP \times FCI$ 的估计系数虽然为正，但是不显著，说明加强知识产权保护并不能显著缓解企业融资约束从而激励企业研发投入，因此加强知识产权保护也不能有效缓解融资约束对国有企业研发投入的影响。

表12-7第（2）列展示了民营企业的估计结果。估计结果显示，对于民营

企业，融资约束的估计系数在1%的水平上显著为负，说明融资约束显著抑制了民营企业的研发投入。同时，民营企业估计的交互项 $IPP \times FCI$ 的估计系数在5%的水平上显著为正，因此估计结果与中国的现实是一致的。这是因为，长期以来，中国民营企业一直存在融资难、融资贵的问题。国有企业可以获得大量持续稳定的资金支持，这样国有企业就可以将信贷资金作为研发投资，而民营企业外部融资比较困难，银行信贷资金主要用于企业的经营活动，因此民营企业难以将银行的信贷资金作为研发投入的主要融资渠道。虽然政府近年来采取多项举措来解决民营企业的融资难问题，但是当前中国民营企业仍然存在较为严重的融资约束问题，这是不争的事实，因而融资约束显著抑制了民营企业的研发投入。当知识产权保护力度增强时，也能够有效缓解民营企业的融资约束问题，从而激励企业研发投入，所以知识产权保护能够显著缓解融资约束对民营企业研发投入的抑制作用。

表12-7第（3）列显示了外资企业的估计结果。估计结果显示，外资企业的估计结果与民营企业的估计结果基本类似，与我们的预期和现实不太吻合。对于外资企业而言，融资约束的估计系数在1%的水平上显著为负，说明融资约束显著抑制了外资企业的研发投入。同时，外资企业估计的交互项 $IPP \times FCI$ 的估计系数在5%的水平上显著为正，说明融资约束显著抑制了外资企业的研发投入，加强知识产权保护能够缓解融资约束对外资企业研发投入的抑制作用。需要说明的是，外资企业的估计结果与我们的预期和现实似乎不太吻合。通常认为，外资企业资金一般比较雄厚，其受到的融资约束可能并不是那么严重。我们认为可能的原因在于，由于知识产权保护或商业秘密保护等原因，外资企业倾向于将研发中心设立在母国，外资可能不愿意投资于一些知识产权起关键性作用的产业（如医药和软件行业），而且在投资功能上，在知识产权体制较弱的国家，外资企业一般不会在东道国建立 R&D 设施，而是倾向于建立分销设施（Lee and Mansfield, 1996），这样可能导致外资企业的融资约束抑制了企业的研发投入。随着东道国知识产权保护力度的加强，不仅保障了外资企业创新成果不被侵权或模仿，信息不对称问题也能得到有效缓解，因此加强知识产权保护也能够有效缓解融资约束对外资企业研发投入的抑制作用。当然，对于外资企业的估计结果与现实不一致的背后原因，可能需要我们进一步研究和深层挖掘。

此外，对于三类企业而言，知识产权保护的估计系数均在1%的水平上显著为正，说明知识产权保护稳健地激励了企业的研发投入，估计结果及其解释与前文一致，其他控制变量的估计结果与2SLS模型的估计结果基本一致，这里不再赘述。

四、稳健性检验

我们接着对上述研究结论进行稳健性检验。稳健性检验包含两部分内容：(1) 考虑用省际的知识产权保护执法力度来替代知识产权保护强度，进行稳健性检验；(2) 通过选择融资约束的单指标变量即净资产收益率来替代融资约束指数进行稳健性检验，由于净资产收益率与融资约束呈反向关系，而且高度相关，本章以净资产收益率的相反数纳入模型进行估计。稳健性检验包含总体样本企业的稳健性估计和不同类型企业的稳健性估计两个部分。

1. 基于不同知识产权保护指数的稳健性检验（Ⅰ）

表 12-8 显示了总体样本企业的稳健性检验结果。表 12-8 第（4）列的估计结果显示，知识产权保护指数的估计系数在 1% 的水平上显著为正，意味着知识产权保护促进了企业研发投入。融资约束的估计系数在 5% 的水平上显著为负，说明融资约束对企业研发投入具有抑制作用。知识产权保护和融资约束的交互项（$IPP \times FCI$）的估计系数在 5% 的水平上显著为正，说明知识产权保护通过缓解企业的融资约束促进了企业研发投入，知识产权保护缓解了融资约束对企业研发投入的抑制作用。上述核心解释变量的估计结果和其他控制变量的估计结果与前文估计结果基本一致，总体样本的稳健性检验证明了本章的估计结果具有一定的稳健性。

表 12-8　　　　　　总体样本企业的稳健性检验 Ⅰ

变量	(1) OLS	(2) RE	(3) FE	(4) 2SLS
IPP	0.00798***	0.00693***	0.00767***	0.0429***
	(3.15)	(4.19)	(2.69)	(3.32)
FCI	-0.000551***	-0.000244***	0.0000181	-0.00526**
	(-4.09)	(-2.69)	(0.19)	(-2.56)
$IPP \times FCI$	0.000760***	0.000362**	0.000153	0.00884**
	(2.92)	(2.15)	(0.78)	(2.5)
控制变量	控制	控制	控制	控制
省份	不控制	不控制	控制	控制
行业	不控制	不控制	控制	控制
年份	不控制	不控制	控制	控制
R^2	0.0279	0.0261	0.00953	0.4611
N	2 488	2 488	2 488	1 469

注：表中括号内为聚类稳健性标准误的 t 统计量；***、** 和 * 分别表示在 1%、5% 和 10% 的水平上显著；限于篇幅，控制变量和常数项的估计结果省略。下同。

表 12-9 第（1）列的估计结果显示，知识产权保护的估计系数在 1% 的水平上显著为正，说明知识产权保护增加了小规模企业的研发投入；融资约束的估计系数在 1% 的水平上显著为负，表明融资约束显著抑制了小规模企业的研发投入；知识产权保护、融资约束和不同企业规模虚拟变量的交互项（$IPP \times FCI \times Dummy$）的估计系数在 5% 的水平上显著为正，说明采用省际层面的知识产权保护执法力度进行稳健性检验后，知识产权保护能够缓解融资约束对小规模企业研发投入的抑制作用。表 12-9 第（2）列的估计结果显示，知识产权保护的估计系数在 1% 的水平上显著为正，说明知识产权保护促进了高融资约束企业的研发投入；融资约束的估计系数在 5% 的水平上显著为负，说明融资约束抑制了高融资约束企业的研发投入；知识产权保护、融资约束和不同融资约束企业虚拟变量的交互项（$IPP \times FCI \times Dummy$）的估计系数虽然为正，但是不显著，因此通过替代不同知识产权保护力度指标，未能有效验证知识产权保护缓解了融资约束对高融资约束企业研发投入的抑制作用。表 12-9 第（3）列的估计结果显示，知识产权保护的估计系数在 1% 的水平上显著为正，说明知识产权保护激励了高新技术企业的研发投入；融资约束的估计系数在 1% 的水平上显著为负，说明融资约束显著抑制了高新技术企业的研发投入；知识产权保护、融资约束和不同高新技术企业虚拟变量的交互项（$IPP \times FCI \times Dummy$）的估计系数在 1% 的水平上显著为正，说明知识产权保护显著缓解了融资约束对高新技术企业研发投入的抑制作用。

表 12-9　　　　　　　　　　异质性稳健性检验 I

变量	(1) 企业规模异质性 2SLS	(2) 融资约束异质性 2SLS	(3) 技术密集度异质性 2SLS
IPP	0.0172 *** (3.00)	0.0159 *** (2.75)	0.0173 *** (3.01)
FCI	-0.000460 *** (-3.35)	-0.000453 ** (-2.30)	-0.000432 *** (-3.79)
$IPP \times FCI \times Dummy$	0.000659 ** (2.31)	0.000636 (1.33)	0.000791 *** (3.39)
控制变量	控制	控制	控制
省份	控制	控制	控制
行业	控制	控制	控制

续表

变量	(1) 企业规模异质性 2SLS	(2) 融资约束异质性 2SLS	(3) 技术密集度异质性 2SLS
年份	控制	控制	控制
R^2	0.00854	0.00832	0.00961
N	1 469	1 469	1 469

表 12-10 显示了不同所有权属性的异质性检验结果。估计结果显示，对于三类企业而言，知识产权保护的估计系数均至少在 5% 的水平上显著为正，说明知识产权保护激励了三类企业的研发投入。需要注意的是，对于国有企业而言，融资约束的估计系数在 10% 的水平上显著为负，知识产权保护和融资约束的交互项在 5% 的水平上显著为正，说明通过替代知识产权保护的执法力度后，国有企业的估计结果稍微与前文的估计结果出现一些出入。但是，我们通过对比民营企业和外资企业的估计结果，发现两点不同的地方：一是对民营企业和外资企业而言，融资约束的估计系数显著性水平较高，都在 5% 水平上显著为负，而且估计系数都大于国有企业融资约束的估计系数，且民营企业融资约束的估计系数最大；二是三类企业交互项 $IPP \times FCI$ 的估计系数虽然都在 5% 水平上显著为止，但是民营企业和外资企业的估计系数均大于国有企业，且民营企业交互项的系数最大。因此，上述估计结果仍然在一定程度上能够证明本章的估计结果是稳健的，即知识产权保护显著促进了企业研发投入，融资约束显著抑制了企业研发投入，知识产权保护缓解了融资约束对企业研发投入的抑制作用，且对于民营企业而言更加显著。总之，上述估计结果依然具有稳健性。

表 12-10 不同所有权属性的稳健性检验 I

变量	(1) 国有企业 2SLS	(2) 民营企业 2SLS	(3) 外资企业 2SLS
IPP	0.0730*** (3.03)	0.0340** (2.27)	0.0438*** (3.27)
FCI	-0.00499* (-1.95)	-0.00586** (-2.06)	-0.00541** (-2.51)

续表

变量	(1) 国有企业 2SLS	(2) 民营企业 2SLS	(3) 外资企业 2SLS
$IPP \times FCI$	0.00838** (2.01)	0.0101** (2.03)	0.00910** (2.46)
控制变量	控制	控制	控制
省份	控制	控制	控制
行业	控制	控制	控制
年份	控制	控制	控制
R^2	0.00496	0.4763	0.4539
N	493	1 076	1 427

2. 基于不同融资约束指数的稳健性检验（Ⅱ）

表12-11显示了总体样本企业的稳健性检验结果。表12-11第（4）列的估计结果显示，知识产权保护指数的估计系数在1%的水平上显著为正；融资约束的估计系数在5%的水平上显著为负；知识产权保护和融资约束的交互项（$IPP \times FCI$）的估计系数在5%的水平上显著为正。上述估计说明，知识产权保护能够直接激励企业增加研发投入，融资约束对企业研发投入起抑制作用，知识产权保护缓解了融资约束对企业研发投入的抑制作用。

表12-11　　　　　　　　总体样本的稳健性检验Ⅱ

变量	(1) OLS	(2) RE	(3) FE	(4) 2SLS
IPP	0.00220*** (5.37)	0.00242*** (4.08)	0.00389*** (3.85)	0.00974*** (2.9)
FCI	-0.0012 (-0.17)	0.00388 (0.71)	0.00918* (1.76)	-0.307** (-2.15)
$IPP \times FCI$	0.00272 (1.12)	-0.00208 (-1.08)	-0.00157 (-0.80)	0.0849** (2.07)
控制变量	控制	控制	控制	控制
省份	不控制	不控制	控制	控制

续表

变量	(1) OLS	(2) RE	(3) FE	(4) 2SLS
行业	不控制	不控制	控制	控制
年份	不控制	不控制	控制	控制
R^2	0.0349	0.033	0.033	0.9279
N	2 488	2 488	2 488	1 469

表12-12第(1)列的估计结果显示,知识产权保护的估计系数在1%的水平上显著为正;融资约束的估计系数在1%的水平上显著为负;知识产权保护、融资约束和不同企业规模虚拟变量的交互项($IPP \times FCI \times Dummy$)的估计系数虽然为正,但是不显著。上述估计表明,知识产权保护激励了小规模企业的研发投入,融资约束抑制了小规模企业的研发投入,知识产权保护未能缓解融资约束对小规模企业研发投入的抑制作用。第(2)列的估计结果显示,知识产权保护的估计系数在1%的水平上显著为正;融资约束的估计系数在1%的水平上显著为负;知识产权保护、融资约束和不同融资约束企业虚拟变量的交互项($IPP \times FCI \times Dummy$)的估计系数在10%的水平上显著为正,显著性水平有所下降。上述估计表明,知识产权保护促进了高融资约束企业的研发投入,融资约束抑制了高融资约束企业的研发投入,知识产权保护在一定程度上缓解了融资约束对高融资约束企业研发投入的抑制作用。第(3)列的估计结果显示,知识产权保护的估计系数在1%的水平上显著为正;融资约束的估计系数在5%的水平上显著为负;知识产权保护、融资约束和不同融资约束企业虚拟变量的交互项($IPP \times FCI \times Dummy$)的估计系数在5%的水平上显著为正。上述估计表明,知识产权保护促进了高新技术企业的研发投入,融资约束抑制了高新技术企业的研发投入,知识产权保护显著缓解了融资约束对高新技术企业研发投入的抑制作用。

表12-12　　　　不同类型企业的异质性稳健性检验 Ⅱ

变量	(1) 企业规模异质性 2SLS	(2) 融资约束异质性 2SLS	(3) 技术密集度异质性 2SLS
IPP	0.00313 *** (5.14)	0.00283 *** (4.67)	0.00328 *** (4.99)

续表

变量	(1) 企业规模异质性 2SLS	(2) 融资约束异质性 2SLS	(3) 技术密集度异质性 2SLS
FCI	-0.0319*** (-2.74)	-0.0393*** (-2.87)	-0.0344*** (-3.32)
IPP×FCI×Dummy	0.00323 (0.87)	0.0104* (1.89)	0.00566** (2.12)
控制变量	控制	控制	控制
省份	控制	控制	控制
行业	控制	控制	控制
年份	控制	控制	控制
R^2	0.0184	0.02	0.0181
N	1 469	1 469	1 469

表 12-13 显示了不同所有权属性的稳健性检验结果。表 12-13 第 (1) 列的估计结果显示,对于国有企业而言,融资约束的估计系数虽然为负,但是不显著;知识产权保护和融资约束的交互项系数虽然为正,但是不显著,这与前文的估计结果及其解释一致。表 12-13 第 (2) 列的估计结果表明,对于民营企业而言,融资约束的估计系数在 5% 的水平上显著为负;知识产权保护和融资约束的交互项 IPP×FCI 的估计系数在 10% 的水平上显著为正。表 12-13 第 (3) 列的估计结果显示,对于外资企业而言,融资约束的估计系数在 5% 的水平上显著为负;知识产权保护和融资约束的交互项的估计系数在 5% 的水平上显著为正。总体而言,上述估计结果具有稳健性。

表 12-13　　　　　　　　不同所有权属性的稳健性检验 Ⅱ

变量	(1) 国有企业 2SLS	(2) 民营企业 2SLS	(3) 外资企业 2SLS
IPP	0.0121** (2.35)	0.00697** (2.39)	0.0105*** (2.66)
FCI	-0.207 (-1.15)	-0.274** (-2.00)	-0.343** (-2.03)

续表

变量	(1) 国有企业 2SLS	(2) 民营企业 2SLS	(3) 外资企业 2SLS
$IPP \times FCI$	0.058 (1.13)	0.0771* (1.94)	0.0946** (1.96)
控制变量	控制	控制	控制
省份	控制	控制	控制
行业	控制	控制	控制
年份	控制	控制	控制
R^2	0.0261	0.9259	0.9305
N	493	1 076	1 427

第五节 结论与政策启示

本章通过构建一个简单的理论模型，首先从理论上考察了知识产权保护与融资约束对企业研发投入的作用机制，揭示了知识产权如何通过缓解企业融资约束这一微观作用机制对企业研发投入产生影响。在理论分析的基础上，本章运用中国 2008~2016 年 A 股上市企业数据实证考察了知识产权保护如何通过缓解企业融资约束这一作用机制促进了企业研发投入，并通过区分不同类型企业分析了这种缓解作用的异质性。本章得到了如下主要研究结论：加强知识产权保护显著激励了企业研发投入，融资约束显著抑制了小规模企业、融资约束较强的企业、民营企业和高新技术企业的研发投入，知识产权保护能够解决与研发投入企业有关的信息不对称问题和外部性问题，从而能够通过缓解企业融资约束这一作用机制提高企业研发投入。加强知识产权保护缓解了融资约束对企业研发投入的抑制作用，且这种缓解作用在融资约束程度较高的企业、高新技术企业、民营企业中更加显著。通过替代核心变量的不同指标、解决融资约束的内生性问题重新进行估算后，上述结论依然稳健。

本章的研究结论具有重要的政策启示意义。（1）为了激励企业提高研发投入，提高企业自主研发和创新能力，我国应继续完善知识产权保护制度，尤其要保护中小民营企业的创新成果，鼓励和支持专利技术和科技项目的研发创新。要贯彻落实公平的执法环境和透明的制度环境,加强对知识产权执法部门的监督管理,正确及时地保护好知识产权所有者的合法权益,对失信行为进行严惩,提高专利侵权的违法成本和司法部门的执法效率,用诚信来化解投资人对知识产权投资的顾虑,从而减轻创新项目的融资成本,而且,根据本章的研究结果,加强知识产权保护还能够有效缓解融资约束对我国国有企业研发投入的抑制作用。(2)为了降低或缓解融资约束我国国有企业研发投入的抑制作用,我们应积极发展知识产权质押融资。关于知识产权本身现金流的风险性和估值的不确定性,我国应该大力推进有关知识产权质押的法律、制度以及执法体系的完善,并且大力支持知识产权质押融资业务,应考虑知识产权价值的不稳定性,综合考察和评估知识产权的价值,加强对相关机构的监管,公平合理地保障质押人和债权人的合法权益。

参考文献

[1] 韩玉雄,李怀祖. 关于中国知识产权保护水平的定量分析 [J]. 科学学研究,2005 (3):377-382.

[2] 鞠晓生,卢荻,虞义华. 融资约束、营运资本管理与企业创新可持续性 [J]. 经济研究,2013,48 (1):4-16.

[3] 康志勇. 融资约束、政府支持与中国本土企业研发投入 [J]. 南开管理评论,2013,16 (5):61-70.

[4] 况学文,施臻懿,何恩良. 中国上市公司融资约束指数设计与评价 [J]. 山西财经大学学报,2010,32 (5):110-117.

[5] 卢馨,郑阳飞,李建明. 融资约束对企业 R&D 投资的影响研究——来自中国高新技术上市公司的经验证据 [J]. 会计研究,2013 (5):51-58,96.

[6] 聂辉华,谭松涛,王宇锋. 创新、企业规模和市场竞争:基于中国企业层面的面板数据分析 [J]. 世界经济,2008 (7):57-66.

[7] 吴超鹏,唐菂. 知识产权保护执法力度、技术创新与企业绩效——来自中国上市公司的证据 [J]. 经济研究,2016 (11):125-139.

[8] 尹志锋,叶静怡,黄阳华,秦雪征. 知识产权保护与企业创新:传导机制及其检验 [J]. 世界经济,2013,36 (12):111-129.

[9] 张杰,芦哲,郑文平,陈志远. 融资约束、融资渠道与企业 R&D 投入 [J]. 世界经济,2012,35 (10):66-90.

[10] Anton J J, H Greene, D A Yan. Policy Implications of Weak Patent Right [J]. Innovation Policy and the Economy,2006 (6):1-26.

[11] Anton J, Yao D. The Sale of Ideas: Strategic Disclosure, Property Rights, and Con-trac-

ting [J]. Review of Economic Studies, 2002 (69): 513 – 531.

[12] Arrow K J. Economic Welfare and the Allocation of Resources for Invention [A]. In: Richard Nelson. The Rate and Direction of Inventive Activity [C]. Princeton: Princeton University Press, 1962.

[13] Ayyagari M, Demirguc – Kunt A, Maksimovic V. Firm Innovation in Emerging Markets: The Role of Finance, Governance, and Competition [J]. Journal of Financial & Quantitative Analysis, 2011, 46 (6): 1545 – 1580.

[14] Berman B. Hidden Value: Profiting from the Intellectual Property Economy [J]. Euromoney, 1999.

[15] Blaxill M, Eckardt R. The Invisible Edge: Taking Your Strategy to the Next Level Using Intellectual Property [M]. Portfolio, 2009.

[16] Claessens S, Tzioumis K. Measuring Firms' Access to Finance [R]. World Bank, 2006.

[17] Czarnitzki D, Hall B H, Hottenrott H. Patents as Quality Signals? The Implications for Financing Constraints on R&D [Z]. Cambridge: National Bureau of Economic Research, Working Paper, 2014.

[18] Fazzari S, Petersen B, Hubbard R. Financing Constraints and Corporate Investment [Z]. NBER Working Paper, 1988.

[19] Gangopadhyay K, Mondal D. Does Stronger Protection of Intellectual Property Stimulate Innovation? [J]. Economics Letters, 2012, 116 (1): 80 – 82.

[20] Ginarte J C, Park W G. Determinants of Patent Rights: A Cross-national study [J]. Research Policy, 1997, 26 (3): 283 – 301.

[21] Gorodnichenko Y, M Schnitzer. Financial Constraints and Innovation: Why Poor Countries Don't Catch Up [J]. Journal of the European Economic Association, 2013, 11 (5): 1115 – 1152.

[22] Greenberg G. Small Firms, Big Patents? Estimating Patent Value Using Data on Israeli Start-ups' Financing Rounds [J]. European Management Review, 2013, 10 (4): 183 – 196.

[23] Haeussler C, Harhoff D, Mueller E. How Patenting Informs VC Investors-The Case of Biotechnology [J]. Research Policy, 2014.

[24] Hall B H. The Financing of Research and Development [J]. Oxford Review of Economic Policy, 2002 (18): 35 – 51.

[25] Himmelberg C P, Petersen B C. R&D and Internal Finance: A Panel Study of Small Firms in High-Tech Industries [J]. The Review of Economics and Statistics, 1994 (76): 38 – 51.

[26] Hoenig D, J Henkel. Quality Signals? The Role of Patents, Alliances, and Team Experience in Venture Capital Financing [J]. Research Policy, 2015, 44 (5): 1049 – 1064.

[27] Kaplan S N, L Zingales. Do Investment-cash Flow Sensitivities Provide Useful Measures of Financing Constraints [J]. The Quarterly Journal of Economics, 1997, 112 (1): 169 – 215.

[28] Katz M L, Shapiro C. R&D Rivalry with Licensing or Imitation [J]. American Economic

Review, 1987, 77: 402-420.

[29] Kumar N. Determinants of Location of Overseas R&D Activity of Multinational Enterprises: The Case of Us and Japanese Corporations [J]. Research Policy, 2001 (30): 159-174.

[30] Lee J Y, Mansfield E. Intellectual Property Protection and U. S. Foreign Direct Investment. Review of Economics and Statistics, 1996, 78: 181-186.

[31] Lee T, Wilde L L. Market Structure and Innovation: A Reformulation [J]. Quarterly Journal of Economics, 1980, 94 (2): 429-436.

[32] Meghana Ayyagari, Asli Demirgüç-Kunt, Vojislav Maksimovic. Firm Innovation in Emerging Markets: The Role of Finance, Governance, and Competition [J]. The Journal of Financial and Quantitative Analysis, 2011 (6).

[33] Mei-Chih Hu, John A. Mathews. China's National Innovative Capacity [J]. Research Policy, 2008, 37 (9): 1465-1479.

[34] Nagesh Kumar. Determinants of Location of Overseas R&D Activity of Multinational Enterprises: The Case of US and Japanese Corporations Research Policy [J]. Research Policy, 2001 (1).

[35] Nelson R R. The Simple Economics of Basic Scientific Research [J]. Journal of Political Economy, 1959 (49): 297-306.

[36] Park W G. International Patent Protection: 1960-2005 [J]. Research Policy, 2008, 37 (4): 761-766.

[37] Spence M. Job Market Signaling [J]. Quarterly Journal of Economics, 1973 (87): 355-374.

[38] Ughetto E. Does Internal Finance Matter for R&D? New Evidence from a Panel of Italian Firms [J]. Cambridge Journal of Economics, 2008, 32 (6): 907-925.

第十三章 职业流动性、代际收入流动性与基尼系数*
——基于 CFPS 数据的实证分析

第一节 引言

缩小收入差距是下一阶段我国实现共同富裕目标的重大任务之一。随着我国经济增长、工业化和城市化的推进，基尼系数一度从 2008 年的 0.491 下降至 2015 年的 0.462；但 2015 年开始，基尼系数停止下降，转为高位回升的态势。2020 年，基尼系数维持在 0.468 的水平。① 对此，本章试图从我国职业流动性与代际收入流动性的角度揭示自 2015 年以来基尼系数不降反升、高位回升的事实。

现有文献中有关缩小收入差距的研究尽管较为丰富，但重点多集中在户籍限制和生产要素市场扭曲等方面。这些因素虽长期存在，但随着我国经济增长以及经济效率的提升，已在很大程度上有所改善。是什么因素导致 2015 年以来我国基尼系数不降反升且高位徘徊呢？从职业流动性的角度研究代际收入流动性，进而分析收入差距的变动是近期文献研究的一个新的趋势。这一研究思路将把我国收入差距的问题与我国就业市场的结构调整直接挂钩，进一步将触及我国经

---

* 本章作者：龚敏、张星。

① 国家统计局.《中国的全面小康》白皮书新闻发布会答记者问 [EB/OL]. 国家统计局网站，2021-09-29.

济增长与结构调整的问题,因而可以在很大程度上揭示导致我国基尼系数长期居高不下的根本性原因,对于我国推进高质量发展、实现共同富裕具有重要意义。

本章的结构如下。(1)在文献综述的基础上,利用中国家庭追踪调查(CFPS)2010~2018年的数据,强调城乡不同收入组别家庭的差异性,测算我国城乡家庭的代际收入流动性,分析其变化特征及趋势;(2)基于对不同收入组别城乡家庭职业流动性的描述性分析,测算代际职业继承性指数,揭示我国城乡家庭的职业流动性变化特征及趋势;(3)通过区分不同收入组别、子父辈不同就业单位性质等城乡家庭的异质性特征,实证分析城乡家庭职业流动性对代际收入流动性的影响;(4)提出相关政策建议。研究表明,近年来我国农村家庭职业流动性显著提高,改善了代际收入流动性,进而在很大程度上推动了收入差距的缩小;但是,城镇家庭中低收入、中等收入组别中,职业流动性弱,其对代际收入流动的阻碍作用较强,不利于收入差距的缩小。

第二节 文献综述

一、关于代际收入流动性的测算及其影响因素

现有文献中,代际收入流动性是影响收入差距的重要因素之一。围绕代际收入流动性的测量,主要有代际收入弹性(IIE)和代际收入秩相关系数(IRA)这两个指标。由于在数据选择、测量方法和收入定义上的不同,学者们对我国代际收入弹性的估计出现了较大的差异,大致在0.3~0.9。当代际收入弹性的估计值大于0.4时,一般即认为代际收入流动性较差(陈杰等,2016)。表13-1展示了部分文献对近30年来我国代际收入弹性的测算值。

表13-1 部分文献关于我国代际收入弹性的测算结果

文献	时间范围	总体	城镇	农村
陈琳和袁志刚(2012)	1988~2005年	—	0.30~0.51	0.22~0.42
袁(Yuan,2017)	1989~2009年	0.50	0.70	0.41
陈杰等(2016)	1989~2011年	—	—	0.25~0.43
杨沫和王岩(2020)	1989~2015年	0.27~0.41	—	—
何石军和黄桂田(2013)	2000~2009年	0.35~0.66	—	—
徐晓红(2015)	2002~2012年	—	0.33~0.47	0.26~0.43
汪小芹(2018)	2005~2015年	0.28~0.45	—	—
孙三百等(2012)	2006年	0.66	—	—

关于代际收入流动性的影响因素，现有文献主要从微观层面的教育投入和职业选择两个角度进行分析。贝克尔和托姆斯（Becker and Tomes，1979）最早运用人力资本框架来分析两代人的收入关联，认为父母可以通过对孩子的人力资本投资来改善孩子的财富状况。我国学者关于代际流动性中教育影响因素的研究也较多。杨沫和王岩（2020）通过对代际收入弹性进行分解，发现教育因素是提升代际流动性的重要通道；王学龙和袁易明（2015）通过反事实分析构建教育不平等指标，发现教育不平等程度越大，代际收入固化越严重；王伟同等（2019）通过考察区域间代际收入流动性，提出地方财政教育支出越大，越有助于缓解低收入家庭的信贷约束，进而提升低收入阶层的向上流动率。

二、关于职业代际流动性与收入代际流动性的关系

职业代际流动性（也称职业传承）是指父亲的职业阶层与子女的就业选择有较强的相关性，进而可能削弱收入的代际流动性，导致收入差距难以缩小。贝克尔和托姆斯（1979）提出，父辈的效用取决于自身的消费支出和子代收入，而职业是收入的重要决定性因素。当子代的职业与父代的职业属于同一类型或同一行业时，职业就会作为父子两代收入传承的一条纽带，令子代的收入与父代的收入呈现出较强的相关性。因此，代际职业传递会加强代际收入传递，削弱代际收入流动性。美国社会学家林南（2005）提出社会资本不平等理论，认为父代的职业地位受社会文化、个人价值取向的影响会形成不同的社会资本，从而形成父代的社会资本不平等。当子代对父代的职业进行传承时，将会通过资本缺乏和回报缺乏两个渠道形成差异化的子代社会资本，进而影响子代的收入（见图13-1）。

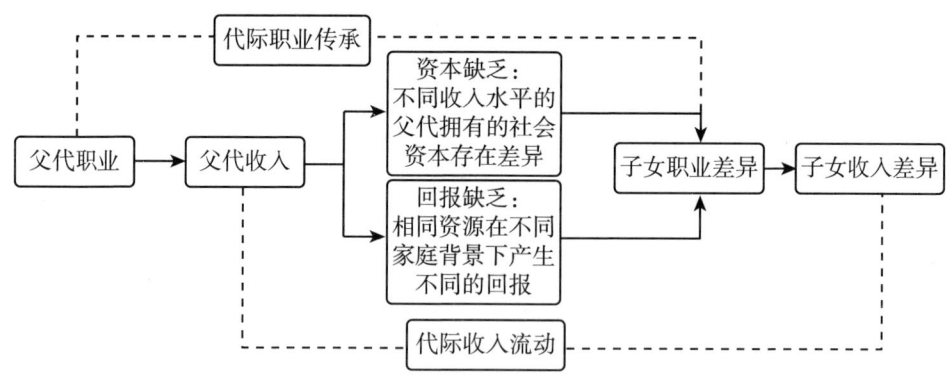

图 13-1 社会资本结构理论

现有大部分文献认为，我国长期存在职业代际传承的现象，但随着市场化进程的推进以及劳动力市场的不断完善，我国职业代际流动性总体在不断提高，职

业传承现象持续得到改善（刘非菲和梁岩，2014；阳义南和连玉君，2015；卢盛峰等，2015；张顺和祝毅，2017；朱晨，2017；Ji，2019；褚翠翠和孙旭，2019；纪珽和张国峰，2021）。

周兴和张鹏（2014）较早从职业流动性的角度研究代际收入流动的问题。他们采用 CGSS2006 年的数据进行实证检验，发现子代的职业选择会受到其 14 岁时父代所从事职业的影响，且职业流动性会严重阻碍代际收入流动性的提高。相比非子承父业的家庭，子承父业的城镇家庭代际收入弹性提高了 0.15，而这种效应在农村家庭中更加强烈。徐晓红（2016）也认为，农村家庭的代际收入传递主要通过职业代际传递来解释。杨新铭和邓曲恒（2016）指出，在代际收入传递机制中，教育和职业都是难以绕开的因素，但职业传递的作用更突出。陈杰等（2016）专门针对农村群体进行研究，发现相比家庭的教育投入，作为社会资本一部分的职业传递对收入传递有着更显著的影响。解雨巷和解垩（2019）利用 CGSS2015 年的数据发现，要想促进社会阶层的攀升，通过职业向上攀升要强于通过教育向上攀升。在相对不发达的西部，教育对阶层上迁的力度更大；但在相对发达的东部，职业对阶层改善的作用更强。

进一步，邵挺等（2017）利用 2011～2013 年的大学毕业生数据，通过相关性分析发现，父子两代之间的代际职业传承现象存在且在"官二代"身上最为明显。具体地，家庭中若父辈为国家公务员，子辈有超过 50% 的可能会在事业单位或国有企业工作。邵洲洲和冯剑锋（2019）利用 CHNS 1989 年、2000 年和 2014 年三年的混合截面数据，从不同年龄段入手，将样本分为 1970 前出生的、1970～1980 年出生的和 1980 年后出生的，发现职业传承对"70 后"和"80 后"的代际收入弹性起到显著的加强作用。郝枫和郭荷（2019）运用中国居民收入调查（CHIP）2007 年和 2013 年的数据，发现子承父业有力地推高了代际收入弹性。他们进行分位数回归以后发现城乡样本存在显著差异：父子同业对城镇样本的代际收入弹性在各个分位点并无显著影响，但父子同业对农村样本代际收入弹性的加强作用随着收入分位点的提升而减小——同业传承对农村低收入样本的收入固化作用最明显。

值得注意的是，文献中大部分对职业流动性的考察仅从职业类型这一角度来定义，用职业流动矩阵的方法来度量。但必须注意到，在我国经济体制改革和产业结构升级的过程中，职业类型和工作行业同样都是衡量职业流动的重要维度。因此，从工作行业角度来考察职业流动性也十分重要。基于此，本章将通过个体的职业类型和工作行业两个维度来衡量我国的代际职业流动性。

综上，现有文献通过静态分析、动态趋势分析以及异质性分析对我国近 30 年来的代际收入流动性展开测算，但由于数据来源以及数据更新的限制，不仅测算结果差异较大，而且无法触及 2015 年以后我国基尼系数不降反升、高位企稳的事实。对此，本章将使用 CFPS 提供的 2010~2018 年的数据，在更长的时间跨度内测算城乡家庭不同收入组别的代际收入弹性和职业流动性，试图基于职业流动性对代际收入流动性的影响，揭示 2015 年以后我国基尼系数所呈现的新的特征。

第三节　数据描述和变量说明

一、数据描述

为了更好地考察近期我国的代际收入流动、职业流动性以及二者之间的关系，本章采用北京大学中国社会科学调查中心（ISSS）的中国家庭追踪调查（China Family Panel Studies，CFPS）数据库，以 2010 年为基线调查年，该调查中心随后依次于 2012 年、2014 年、2016 年、2018 年和 2020 年进行追踪调查。[①] 本章采用的 CFPS 数据范围涵盖了 2010~2018 年，数据较新，有利于本章研究 2015 年以来我国收入差距难以缩小这一问题。同时，CFPS 数据覆盖了除港澳台以外的 31 个省级行政区，访问对象既有城市家庭也有农村家庭，是一个有较好代表性的综合数据库。最后，CFPS 数据内含丰富的微观变量，对本章要研究的收入、职业等变量有细致的分类和说明，有利于本章对代际收入流动和职业流动性问题展开实证研究。

本章分别对 CFPS 2010~2018 年的数据进行了如下处理。

（1）数据提取。本章主要研究父子两代之间的收入与职业关系，因此不仅需要从个人数据库中提取个人特征等变量，还需要从家庭数据库中获得识别家庭内部亲属关系的家庭代码和个人代码。

（2）数据清洗。由于 CFPS 数据来源于对个人的访问调查，数据中充斥着许多缺失值和不适用本章研究目标的类别变量。一方面，数据中存在着大量缺失值，需要从样本中删去。例如，个人收入变量中就存在着"无法判断""缺失""不适用""拒绝回答""不知道"等几种缺失情况。另一方面，许多类别变量的原始分类不适用本章的研究方向，需要重新分类。例如，性别变量的原始分类有"未婚""在婚（有配偶）""同居""离婚""丧偶"五种，本章借鉴中山大学连玉君老师团队[②]的做法，将"在婚（有配偶）"和"同居"重新分类为"已

[①] 由于 CFPS 2020 年的数据在 2022 年初才开放下载并且仅涵盖个人层面数据，本章数据范围并未包含 2020 年，而仅采用了 CFPS 2010~2018 年共五轮的数据。

[②] Stata 数据处理：清洗 CFPS 数据库（https：//www.lianxh.cn/news/2916ae8363459.html）。

婚",将其余三种原始分类重新分类为"未婚"。

(3) 数据匹配。第一步是横向匹配。通过唯一的个人代码将个人数据库的父亲、母亲、子女三类子样本分开,并结合家庭数据库对个人的信息进行补充;再通过独一的家庭代码去匹配同一家庭里的父亲、母亲与子女,建立了每一个调查年份的"父—母—子女"匹配数据库。第二步是纵向匹配。在横向匹配好每一观测年份的"父—母—子女"数据库后,将不同观测年份的数据库合并成一个统一的面板数据库。

(4) 变量构造。针对本章的核心关键变量,进行了以下调整:一是利用 CPI 指数将个人年收入变量调整至 2018 年的价格水平,方便不同观测年份之间进行收入比较。二是在个人年收入的基础上,生成收入等级这一离散变量,用以衡量个体在当年该省份中所处的相对收入位置,数值越大代表收入等级越高。三是为避免生命周期偏误且尽量保持较大样本量,本章参照杨沫和王岩(2020)的做法,仅保留子代年龄在 25~35 岁的样本和父代年龄在 35~60 岁的样本。四是为了避免父母婚姻匹配带来的估计误差问题,我们参照何石军和黄桂田(2013)的做法,父辈样本中仅保留父亲样本。

二、变量说明

实证研究将涉及三类变量:(1) 与收入相关的变量,包括个人收入、个人收入等级等变量;(2) 与职业相关的变量,包括职业社会经济指数、职业流动性指标等;(3) 与个人特征相关的控制变量。主要变量说明如表 13-2 所示。

1. 与收入相关的变量

子代收入(*income*)和父代收入(*fincome*)。这两个变量指的是个人年收入,采用的是 CFPS 自行生成的年收入综合变量。其中,2010 年、2012 年和 2014 年中该综合变量包括工资性收入、经营性收入、转移性收入和其他来源收入;而由于 CFPS 问卷的调整,2016 年和 2018 年的个人年收入变量仅包括工资性收入。有必要指出的是,由于数据采集的失误,CFPS 2016 年在个人收入这一变量的采集上有较大的缺失值。为了弥补这一失误,CFPS 调查组在 2018 年对 2016 年个人收入这一问题进行了回顾性提问——2018 年 CFPS 的个人库有"2016 年工作的每月税后收入(元/月)是多少"这样一个问题。本章根据这一补充的 2016 年月收入变量,将其乘以 12 生成 2016 年个人年收入补充变量,若 2016 年的个人收入变量为缺失值,则用该补充值进行替换。为了各年收入可以进行比较,本章以 2018 年为基年,利用 CPI 指数将 2010 年、2012 年、2014 年和 2016 年的个人年收入调整至 2018 年的收入水平。

表 13-2　　　　　　　　　　主要变量说明

变量	变量说明	变量定义
$income$	子代收入	个人当年收入
$lnincome$	子代收入对数	个人当年收入的对数值
$fincome$	父代收入	父亲当年收入
$lnfincome$	父代收入对数	父亲当年收入的对数值
$rank$	子代收入等级	将处于同一观测年份和同一省份的样本收入分成 100 份进行从小到大排序，收入处在当年该省份的后 1% 位置的记为 1，收入处在前 1% 位置的记为 100。收入等级取值越大，说明在该年该省份的收入排序越靠前、收入越高
$frank$	父代收入等级	
$isei$	子代的国际社会经济指数	该指标是甘泽布姆等（Ganzeboom et al., 1992）基于个体的职业类型、收入和教育水平进行计算，用以衡量个体社会地位的一个指数，取值范围在 19~90，数值越大代表职业社会地位越高
$fisei$	父代的国际社会经济指数	
$tongye3$	职业流动性	虚拟变量。当父子职业类型相同且同处于一个产业（共 3 个产业）时，表示个体存在职业流动性，取值为 1；否则取值为 0
$tongye20$	职业流动性	虚拟变量。当父子职业类型相同且同处于一个行业（共 20 个行业）时，表示个体存在职业传承，取值为 1；否则取值为 0
age	子代年龄	子代当年的年龄
age^2	子代年龄平方	子代当年年龄的平方值
$fage$	父代年龄	父亲当年年龄
$fage^2$	父代年龄平方	父亲当年年龄的平方值
$male$	子代性别	虚拟变量。当子代是男性时，取值为 1；当子代是女性时，取值为 0
$educ$	子代受教育年限	连续型变量，衡量子代受教育的年限，取值越大代表子代接受的教育时长越久

2. 与职业相关的变量

子代和父代的国际社会经济指数（$isei$ 和 $fisei$）。国际社会经济指数（International Socioeconomic Index，ISEI）是甘泽布姆等（1992）基于个体职业类型、并结合职业收入和职业平均教育水平进行计算的一个指标。*isei* 是对职业地位的一种评分,衡量了不同职业类型的社会经济地位,取值在 19~90 之间。

职业流动性指标(*tongye*3 和 *tongye*20)。*tongye*3 和 *tongye*20 均是虚拟变量,均有如下定义:当取值为 1 时,代表父子两代之间存在职业传承;当取值为 0 时,表示不存在两代人之间的职业传承。*tongye*3 变量表示的职业传承指的是父子两代同处于一个职业类型[1]且同处于一个产业[2],*tongye*20 变量表示的职业传承指的是父子两代同处于一个职业类型且同处于一个行业[3]。

3. 与个人特征相关的控制变量

与个人特征相关的控制变量主要包括子代年龄(*age*)、子代年龄平方(age^2)、父代年龄(*fage*)、父代年龄平方($fage^2$)、子代性别(*male*)和子代受教育年限(*educ*)。

第四节 我国城乡家庭代际收入流动性的测算

本章基于贝克尔和托姆斯(1979)的代际收入流动理论,构建父代持久性收入与子代持久性收入之间的线性关系:

$$\ln income_i = \beta_0 + \beta_1 \ln fincome_i + e_i \qquad (13.1)$$

其中,$\ln income_i$ 是子代的持久性收入,$\ln fincome_i$ 是父代的持久性收入,下标 *i* 代表的是子代个体;β_1 衡量了子代持久性收入与父代持久性收入的相关性,即为代际收入弹性,β_1 代际收入弹性越大,表示子代的收入与父代的收入相关性越高,收入的代际流动性就越差。

由于我们很难收集到个人的持久性收入数据,因此,不得不使用个人的单年收入替代个人持久性收入。通过在式(13.1)中加入子代年龄及其平方项和父代年龄及其平方项来调整这一替代产生的偏差(Solon,1992),有:

$$\ln income_{i,t} = \beta_0 + \beta_1 \ln fincome_{i,t} + \beta_2 age_{i,t} + \beta_3 age_{i,t}^2 + \beta_4 fage_{i,t} + \beta_5 fage_{i,t}^2 + e_{i,t} \qquad (13.2)$$

为了尽量减少测量误差,我们还有必要对样本的年龄做出限制。海德和索伦(Haider and Solon,2006)认为个人在 30~40 岁时的收入最接近其终身收入的平

---

[1] 指的是农民、工人、服务人员、商业从业人员、办事人员、专业技术人员和高级管理者这 7 种职业类型。

[2] 指的是第一产业、第二产业和第三产业这 3 种产业。

[3] 指的是农林牧渔业、采矿业和制造业等 20 个行业,具体行业类型见本章第六节的行业分类对应表。

均值。为了尽量增大样本量,本章考虑将样本子代年龄限制在 25~35 岁、父代年龄限制在 35~60 岁,以尽可能减少使用单年收入带来的测量误差。

一、城乡家庭代际收入弹性的测算

图 13-2 和表 13-3 展示了 2010~2018 年我国城乡家庭代际收入弹性的估计结果。从中可以发现:(1)城镇家庭和农村家庭的代际收入流动性随着时间的变化均在上升;(2)城镇家庭的代际收入固化情况较农村更为严重,农村家庭的代际收入流动改善速度更快;(3)以收入弹性来衡量的代际收入流动性的波动性较大,这一定程度上与收入绝对量对极端值更敏感有关。

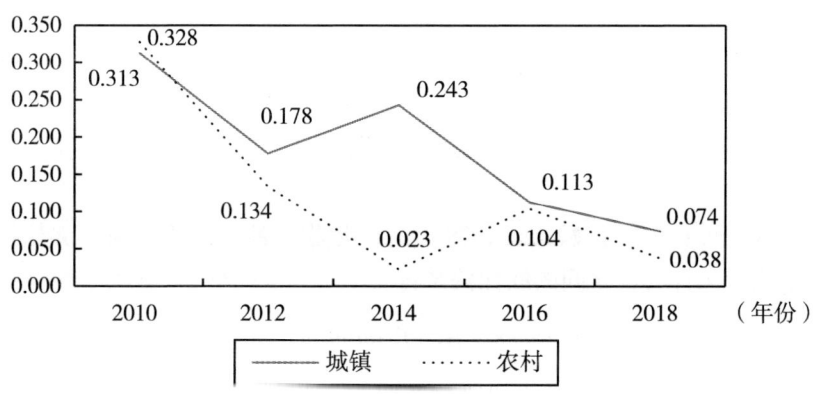

图 13-2 2010~2018 年城乡家庭的代际收入弹性变化趋势

如图 13-2 所示,2010~2018 年农村家庭的代际收入弹性比城镇提升得更快。其原因在于:(1)近年来我国城镇化的飞速发展,带来了大量的人口流动,越来越多的农村家庭选择进城务工。《2018 年农民工监测调查报告》显示,2010~2018 年我国的农民工总规模增加了 5 000 万人。农村家庭流入城镇后,收入与个人的劳动技能、个人素质相关,更少地依赖父辈的收入,因此带来代际流动水平的快速提升。

(2)户籍限制的逐步放宽增加了农村家庭外出务工的可能性,削弱了农村家庭收入与父辈收入的相关性。2014 年我国政府工作报告提出要将人口落户城镇作为工作重点,并在此后进一步加大了户籍制度改革的力度,逐步缩小城镇户口和农村户口的差别。这些逐步改善的户籍制度都更有利于农村家庭代际收入流动性的提高。

(3)城乡的收入结构占比不同,这也是城镇家庭收入更依赖父辈收入的一个重要因素。本章使用的收入数据是总收入,包括了工资性收入、财产性收入、经营性收入等。据统计,自 2013 年以来,我国城镇家庭中的财产性收入占比超

表 13-3　2010~2018 年城乡家庭的代际收入弹性

变量	城镇家庭					农村家庭				
	2010 年	2012 年	2014 年	2016 年	2018 年	2010 年	2012 年	2014 年	2016 年	2018 年
父代收入对数	0.313*** (6.14)	0.178*** (4.44)	0.243*** (7.06)	0.113*** (3.24)	0.074 (1.62)	0.328*** (7.10)	0.134*** (3.86)	0.023 (0.60)	0.104*** (3.15)	0.038 (0.62)
子代年龄	1.073** (2.53)	0.184 (0.52)	0.098 (0.29)	0.160 (0.57)	0.139 (0.48)	0.024 (0.06)	0.464 (1.41)	0.367 (0.67)	-0.068 (-0.22)	0.435 (0.99)
子代年龄平方	-0.018** (-2.43)	-0.003 (-0.47)	-0.001 (-0.25)	-0.002 (-0.43)	-0.002 (-0.42)	-0.000 (-0.00)	-0.008 (-1.39)	-0.006 (-0.62)	0.001 (0.26)	-0.008 (-1.05)
父代年龄	0.077 (0.18)	0.468 (1.52)	0.096 (0.28)	0.259 (1.03)	-0.023 (-0.07)	0.203 (0.65)	0.249 (0.90)	-0.362 (-0.76)	0.408 (1.51)	-0.688 (-1.46)
父代年龄平方	-0.001 (-0.16)	-0.004 (-1.46)	-0.001 (-0.20)	-0.002 (-1.05)	0.000 (0.11)	-0.002 (-0.63)	-0.002 (-0.86)	0.004 (0.79)	-0.004 (-1.50)	0.007 (1.52)
常数项	-11.630 (-1.00)	-7.258 (-0.86)	3.024 (0.35)	-0.305 (-0.05)	8.008 (0.95)	0.197 (0.02)	-4.674 (-0.58)	13.349 (0.98)	-0.824 (-0.12)	21.658* (1.83)
观测值	454	405	400	666	514	398	426	213	546	225
拟合优度	0.100	0.067	0.124	0.028	0.013	0.116	0.045	0.021	0.023	0.021
F 值	9.929	5.716	11.13	3.765	1.331	10.34	3.933	0.890	2.591	0.927

注：由于本表中代际收入弹性使用的对数形式无法涵盖收入零值的样本，因此使用的数据为删去零值的样本。***、** 和 * 分别表示在 1%、5% 和 10% 的水平上显著。

过了农村家庭，且这一差距有加大的态势；而在财产性收入中，城镇家庭占比最大的是房产，农村家庭占比最大的是土地租金（谭智心，2020）。城市里高昂的房价推动了房产价值的提升，而房产以及随之而来的租金收入则可以毫无保留地传承给下一代，这也许是城镇家庭的收入更依赖父辈收入的原因之一。

（4）生育政策在城乡之间的差别影响。一般来说，城镇家庭受计划生育政策的影响更大，子女数量一般比农村家庭的少，因此对子女实施更优质的人力资本投资，使其拥有与父代更加相似的人力资本，可以加深两代人之间的收入依赖性（刘李华和孙早，2020）。

二、不同收入组别、城乡家庭代际收入弹性的测算

由于 OLS 回归仅能在均值意义上对被解释变量进行描述，无法反映被解释变量的条件分布，并且 OLS 回归的最优解目标是最小化残差平方和，受极端值的影响较大，有必要采用分位数回归的方法来解决 OLS 回归的这两大缺陷（Koenker and Bassett, 1978）。将式（13.2）改写为：

$$Q_q(\ln income_{i,t} | X) = \beta_0 + \beta_1 \ln fincome_{i,t} + \beta_2 age_{i,t} + \beta_3 age_{i,t}^2 + \beta_4 fage_{i,t} + \beta_5 fage_{i,t}^2 + e_{i,t}$$
(13.3)

其中，被解释变量 $Q_q(\ln income_{it} | X)$ 是 q 分位数上的子代收入对数，下面我们将分别在 0.1 分位、0.3 分位、0.5 分位、0.7 分位和 0.9 分位，即低收入组、中低收入组、中等收入组、中高收入组和高收入组五个收入组别展开实证分析。① 结果如图 13-3 和表 13-4 以及图 13-4 和表 13-5 所示。

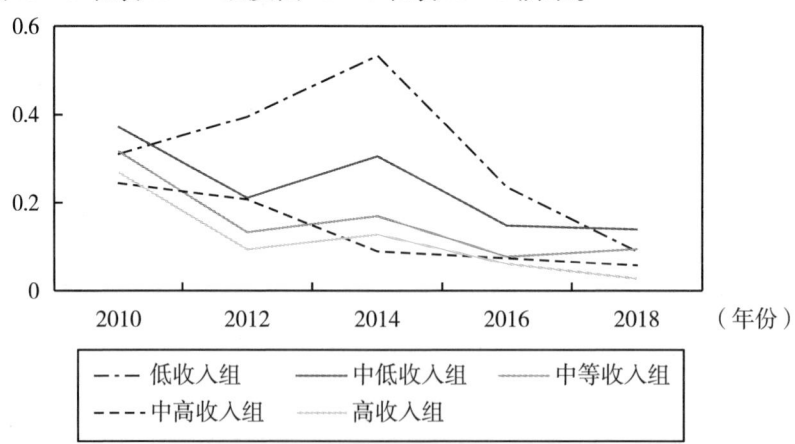

图 13-3 2010~2018 年城镇家庭不同收入组的代际收入弹性

---

① 限于篇幅，这里不再给出变量的统计描述性结果。有需要可向作者索取。

表 13-4　2010~2018 年城镇家庭不同收入组的代际收入弹性

解释变量	2010 年	2012 年	2014 年	2016 年	2018 年
被解释变量：子代收入对数（城镇家庭）					
父代收入对数	0.1 分位（低收入组）				
	0.310***	0.395***	0.533***	0.235	0.0899
	(3.42)	(3.47)	(2.62)	(1.39)	(0.69)
	[0.04]	[0.06]	[0.08]	[0.01]	[0.01]
	0.3 分位（中低收入组）				
	0.371***	0.211***	0.305***	0.148***	0.140
	(6.94)	(3.88)	(4.50)	(5.09)	(1.55)
	[0.10]	[0.05]	[0.05]	[0.02]	[0.01]
	0.5 分位（中等收入组）				
	0.316***	0.133***	0.170***	0.0780**	0.0950**
	(4.87)	(3.28)	(3.95)	(2.56)	(2.26)
	[0.10]	[0.04]	[0.04]	[0.01]	[0.01]
	0.7 分位（中高收入组）				
	0.244***	0.207***	0.0904**	0.0742**	0.0577
	(3.33)	(4.48)	(2.12)	(2.36)	(1.23)
	[0.07]	[0.05]	[0.03]	[0.03]	[0.02]
	0.9 分位（高收入组）				
	0.268***	0.0943**	0.128***	0.0617	0.0274
	(7.07)	(2.43)	(6.67)	(1.38)	(0.23)
	[0.11]	[0.04]	[0.06]	[0.04]	[0.02]
观测值	454	405	400	666	514

注：中括号里的是准 R^2，圆括号里为 t 值。***、** 分别表示在 1%、5% 的水平上显著。

结果表明，无论是在城镇抑或是在农村，代际收入固化最严重的均为低收入阶层。也就是说，低收入阶层子代的收入会在较大程度上受到父代收入的影响。这说明我国目前仍存在一定的贫困传递现象，低收入阶层缺乏优质的教育资源和丰富的社会资本，因而在就业机会上缺乏更多选择权，从而再次成为低收入群体。

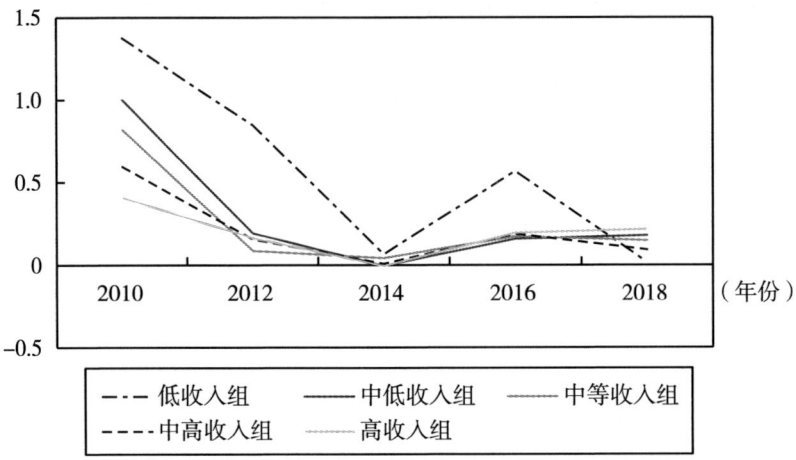

图 13-4　2010~2018 年农村家庭不同收入组的代际收入弹性

表 13-5　　　　2010~2018 年农村家庭不同收入组的代际收入弹性

解释变量	2010 年	2012 年	2014 年	2016 年	2018 年
被解释变量：子代收入对数（农村家庭）					
	0.1 分位（低收入组）				
	0.549***	0.339***	0.0263	0.227***	0.00612
	(5.04)	(4.08)	(0.31)	(3.99)	(0.06)
	[0.10]	[0.08]	[0.04]	[0.03]	[0.05]
	0.3 分位（中低收入组）				
	0.400***	0.0772	−0.00137	0.0635**	0.0718
	(6.86)	(1.23)	(−0.04)	(2.03)	(0.63)
父代收入对数	[0.10]	[0.01]	[0.02]	[0.01]	[0.01]
	0.5 分位（中等收入组）				
	0.328***	0.0351	0.0173	0.0693***	0.0596
	(9.79)	(1.61)	(0.66)	(2.80)	(0.53)
	[0.08]	[0.01]	[0.01]	[0.01]	[0.01]
	0.7 分位（中高收入组）				
	0.238***	0.0621***	0.00338	0.0755***	0.0374
	(3.69)	(2.97)	(0.37)	(2.95)	(0.34)
	[0.05]	[0.02]	[0.01]	[0.02]	[0.01]

续表

解释变量	被解释变量：子代收入对数（农村家庭）				
	2010 年	2012 年	2014 年	2016 年	2018 年
	0.9 分位（高收入组）				
父代收入对数	0.163***	0.0652	-0.00238	0.0776***	0.0864
	(9.08)	(1.19)	(-0.13)	(4.72)	(1.00)
	[0.02]	[0.04]	[0.02]	[0.02]	[0.03]
观测值	398	426	213	546	225

注：中括号里的是准 R^2，圆括号里为 t 值。***、** 分别表示在 1%、5% 的水平上显著。

综上，基于对我国 2010～2018 年城乡家庭代际收入弹性的测算结果显示：（1）尽管我国城镇和农村家庭的代际收入流动性均在提高，但农村家庭的代际收入流动性改善得更快。这意味着，近年来我国收入差距的缩小很有可能是农村家庭代际收入流动性改善的结果。（2）代际收入流动性在不同收入组家庭之间出现分化现象。无论是城镇家庭还是农村家庭，代际收入流动性均呈现出随收入分位提升而增大的态势，即收入分位越高，代际收入流动性越高；收入分位越低，代际收入流动性越低。这表明近年来我国低收入阶层存在一定的代际收入固化，我国对贫困传递这一现象需要保持警惕。

第五节 城乡家庭职业流动性的测算

CFPS 关于个体的职业情况和就业行业情况，分别以《中华人民共和国国家标准职业分类与代码》（GB/T6565-2009）和《国民经济行业分类》（GB/T 4754-2002）为标准，对样本的职业情况和就业行业情况生成相应的编码。这里，参照周兴和张鹏（2014）以及刘非菲和梁岩（2014）对职业的分类，将 CFPS 中的职业类型重新分为 7 类：（1）农民；（2）工人；（3）服务人员；（4）商业从业人员；（5）办事人员；（6）专业技术人员；（7）高级管理者。农民对应的是 CFPS 原分类中的农林牧渔水利业生产人员；工人对应的是生产运输设备操作人员及有关人员；服务人员指的是从事服务业的工作人员；商业从业人员在 CFPS 国家机关及企事业单位负责人这个一级分类中，根据三级职业代码将其中的个体商户分离出来，单独分为商业从业人员；办事人员主要指行政办公人员、警察、电信、邮政从业人员；专业技术人员指具有专业技能的工作人员；高级管理者主要指国家权力机关负责人、企业负责人等。

在就业行业类型上，本章采用的是样本当前主要工作的行业编码。CFPS 采用的是《国民经济行业分类》（GB/T 4754－2002）的分类标准，将个体所在行业分为 20 类（见表 13－6）。其中，本章按照国家统计局发布的《三次产业划分规定（2012）》，将农、林、牧、渔业归入第一产业，将采矿业、制造业、电力燃气及水的生产和供应业以及建筑业归入第二产业，其余的归入第三产业。

表 13－6　　　　　　　　　　行业分类对应表

CFPS 中的行业分类	
第一产业	农、林、牧、渔业
第二产业	采矿业
	制造业
	电力、燃气及水的生产和供应业
	建筑业
第三产业	交通运输、仓储和邮政业
	信息传输、计算机服务和软件业
	批发和零售业
	住宿和餐饮业
	金融业
	房地产业
	租赁和商务服务业
	科学研究、技术服务和地质勘查业
	水利、环境和公共设施管理业
	居民服务和其他服务业
	教育
	卫生、社会保障和社会福利业
	文化、体育和娱乐业
	公共管理与社会组织
	国际组织

在上述行业和产业划分的基础上，我们定义两类口径的职业传承（职业流动性）：(1) 窄口径，即父子两代同处于一个职业类型且同处于一个行业（前文中提到的 20 个行业），用 $tongye20$ 表示。当 $tongye20$ 取值为 1 时，表示存在职业

传承；取值为 0 时，表示不存在职业传承。（2）宽口径，即父子两代同处于一个职业类型且同处于一个产业（前文中提到的 3 个产业），用 tongye3 表示。同样，tongye3 取值为 1 表示存在职业传承，取值为 0 表示不存在职业传承。

将 tongye20 这一虚拟变量按照观测年份和是否城镇家庭进行分类，再取均值，可得出图 13-5 中代际职业传承的比例。从中可以发现：（1）无论是哪一年的样本数据，农村父子的职业传承比例均显著高于城镇；（2）2010～2018 年，城镇父子与农村父子的职业传承比例总体均呈下降趋势，父子两代间的职业流动性在上升；（3）2010～2018 年，对比城镇父子，农村父子的职业传承比例下降得更快，农村的代际职业流动性上升得更快。这说明，相比城镇父子两代的就业结构转变，农村父子两代的就业行业变动差异更大，体现了在我国城镇化和产业结构升级的进程中，农村家庭从传统产业向新兴产业的流动。

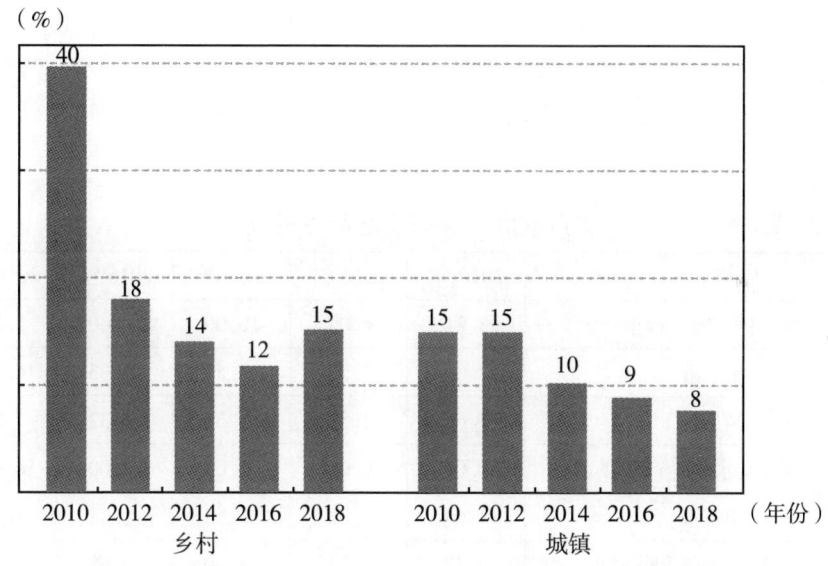

图 13-5　2010～2018 年城乡家庭的职业传承情况

进一步，借鉴布劳和邓肯（Blau and Duncan，1967）以及纪珽和张国峰（2021）使用的方法，对父代和子代的代际职业流动性进行定量研究。假设有 n 个行业，父代的就业行业为 i，子代的就业行业为 j，a_{ij} 表示父代在 i 行业工作而子代在 j 行业工作的实际频数。在满足独立性假设的前提下，当父子两代就业行业互不相关时，$\sum_{i=1}^{n} a_{ij} \sum_{j=1}^{n} a_{ij} / \sum_{i=1}^{n} \sum_{j=1}^{n} a_{ij}$ 是 i 行 j 列的理论期望频数。如果父代和子代的职业互相独立，则实际频数与独立性假设下理论频数的比值应该接近于 1。当这一比值远离 1 时，说明父代就业行业与子代就业行业存在联系，即存在职业传承现象。

定义代际职业继承性指数 $A_{ij}(i=j)$ 为实际频数与理论频数的比值,将样本按照观测年份和城乡类别分成 10 个子样本,分别计算每个子样本的 $A_{ij}(i=j)$。

$$A_{ij} = a_{ij} \bigg/ \frac{\sum_{i=1}^{n} a_{ij} \sum_{j=1}^{n} a_{ij}}{\sum_{i=1}^{n} \sum_{j=1}^{n} a_{ij}} \quad (i=j) \quad (13.4)$$

表 13-7 给出了城市家庭的代际职业继承性指数。结果表明,城镇样本中的代际职业继承性指数 A_{ij} 存在行业差异。在各年各行业的职业继承性指数中,采矿业以及电力、燃气及水的生产和供应业两大行业的数值较大:采矿业的职业继承指数在 2010~2018 年均在 15 以上,电力、燃气及水的生产和供应业的继承指数在 2010 年和 2012 年更是达到了 20。电力、燃气及水的生产和供应业在我国大多数是国有企业且为垄断行业,而文献中已有学者发现我国国有企业职业继承性较高,卢盛峰等(2015)曾利用 1989~2009 年的微观数据发现我国的公职壁垒在加强。

表 13-7 城市家庭代际职业继承性指数

行业	2010 年	2012 年	2014 年	2016 年	2018 年
农、林、牧、渔业	3.21	4.09	10.00	10.00	5.00
采矿业	20.00	27.50	17.50	23.33	16.67
制造业	1.68	1.31	1.32	1.32	1.32
电力、燃气及水的生产和供应业	20.00	20.00	6.67	8.00	10.00
建筑业	3.64	1.83	1.63	1.82	1.35
交通运输、仓储和邮政业	2.37	3.33	2.09	0.69	2.11
信息传输、计算机服务和软件业	—	—	—	—	—
批发和零售业	1.38	1.63	1.85	1.67	1.32
住宿和餐饮业	4.17	3.33	4.64	0.87	5.52
金融业	—	10.00	2.50	0.36	4.17
房地产业	—	—	1.67	—	4.29
租赁和商务服务业	—	—	0.91	3.68	1.67
科学研究、技术服务和地质勘查业	—	10.00	—	—	—
水利、环境和公共设施管理业	—	—	—	—	—

续表

行业	2010年	2012年	2014年	2016年	2018年
家庭服务和其他服务业	—	—	4.17	1.33	0.56
教育	—	5.71	1.67	1.11	2.62
卫生、社会保障和社会福利业	—	—	1.25	1.11	6.67
文化、体育和娱乐业	2.86	2.31	—	10.00	6.67
公共管理与社会组织	3.81	1.00	2.14	3.33	2.14

注：由于数据中仅保留了子代年龄在25~35岁、父代年龄在35~60岁的样本，在某一年份可能不存在父子同时在某一行业就职的情况。这正是图中某些缺失值存在的原因。

表13-8展示了农村家庭的代际职业继承性指数。从中可以发现，农村样本中继承指数最大的行业在不同观测年份都在变动：2010~2018年，农村样本行业继承性最大的分别是卫生、社会保障和社会福利业，采矿业以及文化、体育和娱乐业。这表明，农村样本并无明显的代际职业固化现象。

表13-8　　　　　　农村家庭代际职业继承性指数

行业	2010年	2012年	2014年	2016年	2018年
农、林、牧、渔业	1.27	1.49	5.00	7.50	6.67
采矿业	15.00	6.36	6.67	10.00	5.00
制造业	3.26	1.76	1.43	1.32	1.31
电力、燃气及水的生产和供应业	—	—	—	2.50	—
建筑业	3.75	1.43	2.00	1.56	1.66
交通运输、仓储和邮政业	2.86	4.00	2.17	2.27	1.54
信息传输、计算机服务和软件业	—	—	—	—	—
批发和零售业	5.33	3.57	1.98	2.28	1.84
住宿和餐饮业	—	5.00	5.83	4.09	3.75
金融业	—	—	—	—	—
房地产业	—	—	—	—	—
租赁和商务服务业	—	—	6.67	4.00	—
科学研究、技术服务和地质勘查业	—	—	—	—	—
水利、环境和公共设施管理业	—	—	—	—	—

续表

行业	2010年	2012年	2014年	2016年	2018年
居民服务和其他服务业	—	5.00	10.00	0.83	3.64
教育	5.00	1.67	2.86	3.33	2.00
卫生、社会保障和社会福利业	30.00	—	20.00	12.50	4.29
文化、体育和娱乐业	—	—	—	—	10.00
公共管理与社会组织	—	4.00	2.86	5.00	4.00
国际组织	—	—	—	—	—

注：由于数据中仅保留了子代年龄在25~35岁、父代年龄在35~60岁的样本，在某一年份可能不存在父子同时在某一行业就职的情况。这正是图中某些缺失值存在的原因。

比较表13-7和表13-8，得出以下结论：（1）2010~2018年，城镇父子与乡村父子的代际职业继承指数总体均呈下降趋势，行业的代际固化效应在减弱；（2）2010~2018年，对比城镇样本，农村样本的代际职业继承指数下降得更快，农村样本的行业继承效应减弱速度更快。

综上所述，（1）无论是城镇子女还是农村子女，其工作行业与其父辈相比都有了较大的改变。相比在传统行业的父辈们，子女们更多流向了科学研究、技术服务和地质勘查业等新兴行业，从第一产业流向了第二产业和第三产业；（2）从城乡对比来看，农村父子的职业传承比例降低的速度更快，城镇父子的职业传承性下降得更慢；（3）我国城镇与农村的职业传承性在近年来均在下降，我国的代际职业流动性总体趋势向好；（4）相较于城镇，农村家庭中父子两代的职业流动性改善速度更快，这可能与城镇化的加速与农民进城务工有关。

第六节 职业流动性对代际收入流动影响的实证研究

上面的分析表明，无论是城镇还是农村，我国代际之间尚存在职业传承现象。父辈凭借自身在岗位上的能力资源积累，为其子女在同样职位上工作提供了便利。而职业是收入的重要决定因素之一，一旦存在两代人之间的职业传承，这很大程度上也会加大收入在两代人之间传承的可能性。进一步，职业传承会加强代际收入固化，阻碍代际收入流动性的提高。鉴于存在城乡家庭的异质性，职业流动性对代际收入流动的阻碍作用在城乡之间会有差异吗？

一、计量模型的设定

这里，我们将在式（13.3）的基础上，借鉴周兴和张鹏（2014）的模型设定，建立职业传承对代际收入流动影响的估计方程式：

$$\begin{aligned} rank_{i,t} = & \theta_0 + \theta_1 frank_{i,t} + \theta_2 tongye_{i,t} + \theta_3 tongye_{i,t} \times frank_{i,t} \\ & + \theta_4 age_{i,t} + \theta_5 age_{i,t}^2 + \theta_6 fage_{i,t} + \theta_7 fage_{i,t}^2 \\ & + \theta_8 male_i + \theta_9 educ_{i,t} + \sum_j \rho_j provcd_{i,t,j} + \sum_t year_t + \varepsilon_{i,t} \end{aligned}$$

(13.5)

其中，i 代表个体，j 代表省份，t 代表观测年份，共有 2010～2018 年 5 个观测年份。$rank_{i,t}$ 和 $frank_{i,t}$ 分别分子代收入等级和父代收入等级。$tongye_{i,t}$ 为职业传承变量，取 1 表示存在职业传承现象，取 0 表示不存在职业传承现象。$tongye_{i,t} \times frank_{i,t}$ 为职业传承变量和父代收入等级的交互项，其待估计系数 θ_{3t} 是主要关注对象。当 $\theta_3 > 0$ 时，就可以认为职业传承加强了代际收入固化，削弱了代际收入流动性；当 $\theta_3 < 0$ 时，就认为职业传承削弱了代际收入传承，提高了代际收入流动性。$age_{i,t}$、$age_{i,t}^2$、$fage_{i,t}$、$fage_{i,t}^2$、$male_i$、$educ_{i,t}$、$provcd_{i,t,j}$ 和 $year_t$ 作为控制变量分别代表子代年龄、子代年龄平方、父代年龄、父代年龄平方、子代是否男性（男性 =1，女性 =0）、子代受教育年限、省份虚拟变量和年份虚拟变量。

由于关键解释变量 $tongye_{i,t} \times frank_{i,t}$ 中的 $tongye_{i,t}$ 一般不随时间变动，不适用固定效应模型，我们使用随机效应模型。拟合优度的度量使用的是整体 R^2（R^2 overall）。回归结果见表 13-9。其中，第（1）列和第（3）列中职业传承采用的是 $tongye3$ 的定义，第（2）列和第（4）列职业传承采用的是 $tongye20$ 的定义。$tongye3$ 指的是父子职业类型相同且所在产业相同，$tongye20$ 指的是父子职业类型相同且所在行业相同。

表 13-9　职业传承对代际收入流动的影响（城乡对比）

变量	城镇		农村	
	(1)	(2)	(3)	(4)
$frank$	0.064** (2.359)	0.072*** (2.798)	-0.021 (-0.488)	-0.012 (-0.298)
$tongye3$	-11.268*** (-2.989)		-21.872*** (-4.855)	
$frank \times tongye3$	0.173*** (3.036)		0.316*** (4.351)	

续表

变量	城镇		农村	
	(1)	(2)	(3)	(4)
$tongye20$		-19.633*** (-3.954)		-29.061*** (-5.955)
$frank \times tongye20$		0.262*** (3.486)		0.388*** (4.812)
age	-1.027 (-0.193)	-1.488 (-0.280)	9.273 (1.245)	11.868 (1.604)
age^2	0.024 (0.258)	0.032 (0.350)	-0.161 (-1.262)	-0.203 (-1.607)
$fage$	5.137 (0.993)	5.020 (0.974)	4.041 (0.664)	2.985 (0.494)
$fage^2$	-0.050 (-1.035)	-0.049 (-1.015)	-0.038 (-0.655)	-0.028 (-0.483)
$male$	8.050*** (5.575)	8.317*** (5.769)	7.750*** (3.257)	7.501*** (3.169)
$educ$	1.357*** (5.770)	1.337*** (5.702)	1.018*** (3.313)	0.974*** (3.197)
常数项	-80.073 (-0.590)	-70.182 (-0.519)	-195.411 (-1.141)	-204.955 (-1.206)
观测值	1 614	1 614	776	776
R^2 overall	0.106	0.109	0.135	0.149

注：采用随机效应模型进行估计。省略了年份虚拟变量和省份虚拟变量的估计系数。***、** 分别表示在1%、5%的水平上显著。

结果发现：（1）职业传承会降低子代的收入等级。无论是采用 $tongye3$ 还是 $tongye20$ 对于职业传承的定义，职业传承这一变量都在1%的显著性水平上为负值，第（1）列中为 -11.268，第（2）列中为 -19.633，第（3）列中为 -21.872，第（4）列中为 -29.061。这可能与数据中城镇和农村父子同业的行业大多为传统行业有关。若父子同时处于附加值较低的行业或岗位，显然会使得子代的收入等级下降。

(2) 职业传承会显著加强父子两代的收入相关性，并且职业传承带来的收入固化效应在农村地区更为明显。一方面，对比采用 tongye3 职业传承定义的第（1）列和第（3）列，可以发现，职业传承使得城镇父子的代际收入秩相关系数提高了 0.173（1% 水平上显著），使得农村父子的收入相关性提高了 0.316（1% 水平上显著），说明职业传承的代际收入固化作用在农村地区更突出。另一方面，对比采用 tongye20 定义的第（2）列和第（4）列，可以发现，城镇家庭的交互项系数为 0.262（1% 水平上显著），而农村家庭的交互项系数则为 0.388（1% 水平上显著），这也说明职业传承对代际收入流动的阻碍作用在农村地区的效应更强。

二、城乡不同收入组别的异质性分析

上述回归结果说明，职业传承对代际收入流动的阻碍作用在城乡间的确存在差异，且在农村地区阻碍效应更强。具体到城乡不同收入组别，又会有怎样的差别？由于式（13.5）仅反映了均值意义上的线性关系，我们基于分位数回归方法重新设定以下待估方程，以更好地揭示职业传承在子代不同收入分位上对代际收入流动的影响。

$$\begin{aligned}Q_\tau(rank_{i,t}|X) = &\theta_0 + \theta_1 frank_{i,t} + \theta_2 tongye20_{i,t} + \theta_3 tongye_{i,t} \times frank_{i,t} \\&+ \theta_4 age_{i,t} + \theta_5 age_{i,t}^2 + \theta_6 fage_{i,t} + \theta_7 fage_{i,t}^2 \\&+ \theta_8 male_i + \theta_9 educ_{i,t} + \sum_j \rho_j provcd_{i,t,j} + \sum_j year_t + \varepsilon_{i,t}\end{aligned}$$

(13.6)

其中，τ 代表分位数，其余变量的定义和前文一致。将子代收入在 10 分位、30 分位、50 分位、70 分位和 90 分位的分别称为低收入组、中低收入组、中等收入组、中高收入组和高收入组。结果如表 13-10 和表 13-11 所示。

表 13-10　　职业传承对不同收入组别城镇家庭收入流动性的影响

城镇家庭	(1)	(2)	(3)	(4)	(5)	(6)
	RE	QR_10	QR_30	QR_50	QR_70	QR_90
frank	0.072 *** (2.798)	0.105 ** (1.981)	0.162 *** (6.242)	0.056 *** (6.553)	0.042 *** (4.440)	0.002 (0.244)
tongye20	-19.633 *** (-3.954)	-11.856 (-1.403)	-26.328 *** (-3.060)	-26.536 *** (-3.363)	-19.971 * (-1.726)	-3.875 (-0.647)

续表

城镇家庭	(1) RE	(2) QR_10	(3) QR_30	(4) QR_50	(5) QR_70	(6) QR_90
$frank \times tongye20$	0.262 *** (3.486)	0.165 (1.178)	0.357 *** (2.716)	0.334 ** (2.473)	0.224 (1.389)	0.061 (0.877)
age	-1.488 (-0.280)	-3.463 (-0.585)	-12.608 *** (-4.395)	-3.113 (-1.033)	3.392 (1.609)	1.567 (1.364)
age^2	0.032 (0.350)	0.068 (0.679)	0.229 *** (4.111)	0.060 (1.140)	-0.046 (-1.456)	-0.022 (-1.073)
$fage$	5.020 (0.974)	-5.845 (-0.906)	17.847 * (1.703)	7.140 * (1.803)	7.451 (1.460)	5.950 *** (4.213)
$fage^2$	-0.049 (-1.015)	0.050 (0.835)	-0.167 * (-1.698)	-0.066 * (-1.723)	-0.072 (-1.529)	-0.055 *** (-3.928)
$male$	8.317 *** (5.769)	9.835 ** (2.569)	9.773 *** (9.844)	8.319 *** (5.339)	5.283 *** (4.087)	2.129 *** (5.390)
$educ$	1.337 *** (5.702)	1.613 *** (6.692)	1.877 *** (9.521)	1.515 *** (8.240)	1.015 *** (4.143)	0.503 *** (4.399)
常数项	-70.182 (-0.519)	231.810 (1.063)	-277.362 (-0.931)	-105.361 (-0.810)	-189.626 (-1.470)	-107.405 *** (-2.838)
省份固定效应	√	√	√	√	√	√
年份固定效应	√	√	√	√	√	√
拟合优度	0.11	0.13	0.11	0.09	0.06	0.04
观测值数量	1 614	1 614	1 614	1 614	1 614	1 614

注：RE 指的是随机效应模型，QR_10、QR_30、QR_50、QR_70、QR_90 分别指的是子代收入等级的 10 分位点、30 分位点、50 分位点、70 分位点和 90 分位点。随机效应模型的拟合优度是 R^2_Overall，分位数回归模型的拟合优度是准 R^2。*** 、** 和 * 分别表示在 1%、5% 和 10% 的水平上显著。

在控制了省份固定效应和年份效应以后，观察表 13-10 可以发现：（1）城镇父子的代际收入传承性在低收入组和中低收入组中最大，在中等收入组和中高收入组中较小，在高收入组中收入传承性不再显著。例如，$frank$ 的系数在 10 分位（低收入组）是 0.105，在 30 分位（中低收入组）是 0.162，在 50 分位（中等收入组）是 0.056，在 70 分位（中高收入组）是 0.042，而在 90 分位（高收入组）则不再显著。这表明，随着城镇子代收入分位的提高，两代人之间的收入相关性逐渐下降，收入流动性逐渐上升。

（2）职业传承对城镇代际收入固化的加强作用在中低收入组和中等收入组中效应最强。观察表 13-10 中的交互项系数，相比随机效应模型的回归系数值 0.262（1% 水平上显著），中低收入组和中等收入组的系数值远高于此，分别为 0.357 和 0.334（均在 5% 水平上显著）。这表明，职业传承作为加强代际收入相关性的一种途径，在城镇的不同收入阶层中出现了分化，这种效应在中低收入群体和中等收入群体中最明显。

表 13-11 是农村样本的回归结果。从中可以发现，职业传承对农村代际收入流动的阻碍作用随着收入分位的提高而逐渐下降，也就是说，收入等级越高的农村父子越不容易通过职业传承这一途径去加强两代人之间的收入相关性。观察表 13-11 第（3）列中的交互项系数，发现低收入组的系数不显著，中低收入组和中等收入组的系数值分别为 0.481（1% 水平上显著）和 0.418（1% 水平上显著），中高收入组的系数值为 0.268（5% 水平上显著），高收入组的系数值则为 0.116（未通过显著性检验但其 t 值为 1.621，也具有一定参考性）。

表 13-11　　职业传承对不同收入组别农村家庭收入流动性的影响

农村家庭	(1) RE	(2) QR_10	(3) QR_30	(4) QR_50	(5) QR_70	(6) QR_90
$frank$	-0.012 (-0.298)	-0.142* (-1.733)	-0.017 (-0.280)	0.025 (0.422)	0.017 (0.415)	0.002 (0.060)
$tongye20$	-29.061*** (-5.955)	-34.857*** (-3.689)	-36.886*** (-13.297)	-32.830*** (-5.154)	-19.905** (-2.517)	-8.274 (-1.567)
$Frank \times tongye20$	0.388*** (4.812)	0.266 (1.296)	0.481*** (8.280)	0.418*** (3.817)	0.268** (2.214)	0.116 (1.621)
age	11.868 (1.604)	30.380 (1.166)	23.259*** (2.685)	12.269* (1.870)	1.821 (0.385)	1.731 (0.274)
age^2	-0.203 (-1.607)	-0.535 (-1.185)	-0.394** (-2.520)	-0.202* (-1.700)	-0.029 (-0.337)	-0.025 (-0.234)
$fage$	2.985 (0.494)	10.710 (1.080)	3.404 (0.357)	1.952 (0.684)	1.989 (0.717)	2.476 (0.751)

续表

农村家庭	(1) RE	(2) QR_10	(3) QR_30	(4) QR_50	(5) QR_70	(6) QR_90
$fage^2$	-0.028 (-0.483)	-0.098 (-1.060)	-0.032 (-0.369)	-0.021 (-0.797)	-0.019 (-0.725)	-0.023 (-0.722)
male	7.501*** (3.169)	9.269** (2.317)	8.056* (1.860)	11.492*** (4.769)	7.870** (2.265)	3.239*** (3.586)
educ	0.974*** (3.197)	1.455** (2.018)	1.596*** (6.217)	1.020*** (4.483)	0.599*** (2.920)	0.259* (1.661)
常数项	-204.955 (-1.206)	-728.440 (-1.395)	-382.500 (-1.235)	-178.522 (-1.336)	-9.851 (-0.148)	-19.864 (-0.233)
省份固定效应	√	√	√	√	√	√
年份固定效应	√	√	√	√	√	√
拟合优度	0.15	0.17	0.14	0.13	0.11	0.06
观测值数量	776	776	776	776	776	776

注：RE 指的是随机效应模型，QR_10、QR_30、QR_50、QR_70、QR_90 分别指的是子代收入等级的 10 分位点、30 分位点、50 分位点、70 分位点和 90 分位点。随机效应模型的拟合优度是 $R^2\_Overall$，分位数回归模型的拟合优度是准 R^2。***、** 和 * 分别表示在 1%、5% 和 10% 的水平上显著。

为了更直观、清晰地观察在不同收入结构上职业传承对代际收入固化的加强作用，图 13-6 展示了城镇和农村样本中以 0.05 为间隔分位，0.05~0.95 区间

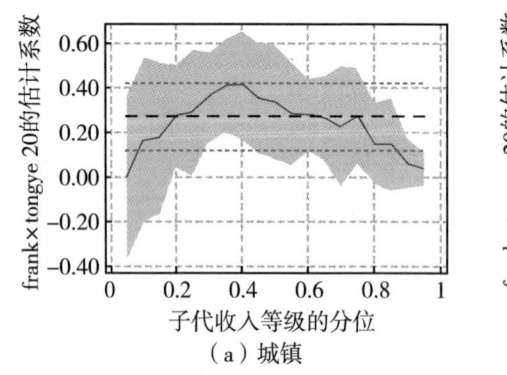
（a）城镇

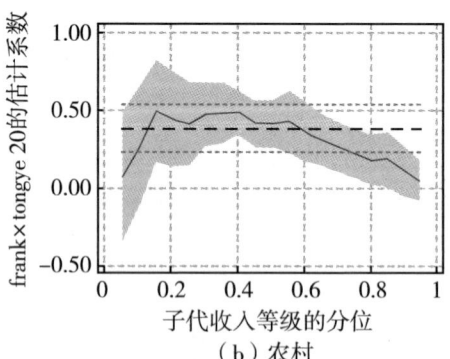
（b）农村

图 13-6　职业传承对不同收入组别收入流动性的影响

注：图中实线为分位数回归系数，阴影区域是 95% 置信区间；较粗虚线为 OLS 回归系数，其上下两条较细虚线间的区域则为 95% 置信区间。

的交互项系数值。该系数值越大，表示职业传承对代际收入流动性的阻碍作用越大，对代际收入固化的加强作用越大。可以发现，职业传承对于收入相关性的加强作用在农村内部和城镇内部出现分化。

结果表明：(1) 对于农村样本来说，职业传承对代际收入流动的阻碍作用总体向右下方倾斜，即收入分位越高，阻碍收入流动性的作用越强。在靠近 0.2 分位处，交互项系数呈上升趋势但置信区间较大，跨过拐点后，交互项系数逐渐减小。(2) 对于城镇样本来说，职业传承的代际收入固化作用呈倒"U"型，在靠近 0.4 分位处系数值最大，越靠近收入分位两端系数值越小。这表明，在城镇中，中等收入群体更容易通过职业传承这一途径去加强与父辈的收入相关性。从总体上看，中等收入群体的扩大会增加整个社会的流动性，促进分配公平；但从职业传承这一角度看，城镇中低收入群体和中等收入群体本身内部的职业传承特征较明显，这会阻碍收入流动性的提高，反而不利于收入差距的缩小。

综上所述，子代通过子承父业而向父代收入靠拢这一现象在城乡间的确存在差异，这种现象在农村更明显。(1) 在城镇内部，职业传承对代际收入流动的阻碍作用在中低收入组和中等收入组中效应最强，这在一定程度上不利于我国收入差距的缩小。(2) 在农村内部，职业传承对代际收入流动的阻碍作用在低收入阶层处影响不大，跨过收入拐点后，随着子代收入等级的提高，这种阻碍作用的影响越来越小。这表明收入越高的农村子代越有更多的职业选择机会，不再受子承父业的限制。

第七节 结论与政策建议

本章利用 CFPS 2010~2018 年的数据，基于城乡差异的视角，利用代际收入弹性对我国近期的代际收入流动性进行趋势测算，并采用职业流动矩阵对我国近期的职业传承性进行测算，最后采用分位数回归、随机效应模型考察职业传承对代际收入流动的影响。本章的主要结论有以下几点。

(1) 相较于城镇，2010~2018 年我国农村的代际收入流动性提升得更快。本章先将数据中收入为零的观测值剔除，通过分别观察代际收入弹性和代际收入秩相关系数随着年份的变化大小，发现相较于农村样本，城镇样本的代际收入弹性和代际收入秩相关系数下降的速度更慢。我们认为，之所以会出现农村的代际收入流动性提升速度更快的现象，和我国城镇化的飞速发展、户籍限制的逐步放宽以及农民进城务工有着密不可分的关系。收入流动改善情况在城乡间的差异说明，对于当前我国难以下降的收入差距来说，不仅要关注收入分化在城乡间的拉大，也要关注在城市内部和农村内部的差距。

(2) 代际收入流动性在不同收入组之间出现分化,在低收入组中代际收入流动性最低。本章采用分位数回归的方法,选取 10 分位、30 分位、50 分位、70 分位和 90 分位分别作为低收入组、中低收入组、中等收入组、中高收入组和高收入组的代表,发现各收入组的代际收入弹性近年来均在下降;并且,低收入组的收入固化效应较强,这一现象在城镇和农村中均成立。这提醒我们,当前贫困的代际传递仍是一个现实的问题,解决这一问题需要付出更加艰辛的努力。

(3) 职业流动性的总体趋势在不断提升,同样,农村家庭中这一提升速度更快。职业传承会抑制代际收入流动性,这种抑制作用在农村中更明显。进一步,职业传承对代际收入流动性的抑制效应在不同组别上存在差异:在城市的中低收入群体和中等收入群体中,效应最强;在农村中,跨过低收入阶层后,收入等级越高,这种阻碍效应越弱。

总体而言,无论是职业传承还是代际收入的固化,对于社会的公平性和稳定性来说,都是一个挑战。基于以上结论,我们提出以下几点建议。

(1) 提升基础教育水平,促进教育公平。农村内部的低收入群体,存在一定程度的职业传承特征,这将不利于他们收入的提高。推动义务教育的均衡化、全面化,努力缩小区域间、城乡间的基础教育水平,将提高农村低收入群体的人力资本,帮助他们拥有更多的职业选择机会,过上更美好的生活。

(2) 优化社会保障制度。对于城镇中低收入群体和中等收入群体来说,本章发现他们内部的职业传承特征较明显,不利于其收入流动性的提高。而随着我国产业不断向高端化发展,高收入岗位和低收入岗位的收入分化将难以逆转,这会令城镇中低收入群体、中等收入群体产生"高不成、低不就"的"中产焦虑"。要想舒缓这部分人的"中产焦虑",应更加优化养老保险制度、医疗保障体系等,这将有利于整个社会幸福感的提高。

(3) 对于城镇内部的中低收入和中等收入家庭,其代际收入流动性的提高不仅与家庭的教育投入以及就业市场的制度公平有关,更重要的,还取决于城镇内部产业结构调整对就业结构的冲击影响。产业结构的高级化将持续分化城镇内部高收入岗位和低收入岗位的收入增长态势,拉大城镇内部的收入差距,导致基尼系数持续处于高位。

参考文献

[1] 陈杰,苏群,周宁. 农村居民代际收入流动性及传递机制分析 [J]. 中国农村经济,2016 (3):36 – 53.

［2］陈琳，袁志刚．中国代际收入流动性的趋势与内在传递机制［J］．世界经济，2012，35（6）：115－131．

［3］褚翠翠，孙旭．中国职业代际流动的趋势及子代教育的作用［J］．劳动经济研究，2019，7（2）：122－139．

［4］郝枫，郭荷．我国劳动力流动抑制代际传承的理论逻辑与经验检验［J］．中央财经大学学报，2019（2）：85－97．

［5］何石军，黄桂田．中国社会的代际收入流动性趋势——2000～2009［J］．金融研究，2013（2）：19－32．

［6］纪珽，张国峰．代际间职业流动、劳动力配置与中国的劳动生产率［J］．世界经济，2021，44（5）：105－129．

［7］解雨巷，解垩．教育流动、职业流动与阶层代际传递［J］．中国人口科学，2019（2）：40－52．

［8］林南．社会资本——关于社会结构与行动的理论［M］．上海：上海人民出版社，2005．

［9］刘非菲，梁岩．中国居民职业代际继承效应的实证分析［J］．统计与决策，2014（10）：102－104．

［10］刘李华，孙早．收入不平等对经济增长的影响：机制、效应与应对——基于代际收入传递视角的经验研究［J］．财政研究，2020（7）：79－92．

［11］卢盛峰，陈思霞，张东杰．教育机会、人力资本积累与代际职业流动——基于岳父母/女婿配对数据的实证分析［J］．经济学动态，2015（2）：19－32．

［12］邵挺，王瑞民，王微．中国社会流动性的测度和影响机制——基于高校毕业生就业数据的实证研究［J］．管理世界，2017（2）：24－29．

［13］邵洲洲，冯剑锋．家庭纽带与公共教育对代际收入流动性影响的实证［J］．统计与决策，2019，35（13）：93－96．

［14］孙三百，黄薇，洪俊杰．劳动力自由迁移为何如此重要？——基于代际收入流动的视角［J］．经济研究，2012，47（5）：147－159．

［15］谭智心．城镇化进程中城乡居民财产性收入比较研究——一个被忽略的差距［J］．学习与探索，2020（1）：131－137．

［16］汪小芹．中国社会代际流动趋势与结构分解［J］．经济学动态，2018（11）：59－73．

［17］王伟同，谢佳松，张玲．中国区域与阶层代际流动水平测度及其影响因素研究［J］．数量经济技术经济研究，2019，36（1）：78－95．

［18］王学龙，袁易明．中国社会代际流动性之变迁：趋势与原因［J］．经济研究，2015，50（9）：58－71．

［19］徐晓红．教育、职业对收入差距代际传递影响的实证分析［J］．统计与决策，2016（24）：99－102．

［20］徐晓红．中国城乡居民收入差距代际传递变动趋势：2002—2012［J］．中国工业经济，2015（3）：5－17．

[21] 阳义南, 连玉君. 中国社会代际流动性的动态解析——CGSS 与 CLDS 混合横截面数据的经验证据 [J]. 管理世界, 2015 (4): 79-91.

[22] 杨沫, 王岩. 中国居民代际收入流动性的变化趋势及影响机制研究 [J]. 管理世界, 2020, 36 (3): 60-75.

[23] 杨新铭, 邓曲恒. 城镇居民收入代际传递现象及其形成机制——基于 2008 年天津家庭调查数据的实证分析 [J]. 财贸经济, 2016 (11): 47-61.

[24] 张顺, 祝毅. 城市居民代际职业流动性变迁及其阶层差异 [J]. 中国人口科学, 2017 (3): 43-54.

[25] 周兴, 张鹏. 代际间的职业流动与收入流动——来自中国城乡家庭的经验研究 [J]. 经济学 (季刊), 2014, 14 (1): 351-372.

[26] 朱晨. 职业代际继承与流动: 基于中国人口普查数据的实证分析 [J]. 劳动经济研究, 2017, 5 (6): 87-106.

[27] Becker G S, Tomes N. An Equilibrium Theory of the Distribution of Income and Intergenerational Mobility [J]. Journal of Political Economy, 1979, 87 (6): 1153-1189.

[28] Blau P, Duncan O. The American Occupational Structure [M]. New York: Free Press, 1967.

[29] Ganzeboom H B G, De Graaf P M, Treiman D J. A Standard International Socio-economic Index of Occupational Status [J]. Social Science Research, 1992, 21 (1): 1-56.

[30] Haider S, Solon G. Life-cycle Variation in the Association between Current and Lifetime Earnings [J]. The American Economic Review, 2006, 96 (4): 1308-1320.

[31] Ji T. Aggregate Implications of Occupational Inheritance in China and India [J]. The B. E. Journal of Macroeconomics, 2019 (1): 1-24.

[32] Koenker R, Bassett G. Regression Quantiles [J]. Econometrica, 1978, 46 (1): 33-50.

[33] Solon G. Intergenerational Income Mobility in the United States [J]. The American Economic Review, 1992: 393-408.

[34] Yuan W. The Sins of the Fathers: Intergenerational Income Mobility in China [J]. Review of Income and Wealth, 2017, 63 (2): 219-233.

第三篇 预测与政策模拟篇

针对消费支出增长反弹乏力的问题，CQMM课题组认为，居民收入的持续快速增长是一个长期的过程，涉及中国经济增长方式的转换、经济结构的优化以及收入分配的调整。从长期来看，提高劳动生产率的增速，加快初次分配中劳动者报酬的占比是不二选择。随着中国城市化率的不断提高，第三产业占比也不断提高，经济结构服务化趋势不断推进。在这一态势下，工业增加值占比的快速下降将不利于整体劳动生产率的增长。从供给端加快制造业产品结构升级，促进技术创新，始终是提高劳动生产率的根本所在。

从中期来看，调整收入分配、缩小收入差距是保障居民收入稳定增长、促进消费增长的关键。课题组考察了收入分配中提高居民收入占比以及在各类收入组别中加快提高中等收入群体收入增长的宏观经济效应，结果显示：通过提高居民收入同时财政减收的宏观收入分配结构调整，完全可以保障在居民收入增速加快的同时，经济增长速度也略有加快。这一方面意味着，现阶段消费特别是居民消费对中国经济增长的贡献要大于投资，从而使得经居民收入提高引致的居民消费增长能够弥补因财政减收造成的政府公共投资下降冲击；另一方面也说明，居民收入是抑制居民消费的重要因素。居民收入的增加将较明显地提高居民消费。因此,千方百计提升居民收入将是解决当前我国内需不足问题进而形成以"国内市场为主、国内国际市场相互促进"的双循环经济发展新格局的根本措施之一。

进一步地,CQMM模型模拟的结果还揭示,集中资源增加中等收入群体的居民收入水平对经济增长和居民消费的作用均优于"撒胡椒面"式的等量增加各组别居民收入水平。这意味着,不仅是宏观收入分配格局的调整会有助于促进居民消费和经济增长,居民内部收入分配格局的调整也会有助于加快居民消费增长和经济增速。因此,除宏观层面的收入格局调整外,决策部门还应当将精力用于改善居民内部不同收入组别之间的收入调整。这一方面有助于刺激居民消费,促进经济增长;另一方面也是实现全体人民共同富裕的本质要求。基于此,课题组认为,提高居民消费的根本在于增加居民收入。而要增加居民收入,一方面,可以通过扩大就业数量、增加困难群体就业机会、增进就业质量、提高工资水平等市场化层面的措施来加以改善;另一方面,也可以通过增加对低收入群体的转移支付、进一步优化个税改革、降低中间收入群体的税负水平、调整"减税降费"政策作用方向等政府财政和金融层面的措施支持。

第十四章 2021年春季中国宏观经济预测

第一节 2020年中国宏观经济运行回顾

一、概述

2020年，中国国内生产总值（GDP）突破100万亿元大关，达到101.6万亿元，实际同比增长2.3%，成为全球唯一取得正增长的主要经济体。面对年初突如其来的新冠肺炎疫情的严峻冲击，全年经济走出了"V"型反转的态势：第一季度同比下降6.8%，第二季度增长3.2%，第三季度增长4.9%，第四季度增长6.5%。中国经济增长动能正在恢复，经济复苏势头明显。

中国经济能够在较短时间内实现稳定恢复，主要得益于有效的疫情防控举措。第一季度，严格的疫情防控措施的推行，从供需两端直接拉低了经济增速。消费萎缩、投资减速以及出口下滑导致第一季度GDP同比增速下滑6.8%。因缺乏人员流动，像旅游住宿餐饮、批发零售、交通运输等线下服务业更成为了重灾区。第二季度，在疫情基本得到控制后，国内开启了复工复产、复商复市的进程。不过，因出行受限，线下服务消费依然低迷；而疫情在海外的迅速扩散，导致出口的不确定性骤然提升，出口订单大幅萎缩，企业预期依旧悲观。

进入下半年，中国出口增速强劲反弹。海外疫情的持续蔓延，迫使各国政府纷纷祭出财政和货币刺激措施，居家、防疫等消费需求因此得以激发，但这些产品多为劳动密集型，没有办法开工，由此出现了产能向中国的转移。中国的出口增速自6月起由负转正，并且持续快速上行。随着出口不断向好，前期库存明显去化，产能趋于饱和，出口订单大量增加，运费价格持续上升，原先悲观的企业预期开始逆转，不得不主动补充库存、扩大产能，制造业投资开始企稳回升。

在出口增速上行和制造业投资企稳的同时，基建投资的增长却相对偏缓。尽管基建得到专项债、赤字扩大等更大力度的财政对冲政策的支持，但专项债对基建项目要求高，资金和项目必须一一对应，配套融资必须及时到位，等等，使得基建项目所需资金和专项债所提供资金之间存在割裂。同时，近几年来在地方债治理上所采取的严格管控措施也对基建投资构成了约束。

在制造业投资和基建投资增速相对有限的情况下，房地产投资和出口一道，成为下半年经济复苏的主要推动力。自第二季度国内疫情转好之后，企业有较强的赶工需求，以弥补业已耽误的工期；8月份"三道红线"① 的出台，加大了房企的融资压力。为了促进销售回款，房企加快已有项目的建设，有力地支撑了房地产投资。

在国内国际双循环的新发展格局下，有效促进消费增长成为宏观经济政策的重要目标。不过，在经济动能快速恢复的过程中，消费表现得较为低迷，全年社会消费品零售总额下降3.9%。年内各月同比增速虽呈现逐月好转的迹象，但均未达到上年同期水平。消费需求不给力与居民收入增长修复偏慢高度相关。消费的改善主要局限于部分奢侈品消费，这是与资产价格上涨密切相关的；而与整体经济复苏尤其是中小微企业复苏相挂钩的大众消费，却未能提振至应有的高度。

具体来说，2020年的中国宏观经济运行呈现出以下几个特点：

（1）经济呈现"V"型反转，增长动能修复迅速；
（2）就业水平稳定恢复，物价初显通缩迹象；
（3）民间投资恢复缓慢，三类投资表现各异；
（4）消费修复进程缓慢，居民收入增速下滑；
（5）出口增长超乎预期，贸易结构继续优化；
（6）货币政策适度宽松，实体经济流动性改善；
（7）财政收入首现负增长，财政支出有保有压。

---

① 2020年8月20日，住建部和央行形成重点房地产企业资金监测和融资管理规则，明确了收紧地产开发商融资的"三道红线"：红线一，房企扣除预收款后的净资产负债率高于70%；红线二，净负债率大于100%；红线三，现金短债比例小于1倍。

二、经济呈现"V"型反转,增长动能修复迅速

第一季度为应对疫情而采取的严格管控举措,给三大产业的生产经营带来全面的冲击。其中,第一产业增加值同比下降3.2%,第二产业下降9.6%,第三产业下降5.2%。第一季度末,随着疫情封禁措施的逐步解除,中国稳步开启了复工复产、复商复市的进程,经济日渐走上正轨。尽管海外疫情的暴发一度给出口给来负面的影响,但随之而来的国际产能转移自第二季度末开始发挥作用,成为驱动中国经济稳定恢复的重要因素。到了第四季度,中国经济呈现强劲复苏的态势,第一产业增加值同比增速4.1%,较上年同期上升1.0个百分点;第二产业增速6.8%,较上年同期上升1.1个百分点;第三产业增速6.7%,较上年同期微降0.2个百分点(见图14-1)。

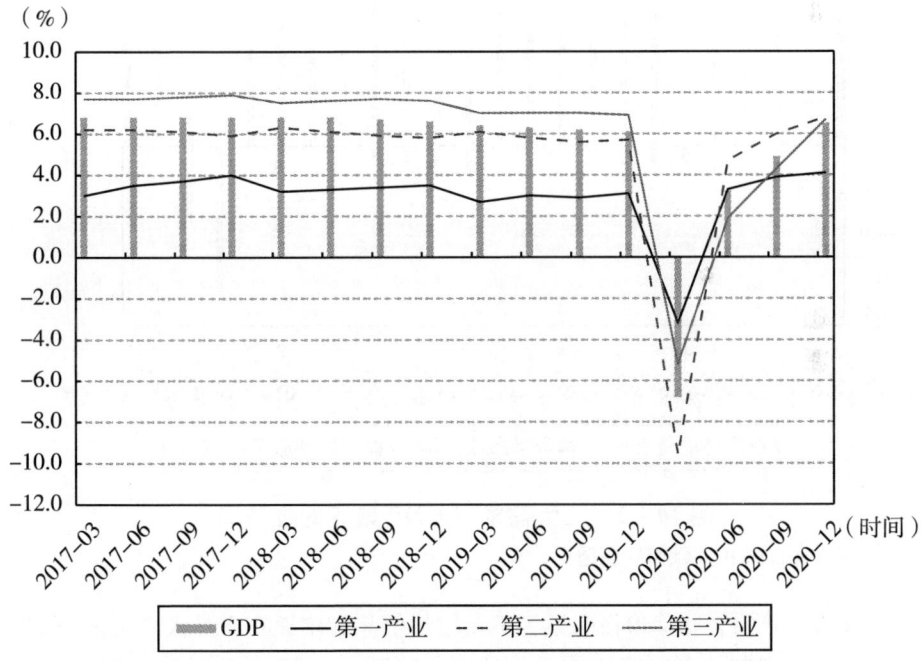

图14-1 实际GDP和三大产业增加值季度增速变化:季度同比
资料来源:CEIC,CQMM课题组计算。

从消费、投资和净出口对GDP增速的拉动看,最终消费支出在经历上半年的拖累效应之后,在下半年有所起色,第三季度和第四季度分别拉动GDP增长1.37个和2.57个百分点,但仍未恢复疫情前的水平。得益于基建投资和房地产投资的稳定作用,资本形成总额在第二季度已对GDP增速形成4.95个百分点的

拉动作用,下半年可能主要因出口好转而带来的制造业投资的提振,资本形成总额对GDP增速的拉动进一步提升,分别于第三季度和第四季度拉动GDP增长2.24个和2.49个百分点。在国内疫情防控的第一季度和海外疫情暴发的第二季度,货物和服务净出口对GDP增速均有拖累作用;而在第三季度和第四季度,在国内疫情受控、国际疫情恶化的背景下,货物和服务净出口对GDP增速的拉动作用显著提升,第四季度达到1.44个百分点,达到自2015年有相应统计数据以来的峰值,这显然反映了出口自下半年起所获得的出人意料的好转(见图14-2)。

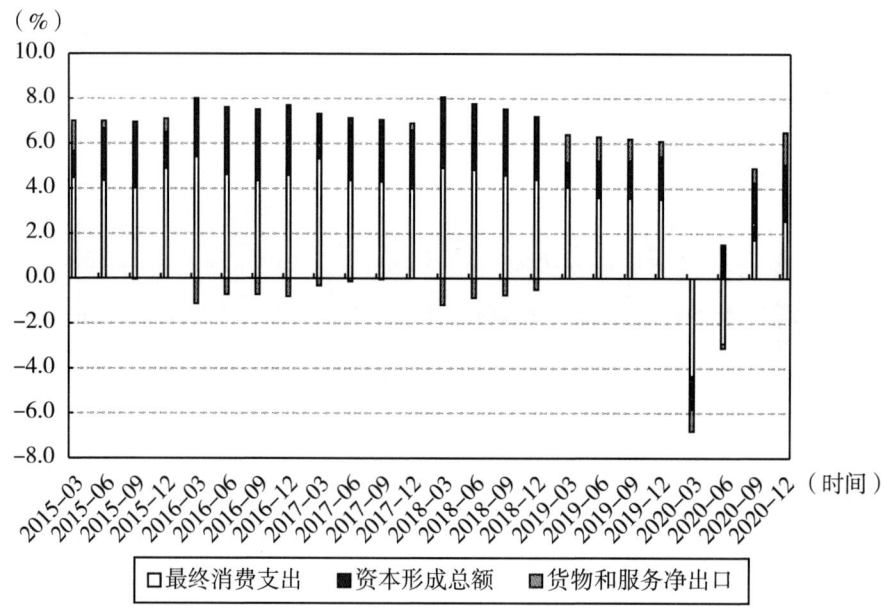

图 14-2　三大需求对 GDP 增速的拉动率

资料来源:CEIC,CQMM 课题组计算。

从工业生产看,扣除价格因素,工业增加值累计增速在2月大跌至-13.90%的谷底之后,跌幅逐月收窄,并于8月由负转正,到12月升至本年的峰值,反映出生产端逐月趋于恢复的进程。当然,即便全年增速达到2.8%的峰值,仍较疫情前5.6%以上的增速存在较大的差距,反映出疫情冲击后的生产修复仍需经历较长时期的艰难过程。从细分行业看,采矿业、制造业和公用事业增加值增速的修复态势基本上和工业增加值的表现相似,即均在2月跌至谷底后开始缓慢的爬坡过程。相比之下,高技术制造业增加值的累计增速虽然也于2月下降至-14.4%的低谷,但其修复进程相对迅速,到12月已经快速回升至7.1%,仅比上年同期低 1.7 个百分点，这反映出以计算机通信和电子产业等为代表的高新技术产业所具有的较强的"免疫"特征（见图 14－3）。

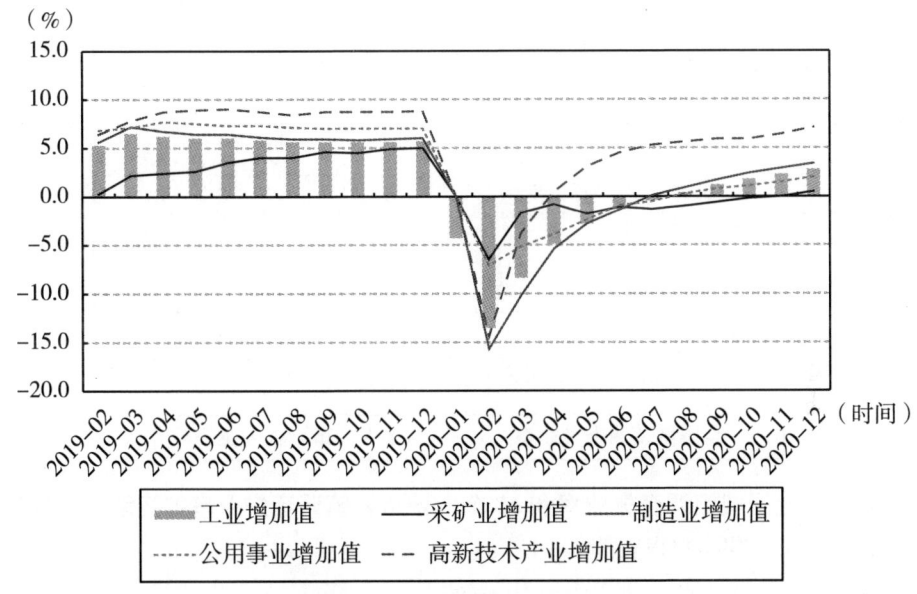

图 14－3　工业及其三大门类增加值增速变化：月度同比

资料来源：CEIC，CQMM 课题组计算。

三、就业水平稳定恢复，物价初显通缩迹象

就业方面，全国城镇调查失业率从 1 月的 5.3% 骤升至 2 月 6.2% 的峰值，之后开始逐月回落至 12 月的 5.2%，维持上年同期水平。31 个城市调查失业率由 1 月的 5.2% 骤升至 5 月 5.9% 的年内峰值，在经历随后数月的反复后，进入下降通道，并于 12 月降至 5.1%，较上年同期下降 0.1 个百分点。可见，上半年，失业问题受疫情冲击而趋于严峻；而到了下半年，随着国内疫情的基本消除以及经济的逐步好转，失业问题也逐渐得到缓解，并且已经基本恢复到上年的水平（见图 14－4）。

物价方面，全年居民消费价格指数（CPI）上涨 2.5%，涨幅比上年收缩 0.4 个百分点。分月看，CPI 增幅从 1 月的 5.40% 下行至 11 月的 －0.5% 和 12 月的 0.20%，表明通货膨胀压力基本消失，甚至显现出通货紧缩的迹象。CPI 的显著下行，主要与猪价格周期快速步入下行阶段有关。猪肉价格指数从 1 月的 116.0% 和 2 月的 135.2% 大幅回落至 11 月的 －12.5% 和 12 月的 －1.3%。受此影响，食品 CPI 增幅从 1 月的 20.6% 和 2 月的 21.9% 收缩至 11 月的 －2.0% 和 12 月的 1.2%（见图 14－5 和图 14－6）。

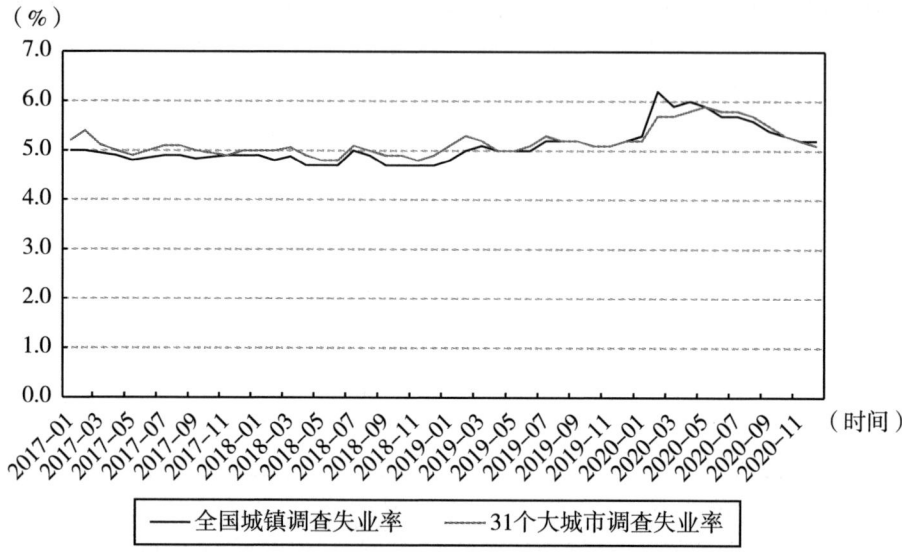

图 14-4　全国城镇调查失业率和 31 个大城市城镇调查失业率的变动：月度值
资料来源：CEIC，CQMM 课题组计算。

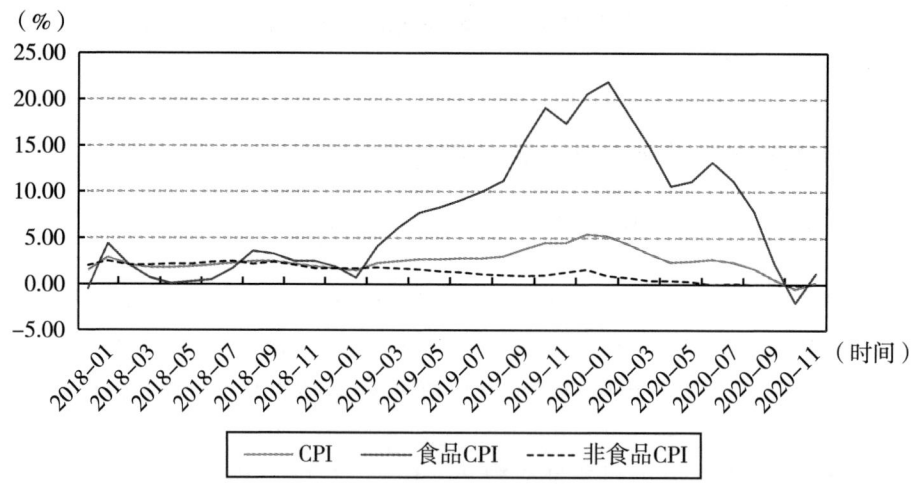

图 14-5　CPI 和非食品 CPI 涨幅变化：月度同比
资料来源：CEIC，CQMM 课题组计算。

全年工业生产者出厂价格指数（PPI）收缩 1.8%，降幅比上年扩大 1.48 个百分点。分月看，与 GDP 增长的步调大体一致，各月 PPI 的同比涨幅也呈现出"V"型反转的态势。在疫情冲击之下，PPI 同比涨幅从 1 月的 0.1% 下降至 5 月

的 -3.7%，随后跌幅逐月收窄至 12 月的 -0.4%。而从环比看，PPI 在 4 月跌至 1.3% 后开始回升，12 月达到 1.1%，表明了年内供给端所经历的从收缩、企稳再到复苏的进程（见图 14-7）。

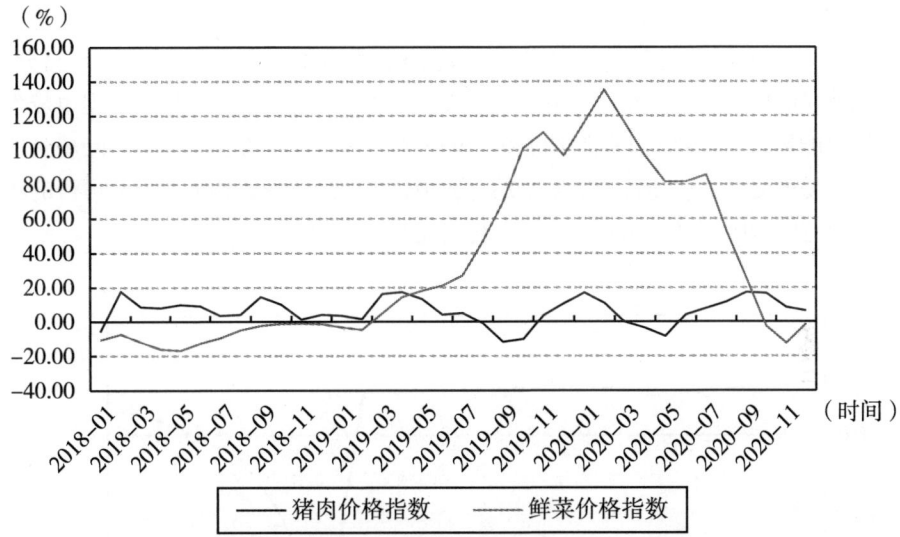

图 14-6 猪肉和鲜菜价格指数变化：月度同比

资料来源：CEIC，CQMM 课题组计算。

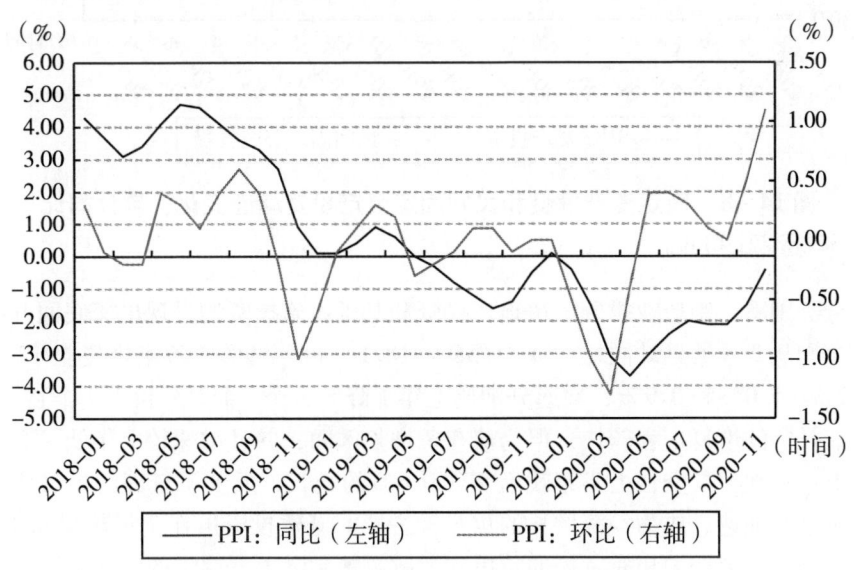

图 14-7 PPI 月度同比和环比涨幅变化

资料来源：CEIC，CQMM 课题组计算。

四、民间投资恢复缓慢，三类投资表现各异

在疫情冲击下，2020年固定资产投资（不含农户）和民间投资累计同比增速均走出深"V"型反弹的局面，在2月分别跌至-24.5%和-26.4%的谷底之后逐月回稳，在12月分别回升至2.9%和1.0%，较上年同期分别下降2.5个和3.7个百分点，表现出明显的修复态势。相比之下，民间投资受疫情的冲击更大，恢复进程也较为艰难，这可能是由于民营经济是制造业出口的绝对主体，因而在全球疫情不断蔓延的背景下，更易遭受冲击；而在经济修复的过程中，民营经济因其整体实力和可得的救助资源相对有限，因而又比国有经济恢复得更慢些（见图14-8）。

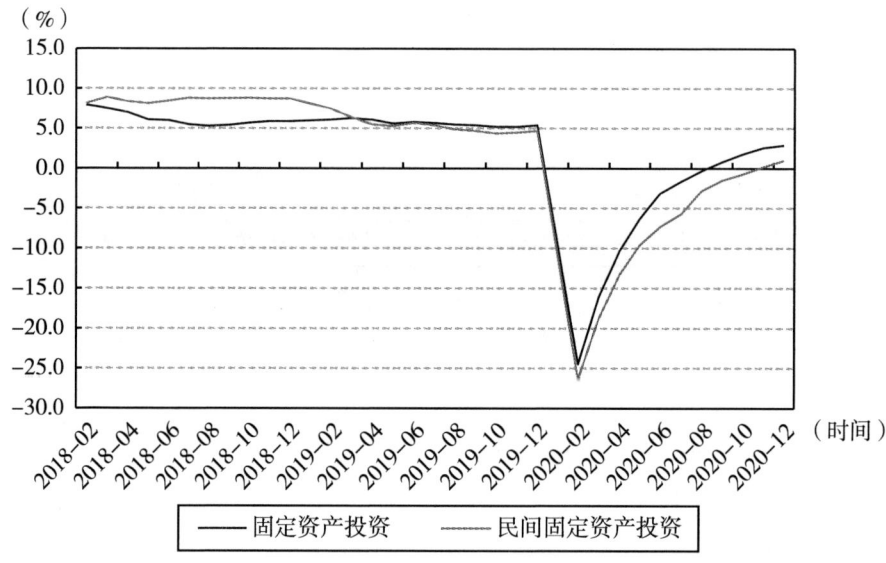

图14-8 固定资产投资和民间固定资产投资增速变化：累计同比
资料来源：CEIC。

分类别看，制造业投资、房地产投资和基础设施投资均呈现出探底回升的局面，分别从2月的累计同比下降31.5%、18.1%和26.9%，逐渐恢复至12月的-2.2%、5.0%和0.9%，增速分别比上年下降5.3个、4.2个和2.9个百分点。制造业投资的恢复进程较快，但仍落在负增长区间，并且增速较上年低了5.3个百分点。房地产投资在上半年就已实现0.6%的增长，反映了较高的景气度；下半年则继续加速，成为经济增长的重要推进器。基建投资虽在全年获得0.9%的增速，但在反周期的相对宽松的货币和财政政策刺激下，这样的增速是不及预期的，其对经济增长的支撑作用也相对有限，主要原因可能在于加快基建速度所依赖的地方专项债在实际使用中存在诸多阻碍因素（见图14-9）。

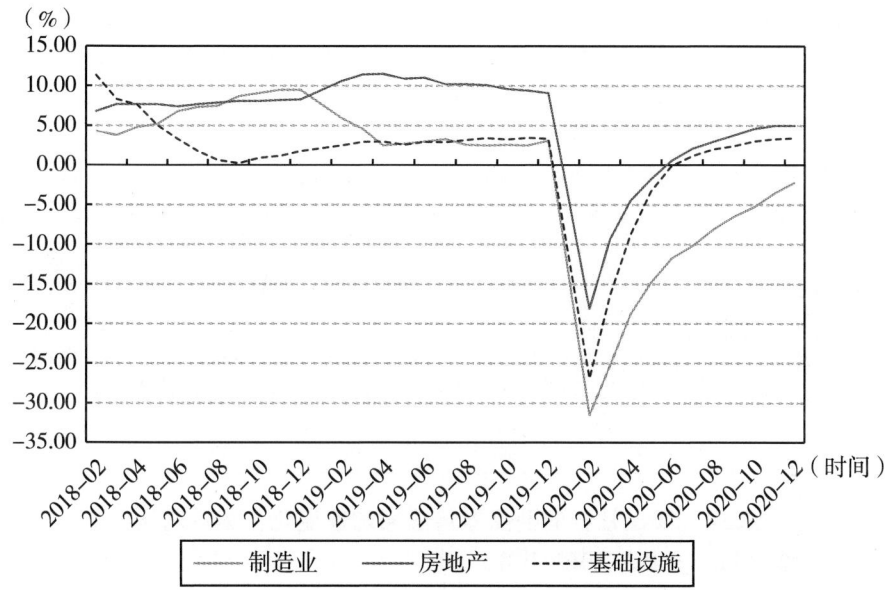

图 14-9 制造业、基础设施和房地产投资增速变化：累计同比

资料来源：CEIC，CQMM 课题组计算。

五、消费修复进程缓慢，居民收入增速下滑

疫情之下，消费深受打击。2月，社会消费品零售总额累计同比名义增速大幅收缩至20.5%，随后各月，降幅逐步收窄，全年同比增速下降3.9%，较上年减少11.9个百分点，修复进程缓慢，疲态尽显。

分城乡看，2月，城镇社零累计同比增速下滑20.7%，农村下滑19.0%；全年来看，城镇下降4.0%，农村则下降3.2%，分别较上年同期减少11.9个和12.2个百分点。

受居家隔离、人员流动减少等方面的影响，实体店的销售深受打击，网上销售则依然保持着强劲的增长态势。在疫情冲击最为明显的2月，网上销售仍然保持着3.0%的累计同比增速，全年则达到14.8%；增幅虽较上年下降4.7个百分点，但依旧显示出快速的发展势头（见图14-10）。

分类别看，2020年，饮料、通信器材、粮油食品、化妆品、中西药品、日用品等必需品消费的增速都在7.5%以上，而汽车、金银珠宝和家具等可选消费品的跌幅分别为1.8%、4.7%和7.0%。在疫情管控严格的上半年，汽车类的跌幅曾高达8.2%；而在逐步解禁的下半年，汽车类销售有明显的回暖，但从全年来看，汽车类消费的减少仍对社零增长形成了一定的拖累（见图14-11）。

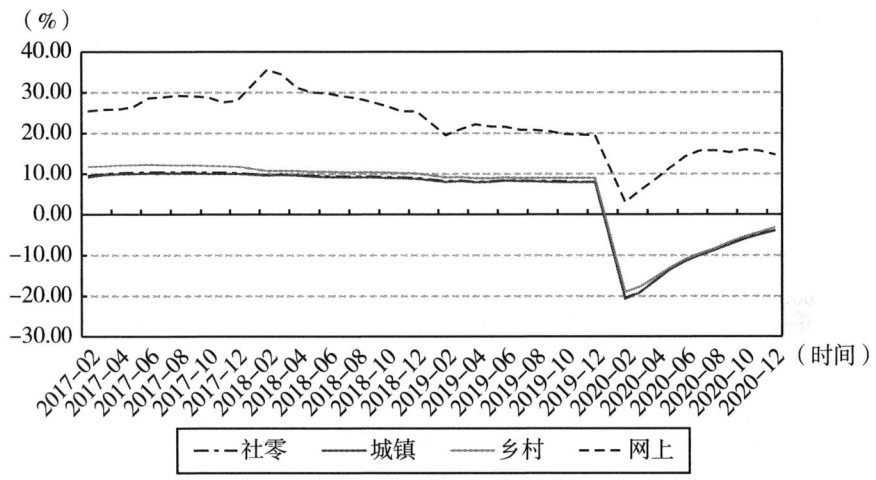

图 14-10　社会消费品零售总额增速变化：累计同比

资料来源：CEIC，CQMM 课题组计算。

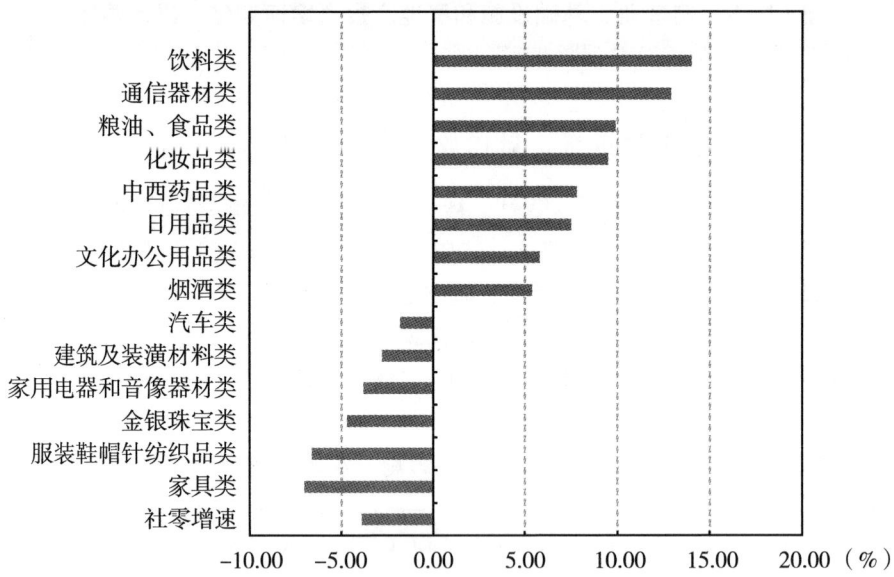

图 14-11　2020 年各品类消费品零售额增速：累计同比

资料来源：CEIC，CQMM 课题组。

2020 年，全国居民人均消费支出 21210 元，实际同比下降 4.0%。从消费类别看，食品烟酒、居住支出分别增长 5.1%、3.2%；生活用品及服务、医疗保健支出分别下跌 1.7%、3.1%；衣着、教育文化和娱乐支出分别下降 7.5%、

19.1%。与上半年相比,食品烟酒、居住支出增速由负转正;医疗保健支出和教育、文化娱乐支出增速则由正转负,反映出上、下半年因疫情防控形势逆转而导致的消费偏好及其支出的转变(见图14-12)。

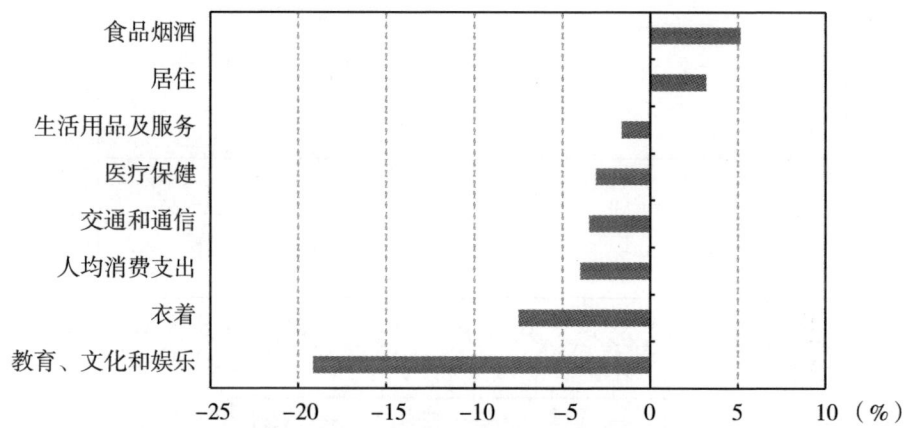

图14-12　2020年各品类居民消费支出增速:累计同比

资料来源:CEIC,CQMM课题组计算。

全国居民消费增速的下滑,与居民收入增速的回落紧密相关。2020年,全国居民人均实际可支配收入增长2.1%,增速较上年下降3.1个百分点。其中,城镇居民收入实际增速为1.2%,较上年下降3.8个百分点;农村居民收入实际增速3.8%,较上年下降2.4个百分点。居民收入增速虽表现出逐季上行的态势,但修复进程依然缓慢(见图14-13)。

从居民收入来源看,按现价衡量,工资性收入、经营净收入、财产净收入和转移净收入分别比上年增长4.3%、1.1%、6.6%和8.7%,增速分别比上年下降4.3个、7.0个、3.5个和1.2个百分点。可见,在疫情期间,转移性收入的迅速增加在一定程度上抵消了经营性收入的负增长,使得人均可支配收入的下跌幅度有限(见图14-14)。

六、出口增长超乎预期,贸易结构继续优化

2020年,货物进出口总额46 463亿美元,同比增长1.5%。其中,出口增速3.6%,较上年上升3.1个百分点;进口下降1.1%,降幅较上年收窄1.7个百分点。分月度看,在国内经济基本"封禁"的2月,出口跌幅同比高达40.6%,随后逐月恢复;到了下半年,出口增速提升至6.8%,11月和12月则分别同比高达20.6%和18.1%。出口形势出人意料地好转,逆转了原先悲观的经济预期,加快了中国经济的修复进程。

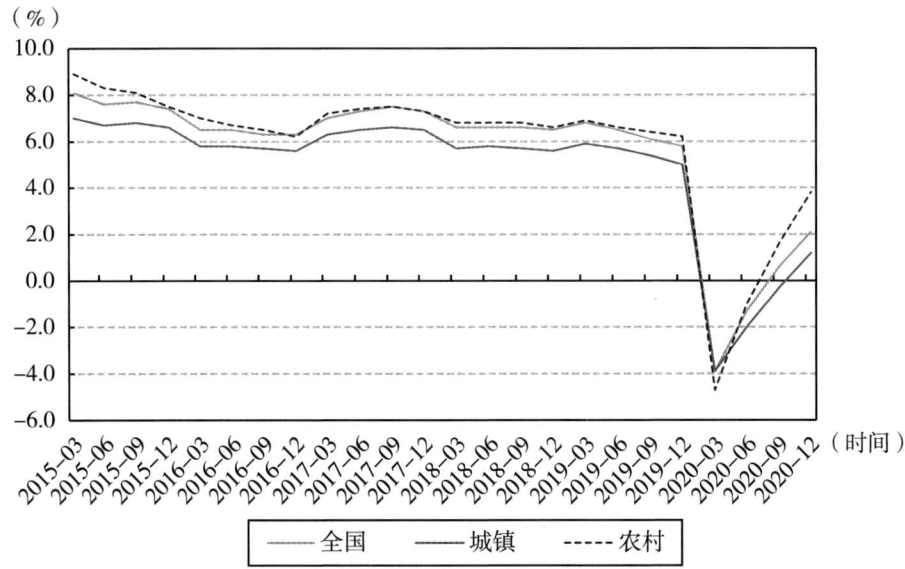

图 14-13　居民人均实际可支配收入增速变化：累计同比

资料来源：CEIC，CQMM 课题组计算。

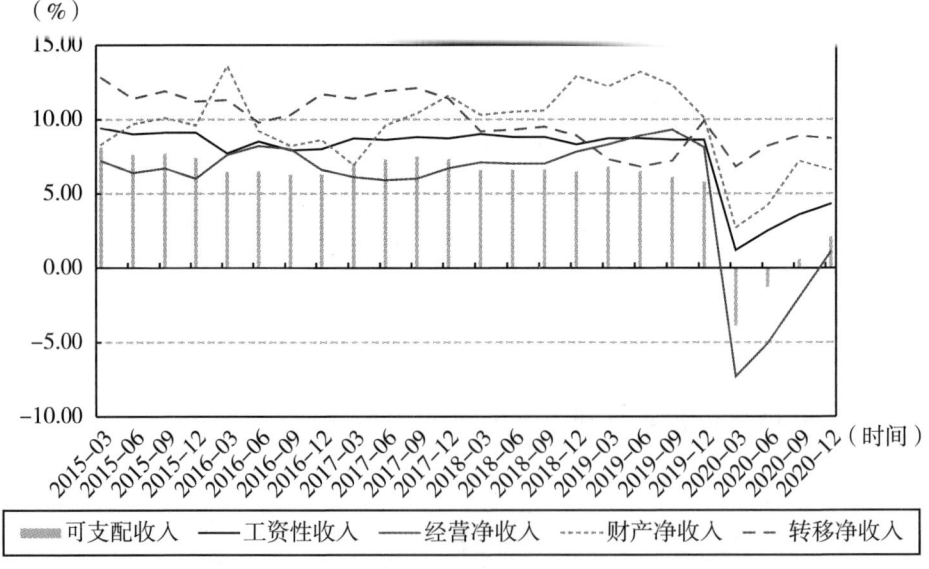

图 14-14　居民收入来源名义增速：累计同比

资料来源：CEIC，CQMM 课题组计算。

在新冠肺炎疫情席卷全球、全球商品贸易萎缩的背景下，中国出口在 2020 年经历了从大幅萎缩到迅速复苏再到快速增长的转换，这一华丽转身既体现了中国在全球产业链和供应链中所具有的基石地位，也反映了国内疫情有效防控之下全球产能向中国转移的结果（见图 14-15）。

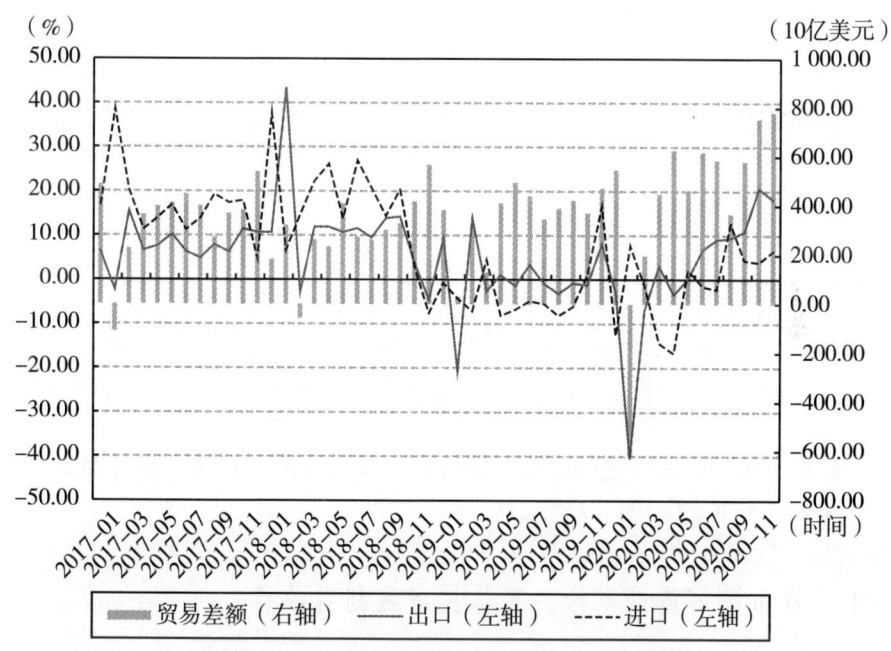

图 14-15　进出口同比增速与贸易差额

资料来源：CEIC，CQMM 课题组计算。

贸易结构继续改善。2020 年，一般贸易进出口总额 27 797 亿美元，占进出口总额的 59.8%，比上年同期提升 0.4 个百分点。机电产品出口占出口总额的比重为 66.4%，比上年同期增加 10.5 个百分点。高新技术产品占出口总额的比重为 30.0%，比上年同期增加 0.8 个百分点。

分国别（地区）看，东盟、欧盟和美国在中国的主要出口地区中位居前三位，2020 年中国对这三个经济体的出口合计占出口总额的 47.4%。其中，对东盟出口同比增速 6.7%，较上年下降 3.5 个百分点；对欧盟出口增速 6.7%，较上年上升 1.8 个百分点；对美国出口增速 7.9%，较上年上升 20.4 个百分点（见图 14-16）。上述变化表明，疫情的全球扩散不仅改变着中国的出口国别结构，更是给所谓的"中美脱钩论"予以沉重的一击。

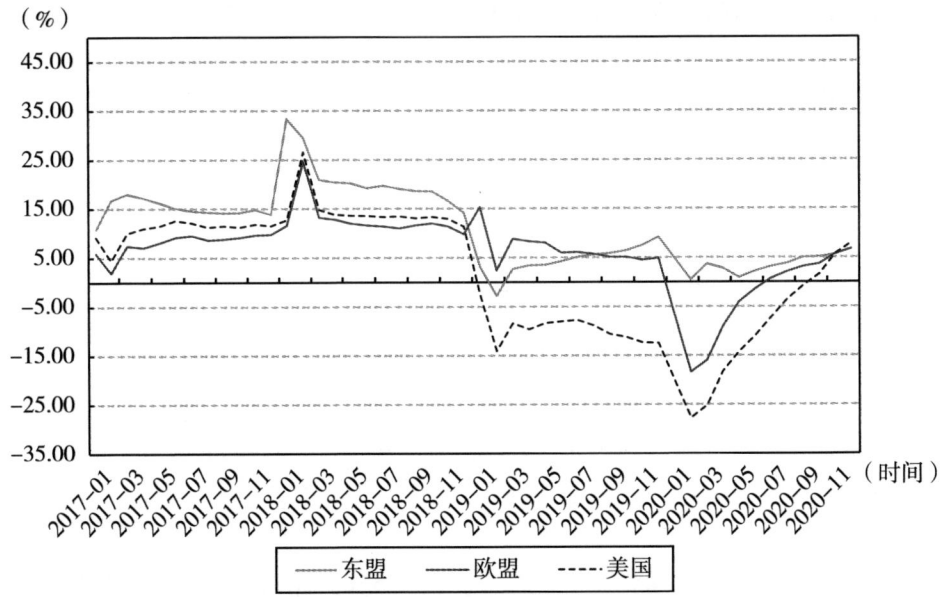

图 14-16　对三个主要经济体出口额（美元计价）增速：累计同比

资料来源：CEIC，CQMM 课题组计算。

七、货币政策适度宽松，实体经济流动性改善

2020 年，中国货币政策大体经历了三个阶段：第一阶段是在 1~4 月的经济停摆期间，央行采取了一系列逆周期调节举措，具体包括三次降准，下调 MLF 利率，提供再贷款、再贴现资金及利率优惠，下调 SLF 利率等；第二阶段是在 5~7 月第二季度经济见底反弹期间，央行实施总量边际收紧的措施，力图引导金融脱虚向实，在收敛流动性的同时，继续加大对信贷的支持力度；第三阶段是在 8 月后，货币政策步入稳健中性阶段，公开市场操作、MLF 成为主要的流动性调整工具，压降结构性存款则成为主要监管方向。

货币供应量方面，狭义货币（M1）同比增速由 1 月的 0.0% 逐步升到 11 月的 10.0% 和 12 月的 8.6%。广义货币（M2）同比增速至 3 月后维持在 10.1% 以上的高位，增速比上年末提高 1.4 个百分点，基本回归到 2017 年 3 月实施金融去杠杆前的水平（见图 14-17）。

稳健宽松的货币政策措施为实体经济流动性的改善提供了重要支撑。2020 年，新增社会融资 34.9 万亿元，其中，人民币贷款 20.0 万亿元，政府债券融资 8.3 万亿元，企业债券融资 4.5 万亿元，三部分构成总量的 94.1%；新增人民币贷款占新增社会融资总量的比重为 57.5%，比上年下降 8.3 个百分点。和上年

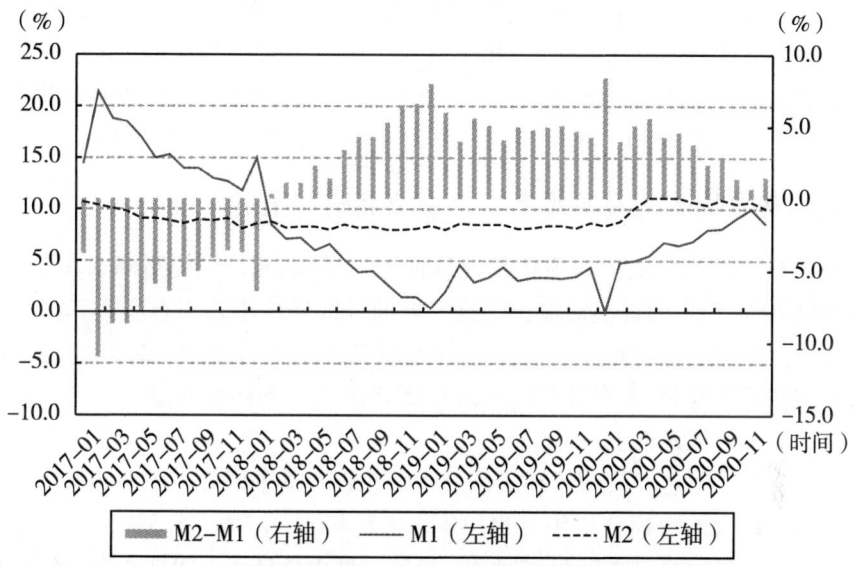

图 14-17 M1 和 M2 增速变化：月度同比

资料来源：CEIC，CQMM 课题组计算。

同期相比，社会融资多增 9.3 万亿元，增速高达 26.6%；多增的部分主要由 3.6 万亿元政府债券、3.1 万亿元人民币贷款、1.2 万亿元企业债券和 0.5 万亿元企业股票组成（见表 14-1）。

表 14-1　　　　　　新增社会融资及其结构变化　　　　　　单位：亿元

项目		2019 年	2020 年
新增社会融资		255 753	348 600
贷款	人民币	168 835	200 300
	外币	-1 275	1 450
表外融资	委托贷款	-9 396	-3 954
	信托贷款	-3 467	-11 000
	未贴现银行承兑汇票	-4 757	1 746
直接融资	企业债券净融资	32 416	44 500
	企业股票融资	3 479	8 923
	政府债券	47 204	83 400
其他	存款类金融机构资产支持证券	4 034	2 109
	贷款核销	10 551	12 180

资料来源：CEIC，CQMM 课题组计算。

表外融资方面,委托贷款和信托贷款分别减少3 954.0亿元和1.1万亿元,而未贴现银行承兑汇票则增加1 746.0亿元,三者合计增加4 412.0亿元,较上年同期增加2.2万亿元,增幅较大,表明为应对疫情冲击而采取的逆周期调节举措,推迟了原定于2020年底完成的压降表外融资计划(见表14-1)。

八、财政收入首现负增长,财政支出有保有压

2020年,全国一般公共预算收入累计18.3万亿元,同比下降3.9%,出现改革开放40多年来的首次负增长。这一方面是因经济增速下行所致,另一方面则是源于为支持疫情防控保供而采取的大规模减税降费措施。2020年,财政部共出台实施了7批28项有针对性的减税降费措施,支持企业复工复产,减税降费额高达2.5万亿元以上。

分季度看,随着经济持续稳定恢复,财政收入逐季回升。一至四季度,全国一般公共预算收入增幅分别为-14.3%、-7.4%、4.7%、5.5%,呈现第一季度收入大幅下降后第二季度触底回升、第三季度由负转正、第四季度持续向好的态势(见图14-18)。

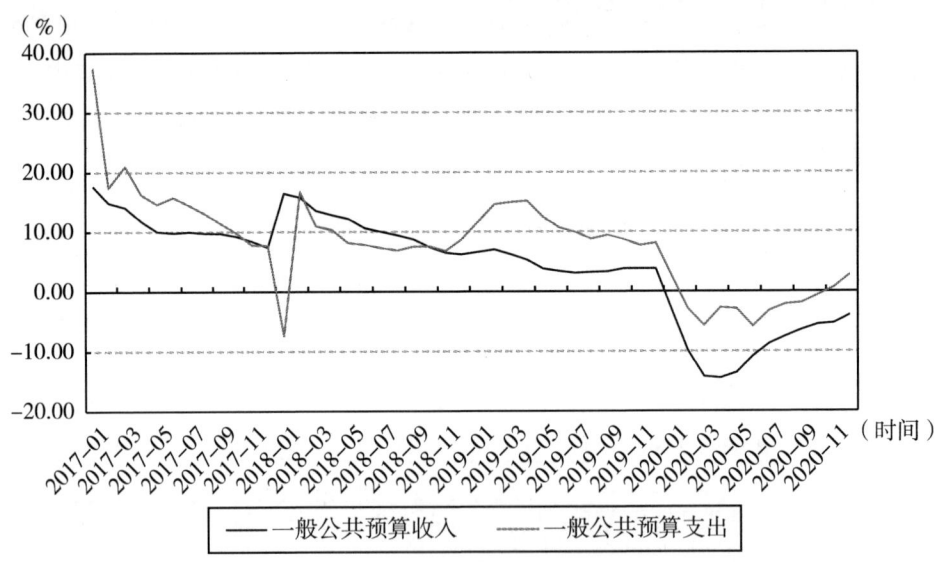

图14-18 一般公共预算收支增速变化:累计同比

资料来源:CEIC,CQMM课题组计算。

2020年,全国一般公共预算支出累计24.6万亿元,同比增长2.8%。其中,中央一般公共预算本级支出下降0.1%,地方增长3.3%。支出结构方面,一般性支出受到压减,如全国一般公共服务支出、城乡社区支出分别下降1.1%、

20.0%；与此同时，疫情防控、脱贫攻坚、基层"三保"等重点领域支出则得到有力保障。例如，与疫情防控直接相关的公共卫生支出增长74.9%，扶贫支出在2019年增长14.3%的基础上又增长1.5%，社会保障和就业支出增长10.9%（见图14-18）。

九、2021年中国宏观经济展望

总体说来，疫情冲击下的2020年中国经济一波三折。在疫情防控措施的有效支持下，出口和房地产投资成为经济动能恢复的主要推进器。到第四季度，中国经济开始进入内外需两旺、主动补库存周期的阶段，6.5%的GDP同比增速，较上年同期高出0.3个百分点，反映出充沛的增长动能和强劲的复苏态势。不过，疫情反复、消费分层等诸多问题依旧突出，这些问题将给中国经济前景带来挑战。

随着多种疫苗的问世及其在全球范围内的分发使用，新冠肺炎疫情有望在2021年下半年得到有效遏制。而在上半年，疫情对全球经济的负面影响仍将持续。考虑到全球中低端制造业主要布局于亚洲的诸多发展中国家，其中除中国外，绝大多数国家要恢复正常的生产供应体系仍需时日。因此，疫情下全球产能向中国转移的现象尚难改变，这意味着中国当前出口火热的势头仍将延续至少数月的时间。加上2020年第一季度的低基数，预计2021年上半年中国经济将获得高速增长；下半年，随着全球疫情的逐渐解除，中国经济增长或将回归疫情发生前的常态区间。

中国经济的持续向好，意味着疫情期间所采取的逆周期刺激政策将会逐渐淡出，宏观政策有望转弯，但又不会急转弯。其原因当然在于疫情至少目前仍在反复，并且疫苗在全球范围内的使用有效性如何仍有待进一步的观察。更根本的是，尽管中国经济修复的速度正在加快，但居民消费和收入分化的现象却颇为突出，而其根本在于大量的中小微企业受疫情的冲击尤为严重，因此，必须继续从信贷以及减税降费等方面给予政策方面的支持。诸多因素的交织作用，决定着货币政策和财政政策的基调虽会发生改变，但改变的时机和力度仍将审慎有度。

第二节 2021~2022年中国宏观经济预测

一、模型外生变量假设

1. 美国及欧元区经济增速

2020年，全球各主要经济体均受到新冠肺炎疫情的严重冲击。得益于大规模财政及货币刺激举措，美国2020年第四季度GDP同比萎缩幅度收窄至2.44%，但全年仍萎缩3.50%，为金融危机后首次负增长，也创下二战以来最差的年增长表现。国际货币基金组织（IMF）2021年1月更新的《世界经济展望》预测，美国2021年可望走出泥潭，实现5.1%的经济增速，并于2022年实现2.5%的增长。2021年以来，民主党统一参众两院可望赋予拜登政府更强的政策落实能力，高于预期的疫苗覆盖速度与1.9万亿美元的新一轮刺激计划的通过进一步抬高了市场预期，使得一些机构的经济预测更趋乐观。但是，考虑到2020年美国经济的表现已经是在两轮大规模救助行动的帮助下取得的，经济需求前后落差在一定程度上已经受到政策平抑，这或将制约美国2021年的经济反弹力度。

欧洲方面，疫情带来的创伤甚巨，欧元区19国2020年GDP萎缩达6.76%。IMF 2021年1月更新的《世界经济展望》预测，欧元区2021年经济增速料为4.2%，扣除低基数后仍未摆脱疫情拖累，至2022年继续实现3.6%的增长后才能基本回归正轨。不过，进入2021年，欧洲疫苗注射进程因对疫苗安全性的疑虑而有所阻滞，第三波疫情及变异病毒的风险迫使多国再度收紧防控限制措施，欧洲的复苏前景难言明朗。

综合参考各方信息，结合疫情进程判断，课题组假定：今明两年，美国经济增速分别为5.13%和2.89%，而欧元区经济增速分别为4.03%和3.49%，较IMF 1月预测分别有所上调和下修，并设定相应的季度增速（见图14-19）。

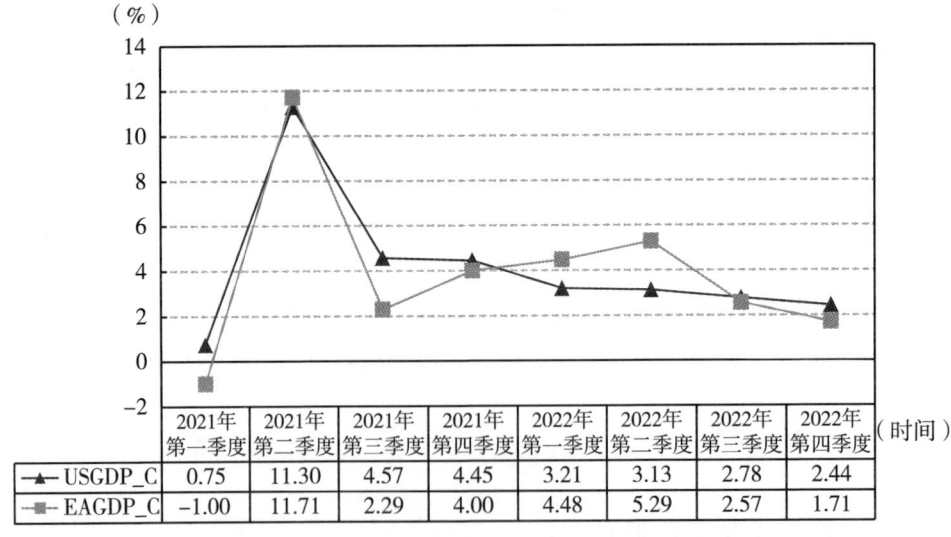

图14-19 美国与欧元经济增速的变化趋势假定（季度调整后的同比增速）

注：USGDP_C表示美国GDP增速，EAGDP_C表示欧元区GDP增速；第一季度增速包含了疫情冲击中国经产业链传导对贸易伙伴经济的影响。

2. 主要汇率水平

2020年下半年以来，人民币在中国经济相对较强基本面和相对充裕货币政策空间的支持下持续升值。课题组结合来自全球多家跨国金融机构的分析师预测值与基于长短期记忆神经网络（LSTM）的深度学习预测值对美元指数进行平均组合预测，以此为基础设定未来汇率走向。美元兑人民币汇率方面预计仍将继续下行，至2022年第二季度美国货币政策出现正常化苗头后稳定在6.27左右水平。欧元兑美元汇率在2021年受欧元区基本面及货币政策拖累提升较为缓慢，进入2022年加速升值至1.26左右水平（见图14-20）。

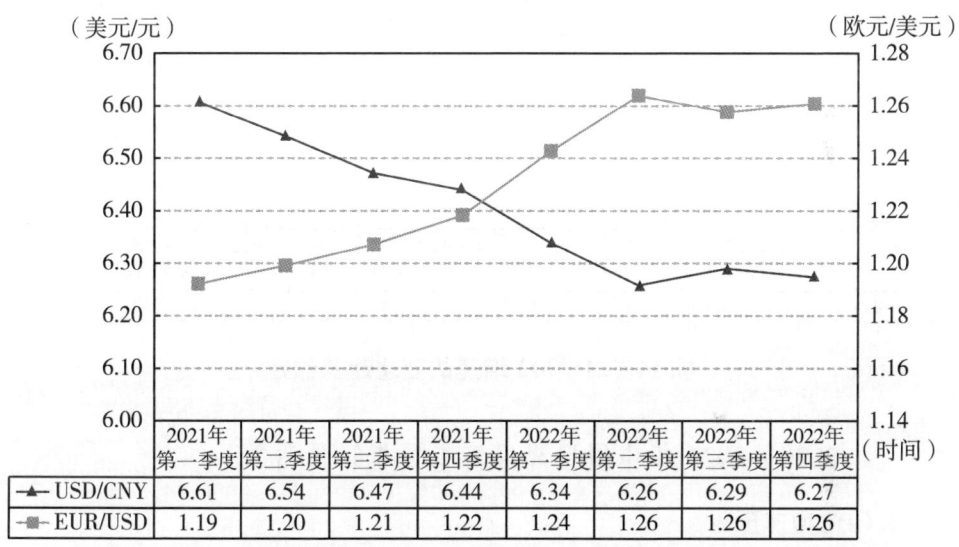

图14-20 美元兑人民币汇率、欧元兑美元汇率的变化趋势假定

注：USD/CNY为美元兑人民币汇率，EUR/USD为欧元兑美元汇率。

3. 广义货币供应量（M2）增速

2020年，为抗击疫情，"货币政策灵活适度、精准导向，比较好地对冲了疫情以来宏观形势的高度不确定性"①，广义货币供应量（M2）实现了两位数增长。随着经济运行逐步企稳回升，货币政策也逐步回归正常。2021年的货币政策取向为"稳健的货币政策会更加灵活精准、合理适度"，"保持政策的连续性、稳定性和可持续性，既要保持对经济恢复的必要支持力度，也要避免'大水漫灌'。坚持'稳字当头'，保持战略定力，不左不右"②。课题组预计，后续信贷

---

① 陈雨露. 国务院新闻办公室 "2020年金融统计数据新闻发布会" [EB/OL]. 2021-01-15.
② 孙国峰. 2020年货币政策回顾与2021年展望 [J]. 中国金融, 2021 (3).

投放将保持同比增量稳定、同比增速放缓的步调,以确保对实体经济支持力度不变的情况下逐步回归正常,具体季度变化见图 14-21;同时,根据央行对当前利率水平的定调为"合适"① 且将继续"保持利率在合适水平"②,课题组预计企业融资利率将维持稳定。

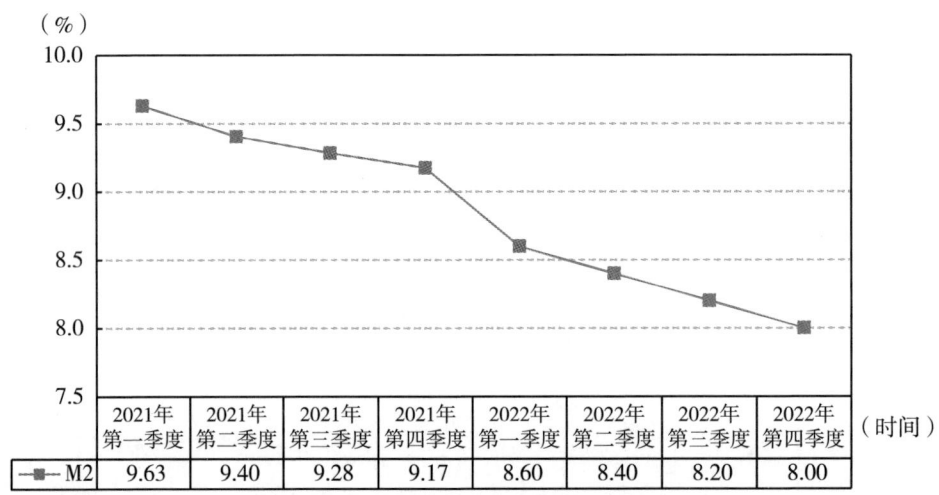

图 14-21 M2 增速的变化趋势假定

二、2020~2021 年中国宏观经济主要指标预测

1. GDP 增速预测

在上述外生变量假定下,基于中国季度宏观经济模型(CQMM)的预测表明:2021 年,中国 GDP 增速预计为 8.60%,比 2020 年回升 6.57 个百分点;2022 年,经济回归常态,GDP 增速预计为 5.53%。从季度同比增速看,GDP 增速第一季度在翘尾效应主导下和出口订单供给替代效应③助推下,将达到 18.26% 的高点;此后随着翘尾效应逐渐平复和供给替代效应消退而逐步回落,特别是第四季度可能随着两类效应的逆转暂时回落至长期趋势以下。2022 年,经济可望全面回归正轨,预计全年增速运行在 5% 的水平之上(见图 14-22)。总体而言,预计今明两年,我国经济主要呈现"反弹—趋稳"的态势,这一过程中,海外订单的阶段性流入和流出将引发一定季节波动。

---

① 孙国峰. 国务院新闻办公室"2020 年金融统计数据新闻发布会"[EB/OL]. 2021-01-15.
② 孙国峰. 2020 年货币政策回顾与 2021 年展望 [J]. 中国金融,2021(3).
③ 指 2020 年部分外需因国外供应链受损而流向供应能力较快恢复的我国,引起出口显著增长。这一过程中,我国的供给能力替代了受损的海外产能。

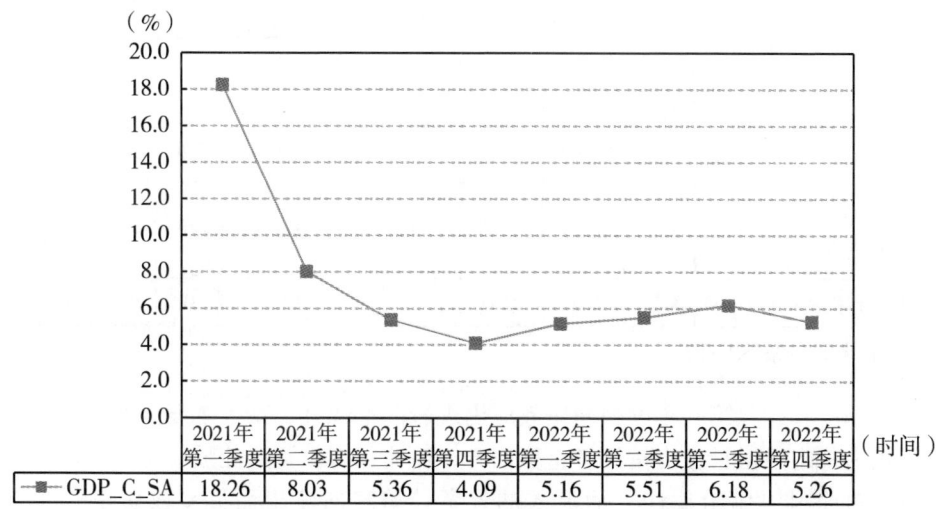

图 14-22　分情景 GDP 季度增速预测（季度同比增速）

资料来源：课题组计算。

2. 投资增速预测

2020 年，固定资产投资增速呈现前低后高态势，在第一季度触底后，至第三季度基本修复。国有及非国有投资增速修复速度不一，国有投资率先反弹，而非国有投资至第三季度方始修复，且其修复一定程度上得益于全球生产能力遭受破坏导致短期贸易订单转入对我国外向型经济投资需求的提振。模型预测，2021 年按现价计算的固定资产投资（不含农户）将增长 9.58%，增速比 2020 年上升 9.01 个百分点；2022 年，固定资产投资增速可望继续反弹至 12.82%（见表 14-2）。

表 14-2　2021~2022 年投资增速（现价）预测　　　　　　　　　单位：%

变量	2021 年				2022 年				2021年	2022年
	第一季度	第二季度	第三季度	第四季度	第一季度	第二季度	第三季度	第四季度		
固定资产完成额（可比价）	15.28	3.83	2.57	5.90	6.40	7.52	7.44	6.59	6.63	6.99
固定资产投资（不含农户）	27.53	7.14	3.80	3.69	10.19	14.62	14.57	11.88	9.58	12.82

续表

变量	2021年				2022年				2021年	2022年
	第一季度	第二季度	第三季度	第四季度	第一季度	第二季度	第三季度	第四季度		
国有及国有控股投资	27.96	9.82	10.26	11.76	11.92	13.28	14.55	13.06	14.30	13.22
非国有投资	27.94	3.99	-0.03	-0.07	9.06	15.57	14.58	11.08	6.73	12.54

资料来源：课题组计算。

分季度看，除第一季度因翘尾效应出现较高增幅外，余下季度国有投资预计实现较为稳定的增长，支持经济企稳回升，而非国有投资可能随着海外供应能力修复、短期因"供给替代"而流入的外贸订单转向流出而逐步放缓增长步调（见图14-23）。

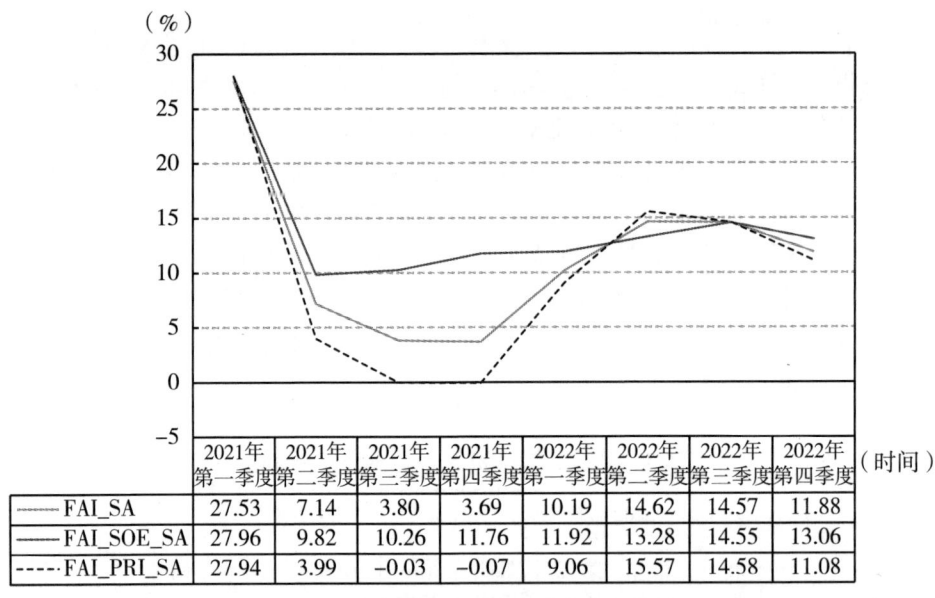

图14-23 固定资产投资额增速预测（季度同比增速）

注：FAI_SOE_SA和FAI_PRI_SA分别为国有固定资产投资和非国有固定资产投资。

资料来源：课题组计算。

3. 消费需求增长预测

2020年，消费需求修复的进程显著慢于投资，这主要源于：疫情常态化防控的客观限制；疫情对消费者情绪的长期、拖尾抑制；居民收入修复进程的制约。随着上述制约因素的逐步解除，2021 年消费需求可望进一步修复。模型预测，2021 年按可比价计算的支出法下居民消费将增长 8.77%，增速比 2020 年提升 10.62 个百分点；2022 年预计居民消费增速可提高至 7.79%。2021 年社会消费品零售总额名义增速可能达到 16.11%，比 2020 年提升 20.52 个百分点；2022 年，社会消费品零售总额名义增速略微回落至 10.26% 的水平。

分季度看，居民消费整体上呈渐进修复态势，2021 年第一季度，社会零售总额在翘尾作用下可能出现接近 30% 的较高名义增速，随后逐步回落。考虑 2020 年与 2021 年两年平均的季度同比增速，至 2021 年第三季度，居民消费基本可以回归长期增长路径（见图 14-24）。

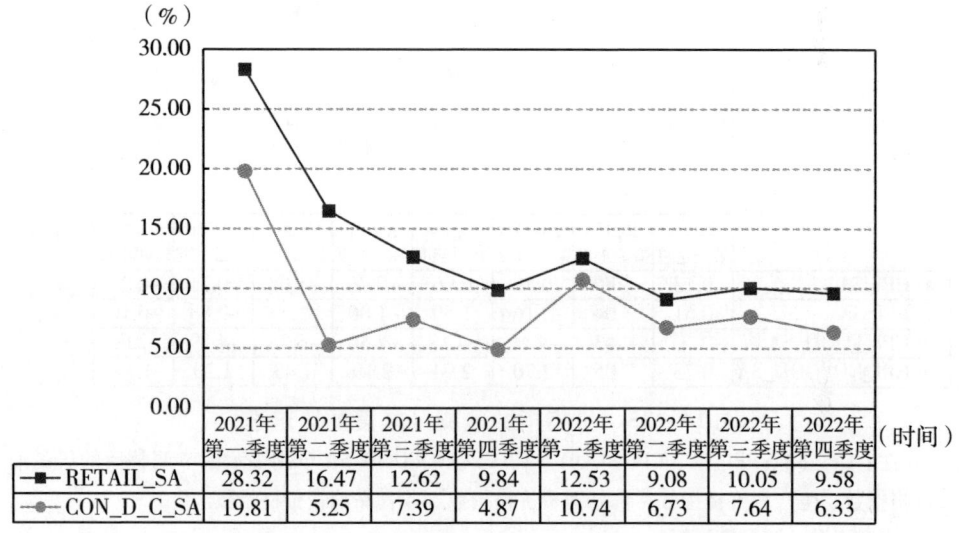

图 14-24　消费增速预测（季度同比增速）

注：CON_D_C_SA 表示居民消费总额（不变价）增速；RETAIL_SA 表示社会消费品零售总额（现价）增速。

资料来源：课题组计算。

4. 其他主要宏观经济指标增速预测

（1）主要价格指标增速预测。2020 年下半年，猪肉价格维持相对高位，为新一年的价格增长奠定了较高的基数水平。2021 年，在猪肉价格最终因供给能力提升而从高位逐步回落的基础判断下，食品价格指数预计将会收缩，一定程度上减抵需求修复带来的核心通胀上行，使 CPI 增速维持在较低水平。模型预测，2021 年，CPI 可能上涨 0.94%，涨幅比 2020 年降低 1.54 个百分点；2022 年，基数效应可能令 CPI 增速回落至 -0.70%。从季度变化上看，非食品价格指数变动相对平缓，首先随着需求修复逐步升至 2% 以上水平，再逐步回落至 1.2% 左右水平；而食品价格指数将在猪肉价格回落的主导下呈现较为强烈的季度波动，并进一步传导至 CPI（见图 14-25）。与此同时，模型预测，2021 年，PPI 预计将增长 1.78%，涨幅比 2020 年提升 3.62 个百分点；2022 年，PPI 可能再度转负，下跌 0.86%。

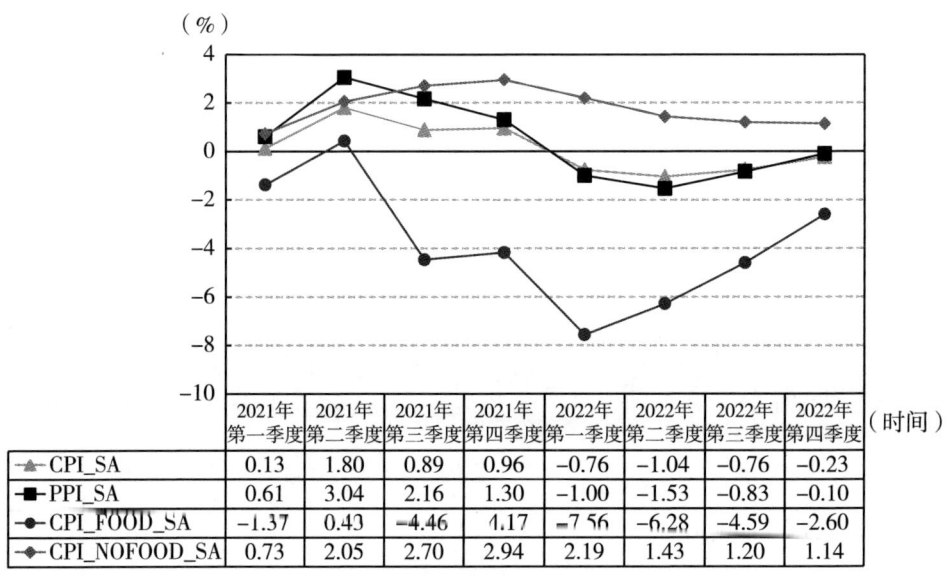

图 14-25 价格指数预测（季度同比增速）

注：CPI_SA、PPI_SA、CPI_FOOD_SA、CPI_NOFOOD_SA 分别表示季节调整后的居民消费价格指数、生产者价格指数、食品消费价格指数、非食品消费价格指数。

资料来源：课题组计算。

（2）进出口增速预测。2020 年，海外供应链受损导致相关外需转向我国，以及发达国家需求侧主导的大规模救助政策对消费需求的保护，在全球经济深度衰退的大背景下逆势提振了我国出口。模型预测，2021 年，中国货物出口总额（现价美元值）增速可达 14.44%，比 2020 年提升 11.26 个百分点；货物进口总额（现价美元值）可望增长 15.88%，比 2020 年提升 16.44 个百分点。2022 年，货物出口总额（现价美元值）和进口总额（现价美元值）将分别收缩 9.16% 和 11.97%（见表 14-3）。展望未来，出口受到诸多因素影响：一是疫情时间差和我国产业链优势产生的"供给替代"效应；二是国外经济基本面修复进程与需求侧刺激政策共同影响的基本需求变动；三是海外市场对中国供应能力信心的进一步巩固；四是后疫情时代全球化生产的分散化布局；五是中美贸易摩擦后续走向。其中，第三点与第四点需要在更长的时期内才能产生影响。基于拜登政府暂不调整自中国进口关税的假设，后续外贸增长的波动主要受"供给替代"效应消退与海外需求修复的主导。今年下半年，随着疫苗覆盖面的增长、海外供应能力的恢复，"供给替代"效应可能逐步趋于消退，而海外需求因前期已经受到数轮以需求侧为主导的大规模救助计划刺激，未必能够呈现出与经济增速回升相匹配的大规模反弹，或将带动出口增速转负。

表 14-3　　　　2021~2022 年中国进出口增速预测　　　　单位：%

币种	项目	2021 年各季度				2022 年各季度				2021 年全年	2022 年全年
		第一季度	第二季度	第三季度	第四季度	第一季度	第二季度	第三季度	第四季度		
美元现价	出口	45.85	20.87	5.99	-6.53	-15.33	-10.53	-5.94	-3.88	14.44	-9.16
	进口	28.11	32.39	7.82	-1.69	-18.49	-16.03	-7.48	-4.29	15.88	-11.97
人民币现价	出口	37.86	11.61	-0.88	-9.09	-18.76	-14.41	-8.58	-6.35	8.29	-12.34
	进口	21.10	22.24	0.84	-4.38	-21.80	-19.67	-10.08	-6.76	9.57	-15.06

资料来源：课题组计算。

第三节　政策模拟：促进居民消费增长的政策研究

一、概念界定与传导路径

1. 背景

2020 年，在全国人民的共同努力下，中国经济经受住新冠肺炎疫情的负面冲击，成为世界主要经济体中唯一取得正增长的经济体。从增长贡献率看，2020 年，经济增长的主要拉动力是投资。在三大需求中，资本形成总额对经济增长的贡献高达 94.1%，较 2019 年提高了 65.2 个百分点；货物和服务净出口的贡献为 28.0%，也较 2019 年提升了 15.4 个百分点；而唯有最终消费的贡献率出现大幅下降，由 2019 年的 58.6% 急剧减少到 2020 年的 -22.0%（见图 14-26）。受此影响，全年最终消费支出拉动 GDP 下降 0.5 个百分点，资本形成总额拉动 GDP 增长 2.2 个百分点，货物和服务净出口拉动 GDP 增长 0.7 个百分点。考虑到消费是投资的最终指向，也是经济增长的压舱石，如果消费持续萎靡不振，很可能会影响中国经济持续复苏的良好势头。

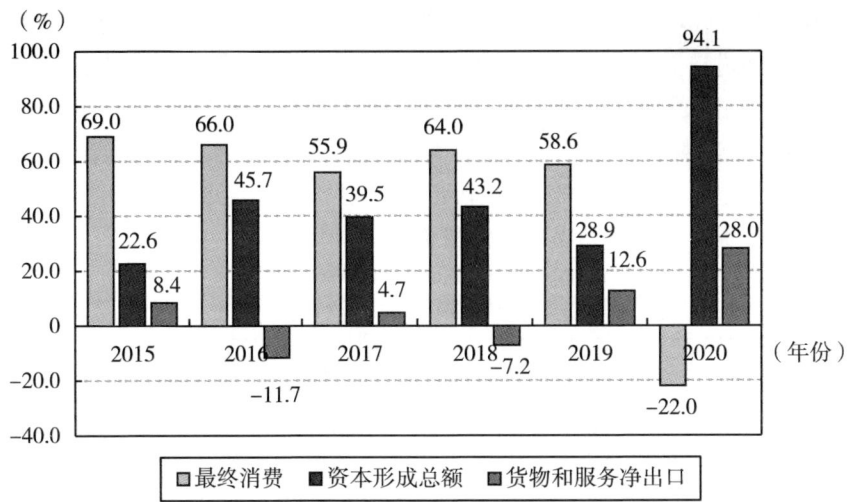

图 14-26　2015~2020 年三大需求对经济增长的贡献率

资料来源：根据 CEIC 数据整理。

为促进消费回暖，2020 年 12 月 16 日，中央经济工作会议明确提出，除了促进就业、完善社保、优化收入分配结构以外，还要"有序取消一些行政性限制消费购买的规定，充分挖掘县乡消费潜力""合理增加公共消费，提高教育、医疗、养老、育幼等公共服务支出效率"。2021 年 1 月 19 日，国家发展改革委指出，要"围绕提高居民消费能力、改善消费坏境、开拓消费新增长点等，精准加力施策，进一步发挥好消费对经济发展的基础性作用"。2021 年 3 月 12 日发布的《中华人民共和国国民经济和社会发展第十四个五年规划和 2035 年远景目标纲要》在第十四章"加快培育完整内需体系"中的"全面促进消费"一节提出，要"提升传统消费""培育新型消费""发展服务消费""加快线上线下融合发展"。同时，重申要"适当增加公共消费，提高公共服务支出效率""培育建设国际消费中心城市，打造一批区域消费中心""完善城乡融合消费网络，扩大电子商务进农村覆盖面，改善县域消费环境，推动农村消费梯次升级"等。可以看出，当前决策层更倾向于从优化消费环境来激励消费增长，包括完善社保、取消行政性限购、增加公共消费以引致私人消费、构建消费中心等。而对通过提高居民收入来促进居民消费增长的措施则不太重视，强调较为中长期的收入分配调整，缺乏更为直接、短期的提高居民收入措施主张，如提高个人所得税免征额、降低边际税率、加大对低收入群体的补贴力度等。①

---

① "十四五"规划中，在"全面促进消费"一节，只提及"采取增加居民收入与减负并举等措施，不断扩大中等收入群体，持续释放消费潜力"。

这里，课题组将关注合理增加公共消费来引致居民消费的效应研究。主要的考虑在于：首先，自 2020 年初新冠肺炎疫情冲击之后，几乎每一次重要的中央层面经济工作安排都会提及合理增加公共消费，[①] 显示出决策层对这一措施的重视；其次，与之相悖，学界对于合理增加公共消费的宏观经济效应特别是其对居民消费进而最终消费的作用却仍存在较大争议。甚至于，对于公共消费的定义都不甚明了，有待进一步科学认识。因此，要如何定义合理增加公共消费？公共消费是引致居民消费，抑或是挤出居民消费？具体的量化关系是多少？这些问题目前还均未找到有效的量化研究证据支持。

有鉴于此，课题组将先界定公共消费的定义范畴，然后在此基础上尝试利用 CQMM 模型来分析增加公共消费对中国宏观经济运行所可能产生的作用。我们将集中考虑两个层面的效应模拟。（1）考察增加公共消费的宏观经济效应。我们假定政府公共消费的增加是以政府投资的下降为前提，因此这一政策模拟并不会对财政支出的总量产生影响，而是涉及政府支出结构调整的宏观经济效应。（2）在前述政策模拟的基础上，进一步讨论增加公共消费与提高居民收入的效应差别。我们将做不同政策模拟的情景对比，看看究竟是增加公共消费较为合理，还是将公共消费的合理增加转换为居民收入的直接提升更有利于刺激经济增长和消费提升。

2. 公共消费概念界定

从定义上看，早期国内研究关于公共消费的定义较为广泛，大都是脱离了政府部门的局限，将之扩张为社会各部门的范畴。例如，尹世杰（1991）将公共消费定义为在社会成员集体范围内，共同进行的生活消费；厉以宁（1993）认为，公共消费是为满足人们共同需要的消费，由社会集体及居民团体等消费单位进行的对物质消费品和劳务的消费活动，是社会消费的一种基本形式；夏杰长等（1997）认为，公共消费是个体消费的一种特定存在形式，表现为群体的即社会公众的需要，通过公共消费来实现。

近年来，越来越多的研究开始将公共消费的定义缩小，将其专门界定于政府及其相关部门的消费支出。例如，罗新星等（2006）认为，公共消费是指各级政府、非营利组织和军队，为了开展日常活动或为公众提供公共服务的需要，从国内外市场购买货物和服务的行为；毛中根等（2007）提出，政府履行公共职能必须以公共服务为中心和重点，政府支出模式必须从政府投资转向政府消费，为社会全体居民提供良好的公共服务；许进杰（2015）将公共消费定义为政府

[①] 2020 年 3 月 27 日，习近平总书记主持召开的中共中央政治局会议首提"合理增加公共消费"。之后，几乎在每月的政治局会议研究部署中都会提及。

为了实现行政和社会管理职能的财政支出。

朱尔茜（2016）从统计、经济、社会三重意义上较为全面地定义了公共消费，认为统计意义上的公共消费，是在经济核算中被视为政府主体发生的、具有消耗性质的公共支出；经济意义上的公共消费，是公共支出中不能带来新价值，或者不能实现增值的部分；社会意义上的公共消费，是与人口、劳动力再生产直接相关的所有公共支出。这一定义，一方面继承了早期研究中关于公共消费的看法，将其置于社会意义的范畴之内；另一方面，也指出了公共消费的政府部门属性，强调公共消费在经济核算中的指标具象。

邵明波和胡志平（2021）进一步将以政府部门为主体发生的公共消费区别为三类：政府自身消费、社会性消费和公共消费性投资。其中，政府自身消费主要包括政府机构的行政成本，即自身消耗；社会性消费主要包括教育、医疗、就业、文体、养老等在内的提供给社会民众消费的各项社会保障和社会事业支出；公共消费性投资则是指本质目的是用于民众消费的政府投资性支出，如环境治理、公共交通、公共事业、防灾抗灾等项目建设。

总的来看，当前学界对于公共消费的定义仍存在争议。主要表现在：尽管越来越多的研究将公共消费限定于政府部门的公共支出，但是否据此就可以忽视社会其他部门的公共产品和公共服务支出，还未有定论。换言之，究竟应该从支出的主体来界定公共消费，还是从产品和服务的指向结果来界定公共消费，现有的研究仍未明确。抛开上述争议，结合当前提出"合理增加公共消费"的宏观经济运行背景，课题组认为：（1）公共消费的定义不应该被泛化，而应该强调其政府主体属性。当前消费萎靡不振的原因，部分是由于疫情管控措施带来的民众社会活动的减少造成的，即居民消费的被动压制，部分则是源于经济增长放缓以及对未来就业和收入的不确定引致的，即居民消费的主动调整。在此背景下，以政府为主体的公共消费支出将对居民消费的下降产生弥补效应。这既是客观上稳住最终消费增长进而稳住经济增长的无奈之举，也是决策层主观上希望通过刺激有效需求进而带动居民消费上涨的必要手段。（2）如果将公共消费视为居民消费的一部分，那么，合理增加公共消费的执行主体就应该是居民。为此，增加公共消费与增加居民消费就没有本质差别，不符合中央政府对于增加公共消费的提法定位，特别是"合理"二字将无从解释。

据此判断，课题组将把公共消费的定义界定在以政府部门为主体的公共支出。同时，为契合 CQMM 模型的设定，我们首先将以政府财政支出来表征政府公共部门的支出；其次将政府部门支出区分为生产性财政支出和非生产性财政支出，其中，生产性财政支出将主要作用于国有和私营两大分类投资，非生产性财政支出则进一步区分为一般公共服务支出和以科教文卫等支出为主体的社会事业和社会保障支出,并分别对应政府行政消费和政府公共消费;最后政府行政消费和政府公共消费将构成支出法下政府消费的主要组成部分,进而最终作用于最终消费的变化(具体的传递路径见图14-27)。

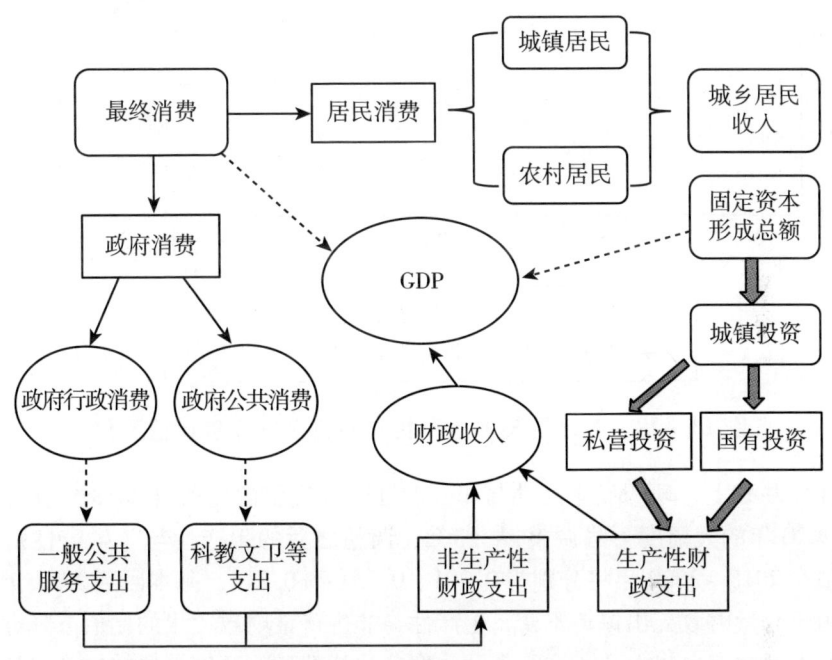

图14-27 CQMM框架下的政府公共消费作用传递

注:图中实线箭头指向的变量表示解释变量;虚线箭头指向的变量表示等价变量或构成变量。

二、模拟情景设定

1. 情景Ⅰ的设定

从财政支出的构成上看,2007年之后,生产性财政支出在财政支出中的比重稳步提升,① 其与非生产性财政支出的比值由2007年的0.208持续提高到2015年的0.351。随后数年,基本稳定在0.32~0.33的水平。到2020年,该比值才大幅下降为0.295(见图14-28)。

---

① 简便起见,这里生产性财政支出的指标主要包括一般公共预算中的城乡社区事务支出、农林水事务支出以及交通运输支出,非生产性财政支出则是以一般公共预算支出减去生产性财政支出。

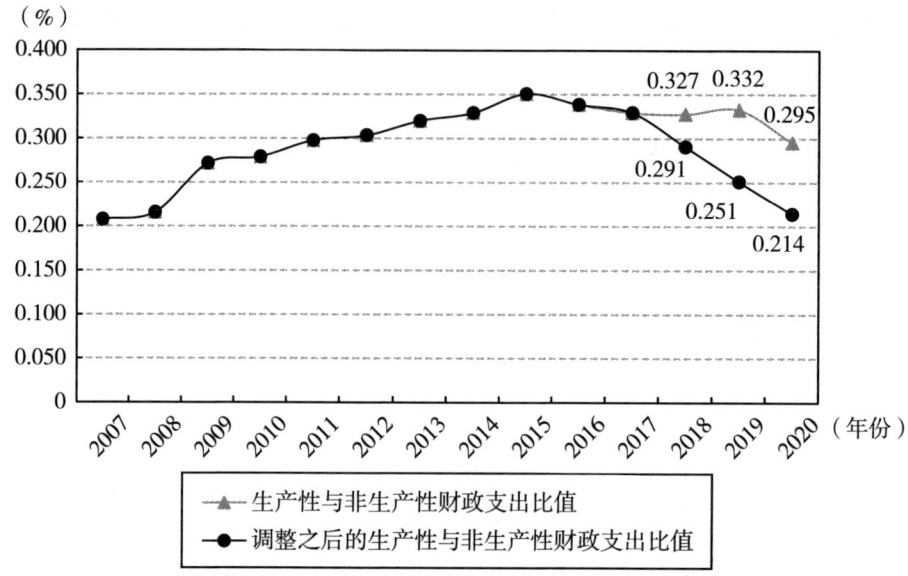

图 14-28 生产性与非生产性财政支出的年度比值变化

在此基础上,现假设生产性与非生产性财政支出的比值自 2018 年就开始出现如 2020 年的大幅度下降调整,① 那么,调整之后的生产性与非生产性财政支出比值在 2018~2020 年将分别为 0.291、0.251 和 0.214,基本回到 2007 年的水平。由于总量财政支出保持不变,生产性与非生产性财政支出的比值下降意味着非生产性财政支出将上涨。这将带动政府公共消费进而政府消费的提升,从而实现前述第一种政策模拟的结果。事实上,从效应传递的结果看,在调整了生产性与非生产性财政支出的比值之后,2018~2020 年,政府公共消费占政府消费的比重将分别较实际值提高 0.2%、0.8% 和 0.9%(见表 14-4)。

表 14-4   调整之后的政府公共消费和政府消费比重变化   单位:%

年份	政府公共消费占政府消费比重			政府消费占最终消费比重		
	实际值	调整值	差距	实际值	调整值	差距
2018	63.4	63.6	0.2	30.0	30.6	0.6
2019	63.3	64.1	0.8	29.9	31.5	1.6
2020	66.1	67.0	0.9	30.1	32.0	1.9

注:表中差距表示用调整值减去实际值。

---

① 分季度看,2020 年第一季度到第四季度,生产性与非生产性财政支出的比值分别下降 0.044、0.035、0.059 和 0.015。因此,假定自 2018 年起,对应的生产性与非生产性财政支出比值就较上一年各季度减少相应的上述数值,之后再整理成年度数据,可得调整之后的生产性与非生产性财政支出。

综合上述讨论，情景Ⅰ的政策模拟假定可描述如下：

情景Ⅰ：调低生产性与非生产性财政支出的比值，同时保持政府财政支出总量不变，以增加非生产性财政支出进而提升政府公共消费，并在此基础上，分析其他主要宏观经济变量的变化情况。

从绝对数看，在调低生产性与非生产性财政支出比值同时保持财政支出总量不变之后，2018～2020年，非生产性财政支出将大幅增加4 756.8亿元、11 636.6亿元和12 670.0亿元。[①] 与之对应，生产性财政支出将对应减少相同的数量。不过，考虑到非生产性财政支出和生产性财政支出在模型中都属于内生变量，其最终的变化还要取决于模型综合作用的结果。

2. 情景Ⅱ的设定

在情景Ⅰ的基础上，课题组将进一步讨论增加公共消费与提高居民收入的效应差别。为实现这一目的，我们将与情景Ⅰ中等量减少的生产性财政支出转移到居民收入，以激励其增加消费。具体做法是，先将每季度减少的生产性财政支出人口总量转换为人均数据，然后再将人均数据附加到城镇居民和农村居民的人均可支配收入，得到新的城镇和农村居民人均可支配收入数据。数据显示，2018～2020年，调整之后可比价的城镇和农村居民可支配收入将分别较原有水平提高到278.4元、663.1元和696.6元。综上，情景Ⅱ设定的描述可写成：

情景Ⅱ：将情景Ⅰ中减少的生产性财政支出直接转移到城镇和农村居民的可支配收入，并在此基础上，分析主要宏观经济变量的变化情况。

三、政策模拟结果分析

1. GDP增速的变动

（1）两种模拟情景下，GDP的增速变化均较基准值出现下降。其中，2018～2020年，情景Ⅰ的GDP增速分别较基准值下降1.1个、1.7个和0.9个百分点；情景Ⅱ的GDP增速分别较基准值下降0.5个、1.0个和0.8个百分点（见图14-29）。导致经济增长下降的主要原因是生产性财政支出的减少压低了投资进而拉动经济增长减速。由于投资对经济增长的作用要远大于政府消费，因此，同等数量的生产性财政支出下降对经济增长的负向效应要超过非生产性财政支出增加对经济增长的正向效应，造成经济增速下降。

[①] 分季度看，2018年四个季度，非生产性财政支出分别增加2 168.9亿元、-502.5亿元、2 237.3亿元和853.2亿元；2019年四个季度分别增加5 532.4亿元、743.1亿元、3 737.3亿元和1 623.8亿元；2020年四个季度分别增加5 609.6亿元、737.8亿元、4 381.7亿元和1 940.8亿元。

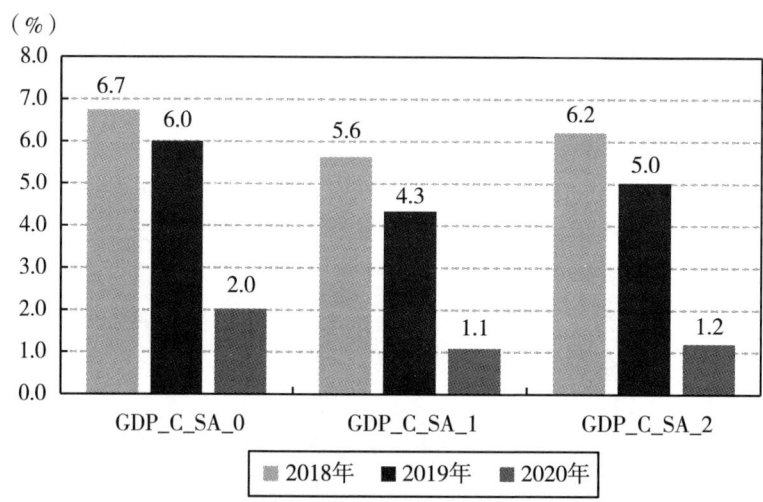

图 14-29　不同情景下的经济增速 GDP 变化对比

注：GDP_C_SA_0 表示基准模拟情景下的 GDP 增速，GDP_C_SA_1 表示模拟情景Ⅰ下的 GDP 增速，GDP_C_SA_2 表示模拟情景Ⅱ下的 GDP 增速；后缀"_0"表示基准模拟情景，后缀"_1"表示模拟情景Ⅰ，后缀"_2"表示模拟情景Ⅱ。以下各图中的变量情景定义相同。

（2）对比情景Ⅰ和情景Ⅱ，容易看出，情景Ⅱ的经济增速要快于情景Ⅰ。2018～2020 年，情景Ⅱ下的 GDP 增速分别为 6.2%、5.0% 和 1.2%，要高出情景Ⅰ下的 GDP 增速 0.6 个、0.7 个和 0.1 个百分点。这意味着，与增加政府公共消费相比，通过收入再次分配的调整，直接增加对居民收入的转移支付进而提高居民收入将会对经济增长产生更大的激励作用。

此外，从趋势上看，2020 年两种情景下的 GDP 增速差异较 2018 年、2019 年明显缩小，这说明，提高居民收入对经济增长的促进作用可能在短期内会更优于增加政府公共消费，长期中则基本持平。

2. 消费增速的变动

（1）两种模拟情景下，可比价居民消费的增速变化出现分化。其中，模拟期内，情景Ⅰ下的居民消费增速分别较基准值下降 1.0 个、1.5 个和 0.8 个百分点；而情景Ⅱ下的居民消费增速在 2018 年和 2019 年分别较基准值提高 1.6 个和 1.1 个百分点，在 2020 年则小幅下降 0.2 个百分点［见图 14-30（a）］。可见，在情景Ⅰ的设定下，政府消费的增加会对居民消费形成替代效应，从而在一定程度上挤出居民消费；而情景Ⅱ中，居民可支配收入的提高则会较直接地促进居民消费增加。因此，如果宏观政策的目标是激发居民消费，那么，相对于增加政府公共消费的"迂回"政策，直接提高居民收入的措施将更有助于宏观调控目标的实现。

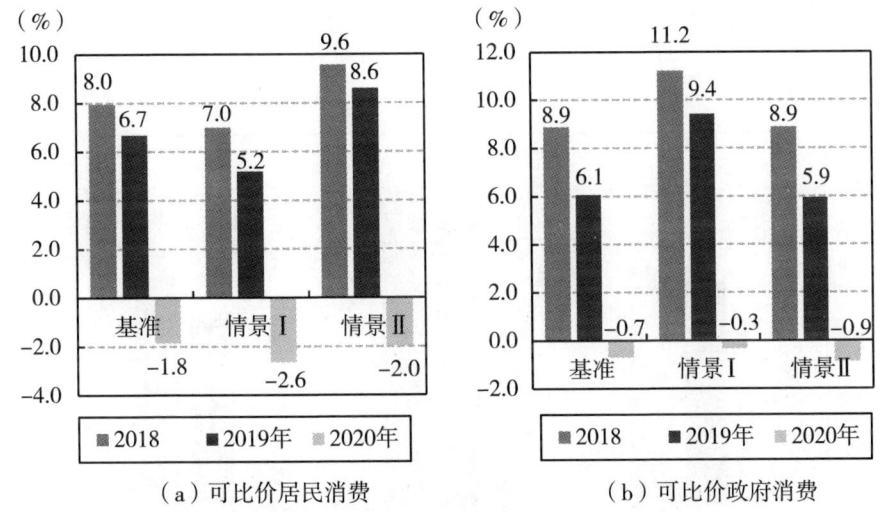

图14-30 不同情景下的居民消费和政府消费变化

（2）从可比价政府消费看，2018~2020年，情景Ⅰ下的政府消费增速分别较基准值提高2.3个、3.3个和0.4个百分点；而情景Ⅱ下的政府消费增速则基本与基准模拟值持平。其中，2018年二者增速相等，2019年和2020年，情景Ⅱ的政府消费增速均要比基准情景下的政府消费增速小幅下降0.2个百分点［见图14-30（b）］。因此可以看出，情景Ⅰ的政策实施会更有利于政府消费的提升，而情景Ⅱ的政策实施则更有利于居民消费，模型模拟的结果符合情景设定预期。

（3）在此基础上，结合政府消费和居民消费，从最终消费占GDP的比重变化看，情景Ⅱ下的最终消费占GDP的比重要明显高于情景Ⅰ和基准模拟下的最终消费占比。2018~2020年，情景Ⅱ下的最终消费占GDP比重分别为55.5%、57.0%和55.4%，分别高出同时期情景Ⅰ下的最终消费占比0.3个、0.6个和0.7个百分点，高出基准模拟情景下的最终消费占比0.9个、2.1个和2.4个百分点（见图14-31）。因此，综合来看，与增加政府公共消费相比，提高居民收入更有助于提升消费之于经济增长的贡献，进而改善和优化总需求结构，促进经济更加健康持续稳定、更高质量地增长。

（4）从社会消费品零售总额的增速看，模拟期间内，情景Ⅱ下的社会消费品零售总额增速分别为3.6%、9.0%和-3.6%，分别比情景Ⅰ下的同期社会消费品零售总额增速提高0.6个、1.7个和1.4个百分点，较基准模拟情景下的同期社会消费品零售总额增速提高 0.4 个、1.0 个和 0.7 个百分点（见图 14-32）。容易看出，在情景 Ⅰ 下，社会消费品零售总额增速不仅没有高于基准模拟值，反而均要低于基准模拟值。这表明，在情景 Ⅰ 下，尽管政府消费增速会提高，但由于居民消费增速下降，社会消费品零售总额增速也不升反降。

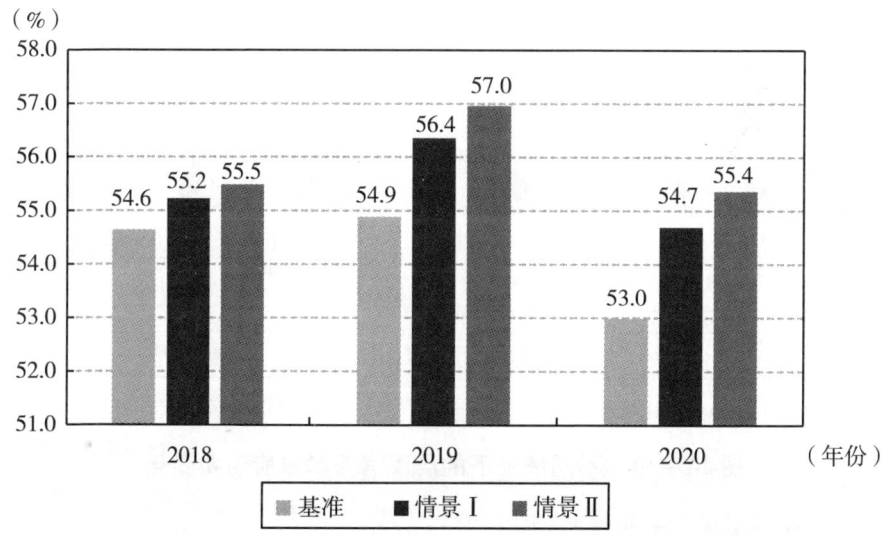

图 14-31　不同情景下最终消费占 GDP 比重变化

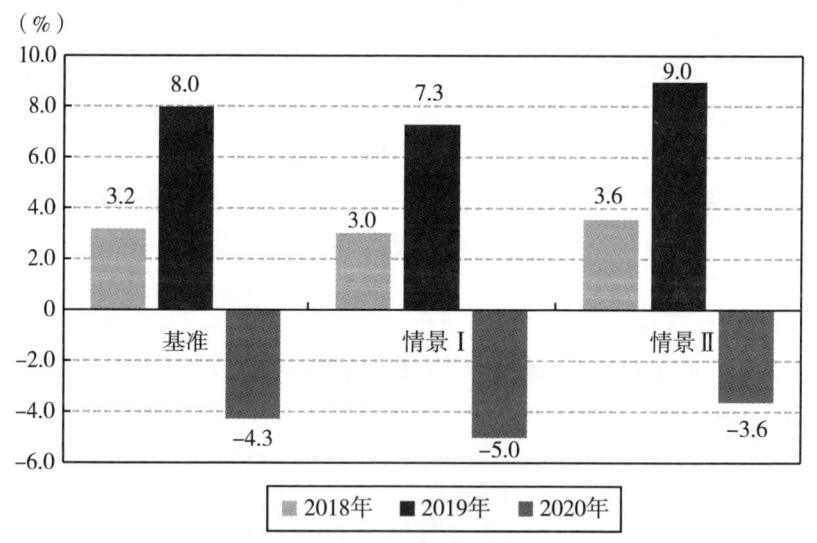

图 14-32　不同情景下社会消费品零售总额增速的变化

（5）从城乡居民消费看，情景Ⅰ下的城镇和农村居民消费增速均较基准值有不同程度的下降，而在情景Ⅱ下，城镇和农村居民消费增速则基本上都有所提高，再次证实提高居民收入较之增加政府公共消费更能促进居民消费的增长。进一步地，相对于城镇居民消费，农村居民在情景Ⅰ下的增速较基准值下降得更快，而在情景Ⅱ下，其增速反而会较基准值增长得更快（见表14-5）。这说明，通过增加政府公共消费的方式来促进居民消费，会对城镇居民更有利一些，而对农村居民则会挤出得更快。与之对比，提高居民收入更能促使农村居民消费增速加快。考虑到当前农村地区是我国挖潜消费增长潜力的重要依托，通过提高居民收入的方式来增进居民消费无疑将更符合国家层面的决策需要。

表14-5　　　　　不同情景下城乡居民消费增速变化　　　　　单位:%

年份	可比价农村居民消费增速			可比价城镇居民消费增速		
	基准值	情景Ⅰ	之差	基准值	情景Ⅰ	之差
2018	9.2	8.0	-1.2	4.6	3.8	-0.8
2019	8.1	6.2	-1.9	4.5	3.3	-1.3
2020	8.6	7.4	-1.2	-5.9	-6.6	-0.7
年份	基准值	情景Ⅱ	之差	基准值	情景Ⅱ	之差
2018	9.2	11.5	2.3	4.6	5.6	0.9
2019	8.1	10.8	2.8	4.5	5.8	1.2
2020	8.6	8.5	-0.1	-5.9	-5.8	0.1

注："之差"表示用情景Ⅰ或情景Ⅱ的数值减去基准值。

3. 投资增速的变动

受生产性财政支出下降的影响，两种情景模拟下的城镇固定资产投资总额增速均出现了大幅度的下降。其中，2018~2020年，情景Ⅰ下的城镇固定资产投资总额增速分别为1.9%、-0.9%和-2.1%，较基准模拟值分别下降4.1个、6.4个和2.7个百分点；情景Ⅱ下的城镇固定资产投资总额增速变化也基本类似（见图14-33）。

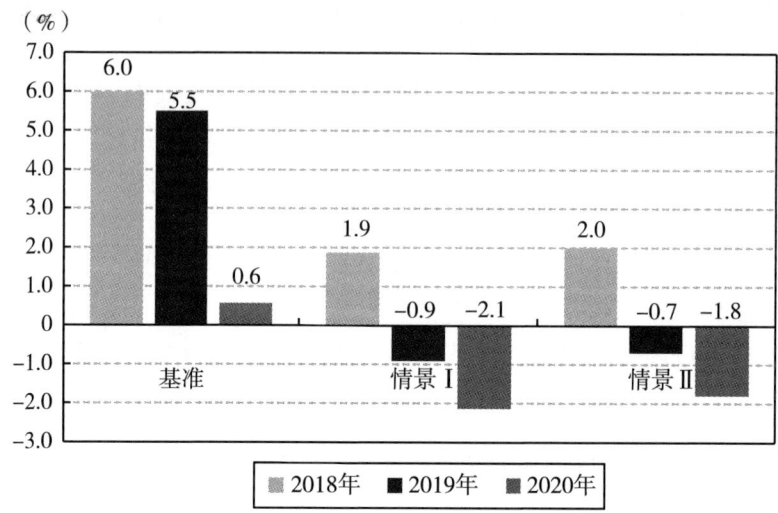

图 14-33　不同情景下城镇固定资产投资总额增速的变化

第四节　结论与建议

利用 CQMM 模型，以 2018~2020 年为模拟时期样本，课题组考察了政府公共消费增加的宏观经济效应，并在此基础上，将之与直接提高居民收入的政策效应进行比较。结果显示：

（1）在财政支出总量保持不变的前提下，政府公共消费的增加会提高最终消费在经济中的比重，但对居民消费反而存在挤出效应。同时，由于生产性财政支出的减少会导致投资下降，使得经济增长减速，最终政府公共消费的增加并不能产生能够兼顾最终消费和经济增长双重目标的增长效应。最终消费的比重提高更多是由于 GDP 的更快下降造成的。

（2）与之相比，提高居民收入尽管也无法完全抵消因投资下降引起的经济增长减速，但相较于增加政府公共消费的方式，其对居民消费、最终消费以及社会消费品零售总额增速的激励效应更强，经济增长的速度也会更快。"两害相权取其轻"，仅从主要消费指标层面，无疑提高居民收入的方式要优于增加政府公共消费。

（3）通过提高居民收入的方式来促进居民消费也会更有利于改善和优化总需求结构，对农村居民消费增长的正向激励作用也会更大。这有助于进一步挖掘和释放广大农村市场的消费潜力。

（4）两种情景下，城镇固定资产投资总额的增速均出现下降。其中的原因是课题组在情景假定中控制了财政支出的总量规模不变，从而使得政府消费或居民收入的提高均是以生产性支出的下降为代价的。如果放松这一假设，通过债务融资的方式或是国有企业经营利润全民分红的方式，投资增速未必出现下降，经济增长也不一定因此而出现减速。

综上所述，模型模拟的结果揭示，在当前消费特别是居民消费增长乏力的背景下，要激发居民消费的热情，其根本还应该是放在千方百计地提高居民收入上，而非将工作的重点放在消费环境的改善，或是希冀通过增加政府公共消费来挤入居民消费。事实上，在经济增长减速的前提下，政府消费不仅不会对居民消费产生互补效应，反而更可能对居民消费产生替代效应，进而挤出居民消费。基于此，课题组认为，提高居民消费的根本在于增加居民收入。而要增加居民收入，一方面，可以通过扩大就业数量、增加困难群体就业机会、增进就业质量、提高工资水平等市场化层面的措施来加以改善；另一方面，也可以通过增加对个人尤其是低收入群体的转移支付、进一步优化个税改革、降低中间收入群体的税负水平、调整"减税降费"政策作用方向等政府财政和金融层面的措施支持。

参考文献

[1] 厉以宁. 市场经济大辞典 [M]. 新华出版社，1993.

[2] 罗新星，潘彬，邓国强. 基于公共消费视角的公共采购组织模式比较研究 [J]. 消费经济，2006（1）：50-52.

[3] 毛中根. 政府责任与政府公共消费支出 [J]. 消费经济，2007（2）：73-76.

[4] 邵明波，胡志平. 居民消费高质量增长机制：优化公共消费 [J]. 社会科学研究，2021（1）：114-122.

[5] 夏杰长，任天飞. 城市公共消费的财政学思考 [J]. 南方经济，1997（5）：31-32.

[6] 尹世杰. 当代消费经济辞典 [M]. 西南财经大学出版社，1991.

[7] 朱尔茜. 公共消费的理论创新与政策选择 [J]. 财经理论与实践，2016（1）：129-133.

第十五章 2021年秋季中国宏观经济预测

第一节 2021年上半年中国宏观经济运行回顾

2021年上半年,中国实际GDP同比增长12.7%,两年年均复合增速5.3%,经济整体运行在合理区间内。第一季度GDP两年年均复合增速5.0%,第二季度两年年均复合增速5.5%,较第一季度提高0.5个百分点,显示出中国经济稳中加固、稳中向好的态势。

具体来看,上半年中国宏观经济运行呈现出以下几个特点:

(1) 生产景气度延续,内生动能修复较慢;
(2) 就业形势总体稳定,PPI和CPI剪刀差扩大;
(3) 固定资产投资持续恢复,制造业投资提速;
(4) 消费能力整体复苏,但修复动力和空间有限;
(5) 外贸增长仍超预期,贸易结构继续优化;
(6) 货币政策回归常态,社融维持较大规模;
(7) 财政收支缺口加大,地方政府债后置发行。

一、生产景气度延续,内生动能修复较慢

从供给侧看,服务业生产加速追赶工业生产,供给结构出现改善。2021年第二季度,第一、第二、第三产业当季

两年年均复合增速分别为5.4%、6.1%、5.1%，较第一季度分别提升3.1个、0.1个、0.4个百分点，服务业增速明显提升，但距离疫情前仍有差距（见图15-1）。

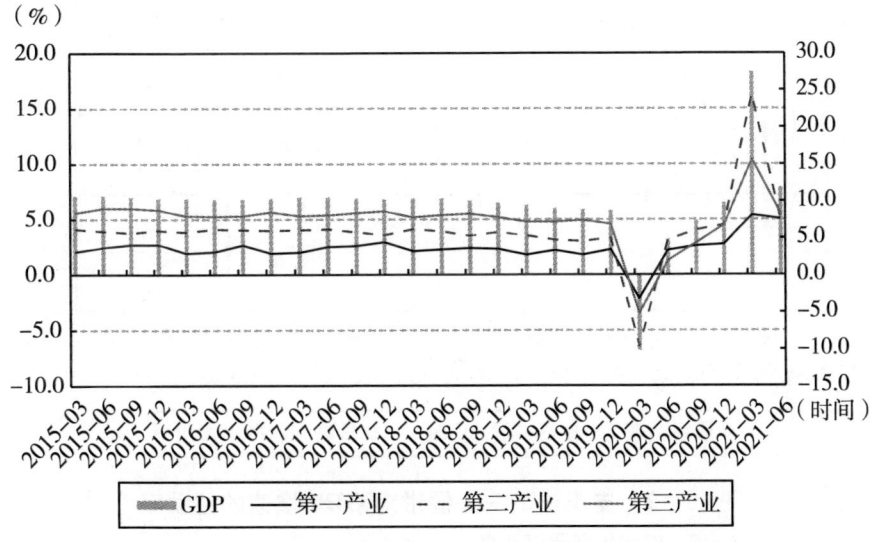

图15-1 实际GDP和三次产业增加值季度同比增速

资料来源：CEIC，CQMM课题组计算。

从需求端看，2021年第一季度最终消费支出、资本形成总额、货物和服务净流出对GDP增速的拉动率分别为9.8个、4.1个、4.4个百分点；第二季度分别为6.1个、1.0个、0.8个百分点。表明在国内疫情得到有效控制后，消费重新成为拉动GDP增长的主要力量；而出口增长继续超乎预期的表现，则使得货物和服务净流出继续成为拉动GDP增长的生力军（见图15-2）。

2021年上半年，全国规模以上工业增加值同比增长15.9%，两年年均复合增速7.0%，比第一季度加快0.2个百分点，工业生产整体较强。但从当月增速看，6月份规模以上工业增加值同比增长8.3%，两年年均复合增速6.5%，较5月份回落0.1个百分点，连续两个月边际放缓。

从三大门类看，采矿业和制造业是拖累工业生产反弹的主因。6月份，制造业增加值两年年均复合增速6.9%，较5月份回落0.2个百分点，回落幅度高出全部工业0.1个百分点。同时，受碳达峰碳中和目标下环保趋严影响，采矿业增加值两年年均复合增速1.2%，较5月份大幅回落0.9个百分点，回落幅度高出全部工业0.8个百分点。相比之下，受益于专项债发行提速、财政支出加快，电力热力燃气及水生产和供应业增加值两年年均复合增速8.5%，高于全部工业2.0个百分点，也较5月份提高1.3个百分点。

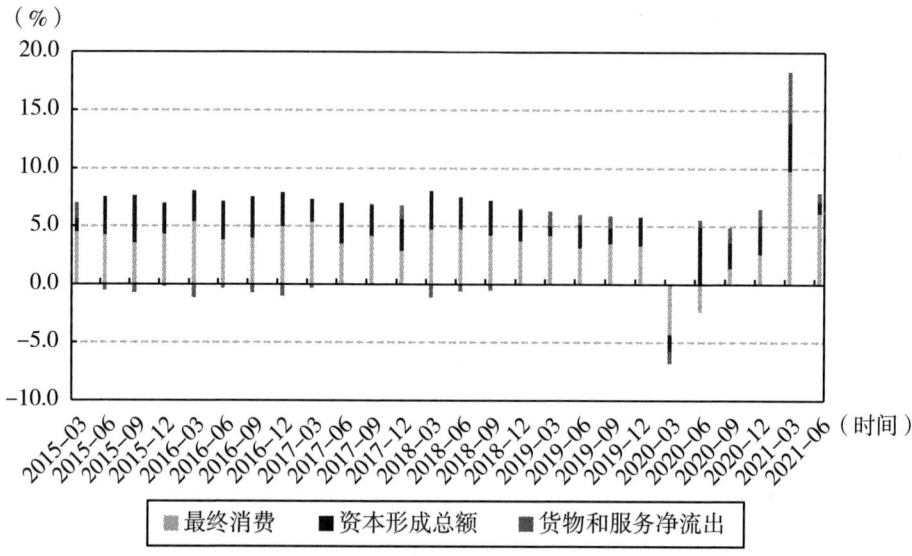

图 15-2　支出法下三大需求对 GDP 增速的拉动率

资料来源：CEIC，CQMM 课题组计算。

从结构上看，高技术制造业加速领跑，新动能持续增强。2021 年上半年，规模以上高技术制造业增加值两年年均复合增速 13.2%，比第一季度加快 0.9 个百分点；高技术制造业投资两年年均复合增速 17.1%，高于第一季度 6.4 个百分点（见图 15-3）。

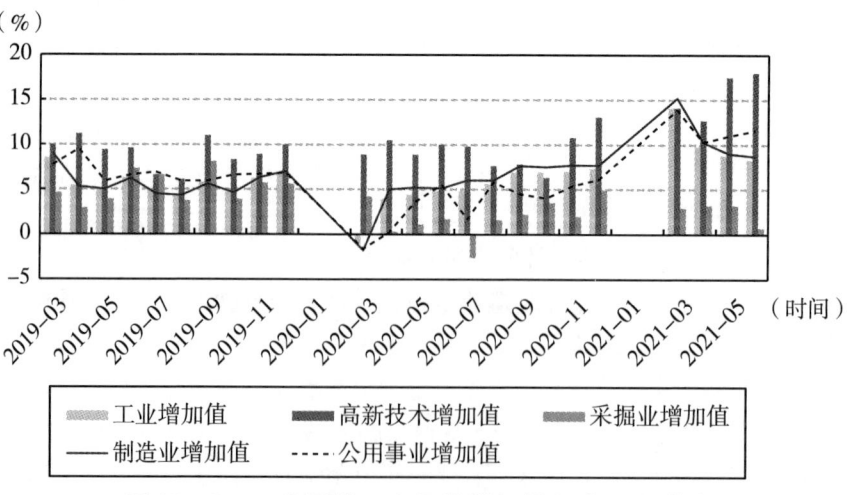

图 15-3　工业及其三大门类增加值月度同比增速

资料来源：CEIC，CQMM 课题组计算。

二、就业形势总体稳定，PPI 和 CPI 剪刀差扩大

2021 年上半年，全国城镇调查失业率平均为 5.2%，比上年同期下降 0.6 个百分点，比第一季度下降 0.2 个百分点。从各月的情况看，除了 2 月份为 5.5% 之外，其他几个月都在 5.5% 以下。5 月份和 6 月份全国城镇调查失业率都是 5%，均比上年同月下降 0.7 个百分点。城镇调查失业率的回落，主要归因于经济持续稳定恢复和一系列减负稳岗扩就业政策的作用。从主要劳动年龄人口失业率来看，25～59 岁劳动年龄人口失业率 6 月份降至 4.2%，比上年同月下降 1 个百分点。从月度环比看，也呈持续回落态势（见图 15-4）。

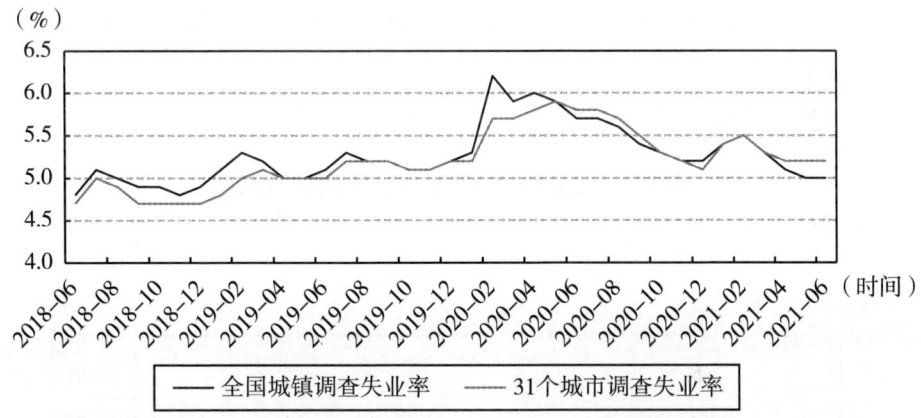

图 15-4　全国城镇调查失业率和 31 个大城市城镇调查失业率的变动
资料来源：CEIC，CQMM 课题组计算。

物价方面，2021 年上半年，居民消费价格指数（CPI）各月涨幅在 -0.3～1.3 波动，呈现温和上涨的局面。猪肉是食品价格的主要拖累项。受生猪集中出栏供给大幅增加和需求季节性走弱叠加影响，猪肉价格环比逐月下跌；同时受夏季大量商品上市影响，鲜菜、鲜果等食品价格同比增幅也十分有限。油价回升、价格传导带动非食品价格略升，但疫情反复制约了其幅度（见图 15-5）。

2021 年上半年，大宗商品价格大幅上涨，导致生产者价格指数（PPI）持续走高，涨幅由 1 月的 0.3 急速攀升至 5 月的 9.0 和 6 月的 8.8（见图 15-6）。全球大宗商品价格的快速上扬，受到供需两方面因素的共同推动：从需求侧看，全球宽松的流动性、中美制造业的恢复性需求以及中国有韧性的地产需求，分别是石油、钢铁、煤炭、有色金属及其他非金属矿产价格快速上涨的诱因；从供给侧看，全球航运瓶颈难消、澳煤等产品进口受限以及碳达峰碳中和的约束，对大宗商品价格上涨起到推波助澜的作用。

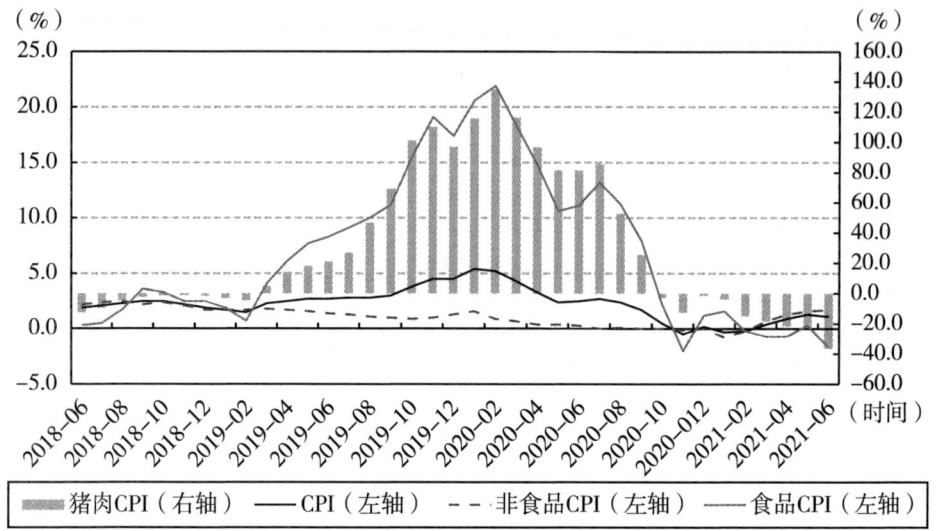

图 15-5　CPI 和非食品 CPI 同比变动

资料来源：CEIC，CQMM 课题组计算。

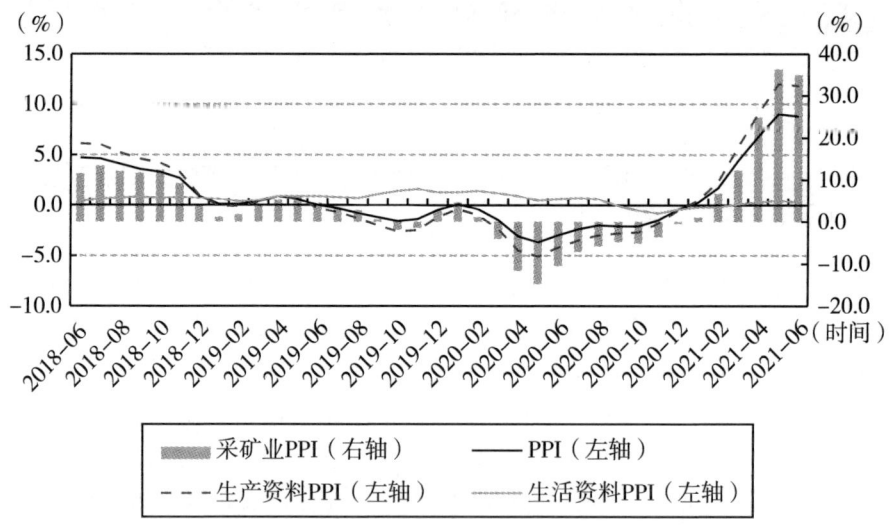

图 15-6　PPI 月度同比涨幅

资料来源：CEIC，CQMM 课题组计算。

上半年，PPI 和 CPI 之间剪刀差持续扩大，主要原因在于能源价格上扬所带来的非对称冲击（见图 15-7）。尽管二者差距的拉大通常意味着企业利润和经济动能的持续修复，但本轮 PPI 上行结构性特征显著，在国内需求恢复偏慢的情况下，上游向中下游行业转移成本能力较弱，导致上游原材料上涨对中下游利润的挤占作用较强，进而压制中下游企业投资扩产意愿，不利于国内经济动能的恢复。

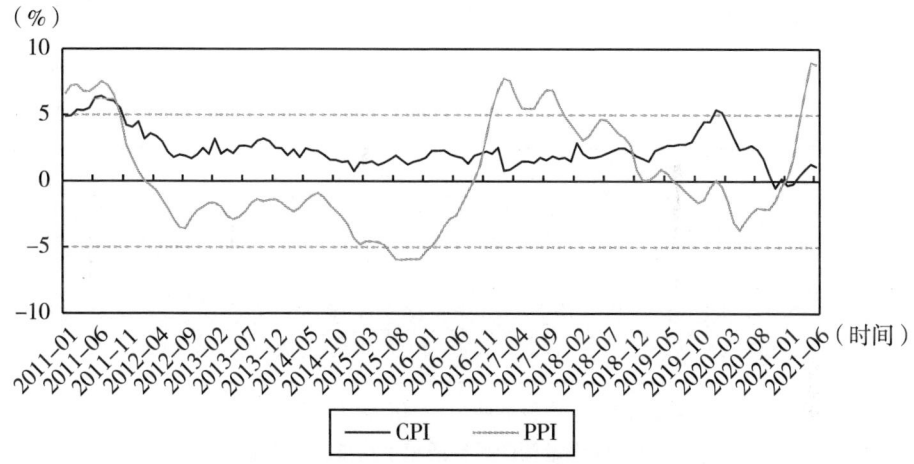

图 15－7　CPI 和 PPI 月度同比增速

资料来源：CEIC，CQMM 课题组计算。

三、固定资产投资持续恢复，制造业投资提速

2021 年上半年，全社会固定资产投资同比增长 12.6%，两年年均复合增速 4.4%，比第一季度加快 1.5 个百分点，仍低于 2019 年 5% 左右的增速水平（见图 15－8）。国内投资增速继续向上修复，但距疫情前水平仍有差距，显示国内投资动能修复速度缓慢。民间固定资产投资同比增长 15.4%，两年年均复合增速 3.8%，基本上恢复到疫情前的水平。这主要是因为民营经济是制造业出口的绝对主体，因而在外贸超乎预期增长的背景下，不少外向型民营企业的生产经营得到明显修复。

分类别看，制造业投资整体恢复缓慢，结构分化明显。制造业投资两年年均复合增长 2.59%。主要行业投资增速（两年平均复合）分化明显，食品、金属制品业、通用设备、纺织、汽车增速为负，而计算机通信、医药、专用设备、化工等行业投资增速较高。

基础设施投资缓慢提速。上半年基础设施投资累计增长 7.8%，平均复合增长 2.42%，增速仍低于疫情之前。

受专项债发行节奏后移、一般公共财政基建支持偏弱影响，上半年基础设施建设投资和基础设施建设投资（不含电力）分别同比增长 7.2% 和 7.8%，两年平均增速分别为 3.5% 和 2.4%，分别较上月提高 0.2 个百分点和回落 0.2 个百分点，整体依然较为低迷（见图 15－9）。

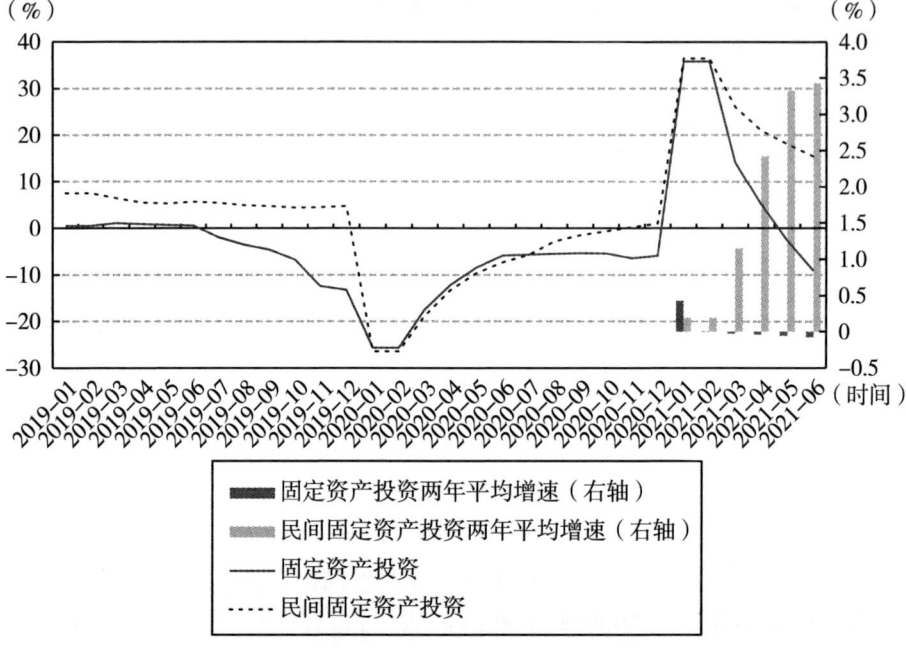

图 15-8 固定资产投资和民间固定资产投资累计同比增速

资料来源：CEIC。

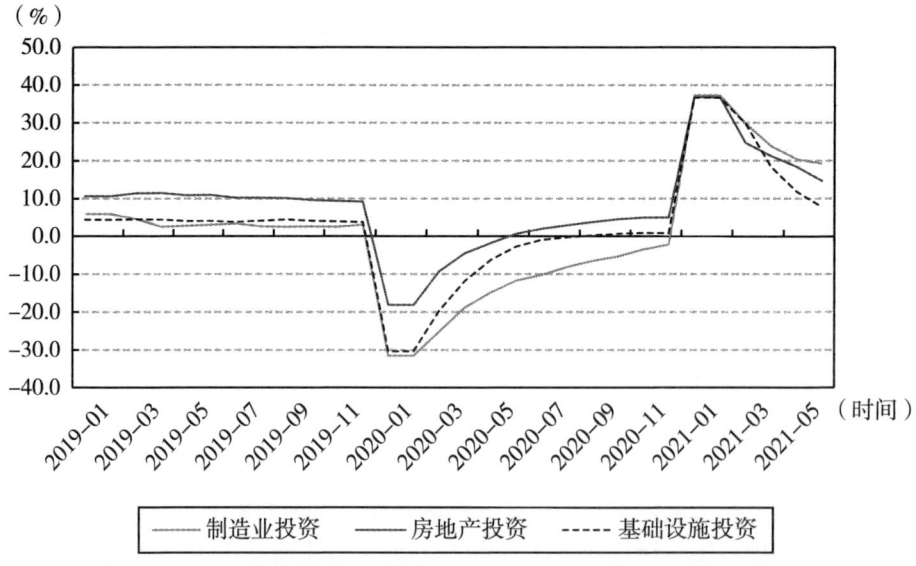

图 15-9 制造业、基础设施和房地产投资累计同比增速

资料来源：CEIC，CQMM 课题组计算。

四、消费能力整体复苏,但修复动力和空间有限

2021年上半年,社会消费品零售总额同比增长23.0%,两年年均复合增速4.4%;其中第二季度同比增长13.9%,两年平均增长4.6%;距离疫情前水平仍有较大差距,还在常态化修复途中。按消费类型分,商品零售同比增长20.6%,两年年均复合增速4.9%;餐饮收入同比增长48.6%,规模与2019年上半年基本持平(见图15-10)。

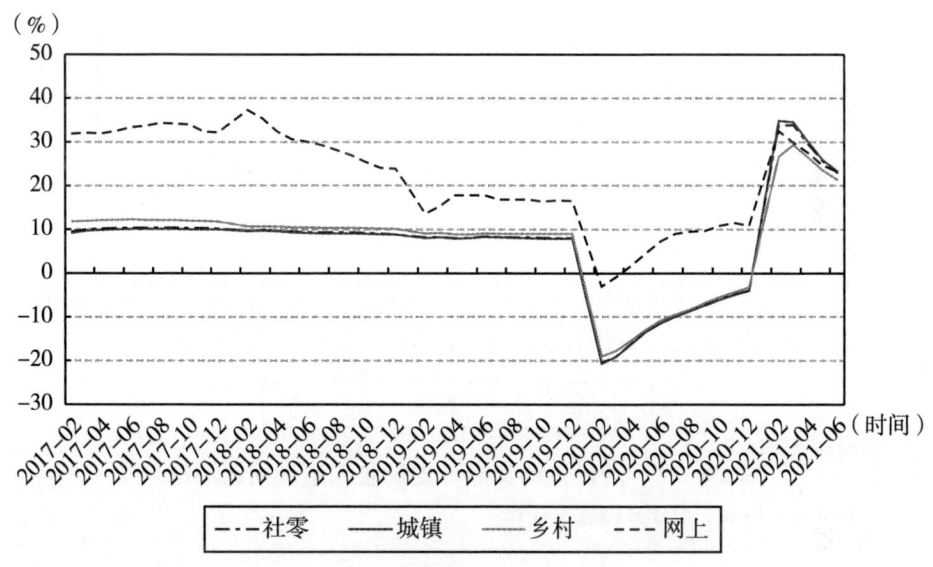

图15-10 社会消费品零售总额累计同比增速

资料来源:CEIC,CQMM课题组计算。

分商品种类看,限额以上商品零售放缓主要是因为受汽车"缺芯"和前期促消费政策透支效应的影响,占商品零售比重约30%的汽车消费持续下滑;相比之下,通信器材、办公用品、饮料、食品、烟酒等生活办公类消费品两年平均增速逐步恢复。往后看,虽然中国限额以上商品零售早已恢复疫情前常态水平,但汽车"缺芯"拖累的短期问题难以改善,预计未来限额以上商品零售修复动力和空间有限,消费恢复主要依赖于限额以下商品和餐饮消费的改善。

新兴消费方面,网上消费、消费升级类商品均实现快速增长。上半年全国网上零售额两年年均复合增速15.0%,较第一季度再度提高1.5个百分点。此外,通信器材类、化妆品类、文化办公用品类等"升级类"消费品两年年均复合增速也超过10%。

消费的常态化复苏,可能受益于低收入群体消费的改善,而这主要源于国内

企业盈利持续改善和服务业恢复提速下，国内就业形势好转，带动居民收入特别是低收入群体收入增长更快。例如，第二季度国内农村外出务工劳动力收入两年年均复合增速较第一季度提高 2.3 个百分点，增幅高出全部居民收入增速 2 个百分点（见图 15 – 11）。

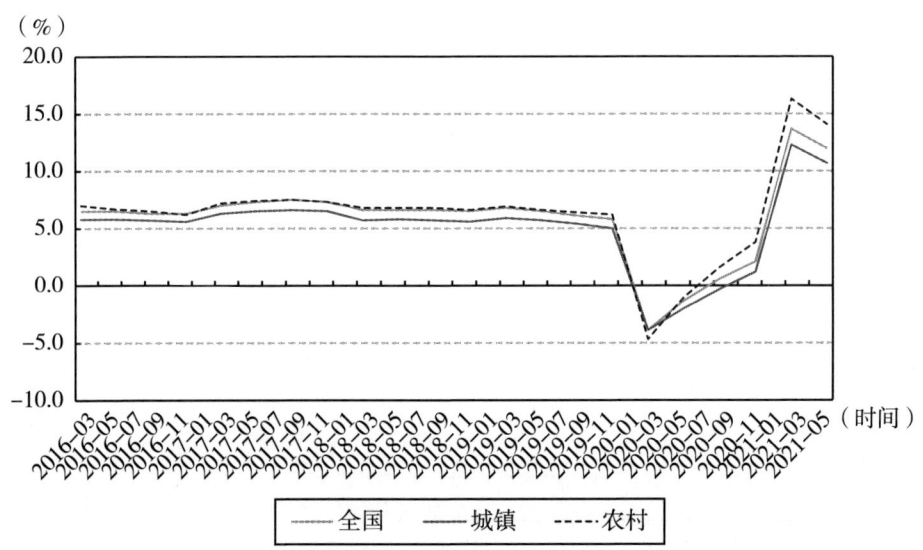

图 15 – 11　居民人均实际可支配收入累计同比增速

资料来源：CEIC，CQMM 课题组计算。

五、外贸增长仍超预期，贸易结构继续优化

2021 年上半年中国货物进出口总额 2.79 万亿美元，创下历史同期最高水平，同比增长 37.4%，对外贸易继续超预期。美元计价的出口额同比增长 38.6%，进口额同比增长 36.0%（见图 15 – 12）。进出口的高增速，一方面受到上年较低基数的影响；另一方面德尔塔变异病毒使得全球疫情短期面临蔓延风险，出口仍得到外需的基础性支撑。贸易结构方面，机电、高新技术产品对出口拉动上升，表明出口结构进一步优化。进口方面，集成电路和铁矿石对进口增速贡献度较大；进口大宗商品价格总体仍处高位，价格因素主导进口增速维持上行。

分国别（地区）看，东盟、欧盟和美国在中国的主要出口地区中位居前三位。其中，中国对东盟、欧盟和美国的出口同比增速分别为 33.1%、27.2% 和 17.8%，两年年均复合增长率分别为 17.1%、7.2% 和 12.7%，均超出疫情前的水准，这一方面反映了中国出色的疫情防控能力，另一方面则表明中国完整而坚实的产业链基础成功地突破了美国的贸易保护主义防线（见图 15 – 13）。

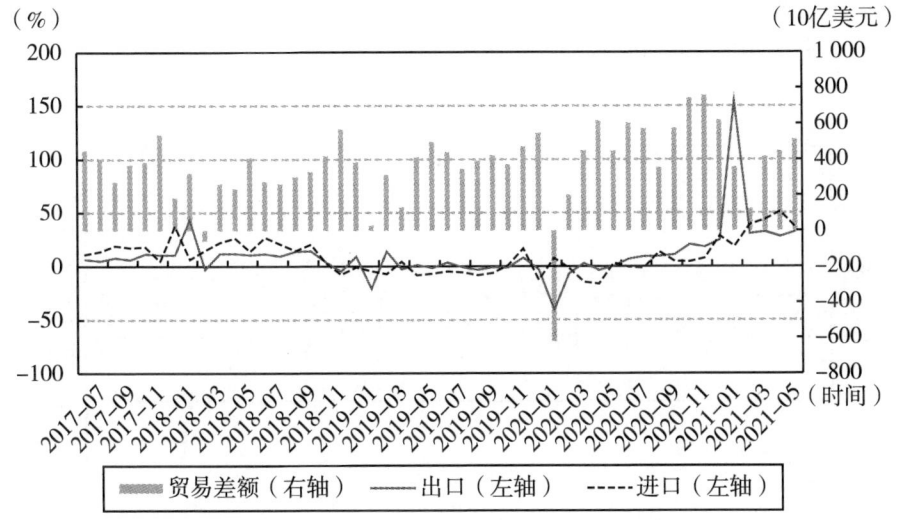

图 15-12 进出口累计同比增速与贸易差额

资料来源：CEIC，CQMM 课题组计算。

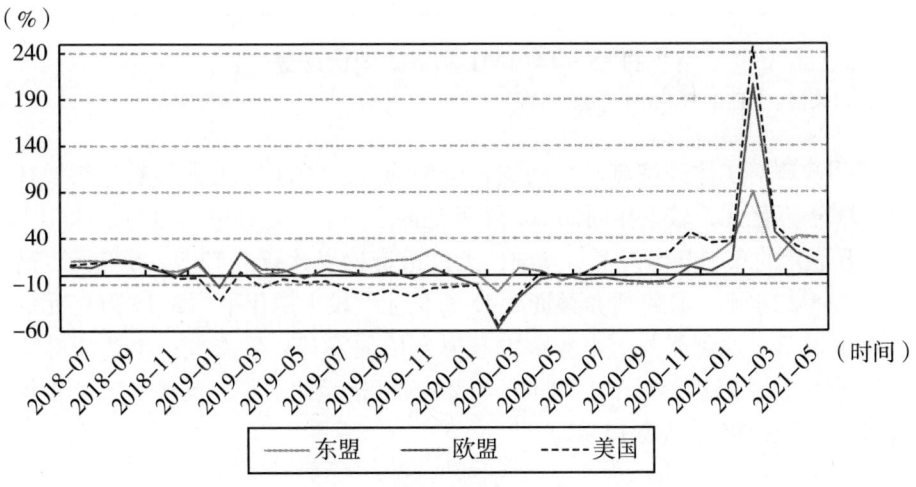

图 15-13 对三个主要经济体出口额（美元计价）累计同比增速

资料来源：CEIC，CQMM 课题组计算。

六、货币政策回归常态，社融维持较大规模

随着中国经济的持续复苏，上年宽松的货币政策逐步回归常态化。狭义货币（M1）同比增速由 1 月的 14.7% 逐步回落至 6 月的 5.5%。广义货币（M2）同

比增速由1月的9.4%和2月的10.1%逐渐回落至6月的8.6%，基本回归到疫情前的水平（见图15-14）。

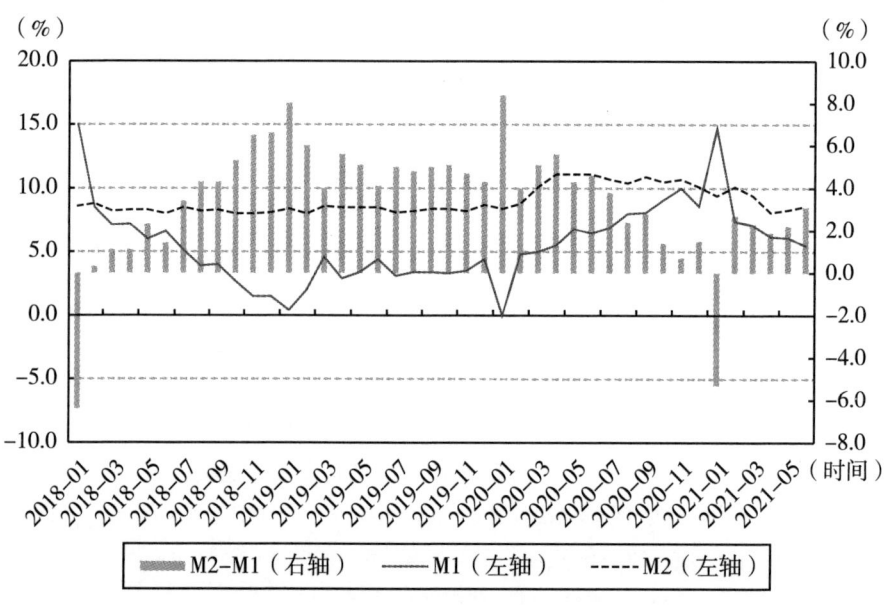

图 15-14　M1 和 M2 同比增速

资料来源：CEIC，CQMM 课题组计算。

货币政策对实体经济流动性的支持依旧充分。2021年上半年累计新增社会融资17.74万亿元，较上年同期20.87万亿的水平有一定回落，但与上两年平均17.74万亿元的水平基本持平。其中，人民币贷款累计新增12.94万亿元，高于前两年的平均水平；政府债券融资2.45万亿元，较上两年平均3.13万亿元的水平有较大回落，这可能与上半年地方政府专项债发行后置有关；企业债券融资1.49万亿元，也远远落后于上两年平均2.46万亿元的水平，反映了上半年较紧的企业债融资约束（见表15-1）。

表 15-1　　新增社会融资及其结构变化　　单位：亿元

项目		2021H1	(2020H1 + 2019H1)/2
新增社会融资		177 357	177 410
贷款	人民币	129 400	111 752
	外币	2 281	1 789

续表

项目		2021H1	(2020H1 + 2019H1)/2
表外融资	委托贷款	-1 145	-3 619
	信托贷款	-7 239	-183
	未贴现银行承兑汇票	-53	1 738
直接融资	企业债券净融资	14 884	24 632
	政府债券	24 500	31 283
	企业股票融资	4 955	1 833
其他	存款类金融机构资产支持证券	670	238
	贷款核销	4 333	4 327

资料来源：CEIC，CQMM 课题组计算。

表外融资方面，受资产管理新规进入倒计时的影响，委托贷款、信托贷款和未贴现银行承兑汇票的规模出现不同程度的收缩，上半年分别减少 1 145 亿元、7 239 亿元和 53 亿元。

七、财政收支缺口加大，地方政府债后置发行

2021 年上半年，全国一般公共预算收入 117 116 亿元，同比增长 21.8%，完成全年一般公共预算收入的 59.3%，明显快于近年同期的完成进度。全国政府性基金预算收入 39 078 亿元，同比增长 24.1%；完成全年政府性基金收入预算的 41.3%，同样高于 2019 年和 2020 年同期的完成进度。一般公共预算收入以及政府性基金收入的高增速和高完成进度主要源于上半年中国经济的持续景气复苏（见图 15-15）。

上半年，全国一般公共预算支出 121 676 亿元，同比增长 4.5%；完成全年一般公共预算支出进度的 48.6%，略高于 2020 年同期完成进度，明显慢于 2018 年和 2019 年同期。全国政府性基金预算支出 41 699 亿元，同比下降 7.8%；仅完成全年政府性基金预算支出的 31.8%，显著低于近年来同期水平。上半年政府性基金支出的偏慢进度主要源于前 5 个月的支出较低，6 月已恢复到历史同期节奏。

政府性基金支出的进度与地方政府专项债券发行进度相关：与 2019 年和 2020 年不同，今年新增专项债从 3 月启动发行，上半年累计发行新增地方政府专项债券 10 143 亿元，仅占全年新增地方政府专项债 3.65 万亿元额度的 27.8%。地方政府债的后置发行，一方面是由于逐步规范的监管环境使得地方政府债务发行、债券资金使用更加审慎，周期相对拉长；另一方面也与地方项目质量有关

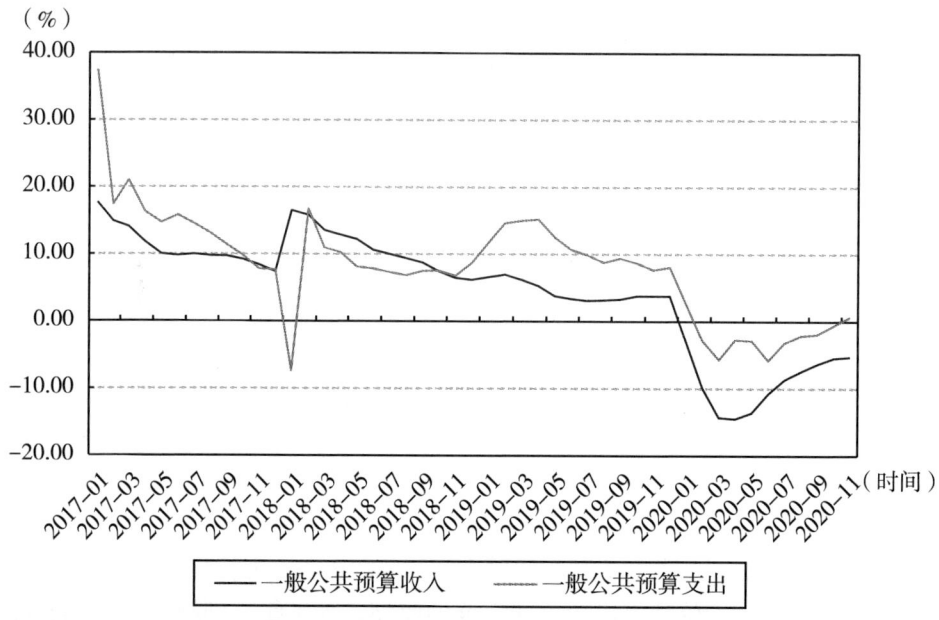

图 15-15　一般公共预算收支累计同比增速

资料来源：CEIC，CQMM 课题组计算。

系，配套项目手续不全、债券资金结转、地方优质项目储备不足等，使得地方债发行的紧迫性不高，间接为地方债券发行后置创造了条件。

八、2021 年下半年中国宏观经济展望

总体来看，2021 年上半年，中国经济持续稳定恢复，生产需求继续回升，经济发展呈现稳中加固、稳中向好态势。展望下半年，出口韧性不确定，地产政策趋严，经济增长动能预计将放缓，促消费、拉基建在下半年经济增速中的支撑作用或将进一步凸显。

从供给侧看，预计工业生产大概率延续放缓态势。(1) 受海外供需缺口弥合影响，出口增速大概率边际放缓，对工业生产形成拖累；(2) 原材料和大宗商品价格持续上涨，对中下游利润形成挤压，不可避免会影响到企业生产积极性，对工业生产带来负面冲击；(3) 环保趋严叠加企业与碳排放相关的成本或上升，不利于企业生产加快；(4) 下半年工业增加值基数效应提升，也将制约生产增速的提高。

从三大需求看，预计下半年消费继续缓慢恢复，但仍面临较大阻力。居民收入与出行改善将支撑消费延续修复态势，但就业放缓和低收入群体继续增收困难，将制约消费修复高度。此外，东北、华北、西北等消费增长缓慢地区，可能

持续对社会消费品零售总额的增长形成拖累。

预计下半年投资修复趋缓,但更趋均衡,可能呈现出制造业温和修复、基建小幅发力、房地产高位趋降的修复格局。制造业投资将继续向上修复,但动能趋缓。(1)企业盈利和需求改善的滞后效应将继续显现,对制造业投资形成较强支撑;(2)2021年技术升级周期有望加速启动,加之货币财政结构性支持力度不减,将对制造业投资形成长期支撑;(3)拉长的需求修复周期和受限的供给能力决定此轮大宗商品周期持续时间偏长,中下游企业或将持续面临成本压力,利润改善空间有限,企业投资意愿和能力都将面临制约;(4)终端需求旺盛与否是上中下游价格传导是否顺畅的关键,下半年出口和房地产边际趋缓态势较为明确,上中下游利润传导机制短时间内或仍存延滞,制造业尤其是中下游企业投资仍面临制约。

基建投资方面,在一般公共财政后置、专项债剩余额度较多、"十四五"重大项目陆续启动的支撑下,基建投资两年平均增速有望继续发力,但受隐性债务监管趋严、专项债分流作用等因素制约,基建投资发力空间有限。

房地产投资方面,在房地产政策趋严背景下,预计房贷对房地产资金来源的支撑将减弱,房地产投资将面临资金端的制约。房地产企业存在较大的补库存动力,但亦面临监管层"五道红线"等要求,房企大幅扩大拿地规模的概率较小,将限制后期房地产投资增速的高度。

对外贸易方面,下半年出口基数抬升,预计出口增速大概率会有所回落。进口方面,总体看中国内需状况仍然较好,但未来涨价因素对进口的支撑或趋于弱化,预计下半年进口增速会随基数效应波动,总体趋稳。

随着中国经济率先进入修复趋势,货币政策自去年下半年开始逐步向正常化回归。不过,为了应对下半年出口及房地产增速下行的趋势,缓解经济下行压力,货币政策预计有进一步边际向宽的趋势。从财政支出和地方政府专项债的发行节奏来看,预计下半年财政支出将有所加快,有利于推动基建投资温和回升。但受地方政府隐性债务化解和防范地方债务风险的影响,专项债项目管控较严,财政本身的支持力度不算大,基建投资难出现大幅上升的情形。

第二节 2021~2022年中国宏观经济预测

一、模型外生变量假设

1. 美国及欧元区经济增长率

2021年以来,全球新冠肺炎疫苗覆盖面加大,经济逐步恢复,市场对经济前景趋向乐观,但各国复苏态势较不均衡。发达经济体以大规模财政刺激政策与超宽松货币政策稳定经济,较快步入复苏进程。美国 2021 年第二季度 GDP 同比增长 12.18%,为 1951 年以来最高值,欧元区第二季度也取得 14.32% 的历史最高同比增速。尽管上述增速均建立在去年同期受新冠肺炎疫情冲击的较低基数上,实际经济运行尚未回归疫情前增长轨迹,特别是劳动力市场的复苏尚未得到一致的信号,但政策当局强力刺激政策的延续仍可望助推经济持续修复。此外,虽然全球疫情仍有反复,新冠病毒新变种对随时间推移下降的疫苗保护能力构成挑战,但疫苗产能的提升与管控防治手段的优化显著加强了社会应对疫情的韧性。

国际货币基金组织(IMF)2021 年 7 月更新的《世界经济展望》预测,2021 年,美国可望实现 7.0% 的增长,而欧元区则为 4.6%;2022 年,两者分别增长 4.9% 和 4.3%。综合参考各方信息,结合疫情进程判断,课题组假定:今明两年,美国经济增速分别为 7.24% 和 5.01%,而欧元区经济增速分别为 5.29% 和 3.50%,较 IMF 7 月预测有所调整,并设定相应的季度增速(见图 15-16)。

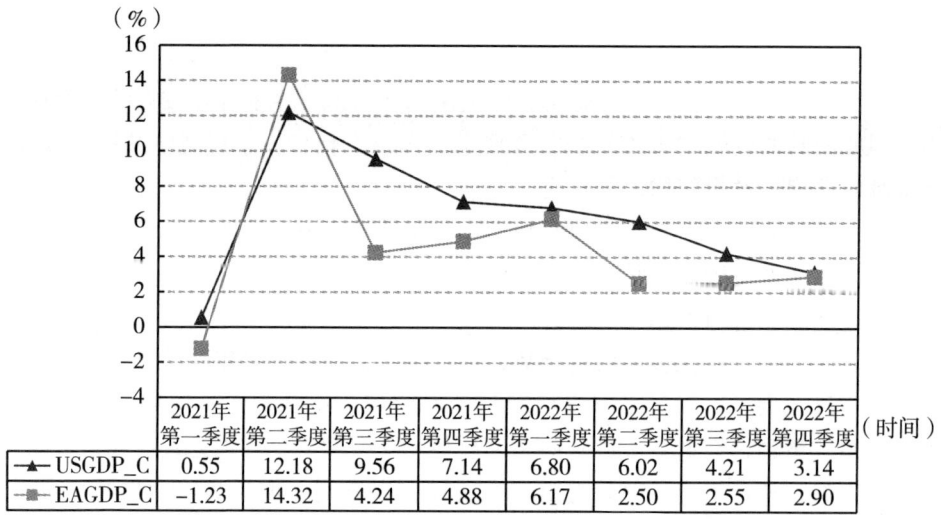

图 15-16　美国与欧元经济增长率的变化趋势假定(季度调整后的同比增速)

注:USGDP_C 表示美国 GDP 增速,EAGDP_C 表示欧元区 GDP 增速。

2. 主要汇率水平

2021 年上半年,得益于出色的疫情防控,中国经济基本面较为强势,货币政策空间相对充裕,有力支持人民币兑美元币值稳定于 6.5 左右水平。课题组对美元指数进行平均组合预测,以此为基础设定未来汇率走向。预计美元兑人民币汇率方面将继续下行,直至 2022 年第二季度美国货币政策随经济企稳而转向后,稳定在 6.27 左右水平;欧元兑美元汇率则逐步回升,2022 年稳定于 1.21~1.22 水平(见图 15-17)。

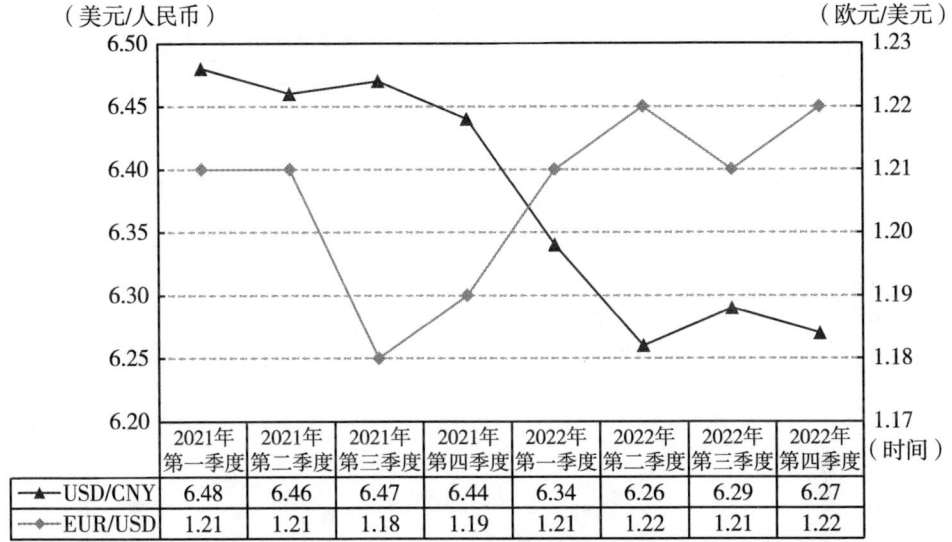

图 15-17　美元兑人民币汇率、欧元兑美元汇率的变化趋势假定

注：USD/CNY 为美元兑人民币汇率，EUR/USD 为欧元兑美元汇率。

3. 广义货币供应量（M2）增速

2021 年以来，人民银行强调"稳字当头，稳健的货币政策灵活精准、合理适度"，灵活精准开展流动性调节，引导货币市场利率平稳运行，保持流动性合理充裕，广义货币供应量（M2）增长 8.6%，基本回归疫情前水平。基于下一阶段央行仍将"保持流动性合理充裕，保持货币供应量和社会融资规模增速同名义经济增速基本匹配，保持宏观杠杆率基本稳定"的基本取向，① 课题组预计货币政策将继续追求连续性、稳定性与可持续性，维持信贷投放同比增量稳定、同比增速放缓的步调，季度增速逐步放缓而至趋稳（见图 15-18）；同时，贷款市场报价利率改革潜力的进一步释放预计将推动实际贷款利率进一步降低，课题组预计企业融资利率稳中趋降。

二、2020~2021 年中国宏观经济主要指标预测

1. GDP 增速预测

在上述外生变量假定下，基于中国季度宏观经济模型（CQMM）的预测表明：2021 年，中国 GDP 增速预计为 8.50%，较春季预测下调 0.10 个百分点；2022 年，经济回归常态，GDP 增速预计为 5.51%。与春季预测相比，内需修复

---

① 2021 年第二季度中国货币政策执行报告 [EB/OL]. 中国人民银行网站，2021-08-09.

进程弱于预期,而海外供应链受损导致相关外需转向中国的"出口产品弥补效应"延续性强于预期,最终令整体第三季度 GDP 增速较春季预测略微下调 0.29 个百分点至 5.07%;第四季度 GDP 增速在基数效应和出口产品弥补效应消退的影响下,将暂时回落至 4.04% 的阶段低点。2022 年,内需修复在一定程度上对冲出口产品弥补效应的消退,令整体经济增速呈现企稳回升趋势(见图 15-19)。

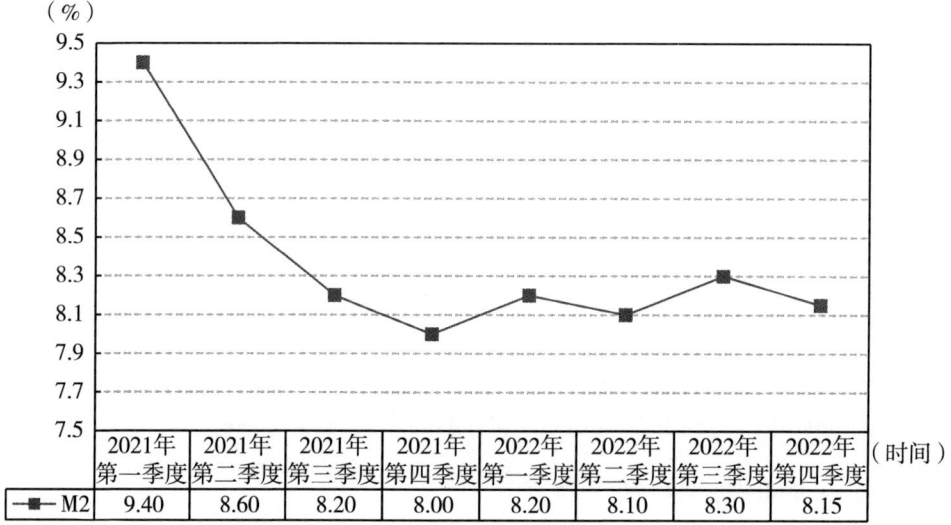

图 15-18 M2 增长率的变化趋势假定

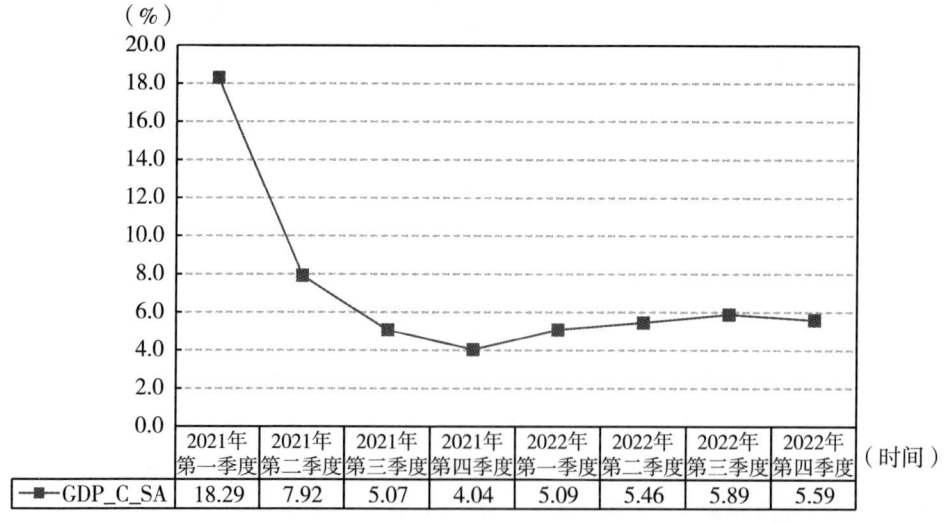

图 15-19 分情景 GDP 季度增长率预测(季度同比增长率)

资料来源:课题组计算。

2. 投资增速预测

2021年上半年,固定资产投资增速在翘尾效应影响下呈现明显"反弹—回落"态势。从两年平均增速来看,投资已经基本回归疫情前增长轨迹。疫情期间,国有投资修复进程领先于非国有投资,反弹幅度也更大,预计未来回落态势相对将更加明显,带动整体投资下行。模型预测,2021年按现价计算的固定资产投资(不含农户)将增长9.35%,增速比春季预测下调0.23个百分点;2022年,固定资产投资增速回落至5.64%(见表15-2)。

表15-2　　2021~2022年投资增速(现价)预测　　　单位:%

变量	2021年				2022年				2021年全年	2022年全年
	第一季度	第二季度	第三季度	第四季度	第一季度	第二季度	第三季度	第四季度		
固定资产完成额(可比价)	13.50	1.74	0.81	3.35	3.65	5.48	4.77	3.52	4.59	4.35
固定资产投资(不含农户)	26.48	7.26	3.46	3.66	5.61	8.38	7.00	1.71	9.35	5.64
国有及国有控股投资	25.69	3.70	-0.70	2.69	0.75	2.43	1.88	-0.94	6.97	1.02
非国有投资	26.98	9.68	6.04	4.26	8.70	12.21	9.97	3.31	10.87	8.48

资料来源:课题组计算。

去年第二季度以来,国有投资先于非国有投资反弹,为疫情期间稳增长贡献了重要力量。今年第三季度,由于同比增长基数较高、宏观经济已经企稳、地方债后置发行等原因,国有投资增速明显放缓。相比之下,非国有投资自去年第三季度起在出口产品弥补效应助推下开启修复进程,由于出口弥补效应延续性强于预期,后续增长预计将强于国有投资(见图15-20)。

3. 消费需求增长预测

2021年以来,疫情常态化防控的客观限制、海外输入病例偶发本地扩散、居民收入的约束均对消费需求修复产生负面影响。模型预测,2021年,不变价的居民消费总额将增长10.92%,并在2022年继续增长5.68%。2021年社会消费品零售总额名义增速可能达到12.89%,较春季预测下调3.22个百分点;2022年,社会消费品零售总额名义增速回落至7.77%的水平。

今年除第一季度消费需求修复较快以外,后续消费修复均弱于预期,未能实现渐进式的修复。第一季度社会零售总额增长 34.38%，高于模型 28.32% 的春季预测值，但是第二季度增长 13.92%，低于模型 16.47% 的春季预测值，从月度同比增速来看更呈现弱化趋势，可能源自疫情期间低收入群体的收入修复进程慢于预期。预计这一弱化趋势将于第四季度企稳，此后逐步回归长期增长路径（见图 15-21）。

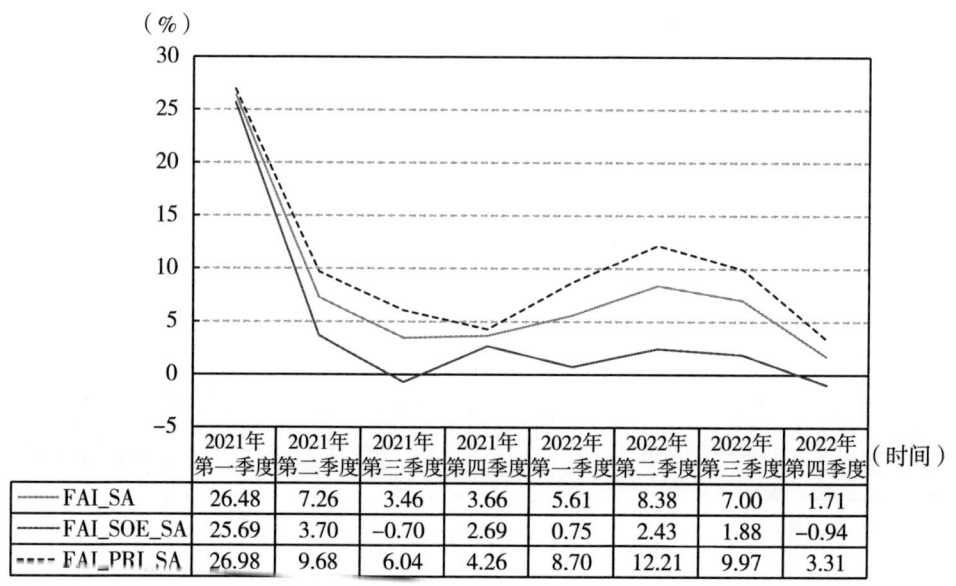

	2021年第一季度	2021年第二季度	2021年第三季度	2021年第四季度	2022年第一季度	2022年第二季度	2022年第三季度	2022年第四季度
FAI_SA	26.48	7.26	3.46	3.66	5.61	8.38	7.00	1.71
FAI_SOE_SA	25.69	3.70	-0.70	2.69	0.75	2.43	1.88	-0.94
FAI_PRI_SA	26.98	9.68	6.04	4.26	8.70	12.21	9.97	3.31

图 15-20　固定资产投资额增速预测（季度同比增长率）

注：FAI_SOE_SA 和 FAI_PRI_SA 分别为国有固定资产投资和非国有固定资产投资。

资料来源：课题组计算。

4. 其他主要宏观经济指标增长率预测

（1）主要价格指标增速预测。2021 年上半年，猪肉价格在春节期间反弹后开始较快回落，构成 CPI 下行动力。与此同时，全球经济需求快于供给修复，带动国际大宗商品价格快速反弹，对产业链上游形成一定通胀压力，推动 PPI 快速上行，也在一定程度上构成 CPI 特别是非食品 CPI 上行动力。模型预测，2021 年，CPI 可能上涨 0.86%，较春季预测下调 0.08 个百分点；2022 年，基数效应可能令 CPI 增速回落至 0.38%。季度变化上看，食品 CPI 仍有一定下行空间，预计仍将在猪肉价格下行周期主导下维持一段时期的负增长；非食品 CPI 则将在上游价格带动下阶段性突破 2% 的增速（见图 15-22）。与此同时，模型预测，2021 年，PPI 预计将增长 7.01%，较春季预测大幅上调 5.23 个百分点；2022 年，PPI 增速预计回落至 4.58%。

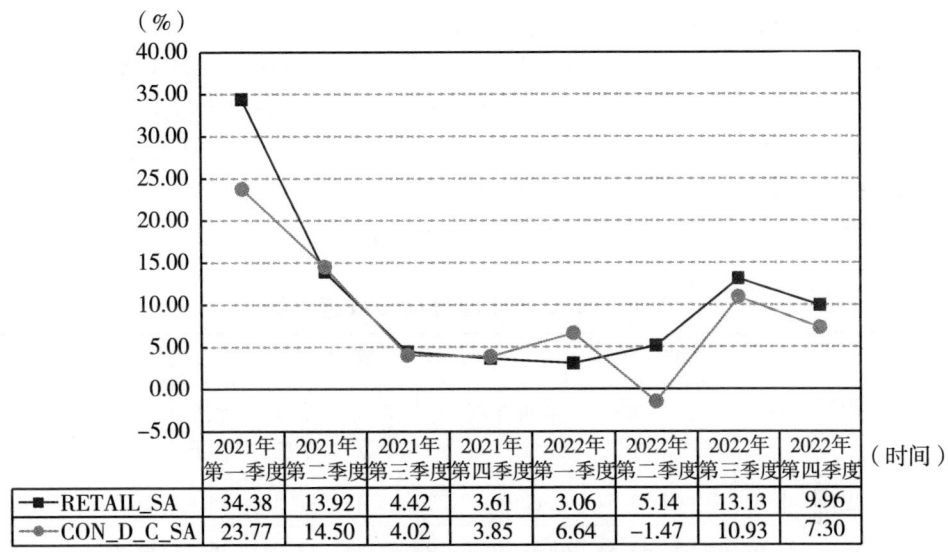

图 15-21　消费增速预测（季度同比增长率）

注：CON_D_C_SA 表示居民消费总额（不变价）增速；RETAIL_SA 表示社会消费品零售总额（现价）增速。

资料来源：课题组计算。

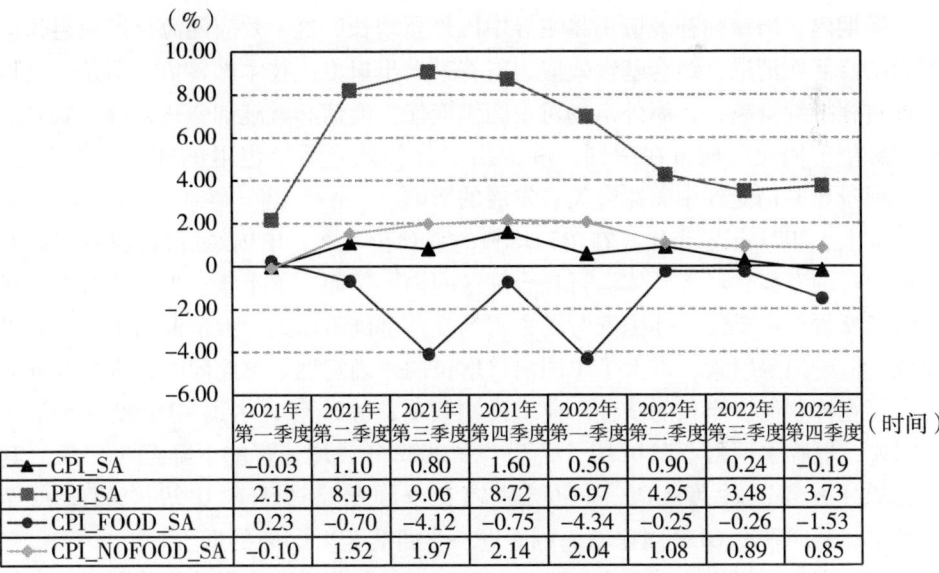

图 15-22　价格指数预测（季度同比增长率）

注：CPI_SA、PPI_SA、CPI_FOOD_SA、CPI_NOFOOD_SA 分别表示季节调整后的居民消费价格指数、生产者价格指数、食品消费价格指数、非食品消费价格指数。

资料来源：课题组计算。

（2）进出口增速预测。2021年，全球新冠肺炎疫情反复，出口产品弥补效应的持续性显著强于预期，有力提振了中国外贸。模型预测，2021年，中国货物出口总额（现价美元值）增速可达25.72%，较春季预测大幅上调11.28个百分点；货物进口总额（现价美元值）可望增长30.88%，较春季预测大幅上调15.00个百分点。2022年，货物出口总额（现价美元值）和进口总额（现价美元值）将分别收缩9.60%和8.67%（见表15-3）。

表15-3　　　2021~2022年中国进出口增速预测　　　单位：%

币种	项目	2021年				2022年				2021年全年	2022年全年
		第一季度	第二季度	第三季度	第四季度	第一季度	第二季度	第三季度	第四季度		
美元现价	出口	48.81	30.40	23.54	6.82	-7.29	-5.45	-7.55	-18.40	25.72	-9.60
	进口	27.62	43.65	33.31	20.41	3.29	-7.14	-13.21	-16.77	30.88	-8.67
人民币现价	出口	37.85	19.15	15.52	3.87	-9.26	-8.62	-10.15	-20.50	17.97	-12.06
	进口	18.30	31.42	24.65	17.08	1.03	-10.37	-15.65	-18.92	22.76	-11.19

资料来源：课题组计算。

短期内，出口弥补效应仍将主导中国外贸增长，这一效应随海外产业链供应能力的修复而消退，结合基数效应，或将带动出口增速技术性转负。但是，出口弥补过程持续得越久，海外市场对中国供应能力的信心就越加强化，部分临时性需求可望"固化"而留在中国，减少出口弥补效应后续消退的幅度。长期内，外贸前景更多仍受到中美竞合关系发展的影响。

综上，2021年上半年，在出口增长的强劲拉动下，中国经济持续稳中加固、稳中向好的态势，经济整体运行在合理区间内。然而，下半年，疫情在海外市场的持续反复、主要经济体国家劳动力市场复苏基础不牢固、大宗商品价格高企以及供应链受损等因素，增大了中国出口增长的不确定性。与此同时，内需复苏乏力，正在抑制经济增长的步伐。模型预测表明，2021年，中国GDP增速预计为8.50%，较春季预测下调0.10个百分点；2022年，增速可能下降至5.51%。其中，2021年第三季度GDP同比增速较春季预测略微下调0.29个百分点至5.07%；第四季度GDP同比增速可能进一步回落至4.04%的低点。

与春季预测相比，内需修复进程弱于预期是阻碍增速反弹的重要因素。在投资方面，下半年预计投资修复趋缓，但更趋均衡，可能呈现出制造业温和修复、基建小幅发力、房地产高位趋降的修复格局。模型预测，2021年按现价计算的固定资产投资（不含农户）将增长9.35%，增速比春季预测下调0.23个百分点；2022 年，固定资产投资增速回落至 5.64%。在消费方面，疫情的零星暴发以及居民实际收入增长趋缓持续对消费需求修复产生负面影响。模型预测，2021 年社会消费品零售总额名义增速可能达到 12.89%，较春季预测下调 3.22 个百分点；2022 年，社会消费品零售总额名义增速回落至 7.77% 的水平。

今年以来，国际大宗商品价格快速反弹，对产业链上游形成一定通胀压力，推动中国 PPI 快速上行，也在一定程度上构成 CPI 特别是非食品 CPI 上行动力。猪肉价格的较快回落，抑制了总体 CPI 的涨幅。模型预测，2021 年，CPI 可能上涨 0.86%，较春季预测下调 0.08 个百分点；2022 年，基数效应可能令 CPI 增速回落至 0.38%。2021 年，PPI 预计将增长 7.01%，较春季预测大幅上调 5.23 个百分点；2022 年，PPI 增速预计回落至 4.58%。

总的来看，2021 年，中国经济增长有望保持 8.50% 的增速；尽管 PPI 涨幅大幅超过 CPI，但对 CPI 的传导效应有限，整体 CPI 有望保持在 0.86% 的水平。然而，PPI 涨幅大幅超过 CPI，对中下游制造业企业（特别是面向国内市场的民营制造业企业）利润、投资以及雇佣增长的影响值得密切关注。

第三节 中国 PPI 和 CPI 的传导机理及其量化分析

过去十多年来，中国生产者价格指数（PPI）与消费者价格指数（CPI）的走势多次出现背离。2012～2016 年，PPI 持续收缩，CPI 则大体稳定在 2.1% 的水平；2017 年和 2018 年，PPI 分别反弹至 6.3% 和 3.5%，CPI 则分别上涨 1.6% 和 2.1%；2019 年和 2020 年，PPI 再度分别收缩至 0.3% 和 1.8%，CPI 则分别上涨 2.9% 和 2.5%；2021 年以来，PPI 迅速高企，CPI 则相对低迷（见图 15-23）。

PPI 和 CPI 走势的频繁分化，引发了关于价格传导机制是否通畅的讨论。课题组试图在厘清这一问题的基础上，对中国 PPI 和 CPI 之间可能存在的传导效应进行量化分析，研究 PPI 对 CPI 的传导渠道和传导程度。

一、PPI 和 CPI 之间的传导机理

产业链是价格传导的基础。由于 PPI 反映产业链上游生产及生活资料的成本，CPI 反映产业链下游消费品及服务价格的变化，理论上，价格沿产业链会呈现三种典型的传导路径：成本推动型、替代价格型和需求拉动型。成本推动型传导是指，上游生产成本的变化通过"初级产品—中间产品—最终产品"这一链条向下游商品价格逐层传递，体现出 PPI 和 CPI 同向但 CPI 变化滞后的特征。替代价格型传导是指，上游产品价格变化通过影响替代产品价格，进而影响替代商

品下游商品价格。需求拉动型传导是指，受需求端冲击的影响，CPI 的变动会对产业链上游的产品需求及其价格产生反向传导的"倒逼"机制，呈现出 CPI 和 PPI 同向但 PPI 变化滞后的特征。①

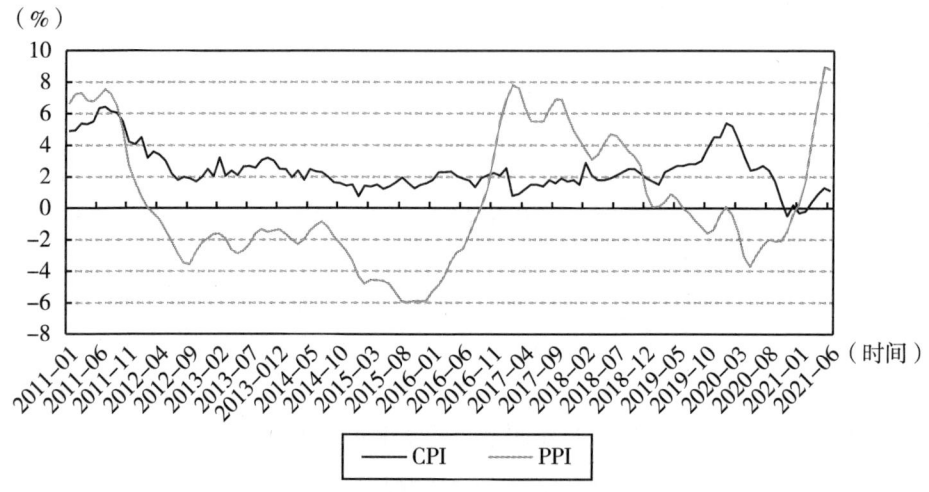

图 15-23　2011 年以来 CPI 和 PPI 月度同比增速走势

资料来源：Wind 数据库。

现阶段，中国 PPI 和 CPI 之间的相互传导受到多种因素的影响，具有明显的非线性特征。相关因素包括：

（1）市场结构。现阶段中国国有企业主要位于产业链上游，民营企业主要位于产业链下游，上下游企业所有制差异可能引起上下游价格的分化变动。例如，两类企业的融资成本差异体现在价格上便可加剧 PPI 和 CPI 走势分化（徐臻阳等，2019）。此外，当上游生产资料 PPI 上涨时，下游企业可能以牺牲利润的方式防止产品价格上涨，从而出现 PPI 上涨与 CPI 基本稳定的"背离"走势。

（2）中国出口导向型的经济增长模式极大地改善了贸易品部门的生产效率，在很大程度上提高了下游消费品生产企业消化上游生产资料价格上涨的压力，从而抑制了 PPI 对 CPI 的传导效应。非贸易品部门相对较低的生产效率维持了相对较高的非贸易品价格，从而 CPI 也将维持高位。这会在一定程度上导致 CPI 和 PPI 走势的"脱钩"（莫万贵等，2019）。

（3）中国 CPI 构成中食品所占比重较高，农业生产资料价格以及农产品价

---

① 卡波拉尔等（Caporale et al., 2002）指出，CPI 通胀压力可能迫使雇主提高工资水平，由此形成由 CPI 向 PPI 的反向传导机制。

格的周期性变化对 CPI 的冲击更为直接，也会分化 PPI 和 CPI 的走势（吕捷和王高望，2015）。

（4）国际大宗商品价格波动对中国 PPI 的冲击效应大于对 CPI 的冲击效应，也在一定程度上分化了 PPI 和 CPI 的走势。

（5）由于当前"投资驱动型"增长方式尚未得到有效扭转，基础设施和房地产的投资扩张依然是应对经济减速的主要方式，"稳增长"的对冲政策会直接拉动 PPI 的上涨。居民实际收入增速的减缓以及家庭负债率的攀升在很大程度上抑制了 CPI 的上涨，结果就是 PPI 和 CPI 走势的"背离"（刘凤良等，2017）。

综上，中国 PPI 和 CPI 走势"背离"的原因，除了两者统计结构的特征差异以外，更重要的还在于现阶段中国经济发展阶段、经济增长方式、经济结构的阶段性特征。PPI 和 CPI 之间的走势分化将会是中国经济的一个长期特征。

二、中国 PPI 和 CPI 之间传导的量化分析

从经济意义上看，我们所关注的 PPI 和 CPI 之间的传导问题，实质上是产业链上中游价格的变动向产业链中下游传导的问题。但在统计实践上，PPI 和 CPI 无法分别纯粹地反映上中游生产端和中下游需求端的价格水平，因为二者在统计上存在重叠的成分和关联性较弱的成分，这既模糊了二者分别代表的产业链上下游的经济含义，也对准确判别二者之间传导的关系构成干扰。为了实证分析经产业链产生的 PPI 对 CPI 的价格传导效应，需要厘清 PPI 和 CPI 的统计构成或者说数据生成过程，将那些不属于产业链传导的因素加以分离。

中国 PPI 包含生产资料 PPI 和生活资料 PPI 两大类。其中，生产资料 PPI 的权重约 75%，包括采掘业、原料业和加工业三项；生活资料 PPI 的权重约 25%，包括食品、衣着、一般日用品和耐用消费品四项。CPI 包含食品烟酒、衣着、居住、生活用品及服务、交通通信、教育文化娱乐、医疗保健、其他用品及服务八个大类，其中食品类价格权重最高，居住、交通通信及服务、生活用品及服务、教育文化娱乐类价格权重依次下降，医疗保健、衣着、其他服务及服务权重不足 1%。如果将两者按照国民经济行业分类归并，可以发现同时存在"共同部分"和"弱关联部分"（见图 15-24）：在 CPI 的 21 项二级分类中，有 12 项与工业品 PPI 相关；剩余 9 项属于服务业范畴，与上游工业产业链关联并不紧密。

给定上述统计构成特征，可进一步考虑 PPI 和 CPI 的动态。PPI 和 CPI 之间的传导在数学上应理解为两者领先或滞后的协同运动，但这种协同运动应该具备沿产业链传导的特征，才具有经济意义。"共同部分"的变动会引起 PPI 和 CPI 同向变化，可能被识别为二者之间的传导效应，但这实质上只是一个统计特征，

不具备"传导"的经济意义。①"弱关联部分"受到的传导效应较弱,其占比提升可能"稀释"总指数之间的传导性质。最后,如果 PPI 和 CPI 受到某一共同冲击的影响,也会同步出现变动,但这同样不能视为二者之间的"传导",因此还需要考虑 PPI 和 CPI 中受到穿透产业链的共同冲击影响的"穿透部分"。

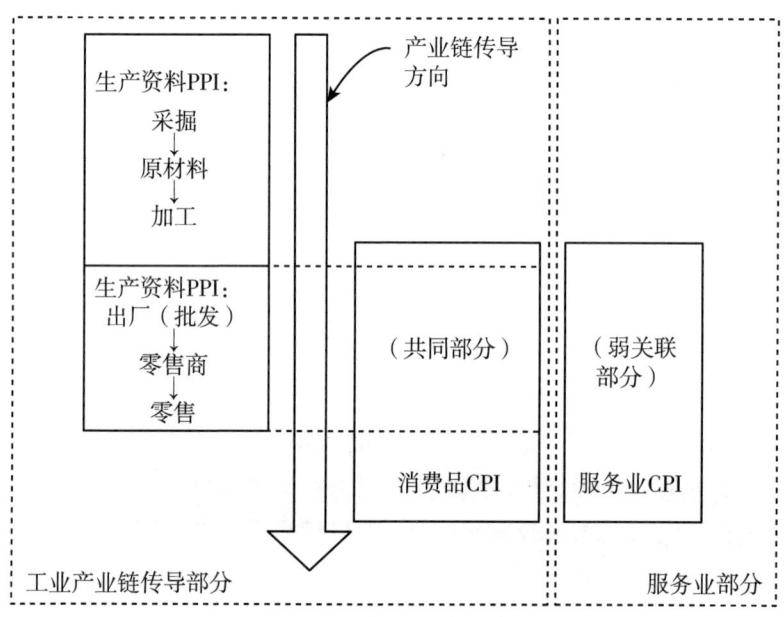

图 15-24　PPI 和 CPI 之间的构成与传导

资料来源:课题组绘制。

基于上述考虑,PPI 变化对 CPI 的总体传导效应可分为以下四个部分。

(1)共同部分,指 PPI 和 CPI 在统计上共有的构成成分,在动态上总是呈现共同运动。共同部分的变化引起 PPI 和 CPI 同向变化,但本质上只是统计特征,未能体现产业链价格传导,应予以分离。不过,PPI 和 CPI 虽然可以进行初步的行业映射,但是统计基础的差异导致无法作精确地转换。考虑到生活资料 PPI 类目与 CPI 高度重合,且变动特征完全一致,故用生活资料 PPI 来代表这一共同部分。

(2)弱关联部分,主要是 CPI 的服务项目部分,相关项目不直接出现在工

---

① 基于产业链的价格传导无须以"共同部分"为联结纽带。以轮胎和小汽车为例,轮胎是加工品,小汽车是消费品,前者是 PPI 中的项目,后者是 CPI 中的项目,二者是分离的;而显然,轮胎价格的变动将传导到小汽车价格上。可见,基于产业链的价格传导不是因为有"共同部分",而是因为轮胎是小汽车的"组成部分",这恰恰是产业链的本意。

业产业链中，通常被视为 CPI 中独立于 PPI 变化的部分。不过，由于服务的提供一般需要借助必要的工具、设备、设施等，仍会受到 PPI 的影响，只是传导链条和传导周期较长、效应较弱；此外，服务价格主要反映了提供服务的人工成本即工资，因而可能对 PPI 产生明显的需求拉动型逆向传导。

（3）穿透部分，主要指能源价格对二者的共同影响。从投入产出表的完全消耗系数可以看出，能源业对工业产业链上中下游乃至服务业都有普遍影响，因此能源价格变动可以穿透产业链条，直接对多数行业产生冲击，从而对 PPI 和 CPI 构成同步影响，干扰两者传导关系的识别，应当予以分离。

（4）传导部分，即 PPI 和 CPI 在产业链上相互衔接、体现出价格依产业链传导的部分。这也是考虑产业链中上游价格变动向产业链中下游传导问题时真正值得关注的部分。在分离共同部分和穿透部分的影响后，PPI 和 CPI 之间的领先运动即可视为传导。若进一步分离弱关联部分，则二者之间的领先运动更为具体地刻画了工业产业链上的传导。

基于上述分解，课题组建立了一个时间序列模型，以量化分析 PPI 和 CPI 之间经产业链产生的传导效应。[①] 结果表明，尽管 2012 年以来中国 PPI 和 CPI 的走势多次出现背离，但在控制共同部分和穿透部分的影响后，这一期间两者之间仍然表现出明显的双向传导关系，尤其是，PPI 沿着产业链条往 CPI 的正向传导较 2012 年前没有弱化而是强化了；而在进一步控制弱关联部分的影响后，二者之间的传导关系更加显著。

三、2021 年下半年物价趋势预测（2021 年 8 月）

课题组进一步将上述 PPI 和 CPI 之间存在的传导机制引入中国季度宏观经济模型（CQMM）的价格模块中，对下半年主要价格指数展开预测。[②]

基于国内外经济的变化情况，课题组在两个方面修改了 5 月预测所设定的前

[①] 具体而言，课题组构建了一个包含 PPI、CPI、产出、货币供应量四个变量的滞后期增广向量自回归模型（四变量 LAVAR），并在其中控制同期生活资料 PPI 和能源价格。其中，价格指数均构造 2010 年平价的定基指数；产出用工业增加值代表，具体用可比增速扩展构建 2010 年平价的指数序列；货币供应量采用基于增速修正的 M2 余额序列；能源价格采用世界银行大宗商品的能源价格指数，并用中国人民银行企业商品价格中的煤油电价格指数进行检验；相关序列均经季节调整处理并取对数。滞后期在 AIC 和 SC 两类信息准则的建议之间变动，以获取传导的周期特征。模型估计后进行格兰杰检验。课题组同时比较了双变量（仅包含 PPI 与 CPI）、四变量不带控制变量等不同设定的结果；当需要剔除弱关联部分时，将 CPI 替换为消费品 CPI。此外，为把握格兰杰因果关系在时期上的变动，进一步采用了基于拔靴法（Bootstrap）的时变格兰杰检验。

[②] 这一部分预测在 2021 年 8 月完成，本报告第二部分关于价格水平的预测为 9 月完成，因此两部分的数据不一致。

提：(1) 调高了国际大宗商品价格的预期涨幅。进入第二季度，受德尔塔病毒传播加速、欧佩克增产协调不顺、美国页岩油产能增长缓慢等多重因素的影响，全球供需缺口的修复进程慢于预期，国际大宗商品价格增长高于预期。(2) 调高了年内中国生产资料 PPI 的预期涨幅。国际大宗商品价格在第二季度继续推高国内煤油电和矿石等企业商品价格。在下半年，外部市场需求的不确定性以及纠正运动式"减碳"的举措等可能在一定程度上减缓生产资料 PPI 的上涨，但程度可能不达预期。

模型预测结果表明：(1) 2021 年全年，PPI 预计将上涨 6.04%，其中，生产资料 PPI 上涨 8.06%，生活资料 PPI 上涨 0.15%。分季度看，第三季度和第四季度 PPI 同比涨幅可能分别达到 7.57% 和 6.40%，涨幅渐趋收敛，其中，生产资料 PPI 是 PPI 快速增长的主要动力，预计在第三、第四季度同比将分别上涨 9.96% 和 8.62%（见表 15-4）。

表 15-4　　　　　2021 年下半年价格预测　　　　　　　单位：%

变量		2021 年第一季度	2021 年第二季度	2021 年第三季度	2021 年第四季度	2021 年全年
PPI	总指数	2.09	8.17	7.57	6.40	6.04
	生产资料 PPI	2.85	10.94	9.96	8.62	8.06
	生活资料 PPI	-0.10	0.37	0.25	0.07	0.15
CPI	总指数	-0.08	1.12	0.02	0.39	0.36
	非食品 CPI	-0.10	1.52	2.17	2.00	1.39
	食品 CPI	0.15	-0.58	-5.53	-2.65	-2.16

注：表中数据经季节调整。
资料来源：课题组计算。

(2) 2021 年全年，CPI 预计将上涨 0.36%，其中，非食品 CPI 同比上涨 1.39%，食品 CPI 收缩 2.16%。分季度看，第三季度和第四季度 CPI 同比可能分别上涨 0.02% 和 0.39%；其中，非食品 CPI 同比将分别上涨 2.17% 和 2.0%，食品 CPI 同比将分别收缩 5.53% 和 2.65%（见表 15-4）。

(3) 生产资料 PPI 的上涨经产业链传导将推高非食品 CPI 上涨，使其涨幅在第三季度和第四季度分别扩大 0.5 个和 0.4 个百分点，全年涨幅扩大 0.67 个百分点。猪肉价格的快速大幅回落加剧了食品 CPI 的跌幅，综合起来，全年 CPI 的涨幅预计将维持在 0.36% 水平。

综上，2021年下半年，生产资料PPI的上涨还将促使PPI维持6.04%的高位水平，生产资料PPI的上涨经产业链传导将在一定程度上推高非食品CPI的涨幅。然而，猪肉价格的快速大幅回落加剧了食品CPI的跌幅，在很大程度上掩盖了PPI上涨经产业链传导对CPI的影响，也难以体现服务业CPI上涨对CPI的影响。

上述量化分析的结果表明：（1）2012年以来，中国PPI与CPI之间经产业链传导存在较为明显的相互影响特征，特别是生产资料PPI沿产业链对非食品CPI的正向传导更为显著。这表明，中国市场化进程的推进已经显著地疏通了经产业链的价格传导机制，现阶段经产业链PPI对CPI的正向传导效应相对2012年之前有所加强。

（2）伴随中国经济服务化进程的推进，居民消费构成中服务项目支出占比随之上升，CPI中服务业CPI的权重也不断提升。由于服务业CPI与工业产业链关联较弱，服务业CPI的权重提高促使CPI和PPI的走势趋于背离。

（3）能源价格的变化虽然同时冲击PPI和CPI，但程度是非对称的，因此，也加剧了二者之间走势的背离。实际上，2012~2016年、2020年第四季度以来，以能源为主的国际大宗商品价格都出现了大幅波动，其对中国PPI影响十分显著，但对CPI影响要小得多。

综上，中国市场化进程的推进实际上是强化而不是弱化了PPI经产业链对CPI的正向传导；食品价格的波动、服务业CPI权重的不断提高，以及能源价格对PPI和CPI非对称的冲击效应，是导致近年来PPI和CPI走势呈现分化表象的主要原因。2021年下半年，生产资料PPI的上涨还将促使PPI维持6.04%的高位水平。全年生产资料PPI的上涨经产业链传导将扩大非食品CPI的涨幅0.67个百分点，但猪肉价格的快速大幅回落会加剧食品CPI的跌幅。综合起来，全年CPI的涨幅预计将维持在0.36%的水平。因此，2021年，生产资料PPI的上涨对CPI的传导效应依然有限，PPI与CPI的走势背离还将延续。

基于此，课题组提出：有诸多因素可导致中国PPI与CPI走势发生"背离"，其中更包括了中国经济的发展阶段、经济增长方式、经济结构的阶段性特征等长期因素，因此当前与其关注PPI与CPI之间的走势分化，不如将政策重点放在最小化PPI与CPI走势持续背离可能产生的负面经济效应上：上游PPI上涨对中下游非国有制造业企业利润增长所产生的压力，将抑制民间投资的扩张，进一步对就业增长和经济增长形成下行压力。与此同时，宏观政策还应继续加大对居民人均转移收入的力度，稳定居民特别是低收入群体实际收入增长，从需求端拉动民间投资的扩张，实现经济的稳定增长。

第四节 提高中等收入群体收入增速的宏观经济效应研究

2021年，在全面建成小康社会目标实现之后，实现共同富裕成为了中国社会经济发展的百年新目标。党的十九大报告六次提到共同富裕，把逐步实现全体人民共同富裕界定为中国发展新的历史方位（范从来，2017）。2021年8月中央财经委员会第十次会议再次重申："我们正在向第二个百年奋斗目标迈进，适应我国社会主要矛盾的变化，更好满足人民日益增长的美好生活需要，必须把促进全体人民共同富裕作为为人民谋幸福的着力点，不断夯实党长期执政基础。"

从经济实践层面看，自改革开放以来，尽管中国经济的快速增长促使以人均GDP衡量的收入水平迅速赶超世界平均水平，进入较高收入国家的行列，但人均GDP增长并不等于居民收入增长，无法代表全体国民的富裕状况。图15-25显示了2000年以来中国居民人均可支配收入与人均GDP的比值变化情况。容易发现：（1）尽管中国的人均GDP已经跨过1万美元的大关，但居民人均可支配收入仍只有不到人均GDP一半的水平。而美国类似口径的人均居民收入与人均GDP的比值在1960年就达到了0.538。其他国家方面，2016年，日本的人均雇员工资与人均GDP比值约为0.860，巴西为0.819，意大利为0.929，西班牙为

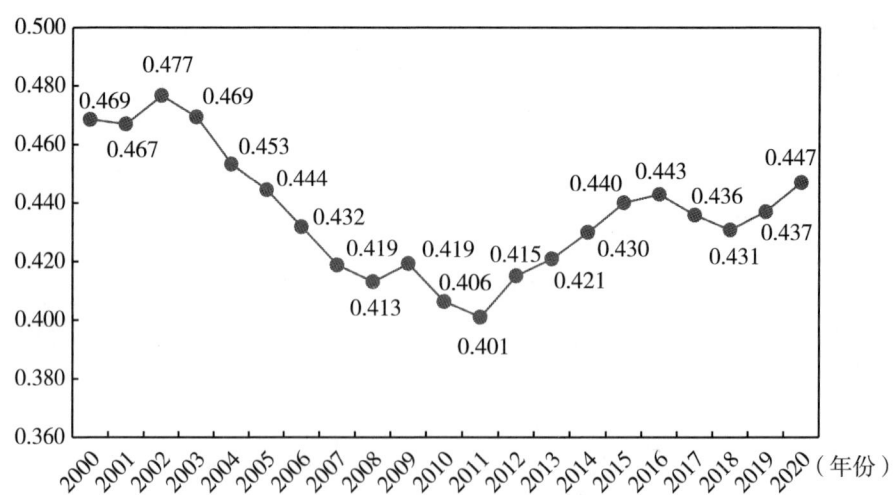

图15-25 2000~2020年居民人均可支配收入与人均GDP的比值变化
资料来源：根据CEIC数据整理。

0.941，俄罗斯为 0.750，均明显超过同期中国的水平。① （2）从趋势上看，2000～2011 年，在经济增速较快时期，居民人均可支配收入与人均 GDP 的比值出现较快下降，由最高 2002 年的 0.477 一路减少到 2011 年的 0.401。随后，经济进入增长减速阶段，居民人均可支配收入与人均 GDP 的比值开始稳步回升。到 2020 年，提高到 0.447，基本回到 2005 年的水平。

因此，当前中国居民可支配收入与人均 GDP 的比值提升，根本因素是经济减速带来的人均 GDP 增速下降，而非经由分配关系调整改善之后的居民人均可支配收入增速赶超人均 GDP 增速引起的。换言之，是经济进入新常态之后的被动式提升，而并非长期可持续的主动式调整。而逻辑上，只有居民可支配收入水平的增速与人均 GDP 增速保持同步或基本同步时，人民生活才能在中国进入高收入国家行列的同时相应达到高收入国家的居民水平。综上，如何进一步改善和提高居民人均可支配收入增速进而实现共同富裕这一新的百年奋斗目标，将是下一个阶段决策部门及中国社会各界人士所迫切需要关注和解决的重大难题。

党的十九届五中全会提出在"十四五"时期要"着力提高低收入群体收入，扩大中等收入群体"，以及到 2035 年"中等收入群体显著扩大"的要求。这是从根本上解决当前我国经济发展不平衡、不充分问题的重要途径，也是促进社会更加公平发展、实现全体人民共同富裕的重大部署。正如习近平所指出的，"实现共同富裕不仅是经济问题，而且是关系党的执政基础的重大政治问题"②，"共同富裕是社会主义的本质要求，是人民群众的共同期盼。我们推动经济社会发展，归根结底是要实现全体人民共同富裕"③。

有鉴于此，课题组将关注提高居民可支配收入尤其是提高中等收入群体居民可支配收入的宏观经济效应，尝试利用 CQMM 模型来分析人均 GDP 与居民可支配收入增速调整对中国宏观经济运行所可能产生的作用。我们将集中考虑两个层面的效应模拟：（1）考察增加居民可支配收入的宏观经济效应。我们假定居民可支配收入的增加是以政府财政收入的减收为前提，这样，政策模拟的设计就不会对国民收入总量产生影响，而仅是涉及国民收入分配结构中政府与居民收入结构调整的宏观经济效应。（2）在前述宏观收入分配结构调整思路的基础上，进一步讨论增加中等收入群体居民可支配收入的宏观经济效应。我们将做不同政策模拟的情景对比，分析究竟是等量增加各组别居民收入，还是集中提升中等收入

---

① 国家统计局. 国际统计年鉴（2018）[M]. 北京：中国统计出版社，2019.
② 习近平在省部级主要领导干部学习贯彻党的十九届五中全会精神专题研讨班开班式上发表重要讲话 [EB/OL]. 新华网，2021 - 01 - 11.
③ 习近平. 关于《中共中央关于制定国民经济和社会发展第十四个五年规划和二〇三五年远景目标的建议》的说明 [EB/OL]. 新华网，2020 - 11 - 03.

群体的居民收入增长能够更有利于刺激经济增长和消费提升。

为契合上述模拟设定，我们首先在基准 CQMM 模型中引入 5 个不同组别的居民收入模块，同时为简便起见，删去城镇和农村居民收入进而城镇和农村居民消费的传递路径；其次保留 2021 年春季模拟中有关政府财政支出和财政收入的设定，即以政府财政支出来表征政府公共部门的支出，并将政府部门支出区分为生产性财政支出和非生产性财政支出。其中，生产性财政支出将主要作用于国有和私营两大分类投资，非生产性财政支出则进一步区分为一般公共服务支出和以科教文卫等支出为主体的社会事业和社会保障支出，并分别对应政府行政消费和公共消费。这样，5 个组别居民收入的增长将以财政收入下降为前提，国民收入总量保持不变（模型框架见图 15-26）。

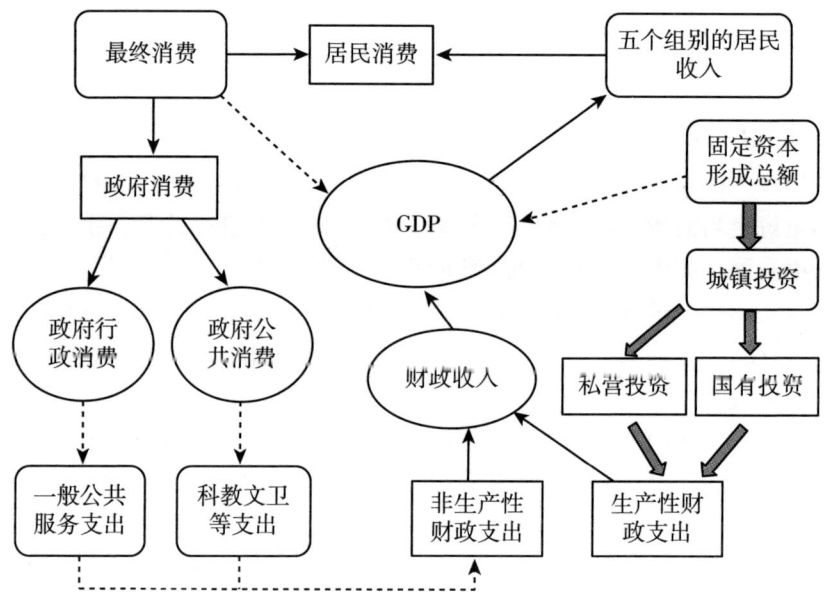

图 15-26　纳入不同居民收入组别的 CQMM 框架

注：图中实线箭头指向的变量表示解释变量，虚线箭头指向的变量表示等价变量或构成变量。

一、模拟情景的设定

1. 基准假设

从增速看，2014~2016 年，中国人均 GDP 增速小于居民人均可支配收入增速，年均相差幅度约为 1.8%。2017 年和 2018 年，人均 GDP 增速反超居民人均可支配收入增速，直到 2019 年之后，才重新低于居民人均可支配收入增速（见

图15-27）。在此基础上，现假设 2017～2019 年居民人均可支配收入增速与人均 GDP 的增速差距维持在 2014～2016 年的差距水平，即居民人均可支配收入增速年均要高出人均 GDP 增速1.8%。这样，新的居民人均可支配收入增速将持续高于人均 GDP 增速（图15-27 中的虚线序列），呈现喇叭口式的扩张趋势。到 2019 年底，居民人均可支配收入与人均 GDP 的增速差距将达到9.2%。具体数量变化方面，在基准假设下，2017～2019 年，居民人均可支配收入年均将分别增加848.8 元、1 751.9 元和1 979.8 元，对应减少的财政收入分别约为6 840.2 亿元、14 448.6 亿元和16 667.7 亿元。

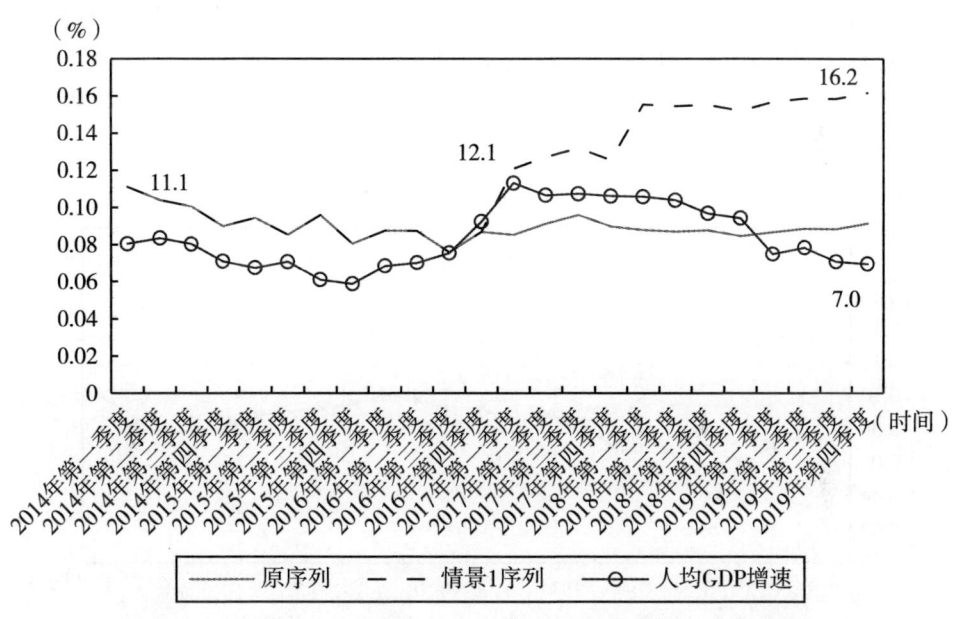

图15-27 模拟情景 1 下的居民人均可支配收入增速变化

注：图中原序列和情景 1 序列表示模拟前后的居民人均可支配收入增速序列变化。
资料来源：课题组计算。

2. 情景设定

综合上述讨论，情景 1 的政策模拟假定可描述如下：

情景 1：等量提高各组别居民的人均可支配收入，同时减少对应的财政收入，并在此基础上分析居民收入提高对主要宏观经济变量的影响情况。

从不同收入组别的居民看，2013 年之后，城镇和农村居民收入组别全部调整为包含低收入、中等偏下收入、中等收入、中等偏上收入、高收入 5 个组别的居民收入群体，各自占据的权重均为20%。在情景 1 中，我们假定各组别的居民人均可支配收入得以提高，同时财政收入减少。这样，整体的经济效应将表现为国民收入分配结构调整的效应,即政府收入下降、居民收入提升。逻辑上,这一结构调整,一方面将提升居民收入,增加居民消费,促进消费需求提升,引致投资需求增长,进而加快经济增长;另一方面也会减少财政收入,引发政府投资性支出下降,降低政府公共消费,抑制投资需求,进而减缓经济增长。其最终的宏观经济效应,还要取决于二者在模型中的综合作用结果。

在情景 1 的基础上,课题组将进一步讨论提高中等收入群体居民收入与等量提升各组别居民收入的效应差别。为实现这一目的,我们将与情景 1 中各组别等量增加的居民人均可支配收入,集中转移到中等收入户的居民可支配收入,以提高其增速水平。受此影响,2017~2019 年,中等收入户居民的人均可支配收入增长速度将不再是大幅低于高收入户居民,而是保持 2014~2015 年的态势——超过高收入户居民的收入增速,并且呈现出持续扩大的趋势(见图 15-28)。

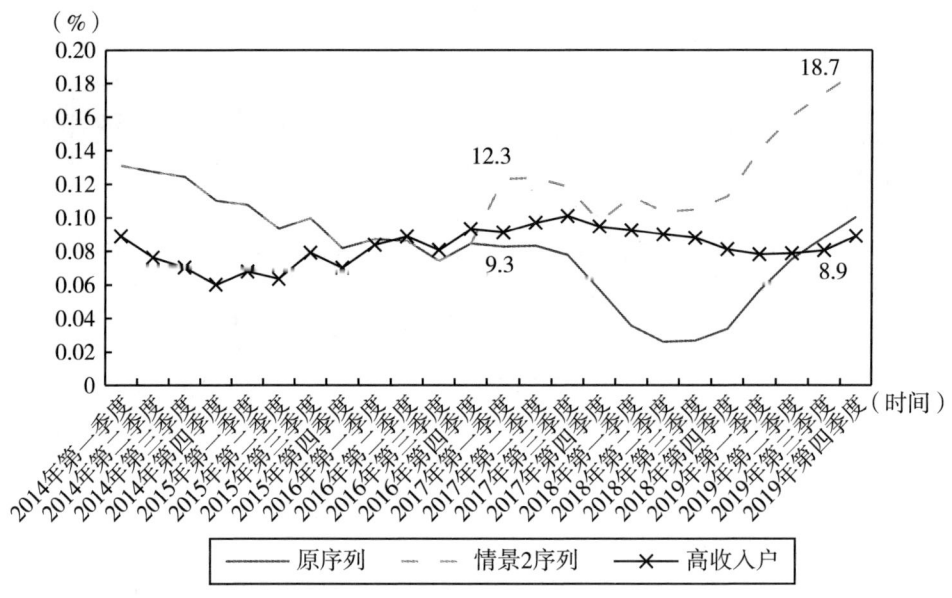

图 15-28 模拟情景 2 下的中等收入户居民人均可支配收入增速变化

注:图中原序列和情景 1 序列表示模拟前后的中等收入户居民的人均可支配收入增速序列变化。

资料来源:课题组计算。

综上,情景 2 设定的描述可写成:

情景 2:将情景 1 中各组别居民等量增加的收入集中转移到中等收入户居民,并在此基础上对比分析各主要宏观经济变量的变化情况。

二、政策模拟的结果分析

1. 经济增长率的变化

（1）两种模拟情景下，GDP 增速较基准值的变化出现分化。其中，情景 1 的 GDP 增速基本与基准值持平。2017 年 GDP 增速较基准值提高 0.2 个百分点，2018 年持平，2019 年又高出基准值 0.1 个百分点。而与之对比，情景 2 的 GDP 增速则是在 2017 年较基准值下降 0.2 个百分点，2018 年和 2019 年则分别提高 0.5 个和 0.4 个百分点（见图 15-29）。究其原因在于，财政收入减收会压缩政府生产性和非生产性财政支出，进而压低投资，造成经济增长减速，但居民收入增长对经济增长的正向效应要大于同等数量财政支出下降对经济增长的负向效应，从而带动经济增速整体上小幅提升。

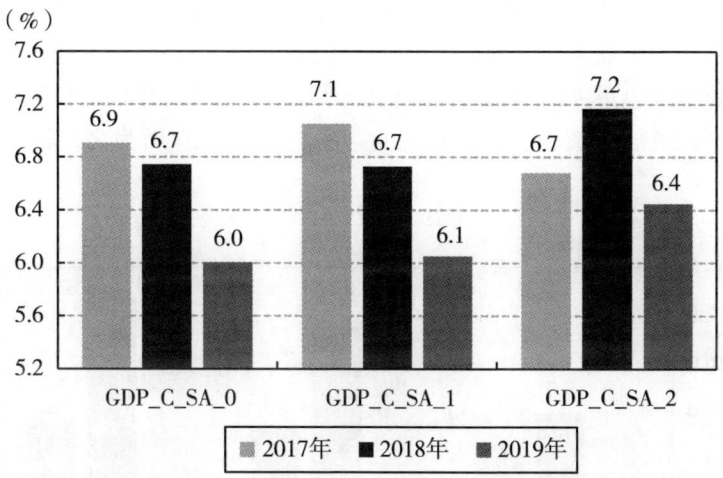

图 15-29　不同情景下的经济增长率 GDP 变化对比

注：GDP_C_SA_0 表示基准模拟情景下的 GDP 增长率，GDP_C_SA_1 表示模拟情景 1 下的 GDP 增长率，GDP_C_SA_2 表示模拟情景 2 下的 GDP 增长率；后缀"_0"表示基准模拟情景，后缀"_1"表示模拟情景 1，后缀"_2"表示模拟情景 2。

资料来源：课题组计算。

（2）对比情景 1 和情景 2，容易看出，情景 2 的经济增速在初期要慢于情景 1，但在中长期则要快于情景 1。2017～2019 年，情景 2 下的 GDP 增速分别为 6.7%、7.2% 和 6.4%，分别要高出情景 1 下的 GDP 增速 -0.4 个、0.5 个和 0.3 个百分点。这意味着，与等量增加各组别居民收入相比，集中力量提升中等收入群体的收入增长，尽管在短期内对经济增长的激励作用较小，但中长期看，反而会更有利于促进经济增长。其中的原因可能在于：相对其他收入阶层，中国的中等收入群体、较高收入群体具备更高的边际消费倾向,较低收入群体具备更强的消费能力。因此,在短期受消费惯性制约之后,中等收入户居民收入的更快增长将产生更大的消费增长效应。

2. 消费增长率的变化

(1) 两种模拟情景下,可比价居民消费的增速变化均出现大幅提升。其中,模拟期内,2017~2019 年,情景 1 下的居民消费增速分别较基准值提高 4.1 个、3.5 个和 0.7 个百分点;而情景 2 下的居民消费增速则分别较基准值提高 3.1 个、4.8 个和 1.8 个百分点 (见图 15-30)。可见,一方面,居民收入增加会促进居民消费大幅提升。因此,要改变国内需求不足的现状,扩大内需进而形成以"国内大循环为主体、国内国际双循环相互促进"的经济发展新格局,千方百计提高居民收入应当是重中之重;另一方面,与等量增加各组别居民收入的情景 1 相比,情景 2 中的居民消费增长幅度更大,持续时间也要更久。这表明,在提高居民收入占比的前提下,调整居民内部收入结构,加快提高中等收入群体的居民收入增速将会产生更强的消费增长效应。因此,在资源有限的前提下,要提升居民收入进而促进居民消费,需注意轻重缓急,择其重点而为之,提升资金使用效率。

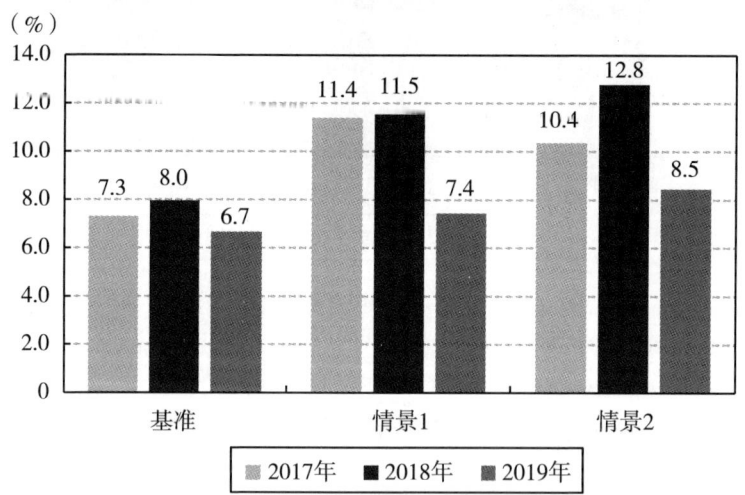

图 15-30　不同情景下的居民消费增速变化

资料来源:课题组计算。

(2) 从最终消费占 GDP 比重变化看,受居民消费增速大幅加快影响,两种情景下最终消费占 GDP 比重均要明显高于基准模拟下的最终消费占比,并且情景 2 的最终消费占 GDP 比重也要高于情景 1。2017~2019 年,情景 2 下的最终消费占 GDP 比重分别为 54.9%、56.7% 和 56.9%，分别高出同时期情景 1 下的最终消费占比 0.3 个、0.5 个和 0.6 个百分点，高出基准模拟情景下的最终消费占比 1.0 个、2.0 个和 2.4 个百分点（见图 15-31）。

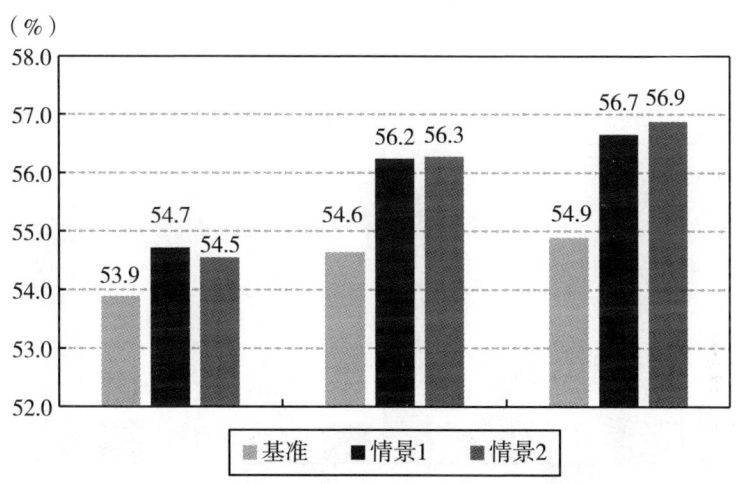

图 15-31　不同情景下的最终消费占 GDP 比重变化

资料来源：课题组计算。

由此，综合来看，在国民收入总量保持不变的前提下，居民收入的增加将抵消财政收入减收造成的负面效应。提高居民收入将更有助于提升消费之于经济增长的贡献，改善和优化总需求结构，进而促进经济更加健康持续稳定、更高质量地增长。

（3）从社会消费品零售总额增速看，模拟期间内，情景 2 下的社会消费品零售总额增速分别为 10.8%、5.1% 和 10.2%，分别比情景 1 下的同期社会消费品零售总额增速提高 -0.3 个、0.1 个和 0.4 个百分点，较基准模拟情景下的同期社会消费品零售总额增速提高 0.7 个、1.9 个和 2.2 个百分点（见图 15-32）。这说明，两种情景下的社会消费品零售总额增速均要快于基准模拟值。同时，相对于情景 1，情景 2 下的社会消费品零售总额增速在初期要更低，但中长期则会超过，呈现出较强的持久性，更符合可持续、高质量的健康增长目标要求。实际上，两种情景下的社会消费品零售总额增速变化，与可比价的居民消费增长呈现出一致的变化趋势，证实了前述关于居民消费的结论是稳健的。

3. 投资增长率的变化

受财政收入减收进而财政支出下降的影响，两种情景模拟下的固定资本形成总额增速均出现了小幅下降。其中，2017~2019 年，情景 1 下的固定资本形成总额增速分别为 4.1%、4.9% 和 3.3%，较基准模拟值分别下降 1.8 个、1.9 个和0.4个百分点;情景2下的固定资本形成总额增速变化情况也基本类似(见图15-33)。相对而言,情景2下的固定资本形成总额增速下降幅度要略微大一些,但与居民消费增速变化相比,基本可以忽略不计(2018年和2019年,情景2下的居民消费增速分别较情景1下的居民消费增速提高1.3个和1.1个百分点)。

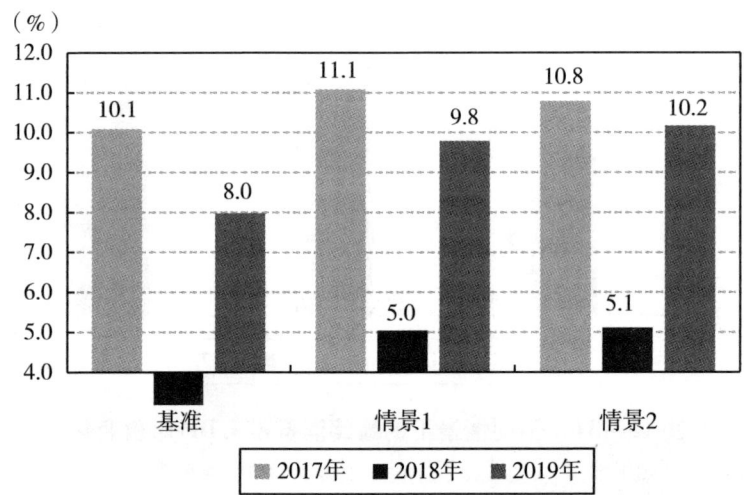

图15-32 不同情景下的社会消费品零售总额增速的变化

资料来源:课题组计算。

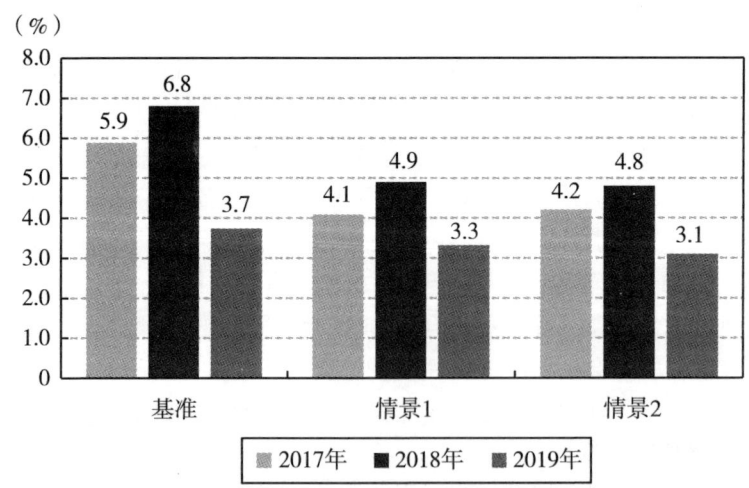

图15-33 不同情景下的固定资本形成总额增速的变化

资料来源:课题组计算。

综上，利用 CQMM 模型，以 2017~2019 年为模拟时期样本，课题组考察了居民收入增加同时财政收入减收的宏观经济效应，并在此基础上，对比分析了等量增加不同组别居民收入和集中资源提高中等收入群体收入的政策效应差异。结果显示：

通过提高居民收入同时财政减收的宏观收入分配结构调整，完全可以保障在居民收入增速加快的同时，经济增长速度也略有加快。这一方面意味着，现阶段消费特别是居民消费对中国经济增长的贡献要大于投资，从而使得经居民收入提高引致的居民消费增长能够弥补因财政减收造成的政府公共投资下降冲击；另一方面也说明，居民收入是抑制居民消费的重要因素。居民收入的增加将较明显地提高居民消费。因此，千方百计提升居民收入将是解决当前我国内需不足问题进而形成以"国内大循环为主体、国内国际双循环相互促进"的双循环经济发展新格局的根本措施之一。

进一步地，模型模拟的结果还揭示，集中资源增加中等收入群体居民收入水平对经济增长和居民消费的作用将优于"撒胡椒面"式的等量增加各组别居民收入水平。这意味着，不仅是宏观收入分配格局的调整会有助于促进居民消费和经济增长，居民内部收入分配格局的调整也会有助于加快居民消费增长和经济增速。因此，除了宏观层面的收入格局调整之外，决策部门还应当将精力用于改善居民内部不同收入组别之间的收入调整。这一方面有助于刺激居民消费，促进经济增长；另一方面也是实现全体人民共同富裕的本质要求。基于此，课题组认为，提高居民消费的根本在于增加居民收入。而要增加居民收入，一方面，可以通过扩大就业数量、增加困难群体就业机会、增进就业质量、提高工资水平等市场化层面的措施来加以改善；另一方面也可以通过增加对个体居民的转移支付、进一步优化个税改革、降低中等收入群体的税负水平、提高中等收入群体收入水平、调整"减税降费"政策作用方向等政府财政和金融层面的措施支持。

第五节 结论与政策建议

2021 年上半年，在出口增长的强劲拉动下，中国经济持续稳中加固、稳中向好的态势，经济整体运行在合理区间内。模型预测，2021 年，中国经济增长有望保持 8.50% 的增速；尽管 PPI 涨幅大幅超过 CPI，但对 CPI 的传导效应有限，整体 CPI 有望保持在 0.86% 的水平。

然而，下半年，疫情在海外市场的持续反复、主要经济体国家劳动力市场复苏基础不牢固、大宗商品价格高企以及供应链受损等因素，增大了中国出口增长的不确定性。与此同时，内需复苏乏力，正在抑制经济增长的步伐。在投资方面，下半年预计投资修复趋缓，但更趋均衡，可能呈现出制造业温和修复、基建小幅发力、房地产高位趋降的修复格局。在消费方面，疫情的零星暴发以及居民实际收入增长趋缓持续对消费需求修复产生负面影响。

从眼下看，政策关注的重点应放在PPI涨幅大幅超过CPI对中下游制造业企业（特别是面向国内市场的民营制造业企业）利润、投资以及雇佣增长的影响上；从中长期看，应从收入分配各环节加快提高中等收入群体的收入增长。

一、应对当前PPI涨幅超过CPI的政策选择

2021年，物价上涨的主要压力来自上游生产资料价格，终端市场CPI的涨幅有限。年内，PPI与CPI走势的分化将持续，由此导致上下游不同所有制企业利润增长的分化，进而对下半年中国制造业生产和出口增长的影响，需要充分重视。

（1）下半年，外部市场需求依然存在较高的不确定性。作为中国出口产品的三大市场，疫情冲击对就业市场和就业结构的影响可能导致美国高失业率的长期化；同时，通货膨胀也将侵蚀美国居民的实际收入。中欧投资协议被冻结无疑将给中欧间的贸易增长投下变数。疫情在东亚各国的反复暴发也将抑制这些国家的经济增长。尽管中国防疫物资的出口可持续强劲，但下半年其他产品的出口预计将减速。

（2）国内PPI涨幅持续超过CPI涨幅，将对中下游非国有制造业企业形成成本上涨压力；如果国内终端制造业产品价格上涨乏力，那么，上游生产资料价格上涨将压缩制造业企业的利润空间，抑制出口导向型民间制造业投资的增长。

（3）虽然人民币升值在一定程度上抑制了国际大宗商品价格对国内PPI的传导，但同时也会拉高制造业出口企业的产品相对价格，抑制出口的增长。

2021年前4个月，不同所有制企业的利润增长数据已经明显地体现出PPI和CPI走势分化的影响。1~4月份，规模以上工业企业中，国有控股企业利润总额累计同比增长1.87倍；外商及港澳台商投资企业累计同比增长1.07倍；私营企业累计同比增长69.2%。对于面向国际市场需求的中下游非国有制造业企业而言，产能转移带来的出口增长一定程度上抵消了PPI上涨的压力；但对于主要面对国内市场需求的下游非国有制造业企业，PPI的快速反弹、CPI的低位稳定将快速吞噬其利率增长的空间。

进一步地，非国有制造业企业利润增长的减速将抑制其投资增长和就业扩张。在基础设施投资和房地产投资基本维持稳定的情况下，非国有投资的减速将拉低总投资的增长，给经济增长形成下行压力。

基于此，2021年，预计PPI将大幅上涨，但CPI可维持在政策目标值以下，

因而宏观政策不必做大的调整。下半年,为尽量减轻上游成本压力对中下游制造业生产和出口增长的影响,课题组建议:

(1) 降低资金成本。货币政策方面,还应继续推进 LPR 改革,引导市场利率下降。① 由于非国有投资增速对利率变化较为敏感,因而,利率下降对非国有投资的提振效应更为显著。② 通过利率成本的下降,一定程度上抵消上游生产资料价格上涨的压力,稳定非国有投资的增速。

(2) 进一步降低企业的社保负担。PPI 大幅上涨将拉动上游大中型国有及国有控股企业的利润增长快速反弹。可考虑适度上调国有企业税后利润的上缴比例以补充社保资金,进一步降低企业上缴的社会保险费率,以此减轻企业的社保负担,抵消一部分上游生产资料价格上涨对企业的压力,确保非国有制造业投资增长和就业的稳定。③

(3) 在需求端稳定收入增长,加快需求复苏的进程。财政支出的扩大应继续强化民生导向,从需求端通过减税、提高对居民人均转移收入的力度以及保障就业市场稳定等措施来稳定居民实际收入特别是低收入群体收入增长。以此加快终端市场需求的复苏进程,促进主要面对国内市场的非国有制造业企业的生产与投资扩张。

(4) 从供给端加快制造业产品结构升级,促进技术创新。应继续加大针对创新企业和高新技术企业的减税力度,加大研发费用加计扣除力度,激励企业扩大研发投入,增强企业的创新能力,提高高新技术制造业的比重,加快促进制造业的产业转型和产品升级。从供给端通过劳动生产率的快速增长来抵御外部市场的风险,同时,加快新产能对旧产能的置换进程。

二、加快提高中等收入群体收入增长的政策选择

居民收入的持续快速增长是一个长期的过程,涉及中国经济增长方式的转换、经济结构的优化以及收入分配的调整。

从长期来看,提高劳动生产率的增速,加快初次分配中劳动者报酬的占比是不二选择。随着中国城市化率的不断提高,第三产业占比也不断提高,经济结构服务化趋势不断推进。在这一态势下,工业增加值占比的快速下降将不利于整体劳动生产率的增长。从供给端加快制造业产品结构升级,促进技术创新,始终是提高劳动生产率的根本所在。

---

① 自 2020 年 4 月以来,一年期 LPR 利率已持续保持在 3.85% 的水平。
② 参阅厦门大学中国宏观经济模型(CQMM)课题组:《中国宏观经济预测与分析报告》(2020 年春季)。
③ 参阅厦门大学中国宏观经济模型(CQMM)课题组:《中国宏观经济预测与分析报告》(2019 年春季)。

从中期来看，调整收入分配、缩小收入差距是保障居民收入稳定增长、促进消费增长的关键。课题组考察了收入分配中提高居民收入占比以及在各类收入组别中加快提高中等收入群体收入增长的宏观经济效应，结果显示：通过提高居民收入同时财政减收的宏观收入分配结构调整，完全可以保障在居民收入增速加快的同时，经济增长速度也略有加快。这一方面意味着，现阶段消费特别是居民消费对中国经济增长的贡献要大于投资，从而使得经居民收入提高引致的居民消费增长能够弥补因财政减收造成的政府公共投资下降冲击；另一方面也说明，居民收入是抑制居民消费的重要因素。居民收入的增加将较明显地提高居民消费。因此，千方百计提升居民收入将是解决当前我国内需不足问题进而形成以"国内大循环为主体、国内国际双循环相互促进"的经济发展新格局的根本措施之一。

进一步地，模型模拟的结果还揭示，相对于等量提高不同收入组别居民的收入水平，集中资源提高中等收入群体的居民收入增速会产生更强、更持续的居民消费和经济增长效应，对最终消费率的正向促进作用也会更大。这意味，提高居民收入水平需要选择重点群体加以突破，要有轻重缓急、先后次序。要避免"一哄而上、全面开花"的平均主义倾向，共同富裕绝不是均贫富，而应是先富带动后富，共同增长，同时又尊重个体能力差异，保持适度合法合理的收入差距。

总之，对现阶段的中国经济而言，要扩大内需特别是消费需求，其根本还应该是放在千方百计地提高居民收入上，而非将工作的重点放在消费环境的改善，或是希冀通过增加政府公共消费来挤占居民消费上。提高居民消费的根本在于增加居民收入。而要增加居民收入，一方面可以通过扩大就业数量、增加困难群体就业机会、增进就业质量、提高工资水平等市场化层面的措施来加以改善；另一方面也可以通过增加对个体居民的转移支付、进一步优化个税改革、降低中等收入群体的税负水平、提高中等收入群体收入水平、调整"减税降费"政策作用方向等政府财政和金融层面的措施支持。

参考文献

[1] 范从来. 益贫式增长与中国共同富裕道路的探索 [J]. 经济研究，2017（12）：14－16.

[2] 刘凤良，章潇萌，于泽. 高投资、结构失衡与价格指数二元分化 [J]. 金融研究，2017（2）：54－69.

[3] 吕捷，王高望. CPI 与 PPI "背离" 的结构性解释——基于三部门动态随机一般均衡

模型的研究 [J]. 经济研究, 2015 (4): 136 – 149.

[4] 徐臻阳, 鄢萍, 吴化斌. 价格指数背离、金融摩擦与"去杠杆" [J]. 经济学 (季刊), 2019 (4): 1187 – 1208.

[5] Caporale G M, Katsimi M, Pittis N. Causality Links between Consumer and Producer Prices: Some Empirical Evidence [J]. Southern Economic Journal, 2002, 68 (3): 703 – 711.

第十六章 "中国宏观经济形势与政策"问卷调查报告

第一节 2021年春季问卷调查报告

为及时把握中国宏观经济形势和政策走向,新华社《经济参考报》和教育部人文社会科学重点研究基地——厦门大学宏观经济研究中心自2013年8月起联合开展每年两次的"百位经济学家中国经济形势和政策问卷调查"活动。此次是该活动的第16次调查问卷。本次调查问卷设计了与当前中国宏观经济运行和政策走势直接相关的20道问题,于2021年1月通过电子邮件向国内相关领域的经济学家发出调查邀请,最终收到111位专家的答复。通过本次问卷调查,我们获得了专家们关于2021年世界经济形势、中国经济形势以及2021年中国宏观经济政策走势等相关问题的最新认识和判断。现将本次问卷调查结果公布如下。

一、2021年世界经济形势

据国际货币基金组织(IMF)2021年1月26日最新发布的《世界经济展望》预测,受疫情冲击影响,2020年美国经济萎缩3.4%;2021年预计增长5.1%,增速比上年提高8.5个百分点。另据世界银行2021年1月初发布的《全球经济展望》预计,2020年美国经济萎缩3.6%;2021年预计增长3.5%,增速比上年提高7.1个百分点。那么,2021年美国经济相较于2020年会有怎样的变化态势呢？调查结果显示，39%的专家预期2021年美国经济增速位于3.0%~3.5%的区间内；18%的专家预期在3.6%~4.0%的区间内；17%的专家预期在4.6%~5.0%的区间内；15%的专家预期在4.1%~4.5%的区间内；10%的专家预期在5.1%~5.5%的区间内；1%的专家预期在3%以下。总体而言，几乎所有专家预期2021年美国GDP增速将高于3%的水平。

对于欧元区，国际货币基金组织（IMF）2021年1月26日预计，受疫情冲击影响，2020年欧元区经济萎缩7.2%；2021年预计增长4.2%，增速比上年提高11.4个百分点。世界银行1月初预测，2020年欧元区经济萎缩7.4%；2021年预计增长3.6%，增速比上年提高11.0个百分点。那么，2021年欧元区经济增速将会有怎样的变化态势呢？调查结果显示，44%的专家预期2021年欧元区经济增速将位于3.6%~4.0%的区间内，37%的专家预期将位于3.1%~3.5%的区间内，16%的专家预期将位于4.1%~4.5%的区间内，2%的专家预期将位于4.6%~5.0%的区间内，1%的专家预期其增速在5.1%~5.5%之间。总体而言，所有接受问卷调查的专家一致认为欧元区2021年的经济增速将高于3%的水平。

2020年，为应对疫情冲击，美国和欧元区都实施了大力度的货币扩张政策。全年总体来看，基本维持欧元升值、美元疲软的态势：1欧元兑美元汇率从2020年1月的1.1050美元，上升至12月的1.2310美元的水平。那么2021年欧元兑美元汇率的走势将如何呢？调查结果显示，32%的专家预期2021年年末欧元兑美元汇率可能位于1.18~1.20的区间内，32%的专家预期可能位于1.21~1.23的区间内，18%的专家预期可能位于1.24~1.26的区间内，14%的专家预期可能位于1.15~1.17的区间内，3%的专家预期可能位于1.27~1.29的区间内，1%的专家认为无法预测。总体而言，相对于2020年12月份，接近八成接受调查的专家预期2021年欧元兑美元汇率将呈现一定的贬值趋势。

二、2021年中国经济形势

根据国家统计局2021年1月18日发布的初步核算数据，2020年中国GDP增长2.3%，增速比上年下降3.7个百分点。分季度看，第一季度同比增长萎缩6.8%，第二季度同比增长3.2%，第三季度同比增长4.9%，第四季度同比增长6.5%。IMF2021年1月26日预测，2021年中国经济增速为8.1%；世界银行2021年1月5日预测，2021年中国经济增速为7.9%。关于2021年中国GDP增长，调查结果显示，35%接受调查的专家预期2021年中国GDP的增速将位于8.01%~8.50%之间，28%的专家预期其位于7.51%~8.00%之间，17%专家预期其位于7.01%~7.50%之间，11%的专家预期其位于6.0%~6.50%之间，8%的专家预期其位于6.51%~7.00%之间，1%的专家预期将低于6%。总体而言，几乎所有的专家认为2021年中国GDP增速将高于6.0%的水平,超过六成的专家预期2021年中国GDP增速将高于7.5%的水平。

2020年,中国消费者价格指数(CPI)上涨2.5%,涨幅比上年回落0.4个百分点。扣除食品和能源价格的核心CPI上涨0.8%。关于2021年中国居民消费物价指数(CPI)的变化趋势,40%的专家预期2021年中国CPI增长位于2.51%~3.00%之间,34%的专家预期其位于2.01%~2.50%之间,12%的专家预期其位于2.51%~3.00%之间,8%的专家预期其位于1.0%~1.50%之间,5%的专家预期其位于1.51%~2.00%之间,1%的专家认为低于1%。总体而言,超过一半的专家认为2021年中国全年CPI涨幅比2020年的2.5%会有所提高。

2020年,中国工业生产者出厂价格指数(PPI)收缩1.8%,降幅比上年扩大1.48个百分点。关于2021年中国PPI的变化趋势,45%的专家预期2021年中国PPI涨幅将位于0.1%~1.0%之间,24%的专家预期其将位于-0.9%~0.0%之间,17%的专家预期其位于1.1%~2.0%之间,13%的专家预期其位于-1.9%~-1.0%之间,1%的专家预期其位于3.0%~4.0%之间。总体而言,几乎所有的专家预期2021年中国PPI涨幅将高于2019年,超过六成的专家预期2021年中国PPI涨幅将呈现正增长。

2020年,中国固定资产投资(不含农户)增长2.9%,增速比上年下降2.5个百分点。分领域看,中国制造业投资萎缩2.2%,增速比上年大幅下降5.3个百分点;中国房地产投资增长5.0%,增速比上年下降4.2个百分点;中国基础设施投资增长0.9%,增速比上年下降2.9个百分点。(1)关于2021年中国固定资产投资名义增速,35%的专家预期其位于3.1%~4.0%之间,34%的专家预期其位于4.1%~5.0%之间,15%的专家预期其位于5.1%~6.0%之间,10%的专家预期其位于2.1%~3.0%之间,1%的专家预期其位于1.1%~2.0%之间;另有5%的专家持有不同观点,认为2021年中国固定资产投资名义增速可能位于10.0%以上、6.0%~7.0%之间、10.0%、7.1%~8.0%之间、6.1%~7.0%之间等。(2)关于2021年中国制造业投资,43%的专家预期其位于0.1%~2.0%之间,37%的专家预期其位于2.1%~4.0%之间,9%的专家预期其位于-1.9%~0.0%之间,3%的专家预期其位于-3.9%~-2.0%之间,2%的专家预期其位于-6.0%~-4.0%之间;另有6%的专家持有不同观点,认为2021年中国制造业投资名义增速可能位于4.1%~6.0%之间、10.0%以上、5.0%~6.0%之间、6.1%~7.0%之间、1.8%~3.5%之间、4.05%~5.0%之间、7.0%~9.0%之间等。(3)关于2021年中国房地产投资,36%的专家预期其位于4.0%~5.0%之间,26%的专家预期其位于5.1%~6.0%之间,20%的专家预期其位于6.1%~7.0%之间,11%的专家预期其位于7.1%~8.0%之间,5%的专家预期其位于

8.1%~9.0%之间；另有2%的专家持有不同观点，认为2021年中国房地产投资增速可能位于10.0%以上、3.0%~4.0%之间等。（4）关于2021年中国基础设施投资，35%的专家预期其位于3.1%~4.0%之间，26%的专家预期其位于2.1%~3.0%之间，18%的专家预期其位于4.1%~5.0%之间，12%的专家预期其位于1.0%~2.0%之间，7%的专家预期其位于5.1%~6.0%之间；另有2%的专家持有不同观点，认为2021年中国基础设施增速可能位于15.0%、6.1%~7.0%之间等。总体而言，接近九成的专家预期2021年中国固定资产投资增速将高于2020年2.9%的水平，超过8成的专家认为2021年中国制造业投资将呈现正增长，超过六成的专家认为2021年中国房地产投资增速将高于2020年的水平，所有专家认为2021年中国基础设施投资增速将高于2020年的水平。

2020年，中国国有及国有控股企业投资增长5.3%，增速比上年下降1.5个百分点；民间投资增长1.0%，增速比上年下降3.7个百分点。（1）关于2021年国有及国有控股企业投资，45%的专家认为其增速将位于5.1%~6.0%之间，38%的专家预期其增速位于6.1%~7.0%之间，5%的专家预期其增速将位于4.1%~5.0%之间，各有5%的专家预期其增速位于3.1%~4.0%之间和7.1%~8.0%之间，另有2%的专家认为其位于10.0%以上、8.0%~10.0%之间等。（2）关于2021年民间投资增速，30%的专家预期其位于2.1%~3.0%之间，25%的专家预期其增速位于3.1%~4.0%之间，24%的专家预期其增速位于0.0%~2.0%之间，15%的专家预期其增速位于4.1%~5.0%之间，5%的专家预期其增速位于5.1%~7.0%之间，另有1%的专家认为其位于10.0%以上。

2020年，扣除价格因素后，中国居民人均可支配收入实际增长2.1%，增速比上年下降3.7个百分点。其中，城镇居民人均可支配收入实际增长1.2%，农村居民人均可支配收入实际增长3.8%，增速分别比上年下降3.8个和2.4个百分点。那么，2021年中国居民人均可支配收入的实际增速将处于哪个区间呢？调查结果显示，33%的专家预期2021年中国居民人均可支配收入的实际增速将位于4.1%~5.0%之间，28%的专家预期将位于3.1%~4.0%之间，21%的专家预期将位于2.1%~3.0%之间，15%的专家预期将位于5.1%~7.0%之间，3%的专家预期将位于0.1%~2.0%之间。总体而言，超过九成的专家认为2021年中国居民人均可支配收入的实际增速将高于2020年2.1%的水平。

2020年，中国城镇新增就业1 186万人，完成全年900万人以上预期目标的131.8%。全国城镇调查失业率在4月达到6%的高位后逐月回落，12月降至5.2%。那么，2021年城镇调查失业率将处于哪个区间呢？调查结果显示，40%的专家预期2021年中国城镇调查失业率将位于4.9%~5.0%之间，28%的专家预期将位于5.1%~5.2%之间，17%的专家预期将位于4.8%~4.9%之间，9%的专家预期将位于5.2%~5.3%之间，6%的专家预期将位于5.3%~5.4%之间。总体而言，与2020年相比，接近六成的专家认为2021年中国城镇调查失业率将呈现回落趋势。

2020年，中国社会消费品零售总额名义增速为-3.9%，增速比上年下降11.9个百分点。那么，2021年中国社会消费品零售的增速如何呢？调查结果显示，32%的专家预期2021年社会消费品零售总额名义增速位于2.1%~4.0%之间，27%的专家预期其将位于4.1%~6.0%之间，19%的专家认为其增速位于0.1%~2.0%之间，13%的专家预期其位于6.1%~8.0%之间，6%的专家预期其位于-1.9%~0.0%之间，另有3%的专家认为其位于8.0%~10.0%之间、8.0%~10.0%之间、9.0%~11.0%之间等。总体而言，所有专家认为2021年中国社会消费品零售总额名义增速将呈现正增长。

2020年，按人民币计，中国货物出口增长4.0%，增速比上年下降1.0个百分点；进口增长-0.7%，增速比上年回落2.3个百分点。关于2021年中国出口总额（人民币计），40%接受调查的专家预期其名义增速位于4.1%~5.0%之间，23%的专家预期其名义增速位于5.1%~6.0%之间；17%的专家预期其位于5.0%~6.0%之间，15%的专家预期其位于6.1%~7.0%之间，12%的专家预期其位于3.1%~4.0%之间，8%的专家预期其位于2.1%~3.0%之间，另有2%的专家认为中国2021年中国出口增速将高达9.0%~11.0%、7.1%~9.0%等。总体而言，对于中国出口总额，接近八成的专家认为2021年中国出口增速将高于2020年4%的水平。关于2021年中国进口总额（人民币计），40%接受调查的专家认为其位于0.1%~2.0%之间，39%的专家预期其增速位于2.1%~4.0%之间，8%的专家预期其位于4.1%~6.0%之间，8%的专家预期其位于-2.0%~0.0%之间，5%的专家预期其位于6.1%~8.0%之间。总体而言，对于中国进口总额，超过九成的专家认为2021年中国进口将呈现正增长。

2020年，中国成功抗疫保障了经济强劲复苏，并吸引外资稳定流入，人民币兑美元汇率持续升值。下半年，人民币兑美元汇率中间价从6月1日的1美元兑7.132元逐步下降至12月31日的6.525元。进入2021年，人民币兑美元汇率继续保持升值的态势：截至2021年1月26日，人民币兑美元汇率中间价为6.485，人民币汇率指数（CFETS）也呈上升态势。那么，至2021年末人民币对美元汇率中间价将处于哪个区间呢？调查结果显示，32%接受调查的专家预期2021年末人民币兑美元汇率中间价将位于6.40~6.50之间，29%的专家预期汇率中间价位于6.30~6.40之间，25%的专家预期其位于6.50~6.60之间，8%的专家预期其位于6.20~6.30之间，6%的专家预期其位于6.60~6.70之间。总体而言，接近七成的专家认为2021年人民币兑美元汇率将持续升值。

三、2021年中国宏观经济政策预测

2020年末,中国广义货币供应量(M2)增长10.1%,增速比上年末提高1.4个百分点。社会融资总量新增近34.86万亿元,规模比上年扩大9.19万亿元。其中,人民币贷款新增19.63万亿元,规模比上年增加约2.82万亿元;新增人民币贷款占新增社会融资总量的比重为57.5%,比上年下降8.3个百分点。那么,2021年中国M2的增速将会如何呢?35%的专家预期2021年中国M2增速位于9.6%~10.0%之间,25%的专家预期其位于10.1%~10.5%之间,23%的专家预期其位于9.1%~9.5%之间,10%的专家预期其位于8.6%~9.0%之间,6%的专家预期其位于10.6%~11.0%之间,另有1%的专家认为其将位于10.6%~11.0%之间。总体而言,接近七成的专家认为2021年中国M2增速将低于2020年10.1%的水平,说明多数专家认为2021年中国货币政策将回归正常化,中国政府将实施稳健中性的货币政策。同时,有64%的专家认为央行在2021年不会进一步降准或降息;15%的专家认为央行将进一步降准、降息,幅度分别为0.05%~0.5%和0.05%~2%;16%的专家认为央行将进一步降准,幅度可能为0.02%~5%;5%的专家认为将进一步降息,幅度可能为0.2%~3%。

2021年1月20日,中国人民银行授权全国银行间同业拆借中心公布,1年期贷款市场报价利率(LPR)为3.85%,继续保持在2020年4月20日的利率水平上。那么,至2021年末LPR可能位于哪个水平呢?调查结果显示,47%的专家认为2021年末LPR将保持在3.85%的水平;35%的专家认为LPR将下降20个基点,达到3.65%;9%的专家认为将下降40个基点,达到3.45%;7%的专家认为将上调20个基点,达到4.05%;1%的专家认为将上调30个基点,达到4.15%;另有1%的专家认为将下调10个基点至3.75%。

2020年底,中央经济工作会议提出,2021年"宏观政策要保持连续性、稳定性、可持续性。要继续实施积极的财政政策和稳健的货币政策,保持对经济恢复的必要支持力度,政策操作上要更加精准有效,不急转弯,把握好政策时度效","稳健的货币政策要灵活精准、合理适度,保持货币供应量和社会融资规模增速同名义经济增速基本匹配,保持宏观杠杆率基本稳定,处理好恢复经济和防范风险关系",等等。那么,2021年中国货币政策的着力点主要有哪些呢?调查结果显示,84%的专家认为是"增强结构性货币政策工具的精准滴灌作用,提高政策直达性。流动性精准投向新基建和实体经济,尤其受疫情影响严重的行业、中小微、民营企业、制造业、高新技术等领域,加大对科技创新、绿色发展的金融支持";75%的专家认为是"完善货币供应调控机制,把好货币供应总闸门,根据宏观形势和市场需要,科学把握货币政策操作的力度、节奏和重点,保

持流动性合理充裕,保持广义货币供应量和社会融资规模增速同反映潜在产出的名义国内生产总值增速基本匹配";74%的专家认为是"在保持流动性合理充裕的同时,疏通货币政策传导机制,重点调整信贷投放结构,优化资源在区域、产业、周期上的配置,助力中国经济结构转型升级";62%的专家认为是"重视预期管理,保持物价水平稳定;深化人民币汇率市场化改革,进一步发挥市场在人民币汇率形成中的决定性作用;加强宏观审慎管理,处理好内外部均衡和长短期关系,尽可能长时间实施正常货币政策,保持宏观杠杆率基本稳定";58%的专家认为是"健全市场化利率形成机制,深化贷款市场报价利率改革,继续释放改革促进降低贷款利率的潜力,综合施策推动社会融资成本明显下降"。另有3%的专家持有不同观点,这些观点包括:加大对中小银行发行永续债等资本补充工具的支持力度,提升银行服务实体经济和防范化解金融风险的能力;完善金融监管和宏观审慎管理体系,提升系统性风险的防控和抵御能力,加强国际经济金融政策协调;加快金融业改革;防范风险等。

在财政政策方面,2020年底召开的中央经济工作会议提出,2021年"积极的财政政策要提质增效、更可持续,保持适度支出强度,增强国家重大战略任务财力保障,在促进科技创新、加快经济结构调整、调节收入分配上主动作为,抓实化解地方政府隐性债务风险工作,党政机关要坚持过紧日子"。那么,2021年中国财政政策还有哪些实施的空间?调查结果显示,85%的专家认为是"财政支出结构更倾向于将资金运用于科技创新、文教体育、预算内基建等领域。优化科技类贷款风险补偿机制,强化财政贴息等措施;加大'两新一重'领域投资,引导新兴产业发展,促进传统产业改造升级;加大民生支出力度,保障就业民生,缓解居民消费的后顾之忧";77%的专家认为是"进一步优化减税降费方式,从当前主要针对增值税的减税格局转为降低社保费率和企业所得税税率,从碎片化、特惠式减税转向一揽子、普惠式减税";72%的专家认为是"结合需求侧管理,加强新型基础设施建设等领域的支持力度,拓展投资空间,优化投资结构";59%的专家认为是"通过盘活财政存量资金,提高财政资金的使用效率";51%的专家认为是"财政支出将保持适度支出强度的同时,赤字率将逐步从3.6%回归到3.0%左右"。另有3%的专家持有不同观点,这些观点包括:从财政事权和支出责任划分和转移支付制度建设两方面对财政制度进行完善,完善各级政府的财政关系;建立和完善财政资金直达制度,提高资金使用效率;减少不当财政补贴;税收改革,房地产、零售税新试点。

新冠肺炎疫情后中央关于扩大需求和需求侧管理的论述较多。2020年7月30日召开的中共中央政治局会议提出,要"加快形成以国内大循环为主体、国内国际双循环相互促进的新发展格局","持续扩大国内需求";党的十九届五中全会继续提出"坚持扩大内需这个战略基点";2020年12月召开的中央经济工作会议强调,"注重需求侧管理","形成需求牵引供给、供给创造需求的更高水平动态平衡"。要持续扩大国内需求,增强消费对经济发展的基础性作用,全面促进消费,培育新型消费,发展服务消费。那么,当前扩大消费的具体措施有哪些?调查结果显示,88%的专家认为是"合理增加公共消费,提高教育、医疗、养老等公共服务支出,加大税收、社保、转移支付等调节力度,稳定和提升居民消费能力";84%的专家认为是"要努力扩大中等收入群体,缩小收入差距。应继续实施减税降费政策,加大对城乡低收入家庭的转移支付力度,确保居民特别是低收入群体和农村居民实际收入的稳步增长";69%的专家认为是"加快提高供给质量,实现消费提质增容,有序取消一些行政性限制消费购买的规定,充分挖掘县乡居民消费潜力";60%的专家认为是"要坚持'房子是用来住的、不是用来炒的'定位,促进房地产市场平稳健康发展";51%的专家认为是"完善职业技术教育体系,积极做好金融支持就业创业,实现更加充分更高质量就业"。另有4%的专家持有不同观点,这些观点包括:精准"直升机撒钱"、在经济增速提高基础上,实现充分就业,提高居民收入;以供给侧"创新"引领消费"需求";刺激信息消费,鼓励数字服务行业高质量发展。

2020年12月召开的中央经济工作会议强调,"注重需求侧管理","坚持扩大内需这个战略基点","增强产业链供应链自主可控能力"。刘鹤在"十四五"规划辅导读本撰文《加快构建以国内大循环为主体、国内国际双循环相互促进的发展新格局》中指出,"要加快培育完整体系,完善扩大内需的政策支持体系","发挥投资对优化供给结构的关键性作用,拓展投资空间,优化投资结构"。那么,当前扩大有效投资的具体措施有哪些?调查结果显示,83%的专家认为是"应继续加大针对创新企业和高新技术企业的减税力度,加大研发费用加计扣除力度,激励企业扩大研发投入,增强企业的创新能力,提高高新技术制造业的比重,加快促进制造业的产业转型和产品升级,以实现劳动生产率的持续快速增长";73%的专家认为是"全面落实完善减负稳岗扩就业举措,加大对自主创业、灵活就业支持力度;在推动扶持中小企业发展的同时,应更大力度扶持创业创新活动;进一步强化职业技能培训,大力发展微经济,提高青年就业率和创业成功率,扩大和稳定青年就业";70%的专家认为是"继续深化国有企业改革,落实竞争中性和所有制中性,消除所有制歧视,加快构建公平竞争的营商环境、完善产权保护制度,拓展民营经济的发展空间,提振企业信心,稳定制造业民间投资的增长";67%的专家认为是"要推进资本市场基础制度建设,依法从严打击证券违法活动,促进资本市场平稳健康发展";62%的专家认为是"应落实推进LPR改革及运用,以此提高市场利率向贷款利率的传导效率,激励对利率变化更为敏感的民间投资的增长,进而改善市场配置信贷资源的效率,推动投资结构调整,提升投资效率"。另有6%的专家持有不同观点,这些观点包括:对无效投资的坚决、精准退出;加强农业和农村基础设施建设,完善社会保障制度,加强基本民生保障工作,以改善民生为导向扩大有效投资;以从有到好为目标,绘蓝图、补短板、强基础,强力提高基础设施投资增速;加快5G网络、数据中心等新型基础设施建设进度,更加注重调动民间投资积极性;推进资本市场基础制度建设中完成注册制改革;聚焦"两新一重",适度增加政策支持力度;加大数字基础设施投资,加大绿色投资。

2020年4月10日,习近平在中央财经委员会第七次会议上首次提出"构建以国内大循环为主体、国内国际双循环相互促进的新发展格局"。党的十九届五中全会和2020年中央经济工作会议也对"国内大循环""双循环"等问题进行了深刻阐释和决策部署。形成以国内大循环为主体,意味着要把满足国内需求作为发展的出发点和落脚点,生产、分配、流通、消费更多依托国内市场。这个循环要畅通起来,就必须构建完整的内需体系,特别是供给体系和国内需求要更加适配。那么,推动国内大循环的具体措施主要有哪些呢?调查结果显示,83%的专家认为是"全面促进消费,提高消费对经济发展的基础性作用。提升传统消费,培育新型消费,发展服务消费,适当增加公共消费,开拓城乡消费市场";78%的专家认为是"坚持供给侧结构性改革这个战略方向,实现依靠创新驱动的内涵型增长。提升产业链供应链现代化水平,大力推动科技创新,加快关键核心技术攻关,全面塑造发展新优势;把实施扩大内需战略同深化供给侧结构性改革有机结合起来";76%的专家认为是"强化国内统一市场建设,破除妨碍生产要素市场化配置和商品服务流通的体制机制障碍,做实做强做优实体经济,更好发挥国内需求升级在加快发展现代产业体系中的牵引作用";70%的专家认为是"深化改革和扩大开放。进一步创造公平竞争的市场环境,充分激发各类市场主体的活力;加快建设更高水平的开放型经济体制;进一步优化创新的生态和环境";64%的专家认为是"推动金融更好服务实体经济,健全现代流通体系。对金融体系进行结构性调整,大力提高直接融资比重,改革优化政策性金融,完善金融支持创新的政策;构建现代物流体系,完善综合运输大通道、综合交通枢纽和物流网络";63%的专家认为是"拓展投资空间,发挥投资对优化供给结构的关键作用。优化投资结构,提高投资效益,保持投资合理增长,使投资在促消费、惠民生、调结构、增功能、强后劲、促协调等方面持续发挥支撑作用,不搞低水平重复建设,防止出现新的产能过剩";58%的专家认为是"推动新型城镇化和城乡区域协调发展。建设现代化都市圈,形成一批新增长极;健全区域战略统筹、市场一体化发展等机制,优化区域分工,深化区域合作,更好促进发达地区和欠发达地区、东中西部和东北地区共同发展;协调推进长江经济带经济区域快速发展"。另有5%的专家持有不同观点,这些观点具体包括:大幅提高资金的利用效率、减少资金的"跑冒滴漏",有效清理无效投资;收入与消费协调提高;完善数字基础设施建设,推进数据资源整合和开放共享,加快产业数字化转型,推动数字经济发展;推进共建"一带一路"高质量发展;加快新农村建设步伐,巩固扶贫脱贫成果,千方百计防止返贫;深化土地要素市场化改革,盘活城乡闲置和低利用土地要素与需要就业的劳动力要素相组合,更大力度放开人口、劳动力、土地、住房宅院、资金、技术等的城乡双向流动;与国际一流高标准规则体系加快对标、对表,加速推进加入CPTPP等国际高标准贸易协定的步伐。

课题组预测与百位经济学家问卷调查结果的对比如表16-1所示。

表16-1　　课题组预测与百位经济学家问卷调查结果比较　　单位:%

2021年主要宏观经济指标	CQMM课题组预测	专家的预测区间及比例	
		区间	比例
GDP增速	8.60	8.01~8.50	35
		7.51~8.00	28
		7.01~7.50	17
		6.01~6.50	11
		6.51~7.00	8
		6.0以下	1
固定资产投资（不含农户）增速	9.58	3.1~4.0	35
		4.1~5.0	34
		5.1~6.0	15
		2.1~3.0	10
		1.1~2.0	1
		其他	5
国有及国有控股投资增速	14.30	5.1~6.0	45
		6.1~7.0	38
		4.1~5.0	5
		7.1~8.0	5
		3.1~4.0	5
		其他	2

续表

2021年主要宏观经济指标	CQMM课题组预测	专家的预测区间及比例	
		区间	比例
社会消费品零售总额名义增速	16.11	2.1~-4.0	32
		4.1~6.0	27
		0.1~2.0	19
		6.1~9.0	13
		-1.9~0.0	6
		其他	3
CPI涨幅	0.94	2.51~3.00	41
		3.01~3.50	27
		2.01~2.50	13
PPI涨幅	1.78	-2.9~-2.0	36
		-1.9~-1.0	27
		-0.9~0.0	20
出口总额增速（人民币）	14.44	-3.0~-2.1	33
		-2.0~-1.1	29
		-1.0~0.0	15
进口总额增速（人民币）	15.88	-2.0~-1.1	39
		-3.0~-2.1	27
		-1.0~0.0	20

四、致谢

111位专家参与了本次问卷调查，他们是（按姓名汉语拼音排序）：阿不都斯力木、柏培文、毕吉耀、常欣、陈昌兵、陈工、陈建宝、陈瑾玫、陈昆亭、陈梦根、陈守东、陈锡康、陈学彬、陈彦斌、陈志勇、陈甬军、戴魁早、董纪昌、董希淼、郭其友、郭熙保、郭晓合、郭志仪、韩兆洲、贺京同、华而诚、黄险峰、黄茂兴、简新华、蒋永穆、靳涛、李春琦、李海峥、李建伟、李军、李实、李雪松、李英东、林学贵、刘建平、刘穷志、刘凤良、刘晓欣、梁嘉锐、吕汉光、马跃、彭素玲、庞明川、瞿宛文、任若恩、邵宜航、沈利生、石峻骅、苏剑、孙少岩、孙巍、汤吉军、田如柱、覃巍、汪同三、汪昌云、王大树、王国成、王军波、王美今、王苏生、王衍行、王跃生、王晋斌、文传浩、吴化斌、吴信如、吴开超、谢丹阳、谢地、谢攀、辛本健、徐一帆、许文彬、鄢萍、杨澄宇、杨翠红、易宪容、殷醒民、于立、于左、袁富华、臧旭恒、张宏亮、张立群、张明志、张茉楠、张平、张曙光、章元、曾五一、支大林、赵昌会、赵明昊、赵锡军、赵昕东、赵振全、赵志君、郑超愚、郑毓盛、周立群、周冰、周泽炯、朱保华、朱建平、朱启贵。

参加本次问卷调查的专家学者来自国务院发展研究中心宏观经济研究部、国家发展改革委员宏观研究院、国家统计局、商务部研究院、中国科学院预测科学研究中心、中国社会科学院金融研究所、中国社会科学院经济研究所、中国社会科学院数量经济与技术经济研究所、中共中央对外联络部、中国国际经济交流中心、人民日报社内参部、《经济参考报》、恒丰银行研究院、中国银行业协会、中国进出口银行、天则经济研究所、台湾"中研院"、中华经济研究院等机构，以及厦门大学、中国科学院大学、上海对外经贸大学、上海交通大学、福建师范大学、辽宁大学、中山大学、山东大学、东北财经大学、东北师范大学、北京师范大学、北京航空航天大学、广西大学、吉林大学、中国人民大学、中南财经政法大学、浙江财经大学、浙江大学、上海财经大学、安徽财经大学、四川大学、北京大学、南开大学、上海财经大学、武汉大学、华东师范大学、暨南大学、兰州大学、湖南大学、华侨大学、西安交通大学、西南财经大学、重庆工商大学、陕西师范大学、新疆大学、复旦大学、天津财经大学、云南财经大学、台湾大学、香港科技大学、香港城市大学、香港岭南大学、香港浸会大学等高校。

最后，我们对上述各位专家的热忱参与和真知灼见，表示诚挚的感谢！

第二节 2021 年秋季问卷调查报告

为及时把握中国宏观经济形势和政策走向，新华社《经济参考报》和教育部人文社会科学重点研究基地——厦门大学宏观经济研究中心自 2013 年 8 月首次联合开展每年两次的"年度中国宏观经济形势和政策问卷调查"活动。这是本项研究的第 17 次问卷调查。本次调查问卷设计了与当前中国宏观经济运行和政策走势直接相关的 18 道问题，于 2021 年 8 月通过电子邮件向国内相关领域的经济学家发出调查邀请，最终收到 110 位专家的答复。通过本次问卷调查，我们获得了专家们关于 2021 年世界经济形势、中国经济形势以及 2021 年中国宏观经济政策的走势等问题的最新认识和判断。

现将本次问卷调查结果公布如下，其中调查结果与课题组的预测结果对比如

表 16-2 所示。

表 16-2 课题组与 110 位专家对中国主要宏观经济指标预测结果之比较 单位：%

2021年主要宏观经济指标	课题组预测	专家预测区间及比例	
		区间	比例
GDP 增长率	8.50	8.01~8.50	41.5
		7.51~8.00	31.1
CPI 增长率	0.86	1.01~1.50	37.7
		1.51~2.00	28.3
PPI 增长率	7.01	5.1~6.0	46.2
		6.1~7.0	32.1
社会消费品零售总额名义增长	12.89	12.1~14.0	24.5
		14.1~16.0	24.5
固定资产投资总额名义增长	9.35	10.1~11.0	32.1
		11.1~12.0	27.4
其中．国有及国有控股企业	6.97	9.1~10.0	41.5
		8.1~9.0	28.3
非国有企业	10.87	5.1~6.0	27.4
		7.1~8.0	23.6

一、2021 年世界经济形势

2021 年上半年，随着疫苗接种的推进，以及持续大规模财政刺激和超宽松货币政策的支持，美国经济强势反弹。然而，通胀的高企、失业率走势的不确定性以及疫情恶化的风险等依然是制约美国经济复苏的重要因素。国际货币基金组织（IMF）在 7 月底发布的《世界经济展望》中预测，2021 年美国经济增速为 7.0%，比上年提高 10.5 个百分点；相比其 4 月份预测，向上修正 0.6 个百分点。那么 2021 年美国经济将会有怎样的变化态势？调查结果显示，48.1% 的专家预期 2021 年美国经济增长率在 6.1%~7.0% 之间，27.4% 的专家预期在 7.1%~8.0% 之间，16% 的专家预期在 5.1%~6.0% 之间，3.8% 的专家预期在 4.1%~5.0% 之间，各有 3.8% 和 0.9% 的专家分别预期在 8% 以上和 2% 以下。总体而言，接受调查的专家均认为2021年美国经济呈现正增长态势，步入后疫情时代复苏。

2021年上半年，持续超宽松的货币政策在很大程度上支持了欧盟主要经济体的复苏。欧盟统计局7月底公布的数据显示，2021年第二季度，欧元区GDP增速环比上涨2.0%，同比上涨13.7%。其中，德国第二季度GDP环比上涨1.5%，意大利上涨2.7%，法国上涨0.9%。然而，疫情的持续反复同样是左右欧盟经济走势最大的不确定因素。IMF在7月预测，2021年欧元区经济增速为4.6%，比上年上涨11.1个百分点。那么2021年欧元区经济将会有怎样的变化态势？调查结果显示，75.5%的专家预期2021年欧元区经济增长率在4.1%~5.0%之间，10.4%的专家预期在5.1%~6.0%之间，8.5%的专家预期在3.1%~4.0%之间，4.7%的专家预期在2.1%~3.0%之间，0.9%的专家预期在2%以下。总体而言，接受调查的专家均认为2021年欧元区经济增长率将呈现正增长，经济复苏。

美国和欧盟持续大规模的财政刺激计划和超宽松的货币政策虽然在很大程度上支持了经济的复苏，但也触发了通货膨胀。特别是美国，政府债务规模的不断膨胀、消费者物价指数（CPI）的快速上涨，导致美元持续贬值。2021年1月，1欧元可兑1.2217美元；7月，下降至1.1855美元的水平。关于2021年末欧元兑美元汇率可能的区间，调查结果显示，43.4%的专家预期在1.18%~1.20%之间，35.8%的专家预期在1.15%~1.17%之间，12.3%的专家预期在1.12%~1.14%之间，6.6%的专家预期在1.21%~1.23%之间，0.9%的专家预期在1.09%~1.11%之间，0.9%的专家预期在1.17%~1.19%之间。总体而言，超过八成的专家认为2021年末欧元兑美元将持续升值。

二、2021年中国经济形势

根据国家统计局2021年7月16日发布的初步核算数据，2021年上半年，中国国内生产总值（GDP）增速同比上涨12.7%。其中，第一季度同比增长18.3%，第二季度同比增长7.9%。上半年国民经济持续了稳中加固、稳中向好的态势。然而，全球疫情持续反复以及国内疫情的零星散发、上半年生产资料价格的快速上涨，以及财政支出增速的大幅下滑等，是威胁经济复苏的主要因素。IMF在7月预测，2021年中国经济增速为8.1%，比上年上涨5.8个百分点；相比其4月份预测，向下修正0.3个百分点。关于2021年中国GDP的增长率，调查结果显示，41.5%的专家预期在8.01%~8.50%之间，31.1%的专家预期在7.51%~8.00%之间，17%的专家预期在8.51%~9.00%之间，8.5%的专家预期在7.01%~7.50%之间，0.9%的专家预期在8.51%~9.00%之间，0.9%的专家预期在9.00%以上。其中，31.1%的专家预期2021年第三季度中国GDP的同比增长率在5.01%~5.50%之间，48.1%的专家预期2021年第四季度中国GDP

的同比增长率在4.51%~5.00%之间。考虑到2020年中国GDP同比上涨2.3%，接受调查的专家均认为2021年中国经济稳中加固、稳中向好。

2021年上半年，受国际大宗商品价格上涨、国内制造业出口快速增长以及减排政策等的影响，中国工业生产者出厂价格指数（PPI）比上年同期上涨5.1%；其中，6月份同比上涨8.8%。关于2021年中国PPI变化态势，调查结果显示，46.2%的专家预期在5.1%~6.0%之间，32.1%的专家预期在6.1%~7.0%之间，13.2%的专家预期在4.1%~5.0%之间，3.8%的专家预期在3.1%~4.0%之间，3.6%的专家预期在7%以上，0.9%的专家预期在2.1%~3.0%之间。总体而言，超九成的专家认为2021年中国PPI呈现稳定正增长。

2021年上半年，中国消费者物价指数（CPI）同比上涨0.5%；扣除食品和能源价格的核心CPI同比上涨0.4%，涨幅比上年同期回落0.8个百分点。关于2021年中国CPI涨幅，调查结果显示，37.7%的专家预期在1.01%~1.50%之间，28.3%的专家预期在1.51%~2.00%之间，18.9%的专家预期在0.51%~1.00%之间，11.3%的专家预期在2.01%~2.50%之间，2.8%的专家预期在0.01%~0.50%之间，0.9%的专家预期在3%以上。总体而言，接受调查的专家基本认为2021年中国CPI呈小幅正增长态势。

2021年上半年，固定资产投资同比增长12.6%，增速比上年同期上涨15.7个百分点。关于2021年中国固定资产投资增速，调查结果显示，32.1%的专家预期在10.1%~11.0%之间，27.4%的专家预期在11.1%~12.0%之间，17.9%的专家预期在9.1%~10.0%之间，9.4%的专家预期在12.1%~13.0%之间，8.5%的专家预期在8.1%~9.0%之间，2.7%的专家预期在8.0%以下，0.9%的专家预期在13%以上。考虑到2020年中国固定资产投资增长2.9%，接受调查的专家基本都认为2021年中国固定资产投资增速加快。其中，2021年上半年，制造业投资同比增长19.2%，房地产投资同比增长14.7%，基础设施投资同比增长7.8%，增速分别比上年同期增加30.9个、14.1个和10.5个百分点。关于2021年制造业投资、房地产业投资和基础设施投资增速态势，超九成的专家预期2021年制造业投资增速在8%~16.0%之间，90%以上的专家预期2021年房地产业投资增速在5.1%~13.0%之间，90%以上的专家预期2021年基础设施投资增速在3.1%~6.0%之间。考虑到2020年中国制造业投资、房地产业投资和基础设施投资增速分别为-2.2%、5.0%和0.9%，所有专家都认为2021年中国制造业投资增速上涨趋势明显、房地产业投资增速明显拉升、基础设施投资增速上升。

2021年上半年，国有及国有控股企业投资同比增长9.6%，增速比上年同期提高7.5个百分点；民间投资同比增长15.4%，增速比上年同期增长22.7个百分点。关于2021年国有及国有控股企业投资增速，调查结果显示，41.5%的专家预期在9.1%~10.0%之间，28.3%的专家预期在8.1%~9.0%之间，20%的专家预期在7.0%~8.0%之间，12.3%的专家预期在10.1%~11.0%之间，1.9%的专家预期在11.1%~12.0%之间。考虑到2020年中国国有及国有控股企业投资增长5.3%，全部专家都认为2021年国有及国有控股企业投资增速上涨。另一方面，关于2021年民间投资增速，调查结果显示，27.4%的专家预期在5.1%~6.0%之间，23.6%的专家预期在7.1%~8.0%之间，20.8%的专家预期在6.1%~7.0%之间，11.3%的专家预期在4.1%~5.0%之间，9.4%的专家预期在3.1%~4.0%之间，5.4%的专家预期在8.0%以上，0.9%的专家预期在2.0%以下。考虑到2020年，民间投资增长1.0%，绝大多数的专家认为2021年民间投资增速大幅上扬，形势显著向好。

2021年上半年，全国居民人均可支配收入实际增长12.0%，增速比上年提高13.3个百分点。2021年全国居民人均可支配收入的实际增速调查结果显示，34%的专家预期在6.1%~7.0%之间，26.4%的专家预期在5.1%~6.0%之间，25.5%的专家预期在7.1%~8.0%之间，10.4%的专家预期在4.1%~5.0%之间，1.9%的专家预期在3.1%~4.0%之间，1.8%的专家预期在8.0以上。总体而言，全部专家都认为2021年居民人均可支配收入的实际增速为正增长，形势积极向好。

2021年，全球疫情持续反复以及国内疫情的零星散发，就业面临的压力仍在持续。但随着新冠肺炎疫苗的大面积接种及疫情在中国境内得到妥善管控，第二季度生产生活秩序快速恢复，各项稳就业政策持续见效，就业形势得到有效改善。2021年6月，城镇调查失业率进一步回落至5.0%的水平。关于2021年城镇调查失业率，调查结果显示，42.5%的专家预期在5.0%~5.2%之间；20.8%的专家预期在4.7%~4.9%之间，16%的专家预期在5.3%~5.5%之间，10.4%的专家预期在5.6%~5.8%之间，10.4%的专家预期在4.4%~4.6%之间。考虑到2020年中国城镇调查失业率一度高达6.2%，全部专家都认为2021年城镇调查失业率低于去年，就业形势缓解但依旧压力较大。

2021年上半年，随着中国经济的稳步复苏，社会消费品零售总额同比增长23.0%，增速比上年同期提高34.4个百分点。然而，国内疫情的零星暴发、居民实际收入增速反弹乏力等，可能抑制消费支出的快速增长。关于2021年社会消费品零售总额名义增速，调查结果显示，24.5%的专家预期在12.1%~14.0%之间，24.5%的专家预期在14.1%~16.0%之间，21.7%的专家预期在16.1%~18.0%之间，17%的专家预期在10.1%~12.0%之间，5.7%的专家预期在18.1%~20.0%之间。考虑到2020年中国全社会消费品零售总额名义萎缩3.9%，接受调查的专家均认为2021年社会消费品零售总额名义增速上升，形势积极向好。

2021年上半年，在外需回暖等多重因素影响下，世界贸易快速反弹。IMF

在7月份预测，2021年世界货物贸易将增长9.7%，增速比上年提高18个百分点。2021年上半年，中国货物出口总额（人民币计）累计增长28.1%，增速比上年同期上涨31.1个百分点。关于2021年中国出口总额（人民币计）增速，调查结果显示，35.8%的专家预期在15.1%~17.0%之间，31.1%的专家预期在17.1%~19.0%之间，14.2%的专家预期在13.1%~15.0%之间，8.5%的专家预期在11.1%~13.0%之间，5.7%的专家预期在9.1%~11.0%之间，4.5%的专家预期在19.0%以上。考虑到2020年中国货物出口（人民币计）增长4.0%，接受调查的专家基本都认为2021年中国出口总额（人民币计）增速上涨，贸易出口情况乐观向好。另一方面，2021年上半年，中国货物进口总额（人民币计）累计增长25.9%，增速比上年同期上涨29.2个百分点。关于2021年中国进口总额（人民币计）增速，调查结果显示，43.4%的专家预期在14.1%~16.0%之间，21.7%的专家预期在12.1%~14.0%之间，17.9%的专家预期在10.1%~12.0%之间，8.5%的专家预期在8.1%~10.0%之间，2.8%的专家预期在6.1%~8.0%之间。考虑到2020年中国货物进口增长（人民币计）-0.7%，全部专家都认为2021年中国进口总额（人民币计）增速攀升，贸易进口情况稳中向好。

2021年1~7月，人民币兑美元汇率呈现"双向波动、走势趋强"的态势，中间价在1美元兑6.574~6.357元的区间变化。7月30日人民币兑美元汇率中间价为6.460，比年初升值约1.2%。关于至2021年末人民币对美元汇率中间价，调查结果显示，34%的专家预期在6.45~6.49之间，26.4%的专家预期在6.40~6.44之间，25.5%的专家预期在6.50~6.54之间，7.5%的专家预期在6.35~6.39之间，5.7%的专家预期在6.55~6.59之间。全部专家都认为至2021年末人民币兑美元汇率中间价位于"7"以下的水平。

三、对2021年中国宏观经济政策的预测

2021年7月底召开的中共中央政治局会议，提出下半年"稳健的货币政策要保持流动性合理充裕，助力中小企业和困难行业持续恢复"。至6月末，广义货币（M2）余额231.78万亿元，同比增长8.6%，增速比上月末高0.3个百分点，比上年同期低2.5个百分点。关于2021年中国M2的增速，调查结果显示，49.1%的专家预期在8.6%~9.0%之间，23.6%的专家预期在9.1%~9.5%之间，21.7%的专家预期在8.1%~8.5%之间，4.7%的专家预期在9.6%~10.0%之间，0.9%的专家预期在7.6%~8.0%之间。总体而言，大部分专家预期2021年中国政府将可能保持适度宽松的货币政策。

关于央行是否在2021年下半年将运用降准、降息、再贷款等手段，引导贷款市场利率下行，37.7%的专家认为不会进一步降准和降息，但可能会实质性地

推进存款利率定价机制改革;13.2%的专家认为将不会降准,将进一步降息,且除不确定幅度范围外,总体认为幅度可能在0.05%~3.75%之间;8.5%的专家认为不会降息,将进一步降准,且除不确定幅度范围外,总体认为幅度可能在0.25%~1%之间;14.2%的专家认为可能同时进一步降准和降息,且除不确定幅度范围外,总体认为幅度可能在0.15%~1.5%之间;0.9%的专家则认为央行有可能降准,幅度至少1个百分点,不会直接降息,因为央行早已说过"利率市场化",但会推动LPR下降。

2021年上半年,中国社会融资总量新增17.7万亿元,规模比上年同期缩小3.13万亿元;新增人民币贷款12.76万亿元,规模比上年同期扩大6 713亿元。新增人民币贷款占新增社会融资总量的比重达73.0%,比上年同期扩大13.9个百分点。上半年,新增人民币贷款中对非金融企业及机关团体的新增贷款为8.37万亿元,规模比上年同期下降4 005亿元;对实体经济的贷款占全部新增人民币贷款的比重为65.6%,比上年同期下降近7个百分点。关于2021年下半年中国央行应如何处理恢复经济和防范风险的关系,并保持宏观杠杆率基本稳定(多选题),调查结果显示,84.9%的专家认为继续发挥结构性货币政策工具的作用,加大普惠小微贷款和制造业中长期贷款等直达实体经济的政策工具力度,确保金融服务实体经济;74.5%的专家认为货币政策坚持稳字当头,在常态化回归的同时,进一步加强金融风险的监管;68.9%的专家认为健全市场化利率形成和传导机制,完善央行政策利率体系,优化存款利率监管,推动实际贷款利率进一步下降;45.3%的专家认为推进汇率市场化改革,保持汇率弹性;44.3%的专家认为持续释放贷款市场报价利率改革红利,引导综合融资成本稳中有降;0.9%的专家认为应停止利率市场化改革。

2021年上半年,中国公共财政收入同比增长21.8%,财政支出同比增长4.5%;财政支出超过收入4 560亿元,收支矛盾依然突出。为提高资金效益,7月底召开的中共中央政治局会议明确要求,"积极的财政政策要提升政策效能,兜牢基层'三保'底线,合理把握预算内投资和地方政府债券发行进度,推动今年底明年初形成实物工作量"。关于2021年下半年财政政策还有哪些实施的空间(多选题),调查结果显示,78.3%的专家认为保持政策的连续性,持续推进减税降费,要把支持小微企业和制造业作为两大着力点,助力"补链强链";77.4%的专家认为加强财政政策与货币政策、产业政策、区域政策等其他宏观政策协同配合,发挥政府投资撬动作用,激发民间投资活力,形成市场主导的投资内生增长机制;73.6%的专家认为加大税收、社保、转移支付等调节力度,着力提高低收入群体收入,扩大中等收入群体,促进扩大居民消费;68.9%的专家认为根据经济发展需要优化财政支出结构,推进乡村振兴、落实"三孩"生育政策、加强污染防治和生态建设等重大任务，推进"两新一重"等重大工程建设；52.8%的专家认为应适当放宽专项债券发行时间限制，合理把握发行节奏，提高债券资金使用绩效；各有0.9%的专家分别认为应优化支出结构，减少财政开支，恢复财政平衡，通过金融和财政支持有效优化营商环境、调整收入分配。

2021年7月底召开的中共中央政治局会议上提出，要做好宏观政策跨周期调节，保持宏观政策连续性、稳定性、可持续性，统筹做好今明两年宏观政策衔接，保持经济运行在合理区间。关于做好宏观政策跨周期调节的具体措施有哪些（多选题），调查结果显示，83%的专家认为应稳定就业市场，优化就业结构，提升就业效率，进一步发挥收入分配政策的作用，从中长期缩小收入差距、稳定居民收入，保证居民消费的稳定快速增长；78.3%的专家认为要统筹好短期逆周期调节和中长期跨周期设计的配合，防止中长期经济出现大的波动；74.5%的专家认为应加强财政政策与货币政策、产业政策、区域政策等其他宏观政策协同配合，在稳增长的同时，优化经济结构，提升劳动生产率；72.6%的专家认为宏观政策要促进实现产业链的升级，保障产业链的安全，强化产业链供应链的韧性，要有利于加强基础研究，推动应用研究，开展"补链强链"专项行动，加快解决"卡脖子"难题，发展专精特新中小企业；54.7%的专家认为应继续深化供给侧结构性改革，充分发挥市场配置资源的决定性作用；各有0.9%的专家分别提出着力扩大内需，拉动消费，加快形成双循环发展格局、开启经济增长新周期等观点。

2021年7月底召开的中共中央政治局会议上提出，要挖掘国内市场潜力，持续扩大国内需求；克服疫情影响，扩大最终消费，为居民消费升级创造条件。关于当前扩大最终消费、推动居民消费升级的具体措施有哪些（多选题），调查结果显示，85.8%的专家认为要坚持房子是用来住的、不是用来炒的定位，稳地价、稳房价、稳预期，促进房地产市场平稳健康发展，加快发展租赁住房，落实用地、税收等支持政策；62.3%的专家认为应加快贯通县乡村电子商务体系和快递物流配送体系；60.4%的专家认为要加快推进"十四五"规划重大工程项目建设，引导企业加大技术改造投资；53.8%的专家认为应积极支持新能源汽车加快发展；51.9%的专家认为要落实好特殊群体的就业需要；12.3%的专家分别提出调整收入分配，降税费，出台和落实实质性"三孩"优惠政策，推进农民工市民化改革，增加针对城乡低收入群体与就业脆弱群体的短期转移支付，增加居民收入，坚决解决教育问题、解放百姓在子女教育上的无底投入，通过建立国有药品批发渠道使医疗领域药价向药品的生产价格回归，加大扶持民营经济力度，有效控制疫情、改进疫情防控机制，减少灾害事故，增强消费信心、调整收入分配政策增加居民收入，完善社会保障体系，引导数字化、AI等新技术用于我国经济发展等新观点。

四、致谢

110位专家参与了本次问卷调查,他们是(按姓名汉语拼音排序):阿不都斯力木·阿不力克木、毕吉耀、卞永祖、常欣、陈昌兵、陈建宝、陈瑾玫、陈昆亭、陈浪南、陈磊、陈梦根、陈守东、陈锡康、陈学彬、陈彦斌、陈甬军、陈志勇、戴魁早、邓翔、董纪昌、范从来、高波、郭熙保、郭晓合、郭志仪、韩兆洲、贺京同、贺力平、胡日东、华而诚、黄茂兴、黄险峰、简新华、蒋永穆、赖德胜、李翀、李春琦、李海峥、李军、李俊生、李雪松、李英东、梁嘉锐、林学贵、刘凤良、刘金全、刘穷志、刘仕国、刘晓欣、吕汉光、马跃、逄锦聚、覃巍、瞿宛文、邵宜航、沈国兵、沈坤荣、沈利生、苏剑、史晋川、孙少岩、孙巍、汤吉军、汪昌云、王诚、王大树、王国成、王继平、王晋斌、王今朝、王军波、王立勇、王苏生、汪同三、王曦、王衍行、王跃生、文传浩、吴化斌、吴信如、谢丹阳、谢地、谢攀、辛本健、徐一帆、鄢萍、杨澄宇、杨翠红、杨志勇、易宪容、殷醒民、于立、于左、袁富华、臧旭恒、张东辉、张礼卿、张立群、张连城、张龙、赵明昊、赵振全、赵志君、郑超愚、支大林、周立群、周泽炯、朱保华、张平、朱启贵。参加本次问卷调查的专家学者来自国家发展改革委宏观院、国家统计局、国务院发展研究中心宏观经济研究部、人民日报社内参部、商务部研究院、台湾"中研院"、中共中央对外联络部、中国科学院数学与系统科学研究院、中国科学院预测科学研究中心、中国社会科学院财经战略研究院、中国社会科学院金融研究所、中国社会科学院经济研究所、中国社会科学院经济研究所、中国社会科学院世界经济与政治研究所、中国社会科学院数量经济与技术经济研究所、中国银行业协会等机构;以及安徽财经大学、北京大学、北京师范大学、东北财经大学、东北师范大学、复旦大学、福建师范大学、广西大学、湖南大学、华东师范大学、华侨大学、吉林大学、暨南大学、兰州大学、辽宁大学、美国佐治亚理工大学、南京大学、南开大学、山东大学、陕西师范大学、上海财经大学、上海对外经贸大学、上海交通大学、首都经贸大学、四川大学、台湾大学、天津财经大学、天津商业大学、武汉大学、西安交通大学、西北大学、香港城市大学、香港科技大学、香港岭南大学、新疆财经大学、浙江财经大学、浙江大学、浙江工业大学、中国科学院大学、中国人民大学、中南财经政法大学、重庆工商大学、中山大学、中央财经大学、中央党校等高校。

最后,我们对上述各位专家的热忱参与和真知灼见,表示诚挚的感谢!

图书在版编目（CIP）数据

中国宏观经济分析与预测. 2022 年：提高中等收入群体收入增速与促进共同富裕/中国季度宏观经济模型（CQMM）课题组著. —北京：经济科学出版社，2022.11
（厦门大学宏观经济研究丛书）
ISBN 978 - 7 - 5218 - 4160 - 2

Ⅰ.①中… Ⅱ.①中… Ⅲ.①中国经济 - 宏观经济 - 研究报告 - 2022　Ⅳ.①F123.16

中国版本图书馆 CIP 数据核字（2022）第 198918 号

责任编辑：初少磊
责任校对：杨　海
责任印制：范　艳

中国宏观经济分析与预测（2022 年）
——提高中等收入群体收入增速与促进共同富裕
中国季度宏观经济模型（CQMM）课题组　著
经济科学出版社出版、发行　新华书店经销
社址：北京市海淀区阜成路甲 28 号　邮编：100142
总编部电话：010 - 88191217　发行部电话：010 - 88191522
网址：www.esp.com.cn
电子邮箱：esp@esp.com.cn
天猫网店：经济科学出版社旗舰店
网址：http://jjkxcbs.tmall.com
北京季蜂印刷有限公司印装
710 × 1000　16 开　27.75 印张　530000 字
2022 年 12 月第 1 版　2022 年 12 月第 1 次印刷
ISBN 978 - 7 - 5218 - 4160 - 2　定价：106.00 元
（图书出现印装问题，本社负责调换。电话：010 - 88191510）
（版权所有　侵权必究　打击盗版　举报热线：010 - 88191661
QQ：2242791300　营销中心电话：010 - 88191537
电子邮箱：dbts@esp.com.cn）